JN267880

マリー・ド・レンカルナシオンの制作した刺繍ではないかと思われている祭壇装飾品。

祭壇装飾品、ウール地に多色毛糸と絹糸を用いた刺繡、中央に「L'Éducation de la Vierge」と題する楕円形肖像画（布地の油絵、作者不明）が取り付けられている。1650年頃の作品。
写真撮影者Patrick Altman, Musée national des Beaux－arts du Québec@Musée des Ursulines de Québec

MARIE
DE L'INCARNATION URSULINE(1599-1672)
CORRESPONDANCE

修道女が見聞した17世紀のカナダ

ヌーヴェル・フランスからの手紙

門脇輝夫＝訳
竹中豊・小林順子＝解説

東信堂

訳者まえがき

本書は、*MARIE DE L'INCARNATION, URSULINE* (1599–1672) *CORRESPONDANCE*. Nouvelle édition par Dom Guy OURY, moine de Solesmes, Abbaye Saint-Pierre, Solesmes, 1971の日本語訳『マリー・ド・レンカルナシオン書簡集』(聖ウルスラ修道会刊行)からの抜粋である。

マリー・ド・レンカルナシオン、俗名マリー・グイヤールは一五九九年一〇月二八日フランスのトゥールで生まれた。一七歳のとき両親の勧めで絹織物の職人頭と結婚し、二年間の結婚生活の後、一九歳で未亡人となったが、夫との間に一男を儲けている。当時六ヵ月の乳飲み子のクロード・マルテンである。息子は後にベネディクト修道会サン・モール派に入る。マリー・グイヤールは一四歳の頃から修道生活に入ることを望んでいたが、しばらくは子育てのかたわら姉と義弟の商売を助けていた。しかし、修道生活への望みはやみがたく、指導司祭レイモン・ド・サン・ベルナールの指導と姉たちの理解の下に、幼子の養育を姉に託して一六三一年トゥールの聖ウルスラ修道会に入会した。

その後、カナダからのイエズス会宣教師の『会報』を読み、カナダ宣教の強い望みを抱くようになったが、指導司祭レイモン・ド・サン・ベルナールはこれに反対していた。しかし、マリー・ド・レンカルナシオンは指導司祭自身、宣教師としてカナダに行くことを知り、連れていってもらうことを願った。指導司祭はいざ出発の段になり、意外にも長上から出発の延期を命ぜられ、結局はフランスにとどまった。その後、指導司祭となるイエズス会の宣教師からもカナダ行きを反対された。

やがて、マリー・ド・レンカルナシオンは、ヌーヴェル・フランス(カナダ)に渡って子女の教育を行う修道院を設立する意図を持つペルトリー夫人を知るようになり、同行を申し出たところカナダ宣教の望みが実現した。一六三九年五月三日に四〇歳でヌーヴェル・フランスに向かって乗船し、同年八月一日に憧れのケベックに上陸した。その後、三三年間にわたって草創期のカナダで過ごし、一六七二年四月三〇日に同地で死亡した。享年七二歳であった。

当時、二五〇人くらいのフランス移住民しかおらず、中には凶暴な先住民もいる見知らぬ未開のカナダ行きを志させた動機は何か。マリー・ド・レンカルナシオンは、大聖テレジア〔＊一五一五年スペインのアビラに生まれたカルメル会修道女〕などと並び称せられる神秘思想家の一人であった。その神秘体験の特徴は、他の超俗的な神秘思想家たちには見られないイエス・キリストとの特殊な親密さである。それには結婚歴のある女性の移り香、母親としてのぬくもりが感じられる。この抜粋では割愛したが、指導司祭宛の手紙一から一〇の中にその片鱗がうかがわれる。

カナダ宣教を志させた動機は、このイエス・キリストとの交わりの親密な体験による。言い換えれば、霊的花婿とも仰ぐイエス・キリストの福音をカナダの先住民に知らせ、自分の体験した幸せを分かつことにあった。このことは、親の反対を押し切り一四歳でマリー・ド・レンカルナシオンと同じ頃に修道院に入り、二三歳でカナダに同行し、三六歳で若死にした修道女マリー・ド・セン・ジョゼフにも当てはめられよう。そのため、直接にはカナダの歴史に触れていないが、同修道女に関する小伝を成す手紙の一部も転載した。サン・モール派ベネディクト会の修道司祭となった息子のクロードも、また親を失い、同じくウルスラ修道会に入会した同じ修道名の姪も、カナダ行きの望みを手紙で知らせている。二人の望みは実現しなかった。そして、カナダの地を踏んだマリー・ド・レンカルナシオンは幼いときに別れた息子と姪に再会することはなかった。

カナダに渡って以来三三年の間、マリー・ド・レンカルナシオンは畑仕事の労働や修道院の管理に携わり、種々の部族の先住民子女を教育し、修道女としての勤めに励み、病気に苦しみ、火事や地震に見舞われ、イロクォイ人による襲撃の危険にさらされながら、小さい修道院の格子の中からフランスの各地の修道院長、修道女、司祭、サン・モール派ベネディクト会の修道司祭となった息子、近親者に多くの手紙を書いた(たいていは夜分に書いている)。その中には息子や近親者に対する霊的・キリスト教的生活についての助言や事務的な事柄、格子の中で先住民や司祭たちから見聞したカナダの草創期の出来事についての報告が見られる。中には海難で失われたものもかなりあるらしい。

原書はB５判相当の一、〇七〇頁余りに及ぶ大著で、マリー・ド・レンカルナシオンの手紙二七八通と、付録として関係者たちの四〇通の手紙を収めている。本抜粋では、まずカナダ行きの熱情を綿々と指導司祭に訴える幾つかの手紙と、カナダに到着してから見聞した草創期の出来事、これに関連する同時代のフランスの事情に関して触れた手紙のみを収録した。中にはこれらの内容とは多少かけ離れたウルスラ修道会の内部の問題や、現代の人々（キリスト信者も含む）には異様にも思われる教義や信心業も含まれているが、それらの部分を削除すれば手紙の文脈が損われると考え、そのまま掲載した。

以下に、編者ドン・ウリーの序文に基づいて、この書簡集ができるまでの経緯を要約しておきたい。編者は一九二九年、マリー・ド・レンカルナシオンゆかりの地トゥールに生まれ、息子クロード・マルテンとは同じベネディクト会員であった。編者は当書簡集のみならず、マリー・ド・レンカルナシオンに関する数冊の研究書に加えて、フランス語圏の修道会の歴史書などを出している。

一六七七年、息子のクロード・マルテンが、マリー・ド・レンカルナシオンの伝記を刊行し、一六八一年には書簡集を出した。その後、数世紀の間に幾つかの伝記や著書が異なる著者によって書かれ、また書簡集の出版もなされた。一九二七年には、マリー・ド・レンカルナシオンの死後二五〇年を記念して、B・シュルトが『カナダの歴史についての尊者マリー・ド・レンカルナシオンの書簡集』という表題の一四八頁の小著を刊行した。一九三五―一九三九年には、フランスのソレムのベネディクト会大修道院所属のドン・ジャメ（Dom Jamet）が『マリー・ド・レンカルナシオン書簡集』の第一巻と第二巻を刊行した。手紙には、綿密な歴史的また教義上の注が数多く付されていた。しかし、この版は一六五二年春のマリー・ド・セン・ジョゼフに関する手紙（その死亡通知）で中断された。

ドン・ジャメは一九四八年にケベックで死亡した。そのため、書簡集は未完成のままに終わった。一九六〇年、ソレムのベネディクト会が、カナダ教会創立者委員会から、ドン・ジャメが始めた書簡集の刊行を続ける依頼を受けた。そして、その続行の仕事は女子修道院の修道女モネットに任せられた。しかし、ジャメの書簡集の扱い方はあまりに個人的色彩が強く困難に出合った。そこで、委員会はマリー・ド・レンカルナシオンの著書全体の再編集を求め、一九六六年、担当修道女はソレムの大修道院にそれを願った。著書全体は霊的著書と書簡集に分けられ、書簡集のほうはドン・ウリーが編集することになった。依頼を受けた後四年足らずで、一九七一年にドン・ウリーは前述の完成版を刊行したのである。それまでの編者の学的検証には驚異的なものがある。

ドン・ウリー編集による書簡集とその歴史的・文献的裏付けの原典は、主としてクロード・マルテンによる『マリー・

ド・レンカルナシオン伝』と『書簡集』『イエズス会会報』のほかに、ドン・ジャメのものを含むフランス語版、フランスとカナダの図書館、幾つかの県当局の記録保存所、教会関係の記録保存所、その他三〇〇以上に及ぶ参考図書である。これらの一部に関しては本書の末尾に掲載する。

マリー・ド・レンカルナシオンの手紙に関して言えば、ドン・ウリーは異本や異文を手紙の中に括弧付きで典拠番号を挿入して欠落を補い、あるいは語のあとに括弧なしの番号を付して別の語の可能性を示している。これらの挿入番号は、本書では削除した。また、手紙そのものに関して言えば、ここに抜粋しなかったものも入れて全部で二七八通あり、幾つかのものを除いて、歴史的出来事、先住民の文化について述べてはいても、一種の読み物である。しかし、ドン・ウリーは、これに膨大な文献学的、歴史学的注を入れて貴重な学術書の色彩を与えた。この意味で、本書は学術書と言えるかもしれない。それゆえ僭越ながら、歴史学者、文化人類学者、宗教学者の方々にも少なからず貢献するのではないかと思う次第である。

ちなみに、特に二〇世紀後半、ケベックではマリー・ド・レンカルナシオンについての評価が高まり、アメリカ大陸の最初の女性教育者、神学者と称せられている。また、ケベック州政府はカナダ建国の偉大な功労者の一人と認め、教育省の建物の一部にマリー・グイヤールの名を付けている。

訳　者

凡例

1　本書での手紙の番号は便宜上一から始め、その下の（　）中に原書の手紙番号を付した。原書では各手紙のはじめに内容要略が出されているが、これらは目次の中に入れた。

2　原書の付録の中からは、当時の航海の体験を示すものとか、フランスとカナダの歴史に関係のあるものなどを抜粋掲載した。

3　フランス語の固有名詞などで、日本語表記では伝統的にサン（Saint）とされているものは、一部を除き、センとした。先住民の呼称に関しては、辞書に出ているもの以外はフランス語表記に基づいてカタカナを用いた。

　また先住民の名前等は、マリー・ド・レンカルナシオンの書簡の中でも数とおりに綴られており、本書でもあえて統一していない。

4　〔＊…〕は訳注である。

5　宛名にはしばしばメールとスールの呼称が出ている。英語のマザー（たとえばマザー・テレサ）、シスターに該当する。修道院内の身分や役職上の区別であるが、時には敬称、時には互いに呼び合う言葉である。姉妹（スール）とも呼ばれる。現在は、この区別はほとんどない。どちらも修道女と思っていただければ結構である。宛名では省略した。

6　手紙にはしばしば「天配」あるいは「浄配」の語が出ているが、これは聖書の中で教会はキリストの花嫁と言われていることに由来する。その意味では、男子にも言われるが、特に修道女が用いて、神秘主義的な用語となっている。

7　注に出てくる若干の略字は次のようである。

V…*Vie de la Vénérable Mère Marie de l'Incarnation par Dom Claude Martin*,Paris,1677(extr.).

J…A.Jamet, *Ecrits spirituels et historiques*, t.III-IV, *Correspondance*, Québec,1935.

RJ…*Relations des Jésuites*;（これは本文では『イエズス会会報』とした）。

Th…Thwaites.*The Jesuit Relation and Allied Document*, Cleveland,1891-1901.

8　注の中†は没年を表している。

9　本書は六部に分けたが、原書はそのようになってはいない。また、長い段落をしばしば短いものに変更した。

目次

訳者まえがき　(19)

ヌーヴェル・フランスとその歴史的遺産　竹中　豊　(1)

第一部　海を渡ってカナダで宣教する動機

一(11) トゥール。一六三五年三月二〇日 フイヤン改革派ドン・レイモン・ド・サン・ベルナール宛　5

師がカナダに行くという噂を知って、自分も人々の救霊に尽くすためカナダに行きたいという神から注がれた願望を持っていたこと、そのように気高い召命に対して尊敬の念を抱いていたことを打ち明け、是非ともお供したいと述べる。

二(12) トゥール。一六三五年四月　同　7

師が望んだように、カナダへの召命のはじめと経過について報告し、それが神の霊によるものかどうか調べ判断してもらう。

三(13) トゥール。一六三五年四月五日　同　11

カナダで働く熱烈な使命感に燃え上がっているが、何よりもまず神の御旨を果たすことを望んでいるので、心は深い平和を持ちつづけていることを新たに知らせる。

四(14) トゥール。一六三五年四月一九日　同　13

師がまさにカナダに出発しようとしているのを伝え聞いて、一緒に連れていってもらえるようにしきりに願う。

五(15) トゥール。一六三五年四月二六日　同　15

人々の救霊のための激しい熱意と、人々の回心のために苦しもうと燃え立つ願望。

六(16) トゥール。一六三五年五月三日　同　17

燃え立つ熱情と激烈な言葉でカナダへの出航をせがむ。

七(17) トゥール。一六三五年五月（？）三日　同　20

幻視の中で神からカナダを見せていただいたこと、また、別の幻視で、カナダに行って修道院を設立するよう命じられたことを話す。

八(18) トゥール。一六三五年五月六日　同　22

カナダ行きの大計画の実行は神への信頼にゆだね、我意を捨てる。

九(19) トゥール。一六三五年五月一三日　同　24

指導者が長上の命令でカナダに出発できなかったことを慰める。

一〇(20) トゥール。一六三五年七月二九日 フイヤン改革派ドン・レイモン・ド・サン・ベルナール宛 25
暴風により船団が四散した知らせ、修道院を建立することを望んだある貴族の翻意、そしてこれ以上はカナダ行きの件は考えないように、とのあるイエズス会司祭の挙げた種々の理由にもかかわらず、自分の意図を堅持し、信頼しつづける。
一一(21) トゥール。一六三五年一〇月二日 同 27
カナダへの召命は、数えきれない困難と苦しみを伴うものではあっても、最も偉大で最も望ましい善であると思われた。
一二(22) トゥール。一六三五年一〇—一一月(?) 同 28
自分の不実で召命が取り上げられるのではないかと心配する。
一三(23) トゥール。一六三五年一一月二九日 同 29
神の判断とイエス・キリストの知識についての奥深い神学的考察。この判断が自分の抱く使命感に反するものであっても、それに従い、しかも勇気を失うことがない。
一四(24) トゥール。一六三五年一二月一六日 同 30
神のために計画したことは、それが実行できないと分かったら謙虚な諦めをもって断念しなければならない。さらに師のカナダ行きを励まし、その無事な旅行を願う。
一五(25) トゥール。一六三三—一六三五年 同 32
神と霊魂の間での善の共有。神のすべてを前にして無であることの喜び。
一六(26) トゥール。一六三六年三、四月 イエズス会員ポール・ル・ジュンヌ師宛 33
カナダに行く固い決意を知らせる。
一七(27) トゥール。一六三七年三月一九日 フイヤン改革派ドン・レイモン・ド・サン・ベルナール宛 34
カナダへの召命について師と相談することを望む。自分が愛する長上の異動についての諦め。霊に基づく堅固な生活は、霊魂をイエス・キリストに変容させる。
一八(28) トゥール。一六三七年一〇月二六日 同 35
ヒューロン人の許にいるイエズス会宣教師たちは、マリー・ド・レンカルナシオンをカナダにほしがっていた。それで当人は再び熱意を掻き立てられ、新たな期待を持った。
一九(29) トゥール。一六三七—一六三八年 同 37
カナダへの召命の確信。そのめでたい実現についての神への信頼。
二〇(30) トゥール。一六三八年末 同 38
カナダから受け取った消息、特に人々の救霊に対するイエズス会司祭たちの熱意について。そのために、司祭たちが殉教の危険にさらされたことについて知らせる。
二一(31) トゥール。一六三八年一一月 ド・ラ・ペル

トリー夫人宛　40
夫人がヌーヴェル・フランスに行く意図をたたえ、同行を申し出て、トゥールに来て一緒に実行手段について協議するよう勧める。

二二(32)　トゥール。一六三九年一月一七日　フイヤン改革派ドン・レイモン・ド・サン・ベルナール宛　42
ド・ラ・ペルトリー夫人がカナダにウルスラ会修道院を設立する意図を持ち同行を要請しているが、パリの修道女とトゥールの修道女を一緒にしようという考えがあって、これが多少の支障となっていることを知らせる。

二三(33)　トゥール。一六三九年二月一三日　同　43
カナダ行きの件はすべて決まったので、出発しなければならいこと、それを深甚な謙遜と感謝の念をもって行うことを知らせる。

第二部　カナダへの出発

二四(34)　パリ。一六三九年二月二六日　トゥールのウルスラ会修道院長フランソワーズ・ド・サン・ベルナール宛　47
パリ到着と、皆から受けた歓迎について知らせる。

二五(36)　ディエップ。一六三九年四月　フイヤン改革派ドン・レイモン・ド・サン・ベルナール宛　48
最後のときになって出発が妨げられることを心配する。

二六(37)　ディエップ。一六三九年四月一五日　兄宛　49
カナダへの出発と、この使命に対する強い願望について知らせる。

二七(38)　ディエップ。一六三九年四月一八日　トゥールのウルスラ会修道院長フランソワーズ・ド・サン・ベルナール宛　50
乗船を知らせ、神のために航海の危険に身を曝す喜びについて話す。

二八(39)　船上。一六三九年五月二〇日　同　52
船上から自分の身体と精神の状態について知らせる。

第三部　先住民の間で先住民と共に

二九(40)　ケベック。一六三九年九月一日　兄宛　57
ヌーヴェル・フランス到着を知らせる。

三〇(41)　一六四〇年一月　イエズス会員ポール・ル・ジュンヌ師宛　59
先住民の最初の寄宿学校生徒たち。

三一(42)　一六四〇年三月　同　60
先住民寄宿学校生徒たちの初聖体。

三二(43)　一六四〇年九月三日　ある貴婦人宛　61
先住民の娘たちが立派な敬神の心を持っていることを知

らせ、娘たちの教育のための募金を依頼する。
三三(44) 一六四〇年九月四日 兄宛 69
信仰に対する先住民たちの熱心と、ヒューロン人の許でのイエズス会の司祭たちの迫害について話す。
三四(45) 一六四〇年九月四日 トゥールの聖母訪問会院長ジャンヌ・フランソワーズ・ル・ヴァソール宛 71
神がカナダにお召しになったことに感謝の念を表わす。先住民の娘たちの素直さ。年輩者の熱心。宣教師たちの間での殉教の望み。
三五(46) 一六四〇年九月四日 トゥールの聖母訪問会修道女マリー・ジエット・ローラン宛 74
先住民の言語で友情をこめて挨拶し、一人の新たな入信者の勇敢な信仰と、自分の修道院に対する神の御摂理について話す。
三六(47) 一六四〇年九月四日 兄弟の一人宛 77
キリスト教の発展について、また、信仰に導くためにどのように先住民を待遇しているかについて話す。
三七(48) 一六四〇年九月七日 トゥールのあるウルスラ会修道女宛 79
その会員からヘラジカの足を送るよう依頼があって、それに答える。
三八(50) 一六四〇年九月一三日 トゥールのウルスラ会修道院長ウルスラ・ド・セント・カタリーヌ宛 80
イエズス会司祭はヒューロン人から魔法使いとの責めを受け、迫害された。人々の救霊に対する司祭たちの熱情と殉教の望み。
三九(52) 一六四一年八月二四日 トゥールの聖母訪問会院長ジャンヌ・フラソワーズ・ル・ヴァソール宛 84
聖人となる可能性のある国にいて、またそのような仕事をして抱いている喜びを伝える。新たに回心した一人の先住民の使徒的熱意。先住民の若干の風習。
四〇(53) 一六四一年八月三〇日 トゥールの聖母訪問会修道女マリー・ジエット・ローラン宛 88
カナダで宣教する身にあまる光栄について、言葉を覚え、先住民に教える容易さについて、また、新信者の純真さについて話す。
四一(56) 一六四一年九月四日 息子宛 90
神が息子を修道生活に召されたことについての喜びを表わし、堅忍を勧める。そして、殉教への熱情と、神に忠実に仕えることは、血は流さなくとも殉教であることを話す。カナダにおける信仰の広まり、また信仰を広めるためのイエズス会司祭たちの熱情、また、自分と仲間の修道女たちが信仰の神秘を教えるために現地の言葉をどのように一生懸命習っているかについて話す。

四二(58) 一六四一年九月一五日 トゥールのウルスラ会修道院長ウルスラ・ド・セント・カタリーヌ宛 95
回心した幾人かの先住民の信仰心。その後、自分の召出しを遂行することの喜びを披瀝する。それが実を結ぶためには新しい精神を持たなければならない。また、神はご自分が召された者たちをどのように浄化されるかについて。

第四部 イロクォイ人の襲撃の中で

四三(59) 一六四一年九月一六日 トゥールのウルスラ会修道院長ウルスラ・ド・セント・カタリーヌ宛 103
イロクォイ人がトロワ・リヴィエールの先住民を攻撃するが、フランス人によって追い払われる。先住民部族の中での信仰の発展。
四四(60) 一六四二年夏 イエズス会ヌーヴェル・フランスの布教地長上バルテレミ・ヴィモン師宛 105
ウルスラ修道会の学校の生活、先住民の娘たちに対する神の恵みの効果。
四五(62) 一六四二年八月三〇日 ポール・ロワイヤル・デュ・セン・サクルマンの大修道院長カタリーヌ・アニェース・ド・セン・ポール宛 108
カナダでの召命が要求すること。イロクォイ人の襲撃。ジョーグ師とヒューロン人の娘テレーズが捕らえられたこと。ポール・ロワイヤルの一人の寄宿生の追悼文に対するお礼。
四六(63) 一六四二年八月三〇日 トゥールの聖母訪問会修道女マリー・ジエット・ローラン宛 110
カナダにおける信仰の発展を話し、贈り物に感謝する。
四七(64) 一六四二年九月一六日 フランスのウルスラ会修道院長宛 111
先住民の娘たちのため施しを願う。
四八(65) 一六四二年九月二九日 トゥールのウルスラ会修道院長ウルスラ・ド・セント・カタリーヌ宛 113
先住民が入信にも、伝道にも熱心であることを話す。イロクォイ人がヒューロン人を襲撃し圧倒したので、フランス兵がイロクォイ人を追撃し敗北させたこと。
四九(66) 一六四二年九月二九日 ド・リュインヌ嬢宛 128
霊的行いについて若干の助言を与え、学校のための施しにお礼を述べ、ド・ラ・ペルトリー夫人について多少苦しんでいることを打ち明ける。
五〇(67) 一六四三年八月二四日 トゥールの聖母訪問会修道女マリー・ジエット・ローラン宛 136
愛情を披瀝した後、先住民のある男女の果敢な信仰行為について物語る。
五一（71）一六四三年九月一八日 ポール・ロワイヤル・デュ・セン・サクルマン大修道院修道女カタリーヌ・アニェース・ド・セン・ポール宛 138
ジョーグ師の捕囚、ヒューロンとタドゥーサックでの宣教、ポール・ロワイヤルからの寄付に感謝。
五二（72）一六四三年九月二二日 ディジョンのウルスラ会修道院長マルグリット・セン・グザビエ・クーチエ宛 139
学校のために院長から受け取った寄付に対して感謝の念を表明する。
五三（73）一六四三年九月三〇日 息子宛 140
ミスクーでの教会の基礎工事。タドゥーサックとヒューロン人の諸教会の発展。魔法使い首長の注目すべき回心。イロクォイ人による教会の迫害、ジョーグ師の拷問、数人のフランス人殺害。
五四（76）一六四四年八月二日 同 145
神が息子を聖ベネディクト会に召されたこと、また大部分の身内の者が修道者の身分に召されていることに喜びを示す。イロクォイ人による迫害、ブリサニ師が捕らわれたこと、ジョーグ師の逃亡について語る。
五五（78）一六四四年八月一二日 トゥールの聖母訪問会修道女マリー・ジエット・ローラン宛 150
愛情こめてキリスト者としての挨拶を送った後、回心した先住民の信仰の純粋さと、過ちを犯した者を罰する熱烈さについて語る。
五六（80）一六四四年八月二六日 息子宛 151
イロクォイ人の手からのイザーク・ジョーグ師の解放とケベックへの帰還。先住民とフランス人の服装と住居の様子。新信者の信仰と信心。
五七（92）一六四五年九月一四－二七日 同 161
フランス人とイロクォイ人とカナダの他の部族との間の平和。先住民の講和条約の結び方。多くの者が信仰に導かれたある先住民の顕著な先見の明。
五八（97）一六四六年八月二九－九月一〇日 同 177
カナダにおける信仰の広まり。平和条約の確認。イエズス会員ヌエ師とマッセ師の尊い死。若干の特別な先住民の徳行。
五九（110）一六四七年夏 同 192
イロクォイ人との和平決裂を知らせる。イザーク・ジョーグ師の尊い死。福音宣教の広まり。ある人々の徳行の模範。
六〇（111）一六四七年一〇月七日 聖母訪問会の一修道女宛 210
イザーク・ジョーグ師の殉教と、迫害者の回心を物語る。
六一（114）一六四八年九月一〇日 友人の一人の婦人宛 212

多くの者が洗礼を受けた。イロクォイ人に対するヒューロン人の勝利。
六二（115）一六四八年一〇月八日　カルヴェールのベネディクト会修道女ガブリエル・ド・ラノンシアシオン宛　213
信仰の広まり。親からフランスに帰国を望まれているマリー・ド・セン・ジョゼフ。
六三（116）一六四八年一〇月一〇日　トゥールの聖母訪問会修道女マリー・ジエット・ローラン宛　214
ジョーグ師の加護によりイロクォイ人に対して勝利を収める。神はカナダ全体を特別に導いてくださるが、カナダはこの導きに従わなければならない。
六四（121）一六四九年九月　トゥールのウルスラ会修道院一同宛　216
イロクォイ人によるアントワンヌ・ダニエル師、ジャン・ド・ブレブーフ師、ガブリエル・ラールマン師の殉教。
六五（125）一六四九年　カルヴェールのベネディクト修道会修道女ガブリエル・ド・ラノンシアシオン宛　220
イエズス会司祭の殉教と、自分も同じような死を望んでいることについて述べる。
六六（126）一六五〇年五月一七日　息子宛　221
イロクォイ人の新たな敵対。ヒューロン人のケベックへの撤退。ヒューロン人の教育のためヒューロン語の勉強。永遠への心の願望。
六七（128）一六五〇年八月三〇日　同　224
フランス人と先住民同盟に対するイロクォイ人の攻勢。心の真の平和は被造物への執着から完全に離れることに基づく。聖人を生むのは謙遜であり、これは、イロクォイ人によって殉教死したイエズス会司祭たちの模範によって証明される。
六八（132）一六五一年九月一日　あるイエズス会司祭宛　233
一六五〇年降誕の八日間の火事。
六九（139）一六五二年春　トゥールのウルスラ会修道院長及び一同宛　236
死亡したマリー・ド・セン・ジョゼフの小伝の序文。
七〇（142）一六五二年九月一日　息子宛　238
息子が自分に対して抱いている多少の疑念についての弁明。修道院の物的状態とカナダの経済事情。イロクォイ人の襲撃によって殺害されたトロワ・リヴィエールの司令官と多くのフランス人。イエズス会員ビュットゥー師の殉教。
七一（143）一六五二年九月九日　同　244
如何に反対される理由があっても、神は修道院の再建を望まれたと確信する。フランス動乱により、フランス人兵士は、ある意味でイロクォイ人よりも恐ろしい。それゆえに、一時は、フランスから修道女を呼ぶことは適切ではなかった。ルーアンの大司教がカナダの教区長であると公言し、その任に当たる。
七二（146）一六五二年九月二六日 姉妹の一人宛 250
修道院の火事、イロクォイ人の攻撃による死傷、船の座礁による食糧品・衣類などの損失の出来事。この世の不幸は神の正義の結果であって、被造物への執着を捨てることによって幸せに転じさせるものである。
七三（149）一六五三年八月一二―三〇日 同 252
イロクォイ人の新たな襲撃。フランス軍による彼らの逃走。イロクォイ人撃退のためフランス国王から派遣された救援隊。
七四（152）一六五三年九月六日 ディジョンのウルスラ会修道院長マリー・ド・レンカルナシオン・ケナ宛 254
イロクォイ人は和平を求める様子を見せながら、トロワ・リヴィエールを包囲し、ポンセ師を捕虜にした。和平の新たな提案。
七五（156）一六五四年八月一一日 息子宛 258
イロクォイ人の使者たちがウルスラ会修道院の面会室を訪れる。
七六（161）一六五四年九月二四日 同 258
イロクォイの全部族が一致して和平を求める。イロクォイ人の国には多くの塩田がある。シナ海と信じられている海の発見。
七七（163）一六五四年一〇月一八日 同 265
前の手紙と同じ事柄について。霊的生活にあって進歩を望む者は、誘惑と試練を覚悟しなければならない。イロクォイ人の二部族間の争い。その結果によるイロクォイ人との関係の複雑さ
七八（168）一六五五年一〇月一二日 同 268
イロクォイのアニュロノン部族は敵対を続けているが、和平を求めたので、和平はついに全般的になる。
七九（172）一六五六年八月一四日 同 275
上流地方のイロクォイ諸部族への宣教とアニュロノン人の新たな敵対。
八〇（175）一六五七年一〇月一五日 同 279
イロクォイの諸部族での信仰の広まり。修道女たちがフランスからカナダに来ることに関する修道院内部の問題。
八一（177）一六五八年八月二四日 同 281
神は隠遁生活によって人々を崇高なご計画に備えられる。神との一致を守る人にはすべてが役立つ。修道院の内部と国内の問題。司教を望む。イロクォイ人が和平を破る。
八二（179）一六五八年一〇月四日 同 285
イロクォイ人の陰謀を知り、イエズス会司祭とフランス人はひそかにモントリオールに引き揚げた。同じ司祭たちがイロクォイ人の許に戻る計画。

第五部　ラヴァル司教の権限下で

八三（183）一六五九年九－一〇月　息子宛　293
一人の司教のケベック到着。モントリオールの人口の増加。イロクォイ人の敵対行為の継続。イエズス会員カン師の死去。

八四（184）一六六〇年六月二五日　同　298
ケベックに対するイロクォイ人の企て。この野蛮な住民から敗北を喫したフランス人、アルゴンキン人とヒューロン人。

八五（185）一六六〇年九月一七日　同　312
カナダの現状について簡単に述べた後、いけにえとしての自分の状態について語る。ラヴァルの司教とダルジャンソン総督についての称賛。イロクォイ人を防ぐマリー・ド・レンカルナシオンの勇気。

八六（186）一六六〇年九月二三日　フランソワーズ・ド・サン・ベルナール宛　317
十字架の中に収められている宝。イロクォイ人の問題、貧しい状態、物的な事柄の管理のためにカナダで担わなければならなかった十字架。

八七（192）一六六〇年一一月二日　息子宛　319
六月から一一月までのカナダの事情。露見したイロクォイ人の企て。イロクォイ人に殺された数人のフランス人信者。

八八（196）一六六一年九月　同　323
イロクォイ・アニュロノン人に虐殺されたフランス人たち。上流地方のイロクォイ人は和平を求める。不測の出来事と不吉な前兆。

八九（197）一六六一年一〇月八－二一日　同　329
イロクォイ・アニュロノン人は敵対行為を続け、オノンタニュロノン人は和平を求めている。ヌーヴェル・フランス統治におけるダルジャンソン総督の行為を弁護する。

九〇（200）一六六二年八月一〇日　同　332
フランスで起きた災害。見つけられたイロクォイ人の裏切り。人々の救霊のためと、人々を教導するための手段を供するマリー・ド・レンカルナシオンの感嘆すべき熱情。

九一（201）一六六二年八月一〇日　同　335
葡萄酒とブランデーによって生じたおぞましい風紀紊乱。ラヴァル司教はその救済策を探しにフランスに行く。

九二（202）一六六二年一一月六日　同　337
国王はプレザンス要塞を手中にするため、また風土を調査するためヌーヴェル・フランスに国王親任官を派遣した。

九三（203）一六六三年七月一二日　同　339
酒類の取引の罰とも考えられた恐ろしい大地震。この取引が先住民に加える大きな害。地震の間のマリー・ド・レンカルナシオンと修道女たちの心の状態。
九四(204) 一六六三年八―九月 同 340
同年、カナダで起きた地震とその感嘆すべき結果についての報告。

第六部 国王ルイ一四世の治下で

九五(207) 一六六三年九―一〇月 息子宛 355
国王がカナダの支配者となり、地方長官を派遣し、自分の代行として住民の表敬訪問を受け、役人を任命し、治安を維持させる。
九六(212) 一六六四年八月一八日 同 358
地震の余震。国王は当地の人口を増やしつづける。イロクォイ人は相変わらず敵対行為を行っているが、アルゴンキン人によって敗北を喫した。パビナショワ人への信仰の浸透。
九七(215) 一六六五年七月二八日 同 365
ド・トラシー氏のケベック到着。イロクォイ人への戦いに備える。この年に見られた種々の流星と大気現象。
九八(218) 一六六五年九月三〇日 同 368
タドゥーサックの教会と要塞の火災。ウルスラ会に起こった不幸な事故。フランス軍のケベック到着。聖家族信心による幾つかの奇跡的現状。
九九(220) 一六六五年一〇月二九日 同 371
フランスに帰国の副旗艦の海難。カナダの人口は増加し、日々、よくなっていく。
一〇〇(223) 一六六六年一〇月一六日 同 375
聖フラビアヌスと聖フェリチタスの遺体移納のためケベックで行われた盛大な儀式。イロクォイ人の国へのフランス軍の到着。
一〇一(224) 一六六六年一一月二日 姉妹の一人宛 377
心身の状態について話した後、イロクォイ人に対する戦争のために軍隊が出発し、戦闘準備に入ったことを知らせる。
一〇二(225) 一六六六年一一月一二日 息子宛 379
フランス軍がイロクォイ人の部落を占領し、略奪して、焼き払う。
一〇三(227) 一六六七年八月五―二八日 同 385
ド・トラシーのフランスへの帰国。
一〇四(230) 一六六七年一〇月一八日 同 385
イロクォイ人がフランス軍に和平を求める。ウタウアクと、それよりもっと遠隔の部族たちへの布教。
一〇五(235) 一六六八年八月九日 同 389
マリー・ド・レンカルナシオンの現在の心の状態と先住民の娘たちの救霊のための、その感嘆すべき熱情。ケベックのウルスラ会修道院の現状。ウルスラ修道会はこちらでは役に立っていないという噂がフランスで広まっているが、これに応えて、ウルスラ会修道女がカナダ全体のために行っている奉仕について語る。

一〇六（237）　一六六八年九月一日　息子宛　393
ヌーヴェル・オランダ（ニューヨーク）で締結された英国との条約。イロクォイ人、モンタニェ人、ウタウアク人及びその他の遠隔の部族の中での宣教の進展。新しい彗星。新たな地震。

一〇七（241）　一六六八年九月二一日　サン・ドニのウルスラ会修道院長宛　399
自分の修道院の貧しさについて述べる。先住民をフランス化する方法。

一〇八（244）　一六六八年一〇月一七日　息子宛　401
和平は福音の働き手を助ける。イエズス会の司祭たちに倣い、他の会の司祭も布教地で働く。先住民の通常の仕事。彼らに礼儀作法を教えて、文明化することの困難。彗星の影響と言われる病気の流行。

一〇九（246）　一六六八年一〇月　同　403
タロン氏のフランスへの帰国。集められてカナダに送られた人々。ケベックのある資産家についての賛辞。

一一〇（248）　一六六九年九月一日　同　406
イロクォイ人、ウタウアク人、その他の部族への信仰の広まり。先住民を引き付けるためのイエズス会宣教師の工夫。宣教に奉仕するために献金するある若い信徒の熱情。

一一一（251）　一六六九年一〇月一日　モンスのウルスラ会修道院長セシール・ド・セン・ジョゼフ宛　410
カナダとケベックの修道院の消息。先住民の教育と回心。

一一二（253）　一六六九年一〇月一一日　サン・ドニのウルスラ会修道院長マリー・ド・セント・カタリーヌ宛　415
マルティニク島の宣教を励まし、このような企てをもって神に仕えなければならないときには、あらゆる反対を押し切らなければならないことを示す。

一一三（254）　一六六九年一〇月　息子宛　417
国王はカナダの人口を増やしつづける。タロン氏がカナダに戻るためフランスを出発。ケベックと海上を襲った恐ろしい嵐。すべての先住民部族とフランス人の間に紛争が起こったが、フランス人の総督とイエズス会員ショーモノ師の賢明さによって鎮められた。殺人に対する先住民の裁判方式。発見された新たな鉱山。

一一四（258）　一六七〇年八月二七日　同　422
タロン氏はすさまじい嵐の後、やっとカナダに到着した。船には最初の宣教師であったレコレ修道会の司祭たちも乗っていて、カナダに戻った。イロクォイ人、ウタウアク人とその他の部族たちの間での信仰の広まり。洗礼を助ける奇跡的な出来事。フランソワ・トゥーランジョによる北部の大きな湾の発見。カナダへの新たな移民。

一一五（260）一六七〇年九月一日　トゥールの元ウルスラ会修道院長マリー・ジュベール・セン・ジョゼフ宛　427

この年のカナダの厳寒。

一一六（268）一六七〇年九月二七日　ディジョンのウルスラ会修道院長マルグリット・ド・セン・フランソワ・グザビエ宛　428

北岸の最も遠隔の部族の発見について語る。

一一七（270）一六七〇年某月某日　息子宛　429

先住民の宗教、風俗及び治安に関して息子から受けた若干の質問に答える。

一一八（277）一六七一年九–一一月　同　434

ソノントゥアン人とウタウアク人の間で引き起こされた戦争。この戦争は、フランス人の勇気によって停止された。フランス人が王の名によって所有する北部の部族たちの許での信仰の広まり。北部の大きな湾への陸路。当年起こった希な流星と大気現象。

付録　A

一（49）一六四〇年九月一〇日　息子宛　442

わが子に一人で切り抜けるよう励まし、信心生活に専念するよう助言する。

二（付録7）一六四一年九月四日　マリー・ド・セン・ジョゼフからクロード・マルテン修道士宛　443

ベネディクト修道会サン・モール派に入会したことを祝い、もし体が弱くてやり通せなかったら、自分の家族に頼るよう勧める。

三（247）一六六九年七月三〇日　息子宛　445

自分の修道生活の召命と自分と息子に対する神の導きに関する感動的記述。

四（140）ケベック。一六五二年春　トゥールのウルスラ会修道院長及び姉妹一同宛　447

マリー・ド・セン・ジョゼフは親の執拗な反対を押し切り、一四歳で修道院に入り、二三歳でカナダに同行した。トゥールの修道院がカナダに先住民の女子教育を行うため修道院を設立することになった事情。マリー・ド・セン・ジョゼフが派遣者の一人に選ばれた事情とケベックでの活躍。

付録　B

一（2）一六三九年九月二日　セシール・ド・セント・クロワからディエップのウルスラ会修道院長宛　472

航海とケベック到着を物語る。

二（8）一六四一年九月一八日　アンヌ・ド・セント・クレールからポール・ロワイヤル修道院カタリ

ーヌ・アニェース・ド・セン・ポール宛 483
寛大な寄付への礼状。
三(11) トロワ・リヴィエール。一六四二年七月三〇ー三一日 ヒューロン人テレーズからマリー・ド・レンカルナシオン宛 483
別れの手紙。
四(12) ケベック。一六四二年八月二七日 マルグリット・ド・セン・タタナーズからパリ修道院のあるウルスラ会修道女宛 484
ポール・ロワイヤルについて。
五(17) パリ。一六五三年四月一五日 百人出資会社事務局長アントワンヌ・シュフォーからマリー・ド・レンカルナシオン宛 485
ある負債の免除。妹であるマントのウルスラ会修道女。ケベックのウルスラ会修道院と百人出資会社の関係。
六(18) 一六五三年 あるケベック・ウルスラ会修道女からイエズス会員ポール・ル・ジュンヌ師宛 487
ヒューロン人テレーズ。ある先住民生徒の先見の明。
七(20) パリ。一六五四年三月二八日 百人出資会社事務局長アントワンヌ・シュフォー氏からマリー・ド・レンカルナシオン宛 488
カナダの状態。妹の死。百人出資会社がカナダのために試みていること。
八(23) 一六五五年一〇月一七日頃 あるウルスラ会修道女からイエズス会員ポール・ル・ジュンヌ師宛 489
ケベックのイロクォイ人使節。ウルスラ会修道女との関係。
九(28) パリ。一六六三年五月六日 ヌーヴェル・フランス百人出資会社事務局長アントワンヌ・シュフォー氏からマリー・ド・レンカルナシオン宛 490
譲渡証書。国王によるカナダ掌握。
一〇(40) 一六八一年一〇月二七日 マルグリット・ド・セン・タタナーズからモンスのウルスラ会修道院長セシール・セン・ジョゼフ宛 491
学校の消息。イロクォイ人の征服。ドン・クロード・マルテンによる伝記・書簡集の作成。
聖ウルスラ修道会について　小林　順子 495
写真・資料 508
訳者あとがき 516
歴史年表 (14)
文献目録 (11)
索引 (1)

ヌーヴェル・フランスとその歴史的遺産

――マリー・ド・レンカルナシオンの時代に触れて――

竹中　豊

プロローグ

マリー・ド・レンカルナシオン（本名マリー・グイヤール一五九九―一六七二）はフランス人として生まれ、ケベック人として死んだ。彼女の生きた時代は、母国フランスではモリエールやデカルト、さらにはルイ一四世の生きた栄光の時代でもあった。そんな遠景を持ちつつも、北米のヌーヴェル・フランスの姿、またその後の命運はどうだったろうか。

まず時代は前後するが、一八世紀半ば過ぎのこと。フランスは北米における英・仏植民地戦争で敗北した。以後、ケベックはイギリスの政治的支配下に置かれてしまう。そこは同質性の濃い保守的社会として、またカトリック教会の支配する信心深い共同体として、長らく独自のメンタリティを培っていた。内向的だった。伝統主義的だった。そして農耕主体の経済的後進地域でもあった。こうした状況にやがて気づき、一九六〇年を起点に脱宗教化・近代化・主体性を求める巨大な社会変動が起こる。それがよく知られるように「静かな革命」である。たしかに古い価値観が地滑り的に崩壊した点で、これは意識革命でもあった。ならば、ケベックの伝統的アイデンティティはこの革命とともに喪失し、宗教的遺産も消滅してしまったのだろうか。いや、そんなはずはない。

フランス系ケベックの文化的・精神的基盤は、一つには「歴史」にある。もう一つは意識するしないにかかわらず「カトリシスム」にあるだろう。教会は今日、なるほどかつてほどの影響力はない。しかしそれでも、ケベックを深く語る場合に避けて通れないテーマではある。本書の主人公マリー・ド・レンカルナシオンは、フランス系ケベックの歴史的・

内省的アイデンティティの基盤を築いた一人であった。では、その背景となる一七、八世紀ヌーヴェル・フランスとはどんな時代であったろうか。

I・ヌーヴェル・フランスとは何か

ヌーヴェル・フランスは、実は一五二四年に生まれていた。ことの起こりは、フランス国王の命をうけたイタリアの探検家ジオヴァンニ・ダ・ヴェッラツアーノ（一四八五頃〜一五二八頃）が、北米大陸の大西洋沿岸を航海中に、この地を《ノヴァ・ガリア》（新しいフランス）と名付けたことに始まる。その後、ジャック・カルチエ（一四九一－一五五七）は一五三四〜四二年にかけて合計三回の航海を試み、セント・ローレンス川を遡って今日のモントリオールまで達していた。象徴的なのは、一五三四年、セント・ローレンス湾に臨むガスペ半島の岬に、「フランス国王万歳」と彫り込んだ十字架を立てたことだった。これは、当時の慣習として土地の占有権を意味し、後にフランスの北米支配と浸透の根拠づけとなっていく。

だが、北米におけるフランスの本格的植民活動の胎動を見るには、次の世紀を待たねばならなかった。本国での政治的混乱が続いていたからである。それもひとまず治まり、ブルボン王朝の誕生とともに、フランスは再び海外に目を向け始める。その背景と要因はいくつもあった。富を求めてアジアへの道の模索、政治的覇権の主張、対抗宗教改革の一環としてカトリック教会側による布教熱の盛り上がり、航海技術の進歩、ルネッサンス期を経たことに起因する未知の世界への強烈な知的好奇心、等々。

植民活動は一七世紀初頭、現在のノヴァ・スコシア地方から開始されたのだが、地の利は悪かった。そこで新たに建設されたのが、内陸部に通じる要塞基地ケベックである。一六〇八年のことだった。セント・ローレンス川に面したこの地は、地勢的にも最適だった。やがてそこはフランス船の往来する港町・交易の要所となり、文化的・宗教的・政治的にも北米におけるフランスの拠点となっていく。ちなみに、ケベックとは先住民の言葉で「川幅の狭くなるところ」を意味する。

時系列的に見ると、ヌーヴェル・フランス時代とは、広義には一五二四年から北米の植民地戦争でイギリス側に「権利を移譲」する一七六〇年までを指す。しかし現実にはケベックの建設された一六〇八年からと言ってよく、この一五〇余年が実質的な〝北米のフランス時代〟であった。この期間に「フランス的事実」、すなわちフランス文化、カトリックの信仰、そして言語（フランス語）が、紆余曲折をともないながらも種として蒔かれ、芽生え、そして根付いていった。当初は民間の百人出資会社が主体となって開発が行われたのだが、途中で挫折し、一六六三年以降この地はフランス国王の直轄地となる。

とはいえ、その後もすべてが順風満帆というわけではなかった。イギリスとの植民地抗争、そのために軍事色の濃い体制、先住民イロクワ人による襲撃の恐怖、時には疫病の蔓延、そして北方の厳しい自然環境など、危険と不安との背中合わせの社会であった。それでも、嫌なことばかりの植民地社会ではなかった。村落特有の相互扶助的環境、心の癒しとしてのカトリック教会、豊かな恵みの期待できる農業等々。たとえば当時、フランスから来たある将校によると、ヌーヴェル・フランスの住民は本国フランスに比べて物質的には恵まれていると報告し、こうも言う。「この地にはフランスのどこにでも見る物乞いがいない」と。

ヌーヴェル・フランスの広さは地理的にはどれほどだったろうか。一七世紀初頭、そこはケベックを中心としたセント・ローレンス川沿いの、そしてごく限られた小さな空間にすぎなかった。しかしやがて、フランス本国の元来の真意ではなかったにせよ、結果的にその領土は膨張・拡大していく。毛皮交易ルートの探検活動、先住民への布教、イギリス植民地の西漸に対する牽制などを通して、北米のフランス領は否応なく内陸部から南部まで拡張の一途を辿っていった。一七一三年のユトレヒト条約は、スペイン継承戦争（北米の英仏植民地ではアン女王戦争）終結の平和条約だが、これは北米における英仏の境界を規定した点でも大きな意味を持つ。この時点で、ヌーヴェル・フランスの地理的版図は最大規模に達していた。すなわち、北はラブラドルから内陸部はセント・ローレンス川に沿いつつ、五大湖を包み込み、そして南はメキシコ湾に臨むルイジアナ地方に及んだ。

領土は広大だったが、その人口規模となると驚くほど希薄だった。一六〇八年、ケベックが建設されたとき、そこはわずか二八人のフランス人でスタートした。そしてフランス国王の直轄地となる一六六三年の節目の時点で、約二、五〇〇人。その後、移民策も講じられるが人口増大には効果は薄かった。ある歴史家の記録では、一六八九年で約一二、〇〇〇人、そして末期の一七六〇年でも約八五、〇〇〇人だとしている。ちなみに、一八世紀半ばのイギリス植民地（のちのアメリカ合衆国）は、まだ大西洋岸沿いを中心にあり、領土的にはヌーヴェル・フランスよりはるかに小さかったが、そこの総人口は約一五〇万人であった。加えて、ヌーヴェル・フランスの人口居留地域がケベック、モントリオール、トロワ・リヴィエールに集中していたのも特徴である。結局、北米におけるフランス領とは、地政学的に見る限り「点」（要塞都市）と「線」（河川）で結ばれた人口稀薄の巨大なる空間なのであった。

北米植民地における対英構図で見ると、フランスは一六九七年から一七六〇年まで、間欠ながらも植民地戦争に関わった。だが戦略的視点からすれば、前記の「点」が陥落するとヌーヴェル・フランスは崩壊してしまう〝もろさ〟を持っていた。また、フランスはヨーロッパ大陸のほぼ中央に位置し、しかも内憂外患に腐心していたゆえ、本国政府にとって遠く離れた北米のフランスはあくまで「第二劇場」でしかなかった。フランスは援軍を派遣できるゆとりなどなかった。こうした背景が重なり、一七五九年、ヌーヴェル・フランスの要であるケベックは陥落する。続けて一七六〇年に最後の拠点モントリールも降伏した。そして一七六三年のパリ条約で、ヌーヴェル・フランスは現実の地図上から消えることになる。

フランスは敗北した。だがその文化的遺産は深く生き残っていく。だから現在、ケベック州のモットーにはこうある。

《私は忘れない》（Je me souviens）

II・「二つの世界」の出合い

西ヨーロッパ人の北米大陸への到来は、もともとそこに生活していた先住民たちとの異文化接触であった。しかも歴史上かつてないほど直接的で持続的な接触現象でもあった。だが「先住者」と「後来者」との関係は、果たして共存・共栄に至ったのであろうか。「二つの世界」の出合いは、今日の多元文化社会においても、否、それゆえにこそ普遍的な化的相対主義の発想はあまりに稀薄だったからである。

ともあれ、まず第一に一六世紀の北米に西ヨーロッパ人が到来した時点において、先住民の人口動態から見ていこう。研究者の間で意見は分かれるのだが、多く見積もって約一、八〇〇万人、少ないところで約九〇〇万人とも推定されている。さらに白人のもたらした伝染病で先住民人口が激変したとも言われるから、諸説紛々、実態不明……というのが正直なところである。ただ、一九九六年にカナダ連邦政府の「先住民特別調査委員会」(the Royal Commission on Aboriginal Peoples)がまとめた報告書は、ひとつの客観的な数字を提示している。それによると、カナダに限れば一六世紀の先住民人口は約五〇万人と推定されている。現時点ではこれが一つのメドとなろうか。

また先住民という名称は、たとえば東洋における「アジア人」というように、それだけではきわめて抽象的な概念である。彼らは多種多様な民族集団に分かれているから、決して十把一絡げというわけにはいかない。当然、言語・文化・ライフスタイル等を相互に異にし、居留地域あるいは生活空間も違ってくる。

一七、八世紀のフランス人側と関わりのある先住民に限れば、それは主にヒューロン人、アルゴンキン人、ペトウン人、オタワ人、ニピシング人らであった。その中でもとりわけ繋がりの深かったのが、ヒューロン人やアルゴンキン人である。前者の数は約一六、〇〇〇人、後者は約三、〇〇〇〜四、〇〇〇人と推測される。彼らはセント・ローレンス川流域及びオンタリオ湖とヒューロン湖を挟む地域を生活空間としていた。フランス人の居住拠点はセント・ローレンス川沿いであったから、おのずと接触頻度も多くなる。そしてマリー・ド・レンカルナシオンの手紙の中に登場する〝友好的な〟「先住民」とは、おもにヒューロン人とアルゴンキン人のことである。

他方、ヒューロン人たちははるか昔からイロクワ人と敵対関係にあった。このため、フランス人とヒーロン人との親密な関係は、おのずとフランス人対イロクワ人との敵対構図へと連なった。フランス側の資料を読むと、「先住民」が残忍で血に飢えた野蛮人として描かれる機会も多いが、それはほとんどイロクワ人の場合を指す。マリー・ド・レンカルナシオンの手紙の中でも、その迫害の残虐ぶりについての記述が頻出する。もっとも、今日、ステレオタイプ式にヒューロン人を「善玉」、イロクワ人を「悪玉」扱いとするのは、必ずしも正しい認識態度ではないことも付け加えておこう。

第二に、「二つの世界」との出合いを、キリスト教の布教という側から今少し眺めてみよう。一六一一年にはアカディア地方（現在のノヴァ・スコシア州の一部）に二人のイエズス会員が登場したが、これが北米でのフランス人による布教活動の始まりである。そしてヌーヴェル・フランスでは一六一五年に、レコレ会の宣教師（フランシスコ会の一派）も到来していた。だが、北米の過酷な環境はまもなくレコレ会の撤退を余儀なくさせ、後の本格的な布教活動は、軍隊的規律のもとに鍛えあげられていたイエズス会員に受け継がれた。その膨大な宣教記録『ルラシオン・デ・ジェズイット』(Relations des jesuites)は一六三二年から一八世紀末までパリで刊行されるのだが、それは北米におけるイエズス会員の活動をめぐる生々しい現実の報告であった。布教途上でのイロクワ人による虐殺、火あぶりに処され悲惨な最後を遂げた姿、雪中での殉教など、数々の〝英雄物語〟がここに登場する。その内容は王侯貴族たちに強い影響を与え、フランス政界・教会をも揺り動かしていくことになる。

ところで興味あるのは、北米大陸におけるイギリス人とフランス人との間では、対先住民観が明らかに異なる点である。イギリス人は、基本的には先住民を「ひと」とは見なしておらず、距離を置き、その社会の中にまで深く踏み込まず、ましてや自分たちの生活環境の中に仲間として招き入れることはなかった。それに対しフランス人は、少なくとも先住民を「ひと」と見なしており、神の愛を知らぬ「可哀想な人」ととらえる傾向が強かった。それゆえに、彼らにキリストの愛を伝えるのはカトリック教会の崇高な使命とされ、布教活動及び先住民の子弟の教育に深く携わっていく。フランス人社会は彼らに門戸を閉ざさず、タテマエとしては結婚までも奨励していた。

なるほど、フランス人宣教師による先住民のキリスト教化策は、表面的には洗礼者数の増大につながり、成功したかのように思われる。しかし、その信仰上の理解の実態となると、話は別であろう。たとえば聖母マリア、聖体拝領、三位一体などの意味は彼らにどこまで理解されていたろうか。また生活規範の根本的改変を含め、本来的意味でのキリスト教的価値の受容は、どこまで達成されていたろうか。加えて、白人文明との触れ合いは、伝染病の到来あるいは酒文化との初の出合いをも意味し、それらはとりもなおさず伝統的な先住民社会の文化破壊に連なっていった。

結局、この異文化接触は、見方によっては文化価値をめぐる西欧文明の側からの一方的押しつけであったかもしれない。あるいは「先住者」「後来者」ともに、都合のいいところだけを取り入れる表層的な接触という面もあっただろう。さらに状況によっては、相互排斥行為としての確執・衝突・戦争を生んでいた。こうした両者間に横たわる構図は、「石器文明」対「鉄器文明」、「アニミズム文明」対「キリスト教文明」、そして「無文字文化」対「文字文化」という深い溝でもあった。ヌーヴェル・フランスの舞台とは、こうした厳しい「二つの世界」の出合いの場でもあったのである。

Ⅲ・ヌーヴェル・フランス社会の顔

ところでヌーヴェル・フランスについてのイメージは、本国のフランス人にとってどんなであったろうか。一七世紀も半ばを過ぎると、そこの情報が断片的ながらも広がりはじめ、ある種のイメージが形成されていく。それは概ね次のようなものだった。「この世の果て」、寒くて「長い冬」、獰猛で野蛮な「イロクワ人」のいる所、そして聖職者にとって「神の栄光」を伝える世界、といったイメージである。少なくとも最後を除き、そこは希望に溢れる約束の地ではなかった。フランスから移民を大量にひきつけるに足る「魅惑」の要因は、とにかく低かった。これらを背景にヌーヴェル・フランスの社会を眺めてみると、いくつかの特徴が見えてくる。

まず第一に、そこは数のうえで圧倒的に男性優位の社会として、また民族的にはフランス人を主体とした同質性の高い社会として、誕生、展開していった点である。北米のイギリス植民地が女子供、家族、あるいは他の民族も含めて築かれていったのと比べると大いに異なる。そして、一七世紀初頭から約一五〇年間に、フランスからの移民総数は約二七、〇〇〇人と推定されるが、しかしそこに定着したのはわずか約三割に過ぎなかった。さらにその内訳を見ると、男性が約八割を占めていた。こうした男社会の特徴として、職業的には兵士、役人、商人、職人、そして年季契約労働者などが目立った。なるほど一六六〇~七〇年代には、フランスから「王の娘たち」と呼ばれた適齢期の花嫁（一説では約七七〇人）を呼び寄せ、人口増加策を試みたこともあったのだが、問題の根本的解決には至らなかった。

第二は、多産社会であった点である。二〇世紀半ばまでのケベック社会は子供の多い大家族制として知られているが、実はそのルーツはすでにヌーヴェル・フランス時代にあった。そこの人口動態を見ると、自然増加に依存していたことがわかる。この点もまた、継続的な大量移住のあったイギリス植民地と異なる。移民による人口増大をあてにできなかったから、早婚、再婚、子沢山が奨励され、さらには成人が長らく独身でいることへのペナルティも科されていたほどである。出生率は、一、〇〇〇人につき五五人と推測されていたから、これは同時期のヨーロッパの三〇～四〇名に比べるとかなり高かった。

第三に、ヌーヴェル・フランスは、基本的にはフランス本国の統制下にあった。フランス海軍がその管轄にあたっていた。最高指令は本国ヴェルサイユから海を渡って伝達された。とはいえ、遠く大西洋を隔て一年のうち数ヵ月はセント・ローレンス川が氷結し、本国政府とのコミュニケーションの途絶えてしまうカナダでは、時とともに独自のライフスタイルが芽生えていった。先住民から学んだ厳しい自然の中での生活方法、比較的緩やかな身分社会、広い生活空間領域から育まれる束縛からの自由、小さな共同体の中で育まれる父権政治、毎日曜の教会でのミサに出席する華やかな姿、独自の民俗歌謡や工芸文化の誕生等々、それらは枚挙に暇がない。つまり、ヌーヴェル・フランス社会は、一方でフランス文化の連続性を帯びながらも、他方では独自のケベック文化の芽を育んでいったのである。

そして第四は、カトリック教会の存在の大きさである。それは、精神的基盤及び生活的規範として多大な役割を担っていた。一七世紀初頭にはプロテスタントのユグノー教徒もいたが、間もなく彼らは排除され、またその流入も禁止されてしまう。カトリック色が強いと言っても、そこはピューリタニズム的厳格さをともなう神聖政治の場ではなかった。その点では、ニューイングランド社会のほうが神聖政治色が濃かったであろう。

こうした中で、ヌーヴェル・フランスの教会が仕える道は二つあった。一つは「神」のため、そしてもう一つは「フランス国王」のためである。たとえば司教は国王によって任命されたし、北米奥地にまで浸透していった宣教師は、フランスのための戦略的な連絡将校的役割も果たしていた。信仰の証としての教会は、為政者・住民の両者にとって運命共同体でもあった。村にはかならず教会があり、司祭は住民のもろもろの相談役でもあり、キリスト教文化の擁護者でもあった。修道会は先住民の子弟やフランス人の子女の教育にあたり、神学校を設立し、病院を造り、慈善事業に従事していた。ちなみに、一八世紀初頭を例に見ると、カトリックの聖職者は約三一〇名を数え、それは人口の約一・六パーセントに相当する多さだった。ヌーヴェル・フランスのカトリック教会は、伝統と信仰の強い守護神として機能していた、と言えるだろう。

Ⅳ・結びにかえて――マリー・ド・レンカルナシオンをどう評価するか

マリー・ド・レンカルナシオンがケベックに到着したのは、一六三九年八月一日だった。ケベックが創設されて約三〇年後のことだった。苦難に満ちた約三ヵ月の船旅だったが、目のあたりにしたケベックは、彼女にとって「すべての疲労を忘れさせ」、希望に溢れる土地と映った。そのとき、彼女は四〇歳。以後、一六七二年に七二歳で亡くなるまでの三三年間、彼女は二度と再び母国を見ることなく、ヌーヴェル・フランスで生涯を送ることになる。では、彼女は歴史上、どのように評価されうるだろうか。簡略ながら、ここでは三つの側面から整理して見よう。

まず第一は、何といっても「宗教的神秘主義者」であったこと。「一七世紀フランスの娘」として、彼女は対抗宗教改革の申し子でもあった。驚くべき信仰の深さ、聖なる心の持ち主、教会に対する従順な姿勢……。その精神の遍歴は、神に酔う魂によって支えられていた。内面の高貴さと善なる心情を見抜いたヌーヴェル・フランスの初代司教ラヴァールは、彼女を評して次のように言う。「徳のすべてを持ち、……神との完璧なる一致の中にいる」と。

第二は、「行動の人」であったこと。彼女は薄暗い部屋の中で、観想の世界だけに閉じこもっていたわけではなかった。生活の拠点は修道院であったとはいえ、またそこで外部世界の動きの見聞に熱心だったとはいえ、無行動の人ではなかった。まずは先住民の言語の習得に熱心だった。生きるための作業にも積極的に関わった。たとえば野菜作り、井戸掘り、パン作り、乳搾り、家屋建造の手伝いまで、あらゆる肉体労働を厭わなかった。住民や当局相手の〝ビジネス〟もこなした。しかし、とりわけケベックの歴史上重要なのは、彼女が使徒的活動を通して教育活動に大きく貢献した点である。当地のフランス人子女や先住民の教育に深く関わっていったのである。聖ウルスラ会で宗教教理、読み書き、行儀作法、算数、手仕事などが教えられ、ケベックにおける初等教育の礎が築かれていった。

そして第三は、「手紙の人」であったこと。その数は膨大で、約一三、〇〇〇通と言われるが実際はそれ以上であろう。宛先は主にフランスにいる教会の上長だが、それだけでない。本国の友人、同僚の修道女、母、一人息子宛など、様々である。内容は現地の社会状況から自己の内面の動きまで、ありとあらゆるすべての事柄に及んでいる。時には走り書き、おそらく推敲も無し。それだけにリアリティに富む。つまり、彼女の書簡は、ヌーヴェル・フランスの証言という意味で、たとえ批判的に読めるにせよ、貴重な歴史資料となっている。それはまた、ケベックにおける「手紙文学」の始祖とも言えるだろう。

いずれにせよ、マリー・ド・レンカルナシオンは、あらゆる意味でカトリック的神秘主義の具現者であった。なるほど、先住民に対してはキリスト教優位主義からの憐れみの視点、フランス的愛国主義の露呈など、彼女が「時代の人」の域を出なかった面は隠せない。われわれがヌーヴェル・フランス社会を理想化したり、そこでの様々な使徒的活動を過度に美化するのも、正しい歴史認識態度ではないだろう。しかし、今日のケベックが、実態としてどれほど宗教離れ現象を起こしていようとも、やはりケベックで生きたマリー・ド・レンカルナシオンの御業からは目が離せない。なぜだろうか。北米におけるフランス系文化のアイデンティティの一つが、そこに刻みこまれているからである。そして、われわれが今日忘れかけている大切なもの、すなわち「深い価値」と「愛の精神」が、そこに宿っているからでもある。

修道女が見聞した一七世紀のカナダ

――ヌーヴェル・フランスからの手紙――

第一部　海を渡ってカナダで宣教する動機

一(11) トゥール。一六三五年三月二〇日 フイヤン改革派 ドン・レイモン・ド・サン・ベルナール宛[1]

神父様、私の気持ちを急かせている原因を明らかにすることは不可能のように存じます。私がイエス様をいっそう愛するように望みましたときには、必ずそのことを神父様にお伝えし、同時に神父様の思し召しと有益なご助言に従ってまいりました。

さて、私はどうしてもカナダに行きとうございます。そして、どこにいてもこの望みが付いて回りますのに、それを実現するためにどなたの所にうかがってお話しをし、援助をお願いしてよいのか存じませんでした。ところが噂によりますと、他ならぬ神父様が危険を顧みずこの極めて崇高な事業に乗り出されるお考えで、しかもご計画は非常に急速に進められ、神父様は御復活祭後に出る最初の船団で御渡航の予定とのことでございます。[2]驚きました。本当でございましょうか。もし本当でしたら、お願いです。私を置いていかないで、一緒に連れていってくださいませ。私はあの未開の地の人々を非常に大事に思い、自分の心に抱いているような気持ちが致しております。それらの人々にイエス様とマリア様を愛するよう教えることができましたら、なんと幸せなことでしょう。

神父様にお打ち明けしなければなりませんが、私はもう一〇年余りも前から、人々の救霊のために働きたい望みを抱きつづけていたのでございます。そして、この仕事を行うことに多くの魅力と幸せを感じ、その望みはいつも新たに燃え上がります。これ以上、私にとって快い考えは他にございません。もし誰かこのように崇高な目的のために神様に選ばれるとしましたら、天が下でその方ほどかくも計り知れない幸せを享受できる者はいないように思われます。それを得るためには、すべてのセラフィン〔*熾天使〕にもまして愛さなければならないと考えます。それは愛によって得られるはずのものだからです。

もし私が、こうでなければならないと想像するようにお愛し申し上げておりましたならば、最愛のイエス様の御心をすでに摑んでおりましたでしょうし、直ちに私の望みをお聞き入れくださるようにご無理を申し上げたことでございましょう。それほど私は急かされた気が致します。私をカナダに行かせてくださるのは、結局はイエス様だけです。ですから私が、どんなに血気にはやり、また興奮のあまり日に幾度となくイエス様にせがみましたことか、神父様にはお察しになれませんでしょう。そして神様は、ご自分の聖なる御旨を実行させるためにお使いになられる人々をお持ちのことですから、神父様のご意図を伝え聞きましたとき、私はもしや尊い救い主は、今までに神父様をとおして私になさってくださいました他のすべてのよいことに加えて、私に自分の望みを実現させようと神父様をお選びになられたのではないかと考えました。救い主はご自分のお望みの所まで私をお連れくださるため、神父様がはじめから終わりまで私の幸せを図ってくださることをお望みなのでございましょうか。そのようでしたら、主はいつも賛美されますように。また、その愛によって私が決して恥ずべきものとなることのないよう願ってやみません。しかし、自分のいろいろの欠点に思いつくと、主は私をお望みにならず、もっと愛されている他の方がその御心を捕らえ、この幸せな使命をその方にお任せするのではないかと考えてしまいます。それでも私は誤ることのないこのお選びについて、また、ご自分がお望みで、お好みの充実した器となれるような人々をお育てになることについて主に感謝申し上げます。

　けれども、神父様、どうか私の望みに関して私をお助けになり、必ずよいお返事をくださいませ。しかし、このように取るに足らない身の私が、厚かましくもこれほど気高い生活に憧れていることをお知りになって、神父様からお叱りを受けるのではないかとも思っております。でも、神父様、すべて神父様のお気に召すようになさってくださいませ。私はいつも神父様のお優しさと同じように厳しさも謹んでお受け致します。

1　ドン・レイモン・ド・サン・ベルナールについては、マリー・ド・レンカルナシオンの書が供するもの以外には希少で、パリのサン・トノレ街編『フイヤン派のサン・ベルナール王立修道院編年史』に由来するものである。パリ修道院の説教者、院長、フランスの同会管区長を歴任した。その死去の日は正確ではないが一六六一年か二年とされる。一六二一年から三三年までの一二年間、マリー・ド・レンカルナシオンを指導している［＊本書では掲載しない原書の手紙(1)の注1。フイヤン改革派（Feuillant）とは、一五七七年ジャン・ド・ラ・バリエールの改革の許にシトー会から分かれた改革派修道会である。一七九一年に解散。手紙(1)から(10)までは、マリー・ド・レンカルナシオンが自分の神秘的体験についてこの指導司祭に報告し、その指導を請うものである］。

2　「師はこの手紙を読んで、同修道女の意図を知り、またかなり内密と思っていた自分の意図が洩れているのを見て驚いた。修道女の意図に関しては最初は同意しなかった。修道女たるものの境遇には、あまりに反するものと考えたからである。実際、修道女は世間を見ただけで怖くなるはずなのに、ましてや、禁域〔＊教会法によって厳しく規定された一種の囲い制〕から離れて多くの地方と海を越えて、しかも当時は男性にとっても命の保証のない未開の国で使徒活動を行うのであるから、その他にどのような思いを抱くかは推して知るべしである。しかし、師は賢明であったので完全に思い留まらせようとはしなかった。限られることのない神の御腕はいつの時代でも奇跡を行うことがおできになり、すでにこの霊魂を数々の驚くべき恵みによって満たされた御摂理は、すべての人間の予測と思慮に反して、さらにより高い使命にお召しになれることを知っていたのである。それゆえ、かくも希有な召命を十分に検討するため、マリー・ド・レンカルナシオンに、そのはじめ、経過、事情、またこれほどに重大な件についてで確かな判断を下すのに必要なすべてのことを、師に報告するよう命じた」(F.Richaudeau, *Lettres de la Révérende Mère...*, Tournai, 1876)

二(12) トゥール。一六三五年四月 フイヤン改革派 ドン・レイモン・ド・サン・ベルナール宛

神父様、神父様には私の正気を疑い、警戒なさるだけの大きな理由がございます。ですからお驚きになって、私がこのように不可能と思われることを切望し、さらにそのようなことに憧れているのをお知りになり、意外にお思いになられても私は不思議には思いません。

神父様、私がこのように激しい衝動に駆り立てられて、自分の卑しさを顧みれば考えるのも恥ずかしいような事柄をお話し申し上げるようなことがございましたら、どうぞお許しくださいませ。

さて、神父様のご命令に従って、私の気持ちを申し上げることに致します。神父様がご存じのように、私の愛する天配〔＊キリストのこと〕はずいぶん前から私を緊密な一致と、内的な結合のうちに引き入れてくださっておりました。そのおかげで、私はただ愛する御方以外には如何なるものにも目を留めませんでした。愛する御方は私の愛を心ゆくまで満たされ、私はその愛にあまりにも恵まれているのを見て、他のすべてのものが取り上げられても別に苦にならない気持ちでしたし、また、どのような十字架を負っても、この気持ちを奪うことはできないほどでした。私の修道誓願宣立以来絶えず、主は私にその御掟の魅力的な気高さと、古い律法と福音的掟のすべてについて甘美な観想に耽らせてくださいました。この観想の中で私の記憶は絶え間なく、聖書の言葉でいっぱいになっておりました。そして、それらの言葉を決して疑っていたわけではありませんが、その中で人とな

られた聖なるみことばについて述べられているすべての真理、また一般に、私たちの信仰の極めて高度な事柄に関して私の認識を確固なものとしました。それで、これらの強い光に照らされて、私の精神は高く高く舞い上がり、私は我を忘れてこう申し上げました。

「ああ、私の偉大なる神、私の愛する偉大な御方、私はあなたについて語られているすべてのこと、また被造物の弱さからあなたについて言い表せないすべての事柄を信じることを誓約致します。と申しますのは、私の愛する御方、あなたは私の精神をお満たしになられた知識で、私の心を奪い取られたからでございます」

ところで、このことから私の心には使徒的生活への激しい望みが生まれました。そして、自分の愚かさも顧みず、神様が私の心に注がれたことによって、神様を知らず愛していないすべての人々を回心させることができるように思われたのでございます。

私は霊操〔＊イエズス会イグナティウス・デ・ロヨラによる霊的修行法〕をしておりましたとき、私の性にも境遇にも決してふさわしくない自分の考えを報告しなければならなくて、大変恥ずかしくなりました。

私は布教地[2]については少しもお話をうかがったことがありませんが、それでも私の精神は望みによってそれらの見知らぬ土地にありました。この前の手紙で申し上げましたように、一〇年余り前から、私はこの偉大なことを望み、意図致しておりました。しかし、それを実現したいという望みがさらに強まりましたのは、あのすべての新しい知識を得た後で、それを実行に移す手立てがあるらしいという風聞に接してからは、それがまた特に強まりました。それに私どもは『イエズス会会報[3]』を拝見致しましたが、これが私を思い留まらせるどころか、願望と勇気を再燃させました。このことにつきまして、私が愛する天配と絶え間なく交わしております心の中の話を、神父様に明らかにすることは私には不可能に思われます。

愛する御方は、この計画はキリスト信者の生活が持つすべての役割の中で最も偉大なもの、最も名誉あるもの、最も幸せなものとお知らせくださいましたし、また、このお仕事にふさわしく、またそれに値するいかなる被造物もいないこと、すなわち、ご自分の愛がお選びになられることで、そうなさるときは、無償でなさることをお教えくださいました。私はそれに大きな魅力を覚え、それで心は奪われるのですが、もし私が一千の命を持っていましたら、これほどに素晴らしいことを手に入れるため、一度にその全部を与えたい気持ちでございます。それらのことを考えました後は、私は自分が如何に取るに足らない卑しい者で、私をカナダに行かせることのできるただ一人の御方の豊かなお恵みをいただくには、必要な条件からかけ離れているのが分かりました。それでやるせなくなり、こう申し上げたのです。

「ああ、イエス様、あなたは私のすべての欠点をご存じです。私は地上で最も軽蔑に値する者で、あなたにお目を留めていただくだけの価値はありません。でも、愛する御方、あなたは全能でいらっしゃいますので、私に望ませてくださいましたことをお与えになるはずでございます」

その後、私は言いようもない平和に満たされたのを感じ、愛すべき無限の価値を持たれる御方を少しも愛していない人々をひたすら思いやりました。

私は、「イエス・キリストはすべての人々のために死なれた[4]」という聖パウロのあの言葉をはっきり覚えております。そして皆がまだ生きていないこと、多くの霊魂が死の中に沈んでいるのを考えて非常に苦しみました。しかし、これらの人々に命を見いださせることに憧れ、またそれに役立つことができると考えさえした身のほど知らずには、深く恥じております。私の無謀をお赦しくださいませ。そうは申しましても、それらの人々から目を離すことも、どこまでも付いて回る望みを断ち切ることもできないのでございます。

私は、自分の願望が血気にはやったものなのではないかしら、あるいは自尊心がそのことで満足を求めているのではないかしらと心配しました。それで、海や陸地での疲労、先住民と一緒にいるのはどういう具合なのか、飢えや寒さで死ぬ危険、捕らえられるかもしれない度重なる危険[5]、最後に、この計画を実行するうえでのありとあらゆる嫌なことを考えてみました。こうした考えには自分の気持ちを喜ばせるものは何もなく、かえってそれをおじけづかせるものが多くありましたが、それでも私の気持ちはなんら変わることはありませんでした。霊的本能が私に、「お望みのことはすべておできになる主が、危険を顧みない人々にご自分の霊をいっぱいに注がれますし、またそれらの人々は自分で行うのではなく、主によって行い、自分たちの目的を果たすのです。そして、多くの困難を見ても決して勇気を失ってはなりません」と言って聞かせているのを感じました。このようなことを考えまして、私は最愛の御方にせがみつづけ、その御心を捕らえようと努めました。

しかしそのあとで、自分は主にわが子たちのため、神の国で最初の二つの上席を願ったあの母親のような者ではないかしらという考えが浮かびました。主はその母親に、当人は何を願っているのか分かっていない、とお答えになっております。[6] 私はそのことを心配します。しかし、そう心配しながらも、いつものように神様にお任せして、私が身のほど知らずにうるさくお願いすることではなく、神様が、愛によって永遠から私のためにお定めになられたことをお与えくださるよう懇願致しました。

　神父様、このような使命をお受けした人々はなんと幸せなことでしょう。それがどのような人であっても、私は神様のお選びを永遠にたたえるつもりでございます。ですから、私がその使命から洩れることがありましても、それは愛する御方が私を愛しておられないからではなく、自分で自分をこの大いなる慈しみに値しない者としたからであると考えることに致します。この願望を持ちまして以来、私は少しも意を翻しておりません。かえって、その使命の美しさをますます新たに認識し、それが私の願望をいっそう燃え立たせるのでございます。神父様、ですから、私をこれほどにお慈しみくださった御方にお仕えして命を全うすることができますように、どうか私をお助けになってくださいませ。

　確かに私は、自分の意図を明らかにすることはできましても、どなたかのご援助がなければ、それを実行することはできません。神父様が私の望みの強さをお知りになれば、ご同情くださるはずです。そして、必ず私をお助けくださるものと確信致しております。神父様、どうか私の心をお汲み取りください。私には自分が思っていることをすべて言い表すことができません。ただ敢えて申し上げますと、神様がそれを自分にお望みでいらっしゃると信じてはいるのでございます。私は、このことのために祈りつづけます。尊い神様の御旨以外には何も望まず、願望がすべて御旨に従い、成就することを望んでおりますから。

1　一六三三年一月二五日。

2　ヌーベル・フランス〔＊当時のフランス領カナダ〕。

3　『セント・ローレンス川流域ヌーヴェル・フランスの出来事についての報告』。カナダの布教所に戻った一六三二年以来、イエズス会員は、先住民の許での彼らの活動と福音宣布の進展についての話を『イエズス会会報』の題名で毎年刊行していた。これは疑いもなくポンセ師によってパリから送られた一六三四年の『会報』であろう。それにはカナダでの宣教に身を投ずるようにとの緊急の要請が載っていた。

4　コリントの信徒への手紙5・15。

5　一六三四年の春、イロクォイ人のかなりの集団が五〇〇人のヒューロン人を奇襲し、二〇〇人を殺戮し、一〇〇人ほどを捕虜にした。

6　ゼベダイの息子たちの母。マタイによる福音書20・22参照。

三（13）トゥール。一六三五年四月五日　フイヤン改革派ドン・レイモン・ド・サン・ベルナール宛

神父様、私がそうできたらと日に幾度か思っておりますことを、新たに神父様にお知らせするのに週末まで待つことができませんでした。私どもの修練長様は同封のお手紙によって、私が自分の願望について神父様にお伝えしたことには偽りはないことを確言なさいます。神父様、私は軽々しくて、実際にはやる気のない事柄を神父様にお願いするほど自制心を失っているとお考えでしょうか。いいえ、私はずいぶん前からそのことを考えておりました。心からそう申し上げなければなりませんし、また神様には従わなければなりませんので、これ以上沈黙を守ることは致しかねるのでございます。今回、受けましたお召しの手触りは非常に強烈でございましたので、それを言い表すための的確な言葉を存じません。私どもの浄配〔＊キリスト〕がお命じになりましたことを遂行するまでの間、全くやるせない思いを致しております。もし私の同意だけをお望みのようでしたら、あれほどに強いお召しの手触りをお与えになられた当初から、私はすでにお望みのものを差し上げているのでございます。自分にとっては多分有益であるよりも有害で、また明らかに人間の理性に反することを慌てて求めるつもりは少しもございません。しかし、万事につけご賢明な方々の助言と意見に従う所存でございます。これは、いつも自分から離れないこのような望みを検討致しますとき、私が抱く考えでございます。

私は激しい願望を抱いてはおりましても、あまりに申し分のない平和と、無一物になりきった気持ちでおりまして、そのことから私のうちにはまた新たな愛の結合が育まれます。ところが、私はやるせない思いを抱かせられていると申し上げましたのは、最愛の御方とこの結合の中でお話を交わし、自分が最愛のお方から負うておりますものを考えますと、お示しを受けましたような聖なるお仕事によって、幾分なりともこちらからお返しできたらと考えたからでございます。私の願望はこの平和、この結合から引き離されることなく激しくなり、それがやるせない思いを抱かせているわけですが、実際、これほどに偉大な事柄を望んでいるのは他ならぬ私であること、しかもその私は、小さい事柄であまりにもしばしば

不忠実であることを考えては、恥ずかしくて身の置き場もないほどでございます。けれども、私は自分がお選びいただくにはふさわしくない者であることをお目にかかって申し上げながらも、イエス様を愛しつづけているのでございます。神父様は、この愛の交わりの中で起こっていることをご推察くださることでございましょう。神父様にお話し申し上げている今、私は自分の卑しさにもかかわらず、愛するお方がたっての私の願いをお聞き入れくださるようにと望んでおります。そしてそのように求めながら、その御旨にはひたすら同意致したく存じますので、もしお聞き入れになられるのでしたら、それは決して私がうるさくせがんだからではないようにとお願い致しました。私が望みます最良の善は、私の愛するお方がお望みになることでございますから。私が内的にはどれほど励まされており、私が抱いている信仰がどれほど生き生きとしていてどんな困難でも克服するだけの力を持っているかということを、たとえ神父様はご存じだといたしましても、このことは多分信じがたいことでございましょう。ですから、もし私の天配〔＊キリスト〕が神父様にご自分の御旨をお打ち明けくださるならば、私をお助けにはならないでしょうか。私が世間におりましたとき、神父様は私を天配の御許にお導きでした。修道女としてささげてくださいました。ですから、まさに天配に対する愛のために、どうか私がすべての善の中で最大のものと考える善にお導きくださいませ。

このようなことが、神父様の不肖の娘に起こり得るのでしょうか。それは、私の霊魂に対する尊いイエス様の溢れるほどの過分のお恵みではないのでしょうか。ああ、そのような境遇にいたるのでしたら、私はなんと幸せなことでしょう。その幸いな結末は私には把握できませんし、話すこともできません。

メール・ウルスラ・ド・セント・カタリーヌは同じ願望を抱いていらっしゃいますが、全く汚れのない方ですので、私の確信致しますところでは、主は第一にお聞き入れになられることでございましょう。しかし、私にとっての慰めは、一人だけのはずはありませんので、私とメールの絆は改めて固められ、私どもは決して離れ離れになることはないものと期待しているのでございます。

神父様は、私がこの考えをどなたにお話ししたか知ることをお望みです。修練長様にお打ち明け致しましたので、そのお考えを神父様にお伝えなさることでしょう。またディネ神父様にもお話し致しました。こちらをお発ちになるとき、神父様にお伝えするようお願い致しましたので、折りを見て私の心の状態をお知らせできるのではないかと存じます。私はこのことについて話しはじめますと、留まるところを知りません。お手紙を書かせていただいてはおりますが、もし幸いに神父様にお会いできますならば、申し上げることがもっとたくさんございましょう。どうか神父様、イエス・キリストにおいてあくまでも神父様の娘である者をご考慮くださいませ。[1]

1　この手紙に答えて、ドン・レイモンはカナダへの召命を認め、援助を約束した。しかし一緒に連れていくことは考えられないと話した。

四（14）トゥール。一六三五年四月一九日　フイヤン改革派ドン・レイモン・ド・サン・ベルナール宛

神父様、神父様はご親切でいらっしゃいますから、期待致しておりますのはただよいお返事だけでございます。それに私どもが心からお愛し申し上げております御方が神父様のお心を動かされ、ご自分に対する愛のために私どもを助けるべきであるとご判断なさるように、神父様を導いてくださることを存じておりました。

神父様のお手紙を拝読致しまして、私ども（私とメール・ウルスラ）は小躍り致しました。しかし、この世では苦しみなしには喜びはありませんので、私たちはその一つを見つけて、このように考えさせられました。どうしましょう、神父様はお発ちになります、私たちを連れずにお発ちです。殉教者聖ラウレンツィオに熱情をお与えになられた御方は、その深い御憐れみから私どもに同じくらいの熱情をお与えになりましょう。それで私たちは、聖ラウレンツィオが刑場に連れ去られるお父様の聖シクストにおっしゃったようなことを神父様に申し上げます（と申しますのは、私がこの企てのうちに予期しておりますことは、ただ苦しみと殉教だけであると申し上げておかなければなりませんので）。

「神父様、あなたの娘たちを置いて、どこにいらっしゃるのですか」

神父様は、ご自分が受けられる苦しみを娘たちが受けるのをご心配ですか。神父様には、まともなお家がないことは存じております。それは栄光をもたらすものでございますけれど、その栄光を私たちから取り上げようとお望みなのでしょうか。神父様は私どもに事情をお知らせくださるとおっしゃいます。私としましては、私たちがいつ出発するにせよ、その地に見いだすものはただ不

便さだけであることは承知致しております。それでは、なぜ御摂理にゆだねるのをこれ以上延期しなければならないのでしょうか。私はこの御摂理への委託を地上のどんな素晴らしいものにもまして重んじ、大事にし、他のことは何も顧みません。もし神父様が私たちを置いていらっしゃるなら、どなたが私どものことを見てくださいましょう。どなたを頼りにしたらよろしいのでしょう。どのようにして、またどちらの権威から移動証明書がいただけましょう。神父様はご出発までにまだ一月《ひと》はおありですから、その間にこうした問題を容易にご解決くださるでしょう。

　また、当事者の方々はパリにいらっしゃいますので、[1]すべての事柄を短時間にご解決なさるのも容易なことでございましょう。

　私には、まだそれらの事柄についての深いわけが十分には分かりかねます。しかし、霊から与えられます光に照らして考えますと、私たちの事柄はそれらと密接に結び付いておりますので、より堅固で、またより確実なものに思われるのでございます。

　神父様はディネ神父様と会談をお望みですが、そうしていただければ慰められます。けれどもディネ神父様は、私たちの素晴らしい意図について神父様にお伝えしたことは何もご存じではありません。

　ですから、この件を神様への愛のために推し進めてくださいませ。もし神父様がそうしてくださいますなら、それはきっと成し遂げられるに違いありません。実際、神父様がご渡航なさったあとは、どんな伝達者が神父様のお便りを私どもに届けてくださいますか。そして、こちらからの便りはいつ出せるのでしょうか。ご存じのように、今はこの旅行のために最適の気候でございます。そして『イエズス会会報』が明らかにしておりますように、あちらの風土は大変悪うございますから、冬が訪れる前に慣れておくのがよいと思われます。けれども、ケベックかその他の所か、どちらに参りますのか存じておりませんが、どこに参りましょうとも、その愛する土地を私にとっての地上の楽園と見做します。そこには、聖霊の溢れるばかりのお恵みが私どもを待っているように思われるのでございます。

　私どもの院長でございますが、愛情深いお方ですので、今度の面接で私どもに望ましい愛情をお示しくださいます。私にご確約なさったところでは、このような非常に犠牲的なお仕事のためにならご自分がお持ちの最も大事なものを心を尽くして神様におささげし、ご自分がお与えになる修道女たちを神父様が喜んでお世話くださるものと信頼なさっております。ですから、イエス様への愛のために急ぎお決めくださいませ。私は大変不束な者でございますが、イエス様が神父様のお心をお捕らえくださいまして、この私に神父様が特別のご厚意をお示しくださることを願い、ひたすらイエス様の御心を捕らえるように努めます。

1　一六三三年にリシュリューによって創設されたヌーヴェル・フランス会社または百人出資会社の理事たち。Cf.E.Salone, *La colonisation de la Nouvelle-France*, Paris, 1906, 39-53;G.Lanctot, *Histoire du Canada*, I, *Des Origines au régime royal*, Montréal, 1950, 171-177; G.Louis-Jaray, *L'Empire français d'Amérique*, Paris, 1938, 95s.;L.-A. Boiteux, *Richelieu〈grand maître de la navigation et du commerce de France〉*, Paris, 1955, 245-282. *Collection de Documents relatifs à l'histoire de la Nouvelle-France*, I, Québec, 1883, 80-85の中に出資者の名前のリストが出ている。

五（15）　トゥール。一六三五年四月二六日フイヤン改革派ドン・レイモン・ド・サン・ベルナール宛

神父様、私が抱いておりますような願望は長い間黙していることができません。絶えず再燃しますので、お話ししたいことが、いつもあとからあとへと出てまいります。私の心がそれらの可哀想な人々に繰り返し繰り返し引き付けられ、そのたびごとに熱烈な愛に燃え上がらないときはありません。もしお祈りで神様を動かすことができるのでしたら、私は敢えてそれらの人々の回心を志します。そうすれば、私の天配の御心はほぐれることでございましょう。私の願いをお聞き入れになるまで、何度でも愛撫させていただきますから。私は、心に感じる熱い思いからどんなに大きな苦しみにも耐える気持ちでございますが、神父様は私の愛徳が大変小さいのをご存じで、それをお信じになられません。しかし、私を焼き尽くすこの火を心にお付けになるのは非常に強い御方ですので、すべての被造物の中で最も弱く、取るに足らない者をお使いになって、ご自分の栄光を得ることがおできになります。特に、私たちに啓示される尊い真理の信仰と、それらの源を啓示なさる御方の偉大さについて、

私にいっぱいに注がれた光がそのような結果を生じさせるのでございます。

このような事柄は、内的に結ばれている間に私に明らかにされましたが、その間にも、私はこれらの大いなる真理を知らない人々の嘆かわしい状態を見まして、私にはそれらの人々はすでに地獄に沈み、イエス様の御血がこれらの人々のためには無駄に流された感じが致しました。それに、果てしない遍在によってどこにでもおいでになられ、したがって、これらの被造物の中にも、その他のすべての人々の中にもおいでになられる神様のご関心を考えますと、私は心痛に耐えかねることがございます。それは、無量の慈しみの神が、ご自分をそれぞれの存在のうちに擁し、知り、愛し、崇め、たたえることのできる当の被造物によって知られず、愛されず、崇められず、たたえられていないということでございます。これは言葉で表せないほどに私を苦しめております。私はすべてがおできになり、すべてを無からお造りになった全能の御方にこのようにお願い致しております。

「もし、審判の日に私が地獄に行くことをお望みでした[1]ら、どうかそのようにお取り計らいくださいませ。その代わりあの可哀想な人々を回心させ、それらの人々があなたを知ることができるようになさってくださいませ。あなたを知るようになれば、それらの人々が直ちにあなたに対する愛に燃え上がることは確かなことでございますから」

神父様、私は思うようにお話しできません。私に注がれました光、それによって私の心に燃え上がる炎、駆り立てられる願望、それらは説明できかねます。ただ、敢えて申し上げますならば、それは無駄には終わっていないということでございます。ですから、神様がお望みのことはなんでも私になさってくださいますようにと願っております。私はそれほどにご計画を崇めます。どうか、そのご計画が私のうちに実現されるのにふさわしい者となれますよう、私のためにお祈りくださいませ。

ですから、どうか断念なさらずに、おできになるのなら、私どもをお連れくださいませ。この願望のために、他のすべての好ましいことは私たちの念頭から消え去りました。すなわち、ヌーヴェル・フランスでの宣教を考えますと、この世にあるものはすべて価値のない、取るに足らないものとしか思われません。私どもの院長は私どもを駆り立て、ご自分が連れておいでになるかのように励ましてくださいます。もしお元気でしたならば、私どもとご一緒にお出掛けになられることでございましょう。しかし神父様は、院長が別の形でそれを求められていらっしゃるのをお知りになることでしょう。

どうか、神父様がどんなに娘たちをお望みかを院長にお知らせになってくださいませ。そうなさいますならば、院長は神父様のご要望にお応えになるはずでございます。と申しますのは、こちらにはこのようなお仕事のできる姉妹がたくさんいるからです。ですから、神様にお働きかけくださって、私どもが残りの生涯をこれほど輝かしい活動のために費やせるようお計らいくださいませ。しかし他の人々には一切秘密でございます。お手紙をお待ち致しております。急いでお書きくださいませ。待ちつづけるだけでは心が病みます。[2]

1 神への愛を損わず、身代わりに地獄に行くことの承認については以下の著書を参照。E.Boularan, *Désintéressement, Dic.de Spir,* III, 580-581, 584-586, 及びその参考図書欄G.de Broglie, *Charité, Acceptations chimériques,* ib., II, 690-691; P.Dudon, *Lettre autographe et inédite de Fénelon à Bossuet sur le sacrifice absolu du salut, Revue d'Ascétique et Mystique,* XVIII, 1937, 65-68.

2 旧約聖書箴言13・12。

六(16) トゥール。一六三五年五月三日 フイヤン改革派ドン・レイモン・ド・サン・ベルナール宛

神父様、私どもには延期が必要で、神父様がお一人でお発ちになりたいということをうかがいますと、非常に苦しうございます。[1]船団はまもなく出航しようとしていますが、その間にも私どものために何か打つ手はございませんのでしょうか。私は神父様が私どもをただ御摂理におゆだねになり、私どもが他に手蔓を求めないことをお望みと考えます。もし、そうでしたら、神父様のご処置に従います。それでもよいお返事をお待ち致しております。私どもの祈りが神父様のお気持ちを多少とも動かし、神父様にお願いするよう私どもを駆り立てられた御方が、もともとはご自分がおせがみのこの件を神父様が御心に掛けられるようお計らいくださることをよく存じております。私と致しましては、その御方からあきらめずに求めつづけるよう迫られているのを感じている次第でございます。メール・ウルスラがお知らせくださいましたお手紙を拝読致しました後、私は愛する天配をお恨み申し上げ、私たちを置いて神父様が出発なさることをお許しにならないよう懇願致しました。その後すぐ、突

然深く潜心し、その中で主に固く結ばれているのを感じましたが、それがまた私を無我の気持ちにさせました。それで私の心は神様の御旨に魅了され、自分がそれと一体になっているのを知り、もう自分からは何も望むことができなくなりました。はっと我に返りますとすぐ、私はこう申し上げたのです。

「私の愛する御方、すべて聖なる御旨に反することは押しのけてくださいませ」

　しかし、私どもの問題に戻ります。そして自分自身の利害は求めず、正直にお話しさせていただきます。聖霊のお助けを求め、神様と親しくお話を致しましたあとは、私は思い留まることができないまま神父様に切にお願い致したく存じますが、もしできるだけの手を尽くしても私どもがその船団で出航することができないのでしたら、どうか私どもをお待ちくださいませ。愛徳の行いをなさるため少しお待ちになったからとは申せ、ご自分の召命を危うくするのではないかなどと決してご心配なさいませんように。そうでないと、私どもにはもはやお頼りすべきドン・レイモン神父様はいらっしゃらなくなります。他のすべての方は、同じ願望に燃えていらっしゃっても、私どものことをそれほど真剣にお考えはくださらないでしょう。そしてその場合にこそ、神父様のではなく、私どもの召命が危うくされるかもしれません。ですから、思えば神様が私どもをお助けくださるためにこの世に置かれた方々にお頼り致しますのは、私どもの利益を求めるためではございません。神父様は私が、どれほど神父様の召命を重んじておりますことかお考えでしょうか。延期によって神父様の召命を失わせてしまうようなことにでもなれば、いっそ死んだほうがよいと私が望んでおりますことを、神様はご存じです。その点では神様をどんなにたたえてもたたえきれません。けれども、繰り返し申し上げますが、この手紙を認めております今、神父様のためにも私どものためにも、出発を早めてくださり、私たちが離れ離れにならないようご考慮くださいますことを、神父様にお願い致さずにはおれない気持ちでございます。

　それは、私どもが神父様のお仕事を少しは軽減できると思っているからではなく、神父様を見倣って自分たちの勇気を強めたいからなのです。お優しいイエス様は、つまらなく卑しく、軽蔑に値する見下げられた者である私たち哀れな修道女をとおして、ご自分の力と知恵を表そうとしていらっしゃるのでしょう。聖パウロのこの言葉[2]が、私どものうちに実現することを神父様はお喜びになりませんでしょうか。主は、他の方たちにそうなさいました。私と致しましても、その期待でいっぱいでございます。そして、私どもに溢れるほどのお恵みをお注ぎくださるものと固く信じております。私どもは自分自身を小さな蝿と考えておりますけれども、聖人たちの王〔＊キリスト〕の鷲たちと一緒に飛んで行くだけの十分な勇気は持っているつもりでございます。私どもがそのあとに従うことができるならば、自然界の鷲が小鳥たちを運んでいきますように、その翼の上に私たちを乗せて運んでくださることでしょう。

聖ラウレンツィオがついていきたい熱情を示したのに、聖シクストはそれを無視せずにはおれなかったという話を引き合いに出して、私が自分をこの聖なる司祭にたとえているので、神父様はその司教様の立場にご自分をお置きになり、それで私を残してヌーヴェル・フランスにお発ちになることができる、とおっしゃいました。神父様、よくお考えくださいませ。聖シクストが聖ラウレンツィオに先立ったのはたった三日だけで、その後は、ご子息は容易にお父様のあとを追っていらっしゃいます。それで聖ラウレンツィオにはその望みを遂げる機会が与えられましたが、私どもには与えられておりません。神父様ができるだけのことをなさってくださらなければ、待つのは一年どころではなくなる恐れがございます。聖人は分け与える宝をお持ちでしたが、私どもには一つもなく、むしろ私どもはイエス・キリストの貧者です。ですから、私どもは神父様ご自身から施しをいただいてよいはずの者でございます。神父様は神様が私たちのためにそれをなさるようお選びになられた、その施しの手であると私は信じております。

敢えて申し上げますが、神様はご自分の御栄えと私たちの幸せのために神父様を私どもにお与え下さったことを神父様にお知らせになり、さらには神父様をそのようなお気持ちになさるはずでございます。神父様は、神様からの光をお消しになるような方ではございません。ですから、私どもは神父様が私たちの天の御父に従われ、私どもの願望をかなえてくださるものと期待している次第でございます。

1　「けれども、師はメール・ド・レンカルナシオンの召命を約束したとおりに成功させる手立てを探していた。メール・ウルスラに関しては、その計画はほとんど当初から取り止めになっていた。指導司祭が反対したのと、あるいはむしろ、師にはかなり前から度々院長を務めていた修道院で役立てようとなさるひそかなご意図があったからかもしれない……師はある身分の高い篤信家に、この事業を行い、先住民の娘たちの教育と回心を目的とする修道女たちに家を準備してやるように勧めた……けれども、船団は出航間際で、自分と一人の連れのためヌーヴェル・フランス会社の理事たちとすべて話をつけていた師は、出発を急いでいた。メール・ド・レンカルナシオンに知らせたところでは、修道院を準備することを申し出たその貴族の誠意は、自分に残されたわずかな時間内では実現できないので、メールを連れずに余儀なく出発するが、それにしても、メールは他人のことを考えずに自分自身の関心にあまりにこだわりすぎる。また、自分の召命を成功させるために師を利用しようとして、師の召命を失わせる恐れがあることを愛徳から戒め、ともかく、これ以上はメールに聞かずに、聖シクストが聖ラウレンツィオの訴えを聞かずに黙って殉教に出掛けたように、出発する決心をしたということである」(*Vie de vénérable Mère Marie de l'Incarnation* par Claude Martin, Paris, 1677, 334)〔＊以下、略してV〕

2　コリントの信徒への第一の手紙1・27－28参照。

七(17) トゥール。一六三五年五月(?)三日 フイヤン改革派 ドン・レイモン・ド・サン・ベルナール宛

神父様。主が私にくださいましたお恵みは何も隠すことはできませんので、いつものように率直に申し上げます。一年前の御降誕祭の週間、メール・ウルスラと私が修練院に入り、指導に携わる五、六日前のこと、私は神様と強く結ばれておりました。私は眠ってはおりましたが、一人の連れ[1]と手をつないで非常に険しい場所を歩いているような気が致しました。私たちを立ち止まらせる障害は何も見えませんで、ただそれを感じているだけでした。非常に勇気がありましたので、結局、すべての障害を乗り越え、革なめし場と呼ばれる所[2]に辿り着きました。そこでは革を二年間腐らせ、その後、それぞれの用途に供することになっています。私たちの住居に至るには、そこを通らなければなりませんでした。道がつきた所で仙人のような方に会いました[3]。その方は、屋根と言えるのはただ空しかないほど大きく広々としたある場所に、私たちを入らせてくださいました。敷石は、雪花石膏のように白く少しの汚れもありませんでしたが、朱色に縁取られていました。そこには心にしみるような沈黙が支配していました。その方は、どちらに曲がったらよいか手で合図なさいました。仙人でいらっしゃるのと同時に寡黙で、どうしても必要であること以外はお話しにならなかったのです。その場所の一隅に小さな巡礼者宿泊所か家のようなものが見えましたが[4]、それは白い大理石を使った古代風の素晴らしい建築様式でできていました。屋根には座席の形をしたくぼみがあって、その上に

マリア様が幼いイエス様をお抱きになっておられました。私は大変身軽にマリア様のお側に走り寄り、腕を広げると、腕はマリア様がお座りの所の両端まで届きました。けれども、私の連れは脇のある場所に凭れたままでいました。それでもそこからは、マリア様と幼いイエス様を容易に拝見することができました。

　このお家は東向きで、かなり高い所に建てられていて、その下には広々とした曠野が横たわっていました。[5]この曠野の中に一つの教会がありました。非常に深い霧に包まれていましたので、見ることができたのは晴れ間の中に少しのぞいていた屋根の頂きだけです。[6]私たちがおりました場所からは一本の道が走っていて、その広々とした曠野に下って[7]いますが、片方には険しい岩、他方にはなんの摑まるものもない恐ろしい崖があって、大変危険な道です。それにあまりに真っ直ぐで、あまりに狭くて、見ただけでも怖くなりました。マリア様は、あまりにも索漠としたこの場所をご覧になっておりましたけれども、私はこの「清らかな愛の御母」[8]のお顔を拝見致したい望みに駆られておりました。お背中しか拝見していなかったからです。そんなことを考えておりますと、マリア様は私のほうにおつむをお向けになり、素敵な微笑みを浮かべられ、私に接吻なさいました。それから幼いイエス様を振り返られて、私について何かご計画なさっているかのように、ひそひそお話しでした。同じことを三度なさいました。私の連れはもう下り道を歩きはじめておりまして、マリア様のご愛撫を受けませんで、ただ自分のいる場所から拝見できる慰めを得ただけでございました。

　これほどに快い出来事から受けた喜びは、説明できるものではございません。私は自分が経験した甘美さを味わいつづけながら、ただ驚嘆しますだけで、その甘美な思いは数日間消えることがありませんでした。しかし、その後は、それほどに驚くべき事柄、実現のほどはもちろん知ることのできないこの事柄が何を意味するのか、その考えに沈んでおりました。と申しますのは、私のうちに生じました思いの中では、すべてがあまりにも神秘的に行われましたので、それについてご存じで、多少のことを言えますのは、ご承知のように、先刻、私が神父様にお話し致しました御方だけでございます。

　今年のはじめ、念禱を致しておりますと、以上のすべてのことが記憶によみがえり、私が見ましたあの索漠とした場所はヌーヴェル・フランスであると思い至りました。私はその地に非常に心を惹かれるものを感じましたが、そこにイエス様とマリア様のため家を建てに行く一つの命令を耳にしたのです。それで強く心を打たれましたので、主に同意申し上げ、そのための手段をお与えくだされば、ご命令に従うことを約束致しました。主のご命令と、それに従う私の約束は、神父様にお話ししました弱さにもかかわらず私の心に非常に深く刻まれましたので、私に数え切れない命があったとしても、それらすべてを危険にさらすことを決して恐れません。実際、私が感じております光と強烈な信仰から見て、もし神様がお命じになられるところに従って行動しないならば、審判の日に咎められることになりましょう。どうか以上のことについてお考えくださいませ。お話し致しました事柄はありのままの事実で、私はそのことを神父様にお話ししておかなければならないと感じましたが、その後で、私どもの天配の御摂理におゆだねするつもりでございます。

1　マリー・ド・レンカルナシオンはあとになってこの見知らぬ連れが、ケベック修道院の将来の物的な面での創立者ド・ラ・ペルトリー夫人であったことを認めている。

2　この場所を確認することはできない。しかし、そのうちに当時のカナダの主な資源であった毛皮取引についての象徴的な暗示を読み取ってもよいかもしれない。

3　マリー・ド・レンカルナシオンの最も信じるに足る解釈に従えば、聖ヨセフであるらしい。シャンプレン〔＊Samuel de Champlain、一五六七－一六三五。フランスの探検家。一六〇八年ケベックを建設〕と静修派修道士たち〔＊Recollets、一五、六世紀に聖アウグスティヌス会、聖フランシスコ会で静修を重んじた改革派〕は一六四二年に聖ヨセフをヌーヴェル・フランスの保護者に選んだ。カナダのための聖ヨセフの保護については'E.Catta, *Le Frère André, 1845–1937, l'Oratoire du Mont-Royal*, Montréal, 1963, 16–45を参照。他の傍注によれば、ド・ベルニエール氏は、この名の知れぬ案内者を自分であると認めたがっていた。

4　あとでは、「教会」と言っている。

5　ケベックの岸壁。実際、岬からは北部でローレンシア高原に遮られた広大な光景が眺望できる。

6　まだ周囲をすべて異教の闇に囲まれた、カナダの新生キリスト教国の象徴。

7　恐らく、現在の高台の市街地（コート・ド・ラ・モンターニュ）。

8　旧約聖書シラ書24・24（ヴルガタ訳）。

八（18）トゥール。一六三五年五月六日　フイヤン改革派ドン・レイモン・ド・サン・ベルナール宛[1]

神父様、神父様が聖ペトロについてまだ少しもお話し[2]くださらないことを大変意外に存じておりますが、そのうちにお話しくださるものと、そのときをお待ちしているのみでございます。神父様、正直に申し上げますと、私自身の弱さを思って我意を捨てているわけでございますが、それで神父様がおっしゃることが本当によく理解できます。このように自分を考えながら、私は神父様がお勧めの心構えを身に付けようと努力致しております。そして、私にご自分の霊の堅固さをお与えになり、私の血気にはやった行動を鎮めることがおできになる御方の御手に自分をゆだねます。その御方に対しては、私から働きかけるつもりはございません。ただ、その愛情溢れる優しさに浸りながら、そのお慈しみによって私を拒絶なさらずにご自分の翼にお乗せになって、私自身の思い付きではなくご自分に対する愛から望ませてくださったことを、私に手に入れさせてくださるものと敢えて期待致しております。

でも神父様、私が自分のうちに感じておりますことは、黙してお話ししないことをお望みなのでしょうか。神父様には、いつも何も隠すところなくお話しして参りませんでしたでしょうか。神父様は、私を導いている霊についてはご経験から十分にご承知でいらっしゃるのですから、何も包み隠さずお話ししておりますことはご存じのはずです。しばらく前、神父様は私に冷淡になられましたので、自分の気持ちをお知らせすることを少し控える気になりは致しました。それでも、これほどご親切な神父様のご指導の下に、当初からのように自分の人生を終えることを、多分神様がお望みなのであると気が付きました。ですから、どうぞお望みのままに私を苦しませてくださいませ。神様が私にお与えになる思いを続けておそして、直ちに申し上げますが、私が自分の計画について神父様にお知らせできましたことは、たとえ言えなかったとしましても、全くの真実でございます。

知らせし、神父様の御判断を仰ぐつもりでございます。

そのうえ、神父様は大変愛徳の深い方と信じておりますので、おっしゃること以上に私どものために多くをなさってくださることを確信致しております。ですから神父様、できるだけ早くなさってくださいませ。お気を付けになりませんと、私どもの心はカナダに到着する前に燃え尽きてしまうでしょう。おっしゃいますように、時機が来ていないのに私たちが血気にはやっているように見えましても、どうか非難なさらないでくださいませ。時機が来ていないわけではございません。神父様にはそれがはっきりお分かりです。そして私どもがこんなに急いでおりましても、私どもを非難はおできになれないはずでございます。天の国を奪い取るのはただ激しく襲う者だけであると、[3]私に教えてくださったお方を非難なさることになるからです。今までお返事がございませんでしたが、私どもについてのお考えを早くお知らせくださいませ。

1 「師は当人は激しすぎるところがあると思い、いな、思っていると見せた。それでやむなく父親のようにそのことを言って聞かせ、少しそれを抑えたほうがよいし、そうでなければ、そのように度重なる血気にはやった思いは、よく規制された熱情の動きというより、むしろ無分別な激情の発露と見做されるであろう、と忠告した。また、女性の能力をあまりに超えた計画をそれほど激しく追い求めようとする行動には、なんらかの思い上がりがあるのではないかと懸念すべきであるし、そしてまさに聖ペトロが類似の思い上がりを持っていて、自分自身の力を過信し、自分を破滅させる恐れのある深い罠に陥ったが、当人も同様な転落を恐れなければならないと、付け加えた」（V336-337）

2 三度の否認についての福音書の物語〔＊ヨハネ21・15―17〕を参照。

3 マタイによる福音書11・12。

九（19） トゥール。一六三五年五月一三日 フイヤン改革派 ドン・レイモン・ド・サン・ベルナール宛[1]

神父様と私どもが迫害を受けますことは確かでございますが、「もし神様が私たちのお味方でいらっしゃるなら、誰が私たちに敵対できましょうか」[2]。私たちが切望致しております善を手に入れるためには、大きな犠牲が必要ではございませんでしょうか。

神父様、勇気をお出しくださいませ。偉大なイエス様が、その愛によって私どものために戦ってくださいます。私どもは、ただイエス様への愛のためにだけ働いているからです。イエス様が私たちをヌーヴェル・フランスにお望みならば、どんなに人々が反対しても、そのご意図は必ずや実現致しますことでございましょう。

1 「師がすべての準備を終え、いざ出発の段になり、まさに長上方に休みを願い出ようとしていたとき——師に残されていたことはそれだけであった——長上から知らせがあり、それで出発は妨げられた……メール・ド・レンカルナシオンは出発が妨げられたことを知り、できるだけのことをして師を慰めたが、師のこの不運を天から送られた恵みと考え、その遅延の間に、師が始めた事柄を終え、翌年の最初の船で連れ立

って出発できることを期待した」（V338）

2　ローマの信徒への手紙8・31。

一〇（20）トゥール。一六三五年七月二九日　フイヤン改革派ドン・レイモン・ド・サン・ベルナール宛

神父様、私どもには本当に苦痛の種がございます。私はそれをはっきりと味わいました。神父様のお話が、私の心を打ちました原因は重要に思われます。しかし、私たちの主の感嘆すべき御業を考えますと、それらの突然の出来事はすべて私にはなんでもないことのように見えてまいります。主はすべての人間よりもお強く、風と嵐にお命じにさえなられます。主があれほどにお愛しになる教会が見捨てられ、その奉仕者たちがご保護を失うとは私には考えられません。多分主は、その愛から私たちの勇気を試みるため、それらのすべての偶発事をお望みなのでございましょう。しかし神父様、私は希望するすべもないときに、なおも希望しなければならないという[1]神父様のお考えに強く共鳴致します。正直に申しまして、どんな噂を聞きましても、私の心は決して揺らぐことがありません。ただイエス様を信頼する以外にございません。これらのすべての新たな警報は私をおじけさせませんどころか、新たな刺激となっていっそう熱意を掻き立てます。そして今こそ、私の天配とお話ししなければならないことがたくさんあるように思われるのでございます。もし私がもっと大きな愛を持っておりましたなら、すぐにもその御心を捕らえたことでございましょう。不束な者ではありますが、それに全力を尽くすつもりでございます。そうすれば天配は、多分私をお退けにはならないでしょう。うるさく願われることをお好みでございますから。神父様が前の船でお発ちにならなかったことにつきましては、私たちに主の御慈しみをたたえるだけの多くの理由がありませんでしょうか。暴風が船団を四散させ、私たちはどれほどに心配したことでございましょう。船団は、ただあちこちに漂っているのかもしれません。そうでしたら、好ましい風の吹き回しで、また集まることでしょう。[2]このような暴風は、ヌーヴェル・フランスにとっていつも一つの危険です。その地に関心を持つ人々の心を冷却させてしまうことができるからです。

ところで神父様、私どもに修道院を建ててくださるはずだったあの貴族の方が、それで熱意を砕かれたというのは本当でございましょうか。[3]神父様にはその方を励ま

され、その方の気持ちが他に移る前に元の計画に立ち戻らせ、神父様がお書きくださったように他の人々が私どもに代わって得をすることのないよう計らうことがおできになれませんか。その方との巡り逢いは私どもにとってなんと貴重なことだったでしょう。私はなんらかの物的保証がなければ、私たちがカナダ人の心を得ることは困難であることを承知致しております。それは信仰の釣針を覆う餌のようなものです。

ディネ神父様は、私が神父様に申し上げました以外のご助言はなさいませんでしたが、そのとき、私が申し上げなかったことは次の点でございます。ディネ神父様は、主はただお気持ちのうえでしか私のカナダ行きをお望みではないというお考えで、私がヌーヴェル・フランスを見るのは天国からだけで、それまでは主は、私が現在の状態にいることをお望みであると信じていらっしゃるということです。しかしそのようなお言葉も、先ほど申し上げましたすべてのことも、私の気持ちを打ちのめすことはできません。反対に、私は偉大なイエス様がお命じになることをお受けするために、新たな力を感じ取ります。メール・ウルスラは、お父様からのお返事で大変衝撃を受けておられほとんど希望を失いましたが、それでも決心は揺るがず変わってはおりません。神父様が、もしご病気でしたら、それはご心配からであると存じます。私がお側におれば、メールに致しましたように神父様をお慰めできますことでしょう。事柄が秘密なことから、神父様にはお心をお打ち明けになる方が多くはいらっしゃらないものと存じます。神父様、どうか勇気をお出しくださいませ。主は、私たちが考えている以上のものをお与えくださるはずです。何かまた消息が分かりましたら、お知らせくださいませ。ご存じではございましょうが、私どもはそのことを待ち望み、また神父様の尊いお祈りに期待しているのでございます。

1　ローマの信徒への手紙4・18。

2　七月一二日になって、やっと船団の最初の船がケベックに投錨した。船長ボンタンの消息を確実に知ったのは、八月一七日になってである。船長は、大西洋に入るとバルバリ海賊に、セント・ローレンス湾では、氷海に出遭っていた。この知らせがフランスに届くには、さらに長い時間が経過した。

3　ドン・レイモンは、ある貴族の篤信家が自分の助言に従って「先住民の娘たちの教育と回心に当たる修道女の家を用意すること」に同意したと知らせた。一六三七年一月一五日に百人出資会社の理事から与えられた委譲は、その斡旋によるものである。

一一（21） トゥール。一六三五年一〇月二日 フイヤン改革派ドン・レイモン・ド・サン・ベルナール宛

神父様、ご無沙汰致しておりましたが、これは熱の冷めたしるしであるとお考えにはなりませんでしたでしょうか。もしそうお考えでしたら、私には神父様をお咎めするだけの十分な理由がございます。神父様は、もう偉大なご計画については何もおっしゃいません。それは、続いてご計画についてうかがいたい人々に懸念を抱かせることになりませんでしょうか。神父様は船団について、また暴風の結果について、なんにもご存じないのでしょうか。私どもの計画については何もお話し致しませんでしたが、あるイエズス会の神父様からうかがいますと、船団が港に着いたかどうかは三週間以内に知れるということでした。そのうえ、一つの都市が建設され、それは私たちには安住を、国には強固さを与えるはずである、とその神父様は私におっしゃいました。[1]私は、神父様から詳しいことを知るために知らないふりをしておりました。しかし結局は、私の気持ちは今まで以上に強まり、愛するイエス様が私を弱い者として取り扱ってくださり、私があまり熱心でないために冷めていくかもしれない願望を時々燃え上がらせてくださるものと期待致しております。

私は聖母マリア様を大変信頼致しておりますので、マリア様がヌーヴェル・フランスをお愛しになっており、私がお頼りしなければならないのはマリア様である、という思いが頭から少しも離れません。マリア様は私の唯一の避難先でございます。しかし、私はあまりに不完全ですので、ほんの些細な事柄にでも非常に苦しんでしまいます。こんなことでは、大きな事柄になればどんなことになるのでございましょう。ですから、私どもの院長は愛情から、私はカナダではなんの役にも立たず、また、主が私の祈りをお聞き入れくださっても、それはただ私の無謀を罰するために違いない、とおっしゃいます。院長のおっしゃることは本当でございます。しかも私は、院長がおっしゃる以上に不完全です。それでも私は、この素晴らしいことを手に入れたいと望まないわけにはまいりません。それはすべてのものにまさって愛すべき、望ましい善と信じているからでございます。自分は人間の理性に反するようなことを望んでいるのではないかと考えますと、当惑は致します。しかし同時に、神様が心のうちにお与えになるお招きにお応えするのは――特に自分自身のことは求めず、かえって、私欲を全く捨て切

っているのが認められるときには——理にかなったことであると囁く本能のようなものを感ぜずにはおれません。ところで、このような計画にあっては、人間の本性はなんであれ気乗りがしません。すべては十字架と苦しみの種となるわけですから。修道女は世から離れたときから十字架に付けられております。しかしそれらの十字架は、カナダへの召命を実行する際に御摂理によって出合う不時の出来事に比べれば、甘美なバラの花とも言えましょう。以上が私の気持ちですが、この霊的本能が本性に体験させる苦しみは、全く意にかなったものでございます。それで、私に断念するよう説得できる方は一人としておりません。たとえ切望する幸せを得られなくても、カナダへの召命が一番望ましいという考えに変わりなく、もしその機会を失うなら、私はそれにふさわしくない者、値しない者と信じることに致しましょう。メール・ウルスラでございますが、行き詰まってはいらっしゃいますが、神父様のお考えのように、無関心ではございません。むしろ、そのご決心は意気地のない私には恥ずかしいほど熱烈でございまして、もし私どもの願いが聞き入れられますならば、それは私の祈りではなく、むしろメールのお祈りによるものと信じます。管区長様秘書、ドン・クロード神父様によろしくお伝えくださいませ。私どもの支援者でございますから。多分、この神父様はカナダへの召命を失いました某神父様の代わりとなられることでございましょう。ちょうど、四十人殉教者の最後の者として栄冠を得たル・ポルチエ・セバステのようにです。[2]

1 ド・モンマニィ騎士爵は、一六三六年六月一一日にケベックに到着、シャンプレンの後継者としての職務に就くとすぐケベックの市街地の計画を作成し、直ちに工事を始めなければならなかった。

2 カッパドキアの兵士である四十人殉教者は、「厳冬の野外に裸でさらされ、夜は凍てついた池の中で過ごすことを強いられた」。その近くには背教者が出るのを予想して、そのために温浴場が設けられていた。兵士の一人が耐えられなくなったその代わりとして、直ちに浴場の番人が当てられ、殉教者の冠を得た。祝日は三月一〇日である。マリー・ド・レンカルナシオンは、ローマ聖務日課書で毎年読んだままの殉教伝を参照している。

一二(22) トゥール。一六三五年一〇―一一月(?) フイヤン改革派ドン・レイモン・ド・サン・ベルナール宛

神父様、出発が遅れて、私たちは望みを失うとお考え

でしょうか。私は少し心配しております。私たちの主は、私を少しもお望みにならないのではないかと懸念するのでございます。

神父様の考えなさいますこと、主が私の欠点のために私をお好みにならないとお考えかどうか、主への愛のためにおっしゃってくださいませ。そのようでしたら欠点を直すことに努めます。でも、悲しいことに、私はただ過ちを繰り返すだけでございます。神様に対しましては、私は信頼の気持ちでいっぱいでございます。自分のことは全く信用致しておりません。ですから、どうかこのような気持ちにある私を慰めてくださいませ。この気持ちは本当につろうございます。

そうは申しますけれども、私は、神父様にお話し致しました決心を、今まで以上に固く持ちつづけております。そして私には、自分の命はただ私の浄配でいらっしゃる神様に従うためのものとしか思えません。

一三（23） トゥール。一六三五年一一月二九日 フイヤン改革派 ドン・レイモン・ド・サン・ベルナール宛

神父様、晴天の霹靂と申しましょうか。私どもがいつも心に留めておりますことは、神様のご意図はいつも崇むべきもので、特にその実現の仕方は見えませんが、私どもは神様の強固なご指図に謙虚に従わなければならないということでございます。実際私どもは、一切を失わせたように思われるこの十字架の始まりが何を意味するのか存じません。私のように犠牲の精神の足らない者にとって、不愉快かもしれないなんらかの出来事を受け入れることを、神様がお望みなのかどうか私には分かりません。神父様に申し上げますが、しばらく前から、私は神様のお導きのままに神様のご意図、その秘密のご判断、また、それらが実現されたときの結果について思いをめぐらしておりました。私がその中で理解したことはただ、天上のすべての霊、高位の霊にさえも隠れて見えない深淵だけでした。ふと私は、イエス様を思いやりました。人間としては、果たしてこれらの無量の偉大な神秘をご存じだったのでしょうか。答えられずに煩悶しましたが、人知を超えたイエス様は、神性の下にあるすべてのことに関しては、ご自分だけが持たれる完全な知識でご存じであったように思われました。そのとき、私の理性はこうした知識の中に浸り、無知のままにただこの偉大な神秘を崇めるだけでした。そしてこの神秘の中に浸っているうちに、イエス・キリストの人性は位格的結合［＊キ

リストによる神性と人性の結合」によってこれらのすべての賜物をお持ちになっておられ、私たちには知ることのできない知識をお持ちだったこと、しかしそれはすべての知識が隠された宝庫であり、その神性によって、望みのままに伝えられたものであることを教えられました。私の精神はこの偉大な神様の御旨への愛にすっかり魅了されてしまいました。それで、私は直ちにそれに同意申し上げ、また、それが生につけ死につけ、この世であれ永遠の世界であれ、どんなに私の感覚と傾向に反するものであっても、それを心から正確に実行することを承諾致しました。

ですから、これは私が神様に忠実であるべき一つの機会でございます。なぜなら私どもの愛する主が何かをお許しになるのは、ただご自分の選ばれた人々の善のためだからです。しかし神父様、どうかお苦しみにならないでくださいませ。主が、その苦しみからなんらかの慰めをお与えにならないとは、どうして私たちに分かりましょう。とにかく私が望みますことは、ただ愛する天配がお命じになられることだけです。私は、少しも飽くことなく私の願いをお聞き届けくださるよう願いつづけます。たとえ目下のところは、私どもが望んでおりますお恵みをお与えくださらないとしましても、あの可哀想な先住民の回心を拒絶なさりはしないと、敢えて御慈しみに期待致しております。そして私は、祈るだけで死ななければならないとしても、幾人かの聖なる人々をお使いになり、自分の霊の力によってこれらの人々を回心させてくださるよう、ひたすら懇願するつもりでございます。

メール・ウルスラのお心は変わりません。神父様がお思いになるほどたやすく打ちひしがれません。この大きな衝撃はメールには苦痛、私には屈辱を与えはしましたが、それでも私どもは、心底ではいつも当初のままの気持ちでございます。

一四(24) トゥール。一六三五年一二月一六日 フイヤン改革派ドン・レイモン・ド・サン・ベルナール宛

神父様、神様のために計画致しましたことは、神父様が私どもにお知らせになりましたように、それが実行できないことを認めたら、また神様のために断念しなければなりません。ですから、私は同意致します。けれども、もし全能の御方が計画の実行を妨げる障害をお取り除きくださいますならば、私は計画をずっと持ちつづけるつもりでございます。実際その計画は、人間には山のよう

に見えても、神様の御前では藁か蜘蛛の巣に過ぎず、神様はそれらを一瞬のうちに壊してしまうことがおできになりますし、私は人間を小さな蠅のように無力なものといつも見做してまいりました。

ですから偉大な神様が、ご自分の霊で満たされた人々をお与えになるのでなければ、どうしようもございません。それこそ私が、日に幾度も神様にお願いしていることでございます。どうしても、そうお願いせずにはおれない気持ちなのです。そして、きっとお与えくださることでしょう。私と致しましては、今すぐにこの偉大で、大切な、望ましい幸せを得たいという大それた気持ちはもうありません。しかし、先住民のためにも御血を流されたイエス様の思いを自分のものとし、それらの人々がいつか私たちと同じように贖いの恵みにあずかることができますように、永遠の御父に絶えずそれらの人々のことをお願い致します。天の恵みをこれほどに受けた人々はなんと幸せなことでしょう。神様はその永遠のご計画に従って人々をお選びになり、聖なる征服〔*回心〕のためにお働かせになりました。私は、それらのいとおしい先住民をもうすでに愛しております。神様がその御慈しみによって、ご自分の愛をそれらの人々にはっきりとお示しになっておられるからです。

神父様は、今度の最初の船であの幸せな国に出帆なさるわけですね。神父様、お元気でお発ちください。聖霊が、穏やかで快いそよ風をもって神父様をお導きくださいますように。私は妬ましくは存じておりません。この幸せには全く値しない者と認めているからでございます。そのうえ私は、そのことについてすべての愛情を傾け、お愛し申し上げ、崇めております神様の御旨を見知っているからでもあります。

ヒューロン人が、私たちの聖なる信仰を奉じることが期待されるという『会報』が公表されました。私の心がこの知らせでどんなに慰められたか、言葉に表すことはできません。ヒューロン人は評議会のようなものを開き、望む者は誰でもキリスト信者になることを許可しました。[1] それを聞いて私は非常な喜びを覚え、次々と私を襲った多くの苦しい試練はすっかり忘れてしまったほどでした。神父様が、これらのすべてを主にささげてくださいますようお願い致します。神父様とご一緒にカナダにまいれなくとも、私は気持ちのうえでは神父様にお供し、私たちの主においていつも神父様の至って不束な、また至って従順な娘でありたいと存じます。

1　ドン・ジャメによると、ここで示唆されているヒューロン人の会議が行われたのは、一六三六年四月になってである。しかしマリー・ド・レンカルナシオンは、多分一六三五年七月二二日の準備集会について書いている。とにかく、一六三五年の『会報』の原稿が、早くても一六三五年一一月にパリの宣教事務所に渡される前には、そのことは知らなかったのである。ヒューロン人は、ヒューロン湖の北部のジョージア湾とシムコー湖の間に宿営していた先住民の四部族の連合体であった。ヒューロン人への福音宣教は、すでに一六一五年から聖フランシスコ会静修派によって始められていた。ヒューロン人に関しては、次の書を参照。J.White, *Manuel des Indiens du Canada*, Ottawa, 1915, 228-238, Connoley, *The Wayndots*, Arch.Rep.,Ontario, 92, 1899;93, 1900;A. Beaugrand-Champagne, *Les Hurons, Les Cahiers des Dix*, 11, 1946, 53-62;A.E.Jones, *Oendake Ehen or Old Huronia, Fifth Report of the Bur. of Archives for the Prov. of Ontario*, Toronto, 1909.

一五(25) トゥール。一六三三―三五年 フイヤン改革派 ドン・レイモン・ド・サン・ベルナール宛

私の霊魂は「愛である御方」のもの、愛である御方は私の霊魂のものです。そして敢えて申しますならば、すべての善は共有なのです。私のものと、その御方のものの間に区別はありません。こうして霊魂は、愛する御方は自分のもので、自分は愛する御方のものであることを甘美な瞳で見ながらも、その御方の奴隷であることを喜んでおります。そして、愛する御方のお持ちになるもので満たされてはおりますが、すべてを愛する御方のために望み、自分のためには何も望みません。自分は無で、愛する御方がすべてであることを望みます。そして、そのことが本当に嬉しいのです。

自分は全くの無一物で、空であることを認ない限り、何も愛せず、愛する御方がすべてを欠くことなく持たれているのを見て喜びに浸ります。ああ、それはなんという心地よい虜の状態でございましょう。霊魂は甘美な迷宮の中に陥っていますが、魅惑されています。というよりもむしろ清らかに陶酔しているのです。どこにいるのか分かりません。ただ愛のこの大海原に沈んでしまっているのを感じているだけで、そこでは無でありながらすべてとなり、何も持たずに、愛する御方のお持ちになるものを分有して、その無限の富を享受しているのでございます。……(中略)……愛は霊魂のもので、霊魂は愛のものです。そして、敢えて申しますならば、すべての持ち物は共有で、なんの区別もないように思われます。

一六(26) トゥール。一六三六年三、四月 イエズス会員 ポール・ル・ジュンヌ師宛[1]

神父様[2]、ヌーヴェル・フランスが多くの人々に知られはじめていることを知っていただきたく存じます。このことから考えますと、神様はその地を好ましい目でご覧になっていらっしゃるはずです。ああ、神父様、もし神様が私どもが間もなく神父様にお会いする勇気と手段を持てるようにお計らいくださるとしましたなら、いかが思われますでしょうか。申し上げますが、もしそれが神様の御旨でございますなら、たとえ途中で大波に飲み込まれるようなことがありましても、私を妨げるものは何もありません。

1 ポール・ル・ジュンヌ師は、一五九二年シャロン・シュル・マルヌでユグノー教徒の両親から生まれた。一六〇八年に改宗し、一六一三年にイエズス会に入会した。一六三二年から一六三九年までカナダの布教所で長上を務め、一六六四年八月七日に死去するが、マリー・ド・レンカルナシオンから受け取ったかなりの霊的手紙を残している。J.Chaussé, *Le Père Paul Le Jeune, Missionnaire-colonisateur*, *RHAF* XII, 1958, 56-79, 217-246;L.Poulliot, *La contribution du P. Paul Le Jeune aux Relations des Jésuites de 1653 à 1663*, *BRH*, 68, 1966, 49-54;131-136 参照。

2 ル・ジュンヌ師は、RJ1636の第一章にヌーヴェル・フランスの会社の出資者たち、ド・コンバレ夫人（後のデギヨン公爵夫人）、種々の会の修道女会から受け取った手紙を転載している。モンマルトルのベネディクト修道女会、カルメル修道女会、訪問会からの要請について引用し、それから、救護修道女会とウルスラ会の計画について話している。V347によって知られるように、マリー・ド・レンカルナシオンはその召命の確かさを確信したド・ラ・エ師の助言に従って、ル・ジュンヌ師に手紙を書いた。ここに掲載した手紙の断片は、マリー・ド・レンカルナシオンが書いたものと思われる。ル・ジュンヌ師は、この断片について次のような指摘を加えている。「これが一人の真のウルスラ会修道女の心であって、彼女は自分の会が、いつかこの大森林を掻き分けてくる道を私に明らかにしている」。また他の修道女会からの手紙を引用した後で、次のようにも付け加えている。「我先に来たがっている修道女たちは、自分たちの弱さを告白したあとで、神を信頼しているので、あまり遅れること以外は、もう何も恐れていない、と明言している。ところで、私はそれぞれの修道女に、自分たちの企てを助けていただくよう神にあくまで熱心に祈らなければならないが、先住民たちが自分たちを受け入れる状態にあることを知らされることもなく来るとすれば、事をあまりに急ぎすぎるようになるであろうと答えた。一つ一つの事柄にはそれぞれの時というものがある。神はお好みの時にご自分のことをなされる。だから、その時というものを辛抱強く落ち着いて待たなければならない」

一七（27） トゥール。一六三七年三月一九日 フイヤン改革派 ドン・レイモン・ド・サン・ベルナール宛

神父様、神父様の私に対するお振る舞いはまるで永遠の決別のようで、もしメール・ウルスラがそうではないと説得してくださらなかったら、私はそのように思ったことでしょう。また、そうと致しましても、神父様にはそれがおできになれないはずでございます。私はイエス・キリストにお会いする至る所で、神父様にお会いすることになるからです。そして、神父様が私に何もおっしゃらない代わりに、イエス様に神父様のことをお話し致します。神父様は、私たちが神父様の許にうかがってお会いするまで、沈黙をお守りなのでしょうか、それとも私どもの許においでになるのでしょうか。おいでになるほうが容易ですので、できるだけ早くお出ましくださって、ごゆっくりなさってくださいませ。当方では、皆それぞれ何か神父様にお話し致したいことを抱えており、私一人だけでも少なくとも八日は必要でございます。私たちの大事な問題に関することを、すべて手紙ではお話しできないことはご存じでございましょう。それに、私は真新しいニュースを持っておりますが、これは手紙では書けませんので、おめもじの際にお耳に入れたく存じます。[1]

私どもの院長は、神父様に頼らないよう強く私に警告なさいます。しかしどのように警告なさっても、ご存じのように私の院長への尊敬は変わりません。ただ、間近な選挙のときに院長を失うのではないかと心配しております。神父様は私が神様のご計画に身をゆだねないということで、私を非難なさることでしょう。しかし神父様は、私どもが院長様と同じように賢明に振る舞わなければならないことをご存じです。イエス様のご計画はたたえられますように。

私は自分が間違っているのか、それとも考えが甘いのか存じません。しかし、カナダ行きは決して諦めておりません。最後まで、神様からそのためのご慈愛を期待して止みません。もし、その正義が私どもを罰することをお望みなら、たとえどんなにか弱い被造物であっても、非常に過酷なその罰を本当に耐え忍ぶつもりでございます。どうか無理にでも天にお願いくださって、私たちが不束で手に入れられないことを神父様の犠牲によって獲得なさってくださいませ。私の心は長い間、この偉大な計画に傾いております。しかし、臆病でございますのでその覚悟がいつまで続くものか確言できません。どうか私の心を神父様のお手に握られ、尊いイエス様の御血を

ささげられるとき〔＊ミサの奉献のとき〕、そのうちに浸し、イエス様がお望みの仕方で私をお望みのままになさるよう、お願いしてくださいませ。私が幼稚なので苦しんでいる幾つかの些細な困難をイエス様にささげてくださいませ。そうしてくだされば、イエス様は私にご自分の霊をお与えになることでございましょう。真に私には、イエス様に変容する堅固な生活以外に大事なものはもうございません。私は毎日、神父様をイエス様の御心に合わせ、いけにえとして永遠の御父にささげさせていただいております。神父様はこのことをお許しになり、臆面もなくどこでも神父様の娘であると自称する者をお忘れにならないことと信じます。かしこ。

1　多分、ケベックに教育修道女会の修道院と女子校を創立するために、「未知の貴族」の名で行動しているジャン・ド・ボーベに一六三七年一月一五日に与えられた承認の通告であろう。一〇（20）注3参照。

一八（28）トゥール。一六三七年一〇月二六日 フイヤン改革派 ドン・レイモン・ド・サン・ベルナール宛

神父様、これ以上お手紙を差し上げれば神父様のお邪魔になるものと考え、書くことができませんでした。幾度も差し上げようとは存じましたが、お邪魔にならないよう控えておりました。しかし、大変嬉しいことが生じました。この機会に沈黙を守り、私にとりまして最も好ましいことをお知らせしないとしたら、義務に反するものと思われます。神父様は今度、カナダにいらっしゃいますでしょうか。ヒューロン人の許にいらっしゃった神父様方が、しきりに私をお呼びでございます。事情をご説明しなければなりません。昨年、出発なさいました神父様方のうちのお二人が、二ヵ月間の難儀な行路を辿った末に到着なさったラ・コンセプシオンの居住地から私にお手紙をくださいました。海があまりに荒れた一二、一三日を除いては、毎日、ごミサをお挙げになりました。[1]あの幸いな土地に到着なさいますと、あまりの喜びのため、旅行の疲れはすぐにお忘れになりました。神父様方は到着したら容易に果たせることですが、フランスですでに一つの誓いをなさっていました。最初に洗礼を授け

ることのできた二人に、マリアとヨセフの聖なるお名前を付けるということです。ヨセフのほうは、受洗後間もなく立派なキリスト者として亡くなりました。マリアはまだ生きていますが、神父様方に最初に子供たちを連れてきたその母親は、マリアを神父様方に預け教育していただくことを約束しました。大変結構なことでございますが、今年の受洗の数は一〇〇人ほどでケベックに一つの学校が設立されます。[2]

私のことを申し上げますと、ポール・ル・ジュンヌ神父様が修道女たちをあちらにお呼びになって、娘たちの教育に当たらせるお考えで、[3]私にお手紙をくださった二人の神父様がその話をお聞きになって、ル・ジュンヌ神父様に私のことを忘れないようお願いしてくださいました。ル・ジュンヌ神父様は私のためにできるだけのことをするとお二人に約束なさいました。ですから、私は目下、希望に満ちて待機している次第でございます。もし神父様がこれらの聖人のお話をお聞きでしたら、大変お喜びになり、ご自分のご計画の実行を決心なさることでございましょう。神様から特別に愛されたこれらの方々が、お話によりますと毎日、私のことを考えてくださっているそうです。そのことをどうかご感嘆くださいませ。それは全く特別な神様の御摂理によるものでございます。と申しますのは、私はお二方にお目にかかったことがないからです。このことを格別のお恵みと見做しております。

ですから神父様、神様の御名によって、ヌーヴェル・フランスに見られる大きな、美しい十字架のうちに天国の無常の喜びを味わいにまいりましょう。この新世界では、聖人たちの王〔＊キリスト〕のために人々の霊魂が勝ち取られるのです。勇気を奮い起こしてまいりましょう。神父様は、フランスでよりもお強くなられるはずでございます。あちらでは愛徳で生きていけるからです。それに、あちらで亡くなられたとしても、人生を使徒職を行いながら終えられることはこのうえないお幸せではございませんでしょうか。私と致しましては、あちらに行きたい気持ちが非常に強くて、切ない思いを致しております。ただ、自分の卑しさを見れば、その望みが絶たれ、また十分に徳を積んでいた場合に神様が喜んでお与えくださるものを失うのではないかという心配で、神様の御前にうなだれてしまうこともありましょう。神父様、お願いですから、主が私をお退けなさらないよう、どうか私のために主にお祈りくださいませ。主が私をお受け入れくださいますなら、私は途中神父様にお会いし、神父様と同伴の方をしゃにむにカナダにお連れするつもりです。もしおいでくださらなければ、神父様のお服の切れ端を持ってまいりましょう。それにつきましては、神父様のお返事を受け取ってからではなく、機会あり次第もっと詳しくお話し致します。なぜなら、私のような哀れな修道女は後回しにされているからです。それが私が置かれている状態なのですが、快くそれを受け入れている次第でございます。かしこ。

1　二人の宣教師は、一六三六年四月八日ディエップから船団長デュプレッシ・ボシャールの指揮するサン・ジョセフ号で総督モンマニと一緒に出発し、ケベックで六月一一日に下船した。そしてすぐにヒューロン人の許に北上した。

2　しかし、ケベック近在のノートルダム・デ・ザンジュの居住地で先住民生徒のために授業が行われたのは、すでに二年前のことである。

3　手紙一〇（20）注3参照。一六三五年にはすでにル・ジュンヌ師は先住民の学校のために一般の寄付を求めていた。

一九（29）トゥール。一六三七―一六三八年　フイヤン改革派ドン・レイモン・ド・サン・ベルナール宛

私は神父様に自分の考えと気持ちを真っ正直にお話し致しておりますが、それが私のうちではますます確固としたものになってきているのでございます。そして、私の心にかくも長い間抱かれてきた計画が、私を苦しめ嫌気を起こさせるような幾つかの事柄について思い悩みながらも、どうして損われ変わることがなかったのか理解できません。お望みのときに行うとお約束致しましたことを変更するくらいなら、私は、イエス様への愛から死んだほうがよいという決意でいつもその計画を堅持してまいりました。そして尊いイエス様が、この崇高な企てに必要なすべての助けをお与えくださることを固く信じております。イエス様は愛でいらっしゃり、非常に慈しみ深い御方ですから、ご自分を頼りにする人々をお助けにならないはずはございません。ですから安心して、私はイエス様に忠実であることを決心しているのでございます。

二〇（30）トゥール。一六三八年末 フイヤン改革派 ドン・レイモン・ド・サン・ベルナール宛

神父様、私は何かを知れば神父様の励ましになるのではと思い、お知らせせずにはおれません。私どもは、ヒューロン人とカナダの地上の楽園についての知らせを受け取りました。ル・ジュンヌ神父様が、院長様と私にお手紙をくださったのです。察するに神父様は、院長様がご自分と一緒に私を苦しめるよう振る舞われたことを感謝なさったのでしょう。カナダについては全く触れておられず、前のと同じくらい身が縮む思いをするような長いお手紙をお書きになっております。[1] ですからご立派な神父様ではございませんでしょうか。もう一人のレイモン神父様のようでございます。親切にしてくださっているわけですから。

実際私には、ル・ジュンヌ神父様が私のためを思ってそうお書きくださるのが分かります。私がル・ジェンヌ神父様の許におりましたら、私をレイモン神父様のお望みのように取り扱われることでしょう。

アダム神父様のお話では、マニトゥー[2]が自分の縄張りで私たちの信仰があまりにも広がっていくのに激怒し、聖バルナバの日に地震を起こさせたので、神父様方の住居も身辺の人々もひどく揺り動かされたということでございます。この地震は四〇〇キロ離れた所でも感じられ、地面はまるで先住民のあとを追い掛けてでもいるかのように跳躍し、それで先住民は大変な恐怖に取り付かれてしまいました。神父様方は、これはすべてを造られた方の警告であり、威嚇であると話されました。この神父様は、先住民の幾つかの森にイエス様、マリア様、ヨセフ様の御名を叫ぶ声が響くのが聞こえましたが、それは驚嘆すべきことだったとおっしゃっておいでです。実際、私たちの愛する花婿様〔＊キリスト〕が、これほど未開の地で様々の言語でたたえられるのを聞くのはなんと大きな励ましでしょうか。

また、シャストレン神父様もヒューロン人の許で同じように素晴らしい成果をお上げです。そのお手紙によりますと、神父様と同行者の人々は危うく死ぬところだったそうです。先住民の議会で犯罪人として尋問台に立たされました。幾つかの焚き火の間がいつもより近づけられましたが、これは神父様方のためになされたようです。神父様方は魔法使いで、空気を腐敗させ、国中にペストを蔓延させた者と見做されたからです。それで神父様方は切迫した危険な状態にさらされていたわけです。先住

民たちは神父様方さえ死ねば、この疫病は消滅すると確信していました。しかし、神父様方はそんな場合にも、真に毅然とした様子を示されましたので、武器が狂暴な者たちの手から落ち、何もできない状態に陥りました。それで当人たちの怒りは身内の一人に向けられ、殺害しようと謀った神父様方の足下で、その者を虐殺してしまいました。[3]

ガルニエ神父様が同じ所からお手紙をくださいまして、犢《とく》皮《ひ》紙《し》ほどに白く、光沢のある樹皮について話しておられます。私は神父様のため願い事をしておりました。イエス・キリストのために、撲殺も覚悟なさいますようにとの願いです。神父様は、もし私の願い事を真剣に受け止めていたなら、それは実現していたかもしれないとおっしゃっておいででした。もし、どなたもガルニエ神父様と同じくらい、私があの地に行くことを望んでくださったら、私の件はずっと早く進んでいたことでしょう。しかし私の過ちは、神様の御前にあまりにも大きく、そのように偉大な幸せには値致しません。

神父様方はこのラ・コンセプシオンの居住地で一〇〇人に洗礼を授けられましたが、そのうち四〇人はお年寄りで亡くなりました。また二〇人の子供たちも同様で、この小さい天使たちは今、天国を賑わしております。非常に完全で、また聖人の信者がおりますので、その人たちを見たり、話を聞いたりする人々は神様の慈しみをたたえずにはおれません。[4]

このようなことをお聞きになれば、人々の救霊と、神様が人々の回心のためにお使いになっておられるあの神父様方へのレイモン神父様のお約束は、さらに強まるものと信じております。

神父様、私は実際にはふさわしくない者としてこちらにいるのですが、望みでは、かの地におりますことをどうぞお忘れなく。[5]

1 ル・ジュンヌ師は、「自分の力をはるかに超え、女性にはできない仕事」に憧れる思い上がりを非難したらしい。

2 「マニトゥー」はアルゴンキン語では、神秘的性格の魔力、多くの場合、味方に付けなければならない敵対する力を表している。宣教師たちはこれを悪魔と同一視した。L.Campeau, *La Première Mission d'Acadie (1602 - 1616)* *"Monumenta Novae Franciae,"* Rome-Québec, 1967, 157, 161-162, 165-177 参照。

3 宣教師たちの生死を決めるための長老会議は、八月四日に行われた。ヒューロン人が白人と接触して罹った新しい病気は、実際、恐ろしく致命的なものであった。シャステレン師は一六〇六年サンリに生まれ、一六二四年九月一三日パリでイエズス会の修練院に入った。後のデギヨン公爵夫人、マダム・ド・コンバレ夫人からケベックに一つの市立病院を設立するため、ル・ジュンヌ師とディエップ救護修道女会との最初の交渉を頼まれていた。一六三六年六月一一日、モンマニ氏、ガルニエ師と一緒にケベックに到着すると(手紙一八(28)注1参照)、直ちにジョージア湾の北東部のイホナチリアに向かい、八月一二日にそこに辿り着いた。そしてその地で二年(一六三六―一六三八)過ごした。Cf.G.E.Giguère, *DBC*208-209.

4 ヒューロン人のジョゼフ・シウアテンフア氏の回心と模範的生活について示唆。

5 Lには年代的指示はない。手紙は一六三八年の挿話的出来事について報告しているが、それらについては、マリーは一六三八年の船団で帰国したイエズス会員から知った。けれども、手紙はウルスラ会にとっては決定的となった一六三八年一〇月―一一月の出来事(ウルスラ会はポンセ師の仲介で、ド・ベルニエール氏及びド・ラ・ペルトリー夫人と関係を持つようになった)より以前に書かれたもののようである。

二一(31) トゥール。一六三八年一一月 ド・ラ・ペルトリー夫人宛[1]

偉大なるイエス様は祝せられますように。そのご計画とご親切な御摂理はいつも、そして特に、それらが成功を見ましたときに、真にたたえらるべきでございます。ポンセ神父様は、神様のいと大いなる御栄えに関するすべてのことに対して極めて熱心でいらっしゃいますが、貴女の献身的なご計画を私にお知らせくださいましたことは、私を大変喜ばせ、私は慈しみの神が、ご自分の御栄えの道具となるのにふさわしい人々をこのように感嘆すべき方法でお育てくださることに、感謝と賛美の気持ちでいっぱいでございます。本当に私たちの尊いイエス様は、貴女をヌーヴェル・フランスの地上の楽園にお入れすることをお望みなのでしょうか。貴女は、その聖なる神的な炎を燃やしにあちらにいらっしゃることを十分に嬉しくお思いでしょうか。あちらでは、確かに氷塊がごろごろし、茨や棘に覆われておりますが、聖霊の火はそれらのすべてを焼き尽くし、それに岩をも割くための最強の力をお持ちです。この神火は、強める霊で聖なる人々に活力を与え、それによってこれらの人々はおびただしい労苦を甘んじて担い、自分自身を軽んじ、イエス・キリストの御血によって贖われた人々の霊魂を勝ち取るために、自分の持つものと命を惜しみなく捨てます。ペルトリー様、貴女は私の尊い主の大事な浄配です。今、貴女とお知り合いになりましたが、それはとりもなおさず、イエス様を真にお愛しになる方を見いだしたことになります。実際、最愛の御方のため、「自分自身と持てるものすべてを与えること以上に大いなる愛」はございません。[2]イエス様は御憐れみによりまして私に同じ気持ちをお与えくださいましたので、私の心は貴女の心のうちにあり、私たち二人の心はあの広大な果てしのない土地のただ中で、イエス様の御心の中でただ一つになります。そしてその地で、私たちは先住民のすべての小さな娘たちを抱き締め、無限に慈しみ深い御方をどんなにお愛し申し上げなければならないかを教えます。ですからペルトリー様、私と神様から私の連れとして選ばれる者をご同行くださって、気高いご計画に加えていただけませんでしょうか。私は五年来、[3]聖霊が私にしきりになさったお召しに従う機会を待ち受けております。そして、本当の気持ちですが、この幸せを私に享けさせるため神様がお役に立てようとお望みなのが、他ならぬペルトリー様であると信じております。ああ、もし私がこちらで貴女にお会いし、私の心を披瀝し、ご一緒にこの崇高な計画について歓談できましたら、きっと私どものイエス様はそれを非常にお喜びになられ、貴女が二四〇〇キロの旅行をなさるご苦労にもお報いくださることでございましょう。いいえ、私はなんということをお話ししているのでしょう。ペルトリー様は危険を冒して四、〇〇〇キロ以上もの道をもご旅行なさるおつもりですから、二四〇〇キロではご自分の愛からご覧になって取るに足らないはずでございます。どうかそうなさってくださいますよう、お心を燃やしているのと同じ愛をもって、敢えてお願い申し上げる次第でございます。もし、この慰めを私どもにお与えくださいますならば、きっとペルトリー様を心から愛し、自分たちの天配から遣わされた方としてお迎えする者たちをお見つけになられるに違いありません。私は一同のうちで最もふさわしからぬ者ではございますが、それにもかかわらず敢えて貴女の清らかなお祈りのうちに私を加えられ、また聖霊の絆のうちに離れがたく貴女と結ばれた者と言わせてくださいますようお願い致します。

1　関係を持つよう働きかけたのはマリー・ド・レンカルナシオンらしい。ド・ラ・ペルトリー夫人については、ポンセ師の請いにより一六七〇年にマリー・ド・レンカルナシオンが書いた長い報告に記載されている。手紙(269)は本書には掲載していない。

2　ヨハネによる福音書15・13参照。

3　すなわち一六三三年、預言的夢の年から。七(17)参照。

二二(32) トゥール。一六三九年一月一七日 フイヤン改革派ドン・レイモン・ド・サン・ベルナール宛

神父様、院長と私にとりまして、神父様にどうしてもおいでいただきたい一つの問題が生じております。お話し致しますことは、神父様と私の間の内密な事柄でございます。その問題の重要さから内密に話が進められているからでございます。それは次のようなことでございます。主が、ある貴族で有徳のご婦人にウルスラ会修道女のためカナダに修道院を設立する考えをお与えになりましたので、その方は私に同行を要請なさいました。ご自分も献身なさるおつもりなのです。今までは、こちらの修道女だけで創立なさるお考えでしたが、いざ話を進めなければならない段になりますと、イエズス会の管区長様が、パリの私どものメールの方々と約束を交わされたのか、あるいは少なくとも、そのメールの方々をご贔屓なのでしょう。知らない間に、私どもを排除なさいました。それで、そのご婦人にパリの修道女を連れていくべきであるとお勧めになりました。これに対して、ご婦人は誰よりも先に絶対に私をほしいと答えられました。またド・ラ・エ神父様は、私が第一に考えられるべきであるというご意見でしたので、管区長様も同意なさいました。しかし、管区長様は私だけが一人の同伴者とこちらから出発し、他の方々は容易にパリから同行させることができるとお付け加えです。

また神父様方がおっしゃいますには、そのメールの方々は私どもが立てていない教育の誓願をなさっていて、その会則は私たちのものよりも優れているから、二つの修道院が合併するときにはその会則を採用しなければならないとのことでございます。このお考えには院長も私も賛成しかねます。私どもはあちらの方と同じほど立派な会則を持っているのでございます。しかし、レイモン神父様がもっとよいご意見をお出しにならない限り、私どもは、現地に着くまではそれぞれの現在の生活規則を守り、現地の様子を見て、両方が一致して守る会則を作成することには同意致しましょう。どうか神父様のご意見を私どもにお知らせくださいませ。至急のお返事をお待ち申し上げております。

もう一つ別の問題があります。ご婦人は今年出発をお望みですが、あとで問題が起きないように、ご自分の望みどおりに内密に不動産を購入してくださる方を見つけるのに大変ご苦労なさっています。私は最近の手紙で、より自由に行動し何も恐れることがないように、慣習法

に従って、カナダでの創立はご自分の財産の三分の一で行うことを進言致しました。まだお返事はいただいておりません。

とにかく、これは神父様のお祈りの助けを必要とする問題でございます。どうか私どものためにお祈りいただき、聖なる祝福をくださいませ。

二三(33) トゥール。一六三九年二月一三日 ドン・レイモン・ド・サン・ベルナール宛

神父様、真にふさわしくない被造物であるこの私に、御摂理が注がれた新たな御憐れみの深さを、今は言葉に表しようもございません。今度こそ本当に出発しなければならないそうです。[1] こう申し上げましても、神父様は少しもお驚きになりませんでしょうか。数日中に、パリに来るようにとの知らせがありました。パリに寄っていかなければならないことは、私にとりまして嬉しいことです。神父様に私の思いを全部お話しできる機会を持てるからでございます。もっとも、この件に関して生じたことはすべてお伝えしておりますので、神父様は私の思いは十分にご存じのはずです。私と致しましては、神様が私にお目をかけてくださいましたことにすっかり驚きまして、本当にどうしてよいか分からず、言葉もないままでございます。しかし、幸いにパリで神父様にお目にかかることができましたならば、きっとお話しできることでございましょう。と申しますのは、私は神様を信頼こそすれ、自分自身をいつも信用していないからでございます。

神父様は、私がカナダに行く使命を持っていることをどんなに確信したか、手紙よりもお目にかかったときの私の言葉からもっとよくお分かりくださることでしょう。かしこ。

1 「メール・マリー・ド・レンカルナシオンがこの知らせを受け取ったときは、外面的にはあまり興奮を示さなかった。いつもその覚悟であったからである。むしろ、神の約束が実現されようとしているのを見て、神に任せきってしまっていたのである」V363.

第二部　カナダへの出発

二四(34) パリ。一六三九年二月二六日 トゥールのウルスラ会修道院長フランソワーズ・ド・サン・ベルナール宛

院長様、私どもは主のお恵みにより大変元気でパリに到着したところです。宮廷司厨長ド・ムール様[1]は、ご親切にもお家を自由に使わせてくださいました。ド・ベルニエール様もそこにお部屋をお持ちになることができましょうし、また同氏のためにも私どものためにも絨毯が敷かれ、お部屋には家具が備えられます。皆様が一生懸命私たちをお世話くださっているようです。

ポンセ夫人は私たちのずっと先にいらっしゃっていて、残りの道程の間、ご自分の立派な四輪馬車に乗せてくださいました。[2]

ド・ラ・エ神父様は、私たちの到着をお知りになるとすぐにお訪ねくださり、かくも長い間待望しておりましたことが実現しようとしているのを喜んでくださいました。メール・マリー・セン・ジョゼフをご覧になるとすぐ[3]、メールはカナダに適しているとご判断になり、その選出は神様によるものと信じてくださいました。私たちの処遇については、明日、お話しすることになっていますが、結果についてはすべて院長様にお知らせ致します。当地のウルスラ会のメールがご親切に泊めてくださるとおっしゃっておりますが、失礼ですが辞退したいと思います。ド・ラ・ペルトリー夫人が自由をお好みですし、また、私たちの処遇についての協議が行われるときには、私たちがいつでもそれに応じる用意ができているように、ご自分から離れることをお望みにならないからです。[4]私たちは到着をずっと内密にしておいて、私たちの計画の実行を助けてくださる方々にだけ知られるようにするつもりです。皆さんにそれが知られますと、すぐ訪問攻めに合うことでしょう。その間にも、ド・ベルニエール様がご病気になられまして、私どもを少したじろがせております。私たちのために強力に働きかけてくださっていらっしゃる方ですから。どんなに親身に私どもをお世話くださっているか、言葉に表しようもありません。ド・ベルニエール様は大変立派な方です。旅行の間は私たちの規則を一緒に守られましたので、私どもは四輪馬車でも宿泊所でも自分たちの修道院にいるように過ごせましたし、トゥールから出発したばかりのような気分です。それほど時間は、静かに規則的に経過しております。[5]ド・ラ・ペルトリー夫人についてはなんと申したらよいでしょう。私に対するご親切には、いつもいつも恐縮しております。私たちのためにはどんな出費も惜しまない母親

のような方で、感嘆させられます。けれども、あまりに私たちのためにお金を使いすぎはしないかと心配です。どうか夫人にお手紙を出されて、叱ってあげてください。夫人への友情から、院長様はそうなさってもよいはずですし、院長様への友情から夫人はお叱りを喜んでお受けになるでしょう。院長様、急ぎのためこれで筆を擱きますことをお許しくださいませ。かしこ。

1　ピエール・ド・ムールで、王の侍臣、顧問、オルレアンの総収入役。王室秘書官ド・ムールの子息。その妻イザベル・ブリソネとの間に儲けた三人の娘はウルスラ会に入会している。

2　ポンセ師の母親マルグリット・チエルソー。カルメル会に入ることになっていた。

3　マリー・ド・サボニエール・ド・ラ・トロッシュ・ド・サン・ジェルマン。マリー・ド・サン・ベルナールの名で誓願を立てたが、尊い任務に選ばれたことを感謝してマリー・ド・セン・ジョゼフの名を取った。〔＊付録Ａ四（140）参照〕

4　ポンセ師宛の一六七〇年の手紙（269、本書には掲載していない）に記されている。ケベックにウルスラ会修道院を設立しようとするド・ラ・ペルトリー夫人とトゥールの大司教との間の契約作成のことである。それによれば、ラ・ペルトリーの領主であった故シャルル・ド・グリュエルの未亡人、マドレーヌ・ショヴィニ夫人が、一六三九年三月二八日、パリのシャトレの公証人ギヨム・デュシェーヌとピエール・フィーフェ氏立会いのうえで、ヌーヴェル・フランスにウルスラ会修道院の創立を契約することになっていた。

5　ジャン・ド・ベルニエール・ルーヴィニは一六〇二年カエンに生まれた。フランスの大蔵次官ピエール・ド・ベルニエールとマルグリット・ド・リオン・ロジェの間の第三子であった。カナダでのウルスラ会創立に果たした役割は、マリー・ド・レンカルナシオンがペルトリー夫人について書いた報告書の中に見られる。手紙（249）（聖ウルスラ修道会『マリー・ド・レンカルナシオン書簡集六』二四九）参照。

二五（36）　ディエップ。一六三九年四月　フイヤン改革派ドン・レイモン・ド・サン・ベルナール宛[1]

万事は整いましたが、それでも私と他の多くの人々の幸せが失われるのではないかと心配です。乗船のためラ・ロッシェルに向かった神父様方のお一人がご病気になられ、同行の神父様がお一人で発たれるのに、お残りです。「一人は選ばれ、他の一人は残される」[2]と、おおせられた主の御言葉どおりでございます。ですから私はいつも心配しないではおれません。

1　Vはこの手紙を次のように紹介している。「熱情のあまり、かえって……望んでいて、手にするばかりになった幸福が結局は摑めないのではないかと心配した。このような気持ちを自分から指導司祭に手紙で書いたが、それは次のようである」
2　マタイによる福音書24・40。

二六（37）　ディエップ。一六三九年四月一五日　兄宛

　お兄様、イエス様の命と愛がお兄様と共にありますように。

　私たちは間もなくフランスを離れ、新世界に渡ることになっています。そこでは神様はほとんど知られていず、ただ知らせるために労苦しているわずかな人数の聖徒がいるだけです。このたび、天の王様［＊キリスト］が無量の慈しみを私のうえに注がれ、あちらに行って住むように私をお選びくださいました。天が下で最も貧弱な私という道具をお用いになられるのは、全くその御憐れみによるものです。私と一緒にご厚情溢れる御摂理にお礼を申し上げてください。私は海上であろうと地域であろうと、生死は御摂理の腕《かいな》におゆだねしています。万事は御旨のままです。それで今、お兄様への最後のお別れの言葉を書いているわけです。船の出発準備は整い何か支障が起こらない限り、来週乗船することになっています。[1]私は自分の命を犠牲にすることが待ちきれません。そして、そうしたい望みの中で、危険に遭えば陸地でよりも海上でのほうがもっと落ち着いていられるように思えます。

　お兄様も知ってのように、私たちは航海するにはすべての海の中で最も荒い大西洋に乗り出す危険を冒そうとしています。私たちが行う四、八〇〇キロの航海中にたくさんの船が沈没する危険だけでなく、多くの不便を忍ばなければなりませんし、大病にもなるでしょうし、また英国船[2]やダンケルク船[3]やトルコ船[4]に出合う恐れがあります。でも、そのようなすべてのことはなんともありません。生きるも死ぬも、私には同じことなのです。これまでしてきたこと以上に全力を挙げて、私自身をささげます。十字架と苦しみは、私には地上のすべての悦楽よりも快いものです。最も苛酷な奥地に送られようが、それが私の悦楽で、先住民の子供たちを王女たち以上に大事にするつもりです。ですから、喜んでイエス様の後ろに従い、ご自分への愛の証拠としてお望みのすべてのことを苦しむために出掛けていきます。イエス様が私に大きな勇気をお与えになるよう祈り、またイエス様が他の

多くの人々をさしおいて、この私をこれほどの気高い使命に召し出してくださった甚大なお恵みにお礼を申し上げてください。私たち三人のウルスラ会修道女[5]は旗艦に乗せていただけます。そして船長が、ご自分の立派な広いお部屋を使わせてくださるので、私たちは船の騒音から逃れることができるでしょう。私たちは救護修道女の方々[6]、私たちの創立者ド・ラ・ペルトリー夫人、そして二人の娘さんと一緒に旅行します。布教地の長上の神父様もご一緒で、幸いなことに、毎日ミサ聖祭をささげ秘跡を授けてくださいます。それでは、お兄様、もうこれっきり、さようなら。

1　乗船はやっと五月三日に行われた。
2　英国の私掠船〔＊corsaire、一五―一九世紀、政府の公認の下に敵船を略奪した一種の海賊船〕。当時フランスはまだ英国と平和な関係にあった。
3　ダンケルクは、カトー・カンブレジ条約（一五五九年）以来スペイン人の手にあった。ところが、一六三五年以来、フランスとスペインは戦争をしていた。
4　北アフリカのバルバリ人私掠船は、ラ・マンシュ〔＊イギリス〕海峡の入口まで上ってきていた。一六三五年には、ボンタン船長がそれらの船を避けるため迂回を余儀なくされた。
5　トゥールの二人の修道女とディエップからの一人の修道女で、セシール・リシェ、修道名セント・クロワが二人に加わった。ケベックで七八歳で死亡している。したがって、一六〇九年頃の生まれである。家族は知られていない。非常に興味のある航海記を残している。付録Ｂ一（２）参照。
6　市立病院の創設はリシュリューの姪で、少しあとでデギヨン公爵夫人となるド・コンバレ夫人の提唱によるものであって、一六三九年に実現された。契約は一六三七年八月一六日に調印された。

二七（38）　ディエップ。一六三九年四月一八日　トゥールのウルスラ会修道院長フランソワーズ・ド・サン・ベルナール宛

院長様、祝福をくださいませ。今度こそ本当に最後のお別れを申し上げて、私たちの花婿〔＊キリスト〕の無量の御憐れみからお召しの所に行かなければなりません。今日は船は停泊中ですが、あとは適当な風具合を待ってボートで安全に船に漕ぎ着くだけです。最愛のお方のために自分の命を与えようとしきりに望んでいる者にとって、待つ時間があまりに長く思われるのはお察しのことと存じます。院長様、私たちの心のご主人は真に強力なお方です。そのお方が、私たちカナダ人の群れのうちに行っていらっしゃることをご存じでしたら、院長様はそ

の御慈しみを幾度も幾度もたたえられることでしょう。私たちの心はすっかり燃え立ってはおります。けれども、神様の無量のご慈悲に比べて自分が全く取るに足らないことを考えますと、その火は灰のようなもので、謙遜せざるを得ません。院長様、私は自分がそれについて考えていることを正しく表現できません。私たちの衣類は全部船に積み込まれていますので、出航の好機を待つ間は、それに代わるものを貸していただいています。

　メール・セン・ジェロームは、結局、同行なさいません。これはメールの修道院一同にとってはとても悲しいことですが、誰よりもまず本人が悲しんでいるはずです。ド・ラ・ヴィル・オ・クレール夫人[1]のお手紙によりますと、デギヨン公爵夫人がこのメールを獲得するためにド・パリ伯爵に懸命に働きかけられたのですが、枢機卿様[2]は伯爵のなさり方にご不満だったそうでございます。ご承知のように、女王様がこのことについて尽力してはくださいました。その後、神父様[3]が私たちだけで出発することをお望みになりませんでしたので、私たちはディエップの一人の修道女の方を連れていくことに決めなければなりませんでした。この問題の帰結については、院長様にお知らせする時間が、多分まだ十分にあるものと思います。

　ド・ラ・ヴィル・オ・クレール夫人は、私たちの修道院創立のため立派なご聖櫃、聖体器のとても綺麗な被いや飾りに用いるたくさんの刺繍の花をお贈りくださいました。夫人は、院長様の次に私たちの最初の恩人です。院長様は第一の恩人でいらっしゃいます。他の贈り物はお話しするまでもなく、何よりも私たち自身を差し出されたからです。それでは、イエス・キリストによっていつも私たちの唯一の母上様、同じく娘として変わらぬ感謝の念を抱きながら筆を擱きます。かしこ。

1　ド・ブリエンヌ伯爵夫人。閣外大臣で、ラ・ヴィル・オ・クレールの領主アンリ・オーギュスト・ド・ロメニーと結婚した。マセの領主ベルナールとルイーズ・リュクサンブール・ブリエンヌとの間の娘であった。アンリ・オーギュスト・ド・ロメニーとは一六二三年に結婚している。

2　リシュリュー。

3　ヴィモン師と、パリにおけるカナダ布教地会計のシャルル・ラールマン師。

二八（39）　船上。一六三九年五月二〇日　トゥールのウルスラ会修道院長フランソワーズ・ド・サン・ベルナール宛

院長様、祝福をくださいませ。この手紙をお受け取りになる前は、娘たちからはきっともうケベックからしか便りはないものとお考えでしたでしょう。実際、私たちもそれ以外にお便りすることはないものと考えておりました。ところが、幸いなことに、ラ・マンシュ海峡まで[1]ついてきた漁師たちが、私たちの友人に送りたいと思っておりました手紙を届けることを引き受けてくれました。さて、私たちは英国の沿岸を進み、ラ・マンシュ海峡を出るところですが、イエス様のおかげで体の調子は上々です。もちろん、スペイン船やダンケルク船に捕まる危険もないわけではありませんでした。二、三日前、私たちは二〇艘ぐらいの船団の一つを発見しましたが、私たちの船長はそれに出合うのを避けて、賢明にも英国寄りの航路を取りました。他にも遠くに幾つかの船団を見ましたが、国旗の区別も、どこから来たかも判別できませんでした。今はラ・マンシュ海峡を抜け出るところで、敵船の危険からは逃れましたが、嵐と海の危険から守られているかどうかは、ただ神様だけがご存じです。

乗船して以来、毎日、私たちは敵船や海の大荒れのため、いつ死んでもよいように努めました。けれども、心は大自然の猛威に少しも不安を感じませんでした。全幅の信頼を寄せている御摂理の神様が、私たち自身とすべてを忘れさせてくださるからです。いったん、自分を神様にささげたときに感じます安心感は、説明も想像もできるものではありません。

私たちは皆、船酔いをしました。しかし、それもなんでもありません。目下は、修道院にいるのと同じほど張り切っております。乗組員の方々は皆、申し分のないほどきちんとしております。詳しいことはケベックに着いてからお話しすることに致します。[2]私たちに対するヴィモン神父様のご親切のほどは言葉に表しようもありません。霊的物的両面にわたって子供に対する母親のように、それも最良の母のように面倒を見てくださいます。ボンタン船長も劣らず私たちに親切の限りを尽くし、できるだけ快適に過ごさせてくださいます。それも非常に喜んでそうなさいますので、まるで私たちのためにだけ航海なさっているように思われるくらいです。目下のところは私の心にある最も奥深いものはお話しできません。また、そのときでもありません。

私たちは、海の水で育ったかのように、もう海にはす

っかり慣れました。至る所で自分の義務を果たす修道女というものは、どこででも幸せです。愛するお方がどこにでもいらっしゃるからです。どうか私たちのすべての友人によろしくお伝えくださいませ。さようなら、さようなら、さようなら。

一六三九年五月二〇日、航海中の旗艦セン・ジョゼフ号船上にて。

1 すなわちラ・マンシュ海峡の出口まで。

2 手紙は紛失した。デュ・クルウ（クレウクシウス）師が、一六六四年パリで刊行された*Historia Canadensis*の二五七、二五八頁を書くに当たって、その手紙を役立てたのはあり得ることである。とにかく、その物語るところはヴィモン師に基づくものとは思えない。

第三部　先住民の間で先住民と共に

二九（40）ケベック。一六三九年九月一日 兄宛

お兄様、イエス様のご生活がお兄様の暮らしの模範、規範でありますように。お兄様は私のことを心配して、きっと一刻も早く私たちの旅行の模様と私のカナダ到着を知りたがっていらっしゃることでしょう。それで、お兄様を一安心させて私もほっとしたい気持ちです。

安心してください。私たちはトゥールから一歩も出なかったかのように、全く元気で望みの場所に到着しました。もちろん、三ヵ月の航海の間[1]、いろいろと苦しいことはありました。雷雨や暴風雨に襲われ、本来なら五、三〇〇〇キロのところを八、〇〇〇キロも辿らなければなりませんでした。危うく難破しかけたこともあります。しかし風と海にお命じになられるお方が、その全能の御手によって私たちを守ってくださいました。主は天使と人間から永遠にたたえられ、感謝を受けられますように。

この新世界に到着して見たことは、私たちにすべての疲労を忘れさせました。実際、私たちは四つの異なる言語で[2]神様がたたえられるのを聞き、たくさんの先住民が洗礼を受けるのを見[3]、また、当の先住民がイエス・キリストの教えを同胞に説き、私たちの神をたたえ、愛することを教えているのを耳にし、さらには、私たちを自分たちの地に派遣して娘たちを教育し、天国への道を教えるようになさったことを、神様に感謝しているのを目にしました。こうしたことを見聞きしていれば、自分の十字架と疲労など、実際に経験したものより一、〇〇〇倍も大きい場合でも忘れてしまうのが当然ではないでしょうか。

今年は、ヒューロン人とモンタニェ人の間で五〇〇人余りが洗礼を受けました[4]。他の多くは未信者です。回心のために祈ってください。イエス・キリストを少しも知らない部族がほとんど数え切れないほどいるわけですから、私たちはその御名と御教えを知らせようと努める宣教師の方々と一緒に当地に来ました。

結局、私たちは皆、同じ一つの意図の許に当地に来ています。神様が私たちをその霊で満たされ、それによって私たちが葡萄畑のご主人、イエス様のより大いなる栄光のために成功することをお望みなのです。まずは一報まで。

1　五月四日から八月一日まで。
2　モンタニェ語、アルゴンキン語、ヒューロン語、フランス語。

3　到着の翌日、シルリーに連れていかれ、幾人かの受洗に立ち会った。シルリーについては、H.-A. Scott, *Notre-Dame de Sainte Foy, Histoire civile et religieuse*, Quêbec, 1902; E. Buron, *Le Commandeur de Sillery*, *Nova Francia*, V, 1930, 193-229 参照。

4　四五〇人くらいだったらしい。ヒューロン人の二つの居住地では二四七人であったと言われる。

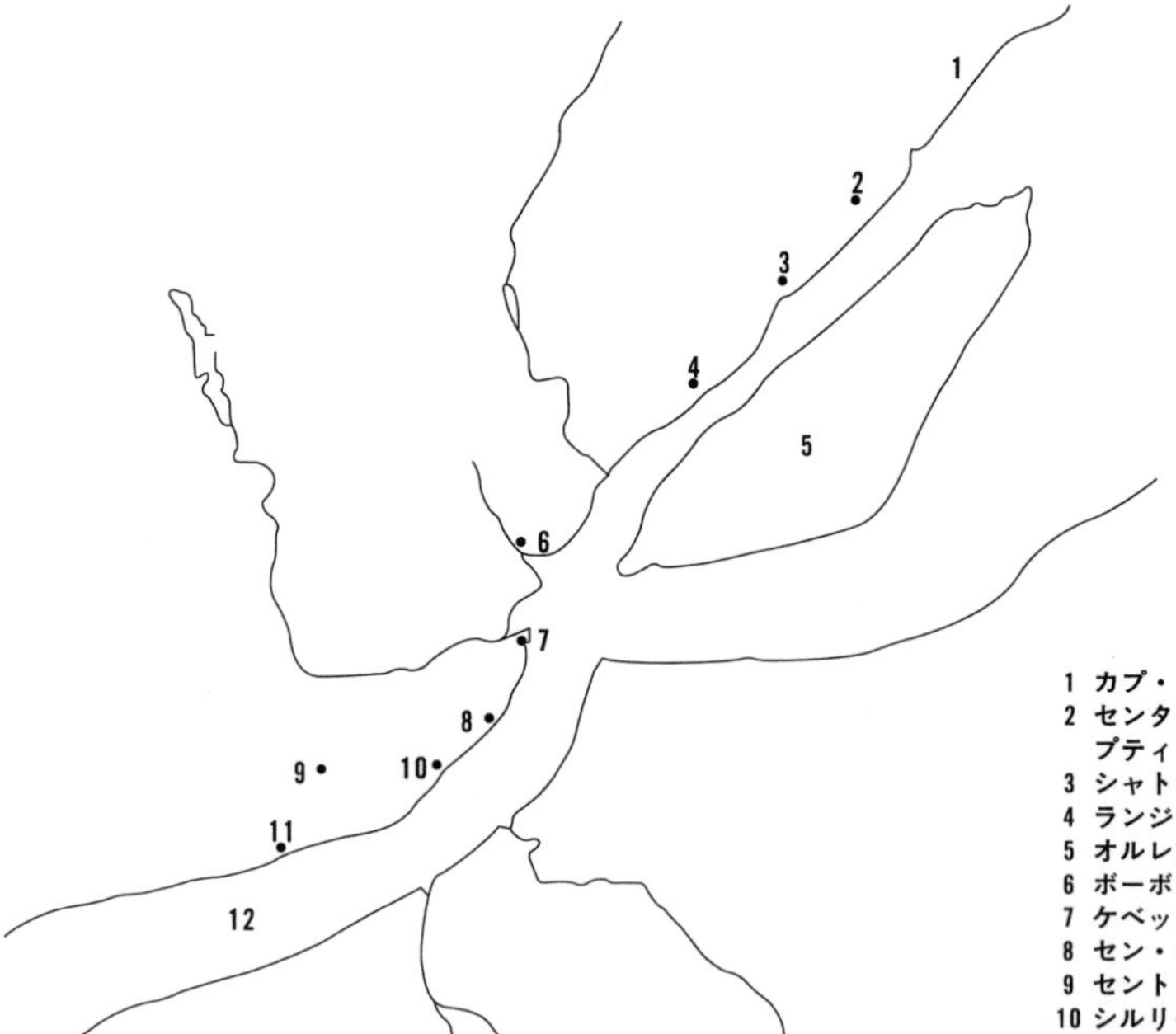

1 カプ・トゥールマント（岬）
2 センタンヌ・ボープレまたは
　プティ・カプ（岬）
3 シャトー・リッシュ
4 ランジュ・ガルディヤン
5 オルレアン（島）
6 ボーポール
7 ケベック
8 セン・ミッシェル
9 セント・フォワ
10 シルリー
11 カプ・ルージュ
12 セント・ローレンス川

ケベック周辺地図

三〇（41） 一六四〇年一月 イエズス会員
ポール・ル・ジュンヌ師宛〔＊以下発信元のケベックを省略〕

今週、多くの人々が聖なる洗礼を受けるのを拝見する幸せをいただき、しかも当人たちが私たちの小さな聖堂で教えを受けるという栄誉を、主が私たちにお与えくださいました。これらのことから、私が受けました慰めを言い表すことは不可能でございます。

今日は、私たちは再度喜びを噛み締めました。先住民のキリスト信者の娘たちと婦人たちが、本来なら親たちの狩猟のお供をしなければならないのですが[1]、私どもの所を訪れたからです。今週は三度応対しましたが、少しも苦になりませんでした。神父様、これらの善良な人々は楽園を携えてきているようです。何しろ小羊の血で洗われたばかりですから。

さて、私たちの生徒たちについてはどのようにお考えでしょうか。マドレーヌ・アミスコヴェイアンは[2]、私たちの許で育てられてきたかのように振る舞っています。彼女以上に柔和で、素直な気性の者は見当たりません。仲間たち一同に義務を守らせ、自分では神様の事柄を深く味わっています。マリー・ナガバマットは、日増しに模範的になっていきます。この子は神の審判を非常に恐れていて、私がまだ洗礼を受けていない二人の子を教えていたある日、目に涙を浮かべるほどでした。私たちの信仰の諸神秘をよく理解しています。この子を最も喜ばせることは、絵を使って信仰の真理を説明することです。聖なるおとめに対する信心が非常に強いので、その御絵を見ては大喜びで、お母さんと呼んで接吻し、一途にマリア様を愛しています。仲間たちのどんな不行儀も我慢できません。仲間たちと一緒に部族の言葉でお祈りをさせられたあとは、フランス人の子たちと一緒にまたお祈りに行きます。小さいマドレーヌは先住民の子とは思われないでしょう。これほど従順で、思いやりのある子はいないかもしれません。望みどおりのことを行わせることができます。彼女は無垢な小天使ですが、また、小さいウルスラも同様です[3]。

神父様が最近こちらにお寄越しになりました三人は、先住民の気風を捨て、私たちの許ではその影さえも見せませんので、ずっと私たちの許で育ってきたような感じです。先住民の娘や婦人が出入りするのを見ても少しも気に留めませんし、あとを追っていく気配も見せずフランス風に挨拶して、笑いながら別れています。私たちを生来の母親のように思っているのでしょう。ちょっとした苦痛でもあると、庇護を求めてやってきて、私たちに抱きつきます。最近のこと、私がちょっと頭が痛かったとき、誰かが子供たちに私が病気で、もしうるさくすると私が死んでしまうかもしれないと話しましたところ、死ぬという言葉を聞いて、子供たちは泣きはじめ、すっかり静かになりました。神父様はこれ以上に何をお望みでしょうか。天の恵みが、この不幸な人々に注がれているとは申せませんでしょうか。

1　シルリーの先住民が小部落を出て冬の大狩猟に出掛けるのは、一般に一月であった。
2　一七歳のアルゴンキン娘で、また話に出てくる。
3　マドレーヌ・アバテナウとウルスラについては、手紙三二(43)参照。

三一(42)　一六四〇年三月　イエズス会員　ポール・ル・ジュンヌ師宛

私たちの三人の生徒に用意ができていたら、院長様[1]が初聖体をお授けになるお気持ちであることを知って、非常に嬉しく思いました。クロード・ピジャール神父様[2]が丹念にお教えになりましたが、その子たちがとてもよい心構えなのをご覧になって、大変満足していらっしゃいます。

神父様、この子たちには本当に、その大きな幸せを得たい強い望みが現れていて、今にも天国に入るところであると申せましょう。それほどに娘たちの顔には喜びが溢れています。昨日、アニェースはちょっと子供じみた振る舞いをしました。神様が悲しまれると言いますと、泣きだしたのです。どうして泣くのか尋ねますと、神様を悲しませたから初聖体を受けられないでしょう、と答えました。そんなことで初聖体を受けられないはことないのよ、と安心させて、やっとなだめた次第です[3]。三人は教えられることを大変注意深く聞いていますので、神父様がお教えになったこと以外に、朝から晩まで要理教室で話されたことや、少しずつ学んだことについて私が試験をしようとしますと、喜んでそれに応じるくらいです。私は感心して大喜びしました。

私たちの生徒たちほどに熱心に勉強し、神様にお祈りする娘たちをフランスで見たことがありません。天の祝福がこの無垢な霊魂のうえに溢れるほどに注がれているものと存じます。実際に無垢なのですから。

1　イエズス会のヴィモン師。
2　先住民の娘アニェースについては次の手紙参照。
3　初聖体は聖木曜日に決められた。

三二(43)　一六四〇年九月三日　ある貴婦人宛

主の平安。お手紙によって私[1]の心に生じました喜びと感謝のほどは、言葉に表すことができません。それで、お忙しくてお手紙をお書きになれず、あるいは海難のため折角の貴重なお手紙が紛失するようなことがありましても、『イエズス会会報』がもっと詳しいことをお知らせするまでの間、この愛する国についてお知らせしないではおれません。

先住民の娘たちをこれほどに深くいとおしまれたことで、私たちは、御憐れみの御父をなんとしても賛美しなければなりません。先住民たちは洗礼を受けるだけでは満足せず、定着し、そのために開拓を始めております。どうやら、初代教会の熱心さがヌーヴェル・フランスに移り、私たちの善良な新信者の心を燃え立たせているようです。それで、シルリーに造られはじめた村にもしフランスが、小さな住居を建てられるよう多少の援助を与えるならば、間もなくいっそうの進歩を遂げることでしょう。イエズス会の神父様方のご熱心とご熱情を拝見致しますと、感嘆せずにはおれません。布教地の長上でいらっしゃるヴィモン神父様は先住民たちを勇気づけるため、ご自分でこの人たちを仕事に連れていかれ、一緒に耕しておいでです。[2]そのあとで、子供たちを神様に祈らせ、読むことを教えていらっしゃいますが、神様の御栄えとこれらの人々の幸せのためには、なんの卑しいこともないとお考えです。この葡萄畑〔＊先住民〕を耕した主な働き手でいらっしゃるル・ジュンヌ神父様は、ずっと驚嘆すべきことをなさっておいでです。毎日、人々に説教なされ、人々は神父様のお望みのことはなんでも行っております。神父様はすべての部族に知られ、皆から魔術師と思われているからです。また実際、言葉に尽くせないほどに疲れをものともせず聖職にお励みで、それを他の神父様方が助けていらっしゃいますが、この神父様方も、イエス・キリストの御血によって贖われたこれらの人々を探し求めて命も健康も顧みられません。

ヒューロン人の許で大きな迫害が起こりました。[3]神父様のお一人は、斧の一撃で殉教者になるところでした。神父様がお説きになられた信仰を憎んで、斧が振り上げられたのですが、柄が折れてしまったのです。他の神父様方に対しても同じような企てがありましたが、これらの神父様方も苦しむことを幸いとなさっておいでです。このようなことがありながらも、一、〇〇〇人が洗礼を受けています。[4] 悪魔がどんなことを謀っても無駄です。イエス・キリストが常に勝利者となられましょう。主は永遠に賛美されますように。

　噂によりますと、この部族の二人の娘を、二人のアルゴンキン娘と一緒に私たちに送るということです。学校は一八人の娘でいっぱいです。それに通いつづけている娘たちもおります。神様がこの小さな学校をいつも十分に祝福してくださることは、フランスでは信じがたいことでしょう。私たちの喜びをお伝えするために、少し詳しくお話しすることにします。私たちにゆだねられた最初の先住民の生徒はマリー・ネガブマットといい、森の中を駆け回ることに慣れていましたので、学校に留めておくことには絶望しておりました。私たちにその子をゆだねるため父親を連れていらっしゃったル・ジュンヌ神父様は、一緒に先住民信者の二人の年上の子を送ってお寄越しになり、この子たちがマリーを落ち着かせるためしばらく一緒に暮らしました。しかし、それも役に立ちませんでした。当人は、四日後には私たちが与えたワンピースを引き裂いて、森の中に逃亡してしまいました。父親は立派な信者で聖人のように暮らしておりますが、マリーに学校に戻るよう言い付けますと、マリーは従いました。そして二日も経たないうちに、感嘆するほどに変わったのです。それは全く見違えるほどでした。祈りとキリスト教的信心業に非常に熱心になり、今では、皆とても育ちのよいケベックの娘たちの模範となっています。過ちを犯せば、すぐにひざまずいて赦しを願い、科された償いを穏やかに、信じがたいほどに快く実行します。マリーを見ますと、その信心に心を打たれないわけにいきません。その顔には、それほどに純真さと神様のお恵みが映し出されているのです。

　同じ頃、マリー・アミスクヴィアンという一七歳の娘が、私たちにゆだねられました。これほど素直で、純真な娘は見当たりません。またこれほど正直な娘も見当たりません。一度として嘘を言ったことがないのです。正直は先住民では重要な徳です。仲間たちが非難しても、決して弁解しません。神様には非常に熱心に祈りますので、祈るように注意する必要は決してありません。それに他の子たちも祈りに誘います。まるで皆の母親のような感じで、それほどに他の子たちに対して愛徳を持っています。大変頭もよく、教えられること、特に私たちの信仰の神秘はよく記憶しますので、この子が先住民の許に戻るときには、非常にためになるのではないかと期待しています。あるフランス人が結婚を申し込んでいますが、私たちは部族の一人と結婚させるつもりです。先住民に模範を示すことを期待しているからです。もし神様がフランスのどなたか篤信家の心を動かされ、この娘が小さな家を持てるように援助させてくださったら、どんなに素晴らしいことかと考えております。この娘は、私たちが先住民の言葉を覚えるのを大変助けてくれました。フランス語がよく話せるからです。[5]最後に、この娘は非常に柔和で、また気立てがよいのでみんなの心を摑みます。

　あなたの代子〔＊洗礼の名付け子〕マリー・マドレーヌ・アバテナウはまだ天然痘にかかっている間に私たちの許に送られましたが、そのときはわずか六歳でした。そんな歳で、この子ただ一人で病人の両親をてきぱきと看護するので、それを見ていた人々は皆、感嘆させられました。この子ほどに従順な子は見当たりません。それどころか言い付けられる前に行います。どんなところで使われるか予想して、機敏にそこで待ちかまえているのです。そして言い付けられることをごく自然に、また非常に喜んで行うものですから、皆、良家の娘と見做してしまいます。このようにあなたの代子としてふさわしい子ですが、私はまたイエス・キリストによるあなたの娘と申しましょう。あなたをお慰めするため付け加えて申しますと、この子は要理とキリスト教の祈りをそらんじていますが、祈りは深い信心をこめて唱えますので、見ている人も釣り込まれてしまうほどです。

　マドモワゼル・ド・シュヴルーズの代子マリー・ウルスラ・ガミチエンスは、五歳か六歳にすぎません。本当に幼いのですが、それでも私たちに世話を焼かせず信者の勤めを果たします。実際、目が醒めるとすぐ、自分から神様にお祈りする心構えができています。ごミサの間はロザリオを唱え、聖歌を部族の言葉で歌います。

　同時に、アニェース・シャブディクチックが私たちにゆだねられました。この子にはアニェースの名がぴったりです。優しく、純真な小羊のようだからです。学校に入る少し前のこと、森の中で薪にする木を切っていたところ、ド・カエン神父様にお会いしましたが、神父様を見かけるとすぐ、鉈を離れた所に投げて、「私に教えてください」と言いました。アニェースはとても愛らしくそうしましたので、神父様は心を打たれその熱心さに応えて、仲間の一人と一緒に学校に連れていらっしゃったのです。二人ともまもなく洗礼を受けることができるようになりました。アニェースは私たちの許で、教理でも行儀でも手芸でも読み方でもヴィオールの弾き方でも、またその他のたくさんの細々した習い事でも大変な進歩を見せました。やっと一二歳になったところですが、御復活祭には仲間の三人と一緒に初聖体を受けました。

ニコル・アセパンスは、同じ日に私たちに任せられましたが、七歳です。先住民の間では重要な人物のうちに入る両親は、この子を狩猟に連れていくことができないので、しばらく預かってくれるように私たちに願いました。この子は大変聡明なので、二〇歳の娘のための教育を受けることができます。学校に来て五ヵ月しか経っていないのに、もう私たちの信仰の重要な点を説明できますし、要理とキリスト信者としての勤めを本当によく知っています。母親が狩猟から戻って娘を引き取りに来たとき、この天真爛漫な子は母親に祈りをさせました。母親は、洗礼を受けていませんが、娘から非常に熱心に、また素直に教えを聞いておりました。これには感心させられました。また、娘が神様に祈り要理に答えているのを聞いて感嘆し、ニコルにこう言ったものです。

「ねえ、お父さんと私に教えて頂戴。望みどおりに好きな学校に残れば、お前はもっと教えることができるようになるかもしれないけど、どうするの」

けれども、この子は独りっ子なので、母親から離れることはできませんでした。しかし母親に言いました。

「行くことにしたけれども、それは何か不満があるからではないの。食べたいだけ食べてるし、メールは綺麗な服をくださって、とてもかわいがってくださるのよ。でも母さんと別れることはできない」

このような話が交わされた後、母親は娘を引き取り、森の小屋に連れ戻しましたが、この子はそこで先住民の皆から感嘆を受けました。

一人一人について皆、お話ししていたらあまりに長くなるでしょう。一般的に言えば、この子たちは親よりも私たちを愛していて、少しも親たちに従おうとしません。これは先住民の許では極めて驚くべきことなのです。娘たちは、年齢と境遇に応じて私たちを模範にしています。私たちがお勤めを行っているときは、ずっと沈黙を守ります。目を上げたり、私たちを見つめたりすることもありません。私たちの邪魔になると思っているわけです。しかし私たちがそれを終えると、すぐ私たちに愛情を表して甘えずにはおれないのです。そういうことは生みの母親たちには決してしません。御復活祭にはそのうちの四人が御聖体を拝領しました。些細な罪を懸念しては恐れながらも、非常な清らかさをもって、また主に一致したい熱烈な望みをもって拝領しましたので、御聖体の拝領を待つ間、「ああ、いつイエス様が私たちの心に接吻しにいらっしゃるのでしょう」と叫んでいたほどでした。

ピジャール神父様がこの子たちに洗礼を授け、初聖体の指導をなさったのですが、神父様は、娘たちが本当の天使のように慎ましやかに振る舞っているのをご覧になって、涙を抑えることがおできになりませんでした。フランス人と先住民の娘たちの教育に当てられた場所に入る許可を得た娘たちは、他の先住民の母子を除いて一八人で、皆その場所にやってきました。

お話とお祈りのあとで、私たちは先住民のやり方で御馳走をします。娘たちのお腹が空けば、それが時計で、生徒たちのために食事の時間が来たことを告げるわけです。それで、生徒食事の用意をしますが、また、不意の来訪者も予想しておかなければなりません。お年寄りは狩猟に行く者たちについていけませんので、不意の来訪者は冬が多いのです。その時期にこうした人々の面倒を見てあげなければ、小屋の中で餓死してしまうでしょう。神様のお恵みのおかげで、私たちは春までこの人たちを助けることができ、人々は私たちのいいお相手になりました。

私たちにはどうしても必要なフランスの親切な人々の援助の下に、こうしたことを続けることができればどんなにか励まされることでしょう。私どもの小さな学校は、生徒たちの維持のため、また他の先住民の援助のために必要なものを自給することはできないのです。申し上げますが、この費用は信じられないくらい巨額です。私どもは二年分の衣類を持参してきましたが、今年だけですでに使い果たし、そのため皆にもう着せるものがなく、やむなく私どもの衣類の一部を与えてしまいました。私たちの創立者夫人〔＊ペルトリー夫人〕が、私たちの分としてくださった布類全部、またフランスの本会のメールが送ってくださったものの一部も同様に、娘たちを清潔にしてから着せるために使い果たしました。

人々がイエス・キリストに帰依するために、どんなに必要なものでも、すべてを失うことは私たちにとっては特別に嬉しいことなのです。ですから私どもは、娘たちを小屋にいたときの汚い状態のままに打ち捨てておくよりも、自分たちが何も持たないことを選びます。私たちが娘たちを任されるときには、娘たちはまるで虫けらのように裸です。ですから頭の天辺から足の爪先まで洗ってやらなければなりません。親たちが娘たちの体にすっかり油を塗り付けるからです。どんなに一生懸命に洗っても、どんなに何度も下着と衣服を替えさせても、おびただしい油で生じたシラミ類を全滅させるためには長い時間がかかります。一人の修道女が、そのために一日の何時間かを費やします。それは、修道女の各人が熱心に望んでいる仕事なのです。その任に当たった姉妹は幸福感でいっぱいになりますが、それから外された姉妹は、自分をそれにふさわしくない者と見做して、ずっと恥じ入るほどです。創立者夫人はほとんど年中その仕事に当たられましたし、今日はメール・マリー・セン・ジョゼフがこの幸せを受けました。

私どもが迎える先住民の娘と妻女の他にも、男性が面会室で私たちを訪問するときは、私たちは妻女たちに対するのと同じ愛徳を示すように努めています。私たちの主への愛と尊い信仰を植え付けるため、私たちの食糧を削ってこれらの人々に与えることができるのは、非常に大きな慰めなのです。

昨年は多くの娘たちが死にましたが、そのあとで、私たちがこうした娘たちを持つことができたのは、結局は、偉大な神の全く特別な御摂理によるものです。

天然痘は先住民の間では一般的ですが、その病気が私たちの学校にも居座りましたので、間もなく学校は、さながら病院のようになってしまいました。娘たちは皆三度この病気にかかり、四人が死亡しました。私たち一同も病気になるのを覚悟していました。病気は実際に伝染しますし、私たちは昼夜を分かたず娘たちを看護しており、宿舎が小さいので、やむなくいつも一緒にいたからです。しかし主のご保護が非常に強力でしたので、私たちの誰一人として病気になりませんでした。[6]

キリスト教徒でない先住民は、このように多数の者が死亡したのは、洗礼と教育を受け、フランス人と一緒に住んでいるからだという間違った考えを持っています。それで私たちは、先住民はもう私たちに娘を預けず、現在一緒にいる者たちも引き取ってしまうのではないかと考えておりました。ところが、神の御摂理が非常な慈しみをもってこのことをご配慮くださいましたので、先住民のほうからこちらにやってきて、娘たちを預ってくれるようにと願いました。ですから、私たちがもっと食糧や衣類をいただけるようになれば、大勢の娘たちを受け入れることができるでしょう。勿論、建物も大急ぎでこしらえなければなりません。

もし神様が幾人かの聖徳の人々の心を動かし、私たちが計画しているように、先住民の近くに家を建てるため私たちを助ける気持ちを抱いてくださいますならば、私たちはもっと多くの娘たちを迎えることができましょう。私どもはその時が来るのを待ち遠しく思っております。

そのようになれば私たちは、主がこの幸多い国に私たちを派遣なされたご意向に従って、仕事をもっと完全に果たすことができましょう。

私どもの住居にはただ二つの小さい部屋があるだけで、それらを台所、食堂、休憩室、教室、面会室、聖務室に使用しています。小さな木造の聖堂を建てましたが、これは質素でも快いものです。奥には小さな香部屋があって、ド・ラ・ペルトリー夫人に使われている一人の青年が、そこに寝泊まりします。青年は私たちのため渉外係の役を果たし、すべての必需品を手に入れてくれます。

この小さな家の中で、私どもがどれほど多くのお金を使わなければならないか想像できないことでしょう。家は非常に粗末なもので、夜は板の隙間からお星さまが見えますし、風のため、蠟燭は辛うじて灯しておけるくらいなのです。こんなに小さな場所に私たちがどのようにして大勢の者を入れることができるのか、お話ししましょう。二つの部屋の隅は松板でできたアルコーブ[7]に分けられています。そして一つの寝台は地面に近く、もう一つは天井に触れそうに置かれていて、そのため梯子で上らなければなりません。このような事情でも、私たちは、フランスで一番立派な造りの修道院にいるよりも幸せであると思っております。カナダでは、私たちはかなり安楽であるように思えます。私としては、ただ樹皮の小屋一つしか住居に持てないことを予想していたのですから。姉妹たちは、時々私にこう言います。

「私たちがカナダで多少つらい思いをしているとすれば、それはつらさが足らなくて十分に苦しんでいないことです。万事において貧しくあるため、何も与えられないときは嬉しく思います」

ですから、私たちは地上で最も不幸で、最も恵まれない者ではありません。これについて、心の奥底に感じたことを表現することはできません。これほど不束な被造物に対し、これだけ多くの御憐れみをお示しくださった創造主に、私に代わってお礼を申し上げてくださいませ。私たちのよき師でいらっしゃるイエス様は、私たちの貧しさをお喜びのようです。私たちは、先住民の近くの決められた場所に家を建てるためフランスの職人を要請しました。しかし、一人として送られてきませんでした。私たちの状態では、それはできないというわけです。さらに、私たちには生活も、学校の維持も、家を建てさせることもできないとさえ言われました。こうして私たちは、神様がご自分だけがご存じの方法によって私たちを助けてくださらないならば、長い間この小さな小屋に留まることになるでしょう。創立者夫人は私たちに対しても、家を建てることに関しても、全く溢れるほどのご好意をお持ちですが、ご両親が熱意に駆られて行動することをお許しになりません。

以上が私どもの学校の現状でございます。学校は、ご覧のように、全く神の御摂理に基づくものです。奥様は、多くの有力者の方々のご訪問をお受けになることですから、そのときにはどうか私どもの学校のことをよしなにお取り次ぎくださいませ。神様がどなたかの心を動かしてくださいました場合は、ド・ベルニエール様が私どもの世話をなさり、必要なものを送ってくださいますので、この方にご連絡くだされば幸いです。奥様が愛していらっしゃるイエス・キリストへの愛によって、可哀想な先住民の娘たちの仲介者となってくださいませ。

私たちが娘たちを不幸から救わなければ、大勢の娘が破滅することでしょう。しかも私どもは、無力のため食べ物に関しても住居に関してもそれができません。私たちは、数日前に破滅寸前にあった一人の娘に洗礼を受けさせました。部族全体がこの娘を見捨て、私たちの生徒に害になるのではないかと懸念して、私たちに預けませんでした。しかし、娘のうちには奇跡的な変化が見られました。突然、子供のようにおとなしく言うことを聞くようになり、私たちの尊い信仰の実践に、この娘ほど熱心な者は見ることができないほどでした。娘はしきりに洗礼を願い、洗礼を受けるときには、まるで生まれたときからずっと洗礼志願者でもあったかのように答えました。この娘をトロワ・リヴィエールから私どもの許に送ってくださったビュトゥー神父様は、会いに来たときのふしだらな娘をご存じですが、今は非常に慎ましく振舞い、善を行う立派な心構えを持っているのをご覧になって目に涙を浮かべておられました。そして、非常に感激して私におっしゃったのです。

「あなたはこの国に来てから、このようなよいことをしてきただけでも、もう立派なものです。そして、この子の回心によって大いに報われています。しかし、ただ神だけがたたえられるべきです。神こそすべてをなさるわけですから」

奥様、こういうことをお話ししますのは、これほど多くの恵みをくださる主に改めて賛美する機会を奥様に差し上げたかったからです。実際私は、主がこの国で行われるすべてのよいことを言い表すことはできません。『会報』はその幾つかを話すことでしょう。しかし実際は、それらすべてを報告することはできませんし、報告できても、信じていただけないでしょう。ともかく、私どもが幾らかの労苦を忍ぶにふさわしい者ならば、奥様もそれに大いにあずかっていらっしゃるものとお思いくださいませ。また、奥様がなさっていらっしゃるよいことをお知らせください。最後に私のため、愛するイエス様にお祈りくださいませ。かしこ。

1　この手紙は返事として書かれたものである。恩人は、マリー・ド・レンカルナシオンとは極めて親密であるように見える。受取人はポンセ師の母親、マルグリット・チエルソかもしれない。ケベックの修道院のためにいつまでも尽力することを惜しまなかった。

2　先住民を「定着させる」ためにはまず開墾の必要があった。

3　天然痘の流行がその起因であった。

4　そのときまでは、危篤の者の洗礼が一番多かった。

5　一六三五年、イエズス会員はノートルダム・デ・ザンジュで男子の学校を始めた。女子に関しては、数人をギヨム・ヒュブの家に集め、その夫人マリー・ロレットにゆだねていた。夫人は前夫ルイ・エベールに先立たれている。若いマリー・アミスクエイアンはそのうちの一人であった。洗礼を受けたのは一六三七年の終わりか一六三八年のはじめに違いない。マリー・マドレーヌと名付けられたのは、パリのカルメル・ド・レンカルナシオンの修道院の院長メール・マドレーヌ・ド・サン・ジョゼフが当人に寄せていた関心のゆえである。

6　疫病は五ヵ月以上続き、ヒューロンまで広がった。

7　原文はcabanesで、alcôves（寝台を納めるための床の間のような凹所）の意。

三三（44）　一六四〇年九月四日　兄宛

お兄様、イエス様の平和と愛がお兄様と共にありますように。

お兄様のお手紙を受け取って非常に嬉しく思いました。何しろこの最果ての地にいて、船が着いたときにフランス語を思い出したように話す以外は、一年中、文明というものから遠ざかっているわけですから。私たちは皆様の予想に反してカナダでの冬を無事に過ごしました。実際、皆様は、私たちの学校に病気が蔓延したあとは、私たちも倒れるだろうと思っていました[1]。夏もイタリアと同じくらい暑いのですが、無事に過ごしました。

私たちは一年中かなりの生徒に教えているわけですが、生徒たちが徳を実践しているのを見て、大いに慰められています。生徒たちは決して先住民と見做されることはないでしょう。それほど、行いには上品さがあり気転が利きますし、また大変信心深く熱心なので、このような地に生まれた者と言われることはないでしょう。

娘たちはイエス・キリストの御血によって洗われて以来、信じられないほどに霊魂の清らかさを守りつづけています。男も女も同じようにしています。いいえ、いっそうそうなのです。と言うのは、神様が自分たちにくだされたお恵みを伝えたい熱情に駆られて、贈り物を携えて他の部族の許に行き、私たちの所に来させて、神の教えを聞き、御教えに従うことができるようにと奔走しているからです。一、二〇〇人以上の人々が洗礼を授けられましたが、その大部分の人々は、先住民の間で死亡しましたので、戦う教会よりも、むしろ凱旋の教会を形作るのに役立ちました。[2]このように神様は、私たちの些細な労苦をご自分の栄光となさいました。

その間にもヒューロン人が悪魔に唆されて神の僕の方々〔＊宣教師〕を迫害し、数人は殉教したものと見做されています。ラグノー神父様と同行の方数人は、ひどくたたかれ重傷を負いました。一人の先住民が神父様の頭を割ろうとして腕を上げたところ、斧が髪にこびりついて振り下ろせず、棍棒は腕のところで折れてしまいました。神父様は、ご自分が告げ知らせる信仰のために命を失うことを厭われませんでしたが、神様は神父様を別のことに取っておかれたのです。

私たちの区域の神父様方はそれほどには迫害を受けませんでしたが、疲れも知らず立派なキリスト信者を育てていらっしゃいますので、これらの信者は初代教会の信者のように完徳のうちに暮らしています。聞くところによると、神父様方はニピシリニアン人と、ヒューロン人[3]の所から一、二〇〇キロも離れた北海の部族たちの許に、宣教に出掛ける用意をなさっています。神様は福音が至る所に伝えられ、悪魔がイエス・キリストの御国と戦うために、幾世にもわたって築き上げた覇権を完全に破壊してしまうことをお望みのようです。神父様方はただ御摂理だけを頼みとして、このうえない喜びのうちに使徒的宣教に出発なさいます。その間にも、私たちの許にいる先住民が、自分たちの言語で神様を賛美して歌っているのが聞こえます。娘たちは私たちと一緒に歌い、私たちは自分たちの望むすべてのことを教えますが、それを娘たちは極めて素直に受け入れます。私はこうした態度を、フランス人の娘たちに見たことは決してありません。聖霊がこれらのすべてのことをなさっているのです。

実際、それらを私たちの働きにするには、私たちはあまりにも弱い者です。ですから、私たちが目にしている偉大なことをなされたお方は褒めたたえられますように。『会報』はそれらの話題でいっぱいでしょう。けれども、すべてを載せることはできません。また載せてもなかなか信じられないことでしょう。ただ物的なことのためにしかカナダに来ない人々は、イエス・キリストに命を与えるために当地に来た人々のようには、カナダに決して満足するはずはありません。これらの人々がカナダで苦しむのは、十分に苦しんでいないことです。私はと言えば、あまりに役立たずなので、神様の御前に弁明することが多いのではないかと心配しているほどです。

1 天然痘。前の手紙参照。

2 前の手紙、注4参照。セント・ローレンス川流域の新信徒は、ル・ジュンヌ師が述べているように、健康な大人であった。部族だけでも一、〇〇〇人近くが洗礼を受けたヒューロン人はと言えば、ラールマン師によれば、臨終者以外の健康な受洗者は二〇人もいなかった。

3 ニピシング人、アルゴンキン人から出た一族。領土は、ヒューロン地方の北部からハドソン湾南支湾ジェームズ湾まで広がっていた。中心地はニピシング湖畔にあった。

三四(45) 一六四〇年九月四日 トゥールの聖母訪問会院長 ジャンヌ・フランソワーズ・ル・ヴァソール宛

院長様。最初の船団が到着して一ヵ月半後、やっとお手紙を受け取りました。なぜかと言いますと、手紙はラ・ロッシェル経由で送られ、その後、そこからディエップに回されて、出航したからです。それで、私どもにはお返事を差し上げる間がわずかしかありませんでした。けれども、院長様のお手紙にお答え致します。お手紙の中で、院長様は私ほどに神様にお礼を申し上げなければならない者はこの世にいない、とお書きになりましたが、本当にそうです。神様が私にお目を留められ、思し召しのままにこのような任務に就かせてくださるとは、誰が考え及んだことでしょう。このことについて考えますと、全く不思議です。しかし、この幸多い国に到着して以来、フランス人の娘たちのためにも先住民の娘たちのためにも、いつも神様からいただいた任務を果たしております。特に私たちが愛する新信者から受ける喜びを言葉に表すことはできません。実際、一七歳の娘たちも、[1]六つ七つの娘たちも、皆、小羊のように導かれるままです。この素直さは男女、大人子供を問わず、皆に共通です。実際、先住民は聖なる洗礼の水によって再生してからは、子供のような素直さになりますので、私たちは「彼らは神の霊に従うであろう」という主の御言葉[2]の正しさを発見しているほどです。私たちの最初の教会のうちに、使徒たちによって回心させられた初代教会信者の熱情と熱心を認めます。個々のことは何も申し上げないことにします。時間がそれを許しません。しかし、一般的に私の頭に浮かんだことだけをお話し致しましょう。

ヒューロン人の許で大きな迫害がありましたが、神父様方は殉教する前日にそこにおられました。ラグノー神父様が洗礼を願ったある女性に洗礼を授けるため小屋にお入りになったところ、妻の洗礼を望まない夫が獰猛な獣のようにうなって斧を取り、振り上げて神父様の頭を割ろうとしました。しかし斧は髪の毛にこびりついて、振り下ろすことができませんでした。神父様ご自身は、私にこうおっしゃいました。

「頭を割られたかと思いましたね。けれどもさっぱり痛くないのです。それでどうなったのか分かりませんでした。夫人はあまりにびっくりして、小屋から出ていきましたよ」

その翌日、神父様は勇気を出して小屋にお戻りになり、あれほど熱心に願っていた妻女に洗礼を授けましたが、その人は受洗したその日に亡くなりました。

この妻女は、一人の熱心な女性信徒から洗礼を願うよう勧められていたのです。その人は全く純真に、率直に言いました。

「あなたは、キリスト信者ってどんなものか分かっていません。洗礼を受けるととても幸せよ。だから喜んでなんでも苦しむの。例えば私ね、昨日、見ている前で自分のものが盗まれたのよ。それでも黙っていたわ」

こういうのが、私たちの新信者の徳の見本です。私たちの立派な信者のジョゼフは今年、霊的修業をして準備のできた後、使徒活動を行いました。[3] ジョゼフのしたことをお聞きになったら、院長様は大変感心なさいますでしょう。ジョゼフは大胆に死を恐れず、村から村へと人々をうっとりさせるような言葉で福音を告げ、私たちの信仰に信頼を抱かせるために必要と思ったことは何も省略しませんでした。ジョゼフがこうした知識を自然に持てるはずはないと知った同郷人たちは、ジョゼフの話を喜んで聞きました。ジョゼフは、その人たちに言いました。

「もし、皆さんが神を信じる人々の間の愛徳を知ったなら、決して今の状態ではいられないでしょう。その人たちはお互いに一度も会ったことがなくとも、心と魂はただ一つです。私は去年、ケベックにいて一艘の船が到着するのを見ました。それには黒衣をまとった大きな娘（＊修道女）たちが乗っていましたが、この国にやってきたのは私たちへの愛のためです。ある者はモンタニェ人の娘たちを連れていき、一緒に食事をして立派な衣服を与えました。他の者は別の色の服を着ていて[4]、病人を引き取り痛みを鎮め、昼となく夜となく大変苦労しながら細々と看護しています。この人たちが到着したときには、もう大変なお祝いで、ケベックの人たちは全部一つになったと言えるくらいでした。悲しいかな、私たちはそのような行いからなんと離れていることでしょう。私たちは獣のように生きていて、神を信じる人々の間に見られる完全な友愛というものを知りません」

これは先住民ですけれど、神様のお恵みによって言葉に言い尽くせないほど磨かれた一人の男性の心情です。ヒューロン人の許では大きな迫害があったにもかかわらず、一、二〇〇人以上の人に洗礼が授けられました。この地域の先住民の間では、洗礼を受けなかったものは顔を見せるのを恥じております。

これらのすべての人々をイエス・キリストの群に招き寄せるため、私たちの神父様方がご自分の命を惜しまず与えられるのを見るのは素晴らしいことです。最も遠く、最も危険で、救援の及ばない所に競って出掛けていきます。こちらでは、神父様の間でこんな挨拶が交わされます。

「いってらっしゃい、人跡未踏の地にお出掛けとはめでたいことです。思し召しのままに頭を割られますように」

そうすると出掛ける方々は答えます。

「それでは十分ではありません。頭の皮を剝がれ、焼かれ、最も獰猛な先住民が考え出すことのできるありとあらゆる残忍な仕打ちを受ける必要があります。神への愛と、先住民の救霊のために喜んですべての苦しみに堪えるつもりです」

これに対して、送り出す神父様方は言うのです。

「もしそういうことになったら、私たちは『テ・デウム』〔＊神への感謝の歌〕を歌いましょう」

危うく斧で頭を割られるところであったラグノー神父様に、私は申し上げました。

「神父様、それは結構なことでした。そんな仕打ちを受けられて、お喜びになったでしょう」

すると神父様はお答えになりました。

「残念でした。本当はもっと苦しめてほしかったのです」

これが神父様のお考えで、使徒の考えでもあるわけです。ですから、こちらでは神父様に与えられた幸せを誰もが羨望しております。ショーモノ神父様についても、ほとんど同じことが起こりました。神父様は、連れの方に向かって斧が振り上げられているのをご覧になって、叫ばれました。「私も一緒だ」。それで恐れず一緒になられましたが、神様はお二人を斧からお救いになりました。他の方々もそれぞれに同じようにお働きです。

しかし神様は、深い愛からご自分の子らと優れた友に試練をお与えになるのが常でございますので、それらの人々の家とケベックの教会が、家具も一つ残さず焼かれてしまうことをお許しになりました。そのうちには、他の家に送られるはずの家具も含まれておりました。そのため残ったものと言えば、ただ身に着けていたもの、全く粗末で着古した衣類だけでした。[5] 人々はこの災禍を平然と眺め、このように一切を失うことのほうがイエス・キリストのお気に召すに違いないと話し合っておりました。この方々は、真にこの尊い師の模倣者ではございませんでしょうか。私たちの霊的、物的必要に対するこれらの方々の愛徳のほどを言葉に表すことはできません。またカナダのすべての人々に関しても同様で、いただいた恩恵に感謝しない者は一人もおりません。

院長様、終わりに、今年はパリのメールの方々から多くのものをいただきまして大変感謝致しておりますが、私どもに代わってお礼をおっしゃってくださいませ。院長様には重ねてご厚情とお祈りにお礼を申し上げます。イエス様の愛のため今後ともよろしくお願い致します。かしこ。

1 アルゴンキン人のマリー・マドレーヌ・アミスクエイアン。

2 ヨハネによる福音書6・45〔*多分ブルガタ訳から〕。

3 J・ラールマン師はこの迫害の概略を、RJ1640(Th. 19, 90-120)に記録している。本人に関する挿話はラギュノー師が語るところで、『会報』の中に挿入された(ib. 210-214)。マリー・ド・レンカルナシオンはラールマン師の物語を要略している。RJ(Th. 19, 132-166)。オソサネ町のヒューロン人ジョゼフ・シゥーアテンフアンのことで、「私たちのキリスト信者たちの貴重な人物」と呼ばれていた。

4 看護修道女は白衣を着ていた。一六四二年に灰色のものに替え、一六五三年にはまだそれを着ていた。

5 火事は六月一四日午後四時頃起こった。RJ1640(Th. 19, 64-66)参照。

三五(46) 一六四〇年九月四日 トゥールの聖母訪問会修道女 マリー・ジエット・ローラン宛

ご機嫌いかがですか。お手紙を読んで格別に励まされました。Ni-Misens, cri8ek 8asa 8apicha entaien aiega eapitch Khisadkihirari8 iKhi8aparmir, s8uga- 8ie-chimir̄. Ni-Misens, mi8itch Kasasadkihatch Dieu, Kihisadkihin. つい、こんな言葉が出てきました。私たちの言語に直すと次のようになります。

「あなたはとても遠くに離れているけれども、私はいつもあなたを愛しています、お会いしているとき以上に。あなたを強く抱き締めます。あなたが神様を愛しているので、私はあなたを愛しているのです」

親愛なスール・ジェットに対して少し大げさな言葉遣いになってしまいましたが、これは私たちがかわいい新信者に対していつも言っていることなのです。正直に言って、私はフランスではわざわざ歴史書を読むことは決してありませんでした。けれども今は、先住民の歴史に関するすべてのことを読み、深く考える必要があるのです。私たちは、高等学校に行ってラテン語を勉強する若い人たちのように、こちらの先住民の言葉を習っています。神父様方にしても、非常な学識者でいらっしゃるのに、私たちと同じように、しかも愛情をもって信じられないほど素直に勉強なさっています。

先住民の女性や娘たちは、わずかな獣の皮か使い古した毛布を身に着け、フランスのご婦人方のようによい香りはしません。けれども、こうした人たちにたくさん会えることがなんと楽しみなことか、あなたには想像できるでしょうか。それにその人たちの天真爛漫さは、言葉に表せないほどで、本当に心を打たれます。男性の場合も同様です。寛大で勇敢な首長に会うと、彼らは私の足元にひざまずいて、食事の前に神に祈らせてくれるよう私に願うのです。そして子供のように手を合わせますが、私は自分の望みどおりになんでも言わせることができます。かなり遠くのある部族[2]から、数人の首長がやってきました。私たちを見て、私たちの生き方を心配し、なぜ頭を覆っているのか、なぜ穴——私たちの格子をこう呼ぶのですが——を通してしか見ることができないのか、と尋ねました。私たちの国では修道女はこうなので、そのようにしてしか会えないのだと答えておきました。

これらの人々は、自分たちのために私たちが祖国を去ったこと、私たちが純粋な愛から部族の娘たちを自分たちの一員のように着せ、食べさせているということを知って、非常に感動しました。そしてそのうちの一人は、私が間もなく部族の者のように話すようになれるだろうし、自分たちにはまだ教養はないが、御教えを受けて洗礼を授けられたときには、信仰を持つようになれるだろうと言いました。

エチエンヌ・ピガリチ[3]は、受洗前までは有名な魔法使いでしたが、今は、極めて熱心な信者です。信仰が非常に厚かったので、神様は当人のために一つの奇跡を行われました。狩猟から戻ると、ル・ジュンヌ神父様に言いました。

「すべてを創られた方が、私を大変助けてくださいました。すっかり衰弱していて、死にそうだったのです。そんな状態だったので家内に言いました。『すべてを創られた方が私を治してくださるよう祈ってほしい。神様は慈しみ深い。けれども私が死ぬことをお望みなら、喜んで死ぬ』。すると、家内はこう祈りました。『すべてをお造りになった方、あなたは私を助けることができます。どうか私の夫を治してください。私たちは、あなたを信じます。夫が死ぬことをお望みであっても、私たちはあなたを信じることをやめません』。家内が祈りおえるとすぐ、私は治ったのを感じ、神様は私をお恵みで満たしました。力がさらにみなぎるのを覚えたからです。また、私たちはカヌーを持っていませんでしたので、私はこう祈りました。『すべてをお創りになった方、あなたは私を助けることができます。ですからお願いです。私は今までカヌーを造ったことがありません』。それから、カヌーを造りはじめました。そして造りおえただけでなく、そのうえ、申し分のないものを造ったのです。どうです、ル・ジュンヌ神父様、すべてをお創りになった方が私を助けなかったでしょうか。その方なしには私は死んでいたでしょうが、ほら、すっかりよくなっています。でも、神父様に一つ質問したいことがあります。私たちが遠くにいて、ミサにあずかることができないとき、神様に祈りながら、蠟燭をつけて祈ってよいでしょうか。神父様は祈るとき、私が神様以外のことを考えるのを禁じています。けれども、私は祈るときには、他の者たちが皆、祈っているかどうか見たくてしょうがありません。それで、悪い模範を与えないように、そっと見回して、すぐにそっと目を閉じます。また、不従順な者が一人いたので、罰するため、その頭に赤い灰をかぶせることに決めました。こうしたことをして悪かったでしょうか」

　このような立派な信者を見れば感嘆しないわけにはいきません。シルリーには清らかな生活を送っているあと二人の首長がいて、この三人は義務をことごとく守っています。[4]

　特に私たちに関することをもっと言いますと、毎日、私たちに対する神の慈しみ深い御摂理の結果を感じております。私たちは大変貧しいので、今年は何もなくなってしまうのではないかと考えていました。ところがマルシャン様が、生徒たちのための衣類と聖体器と仕事のための道具を寄付してくださいました。パリの私たちの会のメール方は、二五〇リーヴル余りに相当する贈り物をくださいましたし、トゥールとローシュのメール方は、たくさんの寄付をなさいました。トゥールの私たちの友人も、これに加わりました。私たちは寝台用のとばりを使ってで娘たちの衣類を作るつもりでしたが、おかげさまでその必要もなくなりました。このように御摂理の神は、その子供たちのため計らってくださいますし、私たちのために本当に特別に配慮してくださるのです。

ケベックの人々が私たちに野菜やその他の生鮮食料品をくださいますので、私たちは大変楽です。今年はフランスにいるのと同じほど穏やかな冬を過ごしました。息のつまりそうなちっちゃな家に肩を寄せ合いながら住んではいても、少しも病気にはなりませんでしたし、私は今までこんなに元気だったことはありません。こちらでしているようにフランスで脂と塩づけの魚だけを食べていたら、病気になって声も出なくなってしまうでしょう。ところが、私たちは元気で、フランスにいたときよりもよい声で歌っています。空気はとても綺麗です。ですから地上の楽園で、そこには十字架と茨があまりに愛らしく茂っているので、刺されれば刺されるほど心はそれだけ甘美な気持ちに満たされます。私がいつもそれらを愛することのできる恵みを主にお祈りください。それでは、さようなら。

1　∝の読み方は、ギリシャ語のou(ū)に当たるが、続く文字と共に一音節になる。∝asaなど。

2　恐らくはアベナキ人で、六月にニュー・イングランドから一人の英国人をケベックに連れてきていた。

3　マリーはまた、面会室での会話についての個人的な思い出についても報告している。アルゴンキン人の元魔法使いエチエンヌ・ピガルイチは、その後、棄教して魔法使いに戻った。

4　ノエル・ネガバマットはモンタニェ人の首長で、アルゴンキン人の首長、エチネシカウアはモンタニェ人の首長で、二人ともシルリーに定住した。一六三八年一二月八日に洗礼を受けた前者については、J. Monet (*DBC* 527), RJ (Th. 19, 46-48) 参照。

三六(47)　一六四〇年九月四日　兄弟の一人宛

ご無沙汰していました。[1]天と地の王に感謝致します。その御慈しみによって船団は無事こちらの港に到着しました。

それまでは、敵の海軍に遭遇するところでしたが、リシュリュー枢機卿様が、デギヨン公爵夫人の要請によって派遣なさった四〇隻の護衛船によって救出されました。[2]私たちはフランスから送られたものを受け取りました。あなたの贈り物も一緒でしたが、本当にお礼の言いようもありません。この最果ての地に着いて以来、私たちはずっと先住民とフランス人の娘たちのための仕事を続けています。その他にも、外からの女性が度々私たちを訪れます。そのため、私たちはアルゴンキン語を耳で習い使っていますが、これは大変難しいことです。けれども、主が容易に覚えられるお恵みをくださいましたので、私はとても励まされています。

カナダは恐ろしい土地だと聞いていました。地獄の一丁目で、世にこれ以上おぞましい国はないということでした。私たちが体験しているのはその反対です。一つの楽園で、私としては住む資格がないと思っているくらいです。先住民の娘であっても少しも野蛮なところがありません。洗礼の水によって洗われると、粗野な点はことごとく消えてしまい、それで、以前は森の中を獣のように走っているのを見ていた人々は仰天し、真の小羊をいただくために聖体拝領台に羊のようにおとなしく近づくのを見ては、嬉し泣きに泣いています。この娘たちが、なんらかの囲いの中でじっとしていられるとは思いも寄らないことでした。けれども、なんなく留まっていますし、休暇にならなければ決して出ることがありません。

定着するようになった私たちの新信者の進歩を見て、私たちが抱く嬉しさについてはここでは話しません。魔法使いが使徒となり、同族の人々に大胆に福音を説いているのです。[3]『会報』がそのことをあなたに知らせるでしょう。手紙があまりに遅く届いたので、私には長々と書く暇がありません。あなたは諸国民の王の栄光を熱心に望んでいるのですから、一、二〇〇人が洗礼を受けたと知って心は喜びでいっぱいになるはずです。これは、ご自分の生涯と苦しみによってこれらのすべての人々を贖われた全能のお方の御業です。さらにまた新しい部族も発見され、神父様方はその回心のために働くことになるでしょう。[4]これらの部族も私たちの尊い信仰に憧れていて、イエズス会の神父様方はこれらの人々を全部イエス・キリストのものとするために、命も健康も顧みません。私たちとしては、できるだけこれに協力します。

私の考えですが、私たちが先住民のためにお祝いをし、六〇～八〇人の人たちにたくさんの御馳走をするときに使うのは、ただボワソー一升〔＊八ガロンの容量〕の干しすもも、六リーヴルのパン四個、エンドウ豆あるいはトウモロコシの粉四升、溶かした一二本の獣脂、二、三リーヴルの豚の背脂だけです。先住民はなんでも脂っこくしたのが好きです。[5]ここでは、世間でのあまりのぜいたくを嘆くべきではないかと思います。これほどわずかなものがこれらの貧しい人々を満足させ、すっかり大喜びさせるのですから。しかもこれらの人々には、自分たちの間では君主とも貴族とも見做されている首長もいるのです。けれども、私が前述したばかりのお祝いでは、みんなに飲み物と食べ物が出されて当人たちにとって大御馳走なのです。

以上が、私たちが先住民の心を摑み、物的な意味でイエス・キリストのお恵みにあずからせていく方法です。これらの人々のため、また私のため尊い救い主に祈ってください。

1 九月四日の最初の手紙が兄のエリ・グイヤール宛のものとすれば、この手紙は恐らく弟のマティウに宛てたものであろう。

2 ブルアージュとラ・ロッシエルを基地にしていたポナン艦隊で、リシュリューの甥アルマン・ジャン・ド・マイエ・ブレゼの指揮下にあった。三つの船団からなり、合計三六隻あった。七月二二日にカディスで、スペイン艦隊と戦ったのはこの艦隊である。Ch. de La Roncière, *Histoire de la marine francaise*, V, *La Guerre de trente ans*, Colbert, Paris, 1920, 63-68 参照。艦隊は、五月二〇日にはまだ出航していなかった。その目標はプロヴァンスに到着することにあった。

3 魔法使いエチエンヌ・ピガルイチのことらしい。

4 ハドソン湾沿岸のニピシング人の他に、ル・ジュンヌ師は一六四〇年に初めて他の部族を指摘している。現在のテミスカミングの住民ティミシミ人とウティマガミ人で、後者とはニピシング人が交易していた。RJ1640(Th. 18, 228)参照。

5 ル・ジュンヌ師は、RJ1633(Th. 5, 96)の中でもっと簡単な調理法を紹介している。

三七(48)　一六四〇年九月七日　トゥールのあるウルスラ会修道女宛

愛するイエス様の平和と愛があなたと共にありますように。

あなたからのお便りを首を長くして待っていました。本当に私の心は、あなたの心と完全に結ばれているので、あなたがきっと私のためにたくさんお祈りしていると信じていました。こちらではあなたの祈りと、あなたの聖なる修道院の皆様の祈りの効果を感じ取っています。皆様はただ祈るだけでは満足なさらず、私たちにたくさんの贈り物をくださいました。神様は、カナダから皆様にお報いになることがおできになるはずです。

あなたのためにヘラジカの足[1]を見つけてもらおうと心掛けていますが、お手紙があまり遅く届いたので確かなことはまだ何も言えません。あなたのために何か少しでもお役に立てればとても嬉しいことですので、できるだけのことをして見つけるつもりです。ご存じのように、実際は私にできることはあまりありません。でも、あなたに対する愛情から、あなたのために何かをしてさしあげたいのです。あなたは私の幸せにこんなに役立ってくださるのですから。慈しみの神が私にくださるお恵みを罪によって失うことのないよう、私のためにお祈りください。さようなら。

1　ヘラジカ〔＊北極圏に住む大ジカ〕の足は、てんかんに効くと考えられていた。Valmon-Bomare, *Dictionnaire raisonné universel d'histoire naturelle*, 4e, éd., Lyon, 1791, V, 72-74, 76. 聖ヴァンサン・ド・ポールはデギヨン公爵夫人に贈り物とするため、ワルシャワの宣教師たちに一六五二年にそれを依頼している(*Correspondance*, éd. P. Coste, IV, 137)。

三八(50)　一六四〇年九月一三日　トゥールのウルスラ会修道院長
ウルスラ・ド・セント・カタリーヌ宛

院長様、お手紙を運んでくる船が遅れて、もしや一通も受け取れないのではないかと希望を失っていたところです。私どもは、もう紛失したものと思っておりました。持っているものを、全部同じ船に載せるのは賢明ではございません。船が沈没するようなことになりますと、すべての食料品も同時に沈み、受け取るのは翌年しか期待できなくなるからです。しかし、船はやっと八月末に院長様からの贈り物を積んで到着しました。それがなかったら、私たちはたくさんのものに不足したことでしょう。院長様に学校を援助することをお勧めになられた神様は、カナダからその無限のお恵みをもって院長様に報いてくださることでしょう。

　他の道を経由して院長様に報告をお送りしましたが、私たちの生徒たちの教育でどのようなことが起こったか、その報告でお分かりになるものと存じます[1]。その中で私たちの神父様方の雄々しい活躍についてお話しすることを約束致しましたが、これからそのことをお話しするところでございます。

　悪魔たちは、できるならばヒューロンの布教所を破壊したいと思っている者と共謀し、神父様方に対して言っていることは根も葉もない中傷に過ぎないのに、それを本当だと思わせるよう画策しました。それで神父様方を根絶やしにしようと大集会を開きましたが、神父様方はそれを恐れるどころか、毅然として死をお待ちで感嘆するほどでございます。ただ待っているだけでなく、最も激烈な謀議をこらしている所にこちらから乗り込んでいらっしゃいます。この部族の高位の最長老たちの一人の妻女が、集まりの中でこんな風なアジを飛ばしました。

「あたしたちを呪いで殺そうとしているのは、あの黒衣〔＊宣教師〕の男たちだ。聞いておくれ。あたしは根拠があってそう言っているので、みんなはすぐ、ほんとだと分かるよ。あいつらは、みんなが元気な、ある村に泊まるんだよ。そして住みはじめたと思うと、途端に三人か四人を除いて、その村のみんなが死んでしもうた。あいつらが場所を替えると、おんなじことが起こった。他の村々の家にも行ったけど、死者や病人を出さなかったのは入らなかった家だけさ。あいつらは、祈りとか言うんだけど、口をもぐもぐ動かしているときは、あれは呪いを言ってるんだよ。本を読んでいるときもそうなんだ。それに、あいつら、家には大きな木（銃のこと）を持っていて、音を立てては、もういろんな所に魔法を送りこんでいる。早いところあいつらを殺してしまわないと、あたしたちの国を滅ぼしてしまうから、こちらには子供と大人もいなくなってしまうよ」

この妻女が話しおえると、一同はこの話が本当なら、これほど大きな害は防がなければならないと考えました。[2] 事態をいっそう悪化させたことなのですが、一人のヒューロン人がぶらぶら歩いていて、見知らぬ者に出会い、非常な恐怖に襲われました。すると、この幽霊は言ったのです。

「ちょっと君、わしはあの黒衣の者たちが勝手に名前を持ち出しているイエスである。しかしわしは、ペテン師たちの主人ではない」

おまけに、イエス様の御名を騙ったこの悪魔は、神父様方がお説きになった祈りと教えに対してたくさんの呪いの言葉を浴びせました。これが、すでに神父様方に対して抱いていた憎しみに火を注ぎました。その効果はてきめんで、ある神父様方はたたかれ、ある神父様方は傷つけられ、ある神父様方は家や村から追い出されました。[3] けれども、至る所に凄惨な死の危険があるにもかかわらず、神父様方は相変わらず恐れることなく危険の中に身を投じ、子供たちと用意のある人々に洗礼を授けました。立派な信者のヨセフはどこへでも神父様方のお供をし、使徒活動を行っていますが、イエス・キリストの御名のために自分の部族から辱めを受けることを厭いません。神父様方は害を受ければ受けるほど、いっそう大胆になっていかれます。

ピジャール神父様は、今年、布教所の用事でケベックに行かれました。ずっとカヌーを漕がされ、あまりに酷い旅行をなさいましたので、到着なさったときは立っておれず、ごミサもやっとのことでささげられるほどでした。神父様は、ご自分たちがその布教所で忍んでおられるご苦労について話してくださいました。それは想像を絶したものですが、戻りたいという熱烈な思いでいっぱいでいらっしゃいますので、神父様は愛する十字架を求めに行くために旅行のすべての辛酸をお忘れになるほどです。また、神様の御旨が変わらない限りは、天国に入るため、今までの活動を変えるつもりはないと明言なさいました。皆が、旅行の間何かちょっとした清涼剤になるものをお持ちになるよう説得しましたが無駄でした。私は、ピジャール神父様とお連れの神父様方に何が起こるか存じません。なぜなら、神父様方に対する中傷は、いつの間にか本当のことのように思われてしまうからです。先住民は神父様方を実際に魔法使いと見做していますが、神父様方がお出掛けになる至る所で、神様は回心した人々の信仰をより純粋なものになさるため、多くの死者が出ることをお許しになったので、尚更のこと、そのように見ているわけです。[4]それで神父様方はやむなく聖務日課書を隠して、もう声を出して祈ることをおやめになったほどです。院長様、どうかこの神の偉大な僕の方々のためお祈りくださるよう、改めてお願い致します。

院長様は私の最も親しい友でいらっしゃいますので、神父様方がお書きになったお手紙をお送り致します。お読みになったら、これらの福音の感嘆すべき働き手からのものとして大事に保管してくださいませ。

ポンセ神父様は突然にお加減が悪くなり、回復のためこちらに送り返されます。それで私たちは大変心配しております。噂では、三隻のカヌーがヒューロン人に拿捕されたからです。[5]それが本当でしたら、神父様はきっと捕らえられているはずで、もう食べられているかもしれません。そうすれば神父様は殉教者で、いつもこの崇高な恵みを求めている他の人々は羨望することでしょう。私たちは、神父様方と約束を交わしております。もし神父様方がこの幸せをお摑みなら、私たちは「テ・デウム」を歌い、その代わり神父様方は、私たちにご自分の犠牲の功徳をお裾分けしてくださる、ということです。世界中で、この布教地の神父様方以上に被造物から解放された人々はいないように私には思われます。自然の感情は何も見当たりません。ただイエス・キリストと人々の救霊だけを求めていらっしゃいます。

昨冬、私どもの許に一人の生徒を連れてきたお年寄りの女性は、ここから一六キロ離れた雪に埋もれた所に厳しい寒さに囲まれながら住んでおりました。ル・ジュンヌ神父様がこのことを知り、一人の修道士さんと先住民を連れてその女性を訪ねていき、安らかに死ねるよう助けるか、あるいは病院に連れていこうとしました。一行は酷寒の中を雪に埋もれて夜を過ごしましたが、寒さのため、たまたま道を通っていたド・ピゾー様[6]の従僕が死亡しました。一行は、女性がケベックまで運ばれるだけの十分な体力がまだあると見て、木の皮の上に乗せ、大変な苦労をして引いてきました。翌日、病人は信仰と忍耐の報いを受けて死亡し、神父様は愛徳の功徳をお積みになりました。私たちは、使徒的な方々が如何に自分自身と休息を捨てて主のために働いているかを示す、このような徳行を毎日目にしております。

　定住の先住民は、教会の最初の信者のように熱心です。これほど清らかに、熱心に神の掟を守る人々を見つけることはできません。私はこれらの人たちが、教えてくれる方々に子供のように従っているのを見て感嘆させられています。メール・マリー・ド・セン・ジョゼフが先住民の熱心さについて少し書きますので、院長様はそれをお読みになれば、これほど多くの恵みの主を大いに賛美せずにはおれませんでしょうし、また定着しない先住民の回心のためお祈りくださいますことでしょう。これらの先住民は神様の恵みを受け入れはじめ、回心以来定着している同族の人々に倣って定着することを望んでいます。特に、純真無垢で、最近小羊の血で洗われた霊魂を持った〔＊洗礼を受けた〕子たちを泊めている私たちの小さな学校にお目をかけてくださいませ。生徒たちは院長様と他の恩人の方々のためにたくさんお祈りをしていますが、私は院長様がその効果を感じ取っておられるにちがいないと思っています。神様は、清らかな魂の人々の祈りを快くお聞き入れくださるからです。

　総督閣下とル・ジュンヌ神父様から院長様に、綿花に似たバーヴ〔＊bave〕をお送りするよう依頼を受けました。それで何ができるか、いろいろお試しになればとのことです。織物にできるかどうか見るために、それを打って梳く必要があると思います。絹やラシャよりも細いものです。ですから、誰か業者の方にお見せになって[7]、もし加工して使用できるのでしたら、お試しになったものを私たちにお見せくださるようお願いします。もし何か役立つようでしたら、こちらで私たちが栽培できるかもしれません。

　院長様、このたびはここまでにさせていただきます。私は体では遠く離れておりましても、心は院長様のお近くにおります。私たちは限りないお方を愛して、その方のうちに生きておりますが、それで、私はその方のうちに院長様にお会いして、神様によって互いに結ばれている思いのままに院長様に接吻を送ります。この絆が永遠のものでありますように。

1 同様な話題が要略して『イエズス会会報』の中に見られる。

2 RJ1640は、この部族の評定について述べている(Th. 19, 176-178)。実際、フランス人は病原菌を一緒に持ってきて、それが先住民の間に大きな被害をもたらした。

3 出来事はセン・ジョゼフの町で起こった。RJ1640(Th. 19, 182)参照。

4 一六三九年の天然痘はまずアルゴンキン人の間に起こり、それからヒューロン人に広まった。RJ1640(Th. 19, 88-94)参照。

5 イロクォイ人は五部族に分かれていて、それらは後に出てくる。現在のニュー・ヨーク州に当たる北部全体を占めていた。五部族のうち最もフランス人植民地住民から恐れられていたのは、ハドソン川とシャンプレーン湖の上流近辺に居住していたアニエ人、またはモホーク人であった。リシュリュー川(イロクォイ川)を通って、彼らはセント・ローレンス川に近づくことができた。この頃は、ただアニエ人だけがフランス人と戦っていた(RJ1641, Th. 21, 20)。イロクォイ人については参照、A. Beaugrand-Champagne, *Les Cahiers des Dix*の一連の記事、I. 36, 171-199;3, 1938, 271-290;5, 1940, 217-230;6, 1941, 195-210;9, 1944, 227-242;10, 1945, 21-40;Horatio E. Hale, *The Iroquois Books*, Philadelphia, 1883;Thomas Donohoe, *The Iroquois and The Jesuits, The Story of the Labord of Catholic Missionaries among these Indians*, Buffalo-New-York, 1895.

6 Pierre de Puyseaux. 王の侍臣でガチネ地方(現在のロアレ、ピチヴィエの郊外)のモントルノの領主である。アンティル諸島で財をなした後、ヌーヴェル・フランスに来て、定着した。ケベックとシルリーの間のセン・ミシェルの入江に一つの屋敷を所有していた。

7 絹織物業はトゥールで非常に盛んであった。

三九(52) 一六四一年八月二四日 トゥールの聖母訪問会院長 ジャンヌ・フランソワーズ・ル・ヴァソール宛

院長様、私たちの愛情の絆でいらっしゃる御方の御心[1]をとおしてご挨拶致します。幾重にも広がる海原に隔てられていても、あなたに対して私の心がずっと抱いている気持ちを冷ますことはできません。ああ、私に対する愛する浄配〔*イエス・キリスト〕の御憐れみにはなんと深いものがあることでしょう。あなたは私を励ましてくださいましたが、それでどんなに私が励まされているか言葉に表せません。あなたは愛する浄配の御憐れみは深いとおっしゃっていますが、全くそのとおりです。

こちらでは、心はフランスにいるのと全く違った思いを持つことをご存じですか。感覚的な思いのことではありません。感覚を満足させてくれるようなものは何もないのですから。全く霊的で尊い思いです。神様は、心がすべての執着を捨てることをお望みだからです。それで、御摂理が一刻一刻生じてくださる以外の気持ちを持つことを望むようなことがあれば、ちょっとしたことでも苦悩の種となります。ああ、もし神様の御旨を望み、それに忠実であったなら、わずかの間に霊魂はなんと豊かなものとなることでしょう。けれども、こちらでは私たちは聖人となる一種の必要を感じています。そのためには、死ぬか、死ぬことを覚悟しなければなりません。

以上のような心の躍動をお話しするつもりではありませんでした。しかし、院長様、つい心から溢れ出てしまい、書かずにはおれなかったのです。

私たちが住んでいる地区にはモンタニェ人、アルゴンキン人、アベナキ人、それからサグネーの部族が[2]来て、留まります。[3]皆、神を信じ、神に従うことを望んでいるからです。そこに喜んで死ぬ根拠はないでしょうか。

部族の一人で少し前に洗礼を受けた男性は、その説教によって一〇〇人の説教師が数年かかって行う以上のことを果たしています。立派な信者のシャルル・タドゥーサックです。[4]つい二日前のこと、私はその説教について、また、この前タドゥーサックに出かけたときにどのようにして部族の人々の心を摑み、ル・ジュンヌ神父様がお説きになった教えを受け入れるようにさせたかを当人から聞かせてもらって、非常に楽しい思いをしました。つまり、同時に二人の使徒がいるわけです。一人はイエズス会員で、もう一人はわずか六ヵ月前に信者になった先住民です。この素晴らしい新信者と話していて、当人が同じ部族の人々の心を摑むために行ったことを熱っぽく話すのを聞いて、ひどく心を打たれました。それで、よりいっそう励ますために、言いました。

「あなたが狩りに行くとき、朝と夜に祈ることができるように、蠟燭と御絵をさしあげます」

すると、シャルルは「それは有難いことです。私がどのように祭壇を用意し、どのように神様にお祈りするか、お見せしましょう」と言って、御絵を置き、それからひざまずいて十字を切った後、しばらくの間あまりにも熱心に祈り、あまりに深く潜心してしまったので、虚脱状態に陥ったと思われるほどでした。タドゥーサックでル・ジュンヌ神父様に小屋を建て、また小さな聖堂を造って差し上げたのは、このシャルルですし、また信仰の敵が近づくのではないかという恐れから神父様をお守りしたのもそうです。

「神父さん、神父さんを守るため拳銃を持っています。神父さんの行く所には、どこにでも一緒に行きます。神父さんに危害を加えようとする悪い奴らがいるんですから」

　こうシャルルは言います。この健気な信者には大変意地悪で全く手に負えず、さんざん苦労をかけている不信仰の妻女がいるのです。シャルルはその意地悪と逆上に辛抱強く堪えて、まだ別れようとは思っていません。妻女を回心させようと努め、また破滅させてしまうかもしれない小さい娘の霊魂を救うつもりなのです。この国では、習慣として、結婚した者たちが別れるときは、妻女が子供たちを連れ去ります。

　こちらには、潜心することに堪能したこのような篤信の先住民男女がたくさんおります。私たちの許を頻繁に訪れますが、それが感嘆させられるほどとても上品なのです。首長たちが訪問するときは、フランスの貴族の方々と同じように礼儀正しく振る舞います。違う点は、フランスの応接間では決してしませんが、こちらでは御馳走を出すことです。私たちはトウモロコシとエンドウ豆の粉でできたサガミテ料理を出しますが、これはその人たちの間では大変な御馳走と考えられています。実際、何も食べ物を出さないで先住民を帰すのは恥ずべきことなのです。私たちは首長のためにさえ、木あるいは木の皮の小鉢しか持っていないことを恥ずかしく思います。[5]小さな匙がないので、首長は度々私たちのスープ用のお玉を使うか、または取っ手付きの小鉢を摑んでもっと楽に食べられるようにします。これらの善良な人々は、このように素朴です。そして、私たちの生徒はもっと礼儀正しいのです。いつも私たちと一緒にいるので、今までと全く別人のようになっています。

　私たちの所に泊まることを望んだある先住民の妻女は、生徒たちに行わせている祈りと良心の糾明に加わりました。この妻女が悲しそうに見えたので、その理由を尋ねたところ、こう言いました。

「残念なことに、私は一日の終わりに良心の糾明をしなければならないことを知らなかったものですから、それで悲しかったのです。でも、これからは、いつもそうすることにします」

　良心の糾明をすることは、私たちが生徒たちに強くしつけている点で、非常に生徒たちの役に立っているのを認めています。実際、生徒たちは、自分からそれぞれの過ちを声高に言い、そして、その言明をとおして、私たちは生徒たちの心の清らかさを知るわけです。

そちらのメールの方々が、今年、私たちの生徒の一人の結婚を助けました。私はもう一人の娘のために、メールの方々に手紙を送ります。主は、この愛徳のためにたくさん報いてくださるはずです。あなたが、私たちになさってくださる愛徳にはお礼の申し上げようもありません。本当は、この最初の船団で六、〇〇〇リーヴルが届けられる必要があります。私たちの職人と資材のため、また私たちの食糧のためです。そのお金を工面するために、私たちは、今年はいろんな不必要な食べ物だけでなく、必要な設備まで持たずに済まし、友人の方々に、他の方法での施しを現金でくださるよう、お願いしなくてはならないのです。というわけで、お願いですから、あなたが私たちにくださるものをトゥールの私たちの修道院の院長にお渡しください。私は、パリやよそのすべての恩人の方々にも同じことをお願いします。そうすれば私たちは非常な手元不如意から切り抜けることができます。建物ができるまではずっと苦しい状態のままでしょう。最も安全な場所であるケベックの要塞の近くに、私たちの修道院の土台が築かれます。[6]

この手紙を終える前にお話し致しますが、イエズス会の神父様方の勇敢な活動には感嘆させられております。生死を顧みず、聖なる熱情によって最も凶暴な部族の中に身を投じられます。そして愚弄され、たたかれ、魔法使いと見做されながらも、神父様方はそれらのすべてを栄光と考えていらっしゃいます。ですから、神様は神父様方のお働きを祝福され、神父様方を使って多くの先住民を回心させることによって報いておられます。ここまでにしておきます。

それでは、溢れる愛情を送りながら、私たちのすべてでいらっしゃるお方により、今後もよろしくお願いします。

1 イエス様の御心の中で。

2 サグネーの先住民はセント・ローレンス川の支流サグネー川の沿岸の山岳地帯に住んでいて、タドゥーサックを越え、北部のかなり遠方の地まで広がっていた。モンタニェ人はサン・ローラン川の北部流域、タドゥーサックとケベックの間に住んでいた。アルゴンキン人はトロワ・リヴィエールに始まり、特にオタワ川流域に密集し、アリュメット島を中心地としていた。J. White, *Manuel des Indiens du Canada*, Ottawa, 1915; Alfred G. Bailly, *Conflict of European and Eastern Algonkeian Culture, 1506 - 1700*. St. John. 1937; Diamond Jenness, *The Indians of Canada*, Ottawa, 1932; L. Campeau, *La Première Mission d'Acadie*

(*1602-1616*), Rome-Québec, 1967, 109*-183*参照。
3 すなわち、定住するため。
4 シャルル・メイアクカウアットで、前年の一一月に洗礼を受け、シルリーに来て住んでいた。
5 先住民が使用し、ouraganaと呼んでいたもので、フランス人はouragansと言っていた。
6 ウルスラ会は要塞から八〇〜一〇〇歩くらいの所にあった。

四〇(53) 一六四一年八月三〇日 トゥールの聖母訪問会修道女マリー・ジエット・ローラン宛

私たちの愛するイエス様の平和と愛があなたと共にありますように。イエス様があなたに寄せていらっしゃる愛を、私もまたいつも持ちつづけています。

私たちは度々あなたのことを話し合って、大変懐かしがっています。スール・ルイーズ・フランソワーズの消息を知らせてくださいましたが、おかげさまで非常に慰められました。スールを深く愛されて、召命をお与えになった神様をたたえます。あくまでもその尊い決心を貫けるように主が支えてくださいますよう、私が当人のために祈り、また他の人々にも祈っていただくつもりであることをどうか伝えてください。イエス様に御栄えが、貧しい人々を計り知れないほどに慈しまれるイエス様にいついつまでも御栄えがありますように。イエス様は私に多くのことをなさいます。それはあまりにも深い慈しみですので、言葉にはとても表すことができません。全く取り柄のない私ですのに、どうしてこれほどに尊いお仕事に召されたのでしょうね。私は、私たちの新信者に教えるようになれるとは夢にも考えていませんでした。けれども私たちのよき師は、私にその人たちの言語で教える能力をお授けくださいました。正直に言って、私たちの国語とはあまりにも違う言葉を習うのは非常に難しいことです。ところが、私が難しいと言うと笑われます。そんなに難しいのなら、私がそう容易に話せるはずはないと言うのです。しかし、本当は話したいという望みが、多くのことを行わせるのです。私は、神様の愛と私たちのよき師でいらっしゃるイエス様について感じていることを、新信者たちに言葉で私の心からさらけ出したいのです。私たちが神様について考えていることを先住民に話しても、危険なことは少しもありません。私は先住民の前で大きな声で話しますし、当人たちも同じようにします。私たちの新しいキリスト信者は極めて純真ですが、この人たちもまた皆、なんと純真なことでしょう。これほどに素晴らしい人たちは見当たらないかもしれません。自分たちの罪を大きな声で、全く無邪気に話します。そして、感嘆するほど従順にその罰を受けるのです。昨日、キリスト信者の義務をすっかり忘れて、異教徒について狩りに行ってしまった一人の信者に話しました。狩りから帰って訪ねてきたので、私はこう言ったのです。

「あら、今までしてきた悪さをまだこれからもするつもりなの？　結婚する予定の異教徒の女性と別れるつもりは少しもないの？　神様を愛していますか？　神様を信じていますか？　従うことを望みますか？」

するとと当人は言うのです。

「あ、決まってますよ。神様を大事に、とても大事にしています。もうその決心をしてるんですから、これからは神様に従います。神様を信じていますから、思い切ってあの女とは別れます。そしてこちらに来て、居ついた信者さんたちと一緒になります。なんでも造られた神様に背いて、とても悲しく思っています」

私は当人を叱った後、決心をしたことで慰めました。実際、その決心に偽りはありませんでした。大きな声で、もう一人の先住民の前で、自分の罪を告白しましたし、叱られても、実に謙虚にそれを受けましたので、皆が心を打たれたほどでした。こうした心根には本当に愛らしいものがあります。

あるときは、先住民たちは飢えでほとんど死にそうになって、時折[1]、一二、三キロ歩いてやっとおいしくもない野生の黒イチゴとか根を見つけだしますが、それは、私たちがとても口に入れることができないようなものです。その飢えた様子を見るのがあまりにつらくて、私たちはつい目をそむけてしまうほどです。そのような人たちに会ったとき、何も与えずに平然としていられるかどうかはお分かりでしょう。時には、先住民は狩猟から戻ると、受けた恩恵に対して燻製の肉でお礼をしようとします。私たちはその臭いには我慢できないのですが、喜ばせるためにいただいているわけです。ところが、先住民はそれを生のままで、とても嬉しそうに食べるのです。

どうか、これらの先住民とこちらの国の人々のすべての必要を満たしてくださるよう、私たちの慈しみ深い主にお祈りください。私たちの小さな学校に対するご恩のお礼に、主の溢れる祝福をあなたのために祈ります。イエス様において心からの愛をこめ、ご機嫌よう。

1　先住民は希にしか食糧を備蓄しなかった。

四一(56) 一六四一年九月四日 息子宛

✝イエス、マリア、ヨセフ

イエス様の愛と命があなたの遺産でありますように。

愛するわが子よ。あなたの手紙は、言葉に表せないほどの大きな慰めを与えてくれました[1]。あなたが失敗するのではないかと思って、今年はずっとあなたのことで大変苦しんでおりました。しかし神様は、ご自分への愛のためにささげたものは、慈父としての慈しみから決して失わせないことをついに私に確信させ、苦悩を鎮めてくださいました。あなたの手紙がそのことを裏付け、私があなたのために希望する以上のことが実現したのを知らせてくれました。慈しみ深い神様は、非常に清らかで私の大変尊敬する修道会にあなたをお入れになりました。サン・ジュリアンとマルムスチエの改革のときに、私はあなたのためにこのお恵みを願っていました。しかし、召命は天から来るものですから、何も話しませんでした。神様だけの権限に属することに口出ししたくなかったのです。

あなたは母と親戚から捨てられていました。しかし、そのように捨てられたことはあなたにとって有益ではなかったのでしょうか。私があなたから離れたとき、まだあなたは一二歳になっていませんでした。そのときの私の身の切られるような思い、それは神様だけがご存じです。神様がそのような状況をお望みでしたので、私はその思し召しに従い、あなたのことは神様が面倒を見てくださると期待せずにはおれなかったのです。私はある障害のため修道生活に入るのが一〇年遅れましたが、その間にも決心はかえって固まるだけでした。それに、レイモン神父様のお勧めと、会って話せるならともかく、この手紙では書くことのできない事情で、私が修道生活に入る必要が明らかにされたのでした。私は親戚があなたを見捨てることを予想して、非常に苦しんだものです。それに人間的弱さも加わってあなたの破滅を心配させられました[2]。パリに寄ったとき、あなたの職を見つけることは容易でした。女王様、デギヨン公爵夫人、ブリエンヌ伯爵夫人は私にご好意を持たれ、今年はまた、私のために推薦状をお書きくださって、私があなたのために望んだことを拒否なさいませんでした。デギヨン公爵夫人には、あなたにしてくださったことのため感謝しております。しかし、もしあなたが世間で成功するならば、あなたの霊魂は破滅する危険があるのではないかと、そのときふと思いました。そのうえ、あなたと私のための遺産として望むべきことは、ただ清貧の精神だけしかないと私は考えつづけていたのです。その考えから、私はあなたをもう一度慈しみの御母の手にゆだねることを決心しました。愛していらっしゃる御子のために私の命をささげようとしていたのですから、きっとあなたの面倒を見てくださるものと確信していたのです。

お潔めの祝日〔＊現在は主の奉献の祝日〕にあなたが修道会に入ったとき、あなたもまたマリア様を母として、浄配として迎えたことにはなりませんでしょうか。ですから、マリア様からあなたが期待できることは、ただあなたが現在持っているような幸せなのです。パリで提供された有利な地位は、それはそれなりに結構なことですが、今あなたが得ている地位から見れば比べようもないほど卑しいものです。私の考えでも、手紙であなたが私に保証していることから見ても、あなたはあの有利な地位を捨てたことを悔いていません。また、あなたが書いていることですが、あなたの生い立ちにまつわる屈辱[3]もなんとも思っていないはずです。これは全く取るに足らないことで誰があなたに話したのか分かりませんが、私は黙っていようと思っていたのです。私はいつもあなたを、ただイエス・キリストの清貧を奉じながら愛してきました。そのうちにこそすべての宝が見いだされるのです。

確かなことですが、あなたが生まれる前から、私はあなたのためにこのような宝を願っていました。そう思うと、私の心は言葉に表せないほどわくわくしたものです。ところが今、あなたはキリストの戦士となりました。どうかイエス・キリストの御言葉を大事にして、あなたにこうおっしゃっていると思いなさい。

「鋤に手をかけてから後ろを顧みる者は、神の国にふさわしくない[4]」

イエス様があなたにお約束なさっていることは、人々があなたに期待させた有利な身分より偉大なことで、そのような身分は、イエス・キリストを得るためには塵あくたと見做さなければなりません[5]。あなたの栄光に輝く開祖でいらっしゃる聖ベネディクトが、あなたにその立派な模範を示しておられます。どうか聖人を見倣ってください。そして、私が二一年前からずっと神様にお願いしていたことが聞き届けられたということを、到着する最初の船で知ることができたら、どんなにか慰められることでしょう。あなたは聖なる決心をしていると思います。きっと神様が、あなたを終わりまで全うさせてくださることでしょう。最愛の御子のお心をとおしてあなたへの神様の愛を願わない日は、この母には一日としてありません。どうか思し召しのままに、あなたが尊い祭壇上で余すところのない真のいけにえとなりますように。

あなたが話していることは本当です。私は、カナダでは今まで考えていたこととすっかり違っているのが分かりました。でも、あなたが考えているのとは違った意味でです。労苦は私には快く、非常に担いやすいものですから。主が「わたしの軛は負いやすく、わたしの荷は軽い[6]」とおっしゃったことを体験しているのです。外国語〔＊先住民の言語〕を大変苦労して習ったことは、損になりませんでした。今はとても上達したので、私たちの新信者〔＊先住民の人々〕に信仰の聖なる神秘について教えることに少しも苦労しません。

今年は新信者が多く、生徒が五〇人余り、通ってくる男女の先住民が七〇〇人余りです。私の心が神様からいただいた聖なる勤めの中で感じる喜びは、不断に生じる疲労を忘れさせます。メール・フランソワーズ・ド・サン・ベルナールにお願いして、私が私たちの学校の発展について書いたものをあなたに送っていただきましょう。

今、三つの部族がシルリーに来て定着することを望んでいますが、その分、教会全体が大きくなるわけです。娘たちは学校に入るでしょう。信者一同は真面目です。一人のモンタニェ人の新信者は、自分の部族の許で使徒活動を行い、ル・ジュンヌ神父様と一緒に、私が話している三つの部族を揺り動かしました。ル・ジュンヌ神父様はそれらの部族たちに要理を教えられましたが、そのときに私たちの生徒が神父様について書いた手紙で、これらの善良な洗礼志願者たちは感嘆して、娘たちを私たちの許に送る気持ちになりました。と言うのは、娘たちは、救いの道だけでなく、このような地に生まれたために得ることができないと思われていた知識に関しても、フランス人の娘同様に修めることができるからです。私たちの新信者は皆、フランス人に対するのと同じように戦いを仕掛けるイロクォイ人の暴虐のために非常に苦しまなければなりませんでした。

総督閣下は私たちの善良な新信者を助けるためにイロクォイ人と戦い、追い払いました。『会報』があなたにそのことを知らせるでしょう。ヒューロン人の許で働いていらっしゃるイエズス会の神父様方は、この冬は布教地で大変な苦労をなさいました。殊の外、寒さが厳しく、降雪が激しかったからです。それに加えて、神父様方を極度に苦しめたこの部族の残虐な仕打ちを考えてごらんなさい。あなたが知っているショーモノ神父様は、迫害を受けました。神父様は、イエス・キリストのために苦しむことに大きな喜びを覚える使徒の一人でいらっしゃいます。神父様は奇跡的とも言えるほどにヒューロン語を覚えられ、ブレブフ神父様とご一緒に福音の最初の種をお蒔きになった部族の中で感嘆すべきことをなさいました。ガルニエ神父様とピジャール神父様は殺害されたものと思われていましたが、主が奇跡的にお二人をお守りくださいました。ポンセ神父様はイロクォイ人の手から逃れました。カヌーを漕いでいたヒューロン人の人々が殺されることを恐れて、急いでイロクォイ人から遠ざかったからです。神のこの偉大な僕は、その死を熱心に望んでいらっしゃったのですが。

神父様はトロワ・リヴィエールにお住みで、あなたにも想像できる熱情をもってアルゴンキン人を助けています。アルゴンキン語がお上手なのです。私もその言葉を勉強し、アルゴンキン人と、その近隣のモンタニェ人のために使っています。

メール・マリー・ド・セン・ジョゼフはヒューロン語を勉強しています。私たちの許にはこの部族の娘たちがいますが、メールはとても成功しています。

けれども、私たちはアルゴンキン人ともっと関係があります。ですから、皆、この人たちのために一生懸命です。北岸のあたりに、この言語を話す多くの部族が発見されました。私たちはそれらの人々に教えましたが、皆、信じることを望んでいます。布教しなければなりませんが、その際には多少の殉教者が出るものと思われています。悪魔は、長年にわたって掌握していた支配権をイエス・キリストに取り上げられて激怒し、その地方でいつも幾人かの敵対者を駆り立て、福音の働き手に害を与えようとしているからです。『会報』を読んでほしいものです。印刷されたら、その一部を送るようにしましょう。

私のために結構な願いを持ってくれたこと（殉教）には大変励まされました。残念なことには、私は罪のためこの幸せには恵まれないことでしょう。今までに神様の御心を摑めるほどのことは何もしていません。イエス・キリストのために血を流すにふさわしい者となるためには、たくさん苦労しなければならないのです。私は敢えてそのような高望みはしません。私は、いつも多くのお恵みをくださった限りない慈しみにお任せしています。ですから、なんの功もないのに、敢えて望まないことを行うのを神様がお望みなら、そうしてくださることを懇願します。私は自分自身を御旨にゆだねます。あなたをもです。そして、あなたが私に願っている祝福の代わりに、神様がいつも揺るがぬ忠誠を示す非常に勇敢な兵士たちにお授けになる祝福を切に祈ります。

もし「あなたの息子さんは殉教者です」と言われたら、私は喜びで死ぬかもしれません。神様にお任せしましょうね。愛に溢れる神様には、ご自分のご計画がおありです。神様に忠実でいてください。もしあなたが神様のお働きに従い喜んで自我を殺し、あなたの会の多くの偉大な聖人がお示しになった模範に従うなら、神様はきっとあなたを偉大な聖人とする機会を見つけてくださるでしょう。もし、私たちの主があなたに立誓願のお恵みをお与えくださるなら、主が慈しみによってどのようにあなたを召されたのか、お召しに応えるためにあなたがどのような手立てを取ったか、私に知らせてください。

最後に、あなたによいことがあったら知らせてください。あなたが気付いているように、それが私にはとても励ましとなるのです。あなたの院長様は、それをお許しになると思います。院長様にはお手紙を差し上げ、あなたへの愛情とお世話にお礼を申し上げます。私のために神様にお祈りしてください。毎日、幾度かあなたのことを思っています。そしてイエス様、マリア様、ヨセフ様にいつもあなたについてお話ししているのです。

多分、最初の船でトゥールのメールの一人が到着するはずですが、それはまだ確かなことではありません。幾つかの問題があって、フランスでしか解決できないのですが、解決次第ということになっています。来ることになるとすれば、メール・ル・コック、別名、ド・セン・ジョゼフでしょう。この方が私の修練長だったのを覚えているでしょう。あなたは、偉大な神のはしためで、ロッシュの現在の院長です。けれども、私たちはメールが来てくださることをトゥール（＊の修道院）に願います。トゥールで誓願をお立てになったからです。ド・ベルニエール様が、あなたの幸せについてお手紙をくださいました。大変お喜びです。レイモン神父様と親類一同も、それにあなたをとても愛していらっしゃるトゥールのメール方もお手紙をくださいました。

それでは、ここまでにしておきます。あなたに手紙を書くことに飽きることはありません。ポンセ神父様が、よろしくとのことです。あなたの幸せに大喜びです。メール・マリー・ド・セン・ジョゼフからもよろしくとのことです。メールには神様が多くのお恵みを注がれ、人々を導くための素晴らしい才能をお与えになりました。メールと私、あなたの取るに足らない、しかし、あなたを深く愛している母のためにお祈りをしてください。

栄光の使徒聖パウロの祝日には、私のために祈ってください。その日が私の立誓願記念日なのです。

1　息子クロード・マルテンは、一六四〇年の暮れにサン・モールのベネディクト修道会の修練院に入る許可を願った。総長ドン・グレゴワール・タリスがこれを許可し、クロードは一六四一年一月一五日に、総修練院のあるラ・トリニテ・ド・ヴァンドーム大修道院に入った。三一日に着衣し、ドン・ポール・リヴリの指導の許に修練を始めた。二二歳に間もなかった。四月に、「クロードは、息子が世間で堕落しないかと心配して苦しんでいた母親を強く慰める手紙を書いた」。それに対する回答がこの手紙である。

2　ウルスラ会に入会しようとしたとき、マリー・ド・レンカルナシオンは、姉のクロード・グイヤール——九年間、その姉のために働いている——からクロードの教育と就職のための費用を出すと保証されていた。ところが、一六三九年二月に妹のカナダ行きに立腹して、姉は公証人立会いの許にこの約束を破棄した。その後、息子のクロードを世話する者がいなかった。

3　マリー・ド・レンカルナシオンは、息子の生い立ちの事情をほのめかしている。そしてクロードが、そのことを知っているのを意外に思った。クロードの父親は破産し失敗して、遺産分は残らず清算しなければならなかった。

4　ルカによる福音書9・62。

5　フィリッピの信徒への手紙3・8。

6　マタイによる福音書11・30。

四二(58)　一六四一年九月一五日　トゥールのウルスラ会修道院長ウルスラ・ド・セント・カタリーヌ宛

院長様、昨年私は、自分の内的思いと心に秘めた事柄について何をお話ししたらよいか分かりませんでした。院長様は、私が改めてお話しすることをお望みですので、喜んでそうすることに致します。しかしその前に、私たちの先住民についてお話し申し上げなければなりません。野蛮な行いについてではありません。私たちの新しい教会には、もうそのようなことはありません。見られるものは全く新しく、何かしら神々しい気持ちです。それは私の心を非常に喜ばせます。その喜びは感覚的なものではなく、言葉で表すことのできないものなのです。こちらには、フランスに行儀のよい人々がおりますように篤信の先住民男女がおります。違いは、そちらの幾人かの方々のように繊細でもなく、洗練もされていない点です。しかし、子供のように天真爛漫で、見ればイエス・キリストの御血によって新しく再生し、洗われた人々であることが分かります。

モンタニェ人のシャルル・ピガルイチ、ノエル・ネガバマットとトリガリンが話しているのを聞きますと、[1]私はヨーロッパの一流の説教者がいらっしゃっても、席を立つことはないのではないかと思います。この人たちの間には神様への信頼、信仰、そして感嘆と同時に、敬虔な気持ちを起こさせる熱情が見られます。先住民は死を極度に恐れていますが、この人たちはイエス・キリストのためにいつも命をささげる覚悟です。

　少し前、ピガルイチは私に次のようなことを話しました。

「前はそうだったのですが、私は今、狩りや毛皮[2]で暮らしてはいません。神様のために暮らし、働いています。狩りに行くときは、こう言うんです。『大首長イエス様、私をお望みのようにしてください。あなた様が獣を抑えて、私の前に現れないようにしても、私はあなた様をいつも信頼しています。私が飢え死にすることをお望みなら、私はそれで満足です。お望みのままにしてください。あなた様はなんでもお望みのままになさいます』」

　困っているときには、当人は私たちを頼りに来ますので、私がその願いを退けると、私にとても穏やかに言うのです。

「ではそうします。もっともです。もう要りません」

　数日前、ピガルイチはル・ジュンヌ神父様に言いました。

「神父さんがおっしゃるのには、お国では、戦争のためには大将に、救いのためには神様の代理の司祭に相談しなければならないということです。私は戦争に関して良心上の問題が一つあるので、大将に質問したいのです」

　私たちの総督様のことを言っているのです。それで、神父様は当人を総督様の許に連れていきますと、まず、懸念を示して、「神の掟は誰も殺してはならない、と命じています」と言いました。それで、「私を殺そうとしている者に出会ったら、身を守らずに殺されるままになっていなければならないのですか」と尋ねますと、「身を守ってよい」という答えが返ってきました。

「分かりました。しかし、もし信仰のために私を殺そうとする者に出会ったら、身を守らずに殺されてよいことは確かです。それはよいことですか」と当人は質問したのです。総督様はうなずいて、その信仰に感嘆しました。ピガルイチがこのような質問をしたのは、部族の者たちが自分を信仰のために殺そうとすることに同意し、殺されるままになってよいのかどうか分からなかったので、相談せずには気持ちを決めかねたからなのです。これらの善良な新信者は度々私に長い話をして聞かせますが、それはいつも自分たちが神様に対して抱いている信仰と愛に関してです。シャルルは三つの部族の人々を揺り動かし、私たちの聖なる信仰を大いに鼓吹しましたので、皆、信じることを望んでいます。ある人々は大変堅固な信仰を持っているので、死の危険に出合うと、神様に心から信頼をこめて言います。

「あなたは、私どもの命の主です。ですからこの危険から私どもを救うことができます。しかし、お望みのままにしてください。あなたは全能です」

するとこうした危険から奇跡的に逃れます。

私は先住民出身の信者たちに対する神様の慈しみを本当に知って、院長様には心に感じていることしかお話しできません。『会報』がその幾らかを話すことでしょう。しかし、本当のところ、もし全部を話したとしても信じられないでしょう。私たちの学校について院長様にお送りする私の短い話によって、院長様は敬虔なお気持ちと共に楽しまれることでしょう。

さて院長様、以上は前置きですが、これまで私がお話ししていることをどうお考えでしょうか。私がカナダでのわずかな労苦になじんでいないとお考えでしょうか。それらの労苦は私には非常に甘美なものですので、それに比べれば、考えられる他のあらゆる甘美なものは苦《にが》みにしか思えません。言葉を学んでいて、この勉強が元来、特に女性であることと私の境遇からして厳しいものであるのを考えますと、私はとても崇高な甘美さを感じ、どんな素晴らしいご本を読むときよりも、うっとりとした気分になります。それに、私たちの新信者の教育に関するすべてのこと、道徳的に向上させる助けとなるすべてのことは、全く素晴らしいことと思っております。カナダで私に十字架はありましても、それはこのような尊い勤めによって軽減されます。私にはこの勤めを果たす十分な時間がありません。私が新信者たちの不潔さ、あるいは貧しさを嫌っているとはお考えにならないでください。反対に、それにある魅力を感じているくらいです。五感に属するものではなく、言い表わすことができませんが、精神の分野に属することなのです。

院長様、私たちの新しい教会のこのような使徒職について正しい考えを持つためには、心のあり方を変えなくてもよいとお考えでしょうか。勿論、変えなければなりません。院長様は、私が自分の心の状態をお話しすることをお望みです。しかし、私にはそれが大変難しく思われます。それでも、院長様がお望みなのですから、その一部をお話しすることに努めます。全部をお話しすることは不可能です。

カナダでの召命を喜んで果たすためには、どうしてもすべてに死ぬことが必要です。もしそうしなければ、神様お手ずからそうなさり、本性に対して厳しく振る舞われ霊魂を死に追いやられます。しかし死によって、霊魂は一種の必然により、ある卓越した聖性に高められます。そこまでいくためには、どれほど犠牲を払わなければならないかは申し上げられません。院長様は多分おできになられるでしょう。そのご経験がございますか。

院長様、私たちの尊い主は、こちらでそのためにどれほど私に強く働きかけていらっしゃることでしょう。しかし、私はあまりに罪深いので、主の御業を駄目にしてしまいます。少なくとも非常に遅らせてしまっておりまず。誇張ではありませんが、そのため私は奇妙な混乱に苦しんでいます。確かなことですが、本性が不忠実の重みに呻吟することは、慈しみ深い御父が望まれるはずはありません。実際、御父は時として非常に力強く振る舞われますので、お望みのことを突然に霊魂にお与えになります。そしてその後、霊魂は熱望を抱きます。ともかく、霊魂はすべてに死ぬ覚悟を持つ必要があります。そしてこの新しい祝福された地で、ただ新しい精神を持って生きるようになれることしか考えません。ですから、院長様は、私のような不断の罪で古くなった被造物にあっては、いかにそのために努力しなければならないかがお分かりと存じます。フランスからそのような清らかな人々が渡ってくれれば、それらの方々はもっと神様のお働きを受け入れる用意があることでしょう。この偉大な道を通ってくる方々は幸せだと思います。私がトゥール修道院を出ましたときには、本当にその最初の一歩も踏んでいませんでした。院長様には安心して申し上げますが、私が犯す、あるいは犯した過ちは、その罰を受けることでしょうし、また受けています。ちょうど、犯罪人が犯した一つ一つの罪のために判決を受けるようにです。私は自分をこのように考えていますし、私の精神はそのことに非常な確信を持っておりますので、この愛による裁きの罰に大変喜んで従います。私に対する罰はあまりにゆるやかに見えて、厳しさというよりも、むしろ憐れみと呼べるほどのものです。私が見ますところでは、その罪はただ公衆の面前で見せしめの罰を受けるに値するものです。しかし私は、そのように厳しく取り扱われていませんので、当然のことながら、それに憐れみの名を与えているわけでございます。

院長様、以上のような状態ではありましても、それでも精神が全く鈍ってしまったわけではなく、召命の素晴らしさは分かっておりますし、それだけに自分がそれにふさわしくない者と考え、いつも謙虚な思いを感じております。私たちの新信者の教育では全く崇高な気持ちを抱かされてはおりますけれども、今申し上げた考えは去りません。むしろ、すべてを神様のうちに見るために、自分を脱ぎ捨て、自分は世界で最も取るに足らない道具であると考えることにしています。

私が無能なために言い表わせないことがたくさんございます。来年になれば、私は多分もっと自由になれるでしょう。けれども、できるだけ、私の心を打ち明けます。神様が私に何をお望みかは存じません。確かなことは、神様が私たちの修道院の合併をお望みでいらっしゃるということです。その御慈しみによって私はフランスからそれについての知らせを受ける前に、予想はしていました。しかしこのことは、別の手紙でお話しすることに致します。今回の手紙はただ愛する母としての院長様に私の心の内奥をお話しするだけにとどめました。

1 ペトロの名で洗礼を受けた「体の不自由な」トリガティンについては、RJ1640(Th.18, 182;19, 14)参照。

2 ビーバーの毛皮。

第四部　イロクォイ人の襲撃の中で

四三(59)　一六四一年九月一六日　トゥールのウルスラ会修道院長ウルスラ・ド・セント・カタリーヌ宛

院長様、この手紙は、ディエップ経由の幾つかの手紙ですでに書きましたことの繰返しに過ぎません。[1]宣教地の必要のためフランスにお帰りのル・ジュンヌ神父様、アダム神父様、ケンテン神父様にお会いになれば、神父様方が信仰がシルリー、ケベック、タドゥーサック、サグネーで大変順調に進んでいることをお話しなさるでしょう。しかし信仰は、トロワ・リヴィエールで困難に出合っています。イロクォイ人が、善良な先住民に戦いを仕掛けているからです。もっと遠くのヒューロン地方の先住民たちに対しても同様です。その気なら、私たちの所まで攻めてくるのでしょうが、有利ではないので遠ざかっています。

トロワ・リヴィエールの近くでイロクォイ人が仕掛けた戦闘では、総督閣下とフランス軍が優勢で、イロクォイ人を敗走させました。[2]けれども、敗走中に多くのヒューロン人、アルゴンキン人の男女を捕虜にしました。それで、これらの部族の人々は仕返ししようとして、こっそりとイロクォイ人の土地に行って住居に侵入し、数人の婦女子を殺害して逃げました。しかし他の者が見つけられ追跡されて、五人は捕まり、多分、食べられてしまったことでしょう。五人の消息は不明だからです。結局、トロワ・リヴィエールのすべての先住民は逃れて、幾人かは自分たちの土地に行き、他の人々は私どもの所に避難してきました。このように悪魔は怒り狂っているようです。それほどに、自分たちの家来を絶えず取り上げられて、イエス・キリストの御国を増大させていることがくやしいのです。

北部にアルゴンキン語とモンタニェ語を話す多くの人々が見つかりました。[3]皆、非常に喜んで教えを受けますので、そのために働いていらっしゃるピジャール神父様とランボー神父様だけでは手が足らず、援助を求めていらっしゃいます。ヒューロン人の許で働いていらっしゃる神父様方は、そちらで今年は大変な苦労をなさいました。ド・ブレブフ[4]神父様とショーモノ神父様は中立の部族に福音の最初の種を蒔かれましたが、その地でほとんど死ぬほどの苦しみに遭われました。ショーモノ神父様は、斧の一撃で頭が割れたのではないかと思われたほどです。この部族の人々は祈りを一種の魔法と考えていますので、神父様方は聖務日課を唱えるのに唇を動かすことさえほとんどなさいません。それでも、ヒューロン人の最も優れた、最も有名な魔法使いの一人が、シルリーで洗礼を受けました。[5] そのときは、私たちの生徒テレーズが、洗礼の前日に二時間半にわたって当人に教えを説いています。

私たちの生徒の信仰と信心は大いに向上しています。全員が洗礼を受けましたが、今年は、その数は四八人に上ります。その他に八〇〇人以上の先住民が訪れ、私たちはできる限りの援助をしています。[6] 私たちはケベックに居を構えますが、そこは私たちには最も安全ですし、また教えるのにとても有利です。病院経営のメール方もケベックに修道院を建てていますが、間もなく完成します。モントリオールの殿方でさえ、ケベックに家と店を造らせています。[7] モントリオールはイロクォイ人の不断の侵入と攻撃のためにまだ安全ではないので、ケベックに撤退の場所を持つことが必要なのです。

院長様と私たちの後援者の方々からの贈り物を受け取りました。それで先住民の生徒たちにドレスを作りましたが、今まであまり立派に着飾る習慣がなかったので大喜びでした。私たちは生徒たちに大御馳走をしましたが、それにはよい機会とばかりに神父様方も加わって、たくさん召し上がりながらフランスでこの子たちに寄せられている愛情を知らせました。また、送っていただいた合併に関するすべての記事も受け取りました。院長様がそれに同意され、承認なさったことにたくさんお礼を申し上げます。

院長様、さようなら、でも最後ではありません。この手紙のあとにはまた数通続くはずですから。私は機会があれば、院長様に愛情を表明せずにはおれません。そして最後の船が出るまでに、こちらで起こる事柄をお知らせせずにはおれない気持ちなのです。けれども毎日、主の御前で院長様を思い、院長様のご恩に報いてくださるようお祈りしております。

1　通信の不確かさのため、手紙は同じ船団の数隻の船、あるいは同じ船の幾つかの梱包に配分されていた。ディエップの船団は最初に到着したので、最初に出航した。この手紙はラ・ロッシェル経由のはずである。

2　戦闘は前月六月一三日に起きた。RJ1641(Th.21, 60-80).

3　前掲の手紙に出てくるニピシング人。ル・ジュンヌ師はRJ1640で、アルゴンキン語系の部族の若干の名前を挙げている。テミスカミング人、クリスチノン人、ウイニペグ湖畔に定住するウイニピグ人である。Cf.J.White, *Manuel des Indiens du Canada*, Ottawa, 1915. Diamond Jenness, *The Indians of Canada*, Ottawa, 1932.

4　ジャン・ド・ブレブフは一五九三年にコンデ・シュール・ヴィール（バイユー教区）で生まれ、一六一七年にイエズス会に入会し、一六二五年にカナダに渡り、一六三三年に再来した。ヒューロン人の許での最初の宣教師の一人で、一六四九年にイロクォイ人によって虐殺された。Cf.Francis X.Talbot, *Saint among the Hurons, The Life of Jean de Brébeuf*, New-York, 1949. R. Latourelle, *Saint Jean de Brébeuf routier de la Huronie*, *RHAF*, 4, 1950, 322-340. F.Roustang, *Jésuites de la Nouvelle-France*, Paris, 1960, 94-145.

5　ヒューロン人のソンダツア。Cf.RJ1641(Th.20, 214-232) RJ1642 (Th.23, 82).

6　場所が手狭なため、ウルスラ修道女たちの熱心な働きには限界があった。RJ1641(Th.20, 130).

7　モントリオールのための最初の応募者は一六四一年に到着した。ケベックに到着するとすぐ、ド・メゾンヌーヴの職人たちは河畔に一つの倉庫を建てはじめた。Cf.Dollier de Casson, *Histoire de Montreal, 1640 - 1672*, éd.Fienley, Toronto, 1928, 86, 89. C.Bertrand, *Monsieur de la Dauversière*, Montréal, 1947, 121s. L.P.Desrosiers, *Paul de Chomedey, sieur de Maisonneuve*, Montréal, 1967；G. Lanctot, *Montréal sous Maisonneuve, 1642 - 1665*, Montréal 1964 M.C.Daveluy, *La Societe Notre-Dame de Montréal, 1639-1663*, Montréal, 1965.

四四（60）　一六四二年夏　イエズス会ヌーヴェル・フランスの布教地長上
バルテレミ・ヴィモン師宛

神父様、従順を果たすため、若干の短い所見を書かせていただきます。

私には解決の困難なことがございます。もし私たちの娘たちの行いで模範になるすべてのことをお話ししようとすれば、決して言い尽くすことができないからでございます。それに、神父様は学校のおおよそのこと、どれだけの娘たちが入り、一時的に過ごし、あるいは定住するかもご存じです。また、はしためたちが先住民の娘たちをとおして行っているささやかな奉仕から栄光を受けられるかどうかは、神父様は私よりもよくご存じです。私は、自分たちが行っておりますことには確かにあまり満足してはおりません。私たち、特に、神父様がよくご存じのように、私は役に立たないはしためですので。ですから私は、神父様が私たちについては何もお話しにならないことを望んでおりました。私たちには御父でいらっしゃる神が、私たちがどれほどの愛をもって新信者に奉仕しているかをご存じであれば、それで十分でございます。私どもの修道院で人々の目に触れずに起こっていることをただ神様だけがご存じであれば、それで結構なのです。私どもの些細な労苦が、主のお目に留まるだけで大変嬉しゅうございます。主は慈しみ深くいらっしゃいますので、私どもはすべての過ちをお赦しくださるものと期待致しております。特に私が、主の御慈しみを得ることができますよう、神父様、どうかお導きくださいませ。

子供たちの純潔への望みには非常に強いものがあります。それで、散歩に出掛けて男性に出会いますと、あくまでも品位を崩しませんので、子供たちの態度は先住民のそれからはかけ離れたものとなっています。

あるフランス人の男性が、一人の生徒の手を取って導きました。その子はいつも純潔でいたいと望んでいるのに、男の人に手を触られるままになっていたということで、皆からからかい交じりの非難を受けました。すると、その子は泣きだして、導いてくれた男性に立腹し、手を何度か洗いました。罪のない行為ですのに、それで純潔が失われるのではないかと心配して、受けたと思う汚れをやっきになって洗い落とそうとしたわけです。皆はその子の考えを知るよしもなく、幾度か非難を繰り返しますと、「もうそんなこと言わないで、手を何度も洗ったんだから。あの人が汚いものを移したとしても、もうなんにも残ってないはずよ」とその子は目に涙を浮かべて言っていました。こうした純真さには心が和みます。生徒たちはいつも二週間以内に告解を願います。そして毎晩、きちんと良心の糾明を行いますが、それがまたとても無邪気で、糾明中に気が付いた過ちを公に言うのです。外に現れた何かを忘れていようものなら、それを知っている子は大声で言います。

「あの過ちを忘れているわよ、神様にお赦しを願いなさい」

こうしたやり方は生徒たちを傷つけません。皆で確認し合い、理解し合うのは、この子たちにはほとんど自然なことなのです。

マリー・マドレーヌ（最初の生徒たちの一人です）は、自分では気が付かなかった些細な過ちを注意されると、悲しみに沈みました。それが告解するまでずっと顔に現れていて、神様に背いた苦しみが困惑や恥を感じる以上に深かったことを示していました。

八つか九つくらいの二人の生徒は、約一年の間、聖体拝領の準備をさせてくれるよう自分たちの先生にせがんでいました。それを断わられたので、私のところに来て、この特典を与えるよう大変甘えながら願いました。それにはまだ若すぎると言っても、少しもひるみません。

待降節の間に、生徒たちに少しお話をするためヴィモン神父様がおいでになると、二人は神父様の前にひざまずいて、少なくとも復活祭には御聖体を授けてくださるようせがみました。神父様は、二人が十分賢ければ、その幸せを受けられると約束なさいました。この答えに二人がどんなに喜んだかは信じられないくらいです。しかし、この偉大な神秘について出される質問によく答えられないのではないかと心配して、毎日私のところにやってきては、手を合わせて、教えてくれるように願いました。そして遂に二人の望みはかなえられました。主は二人の心を奪われました。二人がこの全く神聖な行為のために示した準備と熱心は、私たちを驚かせると共に感銘を与えました。

私たちには時々、八日から一〇日間、引きこもって霊的修行、つまり、神様と永遠に関する事柄についてお話しする習慣がありますので、その間、先住民たちは私たちに会えないため、私たちが隠れていると言います。メールがそんな風に隠れているのだからということで、ヒューロン人の一人の生徒も隠れることを望みました。この子は庭にある小さな林の中に引きこもり、小屋みたいなものを造って、一日の大半を神様に祈って過ごしました。仲間の一人がその子を見つけて、何をしているのか尋ねますと、

「メールのように隠れているのよ、メールはわたしのため、あなたのため、フランス人のため、先住民のため、お祈りするためにそうしてるのだわ」とその子は答えました。

尋ねた子は、仲間の子たちの所に行ってそのことを話しました。すると、生徒たちが駆けつけてきて、二人の一番小さい子を除いて皆それぞれ木の葉の小屋を造ってその中に閉じこもり、沈黙を守ってかなりの時間祈ったり、ロザリオを唱えたりして過ごしました。それがまた、成人やもっと歳を取った人々と同じくらいの感情をこめるのです。

一時的に泊まる生徒たち、その子たちのよい考え、非常にたくさんの先住民が絶えずやってくること、また私たちが、この人たちにいつも行っている少しばかりの援助についてはお話ししません。この世の持ち物は非常に貧しくとも、霊的には非常に豊かなこの人たちを見ていると、その幸せを喜ぶと同時に、貧しい状態を助けたい気持ちを持たないわけにはいきません。これらの人々が、私たちに示す愛情については何も申し上げません。私たちがこちらに来ておりますのは、この人たちを助けるためですから。私どもの小さな聖堂でキリスト信者になっ

た人々、格子越しに、また、生徒たちに教えている場所で、私どもが信者に行っている宗教教育についても、何もお話ししておりません。

　ある人々は、自分たちの些細な問題について私どもから励ましを受けるために、他の人々は、神様の大いなる御業と慈しみについて話すために訪れてきます。こうしたすべての結構な考えは『会報』の主要な部分にゆずります。ただ、修道院内で私たちと絶えず会っている生徒たちについてだけ、ちょっとお話しすることに致します。これらの娘たちは、いつか私たちの後継者となるでしょう。しかし私たちが、今小さな家の一隅で大修道院のすべてのお勤めを果たさなければならないために忍んでいる考えられないほどの不便を見てはいないでしょうから、私たちの喜びも悲しみも恐らく知ることはないでしょう。

四五（62）　一六四二年八月三〇日　ポール・ロワイヤル・デュ・セン・サクルマンの大修道院長カタリーヌ・アニェース・ド・セン・ポール宛

✝イエス、マリア、ヨセフ
　聖なる祝福をくださいませ。

院長様[1]、院長様お手ずからのお手紙をいただきかたじけなく存じます。

　多くの聖なる方々が、カナダの不束な修道女をこれほど高く評価くださいますことに恐縮致しております。私どもはそれほどの者ではございませんし、むしろ自分たちの弱さだけを見て、慈しみ深い神様からいただいている尊いお恵みにあまり応えておりません。

　院長様、確かに私はカナダの極めて聖徳高い方々の噂を耳にしております。それらの方々は皆、自分を無にしていらっしゃって、真に感嘆させられます。使徒的召命の目的を非常に崇高に思っていらっしゃるので、それにわずかしか応えていないと考えていらっしゃるのです。確かに、五感というものはカナダでは持ち堪えられません。精神は、自然的本性に全く十字架を担わせたままにします。しかも、それらの十字架はただ本性自体の中だけではなく、またありとあらゆる事柄のうちにもあって、それらが自然的本性にさらに十字架を負わせます。院長様は実際、この点をご理解になりました。私たちのうちの神様のお恵みと、お召しを尊重するとおっしゃったからです。

　院長様はどなたにでもよいことをなさっていますが、それなら、どうか神様に私への御憐れみについてお礼を申し上げ、また、ただ思いだけに留まらず、しばしば行いとなって現れる私の罪をなくさせてくださるようお願いしてくださいませ。私はこの罪のため、新しい教会での神様のお働きが進まないのではないかと心配しているのです。イロクォイ人は、まだこの教会にこれほどの大きな害を与えておりませんでした。私たちはキリスト教の発展を大いに期待していましたし、この発展はヒューロン人とアルゴンキン人の中に多くの回心者が出たことから明らかでした。ヒューロン人は商売のため普通にこちらに来ていますが、イエズス会の神父様のお一人とフランス人とヒューロン人の数人の信者さんが、帰る途中でイロクォイ人に出会ってしまいました。イロクォイ人は優勢でしたので、信者さんたちを敗北させ、数人の信者さんと求道者とその他の人を殺害し、それから、ジョーグ神父様と、私たちの生徒でヒューロン人の一人の娘[2]を連れ去りました。この子は十分な教育を受けたので、両親が連れ帰るところでした。その両親も他のフランス人も先住民と共に捕虜になりました。ですから、イロクォイ人が通常のようにこれらの可哀想な捕虜に残酷に振る舞えば、無類の拷問で苦しめることでしょう。娘を殺しはしませんが、その部族の中で結婚させられ、助けは全くないので、救霊は非常な危険にさらされることでしょう。娘は大変立派な信者で、私たちの許で二年過ごしました。読み書きができますので、自分の部族の許に戻り、女子の信仰と品行の教育を助けることになっていました。多分、神様はイロクォイ人の娘たちのために彼女をお使いになられるのでしょうか。それは私たちには分からないことですので、これらの可哀想な被害者のために神様が介入してくださることを待ち望んでおります。どうか神様が、この出来事をご自分の栄光に役立てられますようお祈りくださいませ。『会報』は、この出来事を教会の発展として院長様にこと細かに伝えることでしょう。

ご覧のように、私どもは以上の悲しい出来事に救済策を持たないだけに、ひときわ心を痛めております。

私どもが親しい人々を助けることは、どうすることもできないほど困難です。[3] お望みのままに命を絶ち、また命をお与えになるお方のお裁きをご一緒にたたえましょう。院長様が私どもにくださいました物的、霊的ご援助にはお礼の申し上げようもございません。

院長様からのとても幸せな子供への追悼文を読みまして、私どもは非常な感銘を受けました。その子のうちには、神様の深いお恵みが働いていたものと思われます。私どもにはフランス語を話す先住民の娘たちがおります。その子たちには追悼文を読ませるつもりですが、感銘を与えることでしょう。同い年の一人の娘には、衣類とその他のものを使わせることにします。その子は幼いのですが、信仰ではかなり成長しております。復活祭には、本当に驚くべきほどの敬虔な気持ちで御聖体を拝領致しました。どうかその娘とすべての仲間のため、また私の姉妹と私のためにお祈りくださいませ。私は皆のうちでお祈りを一番必要としている者です。かしこ。

1 アントワーヌ・アルノーの第三女でメール・アンジェリックの妹。
2 手紙にしばしば出てくるヒューロン人のテレーズ。
3 旧約聖書サムエル記上2・6。

四六（63） 一六四二年八月三〇日 トゥールの聖母訪問会修道女マリー・ジエット・ローラン宛

主の平安。お手紙を受け取ると、心からの深い喜びの思いを抱かずにはおれません。

きっとあなたは、心では度々こちらにいらっしゃることでしょう。私たちの愛する先住民が神の子の再生の水で洗われるのを見るときに、あなたはそれを思って必ず私たちと満足と喜びを共になさるはずです。あなたは神様を非常に愛していらっしゃるのですから、神の御国が広まるのを見て、私たちと一緒に敬虔な嬉し涙を流さずにはおれないでしょう。

今年は多くの人が入信しましたが、まだもっともっと増えるものと期待されます。これらの新しい入信者の熱心さを見ると感嘆させられます。私はちょっと前にそのうちの一人が洗礼を受けるのを見ましたが、その男の人は洗礼を受けるとすぐに狩猟に出かけました。私たちが心配したのは、まだ脆いこの新しい苗木が、幾人かの異教徒と連れ立って冬を過ごし、その人たちの行動原理と生き方に再び従うのではないかということでした。当人が戻ってきたとき、私はその間に行ったすべてのことについて厳しく聞きただしましたが、当人は、感嘆するほどの率直さをもってすべてを話して聞かせました。中でも、少しも誘惑を受けなかったかどうか尋ねますと、自分は非常な誘惑を受けたけれども、すぐに私からもらったロザリオを手にして十字架のしるしをし、それから、「イエス様、私をお憐れみください。なんでもお望みどおりになさるあなたを信頼します、悪魔を追いはらってください。私を憐れんでください」と祈ったと言いました。

私はこの立派な新信者に大変心を打たれ、当人が危険に陥っても、いっそう熱心になって誘惑から逃れたことを認めました。私たちが目にしていることを詳しくお話しすることができません。でも、イエス様が単純と愛の掟を刻みこまれたこれらの子供たちの心の中で起こっていることを、ご自分であなたにお話しくださるよう望みます。

カナダを愛していらっしゃることには感謝します。贈り物を有難うございました。そちらのメール方や姉妹の方々について、大変結構な消息を伝えてくださって嬉しく思います。私が主からいただくすべてのお恵みに立派に、そして忠実にお応えできるよう、皆様、私のためにお祈りくださいませ。メール・ド・シャンタルの尊い死去はその聖なるご生涯の実りでした。神様はこれらの聖人の方々において永遠に賛美されますように。

四七(64)　一六四二年九月一六日　フランスのウルスラ会修道院長宛

院長様、人々の救霊のために苦しまれた私たちの主をとおしてご挨拶致します。ご承知のように、御摂理のお計らいによりまして、最近、私どもの聖なる修道会はカナダのこの地方に渡り、女性としての小さな力ではありますけれども、未開の状態と無知のため救いから除外されていたとも思える人々にイエス・キリストの御血の効果を及ぼすことに努めることができるようになりました。

フランスの本会のメールと姉妹の方々は、神様がこのような輝かしく崇高な事業のために私どもをお選びになったことを、きっと同情よりも羨望していらっしゃることでしょう。私たちは、このお恵みにはふさわしくなく、皆様こそ、私どもよりもずっとそのお恵みにかなっていらっしゃることをよく存じております。けれども、神様の力と慈しみはお望みの所に現れ、お望みの者をとおしてその偉大な御業を果たされます。院長様は報告書でご覧になることでしょうが、それには、毎年、慰めのもととなる偉大な事柄が書かれています。それらは私たちの些細な苦労を神様がお与えになる祝福によって和らげますし、また、イエス・キリストの御血によって贖われた人々のうちに神の国が建てられ、発展していくのを見て、日増しにふくらむ希望によっても和らげます。こうして私どもは勇気をさらに奮い起こし、私たちのために汗と血を流されたお方の栄光のため、労苦と命を少しも惜しまぬ新たな決心を毎日しております。

しかし院長様、私どもには本会の役割を果たすため、私たちが教育している娘たちの霊魂だけではなく、食べ物や衣類を供して身体の面倒も見る必要があります。つきましては真に勝手ながら、お祈りをお願いしましたあとで、さらに機会がございましたら、私どもに多少の日用品をお送りくださいますようお願いする次第でございます。そのために、私どもがこの異国にあって主の葡萄畑を耕す助けとなるよう、主が院長様にお与えになる大きな熱情をご活用くださいませ。もし霊的であれ身体的であれ、報いを受けるのに値する愛と憐れみがあるとすれば、確言させていただきますが、それは特に憐れみであると思います。と申しますのは、悲惨が大きければ大きいだけ憐れみもいっそう功徳になるからです。もしフランスの貧しい人々が時として涙を誘うのであれば、私どもが見ているように哀れな先住民をご覧になれば、きっと院長様は断腸の思いでいっぱいになられることでございましょう。それほどに先住民の霊魂のためには教育が、生活維持のためにはあらゆるものが必要なのです。フランスには多くの困窮者がおります。しかしまた、たくさんの慈善家がいらっしゃって、それらの人々を援助しています。当地では誰もが貧乏で、私どもと、フランスから渡ってこられた少数の親切な方々以外にそれらの人々を援助する者はおりません。しかし、私ども自身貧しく、自分たちが必要としているわずかばかりのことにしても、ただ施しに頼っているのです。以上のことから、院長様は憐れみがどんなに大切で、見捨てられている貧しい人々に十分に向けられるべきかがお分かりのことと存じます。

院長様が、私どもをご援助なさるためお取りになる手立てを私からは申し上げません。多分、院長様はご自分から何かをくださったり、フランスの他の修道院の院長様方に同じことをなさるようお願いしたり、院長様がお教えの良家の子女あるいは両親の方々をこの慈善事業に加わるようにお誘いになったり、さらには、しばしば、ただ施しを有効に使う手立てを求めている篤信の人々のご好意に訴えるとかなさることでございましょう。

院長様、このことに関してはお話ししたいことが山ほどございます。実際私は、非常に貧しい境遇にあるこれらの可哀想な人々を救いたい望みに駆られていますので、できたら、フランスの大都市のあらゆる街角で喜んでこれらの人々のために祈り、憐れみを乞い、戸ごとに施しを求め、これらの人々を助けるのに必要なものを得ることでしょう。しかし、これ以上院長様に申し上げる必要はないものと存じます。院長様がイエス様への愛のために、これらの人々を助ける望みをお持ちであることは存じ上げておりますので、以上お話ししましたことだけで十分だと思うからです。これらの人々は助けがなければ滅びます。そして院長様は、これらの人々の救いをお望みであることは存じております。私は院長様が、私たちの些細な仕事を大事に思っておられることを信じておりますので、このように勝手なお手紙を差し上げましたが、さらにまたお願い申し上げます。

院長様が私どもに施しをなさる場合、また、神様の御栄えを熱心に求める方々の施しを集められた場合には、カエンの信心深い貴族で、ド・ベルニエールとおっしゃる殿方にご連絡くださいませ。その方は、こちらの修道院設立のために大変ご尽力くださいました。ですから、私たちは同氏にも、同じことをしてくださったフランスのすべての方々にも、永遠に感謝の祈りをささげなければなりませんが、院長様もそれらの方々に加わられることでございましょう。

また、院長様をとおして私たちの可哀想な先住民に日用品を提供しながら、救いに寄与される敬虔な他の幾人かの方々も同様でございます。

私自身に関しましては、院長様の修道院の一員であり、特に院長様の従順な娘、はしためであると申し上げる新たな動機を持つことになりましょう。

四八（65）一六四二年九月二九日 トゥールのウルスラ会修道院長ウルスラ・ド・セント・カタリーヌ宛

院長様、私が船団の到着を楽しみにしておりましたのは、院長様とメールの皆様のご消息を運んで来るからです。実際、院長様がお書きになったお手紙を受け取り、またル・ジュンヌ神父様が、幸いにも院長様にお会いになったことを知って大いに慰められました。主がル・ジュンヌ神父様を私どもに戻してくださったことで、こちらの一同はたいそう満足致しております。ル・ジュンヌ神父様は院長様の修道院について話し、また特に院長様のお徳をたたえてやみません。しかし、ここではフランスの消息についてお話しするのは論外で、カナダの消息を院長様にお話ししなければなりません。

学校の生徒たちは皆、神様がご存じの仕方で院長様のためにお祈りしております。私どもの心、私どもの祈り、私どもの願いは院長様のためのもので、私どもの些細な労苦も例外ではありません。私どもの生徒たちは私たちに劣らず院長様を愛しております。皆、院長様の娘で、院長様から愛されています。娘たちが、どうして院長様に愛情と感謝のお返しをしないわけがございましょう。

今年は、私どもの能力に余るほどの生徒がおります。しかし、私どもの慈しみ深い主は私どもに生活維持のお恵みをお与えになっただけでなく、私どもが定着した先住民を援助できるようにしてくださいました。これらの先住民は私どもの近くで冬を過ごし、十分に積もった雪の上で橇《そり》を使っています。そのうえ、たくさんの一時的滞在者もいて、ほとんどひっきりなしに私どもの修道院を訪れ、霊的糧と身体の糧を求めました。天の御父の御摂理がすべてを供給してくださいましたので、釜はいつも火にかけられていて、一つが空になっても、他のものが用意できていました。

昨年は船が出航したあとすぐ、かなりの先住民の娘たちが私どもの許に連れてこられ、学校で聖なる洗礼を受ける準備をさせました。しばらく学校に留まった後、五人が私どもの小聖堂で一緒に洗礼を受けました。娘たちは十分大きく、神様が再生のお恵みによって自分たちに授けられる大いなる善を理解できましたので、顔にも、またそれ以上に言葉にも、今までは悪魔の住居になっていた心が、聖霊によって捕らえられたことを現しておりました。私どもはまた、たくさんの夫婦と娘たちが洗礼を受けるのを見ました。キリスト信者らしい感情を大変よく表していましたので、私どもの心は愛情と敬虔な気持ちでいっぱいでした。一人の若い女性は洗礼を受ける喜びですっかり有頂天になり、洗礼水を頭に注がれると、列席者に向かって、「嬉しい、とうとう清められました」と叫んだものです。この女性は一八ヵ月余り前から神様の子供たちの間に加えられることをせがんでいました。ですから、今までに見たこともないように小躍りしてそのように叫んだわけなのです。

洗礼を受けた人々の間で、一人の若者は身内から離されてしまったのに、聖なる洗礼の水で洗われるまでは決して出ていこうとしませんでした。私が聖なる宗教の諸神秘についてかなりの時間当人に質問しましたところ、なんでも知っているという多くのキリスト信者よりも、それらについてよく知っているのが分かり大変嬉しく思いました。そのため、この若者はアウグスティヌスと呼ばれています。

狩猟に行っている間は、自分の部族の異教徒と一緒に暮らさなければならないのですが、これらの者たちは非常に放縦なのです。ですから、この若者にとっては信仰と忍耐を鍛えるよい機会となります。しかし、仲間たちがなんと言おうと、動揺させることはできず決して祈りをやめません。その点で仲間から責められていました。御復活祭に戻ってきたとき、私は若者にどのように振る舞っていたか尋ねますと、「悪魔から大きな誘惑を受けましたよ」と言いました。「悪魔を追い出すためにどんなことをしたの」と質問しますと、「メールからいただいたロザリオを手にして、イエス様のしるし（十字架のしるしのことです）をして、言いました。『イエス様、私を憐れんでください。私はあなたを信頼します。お望みならば、私が少しも欺かれないように、悪魔を追い出してください』」

こうして、この立派な新信者は見える敵にも見えない敵にもずっと打ち勝っていたわけです。今年はセント・ローレンス川がすっかり凍結してしまったものですから、橋として役立ち、先住民は草原の上を歩くように渡っていました。私たちは御復活祭の聖日の前夜と朝には、先住民たちが息を切らして馳せ参じ、告解をし、聖体を拝領したのを見てこのうえなく喜びました。私たちの住居は河畔にありますので、先住民は私たちのうちの幾人かを認めて、こう叫びました。

「今日はイエス様がよみがえった復活の日ですね。私たちのマシナヒガンを見て、そうじゃないかと思ったのですが」

マシナヒガンとは、月相の日々を記した紙のこと［＊狩猟などに出掛けていた先住民はこの一種の暦を読んで、祭りの日などに家に戻っていた］です。

私たちは、「そうですよ。でも、遅れて来たから、ごミサにはあずかれないかもしれません」と言いました。すると先住民たちは山の上を走りはじめ、教会に着き、信心の勤めを果たすのに間に合いました。先住民たちはごミサにあずかり、御聖体を拝領したいという気持ちで、シカが水を求めるように渇いていたのです。何しろ四ヵ月近くそれができなかったのですから。先住民たちはそれぞれ一団となって私たちの御聖堂にやってきて祈り、まず御聖体訪問を行い、それから、神様が狩猟の間自分たちを守ってくださったこと、たくさんの獲物をくださったことにお礼を申し上げる助けとなってくれるよう、私たちに願いました。

『会報』がもっと詳しく書きますが、シャルルという名の一人の立派な信者は御復活祭の前日に最初に到着した人々の一人で、お祝いしようとしてかなりの数の一団の女性と娘たちを引き連れてきました。当人が感謝の祈りを終えた後、私はこう尋ねました。

「あなた、その女の方や娘さんたちをどうするのですか」

シャルルは、「はい、ニング（メールの意味です）。狩りの間ずっと連れていたんです。ほっといて、何か事故でも起こりはしないかと心配しました。私たちはいつも一緒に祈りました。おなご衆は、小屋としては私のものしか持っていませんでした」と答えました。清らかな生活を送っているこの立派な男性は、ほとんどなんの獲物も持ってきませんでした。なぜなら、三ヵ月の留守の間、いつも自分の客たちを養わなければならなかったからです。それはただ神様に奉仕し、また客たちの忠実さを守りたいという熱意からだったのです。この信者さんは使徒的な熱情を持っていてサグネーに行き、再び自分の部族に神を信じるよう促すつもりでした。そのため、私に会いに来て、こう言いました。

「かなり大きな十字架を貸してください。あとで返します。十字架をしまっておくための特別の箱を造るつもりです」

「それでどうするの」と尋ねますと、「ド・カン神父様が私の部族を回心させるためのお手伝いに行きたいのです。もちろん、神父様は行くことのできないとても危険な場所があります。早瀬があって、そこではかがまないと渡れません。しかし私は、身内の者たちを回心させるために行きます。神父様なら死んでしまうに違いないこの旅は私がします」と答えました。私は当人の意図を褒め十字架を与えますと、当人は十字架に接吻し、非常に敬虔に撫でさすり、それからすぐ出ていって、勉強して洗礼を受けるためにこちらに来ていた連れと一緒になりました。使徒となったこの先住民は、自分の部族が神様の子供の数に入ることができるよう皆に教えました。タドゥーサックで当人をお待ちになっていたド・カン神父様はそれ以上進むことがおできになれず、この先住民の使徒的熱情と宣教の大成功をご覧になって大変お喜びになり、日ならずして、かなり多くの人々に洗礼を授けられました。定着していない他の人々は、別の機会にゆずりました。十分に試したあとでなければ、聖なる洗礼を授けることをためらわれたのです。

私どもの立派な信者さんの一人のヴィクトールは、記憶力が悪いのですぐに祈りの言葉を忘れてしまいますが、心はそうではありません。実際、神様にいつも注意し、神様と非常に親密なお話をしています。でも、他の信者のするようなことは何もできないと思い込んでいます。それで、修道院にやってきては、最初に出会った者にこう言うのです。

「私は頭がよくありません。神様に祈ることを教えてください」

一つの祈りをなんべんも繰り返し唱えさせられても平気で、やっと覚えたと思うと自分の小屋に戻り、戻ったとたんにまた忘れてしまうのです。それで、合掌しながらもう一度修道院にやってきて、自分は頭が悪いと子供のように告白しては、もう一度教えてくださいと願います。院長様はきっと、神様の御栄えと人々の救霊を望む人々には、この熱心さは見ていて気持ちのよいものとお考えでしょう。先にお話ししましたシャルルは、ヴィクトールと一番気が合います。実際、シャルルは、ヴィクトールに会いに行くと、「一緒に神様に祈ろう」と呼び掛けます。それから、二人はひざまずいて、立たずに三、四度ロザリオを唱えます。私は、生徒たちについてだけお話しするつもりでした。しかし、この人たちは宿泊しているのではなく、大方は格子越しに話をするだけですので、この人たちの熱心さについてお話ししないわけにはいきませんでした。私は愛徳によって私たちの新信者と奇妙な形で結ばれているのです。

　私たちの三人の大きい生徒が、この冬、親と一緒に狩猟に行き、家事を手伝ったり毛皮の加工をしたりしました。この生徒たちの名前はアンヌ・マリー・ウチルディチ、アニェース・シャブヴェクヴェッシュ、[1]ルイーズ・アレテヴィルです。三人はいろいろ悩んだ末、この狩猟についていくことに決めたのでした。と言うのは、三ヵ月もミサ聖祭と他の秘跡にあずかることができなくなるからです。しかし、親たちは私たちの主な信者でしたので、断ることができませんでした。私たちが三人の生徒に貧しいカナダで許される限りの必要なものを与えると、三人は涙ながらに出ていきました。彼女たちの主な勤めは信者の祈りと勤めを指導することで、これは先住民の間では非常な名誉と考えられています。一人は祈りを指導し、それも特別な信心をもって行わせました。もう一人は、私たちの信仰の諸神秘についての聖歌を決めました。そして、他の一人は良心の糾明を指導し、集まった人たちにこの勤めの重要さを理解させました。このように信心業に多くの時間を費やしても、三人は忘れずに二度、布教区の長上の神父様と私に非常に敬虔で、また極めて分別のある手紙を寄越しましたので、一同、三人の心に感嘆したほどでした。特に総督閣下は、それについてこのうえない喜びをもってお話しになりました。先住民の娘たちが森と雪の中にありながら信心の思いを養い、フランスの十分にしつけられた娘たちにもあまり見られない繊細な精神を備えているのを見たからです。

　三人の手紙の内容は、こんなに長い間秘跡にあずかることができないので、助けを送って、この寂しさを取り除いてほしいということです。三人が帰ってきたときに最初に行ったことは、御聖体訪問でした。それから聖母の像を訪問しました。アンヌ・マリーは、聖母と幼いイエス様のため春の最初の花々を探し、それで冠を作ってきました。それから三人は、私たちにそれぞれのすべての行動を報告しました。そしてこう言いました。

「ミサ聖祭と他の秘跡にあずかれなくて、とても悲しかったのです」

ノエル・テクヴェルマッチ[2]は最初の二人の親で、娘たちが十分な教育を受けたので自分たちの許に引き取る考えを持っていましたが、二人はその知らせを知って、その考えをやめさせるため親に手紙を書こうと決心しました。そして私のところに来て自分たちの考えを告げ、手紙を送る許可を願いました。その最初の手紙には、次のように書かれていました。

「お父さん、私は行かないことに決めました。結婚しないままでいることにしたのです。私が今いるこの修道院で万物を造られた方を愛し、その方にお仕えしたいのです。ですから、一生涯こちらに留まって、私の部族の女の子たちを教えるようになりたいと思います。いったん、読み書きができるようになったら、女の子たちに神様を愛するようにもっと効果的に教えることができるでしょう。お父さん、心配しないで。姉さんも心配しないようにしてください。もうお父さんのところに帰るつもりはありません。さようなら、生きている限りはお父さんに仕えるつもりです。祈りの家でお父さんのため神様にお祈りします」

　第二の手紙はこうです。

「お父さん、私がこちらの修道院で修道女の人たちといつまでも一緒に暮らすのに賛成ですか。本当に私は、修道女の人たちのようにおとめでいたいからです。終生おとめであることは、私には重要なことです。私がもっと大きくなったら、私の部族の女の子たちを教育し、いつかは、万物をお造りになった方にお会いできるよう、天国への正しい道を教えるつもりです。ですから、もしお父さんが賛成なら、私はお父さんのところには帰らず、ずっと祈りの家に留まることに決心しました。私のために祈ってください。私は生きている限りお父さんのために祈り、お父さんの娘であるアンヌ・マリーとしてお父さんに仕えるつもりです」

　以上のような書き方で、二人は自分たちの考えを表しています。ド・カン神父様はこの手紙をご覧になって非常な熱意に驚かれ、二人を褒めて、すばらしいお話をなさいました。けれども、親に従うように勧められました。だからと言って、もし神様が二人の望みが実現することをお望みなら、二人の意図は妨げられることはないとおっしゃるのです。

私たちの学校には大人や子供、娘や既婚の女性がおります。先住民の評議会で決定された幾つかの理由で、私たちの許に送られてくるのです。この冬は二人でした。その一人は、異教徒ですが、キリスト教信者の両親の知らないうちに、異教徒の妻にされ、その夫から引き離された者です。新信者たちは、その女性が信仰教育を受けることを望んでいたのである信者に嫁がせようとしましたが、このような侮辱に堪えられず、その男性に自分たちの親戚の女性を妻にしたいなら、別にいる妻と別れなければならない、そのうえキリスト教信者になるように、とはっきり言い渡しました。当人はそれを約束しましたが、不信仰者たちには真実が欠けているので、約束を守りません。それで女性の両親は男性からやむなく娘を取り上げ、私たちの許に寄越したのです。ド・カン神父様がおっしゃるには、その女性は私たちに多くの苦労をかけ、また、彼女はそのうちに修道院から出て、なんとかして自分が愛している例の異教徒の許に戻ろうとするのではないかということでした。けれども、私たちはその女性を愛情をもって迎えました。二、三日は悲しんでいましたが、突然、子供のように素直になりました。そして教えを受けて、聖なる洗礼を授けられることを熱心に望みました。両親はこれほどの大きな、突然の変化を信じることができませんでした。実際、彼女は、夫が信者になり、両親が許さなければ、もう会うことを望みませんでした。けれども、先住民は気が変わりやすく、忠実かどうか長い間試したあとでなければ互いに快く信じ合うことがないので、両親は娘を自分たちの小屋に引き取りました。

しばらくして、可哀想な女性がある場所に行ったところ、夫に出会ってしまいました。彼女は逃げ、夫が追跡しました。そして、彼女があるフランス人の家に入ると、夫も一緒に入っていきました。彼女は夫と話すのがこわくて隠れましたが、夫は彼女と話さない限り出ていかないときっぱり言います。結局、女性と話し、できる限りのお世辞を使って、自分と一緒に戻るよう説得しましたが、無駄でした。夫は怒りはじめました。叫び声を上げ、妻を返してくれないなら、皆を殺してしまうと脅かします。

しかし、夫がこのように激怒している間に、女性は当人に知られないように迂回し、両親の小屋に向かって走り去りました。こうしてこの執拗な手から逃れたのです。彼女は、夫にせがまれている間に、心の中で「本当に私は信じて、洗礼を受けたい、私は従順でいたい」と言っていました。

彼女が従順でいたいと言ったのは、この異教徒と話をすることを禁じられていたからです。あのような夫と出会っていて、従順を守らなければ、私たちの新信者たちの間では犯罪になります。彼女は起こったことを全部話しましたが、誰も信じようとしません。皆は、彼女がその異教徒を自分から追いかけていって、与えられた掟に従わなかったのだときっぱりと言います。彼女は洗礼を望んでいると言い、どんなに反論しても、一同はこの過ちをどのように罰するかを協議するだけです。ある者たちは、今後の見せしめとして、死罪にすべきで、この過ちを罰せずにおけば、自分たちの妻や娘たちは彼女の不従順を真似てしまうと言います。他の者はそれほど過激ではないので、最初のことだからもっと穏やかに取り扱うべきで、公開の笞刑で十分だと言い返します。そして、公開の笞刑に処せられることになりました。今度は刑の執行人を見つけなければなりません。評議員の中で最も熱心な者が立って、「私がその役を買って出る」と言いました。けれども、罪のない可哀想な女性は一言も言いません。心の中では、このような恥ずかしい刑は洗礼の準備になるはずであると考えていました。こうしてすべての妻と娘たちは、恥をよく知ることになります。宣告によれば、彼女たちは皆、教会の門で行われるはずの処刑に出席しなければならないからです。

しかし、ド・カン神父様に伝えることなしに刑を執行するわけにはいきません。神父様は告解で多忙でした。神父様の手が空くと、一同はこの女性が犯したと思われる罪と処罰に関して決定したことを神父様にお話ししました。神父様は、実際に起こったことも事態がどういう結果になるかもご存じでなく、それは結構なことであるとお答えになり、そして、引き下がられました。ですから、刑の執行者は罪人を教会の門に引き出し、橋の欄干に手を置くように命じ、両肩を裸にしました。彼女は不平も言わず大変穏やかに、また慇懃に命じられるすべてのことに従いました。それで、熱狂的な先住民は声高にこう言いました。

「フランス人の方々、どうか聞いてください。私たちが服従を大切にしていることを知ってください。ここに不従順であった私たちの一人の娘がいます。そのため私たちは、皆さんの子供を罰するように、この娘を罰するところです。それから、お前たち、こちらの女や娘たちよ、お前たちが不従順を犯したら、同じようなことが起こるだろう」

そして、鞭を一打ちばしっと加え、鞭打たれる女性に、「何回鞭打たれたか、覚えておけ」と言いました。そう言ったのは、五回鞭打たなければならないからです。三度目になったとき、ド・カン神父様が、鞭打ちが少しもやまず、かなり激しくなるのを聞いて、外に出てこられ、興奮した執行者に呼び掛けてやめさせられました。鞭打たれた女性はとても穏やかに落ち着いて肩を覆い、神父様を見つけて洗礼を授けてくださるよう願いました。しかし、神父様は当人には罪のないことをご存じではなかったので、かなり厳しい口調で拒絶され次のようにおっしゃったのです。

「私に信じてほしいなら、明日夜が明けたらウルスラ会の修道院に行きなさい。それまで辛抱できるなら、あなたの仲間と一緒に洗礼を授けます」

私たちは、何が起こったのか知りませんでしたが、神父様が私たちの許においでになったとき、出来事をすっかり詳しく話してくださったのです。

院長様、正直に申し上げますと、私は神父様が先住民の熱狂的で軽はずみな行動を止めずに、罪のない女性を鞭打たれるままにしておかれたことに怒りを感じていました。しかし、結局は、すべて両方の罪のない心から起こったことですので、先住民の単純さを哀れに思い、その女性の忍耐に教えられるだけでした。その女性は早目にやってきて、もう夜明けには一群の娘たちと一緒に私に会い、洗礼を受けるために神父様をお待ちするのだと言いました。私が本当に神様の子供に加えてほしいのかどうか尋ねますと、自分はただそのためにだけ来たのだと答えました。

「それでは、どうして鞭打たれたのか、そんなことをされて満足しているの」と問いますと、「はい、私は洗礼を受けるにふさわしい者となるためにこの恥を忍び、イエス様が私のために堪えられ償ってくださったので、安心して堪えていたのです」と答えました。

院長様、私はこのことを聞き、お恵みに対するこれほど立派な心構えを知って本当にとても嬉しくなりました。私が洗礼に関することを教え、神父様にお願いに行かせましたところ、神父様は彼女に洗礼をお授けになりましたが、式の間、彼女は慎みを表し、当人があれほど勇敢に洗礼を求めつづけたのは偽りではなかったことを証明していました。私はその女性に、私たちの会の創立者聖アンジェラの霊名を付けさせました[3]。神様が創立者の娘たちの家で回心させたのですから、それが当然と思ったのです。それから、私はいただいたばかりの大きなお恵みについてどう考えるか尋ねました。すると、「はじめは、間もなく清められ、私の霊魂は美しくなり、万物をお造りになった方が私を娘となさるでしょう、と考えました。清められると、私は自分にこう言いました。ああ、とうとう神様の娘になったわ。そして、式の間ずっと心は喜びではちきれそうでした」と答えたのです。

院長様、私たちが神様の慈しみのこのようなすべての奇跡を見てどんなに喜んでいるかは、このことからお分かりでしょう。男女とも度々私どもの御聖堂で洗礼を授けられますので、私たちは立派な新信者のうちにキリスト者としての深い思いを見て、喜びを隠すことができません。それは天上的な幸せで、カナダでの茨を和らげ、それらをこの世のどんな楽しみよりも愛らしいものとします。

昨年、うちの生徒たちがどんなに几帳面に良心の糾明を行い、また誰も傷つけられずにお互いの過ちを愛徳をもって告発するかを院長様にお話ししました。生徒たちはこの聖なる勤めを続けておりますが、そのおかげで信じられないほどの清らかな心で生活しています。また、赦しの秘跡と御聖体拝領を頻繁に行いたいという強い望みを持っていて、そのために断食と償いを喜んで行います。

最近のこと、御聖体拝領の前日に、生徒たちが行っている恐ろしく思われるほどの長い間の激しい鞭打ちをやめさせるため、やむなくお勤めから出ていきました。そう度々ではないのですが、この種の償いを許しますと、生徒たちは小躍りして喜びます。それをさせてもらえるのは特別なお恵みと思って、本気になって鞭打つのです。私が一番感心しているのは、マリア・マグダレナ・アバテナウで[4]、わずか九つですが、もっと年上で頑強な子と同じほどこの償いに熱心なのです。

あとでお話ししますが、今、私たちは一人のヒューロン人の娘のために非常な十字架を担っています[5]。その子は、模範的な行いと非常な熱心さによって今年はヒューロン人の仲間たちを大変よく助けました。人々の救霊のために、この子ほど大きな熱意を持っている者は見られません。二人のヒューロン人がこの冬に近くに留まって、要理を教えられて洗礼を受けることになっていましたが、度々私どもの所に来て教えを受け、新信者からもヒューロン語ができるメール・マリー・セン・ジョゼフからもよいお話を聞きました。二人は、自分たちの国の者でないのにどうして自分たちの言葉が話せるのか、また、どうして自分たちの身寄りの子がそんなに賢く、神と私どもの宗教についてこれほど素晴らしいことを話せるのか分からず、二人の話を聞いて非常に感激しました。二人のヒューロン人は、この若い子の話を非常に注意深く聞いていました。ところがある日、二人のうちの一人が洗礼を受ける段になると、もう神様を信じていないふりをしました。それで、もう当人には信仰についても洗礼についても話す必要がなくなりました。そうしたら、私どもの熱心なテレーズ（その女の子の名前です）が興奮して、当人に言いました。

「どうしたんですか。私には悪魔があなたを滅ぼそうとしてあなたの考えを全部ひっくり返し、混乱させたのが分かります。あなたは、今日は死ななくとも、死んだらすぐ地獄に行き、そこであなたを責めさいなむ悪魔たちと一緒に焼かれてしまうのですよ」

その善良な男性は彼女が話したすべてのことを笑ったので、彼女はその男の人が軽蔑の気持ちで話したのだと思いました。それで、その子は当人を説得しようといっそう力をこめて話しました。しかし、どうにもできず、涙を浮かべて自分の悲しみを私どもに話しました。

「とても悲しいのです、あの人は滅びました。信仰を捨てたから、洗礼を受けることはないでしょう。あの人が神様のことを悪く言うのを聞いて、私はあんまり悲しくなって、もし私とあの人の間に格子がなかったら、とびかかって殴ってやりたいほどでした」

私どもは間もなく真実を知りました。男の人が言ったことは本当ですが、私たちにはなぜ当人がそんなふりをしたかが分かりました。当人が私どもに、自分がしたことは、ただ私どもの善良な新信者の信仰と熱心を試すためだったと明かしてくれたのです。

私どもは、御復活祭のあとで霊操を行いました。私どもがそれを終えると、テレーズもしたいと望みました。そのため、テレーズは修道院の境の山に引きこもりました。出掛ける前に、テレーズは一人の仲間に、「あたしは修道女さんたちのように隠れに行くの。そこで、故郷の人々やフランス人やあなたたち皆のために、神様が皆を憐れんでくださるように祈るのよ。その間はずっと誰とも話さず、ただ神様とだけお話しする」と言いました。仲間はこの企てにとても驚き、またすっかり感動して、他の仲間たちにそのことを知らせました。すると仲間たち一同は私どもの隠遁者に会いに行き、自分たちも加わりたいと言いました。一同は彼女を自分たちがこしらえた小屋に連れていって、そこでそれぞれ小さな個室を持ち、その中に閉じこもって厳しい沈黙を守りました。彼女たちは黙想の間ずっと祈りと念禱を続けましたが、それを見て私たちは大変喜びました。私たちが経験したことのない自由奔放のうちに生まれた先住民の娘たちが、このように自ら閉じこもり、進んで隠遁生活を送るということは滅多にないことだからです。彼女たちは、その間、ずっと平安のうちに過ごしはしたのですが、あまりに熱烈で厳しくなったので、小屋から無理やり引っ張り出さなければなりませんでした。

今年は、船がいつもより早く着きました。航海が二ヵ月しかかからなかったからです。船が到着すると、私どもと生徒たちのための茶菓を受け取りました。生徒たちはそれにとても感謝して、毎日、神様には賛美の歌を、院長様には感謝の歌を御聖体の前で歌っています。院長様、これは真に当然のことではないでしょうか。生徒たちが神様のものとなっているのは、ただ恩人の方々の援助によるものだからです。先住民は本来は恩知らずです。これは、まだ洗礼を受けていない者たちを見るとよく分かります。しかし洗礼を受けた者たちは、その霊魂を清らかにするお恵みによって深い感謝の念を持つようになっています。それで、受洗者たちのほとんどすべての祈りと御聖体拝領は、自分たちに親切にしてくださり、また、愛徳によって不信仰から回心させてくださったフランスの方々の健康を願って行われています。

船が到着したので、ヒューロン人はイロクォイ人に全く出会うことなしにトロワ・リヴィエールに行きました。イザーク・ジョーグ神父様は、一緒にケベックまで旅行なさいました。一行は信者と洗礼志願者の五人のヒューロン人で、そのうちの二人の重要な人物はテレーズの近親で、彼女を結婚させるために引き取りに来たのです。ケベックに滞在中は、ほとんどいつも私どもの聖堂か修道院の格子の側におりました。この立派な新信者たちの非常な慎みを見れば、子供のときから修道者の許で育てられたのではないかと言われるかもしれません。その人たちは本当に信者らしい話を私どもにしますので、それを聞いて大変嬉しく思っています。この近親者たちは、娘が学校にいた二年間、私どもが世話をしたことにお礼を述べましたが、そのお礼の謙虚さはかつて見たことのないほどのものです。娘が読み書きできるのを見て、それを一つの奇跡と思っています。自分たちのところでは、今までにそれほどのことを見たことがなかったからです。その人たちは、娘がフランスの娘のように上手なのを見たり、二、三の言語を話したりしているのを聞いて[6]、もう娘が自分たちの部族の模範となり、ヒューロン人の妻や娘たちの先生になるだろうと思っています。私どもは友人をとおして彼女の結婚に必要なすべてのもの、それから当人を引き渡すのに必要なものをその人たちに与えました。私は、彼女が私たちから離れることと私どもが彼女を失うことが、彼女と私たちのどちらにより強く不本意で悲しい気持ちを起こさせたか分かりません。しかし結局、ジョーグ神父様が親に対して示さなければならない従順に関してテレーズに話して励まされましたので、彼女は決心したわけです。テレーズを行かせてしまうことで私どもが抱いた苦痛は、この娘に起こることを心配してのことでした。しかし、どちらも別れを受け入れなければなりませんでした。テレーズは舟に乗せられ、ヒューロン人の舟で同行なさったジョーグ神父様は、三人の使用人が乗っているカヌーの一つに娘を乗せてできるだけ安全にしました。一行は川を六〇キロも行かないうちに、すっかり武装して待ち伏せしていたイロクォイ人に遭遇しました。この部族はヒューロン人を攻撃しましたが、ヒューロン人は上陸して戦うことに決めました。こうして戦いが行われ、結局、イロクォイ人がヒューロン人を敗走させました。ジョーグ神父様は他の二人の勇敢なフランス人と、テレーズの近親者の主な信者の四人と一緒に捕まりました。テレーズはわずか一五歳のいとこと一緒に縛られました。一緒に連れていかれた者の中には洗礼志願者も異教徒もいて、全部で二八人です。[7] これらの人々は、神様がお止めにならない限り、いずれにせよ、この部族たちの残虐な仕打ちを受けることでしょう。

院長様、この知らせで私たちがどれほどの苦痛に襲われたかお察しくださいませ。カナダでは、尊い福音が説かれて以来、このような事件に遭ったことはありませんでした。けれども、噂では、イロクォイ人は捕らえられたテレーズを殺さず、同族の誰かと結婚させるだろうということです。神様が神父様と信者たちの命をお守りになられるとすれば、この不信仰の部族に福音の光を注ぐことになるのではと考えられています。しかし、考えられる限りでは、今は皆、殺されているはずです。私たちは、死んだものと思い信者のために祈りました。同時に、別のイロクォイ人が、モントリオールの近くに商いに来ていたヒューロン人の一団を捕まえました。それほどにこの部族は、川の至る所を制圧しています。[8]

ヒューロン人が敗北したとき、総督閣下はトロワ・リヴィエールにいらっしゃって、枢機卿様のご厚意により順風を待ってイロクォイの川に要塞を築きに行かれるところでした。[9] 総督閣下はヒューロン人を待たせて、護衛をなさるおつもりでした。しかし、敵を見なければ恐れないこれらのお人好しの人々は辞退したのです。そして、ちょうど要塞が築かれる場所の近くで捕らえられたのでした。総督閣下は出発なさろうとするときに、この悲しい知らせを受けられました。しかし救済策はありませんでした。その部族は逃走し、八、〇〇〇リーヴルに相当する分捕り品を携えて新たな勢力を集めているからです。この部族は、自分たちの川に境界をつけられようとしているのを少しも知らず、そこから四キロの所に一つの砦を造り、自由に通れるように謀りました。三〇〇人の軍勢が各所に散らばって、フランス人や先住民に出会ったら、これを襲撃しようと満を持していたのです。けれども、総督閣下は強力な要塞を築かせておりました。それで、イロクォイ人は途上に予想もしなかったもの、数日前には見なかったものを発見して非常に驚きました。それでも勇猛で、また、つい最近の勝利の記憶で慢心していたので、要塞を襲撃し攻め入ろうとしました。戦闘は激しいもので、損害は双方にありました。敵は舟の中にあって、そこからなんでも破壊しようとして、要塞の銃眼を狙ってフランス人を撃つことを企てました。ヒューロン人やアルゴンキン人のような臆病者に出会ったつもりのイロクォイ人ははじめは勇猛でしたが、総督閣下の優れた指揮により、彼らはあまりの恐怖で潰走させられました。その結果、できるだけ身軽に逃走するためにあちこちに捨てていった武器の一部が見つかりました。多くのイロクォイ人が殺され、負傷しましたが、これは追跡しながら分かったことです。道には血が流れ、死者と負傷者を運ぶ木の皮も血塗られていたからです。フランス人の側は死者一人、負傷者四人だけでした。この先住民の武器は矢と棍棒と鉄砲です。彼らは、裏切り者のオランダ人から得たもの以外には[10]、他ならぬヒューロン人からの分捕り品の中に、私どもを攻撃するために必要なすべてのものを手に入れていたのです。彼らは敢えてフランス人の要塞を襲撃しなくなりました。総督閣下の築かれた要塞に出合わなかったら、モントリオールの要塞[11]とトロワ・リヴィエールを攻撃したに違いないと言われています。もし総督閣下が現場にいらっしゃらなかったら、万事休すだったことでしょう。実際、残っていたのは三、四〇人だけで、逃げ腰だったからです。総督閣下がおいでになることで、すべて守られたわけです。なぜならご自分のブリガンチン〔*二本マストの帆船のこと〕と装備のよい三隻の船と約一〇〇人の兵士を持っていたからです。リシュリューの名を付けられたこの要塞の近くには先住民が人々を焼いた場所が見つかりましたが、それが私たちの捕虜か他の人たちなのかは分かりませんでした。同じ場所に、焼かれることを示す赤を塗られた一二の頭と、まだ宣告を受けていないことを示す黒で塗られた別の六つの頭が見つかりました。中でも一段と高く掲げられた一つの頭は、ヒューロン人の大首長ウスタッシュのものと思われています。この人は、最近洗礼を受け、私たちの聖なる信仰を守るために素晴らしいことを行っていました。[12] また、イロクォイ人の最強の敵でした。度々、彼らを撃破していたからです。ウスタッシュが捕らえられたときには、イロクォイ人はもう大変な喜びの叫びを上げたものです。けれども当人は、ジョーグ神父様と連れのフランス人たちと一緒に死ぬため、自ら進んで捕らえられたのです。実際、「逃げてもいいよ」と言われたとき、当人は、「嫌です。フランス人と一緒に死にます」と答えました。ウスタッシュに対するイロクォイ人の憎悪はあまりに激しいので、容赦することはなく、きっとむごたらしい殺し方をするでしょう。

　テレーズもそのいとこも、他の人々のように塗られてはいませんでした。ということは、二人はもう縛られてはいず、イロクォイ人たちの間で縛られずに引き留められることを示します。残りの二七人は焼かれてしまったと思われています。なんらかの知らせがあるとすれば、何人かの逃亡者がある場合だけでしょう。実際、私がお話ししましたことは全部、去年イロクォイ人に捕らえられた多くのアルゴンキン人のうちから逃げてきた四人の女性から伝え聞いたことです。イロクォイ人は男性を全部殺し、約二〇人の女性を生かしておきました。これは、アルゴンキン人が少し前に殺害した女の数を埋め合わせるためです。これらの女性は助かったので、残りの女性は震え上がったに違いありません。自分たちの眼の前で夫と子供たちを焼き殺したように、自分たちをも焼き殺すだろうと思ったからです。

　院長様は、こちらとヒューロン人の許でキリスト教が発展しているのを見て、悪魔がどんなに激怒しているか『会報』でご覧になることでしょう。そのために悪魔は、信者でない者を信者に敵対させているわけです。これらの立派な新信者は信仰を守るために、自分たちと子供たちの頭を斧の下にためらわずに差し出します。神様がこれらの人々に非常な勇気をお与えになりますので、イエス・キリストのためなら命を惜しみません。まさに、イエス・キリストのためにこそ、このように勇敢に迫害に堪えているわけですから。少し前、悪魔は自分たちが掌握している異教徒の口をとおして、高々と彼らの激怒を表明しました。そして最近、イロクォイ人の手でヒューロン人を殺害させることを予告していました。しかし、悪魔はどんなことをしようと、諸国民の王に座をゆずらざるを得ないのです。神の国は、私どもが慰められるほどに大いに拡大しています。神様が私どもにお与えになるお恵みのお礼を申し上げてくださいませ。私どもの立派な新信者のため、そして特に捕虜となった人々のため、また院長様の忠実なはしためである私のためにお祈りくださいますように。

1　アニェース・シャブヴェクヴェッシュについては、手紙三二(43)参照。

2　シルリーのアルゴンキン人の首長ノエル・ネガバマットと同人物。首長として持っていた称号であった（ＲＪの綴り方によるテクエリマットは重要人物の意である）。

3　聖アンジェラ・メリチは一四七四年にイタリアのブレーシアで生まれ、一五四〇年に死去したが、聖ウルスラ会の創立者である。

4　手紙三二(43)の先住民の女の子。

5　テレーズ。

6　テレーズはフランス語を話し、また母国語のほかにアルゴンキン語も知っていたに違いない。

7　ジョーグ師の物語では（RJ1647, chap.IV）二二人が捕虜になり、三人のヒューロン人が即座に殺害された。RJ1642は、全部で二三人のヒューロン人という（Th.22, 268-270）。

8　一団の逃亡者がトロワ・リヴィエールに逃走することができ、警告を行った。Cf.RJ1642(Th.22, 272-274).

9　現在のソレルの町の用地にあるリシュリュー要塞。

10　ハドソン地方に移民を引き寄せるため、西インド会社はその入植者のためにやむなく独占交易を放棄した。その結果は、武器の自由な密売であった。個々人が、セント・ローレンスのフランス人たちに対する敵意からそれをかなり多く利用していた。

11　メゾンヌーヴが、募集した者たちを率いて一六四二年五月一八日にモントリオールを掌握した。Cf. Dollier de Casson, éd. Flenley, p.96.

12　ウスタシュ・アハチスタリ。ヒューロン人の偉大な戦士の一人。Cf.Thomas Grassmann, *DBC* 41-42.

四九(66)　一六四二年九月二九日　ド・リュインヌ嬢宛[1]

私たちの尊いイエス様の優しい御心をとおしてご挨拶致します。

私は、この尊い救い主があなたを捕らえていらっしゃることを疑いません。あなたが救い主のうちに身を隠したいとお望みだからです。ですから、私はイエス様のうちにあなたを探し、見つけ、お会いし、大事にし、あなたと親しんでおります。それ以上何をあなたに言えましょうか。私は、イエス様がどんなにあなたを愛していらっしゃるかをあなたに請け合うために、この手紙に私の心を同封できたらと思っています。しかしそれほどに請け合っても、ありのままをお話しするには足りません。私たちの愛する救い主が、ご自分でそうおっしゃることが必要なのです。それがおできになるのは、ご自身だけ

先住民分布地図（東部諸州）

だからです。私は、主があなたにお与えになるお恵みにささやかな感謝をささげましたが、今でも毎日ささげております。お手紙でそのことを知ったからです。非常に心を打たれたド・ラ・エ神父様が私にそうおっしゃいますし、私があなたについてお話しするとき、神様がお与えになる非常に優しい感情を思うと、私は神様があなたを愛していらっしゃるのを疑うことができません。

これは内密の手紙です。実際、神の御子のこの新しい教会で起こったことについてお話しする別の手紙は、他の人たちにも読んでいただいて結構なのです。あなたからいただいたお手紙を読んで、私が受けた慰めを言い表すことはできません。あなたの高潔さは臆病な私を恥じ入らせます。しかしそれはまた同時に、こちらで不断に生じる十字架と労苦を堪えるための力強い動機を与えます。あなたがご自分の心の秘密を私にお話しするように、私も心の秘密をあなたに打ち明けます。あなたには容易にそれができるのです。愛情から、私はあなたには何も隠すことができません。もしあなたにお話しするときに、何かを隠していたら、私はあなたの真率な愛情を裏切ることになるでしょう。たとえ私が、あなたからご厚意をいただくには最もふさわしくない者であってもです。しかし、栄光は私たちの主に帰せられますように。すべてのよいことは主からのもの、また主こそ、あなたの心をこれほど取り柄のない私に向けさせられたからです。

あなたがまだ、サン・ドニのウルスラ会修道院にいらっしゃることを知って意外に思いました。しかし、お手紙でその理由が分かり、神様がご自分の御栄えのためにあなたをそちらにお引き留めになっていらっしゃるのだと考えております。あなたのことを考えていたところ、あなたにお会いできたル・ジュンヌ神父様は非常に啓発され、あなたの霊的成長に非常な感銘を受けたと伝えるように私にお頼みになりました。また、あなたは心を神様に全くの白紙のままでささげ、慈しみの神がそのうえにご自分の聖なる御旨を書き記すことができるようにしなければならないこと、また神様がなさるままにすれば、あなたにお望みのことをきっと教え、知らせることでしょうということでした。以上が、従順によって神父様に代わってあなたにお伝えすることです。あなたが心を動かしておられるお方に服従なさることを少しも疑ってはおりませんが、神様の僕があなたにお伝えするよう私に依頼なさったことに、あなたは反対なさらないと思います。

ド・ベルニエール様を通じてあなたからのご寄付を受け取りました。厚くお礼を申し上げます。この援助がなかったら、今年はもう私たちの生徒を送り帰さなければならなかったと思います。しかし来年は、そうしなければならないことでしょう。ド・ベルニエール様が、あとでお話しする理由でそうなるだろうとおっしゃるのです。これは私たちにとっては非常に手痛い損失ですが、イエス様がそうお望みなら、諦めるほかありません。私たちはイエス様のはしためですから、そのご判断に従わなければならないのです。あなたは、極めて果断な犠牲によって私たちをカナダに連れてこられた私どもの創立者〔＊ド・ラ・ペルトリー夫人〕が、私たちに示された熱心をご存じでしょう。夫人は同じ愛情と、私たちと生徒たちに対する本当の母親のような心をもって、一年間私どもの所で過ごされました。それから、時々、先住民を訪問しようと望みはじめられました。これは大変称賛に値します。そしてその後間もなく、私たちとお別れになって、ごく希にしか私たちを訪問なさいませんでした。夫人は修道院がお嫌いで、また修道女ではないので、自由になさるのが当然であると考えられました。しかし、約束なさったとおりにご自分の財産で私たちを援助してくださる限り、夫人が修道院にはいらっしゃらなくても、生徒たちには少しも損失にはなりません。けれども、時が経つに従い、私たちを定着させるための夫人のお気持ちは日増しに薄れつつあります。友人と私たちはそう確信しています。それで私たちの仕事はさらにいっそう遅れています。実際、昨年モントリオールの町を築くためにフランスから一人の殿方とご婦人が来られましたが、このお二人が到着されるとすぐに、夫人は一緒に出ていかれたのです。[2] それから、夫人はご自分の調度と、教会と学校のために私たちにくださった他の幾つかのものを持っていかれました。私たちはなんの反感も抱かず、それらのすべてを持ち出させました。と言うよりも本当は、それらをお返ししながら私は心の中で大きな喜びを感じていたのです。お父さまから見限られ、ご自分の衣類さえもお父さまに返された聖フランシスコのように、神様は私をお取り扱いになったからです。[3] ですから、私は快くすべてを失い、学校を非常に貧しい状態に置いています。実際、この善良な夫人が私たちに加わり、お持ちになっていたすべてのものが共同で使われていたとき、私たちはフランスのメールの方々が私たちのためにくださった調度と、夫人がお持ちのものだけで満足しておりました。夫人の基金はあまりに少なく、私たちのためにも生徒たちのためにも、十分な調度を供することはできませんでした。夫人が出られてからは、生徒を三人以上は泊めることができませんでした。けれども時には、一五人以上も泊めています。そのときは、床に寝かせて、硬さを和らげるために私たちの持っているものをすべて敷き、掛布団用にお店[4]から革を借ります。私たちは貧しくて、それ以外のことはできないのです。創立者夫人が間違っているとは神に誓って言いません。実際、夫人は私たちから離れられましたので、私たちを援助する手段をお持ちになりませんし、財産は旅行をなさるだけの十分なものではありません。それに、世間に戻られるわけですから、身分にふさわしく生活なさるのは当然です。ですから、ご自分の調度を持ち去られても、私たちはなんら不満に思う理由はありません。また、夫人は神様への信心と畏敬の念が強くていらっしゃいますので、その意向が正しく清らかであることを疑いません。しかし、私に大きな心痛を与えることは、夫人がモントリオールに住まわれることです。そこではイロクォイ人の襲撃のために命が危険にさらされることは明らかで、先住民は一人もいないのです。[5]そして極めて残念なことには、フランスに戻そうとしてできるだけのことをなさった神父様方と総督閣下の忠告に反して、夫人はその地に留まっていらっしゃるのです。それらの方々は、なんとか戻らせようと説得に努めていらっしゃいます。私たちはその結果を待っていますが、私たちが満足できるようなことは期待できません。とにかく、この大きな変事で、私たちの事業は大変悪い状態にあります。私たちの事業を管理なさっているド・ベルニエール様がお持ちの九〇〇リーヴルそこそこのわずかな基金では、事業を続けることができないとおっしゃるからです。[6]救護修道女会の方々は三、〇〇〇リーヴルの基金をお持ちで、創立者のデギヨン公爵夫人は、そのメール方を強力に援助なさっています。それでも、メール方はやっと生活しています。ですから、神様が何か他の方法で私たちを援助なさらないなら、私たちの生徒と職人を維持することはできませんので、ド・ベルニエール様はその人たちに暇を取らせるよう決心すべきであるとおっしゃるのです。実際、私たちにお送りになる品物の費用を支払うためだけでも、氏は九〇〇リーヴルを工面なさらなければなりませんが、それは私たちの基金からの収入の全額に当たります。そのうえ氏は私が予想しているように、創立者のペルトリー夫人が私たちから離れてしまうなら、神様が別の支援者をお与えにならない限り、私たちはフランスに帰国しなければならないでしょうとおっしゃるのです。

以上のようなことをお聞きになれば、「それでは全部駄目になったの？」とおっしゃることでしょう。実際、もし地上の最も卑小なものにもご配慮になられる慈しみ深い御摂理の神がいらっしゃらなければ、皆様はそうお思いでしょう。今回の出来事は、その重大さをご存じの私たちの友人の方々を大変悲しませました。けれども私の心は、イエス様の御憐れみによって平安のうちにあります。私たちはイエス様のために働いているのですから。私はイエス様の愛を信頼致しておりますので、最後まで生徒たちを引き留め、可哀想な先住民の人々を援助することを決心しました。また、学校を建てるための職人も残しておきました。イエス様が私たちをこちらにお呼びになられたのは、私たちに失敗させ、意を翻させるためではいらっしゃらないと確信しているからです。しかし、その慈しみ、あるいは慈しみ深い正義が私の罪を罰するためにそう望まれたなら、私は地上のすべての人々からさげすまれてもかまいません。イエス様がそのことで栄光をお受けになるなら、私に起こることはどうでもよいのです。あなたに手紙を書きながら、私の心は言い表せないほど全く平静です。私はこの世で一番愛し尊敬する方として、あなたに以上のことをお話しできて大変満足しております。本当です。私はあなたが謙遜でいらっしゃるので、あなたのご厚情をお受けする気持ちになりました。あなたはそれほどに強く私の心を捕らえられましたので、私は自分の心に生じる幸不幸をあなたにお話ししないではおれないのです。

ド・ベルニエール様が私にお書きになったところから見れば、氏はきっと驚かれることでしょう。何しろ、私はいつものように食糧を注文し、そのうえ職人の給金の支払と建物の材料の購入の他に、船賃に使われた六、〇〇〇リーヴルの一部を氏に送るからです。実際、これらすべてのことで、私たちにはただ神様の御摂理しかありません。すべては駄目になったと言われています。けれども、私は心の中では、主がご自分の新しい教会で私たちに始めさせてくださったことを続行する気持ちを抱いています。船が到着すれば私たちは、主のために今まで以上に働くための新たな指示、そして多分、新たな勇気を与えられることでしょう。

別の手紙ではありきたりの苦しみと、私たちが時として悪魔とイロクォイ人に迫害されているこの新しい教会について苦しんでいることをお話ししますが、ここではご覧のとおり私の特別な十字架についてお話ししています。あなたにもご自身の十字架があります。あなたの十字架と私たちのものを一緒にして、ただ一つのものとして主におささげ致しましょう。私は自分の十字架を、この世で持つことのできる最大の愛情をこめてあなたのために大喜びでささげます。私はあなたが私を信じてくださって、あなたのはしためての真率さを決して疑っていらっしゃらないと思っております。それでも、私は神様があなたの企てを祝福してくださっていることを大変嬉しく思っております。敢えて繰り返しますが、もしあなたがご自分の心を神様の御手にゆだね、どちらにお向けになろうと、その動きに従うならば、神様はあなたから偉大な事柄を期待なさることがおできになります。

私があなたに何もお願いしないことを、あなたは不満に思っておいでです。あなたは私たちに多くのよいことをしてくださいますので、私たちの必要にいつも先んじてくださるあなたの愛情を乱用するのではないかと恐れて控えているだけのことです。そのうえ私たちは、ご覧のようにすべてを、特に家を建てるためのいろいろの設備を必要としております。それで昨年は、私たちが布地を必要としていることをお話し致しませんでした。これはあなたが、私たちの生徒に抱いていらっしゃる愛情を傷つけたことになります。けれども私は、ただ生徒たちに宿を供することしか考えておりませんでしたので、神様はフランスのある誠実な方の心を動かされて、生徒たちに着せるための丈夫な二枚のサージと、既成品の履き物を私に送るように計らってくださいました。それがなかったら、生徒たちは厳しい冬に苦しまなければならなかったことでしょう。これほどに慈しみ深い御父の御摂理に期待することは得策ではないでしょうか。いいえ、全くそのとおりです。私たちに一番役に立つものをあなたにお話しするように促す気持ちをあなたに起こさせたのも、この慈しみ深い御摂理のもう一つの働きです。ですから、あなたに従順に従うために敢えて申し上げますが、私たちは赤とグレーの生地と普通の布地を必要としています。それらはこちらでは希少ですが、とても必要なのです。このように正直にお話しするのは、あなたに従うためです。しかし、主があなたの心を他のほうに向けられるなら、どうぞ主がおおせになることをすべてなさってください。それこそ私が心から望むことなのです。神様は、ご自分の新しい教会でお召しになる人々に大きな犠牲をお求めです。神様は、それらの人々からご自分の無償の御摂理に対する非常に強い信頼をお求めですので、それらの人たちは神様のご意図に絶えず従う心構えを持たなければなりません。ですから、人々の心を動かすこの御摂理があなたに望まれるすべてのこと、そしてただそれだけをなさってください。そこに私たちの喜びがあるはずです。

あなたがあなたの代子にお送りになったものは、パリとディエップの間のどこかで盗まれてしまいました。それで私はその子に、その子が受けた損失とあなたがその子に抱いていらっしゃる愛について話しました。その子は衝撃を受けましたが、少し悲しんだ後、何が悲しかったのかを容易に忘れてしまうという先住民の気性どおりに振る舞いました。あの子を慰めたものは、あなたがお書きになったお手紙です。今までそれほどの栄誉を受けたことがないのです。そしてマシナヒガン、すなわち、自分の代母様から手紙を受け取ったことに大喜びでした。この子ほどに純真な子は見られません。ですから、私はその子を救いの道に導くため、何もゆるがせにしないよう努めるつもりです。神様が、フランスの最も教養のある所で生まれる人々と同じほどに、先住民の心を動かされることをたたえましょう。これらの人々が、公の行列や集まりに加わるときに示す熱心と謙虚をご覧になれば、きっと涙を流されることでしょう。私たちの創立者夫人は生徒をそのような場所に連れていき、先住民の女性と娘の先頭を歩かせるのを習慣にしていました。その後私たちは、皆のために御馳走を用意したものでした。私たちから離れた今、創立者夫人はこの喜びを失ったわけですが、私たちは相変わらずささやかな持ち物で、皆に御馳走する喜びを持っています。

この手紙を終わろうとしていましたら、モントリオールから一隻の舟が到着して、夫人が冬をあちらで、危険の中で過ごす決心をなさったことを知りました。前にも申し上げましたが、夫人のご意向は立派で清らかなものです。実際、夫人は温かい心のこもったお手紙を寄越され、自分をモントリオールに引き留めている理由は、再び財産を手に入れることができた場合に、その地にもう一つの施設を設立する手段を探していることにあるとおっしゃっております。しかし私はそのような可能性は全く考えませんし、夫人を脅かしている危険のほうが、約束してくださるどんなことよりはるかに私の心にかかっています。

間もなく船は出港するところです。ですから、ここで筆を擱いて、重ねてあなたのすべてのご厚意にお礼を申し上げなければなりません。私があなたにどれほど愛情を抱いているかは、言葉に言い表されません。ですから、私たちの愛するイエス様の無量の愛が、そのことをあなたにお伝えくださるよう願っております。実際イエス様だけが、私が全くあなたのものであることをご存じです。かしこ。

1　父親のド・リュインヌ公爵はフランスの最高司令官、重臣——ルイ一三世の寵愛を受けた大臣——で、一六二一年のモンウールの包囲の際に死去した。母親はド・シュヴルーズ公爵と再婚した。リュインヌ嬢は早くから隠修生活を望んでいた。九歳で貞潔の誓願を立て一六三九年には、サン・ドニのウルスラ修道院に引きこもった。そこでマリー・ド・レンカルナシオンに出会ったこともあり得る。修道院日誌によれば、「彼女はカナダに行って、先住民を自分の財産と才能で援助するため渡航を熱心に望んだが、聴罪司祭の助言で思い留まった」。一六四六年九月二二日、二六歳で死亡し、翌日には、イエズス会の修道院に埋葬された。

2　ポール・ショムデ・ド・メゾンヌーヴ、手紙四三（59）注7参照。婦人のほうはジャンヌ・マンス。一六〇六年一一月にラングルで生まれた。一六四〇年、ラングルの一人の聖堂参事会員との話で、カナダの宣教を志すに至った。パリに来ると、ド・ブリオン夫人と親しくなり、夫人から、デギヨン公爵夫人に倣ってヌーヴェル・フランスに創設しようと望んでいたオテル・ディウの管理をゆだねられた。ヌーヴェル・フランスに向かう途上のラ・ロッシェルで、ジェローム・ル・ロワエ・ド・ラ・ドーヴェルシエールと知り合いになったが、氏はモントリオールの将来の入植地に興味を持たせた。彼女はモントリオール創立賛助会に入って、この資格で乗船していたのである。ジャンヌ・マンスがケベックに到着したときは三五歳であった。ド・ラ・ペルトリー夫人は彼女と親交を結び、彼女と一緒に行動した。Cf.Dollier de Casson, *Histoire de Montréal*, éd.Flenley, 90-100;Marie-Claire Daveluy, *Jeanne Mance*, Montréal, 1934;*Annales manuscrites des Ursulines de Québec, anné de* 1641;*Annales de l'Hôtel-Dieu de Québec*, éd.Jamet, 38-40;G.Oury, Jeanne Mance, *Marie de l'Incarnation et Madame de la Peltrie*, Bull. *Soc.hist. et arch. de Langres*, XIV, 1968, 322-337.

3　父親は、聖フランシスコをアッシジの司教の前に連れていって、遺産継承権を公に放棄させようとした。聖フランシスコは着ていた衣類さえも脱いで、父親に返し、神に余すところなく自分をささげた。

4　百人出資会社の店。当時はこの会社が毛皮取引を独占していた。

5　モントリオールの地域はしばしば無人であった。Cf.M. Trudel, *Histoire de la Nouvelle-France*, I, *Les vaines tentatives, 1524-1603*, Montréal, 1963, 246-249.

6　九〇〇リーヴルの年収が、修道院の唯一の保証された基金であった。そのうえウルスラ修道女は、フランスから毎年寄付を受けていたが、奉加帳によれば、それは平均二、七〇〇リーヴルに上ったし、またド・ラ・ペルトリー夫人が自分の財産収入から提供していた相当の寄付もあった。

五〇（67）　一六四三年八月二四日　トゥールの聖母訪問会修道女
マリー・ジエット・ローラン宛

主の平安。私は、あなたに対して非常な愛情と愛を抱いていますので、あなたに手紙を差し上げるときは、自分の気持ちを表すための言葉がなかなか見つかりません。でも、あなたへの私の愛は主の愛のうちに含まれているわけですから、この聖なる交わりを続けていきましょう。そうしてこそ、真の友情が清らかに、また偽りなく育まれていくのです。けれどもこの交わりに留まりながらも、しばしそれを忘れて、主の御憐れみについてお話ししましょう。それはこのアメリカ大陸では深く、計り知れないほど深く、そこでは、人々は住み着くようになって以来、ほとんどいつも覆いかぶさる寒さに負けて、皆いつも凍えていたのですが、今は私たちの主が御慈しみからその氷を溶かそうとお望みです。実際、私たちが見るところでは、主の霊はすべてをご自分のものにされることをお望みで、福音書でお約束なさったように至る所に火を燃え立たせようとなさっています。そのことは特にサグネー、タドゥーサック、アッチカメーグ[1]の先住民に見られます。これらの先住民は聖人のように暮らしているのです。アンジェリックという名の年配の女性は、今年アッチカメーグ人のために使徒活動を行い、信仰を強めたり、祈りを知らない人々には祈りを教えたり、また知っている人々が忘れてしまわないようにしました。この六〇歳近い女性が、二月の雪の多い厳寒に大森林を越え、急な岩をよじのぼりながら非常に遠い地に行った労苦のほどは、あなたのご想像におまかせします。このようなことを行うからには、心の中に神への著しい愛と隣人の救霊に対する熱烈な望みがあるはずです。その女性はまだ帰っていません。この女性に会うときには、私がどれだけの愛情をこめて抱き締めるか神様だけがご存じです。[2]

もう一人の立派な信者はシャルル[3]と言いますが、一人の先住民を自分の地に連れ戻すために選ばれました。イロクォイ人と通じていたので、その先住民を殺そうとしていたアルゴンキン人の手から救いだした、フランス人たちに対する感謝の気持ちを表すためでした。この信者は、行く先々で、出向いた村々で、私たちの聖なる信仰を説いたのです。帰ってくるとすぐ、その信者は私に会いに来て、叫ぶように言いました。

「私が何をしたか分かりますか。行く先々で大人と子供、男と女、若い衆と年寄りに教えました。そして言いました。『間違った道を捨てなさい。そのような道はあんたたちが自分で自分を造ったのなら許されるかもしれない。ずっとこの世で生きていけるなら、それでもいいかもしれない。でも天地と、天地にあるすべてのものを造られた神様、よい霊がいるのです。さあ、選びなさい。二つの道がある。一つは悪魔と一緒に火に導くもので、もう一つは天国に導き、そこには万物を造られた方がいらっしゃる。もしあなたたちがこの方を信じるなら、死後はその方の許に行きます。もし信じないなら、火の中に入れられ、そこから決して出られません。私にとって大事なのはこの世の富ではない。富が愛すべきいいものであってもです。貧乏であるか金持ちであるか、飢えているか満腹しているか、また生きるも死ぬも私にはどうでもよい。いいことは長く続くなら結構かもしれません。しかし、悲しいかな、たちまちのうちに死んでしまう。それで一巻の終わりです』」

それから、私に向かって次のように言いました。

「私はメールからいただいた蠟燭を細かく切って、ごミサですするように使い、祈りを選びました。それから、十字架のしるしをさせ、一人一人にしなければならないことを教えました。でも、メールに知ってほしいのですが、私が教えた人たちはまださっぱり分かりません。ですから少し待ってください。そのうちに信じ、知るようになるでしょう」

　この立派な信者が行ったこと、話したことは全部、とても素晴らしいことです。この信者こそ、初めてタドゥーサックの同郷人に教え、信仰の熱烈な火を投じたのですが、今、それが人々のうちに強く燃え上がっているのが見られます。

はじめのお話に戻ります。本当に、つい自分のことを忘れて、このアメリカ大陸に対する私たちの天配の御憐れみについて話してきました。あなたはこのアメリカ大陸で、御国が悪魔の抵抗にもかかわらず広げられているのをご覧になりました。私たちの小さな学校のためにお祈りを忘れないでください。宣教[4]の主は、この学校にいつも祝福をお注ぎになります。かしこ。

1　セント・モーリス盆地の北部に住むモンタニェ人の集団。部族としては一六七〇年に消滅してしまった。Cf.J.White, *Manuel des Indiens du Canada*, Ottawa, 1915, 66.

2　一六四二年から一六四三年のアッチカメーグ人に対する福音宣教については、手紙五三（73）参照。

3　この先住民は前の幾つかの手紙に出てくるシャルル・メイアチクアトである。

4　刈入れ（Moisson）と直すべきか〔＊原文はMission〕。

五一（71）　一六四三年九月一八日　ポール・ロワイヤル・デュ・セン・サクルマン大修道院修道女カタリーヌ・アニェース・ド・セン・ポール宛

主の平安。お手紙をいただいて非常に嬉しく存じました。最初に申し上げますが、私たちの聖徳高い捕囚ジョーグ神父様は死んではおられず、イロクォイ人の許に留まって私たちの尊い信仰をお教えになり、六〇人以上の人々に洗礼を授けておられました。神父様はイロクォイ人の許で異様な苦しみを受けられ、今は捕虜ですけれども、お休みになっていらっしゃいます。その事情は『会報』からお分かりになることでございましょう。私どもの生徒も生存していて、信仰を勇敢に宣言しました。これらのイロクォイ人は依然として私どもの敵対者です。聞くところでは、最近その一団を敗走させたそうですが、それで他のイロクォイ人はおびえて、もっと早く退却することになるかもしれません。

ヒューロン地方には新たに四つの小聖堂が建てられましたが、そこにはすでに一つの小聖堂が建てられていました。すべての有力者たちが洗礼を望んでいます。今年はアッチカメーグ人の全員が洗礼を受けました。タドゥーサックの宣教は素晴らしく、驚異的です。歩いて一二日以上もかかる遠方の部族の人たちは、ほとんど近づくことのできない断崖や岩山を通ってその地にやってきて教えを受けます。そしてたくさんの人々が洗礼を受けました。『会報』をお読みになれば、メールは神様が私どもに溢れるほどのお恵みをお注ぎになっていらっしゃるのをご覧になって、嬉し泣きをなさることでしょう。この宣教に熱心なお一人として、私は前もってメールにお話ししなければならないと考えました。御地の院長様は、本当に私どもに過分なご厚情をお示しくださいます。謹んで院長様にご挨拶申し上げます。そして、お許しをいただいて修道院のご一同様にもご挨拶致しますが、今後も尊いお祈りとご厚情によって私どもを援助くださいますようお願い申し上げます。私もまた、メールの従順な娘また、はしためとしてメールのためにお祈りさせていただきます。

パリのメール方が、お心のこもったご寄付を送ってくださいました。心からお礼を申し上げます。メールは、私どもをお忘れでなく親切にしてくださいます。そのご親切に対し、私どもの祈りによって神様の御前に感謝をささげるように致します。二〇〇通以上の手紙を書くのを迫られ、乱筆となりましたことをお赦しくださいませ。

五二(72) 一六四三年九月二二日 ディジョンのウルスラ会修道院長マルグリット・セン・グザビエ・クーチエ宛[1]

院長様、私たちのために苦しまれた主においてご挨拶申し上げます。

このたびは院長様におかれましては、ご親切にも私どもの小さな学校にお目をかけられ、たくさんのご寄付をパリのメールをとおしていただき有難うございました。謹んでお礼申し上げますとともに、ご恩のほどはいつも心に銘記しておくことをお約束致します。院長様が、それほどにお心にかけてくださいます新信者にしても同様でございます。それらの人々は、私たちと一緒に恩人の方々のために絶えず神様にお祈りをささげているからです。これらの善良な娘たちはよいことを行い、お恵みに素直に従いつづけております。私どもは、娘たちのしっかりした考えには非常に強く心を打たれますので、この祝福の地ではただそれだけを見ただけでも、もう私どもの些細な労苦の報いを十二分に受けていると考えているほどでございます。そのうえ私どもは、修道院を絶えず訪れる人々、また一般的にこの国全体にお恵みが溢れるほどに注がれているのを拝見しています。神様はこの国の至る所から先住民を連れ出され、ご自分の数に加えていらっしゃいます。『会報』はその詳細をお伝えするはずですが、院長様はそれをお読みになって随喜の涙をお流しになり、イエス・キリストの教会のためのお祈りを倍加なさることでございましょう。その中では、特に私どもの小さな学校のために特別にお祈りくださいませ。そうしていただければ大変有難く存じます。

私どもの姉妹たちからも、院長様並びに修道院の皆様にくれぐれもよろしくとのことでございます。私は世界で最も貧しい者でございますので、特に慈しみ深いイエス様の御前において、今後ともなにとぞご援助のほどよろしくお願い申し上げます。かしこ。

1　一六四三年には、ディジョンの院長は尊者メール・マルグリット・クーチエ・ド・シャトー・ボルネ、またの名はドサン・グザビエであった。メールはブルゴーニュのある非常に古い家柄に属し、ディジョンのウルスラ会で一六二八年九月二一日に初誓願を宣立し、一六四七年に死去した。アンヌ・ドートリッシュ〔＊ルイ一三世に嫁ぎ、国王の死後、フランスの女王となる〕はメールを知り、感嘆し、その伝記が「公にされること」を願ったが、カナダの宣教に向かおうとしていたときに死亡した。

五三(73)　一六四三年九月三〇日　息子宛

愛するわが子よ。[1] すべての民の王であられる御方の愛と命が、あなたの心を熱烈な思いで燃え立たせていらっしゃいます。こちらの新信者たちの心も、同じ熱烈な思いで燃え上がっているのです。今頃あなたは、私が七月に書いた幾つかの手紙を受け取っていることでしょう。その中に、こちらのヌーヴェル・フランスと、イエス・キリストの新しい教会で今年起こった事柄を書きました。

　私はあなたの手紙をまだ受け取っていません。しかしメール・サン・ベルナールが、あなたからの手紙をこちらに送ってくださいました。その中であなたは、昨年私から一通の手紙も貰っていないと言って嘆いています。私はたくさん手紙を書いたのですよ。でも船に頼れば危険はまぬがれません。ですから、紛失の可能性は覚悟のうえです。けれども、それを補うために、私が生きている限り二つの別々の船便であなたに手紙を送るようにしたのです。一つの船が行方不明になったり海賊に拿捕されたりしても、他の船が手紙を届けるだろうと考えました。従順〔＊修道者としての〕に背かないなら、あなたも同じようにしてください。そうすれば、お互いに気を揉まないで済むことでしょう。

　それはさておき、まず、こちらの新信者について書くことにしましょう。今年、ミスクー[2]に教会の最初の土台を据えました。ミスクーは、ただ毛皮取引のためのフランス人の居住地です。そこから四〇キロ[3]の所には一つの聖堂が建てられ、また北側の先住民のために大きな布教所が設置されています。この先住民たちは、タドゥーサックの先住民のモンタニェ人が回心したことから信仰に引き付けられたのです。[4]この布教所には大きな実りが約束されています。種は蒔かれているからです。この場所は、ここからあなたの方向六〇〇キロの所にあります。

　そこから四〇〇キロの所にあるのがタドゥーサックの布教所で、今年、驚嘆すべきことが起こりました。多くの先住民が居留地の中を二〇日以上もかかってやってきて教えを乞い、それから洗礼を受けたのです。先住民たちの宗教心は非常に篤く、キリスト信者としての行動は非常に立派なので、それを見て、私たちは恥ずかしくなるほどです。それほどに先住民たちの敬虔さは、私たちに勝っているのです。それは、定住した私たちの立派な信者たちの熱心さの実りです。この信者たちは熱心にあちこちに出掛けていって、イエス・キリストのために人々の心を勝ち取ります。これらのすべての部族は北側にいて、集まる場所のタドゥーサックは、ここからミスクー寄りに約一六〇キロの所にあります。

　シルリーはケベックから上って四キロの所で、私たちはその真ん中にいます。先住民はシルリーに一部、ケベックに一部いて、ケベックで商売をしています。

　昨年は、アッチカメーグ人がこちらにやってきて教えを乞い、半分以上の人々が洗礼を受けました。最初の洗礼は私たちの聖堂で行われ、最初の結婚式もそうでした。実は、男性と女性が洗礼を受けると、同時に二人を教会で結婚させているのです。その後、数人が洗礼を受け、結婚しました。イエス・キリストの御血で洗われた人を見ると喜ばずにはおれませんが、その喜びは言い表せないほど大きなものです。これらの善良な人々は毎日私たちの聖堂で教えを受けています。ごミサの後、私たちはエンドウ豆や、干しスモモ入りのとうもろこしのサガミテを御馳走しますが、その後はほとんど一日私たちの格子窓から離れず、何かの教えを受けたり、祈りを習ったりして過ごすのです。これらの人々が、教えられるすべてのことをとても早く、また容易に覚えるの見て、全く驚嘆させられました。他の人々と比べて少しばかり覚えの悪い一人の女性がいましたが、自分に腹を立てて、ぬかずきながら、「私、祈りを覚えてしまうまでは、今日は立ち上がりません」と言っていました。そして一日中平伏していたのですが、神様がその熱心さを愛でられたので、立ち上がったときには、覚えようとしたことを全部覚えていました。皆が熱心です。非常に嬉しいことには、指導者の男の人たちがいそいそと私たちに会いに来て、信心と射禱〔＊一言二言の短い祈り〕の仕方を習い、それを自分たちの集まりで行うのです。

　この部族の首長は大変な魔法使いで、最も迷信の強い社会の人でした。私は、首長が自分の占いと迷信の力を主張するのを聞きました。その後間もなく、前に議論したことのある神父様に会いに来て、くじと魔法のときに使っていた太鼓を見せ、それらを少しも使ってくれないことに抗議しました。その太鼓をあなたに送ります。悪魔が、子供の玩具みたいなものでこのような人々を如何に楽しませ、誘惑しているかが分かることでしょう。事実それは、病人を癒し将来のことを占い、また似たような異常な事柄を行うのに役立っているのです。しかしこのあとで、私たちはこの部族の太鼓が一日で全部放棄され、神に供えられるのを見て大いに満足しました。これらの人々は皆、狩猟をしながら自分たちの所に戻り、春にはその地に到着するでしょう。しかし教えを受けたばかりなので、祈りを忘れず毎日繰り返し唱えさせるために、シルリー出身の一人の女性信者が、非常に厳しい寒さにもめげずに同行しました。伝え聞くところでは、一同、感嘆すべき生活を送っているとのことです。

　私たちは新信者の熱心さを見ては驚嘆しています。イエス・キリストを信じることだけに甘んじないで、熱心さのあまり、皆が自分たちのように信じないならば満足せず、自分たちの信仰は中途半端なものであると思っているのです。アベナキ人の首長は自分の土地と部族民から離れ、こちらに来て定住しています。まず自分が教えを受け、そのあとで、部族民をイエス・キリストの信仰に導くことができるようになるためです。

首長は昨日洗礼を受け、私たちの生徒の一人と結婚しました。去年の『会報』で賛辞を送られたアンジェルとです。首長はとても熱心ですので、いっそうの活躍をすることでしょう。なぜなら、他の多くの部族にも福音を伝える決心をしているからです。首長は私にこう言いました。

「私は、部族民と若い者たちを信仰と祈りに導くだけでは満足できません。幾つかの部族にいたことがあるのでいろんな言葉を知っているから、この利点を生かして人々を訪問し、神を信じるように導くつもりです」

このような熱心さに燃えているのは、男性だけではありません。ある女性の信者は、かなり遠方の部族にわざわざ出向き、その住民に要理を教えたところ大変な成功を収め、全員がこちらに連れてこられて洗礼を受けました。このように危険を冒して主のお役に立ったのは、この女性には使徒的な勇気があったからに違いありません。私たちは、新信者たちのうちに同様な熱心さを度々目にしています。これらの新信者を見ると、正直に言って、キリスト信者の親から生まれた人々は恥ずかしくなります。

ヒューロン人の重要な人物で、キリスト信者になることを望まない者は一人もおりません。[6] 今年はそこに四つの聖堂が建てられました。それまでは、せいぜい一つだけは許可されていたのです。けれども、イロクォイ人がこの部族をひどく迫害しています。二年前から多数の者を捕らえ、殺し、二週間前からは、またヒューロン人の舟を破壊しています。去年は、ジョーグ神父様と数人のフランス人とヒューロン人を、私たちの生徒の一人と一緒に捕まえたのは知っていますね。年配者たちは殺し、他の捕虜は連れ去りました。イロクォイ人の土地に到着すると、神父様はさんざんたたかれ、裸にされ、親指を切り取られ、人指し指は関節のところまで噛み切られ、その他の指先は焼かれ、それからありとあらゆる酷いことをされました。神父様の召使の一人のフランス人も同様なことをされ、神父様に所属していたもう一人は斧で頭を割かれました。神父様も同じことをされるとお思いになり、ひざまずいて斧の下に頭を差し出し、いけにえになろうとなさいました。ところが、それ以上のことはされなかったのです。捕虜の大部分も神父様と同じことをされましたが、その後は全員が釈放されました。私たちの生徒のテレーズには何もしませんでした。テレーズは聖福音に対する信仰をいつも勇敢に宣言し、祈りを公然と行っていたのです。[7]神父様は現在、他の地で福音を説いていらっしゃいますが、この迫害に堪えた最初の方です。神様は神父様のお仕事を祝福なさいましたので、その結果、囚われている間にも六〇人以上に洗礼をお授けになりました。

こちらに住むようになって、私たちをこのうえなく喜ばせている生徒たちについても少しお話しすることにします。一人の子は少し前に、私にこんなことを言いました。

「私ね、心の中で度々神様とお話しします。イエス様、マリア様って呼ぶのがとても楽しいの。なんて素晴らしいお名前なのでしょう」

時々は生徒たちが神様について話し合い、霊的なお話をしているのが耳に入ります。ある日生徒たちは、神様にもっと感謝しなければならないと思っているのはどんなことかとお互いに尋ね合っていました。一人は、自分のために人となられ、自分を地獄から救うために死の苦しみを忍ばれたことであると言い、他の子は、自分をキリスト信者にしてくださって、洗礼によって神様の子供たちの一人にしてくださったことであると答えました。やっと九歳になったばかりで、一年半前から御聖体拝領を始めた小さい子は、声を一段と高めて、イエス様が祭壇の秘跡で私たちのために肉となってご自分をお与えになることだと言いました。これは未開の地に生まれた娘たちの一人として、なんと素晴らしい答えでしょう。

生徒たちは良心の糾明を決して怠りません。またお互いに糾明し合うことも怠りませんが、これを比類のない天真爛漫さをもって行うのです。時には、この世で神様に罪の償いを果たすために罰を受けることを求めます。罰を受けたあとで、その罰をどう思っているか尋ねられると、ある子はこう答えました。

「罰するのは戒めのためで、私を愛しているからだと思いました。私は注意が足らないのです。それも教育を受けているだけに、私は、教育を少しも受けていないで過ちを犯した仲間よりもっと悪い子です」[8]

私たちがしていることはお分かりですね。どうかイエス・キリストの御国に大きな関心を持ってください。イロクォイ人の回心のために祈ってください。イロクォイ人は御国に大きな危害を加え、もっと遠方の部族たちが教えを受けに来るのを恐れて通路を閉ざしているのです。イロケ[9]人は、凶暴なイロクォイ人の土地を通らなければなりません。イロクォイ人は一〇〇発以上もの銃弾を打って攻撃しました。しかし、神様はイロケ人をお守りくださいましたので、一人の負傷者もありませんでした。

船が出るので手紙を急がなければならず、夜にこの手紙を書きました。手があんまりくたびれてしまったので筆を進めるのがやっとです。ですからここで筆を擱きますが、読み直さなかったのでごめんなさい。

1　一六四三年夏、息子のクロード・マルテンはジュミエージュ（ルーアンの北西）の大修道院に送られた。そこには会の神学校があって、哲学と神学の勉強をすることになった。

2　ミスクーというのは、セント・ローレンス湾内、シャルール湾の入り口、ニュー・ブラウンズヴィック沿岸に位置する二つの小さな島のことである。宣教師たちは、すでに一六三六年からこの二つの島に居住していた。一六四七年の『イエズス会会報』（RJ）により、当初の試練と失敗の物語が伝えられている(Th.32, 34-42)。一時は、イエズス会員はこの布教所を放棄することを考えた(V388)。しかし、一六四二年、アンドレ・リシャール師は同地の先住民、特に、師の呼称によるリスティグーシュというシャルール湾の先住民と永続的な交際を結ぶことができた(RJ1642, Th.22.238-244)。R.Le Blant, *La première Compagnie de Miscou*, 1635-1645, *RHAF*, XVII, 1963, 363-370.

3　ニプシグィットに計画された居住地の場所はミスクーから七二キロで、四〇キロ（現在のバサースト島）ではなかった。

4　ミスクーとシャルール湾沿岸の先住民は、交易のため毎春タドゥーサックに来ていた。

5　すでに一六四三年八月二四日の手紙五〇（67）とRJ1643(Th.24, 96)で話題になったアンジェリックである。アルゴンキン人であったが、アッチカメーグ人に縁続きであった。

6　手紙五一(71)参照。福音は、ヒューロン人を襲っていた最悪の災害にもかかわらず、広まりつつあった。

7　ジョゼフは、その逃亡のときにはテレーズはかなり結婚を求められていた、とド・ブレブフ師に語っていた。

8　先住民の女の子バルブ。

9　アルゴンキン人の主な部族の一つで、モントリオールの先のセント・ローレンス川とオタワ川の間に住んでいた。フランス人たちはイロケ人と呼んでいた。最初に出会った首長の名前から、そう名付けたのである。

五四（76）　一六四四年八月二日息子　宛

✝イエス、マリア、ヨゼフ

愛するわが子よ、慈しみ深いイエス様はたたえられますように。

おかげ様で神父様方と本会の二人の姉妹が無事に戻り、また、フランスから送られたすべての援助品が届きました。あなたの手紙も、私への贈り物も受け取りました。あなたは私の望みをかなえてくれましたので厚くお礼を言います。[1]

神様はあなたを聖人たちの道に、これほどに立派に加わらせてくださいました。私はそのために、神様にお返ししなければならない事柄をただ知りたかったのです。そのために神様は天使と聖人たちによって限りなくたたえられますように。私としては、今後も神様の御前にひざまずいて、御憐れみを歌い、たたえつづけるだけです。

最初の船が出るので、今は一言だけにしておきます。昨年も同じことをしました。もっと詳しいことは旗艦で送ることにします。これは一番安全な方法ですし、またその間に、あなたの修道院とチロンの院長様方にお手紙を書いて、この船に託すことにしましょう。

天配は私たちをご自分のためにお望みですが、そのために私たちは何をお返ししたらよいのでしょうか。また、私の姪さえも全く特別な方法でお召しになりました。[2] 今年到着した本会の姉妹は、誘拐者の手から逃れたこの子の勇敢さについて大変褒めていました。でも、自分に打ち勝つためには、まだよりいっそうの勇敢さが必要なのです。あなたは、あの子がどのように育てられたか、また修道生活が世間の生活と非常に違っていることを知っています。あの子は、いったん堅固な徳を身につければ、何かよいことを行えるはずです。生れつきとてもよい素質を持っているのですから。手紙によると、あの子は私と一緒にいたがっています。それは、あの子のために私が少しも望まないことです。自然の傾きとは違った召命が必要なのです。五年か六年かは苦しい修行をしなければなりません。そのあとで初めて、自分の望みについてはっきりした判断を持てるでしょう。しかし、天からの光により照らされた者として、上の方々が別な判断を下せばまた別です。このことについては、あなたにもっと詳しく話す機会があるものと思います。

神様はまた、私たちの近親者の一人を回心させてくださいました。その人は放蕩者の夜遊び人で、いろんな悪にふけり、親に死ぬほどの思いをさせたものです。独り息子でしたので、若いときにすっかり甘やかされてしまったのです。その子は、生まれるとすぐ神様にささげられたのですよ。両親に子供ができなかったので、聖フランソワ・ド・ポールの功徳によってその子を授かったのです。[3] 二〇歳になると、放蕩を重ねるあまり神と教会との秘跡を忘れてしまい、決して近づくことがなかったのですが、神は慈しみから青年を決して見捨てられず抵抗する青年の心を捕らえられましたので、青年は聖フランシスコ会に入会するとは知らずにミニムに行きました。今は驚くほどに熱心です。このように、神様は私たちの身内の多くの者をご自分への奉仕に召されているのです。神は永遠に賛美されますように。

今はあなたのお勤めの時間を知っているのですから、私はどこにでもあなたについていって、一緒に私たちの神を賛美します。あなたにはすることがたくさんあってゆとりがないでしょうが、それは聖人になるためのものです。どうか先輩の方々をよく見習い、あなたのために惜しみなくご自分の命を与えられたお方に仕えて命を使い果たすことを恐れないようにしてください。そのことを知ったときには、私の喜びはまたとないものとなることでしょう。そう考えてみると、あなたはまたたくさんの聖人たちと一緒で、その方々は天国への道であなたを助けてくださっています。私がそれについて自分の心のうちに感じていることを、また神様が、私をこれほどに聖なる修道会で行われているすべてのことにあずからせてくださる御憐れみについて言い表すことはできません。これは、私が大変必要としていることのために、神様が慈しみからお与えになった一つのお薬なのです。そして一言で言えば、その効能を感じています。

神の御子の教会について一言お話ししましょう。イロクォイ人は教会を酷く迫害しています。それも、他のことのためではなく、ただ殺し強奪するためだけなのです。それが主な理由です。それでも、キリスト信者を捕まえると責めさいなむのですが、それは祈りのせいなのです。キリスト信者の祈りを魔法と呪いと受け取り、そのような祈りを行う者は殺さなければ、自分たちにあらゆる不幸をもたらすだろうと思い込んでいます。

ジョーグ神父様は満身創痍の責め苦を受けられました。しかし神様が神父様をお救いになり、生かして私たちの許に戻してくださいました。神父様は御子のご受難の傷で飾られておりました。最近のこと、この凶暴な先住民は六人のフランス人を殺害しましたが、そのうちの二人は肉を刻まれ、焼かれ、自分で自分の肉を食べさせられたのです。それにイロクォイ人は、たくさんのヒューロン人とアルゴンキン人を捕まえて連れ去り、この前の御復活祭のあとでは、イタリア人の神父様一人も捕らえられました。この神父様は本当に使徒的な方で、フランスにいらっしゃったときから、こちらでご自分の身に起こることを予言されていました。イロクォイ人が神父様をどうしたのか、また神父様がヒューロン人の許に同行なさった一人の若いフランス人も、どうなったのかまだ分かりません。三人のイロクォイ人が生け捕りにされましたが、神父様に関して違ったことを話しているようです。ですから、神父様は他の人々と同じような仕打ちを受けているのではないかと懸念されます。殊に今は、ジョーグ神父様はそれらの人々と離れてしまっています。イロクォイ人は神父様を偉い人と見做してはいたのですが、逃げ出されたので、その数日後には焼き殺すつもりでした。神父様は殉教を成し遂げるために、この幸せを強く願っておられました。しかし、オランダ人がフランスから救出の依頼を受けて、イロクォイ人との取引に行った機会に神父様を奪い取り、こっそり船に乗せました。[4]異端者のオランダ人がそうしたのは神父様が好きだったためではなく、フランスの女王様がそれをお願いしたからなのです。[5]これについては別の手紙でもっと詳しく書くことにします。

今は、イロクォイ人は川の両側の道を抑えていて、ケベックの上方一六キロ、下方二四〇キロ余りにわたってフランス人と先住民たちを待ち伏せしているのです。総督は幾人かの兵士を率いてその地に出掛け、ヒューロン人とアルゴンキン人、特にヒューロン人とニピシリニアン人の許に行く宣教師の方々を無事通過させようとしていますが、イロクォイ人がじっと待ち構えていて、皆を品物と一緒に自分たちの土地に連れ去ろうとしています。

フランスから来た兵士の一団のうちに、[6]二二歳になる有能な一人の青年がおり、神様はこの青年の心を動かし、こちらで先住民の救霊に役立てようと望まれました。あなたがこのことについてこの若い青年の話を聞き、またフランスの軍隊で感嘆させられるほどに自分自身を忘れて指揮しているのを見たら、きっと喜ぶことでしょう。青年は、ヒューロンで冬の間駐屯する兵士たちを指揮することになっていますが、また宣教師の方々のお供をします。発見はされたけれどもまだ神父様方が行かれたことのない部族の中で、青年はイエス・キリストのために、人々の心を勝ち取るために至る所を駆けめぐりたがっています。そのため言語を勉強するところです。青年のためにお祈りしてくださいね。[7]

迫害にもかかわらずキリスト教は非常に広まりつつあり、信仰はヒューロン人にもケベックの人々にもいっそう大きな影響を与えています。シルリーの信者たちは私たちの居留地で大変長い間冬を過ごしましたが、そこで、神と信仰について一度も聞いたことがなく、また今までにフランス人を見たこともない多くの先住民に会いました。信者たちはこれらの人々に要理を教え、聖なる洗礼を受けることができるまでにしました。ド・カン神父様は、春に多くの部族の人々が集まってくるタドゥーサックでそれらの人々を見つけられて、多くの人々に洗礼を授けられましたが、それらの人々は大変模範的な生活を送っています。私たちの創立者夫人は、伝え聞くところによると、神様のご威光をますます輝かせようとして、少しの疲労にもめげず、それらの人々を訪問なさったそうです。[8]そして小さな木の皮でできた小屋の中で、新信者と共にご自分の連れの方としばらく滞在されました。

　この冬は、島のイロケ人とアルゴンキン人が私たちの近くで過ごしました。これらの人々は私たちの聖堂で教えを受け、そこで数人が洗礼を受けました。こうして、勤めをとおしてわずかながらの奉仕をささげる機会を、主が私たちにお与えになったのです。

　神様のおかげで私たち一同は健康です。生徒の一人が森の中で死にました。その子は素晴らしい聖なる信仰を確信をもって示しました。私たちはその子を修道女にすることを考えていました。とても有能だったのです。結局、本を手に持ち、神様に祈りながら逝ってしまいました。[9]他にも非常にまじめな娘たちがおります。これらの娘たちのためにお祈りをしてください。娘たちも、あなたのためにお祈りしているのですからね。

　どうか院長様と神父様方によろしく伝えてください。私は教会とこの国の建設のため、また不束な私のために敢えて皆様のお祈りをお願い致します。私たちの模範でありすべてでいらっしゃる主を愛し、主にお仕えしましょう。私は、主のうちにあなたを見ているのです。あなたも、私を主のうちに探してください。こうして主のうちにお互いを見いだし、私たちの従順をささげましょう。私たちはいつかは主に直接にまみえ、この世におけるよりもっと清らかに主と親しむことになるのです。さようなら。

1　一六四三年九月一日の手紙（68、本書には掲載していない）でマリー・ド・レンカルナシオンが息子に依頼した説教。

2　マリー・ド・レンカルナシオンの姉クロード・グイヤールの娘マリー・ド・ビュイソンで、ウルスラ会修道女となる。聖ウルスラ修道会刊『マリー・ド・レンカルナシオン書簡集』二の七〇、三の七九参照。

3　ミニム会の創立者フランソワ・ド・ポール（一四六五―一五〇七）。ルイ一一世の要請により、トゥールに来て、余生をその地で過ごした。死後、多くの奇跡が起こり、遺骸は一五六二年にユグノー派教徒によって焼かれてしまったが、墓は盛んな巡礼の中心となっていた。人々は、特に子宝を授かることを祈願した。

4　これらのすべては一六四三年の夏の出来事であった。

5　ジョーグ師救出のためにアンヌ・ドートリッシュ〔＊フランス国王ルイ一三世に嫁し、王の死後は一六四三年から一六六一年まで女王として君臨した〕がオランダ連合州〔＊一五七九年、オランダ、ゼランド、ウトレヒト、ゲルダーランド、フリースラント、次いで、オーバーエイセル、グローニンゲンの七州間に結ばれた連合。一七九五年に発展的解消〕の協力を求めたことは、ただマリー•ド•レンカルナシオンの手紙だけが言及している。

6　一六四四年、女王はヌーヴェル・フランスに六〇人の小隊を派遣させたが、兵士たちは植民地の異なる部署に配置されることになっていた。モンマニは、そのうち二二人の分隊を前もって引き抜き、ヒューロンで冬を過ごさせることにした。

7　冒険家のド・ラ・バル氏と考えられている。モントリオールの多くの人々をだましたが、遂には司直の手に渡された。また、ジャン・ド・ローゾンとも考えられている。後のヌーヴェル・フランスの地方長官を務めたが、一六六一年六月二二日にイロクォイ人に殺害された。

8　ド・ラ・ペルトリー夫人。モントリオールに少し滞在した後、ケベックに戻り、ウルスラ会修道院に帰った。タドゥーサックを訪問しようとしていた。

9　アニェース・シャブークーシック。幾度か話題に上っている。

五五（78）　一六四四年八月一二日　トゥールの聖母訪問会修道女マリー・ジエット・ローラン宛

私たちの極めて柔和で愛情溢れる天配でいらっしゃるイエス様が、いつまでもあなたの心の慰めでありますように。あなたはいつも私の大事な姉妹で、そのため、あなたはキリストの許で常に私と一緒です。ル・ジュンヌ神父様にお会いになったそうで嬉しく思います。そして、神父様がカナダに戻られたことも嬉しく思います。神父様とご一緒に、本会の二人の姉妹もかなり短い航路を通って無事に到着しました。姉妹たちがあなたの消息を知らせてくれましたので、私たちは殊の外慰められました。

あなたは私たちの新信者について知ることをお望みです。

彼らはとても熱心で、義務を怠り信仰の純粋さを汚す人々には今まで以上に厳しくしています。信者の一人が良俗に反する重大な過ちを犯しますと、上の人々はその信者を村から追放することを望み、当人が公に過ちを告白したにもかかわらず、村に留まらせないように総督様と神父様に強く働きかけました。その信者は悪魔を自分たちの間に引き寄せ、その若気の過ちのために神が自分たちから離れ、敵によって自分たちが罰せられる羽目になったと言うのです。[1] 他の者たちはフランス人からお酒を飲むように誘われてアルコール分の強いものを買い、数人の若者がそれを飲んでしまい、その結果、長老たちの要請で丸三日教会に入るのを禁じられました。

罪を犯さなかった人々は、償いを果たさせるため罪を犯した者を助けました。一日に二度、聖堂の入り口で一緒に過ごし、へりくだって祈りをささげたのです。長老たちはそれだけでは満足せず、罰金を科しました。それはビーバーの幾つかの皮で、万物を造られたお方の怒りを鎮めるために祭壇に必要なものの購入に当てられます。この償いは普通で、あまりよくない望みを持っている人々がいれば、義務を守らせるのに役立ちます。信者たちは絶えず敵からの迫害を受けているにもかかわらず、[2] 信仰はますます強まる一方です。そのことは私が本会のメール方に書く手紙の中でご覧になるでしょう。その中では、私たちの学校の状態と新しい教会の特殊性について書きます。

どうかこの教会のために引き続きお祈りし、あなたの修道院の皆様をお祈りに加わるようお誘いくださいませ。

1 エチエンヌ・ピガルイチで、その転落と償いと再三の転落についてはRJ1644が一章を割いている(第三部)。

2 マリー・ド・レンカルナシオンは、ここで特にヒューロン人とアルゴンキン人を考えている。

五六(80) 一六四四年八月二六日 息子宛

イエス、マリア、ヨセフ

愛するわが子よ、あなたの手紙で言い表せない慰めを受けました。七月に受け取った二通の手紙のことです。

船はいつもより早く到着し、私たちにケンテン神父様とジョーグ神父様を戻してくれました。ジョーグ神父様は、神の特別な御摂理によってオランダ人に救出されたのです。オランダ人は、去年あなたにお話ししたようにイロクォイ人の土地の近くに住んでいますが、神父様を船に乗せ、フランスに送りました。これは女王様から厳しく命じられたことなのでした。こうして神様は、神父様をイエス・キリストの御苦しみのしるしを身に帯びた生きた真の殉教者として私たちにお返しになったのです。神父様の到着を私たちがどんなに喜んだか、あなたには推察できることでしょう。知らされたオランダ人が急遽奪い取らなかったなら、神父様は村に戻って焼き殺されたはずです。神父様は捕らわれていた間に、ご自分に神様が特別になされたことを話してくださいました。それほどの苦しみを受けずに亡くなられた殉教者はたくさんいます。無垢な人を苦しめることのできる最も卑劣な仕打ちを想像してご覧なさい。神父様はそれを受けられたのです。それについてすでに報告が行われているのか、これからなのかは私は知りません。[1] しかし、神父様のご受難の状況をお話ししておきましょう。

　イロクォイ人は神父様を、まるで化け物と思えるほどにさんざんに棒で打ちのめし、瀕死状態にし、その後、二本の指を切り、他の指を焼き、噛みつき、それから、裸にして見せ物のように村から村へと歩かせました。そして、たくさんの人の集まっている中で、かなり高い二本の杭の太い腕木に柳製の綱でがんじがらめに縛り付けて吊しました。神父様は非常に長い間この責め苦を受けられましたが、それは体の重さときつい縛り綱で、他の責め苦以上の激痛でした。イロクォイ人は神父様の苦しみが増すのを見て、いっそうきつく縛り付けました。かなり遠方の他の村から来た一人の先住民はこれを見るに忍びず、神父様が死にかけていたときに自然の同情心から綱をほどきました。この人のために神様がどのように報いられたかをご覧なさい。神父様をさんざんに苦しめた後、イロクォイ人はある家族に神父様を渡しました。その家族は神父様に気を配り、愛情を抱くようになり、少しも危害を加えなかったのです。神父様は神に祈ることを許しましたが、イロクォイ人はこの祈りを魔法と呼び、神父様のお供をした一人のフランス人はそのために殉教しました。この家の人々は自分たちの行く至る所に神父様を連れていき、[2] そのおかげで、神父様は病気の子供たち、そして大人たちにも全員に洗礼をお授けになり、こうして、多くの霊魂を天国に送られたのです。

　あるとき神父様は、ご自分の綱をほどいた人の村を通りました。それとは知らず、神父様はその人の小屋に入り、いつものようにご自分にできる何かよいことはないものか見ようとしました。その人は隅にいたのですが、出掛けに神父様に声をかけこう言いました。

「あれ兄弟、俺のことは可哀想に思わないのかい。あんたの命を救ったの知らないのかな。責め苦からほどいてやったのだ。俺は死にかけている。今度はあんたが助ける番だ」

　神父様はしばらくの間驚きましたが、次に喜び、御教えを伝えて洗礼を授けました。そして、その人は直後に死亡しました。こうして、その人は神父様に寄せた自然の同情心と神父様を生きながらえさせたことで天国を得、永遠の命を勝ち取ることができたのです。これは感嘆すべき御摂理ではないでしょうか。[3]

神父様は予想もしなかった多くの出来事に合われ、多くの霊魂を天国に送ることがおできになりました。大変謙虚でいらっしゃり、偉大な聖性のほどがうかがわれます。捕らわれていらっしゃった間でも、非常な慎みはイロクォイ人たちを驚かせ、いっそう男らしく思えたほどです。

この国についてあなたが知りたいと望んでいることに答えますが、石材と木材と樹皮の家があります。私たちの修道院は全部石で造られ、長さ九二ピエ〔＊一ピエは約三二・四センチ〕、幅二八ピエです。カナダの建築様式としては最も美しく大きなものです。聖堂は修道院の中にあって二八ピエ×一七ピエです。多分、あなたはそれを小さいと思うでしょうが、寒さがあまりに厳しいので大きなものにはできません。神父様方の手や耳が凍ってしまうときがあるのです。私たちの歌隊席も学校も住居も、九二ピエ×二八ピエの中に収められています。要塞とその付属の建物も石造りです。神父様方、創立者夫人、救護修道女[4]、定住先住民[5]の家も石造りです。住民の家は石を充填したハーフ・ティンバーですが、二、三の家は全くの石造りです。先住民の一部は白樺の樹皮でできた持ち運びのできる家を持っていて、棒で上手に組み立てます。はじめの頃は、私たちもその一つを教室に使っていました。こちらの家々が建築用石材でできているとは思わないでください。石材は壁面の角に使われているだけです。それは一種の大理石のような石で、黒色に近く、よくできた石切鑿で切り取ることができます。フランスの切り石よりもましです。この角ばった石はとても美しいのですが、硬いので切ると高くつきます。一人の職人につき日当三〇スーかかり、祝日と日曜と天気の悪いときには食事を出します。[6]私たちはフランスから職人に来てもらい、三年またはそれ以上雇います。一〇人の職人を抱えていますが、住民が石灰と砂と煉瓦を供給するのを除けば、なんでも私たちの仕事をしてくれます。

修道院は三階建てです。[7]個室はフランスと同じく二階にあります。暖炉は共同寝室の隅にあって、廊下と松板で分けられただけの個室を温めるようになっています。そうでなければ、温まることはできないのです。冬に温まることなく、個室に長い間留まるなんてできませんよ。手を隠して十分に厚着をしても、一時間以上はおれません。お勤めのとき以外は、読み書きや勉強のために通常過ごす所はどうしても火が必要です。これは不便で非常に辛いことです。フランスにいたときには、決して暖を取ったことはないのですから。寝台は木製で、洋服箪笥のように戸を閉めることができます。毛布やサージ布を重ねても、温まるのはやっとです。冬は、先住民たちは石造りの家を去って、それほど寒くはない森の中で過ごします。私たちは、薪を一度に五本か六本くべます。大きな木しか燃やさないからです。それで身体の向きを変えて温まるのですが、それでも寒くてたまりません。冬は六ヵ月続き、四つの暖炉で一七五コルドの薪を消費します。[8]寒さがどんなに厳しくとも、聖務日課は聖堂で行っています。しかし、少しはつらくなります。修道院の囲いは石ではなく、全部、高さ一〇ピエの木の大きな杭で、骨組みで支えられています。この国の現状からも私たちの貧しさからも、まだ多大なお金をかけることはできないのです。当地の囲いは皆最小限度のものです。ただ要塞だけは別です。これは六年前に始めたのですが、まだ終わっていません。それほど大きなものなのです。家の屋根は、こけら板とその下板で二重ぶきになっています。

　先住民は衣服を着ています。夏の間は、毛布のように四角で牡牛の革ほどの大きさのオオジカの革でできたもので、それを肩から掛けます。それを小さななめし革の帯で締め、両側から腕が出るようにしますが、腕はむきだしのままです。着るものはそれと腰のものだけで、履物は履かず、帽子はかぶりません。家や野原にいたり敵と戦ったりするときには、手と同じように素肌で、ただ腰のものでわずかに身体を覆っています。肌はほとんどミニミ色ですが、[9]それは太陽と、身体の至る所を塗った油のせいなのです。顔は赤と青の縞模様に塗っています。冬は毛布を前述のような仕方で長衣にし、袖も同様に覆い、革の股引きを履くか、腰帯のところまでかけた使い古しの毛布を着ます。マントとしては、ビーバーの毛皮でできた着物を着ます。頭を覆う人々は、お店で赤色のナイトキャップを買います。時にはボンネットあるいはタパボールも持っています。[10]着物は持っているのですが、神父様がお忘れのときは、私たちが与えることにしています。以上は十分な服装をした人々のことですが、貧しさのためほとんどいつも裸の人々もいます。女性はと言えば、質素に身なりを整えていて、いつも帯をしています。ちなみに、男子は必ずと言っていいほど帯はしません。それで着物は風にまくられるままです。女性の着物の丈は、下は脚の中頃まで、上は首まで、腕も頭も覆っています。頭には赤い男性用のナイトキャップとかタパボールをかぶり、ケープを身に着けていて、髪の毛は顔にかかり、後ろで結んでいます。女性は大変慎ましく、はにかみやです。私たちは生徒たちにはシマルを着せ[11]、フランス風に髪をゆわせています。男と女は、このような着物の着方によってしか見分けることができません。顔立ちは同じだからです。靴は水牛のようなオオジカの革製です[12]。先のほうにはギャザーを付け、ヒールは四角です。そして財布に付けるような革紐を通します。以上が靴のことで、フランス人は、冬にはもっぱらこれを履いていています。雪の上を歩くには、かんじきを履かなければならず、フランス式の靴を使うことはできません。しかし、これは私たちには不必要です。外出しませんから。この点について、あなたが知りたがっていることは以上です。

私たちの修道院は大勢か、との質問ですが、目下のところはかなりの人数で、歌隊修道女八人と一人の助修女がいます。歌隊修道女はトゥール修道院からの四人とパリの修道院からの四人で、助修女はディエップから来ています。このことについてはまた書くことにします。オテル・ディウの修道女の方々は、歌隊修道女が五人と一人の助修女です。

私たちの先住民は、私が書いているようにそんなに完全かとあなたは言いますが、風俗に関しては、フランス人的な礼儀はありません。つまり、フランス人の行儀作法のようなものはないのです。そのようなことは教えられなかったのです。教わったのは、神と教会の掟、私たちの信仰のすべての要点、すべての祈り、良心の糾明、その他の宗教的行為です。先住民は修道者や修道女と同じようにきちんと告解をしますし、とても純真で、極めて小さい事柄も大事にし、罪を犯したときには、大変へりくだって公の償いを行います。一例を挙げればこうです。先住民には飲み物としては、肉かトウモロコシか、骨を煮たサガミテ〔＊先住民独特の食物油〕の釜の「ブイヨン」、あるいは水以外にはありません。フランス人から強い酒類や葡萄酒を飲まされると、それが先住民の口に合ったわけですが、一度飲んだだけで、先住民はたけり狂ったようになってしまいます。その原因は、先住民は甘みのあるものしか食べず、塩辛いものは決して取らないことにあります。この種のお酒は先住民を駄目にします。ですから総督はこれを与えたり売ったりすることをフランス人に禁じ、違反すれば重い罰金を科していはます。けれども船が入ると、船員たちが先住民に酒を密売するのを妨げることができないのです。古い先住民とその家族の若者とよいキリスト信者は、絶対にそんなことはしません。ただ若い者たちだけがします。今年は、数人の若者が酩酊しました。長老たちと布教地の神父様方は、罰として若者たちから数枚のビーバーの革を出させました。これは、聖堂を飾るのに必要なものを購入するのに役立てます。そのうえ、三日間は教会に入らないで、入り口で祈りをさせました。それには罪を犯さなかった者も加わり、罪を犯した者が憐れみを得、万物を造られたお方の怒りを鎮めることができるように助けました。他の者たちはフランス人の教会で公の告白をし、大声で自分たちの罪を明らかにしました。他の者たちは、三日間パンと水だけで断食しました。しかし、新信者たちがこのような不節制をすることはあまりないので、この種の償いも希です。

先住民もフランス人も事情は同じで、信仰に熱心な人もそれほどでない人もいます。でも、一般的に言って、先住民はフランス人より熱心です。先住民をフランス人の村には置きません。フランス人の真似をしないようにです。フランス人が行儀が悪いからではなく、ただ、先住民はフランス人のように相応な自由をもって行動できないからです。

非常に熱心な私たちの創立者夫人は、今年、タドゥーサックの布教所を訪問なさいました。ここから一四〇キロ離れた所にあり、そこでは信者たちが大変模範的な生活を送っています。幾人かがまた洗礼を受けました。そこにはたくさんの先住民がいます。私たちの新信者たちが森の彼方で見つけ、要理を教え、聖なる洗礼を受けられるまでにしたのです。創立者夫人は、親子代々粗暴に育てられてきた人々のうちに、これほどの熱心な信心を見て大変お喜びになりました。これらの人々は、洗礼を受けるためにいそいそとやってきました。そこに居合わせたフランス人たち（私たちに必要なすべてのものを運んでくるフランスの船が到着し、停泊するのはその地なのです）は狼が小羊となり、獣が神の子になったと思い感涙していました。父親たちは子供たちを、子供たちは父親たちをできるだけ熱心になるよう励まします。これらの人々は特別に神様のお恵みを受けていますので、私たちは格子の側で、これらの人々が心を駆り立てられている事柄について頻繁に話し合っているのを耳にします。一例を挙げましょう。シルリーの先住民の首長は、イロクォイ人との戦いに出掛ける前に、私に会いに来て、次のように言いました。

「メール、私はこう考えています。私がうかがったのは、私たちが敵を探しに行くことを知らせるためです。敵が私たちを殺そうとどうしようと、それはどうでもよいことです。あいつらは前々から私たちを攻撃していたのですが、私たちの友であるフランス人や私たちに教えてくださった方々を捕まえては殺してさえいます。私たちが戦いに行くのは、あいつらが私たちを殺すからではなく、私たちの友人を殺すからです。私たちのために祈ってください。私たちは神様に対して罪を犯しましたので、神様は私たちを罰するのです。若い者は賢くしてはいません。私は言うんですよ。『おまえらは神様を怒らせたので、俺たちは罰を受けるんだ。行いを改めるんだ。そうすりゃ、神様は鎮まってくださる』。ある者(前に良俗に反する罪を犯した者)はまた、こんな罪を犯しました[13]。私はフランス人の総督様[14]と長上の神父様に、その男を私たちの所から追放するようお願いしました。悪魔を引き寄せているわけですから。私たちの不幸はそこからやってきます。お二人は、『春まで待ちなさい。その頃には当人は心を改めるでしょう』とおっしゃるのです。待っていても無駄でした。当人は少しも回心しません。どうか皆さんで私たちのために祈ってください。私たちは、罪のために何が起こるのか知らないからです」

この首長は真の聖人で、すべての先住民の中で二番目に洗礼を受けた人です。一点の非の打ちどころもありません[15]。教会でド・カン神父様が若い人たちを多少戒めていらっしゃったのですが、首長は身内の者たちに公に演説し、自分が信者になって七、八年の間に犯したすべての罪を告白し、そしてこう付け加えたのです。

「兄弟たち、私たちに起こっているすべての不幸を招いたのは私です。ご覧のように、洗礼を受けて以来犯した過ちで、私は神様のお恵みを軽んじました。しかし、神様は慈しみ深くいらっしゃる。勇気を持ちなさい。失望はしなさるな。神様にお仕えするなら、私たちを憐れんでくださるはずです……」

それから多くの非常に感動すべき事柄をも話しました。一人の善良な女の人が私たちの格子窓にやってきて、メール・マリー・セン・ジョゼフに秘跡について教えてほしいと願いました。その女の人は、長い間公の祈りには出てこなかったと言うのです。そして、何かを言われるに応じて、こう答えました。

「あ、それです、私が教わったことは。忘れてしまっていたのです。お願いですから、思い出させてください」

それから次のように続けました。

「神様は、私にたくさんのお恵みをくださいました。前には、子供たちが死んだため、どんなにしても慰められなかったのですが、今は神様の英知と慈しみをすっかり確信していますので、子供を全部取り上げられても悲しむことはないでしょう。私は心の中でこう考えています。

より確かな救いのために子供にもっと長い人生が必要だったら、万物をお造りになった方は、それをその子にお拒みにはならなかったでしょう。その憐れみは深く、不可能なことは何もないからです。でも、ご自分の許にお呼びになっている以上は、神様はすべてをご存じですから。ご自分を信じるのをやめた者は、罪を犯して地獄に落とされることも見ておいでになる、と言わなければなりません。それで私は神様に申し上げました。あなたは万物をお造りになったのです。私も私の子供もすべて、お望みどおりになさってください。あなたがありとあらゆる方法で私に試練をお与えになっても、私はあなたを信じ、愛し、あなたに従うことを決してやめません。私は、あなたがお望みのことを望みます。その後、死にかけている私の子供たちにこう言いました。『ね、いい子だから、行きなさい。天国で万物をお造りになった方に会いに行くのです。天国に行ったら私のために祈るのですよ。そうしたら母さんも天国に行けるのですから。あなたが死んだら、母さんはあなたが煉獄からすぐに出られるようにあなたのために祈ります』」

この善良な女の人は一度私の所に来て、戦士たちのために自分で作った祈りを読んで聞かせました。神様に申し上げた、その切ない言葉にはほろりとさせられました。その名はルイーズです。洗礼を受けて以来、神様は次々とその子供たちをお召しになったようです。

わずかな例ですが、あなたには私たちの立派な信者たちの考えがお分かりでしょう。とても敏感な良心を持っているのです。ある青年とその妻がこの冬子供を狩猟に連れていきましたが、子供はその間に死亡しました。二人は、死体を祝別されていない土に埋葬するのは神様のお気に召さないのではないかと心配のあまり、三、四ヵ月の間、母親は死体をいつも首に掛け、断崖や森の中、雪や氷の上をひどく難儀しながら通ってきました。そして、ちょうど御復活祭を祝うために戻り、革の中に収めた子供を埋葬することができました。

前の手紙で、信仰が北部の部族とヒューロン人のうちに深く根をおろしていることを知らせました。最近、あなたがパリでポンセ神父様とご一緒にお目にかかったことのあるショーモノ神父様からお手紙を受け取りました。神父様は次のように書いていらっしゃいます。

「ヒューロン人の五つの主な村に聖堂が建てられ、会司祭が常住しています。これから訪れる二度の冬の間に、これまでの二度の冬のように回心が続いて行われるなら、五つの村ではわずかの間に信者の数が一番多くなるでしょう。そして、村中の者だけでなく、同じ部族の残りの者たち、さらにはヒューロン地方のすべての部族の者たちを注目させるでしょう」

前の手紙でお話ししたことですが、イロクォイ人は神父様の一人とフランス人と先住民の信者数人を捕らえ、そのうち五人を殺害し、二人を焼き殺しました。命を捨てるのはなんでもないことなのですが、イロクォイ人が殉教者を扱う残酷さはおぞましいものです。それで、時には勇気を失わされ、哀れな信者たちが絶望しはしないかと心配されます。そこには慰め、励ます人は誰もいないからです。どうか、あなたの修道院の神父様に、これらの信者たちのためのお祈りを願ってください。逃げた三〇〇人の先住民たちが、この冬、私たちの小さな修道院の近くに避難してきました。まだ神について話を聞く気持ちのない人々を除いて皆、私たちの聖堂で教えを受けました。この最初の教え以外にも、婦女子は私たちのクラスに、男子は面会室にやってきますが、そこでは、私たちは霊的な糧を与えた後、身体の糧も与えるようにしています。総督様はその間避難民に多くの施しをなさいましたが、それは目にすることのできる最大の愛徳の行為です。これらのかわいそうな人々は皆、自分たちは飢え死にするのではないかと考えていたのです。私たちが与える身体の糧によって引き付けられ、また、慣れ親しんできます。しかし、私たちは物不足のうえ貧しいので、望むようにはできません。それで余儀なくフランスの後援者の方々に施しを求めているわけですが、それは私たち自身のためではなく、かわいそうな先住民のため、いいえ、イエス・キリストのためなのです。近頃、定住部族が発見されましたが、これらの部族の人たちは神についてのお話を聞き、自分たちの国で目にしたキリスト信者たちの宗教活動を見せられて同じことを行い、福音の働き手となることを望んでいます。しかし、進路は神の敵たちによって断たれているので、身動きできません。[16]それでも、三人が勇敢にヒューロンに行き、そこからもっと遠くに行こうとしました。これらの部族はそこからまだ一、二〇〇キロも離れているからです。ところが、ここからヒューロンまでは二、〇〇〇キロあります。しかし、進路が自由になれば、行程は半分も短くなります。

すべての国々の王である方にたゆまずお仕えしなさい。キリストは万人のために死なれましたが、すべての人がそのお命にあずかってはいません。ああ、もし私がキリストのために何人かの人々の心を勝ち取るため、至る所を駆けめぐることができるのでしたら、私の心はどんなに満たされることでしょう。悪魔があらゆる民族に、かくも絶対の覇権を握っているのを見て心を痛めませんか。

心で一緒に出掛け、そのうちの一人でも私たちの慈しみ深い主にお返ししましょう。あなたの隠修生活にあっても、実際に現地に派遣されたのと同じつもりになってください。永遠の御父は、ある人に[17]、もし御子の御心によってご自分に願うなら、望むことはなんでもお与えになることを分からせてくださいました。多くの人々を御国に加えてくださるようお願いしましょう。

　私はあなたにこう願います。神の敵が人々を押さえていることに憤りましょう。イロクォイ人をそそのかしているのは悪魔です。目下私の罪を除けば、イロクォイ人は、この国での神の栄光の最も大きな妨げです。しかし私の罪については、あなたの友人や、特に私が謹んでご挨拶をする神父様方に、私のためにどうかお祈りをお願いしてください。私は神父様方に聖なる祝福をお願いし、また、ごミサとお祈りにあずからせてくださいますようお願い致します。私には、神父様方にお仲間の一人として親しくしていただく資格はありませんけれども。

　あなたについて言えば、あなたの母は神様の御許で一時もあなたを離れません。ですから、この広大な大洋の中に留まり、私たちが本当に会える永遠のときが訪れるまで、この世からそのうちに生きていきましょう。さようなら。

1　一六四三年の『会報』は、一六四四年にジョーグ師の苦難についてフランスで補足された最初の大要を述べていた。それは脱走したヒューロン人の若干の虜によってビュトゥー師に供された情報に基づいている。Cf.RJ1643(Th.24, 278-282).

2　行った先々の部族の中で戦利品として示すため。Cf.RJ1647(Th.31, 88).

3　この出来事は一六四三年の七月に起こった。Cf.RJ1647(Th.31, 88).

4　シルリーの病院とオテル・デュー。

5　イエズス会員が、新信者たちのためにシルリーに建築させていた「フランス風の」小さな家々。それらの工賃は高かった。一六四三年にはまだ七戸しかなかった。Cf.RJ1643(Th.23, 304-306).

6　日雇は、「普通の賃金ではなく、高賃金で雇われていた」。RJ1641 (Th.20, 236).

7　昔のフランスの風習とカナダの風習に従い、地面と同じ高さのもの(rez-de-chaussée)を含む三階。

8　約六〇〇ステール〔*ステールは薪・材木の容積を量る昔の単位で一立方メートル〕。

9　ミニムはミニム会の修道服の色である。

10　Tapaborは一種のボンネットあるいはカスケットで、耳を守るために縁を垂らすことができる。

11　Simarreは幼稚園の子などの着る長い上着。

12　モカシンである。同じ詳細がル・ジュンヌ師によって述べられている。

13　魔法使いピガルイチのことで、前の数通の手紙がすでにその背教と醜聞について語っている。

14 モンマニ。
15 ノエル・ネガバマット。
16 手紙五四（76）のニピシング。
17 R1654（V305s.J9, 40）からうかがえるように本人である。

五七（92） 一六四五年九月一四―二七日 息子宛

愛するわが子よ。[1] あなたには『会報』を早く読める機会がないことを知っていますので、今年主が、ご自分の新しい教会のために私たちにお与えくださった著しいお恵みについて、お話ししておかなければならないと思いました。主は新しい教会に、やっと全面的な平和をお与えになったのです。

去る四月に、トロワ・リヴィエールの数人のアルゴンキン人が結束して一緒に狩猟に行きました。とは言っても、野獣の狩猟ではなく、イロクォイ人の征伐のためです。ピースカレという名の先住民信者がいます。[2] 昨年の『会報』に出ていますが、二人のイロクォイ人捕虜を連れてきた人です。この人が六、七人に過ぎない小隊を指揮しました。出発すると間もなくイロクォイ人に出会いました。イロクォイ人は一四人で、これに対してアルゴンキン人の小隊は実に勇敢に戦い、その結果、現場で九人は殺され、負傷して泳いで逃げようとした一人は溺死し、二人は逃げおおせました。それで、二人が残ったわけですが、この二人は勇気というより無謀に戦いつづけたのです。アルゴンキン人のうちには、ベルナールという名の大変立派な信者がいましたが、特に数人を生け捕ることを望んでいました。そのように望んでいたので、敵に向かってこう言ったのです。

「兄弟たちよ、お前たちは何をしているんだ。お前たちの命を取るのは、俺たちにはたやすいということが分からないのか。殺されるのはやめるんだ。降参しろ。殺しやしないから心配するな。勇気を持つんだ。俺たちはお前たちをある人たちに渡すが、その人たちはお前たちを粗末には扱わないぞ」

この言葉を聞いて、今にも死ぬと思っていた二人はほっとし、これほどの愛情をこめて話したので信頼して降参しました。それから、アルゴンキン人たちは、現場に死んで横たわっていた他の九人の髪の毛を剝ぎ取り、その後、型どおりに二人の捕虜を棒でたたきましたが、これは軽く触れる程度で、捕虜を歓迎するしるしであったということです。捕虜は一方の耳が切り取られ、指が折られ、皮膚が焼かれ、爪が引き抜かれるのですが、これは一種の遊びなのです。捕虜たちが苦しがると、嘲笑います。それで、捕虜は苦しみに堪えながら歌わなければなりません。そうしないと、臆病者、生きるに値しない者と見做されます。けれども、この二人の捕虜はこれらのことを非常に心配しました。イロクォイ人の宿敵であるピースカレは捕虜を少しも容赦しませんでしたが、私たちの聖なる信仰の光でもっと照らされていたベルナールは、ピースカレにこう言うのでした。

「私はキリスト信者です。ですから降伏した人たちを痛めつけたくはありません。私の兄弟です。私たちの約束を信じて捕虜になり、保護を受ける気になった者たちを虐待しようとするのは、あまりにも卑劣だと思います。捕虜は、不具にしないで傷つけずにそのままフランス人に渡すのが、私たちにとってはずっと名誉になるはずです」

ピースカレはこの道理を認め、捕虜を傷つけることを許可しないことに決めました。こうして、捕虜はトロワ・リヴィエールとシルリーの先住民から丁重に迎えられ、兄弟として親しい処遇を受けました。それから二人はセン・ジョゼフの居留地に連れていかれました。ピースカレはそこで、ヌーヴェル・フランスの総督閣下にお見せしようとしたのです。一行が到着すると、信者たちは一斉に発砲しました。それで、ピースカレは上陸して、総督閣下にお話ししたい意向を知らせました。このことが伝えられると総督閣下は数日後にお越しになり、ピースカレの意図を知ろうとなさいました。集まりは司祭館で行われ、そこで総督閣下は一行のために御馳走を出されました。先住民の間では、すべてのめでたい事柄は御馳走に始まり御馳走で終わるからです。集まった一同はしばらくは押し黙ったままでしたが、やがてピースカレが雄弁に話しはじめました。総督閣下に知らせたい彼の意図とはこういうことでした。

「自分が戦いに出掛けたのは、前々からの約束に従ってただ捕虜を連れてくるためであって、それでこの二人を総督閣下の前に出頭させたが、自分は二人をとおして講和を図り、この国のすべての部族が今後はただ一つの国民になることを期待している」

しかし、それは当人の単なる願望であって、イロクォイ人も他のアルゴンキン人もそんなことは考えていないかもしれません。けれども、皆が心から平和を望んでいるのは事実なのです。

総督閣下は二人の捕虜を受け取り、ピースカレとベルナールの処置を称賛なさいました。前にフランス人やアルゴンキン人、ヒューロン人、特に神父様方に危害を加えていたので、二人の捕虜は死を覚悟していたのです。ベルナールは、かつてイロクォイ人の捕虜になったことからその言語を知っていましたので、二人に何も心配しないように、もう捕虜ではなく自由の身で大首長に属しているから、他の者たちが危害を加えることは決して許されないので安心していなさい、と言って聞かせました。二人のうちの一人は、これを聞いて言葉で表せないほど喜び、鉄砲を肩から放りました。

講和は行われ、ピースカレはもはや戦いについては話すべきではないと言いました。そして付け加えて、もし昨年からトロワ・リヴィエールに引き留められているイロクォイ人捕虜を国に帰してくれるならば、その者は部族の間では重要人物と見做されているので、必ず武装放棄を可能にさせる知らせを持ってくるに違いないと言いました。この捕虜は、上流のアルゴンキン人[3]から総督閣下が高価な身代金を払って引き取った者です。アルゴンキン人は捕虜に大変残酷な仕置きを加えていましたのでほとんど瀕死の状態で、なかなかその傷を癒すことができませんでした。今はフランス人の間で自由なので、二人の新来者にフランス人を褒めていますが、この二人も親切な人々に助けられ、ピースカレとその他のアルゴンキン人の手から逃れられることをもっけの幸いと思いました。

総督閣下は提案に同意され、先の捕虜に贈り物を持たせて帰国させ、また、旅路に必要な一切を与えるようお命じになりました。捕虜は、ただ一人カヌーで出発しました。イロクォイ人の凶暴さを考えて、フランス人を付き添わせることは無謀と考えたからです。総督閣下は他の二人をトロワ・リヴィエールに送り、ピースカレの勇気に感心し、今まで以上に友人と考えていること、自分に対して誠実に振る舞ったので、その行動をどんなに快く思ったかを物品によって証明したいということを示されました。それで、鉄砲、火薬、弾丸、釜、斧、毛布、ボンネットや、フランス人が金、真珠、宝石に対する以上に先住民からは貴重に思われているものなど、たくさんの立派な贈り物を授けました。そして、この勝利者たちは、信仰と国のためにこうしたすべてのことをしてくださった総督閣下に非常に満足しました。

元捕虜が、二ヵ月後には戻ってくるという約束で帰国のために出発したのは五月二一日で、そのときにまた、フランス人を褒め、それに自分の部族の者も必ず友好を求めるだろう、と約束していました。元捕虜は約束を忠実に守りました。その旅行は四〇日しかかかりませんでした。七月のはじめ、フォール・ド・リシュリューに、三人のイロクォイ人と先住民の服装をした一人のフランス人が姿を現しました。フランス人はクチュール氏であることがすぐ分かりました。氏はジョーグ神父様と一緒に捕らえられたのですが、[4] イロクォイ人たちは、部族の重要人物の一人に対するように尊敬し称賛しながら引き留めていたのです。それで氏は、部族の間で賢明と知恵により信頼を得て、首長のように振る舞っていました。徳というものは、最も粗暴な者たちの間でもそれほどに尊重されるものです。

先にお話ししたイロクォイ人は、帰国すると直ちにクチュール氏に会い、依頼された手紙を渡し、それから二人で部族の指導者たちに会いに行き、委託された件について口頭及び文書で報告しました。直ちに村々の有力者たちが招集され、フランス人とその同盟部族との和平の提案が討議されました。全員がこれに同意し、二人の首長とクチュール氏、それにイロクォイ人使者を派遣することに決めました。一同は自分たちの主たる指導者を行かせることに難色を示しましたが、これらの代表は、フランス人とその同盟部族の友人となるためには命の危険を冒すことも恐れないと宣言しました。特に一同は、評議会に列席したクチュール氏を頼りにしました。フランス人ですから、他の誰よりも容易に自国の人々と和平を図ることができると考えたわけです。

こうしてリシュリューに到着した四人の代表が、三人のイロクォイ人を連れたクチュール氏であることが分かりました。人々は氏を見て大喜びし、接吻し、抱擁しましたが、イロクォイ人が本当に和平を求めていることを聞くと、それは大変な喜びようでした。知らせは国中を喜びで沸かせました。これまでは、セント・ローレンス川の上方に位置しているすべての要塞に閉じ込められていて、[5] 一歩出ればイロクォイ人の餌食になっていたからです。代表たちが上陸するとすぐ、リシュリュー要塞の指揮官ド・ソーテル氏が代表たちをボートに乗せ、フランス人の護衛を付けてトロワ・リヴィエールに連れていきました。

七月五日、ギヨム・クチュール氏はカヌーでトロワ・リヴィエールに姿を見せました。氏と分かるとすぐに、人々は氏を抱擁しては、復活した人間でも見るかのように目を見張りました。死んでしまったか、または、残りの日を残忍きわまりない捕囚のうちに過ごすのではないかと思っていた人々には、大きな喜びだったのです。この歓迎を受けた後、氏はボートに乗り移りました。それにはフランス人と、またフランス人を仲介に、私たちと同盟している諸部族とも講和を結ぶために、部族全体から派遣された三人のイロクォイ人も乗っていました。三人のイロクォイ人のうちの一人は、総督閣下が自国に送り返したあの捕虜です。総督閣下はこの人に、帰国したら捕虜の同族の人々に、イロクォイ人たちが二人のフランス人捕虜を返してくれた好意にどんなにご自分が感謝しているか、それだけでなく、自分の許にはいないが和平の提案に対する意向を知り次第、他の二人のイロクォイ人捕虜も帰国させるつもりであることを伝えるよう言い含めていらっしゃったのです。他の二人は和平のために派遣された人々です。そのうちの非常に頭のよい者はキオツアトン(鉤の意味)、他の者はアニガンという名です。二人がリシュリューから乗せられていたボートが岸に近づくと、フランス人と先住民たちが近寄り、出迎えました。キオツアトンが、話を聞いてくれるよう手で合図をしました。そのためボートの舳先に寄りましたが、首には貝殻玉の首飾りをしていました。[6] そして、こう言ったのです。

「皆さん、私は皆さんにお会いするために国を離れていましたが、今、皆さんの土地に着きました。出掛けるとき、私は国の者からお前は死にに行くので再び祖国を見ることはないだろう、と言われました。しかし私は、平和のために進んで死の危険を冒すことにしました。土地を分け合って、すべての部族をこれからただ一つにするための好機が来たと見たからです。ですから私は、フランス人、ヒューロン人及びアルゴンキン人の方々の意図を理解し、私の国の者たちの考えを皆さんに伝えたいと思います」[7]

　こう言いおわると、ボートからは石弾が打ち上げられ、要塞はこれに対して祝砲をもって応えました。この先住民使者は上陸すると、トロワ・リヴィエールの指揮官ド・シャンフルール氏の宿舎に連れていかれ、そこで非常な歓迎を受けました。先住民の作法に従いタバコを吸い、干しスモモを食べた後、使者は言いました。

「フランス人の方々の家に迎えられて幸せに思います。上陸してからはただ嬉しくてしょうがありません。私は、天におられる方が交渉をめでたく終わらせてくださるものと信じています。人間はそれぞれあまりに違った考えと精神を持っているので、合意を見るのが困難です。しかし、天がすべてを合わせてくださるでしょう」

　同じ日、カヌーで伝令が送られ、総督閣下に使者たちの到着が知らされました。その間にも使者たちと捕虜たちは全く自由にされており、誰もが競ってこの人たちを歓待しました。神父様の一人はある小屋に招かれていらっしゃったのですが、そのとき、同行したクチュール氏にイロクォイ人が言いました。

「こちらの人々はおとなしく、とても優しそうですね。私はこの神父様を介してこちらの人々に喜んでお会いしますし、間もなくお互いに怖がらずに訪問し合い、家を換え、つまり、こちらの人々の家は私どもの家、私どもの家はこちらの人々のものとなるでしょう」

　私たちの立派な信者であるナガバマットは答えました。

「結構な話をうかがいました。知ってのとおり、私たちはこれほどによい知らせを持ってきた使者の方々の咽喉を切ったりはしません。あなたは子供ではないのだから、率直に話し、私たちについて思っていることを何も隠さないでください。私たちは、オノンチオ——総督閣下のことを先住民はこう呼びます[8]——の家来の人々と同じです。あなたがオノンチオと取り決めることはなんでも、私たちはそのまま受け入れます。私たちはオノンチオと一体ですから」

　あるとき、ド・シャンフルール氏は御馳走したあとで、使者たちは自分たちの国にいるようにこちらにいてほしい、何も恐れることはない、自分の家にいるつもりでいてほしい、と言いました。すると、キオツアトンは通訳に「この首長さんがおっしゃることは非常に間違っている」と言いました。それから、言葉をちょっと切って、こう付け加えたのです。

「首長さんは、私はこちらでは自分の家、自分の国にいるのと同じだとおっしゃいましたが、それは間違っています。私は自分の家ではよく扱われていませんが、こちらではとても大事にされています。自分の国では飢え死にしかけていましたが、こちらでは毎日、御馳走になっています」

　この先住民は行く先々で同様な答えをしましたが、これは当人の機知を表すものでした。

　やがて、総督閣下がケベックからトロワ・リヴィエールに到着され、七月一二日に使者たちを接見なさいました。それは要塞の中庭で行われましたが、そこには強い日射しを避けるための大きな幕が張られました。会見の席の模様は、次のようでした。一方には総督閣下と部下の方々、総督閣下の側近くに布教地長上ヴィモン神父様が席を取られました。総督閣下の足元には長い木の皮の敷物が広げられて、その上に五人のイロクォイ人が座りました。これは、総督閣下に抱いている敬愛を示したものです。反対側には、アルゴンキン人、モンタニェ人、アッチカメーグ人が座り、フランス人と数人のヒューロン人が両側を囲みました。真ん中に空けた大きな場所には、イロクォイ人たちが二本の棒を立てさせ、一方から他方へ綱を渡しました。イロクォイ人の言うには、その綱に私たちに寄せるはずの言葉、つまり贈り物を吊し、ゆわえるためなのです。このように、イロクォイ人の間ではすべてが意味を持っています。言葉と同じく、行動も意味を持つているのです。

これらの贈り物は三、〇〇〇の貝殻玉で、それらの玉は一七の首飾りにされ、一部は使者たちが身に着け、一部は二人の側に置かれた小さな袋に入れられていました。一同が集まり、それぞれの席に着くと、大イロクォイ人(私がこう呼ぶのは、その人は大きくて背が高かったからです)が立ち上がってまず太陽を眺め、それから列席者一同に目をやり、手に貝殻玉の首飾りを一つ取り、次のようにしっかりした声で話しはじめました。

「オノンチオ様、私の言葉をお聞きください。私は全部族の代弁者です。したがって、私の言葉をお聞きになるときは、イロクォイ人全部の声をお聞きになっているのです。私の心に邪なものは何もなく、ただ善意しか抱いておりません。私どもの国にはたくさんの戦いの歌がありますが、私どもはその全部を捨て、今はもう喜びの歌しかありません」

ここで使者は歌い出し、連れの者たちが歌声に応えました。使者はこの大きな広場を歩き回りましたが、それは舞台でいろんな身振りをする役者のようでした。天に目をやり、太陽を見つめ、戦闘の際に内にみなぎる力を発揮させようとするかのように腕をこすっていました。

十分に歌った後、手に持っている贈り物は昨秋、総督閣下がトキアヘンシアロンがアルゴンキンに危うく殺されかけるところを引き取って、その命を救ってくださったお礼であると述べました。しかし、当人がただ一人で送還されたことには、それとなく苦情を申し立てました。もしカヌーが転覆し、暴風に襲われて沈没して死んでいたら——閣下は、哀れなこの男の帰還と和平の知らせを長い間待たれたことでしょうし——総督閣下は、ご自分が犯された過ちを責められたことでありましょう」

こう言った後、使者は自分の首飾りを目的の場所にゆわえました。それからもう一つの首飾りを取り出してクチュール氏の腕にゆわえ、大きな声でこう言うのでした。

「この首飾りは、捕虜をあなたにお返しするしるしです。私たちがまだ国にいたときには、『さあ私の甥よ、行くんだ。カヌーに乗って、ケベックに戻りな』とは言えなかったのです。言ったとしても、私は安心できなかったでしょう。もしかしたら甥は死んでいるのではないかと、しょっちゅう気にしていたかもしれません。実際、そうしていたとしたら、私の頭がおかしくなっていたしるしです。皆さんが私たちに戻してくださった者たちは、旅の間にいろんな難儀に遭ったのですから」

それから、その難儀について話しはじめたのですが、話し振りはとても自然でした。フランスには、この先住民ほどに自分の言いたいことをありのままに表現できる俳優はいないでしょう。手に一本の棒を持ち、これを頭に載せていましたが、それは荷物を持った捕虜を表すものでした。それから、棒をその場所の端から端まで持って回りました。これは、川に到着すると、奔流の中で荷物を一つずつ運ばなければならなかったことを表します。行ったり来たりしているのは、捕虜があちこち彷徨っていることなのです。石につまずいたふりをしては、また泥道で足がすべったかのようによろよろしてみせたりしました。一人でカヌーに乗っているかのように片方に寄って漕いでは、小さな舟が傾きかけているかのように、今度は他方に寄って漕いだふりをしてみせます。それから、ちょっと休むと、進んだ分だけ後退します。がっかりした様子をしては、元気を取り戻してみせます。つまり、この行為以上に意味深長なものは見つかりません。その動きには言葉が伴い、思っていることを表しています。また使者はこうも言いました。

「もし皆さんが捕虜を助けて奔流と悪路を通させていたなら、他のことは我慢できたかもしれません。皆さんが止まって、タバコを吸いながら遠くからでもあれを眺め見守っていたならば、少なくとも私たちは慰められていたでしょう。しかし皆さんが、どういうお考えでこれほどの危険のただ中をこのように一人だけで戻されたのか、私には分かりません。私は、クチュールさんにはそんなことはしませんでした。さあ甥よ、私のあとについてきなさい。私は自分の危険を冒してあんたを国に返してやるんだ」

以上が第二の首飾りが意味することです。

三つ目の首飾りが表すことは、総督閣下が帰還させたイロクォイ人に与えた贈り物が同盟の諸部族に分配されてそれらの人々の怒りを鎮めたこと、また、それに自分たちのほうでちょっとしたものを付け加えて贈り物を全員に行きわたらせ、斧を下に置かせ、戦いに出掛けるために舟に乗る者たちに櫂を手から放させるようにしたことです。

使者はそのすべての部族の名に加えて、自分たちの同盟者として事情を知らせたオランダ人たちの名前さえ挙げました。もっともオランダ人は、使者が言ったことには何も答えはしなかったのですが[9]。

四つ目の首飾りは、戦いで殺された身内の者についてもはや恨みを持っていないこと、武器を放棄したことを私たちに保証するものでした。使者は言いました。

「私は、アルゴンキン人が去年の春に私たちの部族の者を虐待し虐殺した場所の近くを通りました。この二人の捕虜が捕らえられた所です。急いで通りました。身内の者が流した血、まだ現場に横たわっていた死骸も見たくはありませんでした。怒りを抑えるために目を背けました」

それから地面をたたき、耳を傾けて続けました。

「私はアルゴンキン人によって殺された先祖たちの声を聞きました。先祖たちは、私の心からまだ復讐の念が収まらないのを見て、優しい声で言ったものです。『まあ、座んなさい。怒ってはいけないよ。われわれのことはもう考えないようにしな。われわれを死から引き出す手立てはないのだから。ただ生きている者だけを考えな。これが重要なのだよ。剣と火を取り上げるんだ。そういうものは生きている者たちをわれわれのいる所に来させかねない。一人の生者は多くの死者に勝るのだ』。この声を聞いたので、私は知らぬふりをしてそこを立ち去り、皆さんがまだ捕虜にしている者たちを救うために、こちらにやってきた次第です」

五つ目の贈り物は川を綺麗にし、航行を乱し妨げる敵のカヌーを取り除くために与えられました。使者は波を抑え、ケベックからイロクォイ人まで川を鎮めるかのように、いろいろな身振りをしました。

六つ目の贈り物は奔流と滝とを穏やかにし、自分たちの国に行くために航行しなければならない川で出合う急流を抑えるためのものです。

「私は激流の中で多くの者が死んでいくのを目にしました。これはその激流を穏やかにします」

そう言って、手と腕でそれらの急流を止め、波立たせないしぐさをしました。

それから七つ目の贈り物を手に取りましたが、これはセント・ルイス大湖に凪を与え、鏡のように平らにし、風と嵐と水の怒りを鎮めるためのものです。動作によって道を歩きやすいものにしながら、この贈り物を一人のフランス人の腕にゆわえ、その人を集会の場所の真ん中に真っ直ぐ引っ張り出しましたが、これは私たちのカヌーが容易に港に行くことを示すものです。

八つ目の贈り物は、歩いていくすべての道を切り開くためです。使者は木を切り倒し、枝を払い、森を払い除け、凹地に土を埋めているようなしぐさをしました。そして、「さあ、これで道は全部すっきりした」と言いました。それから地面に身をかがめましたが、これは目で野原を平坦にし、歩くときにつまずかせる石や木がもうないかどうかを見ているわけです。

「これでケベックから私たちの村々の煙が見えることでしょう。邪魔なものは全部取り払いました」

　九つ目の贈り物は、私たちがイロクォイ人の家々に昼夜消えることがなく火が灯されているのを近くに見、それで私たちの家庭も明るくなるのを示すものです。

　一〇番目の贈り物は、私たち一同が相互に緊密に結ばれるために与えられました。使者は一人のフランス人を選んで、その腕を自分の腕にゆわえ、また一人のアルゴンキン人を別の腕にゆわえました。このように自分をゆわえると、とても美しい首飾りを見せながら叫びました。

「これで私たちはしっかりと結ばれました。天から雷が落ちても、私たちを引き離すものは何もありません。私たちを皆さんに結び付けているこの腕が切られたら、すぐ他の腕で摑むからです」

　一一番目の贈り物は、私たちにイロクォイ人と一緒に食事をするように促すものです。そして言いました。

「私たちの国には魚と獣肉がいっぱいあります。シカとヘラジカとビーバーがどこにでもいます。こちらに住んでいる方々の間にいて、汚いものしか食べない臭い豚などは捨てて、私たちと一緒においしい肉を食べにおいでください。道は切り開かれたました。もう危険はありません」

　使者は声を高めて言いました。

「一二番目の贈り物は、空の雲を全部追い払い、こうして、私たちの心と皆さんの心が隠さずありのままに見えるようになり、太陽と真理が至る所に現れるようになるためです」

　一三番目の贈り物は、ヒューロン人たちに自分たちの善意を思い起こさせるものでした。そして言いました。

「三日前、つまり三年前、皆さんは一袋の貝殻玉と他の贈り物を持っていて、和平を求めに来るところでした。この考えを一体誰が皆さんに捨てさせたのですか」

　一四番目の贈り物は、自分たちは女のように意気地なしではない、イロクォイ人の許に来る気になったら、アルゴンキン人とフランス人の土地を通ってくるぞ、とヒューロン人たちに急いで言わせようとするためのものでした。[11]

　一五番目の贈り物は、自分たちはジョーグ神父様とブリサニ神父様とを連れてくる考えはいつも持っていたのだが、ジョーグ神父様は逃げてしまったこと、ブリサニ神父様のほうは、オランダ人から頼まれていたので喜んでオランダ人に渡したことを証明するためでした。

一六番目の贈り物は、二人が戻ってくるときに迎え入れることを示すためのもので、二人を援護しアルゴンキン人の斧とフランス人の銃を抑えます。そして、こう言うのでした。

「六年前、[12]私たちが皆さんの捕虜を連れてきたとき、皆さんの友人になると言いましたが、私たちが聞いたのは四方八方から鉄砲と大砲の弾がひゅうひゅうかすめる音だけでした。それで、私たちは撤退しました。しかし、戦う勇気がありましたので、翌年の春、それを皆さんに証明する決心をしたのです。事実、私たちは皆さんの居住地に現れ、まず、ジョーグ神父様とヒューロン人を虜にしました」

一七番目の贈り物の首飾りはホウアトケニアットのもので、国では普段身に着けていました。この若者は二人の捕虜のうちの一人で、その母親はと言えば、イロクォイ人の許にいたジョーグ神父様の伯母さん役を務めていたのですが、この首飾りを送って寄越したのです。とても美しいもので、自分の息子の命を救った人に与えられました。

この大イロクォイ人は、贈り物の意味をすべて説明した後、次のように付け加えました。

「私は国に帰ったら、平和のために残りの夏を遊んだり、踊ったり、祝ったりして過ごすことにします。しかし、私たちが踊っている間にヒューロン人が私たちを捕らえにやってくるのではないかと心配です」

以上がこの会議で起こったことですが、イロクォイ人の長い話は、通訳が合間にしか話す自由がなかったので、幾つかの断片しか収録できませんでした。しかし、一同が一致して認めることですが、この先住民は非常に雄弁で、また、規則を持たず教えられることもなしに、自然に学んだだけの人間としては優秀な役者でした。会議の終わりには、イロクォイ人、アルゴンキン人、モンタニェ人、ヒューロン人、そしてフランス人が一緒に踊り一日を喜びに満ちて過ごしました。

七月一三日、総督閣下は、前述のトロワ・リヴィエールにいたすべての先住民部族と和解し、お互いに抱くかもしれない警戒心を捨てることを取り決めました。イロクォイ人の使者はこれに非常な満足を示しました。そして、自分の国の習慣に従って歌い踊り、アルゴンキン人とヒューロン人をオノンチオに服従し、フランス人の意向に従うよう強く促したのです。

翌日、総督閣下はイロクォイ人へのお返しとして一四の贈り物をしましたが、イロクォイ人たちは贈られた一つ一つに満足の意を表しながら受け取りました。こうして通訳が総督閣下の意向を伝えた後、和平条約が締結されました。その条件は、イロクォイ人はヒューロン人にいかなる敵対行為も行わない、トロワ・リヴィエールにいなかった長老のヒューロン人から話のあるまで武器を取らない、ということでした。総督閣下がクチュール氏をとおして贈り物を次の順序で贈られました。そのためにクチュール氏は、使者に対応してこの部族の身振りとやり方で行いました[13]。

第一の贈り物。これは天と地を造られた方に。至る所におられて、私たちの心の中までご覧になり、今すべての民の思いを一つになされたことに感謝するためのものです。

第二の贈り物。これは三人の捕虜を連れ帰るため、また途中で寒くなったり、村に裸で帰って恥ずかしい思いをしたりすることのないよう、帰路に着せるためのものです。

三つ目の贈り物。これはクチュール氏を生かしておき十分世話をして、連れ戻したことを部族の人々に感謝するためのものです。

四つ目の贈り物。これは、死者と過去のすべての不幸についての考えを捨て去るためのものです。

五つ目の贈り物。これは川の往き来を容易にし、湖を安全に渡り、道を通りやすくしてフランス人とアルゴンキン人のかまどの煙を見ることができるようにするためです。

六つ目の贈り物は、アニュロノン・イロクォイ人たちのカヌーを招き寄せて[14]、フランス人に会いに来させ、一緒に食事をし、こちらの川でブリルやチョウザメやビーバーを捕獲し、森でオオジカを狩猟させるようにするためのものです。

七つ目の贈り物は、イロクォイ人がこちらに来るときには、こちらの人々はイロクォイ人の釜のために火を起こし、この火がいつも用意ができていて燃えつづけることを示すためのものです。

八つ目の贈り物は、フランス人もアルゴンキン人もイロクォイ人との友好関係が保て、平和のうちに一緒に食事できる嬉しさを表すためのものです。

九つ目の贈り物は、イロクォイ人がヒューロン人とイロケ人、また上流のアルゴンキン人と話すのを待つためのものです。

一〇番目の贈り物は、フランス人はヒューロン人ができるだけ早く来て、アニュロノン人と同じように武器を置くように手配することを保証するため、また、フランス人はオグニョテの友人となり、オグニョテがオノンチオの子となるように望んでいることを示すためのものです。このオグニョテはイロクォイ人が移り住んでいる小部族のことで、そのためにイロクォイ人は自分たちの子と呼んでいるのです。[15]

一一番目の贈り物は、ジョーグ神父様に会えたこと、また、ブレサニ神父様に再会できることに感謝するためです。

一二番目の贈り物。これはトトランチョロンのオナトケマテル[16]に首飾りとして役立てるためのものです。

一三番目の贈り物。これはイロクォイ人に捕らわれているヒューロン人の女の子テレーズと、フランス人の一人の青年を返してもらうためのものです。

一四番目の贈り物。これはフランス人がサントヌロノン人（イロクォイの諸部族のことです）とその同盟部族[17]をイロクォイ人の近親者、また自分たちの近親者と見做すことを保証するためのものです。

総督閣下の通訳が話しおえると、ピースカレが起立して、一つの贈り物を差し出し、大声でこう言いました。

「これは自分が、死者たちが放ってある溝の上に置いた石です。もう自分らの骨を動かさないように、つまり、もう死者についてては考えないように、決して復讐心を起こさないように誓ったのです」

その後、ノエル・ネガバマットが起立し、オオジカの数枚の革を使者たちに贈り、帰路、怪我をしないようにそれで靴を作るよう勧めました。贈ったのは三枚[18]で、それから話を続け、自分は死者たちを埋葬に行って近親者たちに悲しみを忘れさせ、苦しみを取り除いてあげたいと思うと言いました。そして、自分の心は兄であるオノンチオの心とただ一つなので、自分もまたオノンチオと一緒に贈り物をするだけのことにすぎない、と結びました。会議の終わりには、三発の祝砲が放たれ、戦争の険悪な空気を追い払い、平和の幸せを喜びました。

この儀式の後、一人のひねくれたヒューロン人がイロクォイ人使者に近づき、フランス人をあまり信じないようにそのかしました。しかし、使者はこう答えたのです。

「私の顔の半面は塗られ汚れているけれど、他の半面は綺麗なものです。私は汚れている半面ははっきり見えませんが、半面はよく見えます。汚れているほうはヒューロン人の側で、私には少しもそれが見えない。綺麗なほうはフランス人の側で、よく見えます」

こう言うと使者は黙り、ひねくれ者を黙らせました。

夕刻、イロクォイ人たちの出発の前に、イエズス会の長上神父様は司祭館に招待し、そこで、好きな贈り物のタバコとキセルを一人一人に贈りました。大イロクォイ人は自分のを受け取ると、こう言いました。

「国を出たときには、自分の命を捨てたつもりで、喜んで死の危険に身をさらしました。ですから、こうして生きておられるのは皆さんのおかげです。またお日様を仰ぐことができてお礼を申します。それに十分なおもてなしと、結構なお話にもお礼を申します。帽子から履物まで衣類をくださったことにお礼を申します。立派な贈り物にもお礼を申します。あとは空っぽの胃袋だけが残っていましたが、これも私たちの大好物で満たしてくださいました。これでお暇致します。もし途中で死ぬようなことになったり、湖で溺死するようなことになったりしましたら、木々が皆さんの知らせを国の者たちに伝えることでしょうし、また、何か自然の力が、皆さんから受けた歓待を知らせてくれるでしょう。ある精霊がもう私たちより先に着いていて、すでにイロクォイの国では、皆さんが私たちを歓待してくださったことを喜んでいるのではないかと思っています」

翌[19]七月一五日、午前一〇時頃、大イロクォイ人と一行が舟に乗り、先住民とフランス人が岸辺に立っているのを見て叫びました。

「さようなら、皆さん。私は皆さんの親戚です。国によい知らせを運んで行きます」

それから、総督閣下に向かって話しました。

「オノンチオ、閣下のお名前は全地で敬われます。私は命を賭けて出てきて、自分の頭をつなげて帰れるとも、頭が無事に閣下のご門から出られるとも思っていませんでした。ところが、命を失うどころか、名誉とご厚意を受けて国に戻ります」

先住民たちにはこうも言いました。

「オノンチオとフランス人には服従することです。善意の人たちです。だから、あの人たちの助言に従うのが一番よいのです。では皆さん、そのうちに私たちの知らせが来るはずです。私をお待ちになってください」

話を聞きおわると、先住民たちは祝砲を一斉に放ち、要塞は大砲を轟かせました。このようにめでたく会談は終わりました。この会談が慈しみの神の御栄えとなりますように。

今日は九月二七日で、私があれ以来書かずにいたのは、会談のその後のことを話したかったからです。当地を出発したイロクォイ人には、二人のフランス人を付き添わせました。これは、イロクォイ人に警戒心を抱いていないことを示すためでした。使者たちはこの護衛と一緒に自国の人々に迎えられましたが、和平は全員から最大の満足をもって批准されました。使者たちは九月一八日頃に（約束どおり）戻ってきて、ヒューロン人とイール・アルゴンキン人と新たな協定を結びました。何よりも私たちにとって快かったことは、イロクォイ人が自分たちの国で教えを伝えてくださるよう神父様方にお願いしたことです。同地ですでに血を流したことのある神父様方が、この宣教を受け持つようになるかもしれません。しかし、これはまだ確かではありません。

これらの先住民たちとの和平は天からの奇跡と見做すことができます。常識から言えば、先住民たちの行動の仕方に見られる大きな障害のために、それは期待できるものではなかったからです。ですから私たちは、この手段によってすべての部族に福音のための門戸を開かれる神様に、お礼を申し上げなければなりません。あなたにもお分かりでしょうが、私たちはこの非常なお恵みについて、また神の国がアメリカのすべての異教の民に広まるのが見られる曙を迎えていることについて、名状しがたい喜びを抱かずにはおれません。異教徒からの迫害を目撃し体験もした私たちは、これほどに重く、これほどに神の御栄えに反する軛から解放されるのを見て、二重の快さを感じています。この平和の堅固さを神様にお願いしてください。自分の王国を追われようとする悪魔は余勢を駆って平和を乱し、前よりも悪い状態にすることもあり得るからです。

しかし私たちの新信者たちは、天のこの特別なご恩を強く感じ取っています。主は天から新信者たちの上に驚くほどのお恵みを注がれ、その効力は不断に見られるほどなのです。一人の新信者は主からいただいた超自然的幻視によって多くの回心者を生じ、公の償いを行わせるほどでした。先住民たちは、過去に犯した罪を嫌悪して自分からこれらの償いを行ったのです。それは今でも続けられていて、幻視を得た者は、自分が見たものを同郷人たちにどうしても説かずにはおれないのです。この幻視は自分にお現れになった主についてのもので、主は、ご自分の聖痕をお見せになった後、聖人たちの栄光と堕地獄者の苦しみ、そして贖いの御業の恩恵を善用しない人々を罰せられた正しい理由を示されたのです。また、死亡した先住民たちの状態と、まだ生存している幾人かの心のうちを打ち明けられました。しかもその人は、これらのすべてのことを感嘆するほどの熱情をこめて話し、先住民を叱り、主が見せてくださった書のうちにそれぞれについて書かれていることを見たと言っています。先住民たちは自分の良心を偽ることはできないので、自分で自分に償いを科すのです。以上のすべては、幾つかの部族が集まった場所で起こりました。[20]これらの部族の人々は、起こったことを知って非常に恐れ、また非常に心を打たれて多くが回心し、泣きつづけました。

ポンセ神父様とブリサニ神父様（お二人とも優秀な宣教師です）が、ヒューロン人の許に行かれました。イロクォイ人から非常に苦しめられたブリサニ神父様は、自分を迫害した者たちのために衣服を作る布地をお求めになりましたので、私たちがそれをこしらえますと、かつての迫害者たちに送りました。神父様はその人たちを愛しておられ、ご自分から奪おうとしたこの世の朽ちる命の代わりに、永遠の命の言葉を伝えに行く役目が自分に当たることを切望していらっしゃったのです。事実神父様は、内的・外的苦痛と苦悩で数え切れない死を経験なさったも同然です。ああ、イエス・キリストのものであり、この神的原型の模範を見倣うことは、なんと素晴らしいことでしょう。悪に対しては善をもって報い、しかも、可能なときには一〇〇倍の善をもって報いるのです。捕虜になっている私たちの女の子は返してもらえることになっていますが、そのときに、一緒にイロクォイ人の娘たちを連れてくることを期待しています。[21]もし神父様が、ご自分を苦しめる手伝いをした小さな鬼女〔＊Harpies, ギリシア神話のハルピュイア〕を私たちの許に連れていらっしゃるなら、私たちは非常にかわいがるつもりです。この偉大な神の僕が貴重な冠を得るようお手伝いをしたわけですからね。私たちの敵に、私たちは神父様と同じ考えを持ち、悪に対して善をもって報いる以外に復讐というものを知らないことを見せたいと思っています。

1　ルーアンから遠くないジュミエージュで哲学・神学課程に入っていた（一六四三―一六四八年）。

2　トロワ・リヴィエールのアルゴンキン首長。一六四五年にイロクォイ人に殺害された。

3　オタワの上流、アリュメットのイール・アルゴンキン人。

4　一六四二年八月二日。

5　トロワ・リヴィエール、フォール・リシュリュー、モントリオール。

6　ウォンパム(wampum)、または貝殻玉首飾り〔＊仏原文は colliers de porcelaine〕。

7　アニエ人に関してしか話していない。

8　オノンチオ(Onontio)は、モンマニ（Montmagny, mons magnus）の字義訳である。その後、この語はヌーヴェル・フランスのすべての総督を表すために用いられた。大オノンチオはフランス国王である。

9　マリー・ド・レンカルナシオンだけが加えた詳細。

10　「すべての国」の間違い。

11　イロクォイ人を避けてヒューロン人たちは森を通ってかな

りの遠回りをした。イロクォイ人たちはオタワとセント・ローレンス経由の通常の道を通るよう促している。

12 マリー・ド・レンカルナシオンは年代順に極めて正確に話を進めている。

13 マリー・ド・レンカルナシオンだけが、これらの贈り物の意味を伝えている。

14 アニュロノンとは、アニエまたはモホーク人のことである。

15 オグニョテ、オノニオテ、オノジョテは、イロクォイ人の中で最小の部族、オネイウまたはオネイダの主村である。

16 前述のホウアトケニアット。このくだりは意味が分からない。マリー・ド・レンカルナシオンが写しただけの『会報』が、どこかで名前を混同していたのであろう。

17 ツォノントゥアン、またはソノントゥアンと同じくイロクォイ人の中で最も多く、西部の最遠の部族。

18 RJには「足と脚部を守るため」とある。モカシンを作らせるためである。

19 土曜日。会談は一〇日を費やした。

20 タドゥーサックの布教所。

21 ウルスラ会修道院が、学校にイロクォイの娘たちを迎えたのはずっと後のことである。

五八（97） 一六四六年八月二九–九月一〇日 息子宛

愛するわが子よ。私は聖人たちの王様に、この世にあっても永遠にあっても、あなたをただご自分だけを愛する者としてくださるようお祈りします。私は、あなたがこちらの新しい教会のために祈り、また人々をお誘いして祈っていただいてほしいと望んでいます。その望みから、神様がこちらの先住民たちに注ぎつづけていらっしゃる数々の恩恵について、少しばかりあなたにお話ししないではおれません。

これにはあなたが、先住民たちをお恵みになるお方を改めてたたえ、ある人々のためには堅忍を、ある人々のためには完全な回心をお祈りするよう、きっと駆り立てられることでしょう。このことはそれほど遠いことには思えません。事実私たちは、自由に往来できるようになる和平の知らせに引き付けられた新しい諸部族が、こちらを訪れるのを毎日のように目にしています。これらの人々は教えを受けて救われることを望んでいますので、神父様方にそれぞれの部族の許に行っていただいて、信仰と福音の豊かな宝を持参し、彼らを洗礼によって神の子らのうちに加えてくださるようお願いしているのです。

最も熱心と思われるのは、タドゥーサックに布教所が置かれている北部の先住民たちです。このことは去年お話ししましたね。

また以前には、険しい山々と近づきがたい岩石の間の土地に住んでいるこの北部の先住民たちが毎年、春にはその地に戻ってくるので、神父様方もより穏やかな三、四ヵ月の間同じようにその地に滞在されて、人々に教えを授けていらっしゃる様子についてもお話ししました。その地は一年の残りの期間は比類のない寒さで、六月でも雪と氷が残っているのです。数日前、私はこの布教所を担当していらっしゃる神父様にその状況をお尋ねしました。神父様とは、これらの人々の回心のために霊的な一つの提携を行っているのです。つまり、神様の被造物である以上、私たちはすべての部族を分け隔てなく愛してはいますが、それでも、毎年、籤を引いてめいめいが一つの部族を選び、その回心のために特別にお祈りをすることにしているのです。というわけで、この部族が私に当てられたので、受け持ちの神父様から神様がこれらの人々に注いでいらっしゃるお恵みのほどを知って、感謝をささげたいと思いました。神父様が、私にお答えになりました。

「この地区について私が知らせることのできる最良のことは、イエス・キリストの御国が拡大しているということです。私は一日で三〇人のベッシアミット[1]人に洗礼を授け、六〇人の信者の告解をしました。これから教会で三つの結婚式を行うところです。一昨日は、すべての魔法使いたちから石や太鼓や、同じような意味のないものを取り上げて熱湯に入れさせました。それらがどんなに役に立たないものかを認めさせ、また、悪霊がこれらの哀れな人々の国に再び現れないようにするためです。タドゥーサックの先住民は身内の者たちにも他の部族の者たちにも非常に貴重な演説を行い、自分の言葉を信じ、キリスト教信仰を奉じるよう勇気づけています。あなたは、見るよりも聞くことによってよくお分かりでしょう。北部のすべての部族を照らしてくださることを、偉大な主に感謝してください。タドゥーサックから二日以上もかかるこちらには、一〇余りの部族がいます。私には、世の終わりが近づいているのかどうか分かりません。しかし、信仰は非常に広まっています。神の御手には、私という極めて質の悪い道具しかないのでしょうか。私にはそれが残念です。けれども、神が私をその御憐れみにふさわしいものにしてくださるよう、どうかお祈りください。こちらの小教区信者の信心は、極めて規則的です。約六〇人が二回か三回は告解し、聖体拝領に備えているので、そのために土曜日には大斎《だいさい》［＊断食。キリストの受難を思い、一定の日に行う禁欲による償い］をします。三〇人が初聖体を受けましたが、残りの者は時が来れば拝領するはずです。私にとって非常な慰めは、人々が極めて敬虔にまた熱心に御聖体を拝領することです。それを見て、二艘の船[2]で到着したフランス人たちがごミサと灌水式にあずかって感嘆したほどでした。お互いの規律は厳格に守られています。食事の順序は一番、二番、三番と決まっていて、まず偉い人々が食べ、給仕した役職者たちが二番目に食べ、婦女子は最後になります。食後は少し散歩に出掛け、自分たちの用件を話し、散歩しながら祈ります。

　これらの人はフランス風の小さな家をほしがっていますが、夏にはそこに住み、狩猟に出かけている間の冬には身の回りのものをしまっておくためです」

　ここまでが、神父様のお手紙の中のお話です。

　シルリーの私たちの善良な先住民を見るのは嬉しいことです。自分たちの村で神様にふさわしく仕え、教会の掟が厳守され、また違反が罰せられて、神の怒りを鎮めるために非常な注意を払っています。首長たちの主な関心事の一つは、一般的にも個別的にも、罪の機会となるようなあらゆることを遠ざけることにあります。どこの聖堂にも必ず数人の先住民がいて、熱心に祈っているのが見られますが、これは本当に素晴らしいことです。キリスト者としての信仰あるいは行いに違反した者がいると思うと、その人は自分から遠ざかり自分で自分を追放します。いやおうなしに償いをしなければならないか、あるいは村から屈辱的に追放されるかのどちらかだということを知っているからです。

　数日前のこと、ある若い男性が妻女といさかいを起こしました。二人とも首長たちの許に連れてこられ、夫は砦の地下室に鎖でつながれ、そこで三日間パンと水だけで過ごしました。妻女は同じ罰を受けましたが、これは私たちの修道院で実行されました。哀れな二人は非常に熱心に行いましたので、私は二人の過ちは宣告を受けたときにはもう赦されていたものと信じます。妻女は、ただ一握りの藁の敷物しか望みませんでした。自分は神様のお怒りを招いたのだから、償わなければなりません、と言うのです。

　同じく北部に住んでいるアッチカメーグ人は回心し、非常に清らかな生活を営んでいます[3]。四年前に三〇人ほどがこちらに下りてきて教えを聞き、洗礼を受けたのです。その後、国に帰り、部族の人々に自分たちが受けたお恵みを使徒的な熱情をもって知らせました。そして、自分たちが教わったように信仰の要点を説明しましたので部族の多くの人は回心し、洗礼を受けるためにトロワ・リヴィエールに連れてこられ望みどおりに洗礼を受けることができました。そのときから、この人々は神父様方が自分たちのうちに常住なさっているかのように規則正しい生活を送っているのです。また、かなりの遠方にもかかわらず時々は訪ねてきて、自分たちの信仰生活について報告し、新たな教えを受けます。子供たちも含めて、これほどに熱心な部族は見られません。

昨年行われた和平は、遠方の諸部族にも門戸を開きましたので、恐れずにこちらの区域にやってきて自由に交易を行い、また教えを受けられることを大いに喜んでいます。そして、すべての神父様方にそれぞれの国に来てくださるようお願いしています。それですでに、ある神父様方はもうアベナキ人[4]の許に出発なさいました。これまでは近づくことのできなかった部族なのです。他の神父様方はイロクォイ人の許にお出掛けになります。これがジョーグ神父様のおなじみの布教地で、この布教地は神父様がご自分の血をおびただしく流して始められたものです。そして、この地をもっと聖化なさったのは、ご自分の英雄的な徳によってですが、これは裁きの日でなければ知られません。何しろ、この偉大な神の僕は、それらの徳を謙虚な沈黙のうちにお隠しになっているのですから。けれども、人目を引いたわずかな徳行が散々に暴力を振るった人々さえも深く感動させ、神父様がフランスから戻られ先住民の国に来られて再会すると、天からの使者のように神父様をお迎えして、自分たちの父親と見做しているのです。

イロクォイ人の使者たちについても、少しお話ししなければなりません。こちらを去ったときには、春に戻ってくると約束していました。使者たちは国に帰るとすぐ、首長たちにモンマニ総督閣下、フランス人、ヒューロン人、アルゴンキン人、また、この和平交渉に加わった他の部族の意向を伝えました。これは、次のようにして行われたのです。

使者たちの到着した三日後、最初の村では人々が集まり、クチュール氏をとおしてオノンチオ、すなわち総督閣下の声を聞きました。使者たちが話す前には、咽喉をうるおすための贈り物が与えられ、旅の間に身体についた埃を落とさせ、より話がしやすいようにしておいたのです。クチュール氏と他の使者たちがそれぞれ話をし、贈り物を提出した後、イロクォイ人たちは六つの贈り物をしました。

第一の贈り物は、棘や茨や路上の他の障害物で傷つけられて血のにじんでいる使者たちの足を癒すためのものでした。

第二の贈り物は、かつてフランス人、アルゴンキン人、ヒューロン人及び連合部族に対して振りかざされた斧が、もはや危害を与えることのないよう、遠くに捨てられたことを意味するためのものでした。

第三の贈り物は、父親のオノンチオ〔＊総督〕の声を聞き、善意を重んじるよう促した母親〔＊イロクォイ人の中枢〕に従わなかった悪い娘〔＊従属の小部族〕について抱いた苦痛を示すものでした。この恥知らずの小部族は、大胆にも、またこの秋にモントリオールにやってきて、斧を振りかざしたのです。[5]これは、イロクォイ人に従属する小部族ですが、オニオンテヘロノン人の七人の戦士が和平に同意することを望まず、イロクォイ人の意志に反してひそかに撃って出て、数人のアルゴンキン人を殺したことを言っているのです。[6]

第四の贈り物は、オノンチオがすべての民を一つにし、全土を自由にしたことについての部族全体の喜びを示すものでした。

第五の贈り物は、並び立つ者のない共通の父オノンチオに、アルゴンキン人を正気に戻したことを感謝するものでした。これはオノンチオ以前には誰もできなかったことなのです。

第六の贈り物は、家々に場所を設けて、火を灯すため、つまり、それらの家で歓迎され、フランス人と安心して語り合うことができるためのものでした。

贈り物が行われて万事が決着すると、クチュール氏は到着から一〇日後にヒューロン人と一緒に帰途に就きました。ところが、かなりの道を行ってから後戻りしなくてはなりませんでした。なぜなら、カヌーが見つからなかったので、カヌーを置いてきた場所まで歩かなければならなかったからです。神はこのようにして、イロクォイ人たちの誠実さに保証をお与えになりました。と言うのは、出発した村に後戻りした少しあとで、前述の者たち、すなわちモントリオールの近くを襲撃しアルゴンキン人を殺害した者たちが、本拠地の村に到着して接見を求め、聞き入れられたのです。[7]それで自分たちの交渉の内容を説明しましたが、それはアルゴンキン人と断交することでした。イロクォイ人の一人が、殺した者たちの髪の毛を見せながら言いました。

「これは、皆さんが憎んでいる者たちの一人です。前にうかがったところでは、皆さんは奴らとは和解の気持ちは少しも持っていませんでしたし、あの世で同じような場所で奴らに出会ったら、また襲撃するとのことでした。

私も同じことを言いました。それで皆さんの決断を促すために、こうして奴らの頭とそいつをゆわえる紐（五〇パルム〔＊パルムは手幅尺、たなごころの長さ〕の大きな貝殻玉首飾り）を持参したわけです」

それはシルリーの私たちの善良な信者たちの数人の頭で、信者たちはモントリオールの近くで野営していたところを、この下手人たちの裏切りによって殺されたのです。

この話を聞いたイロクォイ人たちは、当人たちが不敵にもこれらの頭を持参したことに驚きました。これは自分たちの顔に泥を塗ることにもなるわけですから。

「おい、なんだって。オノンチオは子供だとでも言うのかい。この知らせを聞いたらなんと言うだろう。『これがイロクォイ人の条約なのか。襲ったのは自分たちではないとしても、この者らに斧を与えて、私たちの友人の頭をたたき切らせているではないか』とは言わないかね。それだけじゃない。我々の名誉だけでなく、命がかかっているんだ。我々の近親者がアルゴンキン人たちの所に自分の土地のように住んでいるが、これで命を失ってしまいはしないか。アルゴンキン人たちがこの知らせを知ったときには、我々の近親者たちをこの虐殺の下手人として責めはしないか。あんたたちの髪の毛と贈り物を持って出ていってくれ。我々は誰もそれには手を触れたくない」

イロクォイ人は先住民ではあっても、このような態度で誠実に和平を求めていることを私たちに示しました。そのうえクチュール氏が報告なさったところでは、冬の間誰も戦いについて話さなかったどころか、反対にお互いが自由に出会い、安心して狩猟できたとのことです。イロクォイ人は二、〇〇〇頭にも及ぶ大量のシカを殺しました。そしてクチュール氏をアルゴンキン人とヒューロン人の許に派遣して、前々から二つの部族の虜となっている娘たちと近親者たちとを返してもらいに行くつもりである、と言わせました。

クチュール氏は、春にイロクォイ人使者たちと戻ってきましたが、いろいろな理由をつけたたくさんの贈り物を持参していました。いろいろな理由があるとはいえ、すべてはただ一つのことに帰します。すなわち、和平の確認です。総督閣下もまた使者たちに贈り物をなさいましたが、それらは、使者たちがもたらした提案を受け入れたこと、また、ご自分が全力を尽くして平和を維持することを示すためのものでした。そのほか、今後はイロクォイ人をわが子のように愛し、保護し、イロクォイ人はフランス人の家々で大いに歓迎され、盟友としての満足を表すための火と釜とがいつでもそこに用意されていることを示されたのです。これらのすべてのこととご自分の大いなる愛情を知らせるために、総督閣下は、この会談でご自分の口からこの真実を聞かせるだけでなく、神父様の一人とフランス人の要人の一人を派遣して、イロクォイ人の国々にご自分の言葉を伝えさせ、すべてのイロクォイ人を安心させることを望まれました。そのため、総督閣下は自分自身のように愛し、また父親のように尊敬しておられたジョーグ神父様をお選びになり、イロクォイ人が神父様に対して行うすべての保証と歓待は、自分になされたものとして感謝するとおっしゃいました。イロクォイ人はこの申し出に非常に満足し、総督閣下に最大の満足と感謝の意を表しました。

こうして、ジョーグ神父様は去る五月一六日にイロクォイ人と一緒に出発なさいました。またこちらの大地主の一人でいらっしゃるブールドン氏も、総督閣下の約束に従って神父様と一緒に出発しました。一行は、この旅行の間非常な難儀をしました。滝があちこちにあって、そこではカヌーから降りて荷物全部を背負わなければならなかったからです。このような場合には、例外なく誰でも自分の荷物は自分で持たなければならないのです。一行は数人のイロクォイ人が釣をしている場所に到着しましたが、そこには私たちのヒューロン人の娘テレーズがいました。神父様は特にテレーズに話し掛け、質問し、諭し、勇気を持つように励まされました。解放のときは近づいていました。神父様は、そのために私たちが送った身代金をお持ちだったのです。実際は、これは代価というものではありません。テレーズを返すことは和平条約で義務づけられていたのですから、テレーズを養った人々にその費用をお返しするものです。テレーズは、信仰がぐらついたことは決してなく、毎日、神様にお祈りし、戻ってきて神様と信心について再び教えを受けられることがとても嬉しいと言って、神父様を安心させました。テレーズは略奪されたときにはわずか一三か一四歳でしたが、おぞましい迷信だらけのこの地で信仰をしっかりと守っていたのです。

神父様はイロクォイ人の国にお着きになると、前述のような歓待を受けられました。神父様は総督閣下に代わり、この国の事情と風習に従って演説と贈り物をなさいました。イロクォイ人は、すべてに拍手をもって応えました。そして多くの特別な行事が行われましたが、それらを書き記すとあまり長くなるので、ここでは省きます。神父様は、信仰について話す命令は受けていませんでした。受けていたのは、ただその地に入り、イロクォイ人から受けた虐待を少しも根に持っていないこと、それどころか、皆を兄弟、甥のように愛していて、オノンチオの望みに皆が同意したことをオノンチオに知らせ、その後、皆がオノンチオとその同盟者たちと一緒になったら、兄弟でもあり甥でもある皆の許に留まるつもりであることを知らせることだけでした。

ここで、イエズス会のヌエ神父様とマッセ神父様の尊い死についてお話ししておかなければなりません。ヌエ神父様は、聞くところによれば、聖母マリアのお清めの祝日〔＊現在は主の奉献の祝日〕に、従順と愛を実行中に亡くなられたようです。司祭なしに過ごしていた守備隊の兵士たちの告解を聞くために、危険を冒してトロワ・リヴィエールからリシュリューまで冷たく凍りついた大河の上を行かれました。一月三〇日に、一人のヒューロン人と二人のフランス人をお供にトロワ・リヴィエールを出発なさったのです。最初の宿舎はトロワ・リヴィエールから二四キロの所にある北部のセン・ピエール湖上でした。少しお休みになった後、真夜中の二時にお発ちになりました。前進して、居住地の人々に送られた品物を取りに来るよう知らせるためです。神父様のお供の人々がトロワ・リヴィエールから氷の上を橇を引いてきていたのです。神父様は愛とはやる気持ちから、ご自分よりも他の人々のことを考えておられました。ご自分に差し出されたもの、つまり少々の葡萄酒と焼肉は受け取ることを拒否なさいました。火を起こすための銃も、毛布も残していかれました。毛布は宣教師の方々が、冬に布教に行って森や雪の中でマントの代わりにお使いになるものです。神父様は、食糧としては一切れのパンと五つ六つの干しスモモだけ。お召し物としては、極寒の中凍った川の上をスータンの下に簡単なカミゾール〔＊一六、七世紀の袖の太い男性用シャツ〕だけで満足なさいました。月明かりに導かれて、北部に向かいながら岬から岬へとお歩きになっておりましたが、やがて空が曇りはじめ、雪が盛んに降ってきて島が見えなくなってしまいました。[8]残してきた二人の兵士が出発したのは、神父様の出発からようやく三時間後のことで、二人は夜分に二時間以上も難儀しながら、こわごわ道を辿っていたのです。二人の兵士は土地には不案内で、また雪の上をかんじきを着けて歩くことができませんでした。それに雪の上に神父様の足跡を見つけることができなかったのです。リシュリューから歩いた経験のある一人がコンパスを使うことを思い付き、仲間の兵士とヒューロン人と湖の中央に至り、[9]島に真っ直ぐに向かうことにしました。夜分のため一行は不意に疲れを覚え、セン・ティニャス島のはずれの雪の中で寝ることにしました。そこはリシュリューの居住地とは反対側に当たります。ヒューロン人は頑健で疲れを知らず、要塞まで行き神父様のことを尋ねました。ところが、神父様は到着なさっていなかったので、隊長と部下たちは皆、非常に心配して残りの夜を過ごしました。翌日、捜査が行われ、二人の兵士が発見されましたが、二人は火もなしに夜を過ごし、半死半生の状態でした。二人は要塞に連れていかれ、そこに神父様がいらっしゃらないことを知って非常に驚き、南部がより安全なため、神父様は湖を渡られたのではないかと考えました。この考えに従って急遽、幾人かの人々が派遣され、日中から夜にかけて捜査に当たりました。叫び、神父様のお名前を呼び、聞こえるように鉄砲も打ちましたが無駄でした。お清めの祝日の翌日、一人の兵士が神父様が最初に休まれた場所まで行く決心をしました。そうすれば、神父様の足跡が分かり、それを辿ることができると考えたのです。それで、二人のヒューロン人を同行させましたが、二人は勇敢にも喜んで兵士の供をしました。二人は神父様が使っておられたかんじきがヒューロン製のものであることを見分け、その痕跡をずっと北方の湖と島に向かって追いました。そして一行は、島と陸地の間で神父様が辿られた幾つかの道を見つけました。それは道に迷った人が覚えておこうとして付けたもののようでした。同じ道筋を歩き回った後、一行は神父様が休まれた場所を見つけました。そこには少しばかり樅の木があって、神父様がそこから雪を除けた跡が見られました。一行は道を歩きつづけ、神父様の残された足跡の上に立って、リシュリュー要塞からリシュリューの上方四キロの所にある虐殺岬と呼ばれる場所まで一望しました。考えられることですが、雪と霧で神父様は居住地をご覧になることができなかったか、かんじきを履いての難儀な旅に非常に疲れて、ご自分の現在地がお分かりにならなかったかです。とにかく、虐殺岬のほうに神父様が休まれた場所がまた見つかりました。そこから上流へ一二キロの所に、神父様のご遺体が見つかったのです。雪に囲まれた溝の中で地に膝を付けていらっしゃいました。それまでは溝にお身体を寄せておいででした。息を引き取られる前にひざまずかれたのですが、お身体がぐったりして、このような姿勢になられたようでした。かんじきと帽子はご遺体の側にあり、お弁当としてお持ちのパンがまだポケットの中に残されていました。敬虔な兵士はお祈りしたあと、ご遺体の近くにあった木で十字架を作り、ご遺体を毛布にくるみ、発見されたままの姿勢で橇に乗せました。それからトロワ・リヴィエールに運びましたが、そこでは皆が深い悲しみに包まれ、また慰めも受けました。悲しかったのは、昼夜を分かたずに献身され、感謝の的であったご親切な神父様が救援の手もなくこのように死体となっているのを見たからですが、慰めを受けたのはご遺体の姿勢を見てのことでした。それは、通常、聖フランシスコ・ザビエルの御絵に見られるもので、腕を胸の上で十字に組み、目を開いて天を見つめたものです。事実、天だけが神父様のご臨終の証人であり、また、ご労苦に報いるために神父様を待っていたのです。お顔の様子は、死者というよりも、むしろ観想をなさっているように見えました。これほどに敬虔なお姿を見て、一同は泣き崩れました。そのときにトロワ・リヴィエールにいらっしゃった神父様方からお聞きしたのですが、お棺に納めるためにご遺体を解凍しようとして火に近づけたところ、生きておいでのように朱色になり、それは非常に美しいものでしたので、神父様方は抱き締めずにはおれなかったとのことです。神父様のお歳は、六五を超えておりました。神父様はお若いときからこちらにいらっしゃって、マッセ神父様とご一緒に教会の礎石を築かれながら非常なご苦労をなさいました。そのマッセ神父様もまた、今年七〇歳で亡くなられました。お二人は飢えをしのがれただけでなく、海では海難に出遭われ、英国人に捕らわれたりなさいましたが、そうした中で教会を築かれ、しかも、その中で想像できない十字架を経験されました。けれども、苦痛も労苦も迫害も決してお二人の勇気を挫くことはできなかったのです。フランスのある立派な領主がヌエ神父様を側近に呼び寄せようとして、神父様の長上の方々にしきりに働きかけ、あまつさえ昨年は、神父様に非常に差し迫った調子で手紙を書き、すぐにでも神父様を獲得できると思った様子でしたが、神父様はその執拗な要求を思い止まらせるために、極めてそっけない返事を書かれました。そして、愛する布教地から引き抜かれることをお許しになるなら、むしろこの世から引き取ってくださるよう毎日神様に祈っていらっしゃいました。神様の御心を捕らえ、どうしてもこのお恵みをいただくために、神父様はいつも英雄的な行動を取られておりましたので、それにはどなたも感嘆しておりました。ですから神様が、死によって神父様のお望みをかなえてくださったものと信じられています。愛と従順を実践しながら、ただ一人見捨てられて死ぬことは、イエス・キリストに似た者となることではないでしょうか。マッセ神父様は、お祈りしながらご寿命で亡くなられました。ご生活は全く聖なるもので、奇跡さえも伴われました。私は偉大な神の僕をよく存じ上げていますので、これらの方々の死はとても心にかかります。けれども、それは非常に甘美な思いですので、何かしら神父様方の栄光が感じ取られるような気持ちです。生きていらっしゃった間に、神父様方の徳の香りをかいでいたのと同じ感じなのです。

私は、神父様方のお一人とお別れしたところです。アベナキ人のためにセン・ティニャスの布教所を開きにいらっしゃいますが、お供はただこの部族の人々だけです。この人たちは自分たちの国に神父様を派遣して、天国への道を教えてほしいと願いに来ていたのです。この国は大きくて、今までは入ることができませんでしたが、神様の全く特別なお取計らいによって向こうから訪ねてきたのでした。優秀な信者の一人か二人が昨年、この部族に会いに行き、神様についてお話をしています。しかしお話を聞いただけではなかったのです。この種は、神様のお定めになったときのために祝別されていたのです。私たちは、その実が結ばれることを期待しています。[10]

部族の近くにはかなりの英国人がいて、幾つかの居住地に分かれ、海岸沿いにその国の八〇〇キロ余りを占拠し、フランス人がこちらで行っているように皮革の取引を行っています。[11] 英国人たちは、先住民が神父様を求めてこちらに来るのを知ったときは、それに越したことはないと言って先住民を励ましました。と言うのは、（噂によれば）英国人の間には多くの隠れカトリックがいるそうで、そうだとすれば、その地で二重の実を結ぶことが期待できます。

ヒューロン人たちから受け取った手紙で分かったことですが、一つの新たな国が発見され、その入り口も見つかったそうです。漁師の部族で、先住民の言葉では「ウインプジェック・イキミエック」と呼ばれています。[12] これは大規模の宣教で、有利に広まることが期待されます。この大部族は定着していて、この部族をとおしてさらに他の部族が発見され、イエス・キリストのものとなることができるからです。当地では非常に大きな働きがなされるでしょう。それどころか、ヒューロン地方の彼方にある大海にも乗り出すことになりかねません。[13]

また、そこからは中国への道が見つかると考えられているのです。淡水ですが、この同じ海をとおして海岸と陸地に幾つかの国々をも発見することが期待されています。もし、神様が今年、この企てを成功させてくださり、また私を生かしておいてくださるなら、私の喜びをあなたに知らせましょう。私のただ一つの願いはイエス・キリストの御国の発展と完成、それから、そのことについて私が知っている事柄をあなたに知らせることなのですから。そうすれば、御独り子の御血によって贖われた人々の救霊という、神様の最大の御栄えのために、あなたは私と一緒に働くことになるのです。どうか人々の回心を休むことなく求めてください。ああ、もしあなたがこのような素晴らしい偉業のために命をささげたことを聞いたとしたら、私はどんなにか嬉しいことでしょう。また、もし光栄にもそのために自分の体がばらばらにされることがあるとしたら、私はどんなにか幸せなことでしょう。私が不束なあまり、神様のご計画の妨げとなることのないようお祈りしてください。

今度は別のことに移って、私たちの面会室や学校での仕事について少しお話しすることにしましょう。こちらに来るヒューロン人は、ほとんどいつも私たちの面会室にいますが、そこが教える場所になっていて、また、ヒューロン語ができるメール・マリー・セン・ジョゼフの布教所なのです。ですから、新信者も洗礼志願者もメールを母親のように見做しています。昨年は、ジャン・バチストという名の首長が家族一同を引き連れて下りてきて、イロクォイ人との和平条約に列席しました。それで冬の間、私たちに身体的・精神的慈善事業を実践する機会が与えられました。というのは、首長は先住民の間では有力者ですけれども、自分の国の外にいるので、いろいろなものが必要だったからです。これらの人が持参しているのはただ取引のための品物だけで、それも、険しい道を通って運んで来たものです。この人たちが、信仰と信心業の実践に対して抱いている熱意のほどは言い表すことができません。しかし一番感嘆させられることは、良心の繊細さと、どんな些細な過ちさえも避け、それらを犯したら、できるだけ早く告白しようとする細心さです。

あるとき、ジャン・バチストの素朴さは私たちを励まし、同時に、ちょっと楽しませてくれました。狩猟に出掛けようとしていたときのこと、旅の間に必要なものを提供すると約束した数人が、出発のときに約束を果たしませんでした。それで当人は落胆して、憤慨の言葉をちょっと洩らしてしまいました。気を取り直したジャン・バチストは、そのことを非常に悔やんで、直ちに告白しようと思いました。しかし、聴罪司祭がお留守でしたので、他に聴いてくださる神父様がお見えにならなかったので、いつも教えてくれるメールのところに来て自分の罪を話し、聴罪司祭がお戻りになったら、そのことを伝えてほしいと願ったのです。そして、自分は罪を犯したことを非常に悲しんでいる、神様に一生懸命にお赦しをお願いした、今後はもっとよく注意するからと念を押しました。メール・ド・セン・ジョゼフは当人を慰めて、さらに痛悔の祈りを行わせましたところ、その後、ジャン・バチストは安心して出発しました。ところが八キロほど歩いたとき、聴罪司祭がお帰りになったことを知ると、大急ぎで告解に戻ってきて、神父様がお帰りになったのを知りながら自分の憤りを告白しないでいたら、とても安心して旅はできないと言うのでした。

別のヒューロン人は、まだ教えを受けておらず、ただ、それを熱心に望んでいたのですが、メール・ド・セン・ジョゼフにゆだねられました。その人はすぐにメールを母と見做し、メールには必ず従って、命じられることはなんでも行っていました。ですから、メールが同意しなかったら、誰であれ、当人の気持ちを動かして教えの時間を中断させるようなことはできませんでした。ある日、特別な理由でアルゴンキン人と狩猟に出掛けなければなりませんでした。しかし、メールの許可なしには行くことを望まなかったのです。

「待ってください。メールから休みをもらっていないのです。許可をもらいに行ってきます」と言いました。それでメールが許可を与えると、すぐに出掛けました。欠席の間は、ロザリオを唱え、一日として祈らない日はありませんでした。私たちの聖なる信仰の諸神秘について教わったことを、絶えず頭の中でおさらいをしていましした。それらを忘れて、洗礼を遅らせてしまうことを心配したからです。狩猟から戻り舟から降りると、すぐさま大喜びで私たちの面会室にやってきて、当人が神の子となることを望んでいたメール方を呼びました。そして、自分の先生のメールにこう言いました。

「メール、私はお会いできなくなってからたくさんの罪を犯しました。メールにお会いして教えていただき、洗礼を受けたいという願いから、私は何度も戻りたいと思いました。それが断られたので私は悲しくなり、望んでいることが延期されると思うと、苦しくて気持ちが休まらなかったのです」

別のときには、他のヒューロン人がビーバー狩りに一緒に連れていこうとして、しきりに来るように促し、この狩猟ではたくさんの稼ぎがあると約束しました。いつものように、メールに休みを願いにやってきました。そこでメールは、もし早く洗礼を受けることを望んでいないなら、その狩猟に行くのは別に不都合だとは思わないが、受洗の望みが今までに聞かせてくれたように強いものならば、生活のための稼ぎだからといって、そのように出掛けていって歩き回るのは、この大きなお恵みに応えるにはよい心構えではないと思う、と言いました。そうすると、当人はメールに断固として答えました。

「決めました。私は行きません。私には自分の救いと洗礼以上に急ぎのことはありません。私が望んでいるのは、ただ、信仰の富と神の子らの一人となる名誉を国に持って帰ることだけです」

その日から、このヒューロン人は一日として教えを受けるのを休んだことがなく、主はその熱意を祝福されて、私たちの信仰のすべての神秘を覚えるための非常に優れた記憶力をお与えになりましたので、当人は、なんでも一度言われただけで覚え、一つのことを二度繰り返して言われることは滅多になくなりました。聖霊降臨の翌日、あれほどに望んだ洗礼の日が遂に訪れ、この格別のお恵みをどれほど大きな喜びをもっていただいたかは言葉には言い表せません。その言葉、その行いと外に現れたすべてのことが、当人の心の満足を表していました。そのとき以来、毎週二度告解をしていますが、今日は、御聖体拝領のための教えを受けています。これは、その国で初聖体が荘厳に行われるようにするためです。

私たちの小さな学校は、今年も前年と同じほどの活躍をしました。私たちの最大の刈入れは冬なのです。冬の六ヵ月間は、先住民は狩猟に出掛けるため私たちに娘の教育をゆだねます。この期間は、私たちにとって貴重です。夏には、子供は母親から、母親は子供から離れることができません。母親は、トウモロコシ畑や、ビーバーの革をこしらえるために子供に手伝わせるのです。ですから、私たちの許に来る子供たちは少なくなります。けれども、来ている子供たちの世話だけでも、いつも結構忙しいのです。

この一団の若い新信者の級長で指揮者のような子は、新しい教会の最初の信者の孫娘でしたが、両親は誕生するとすぐ娘を神様に奉献しました。娘は母親が亡くなった二歳のときに私たちに預けられ、私たちは彼女を修道女にするつもりで三年ほど育てました。それが、当人が望むならばとの両親の願いだったからです。この子は私たちがカナダに来て以来会った子供の中で一番賢く、一番気立てのよい娘でした。お話ができるようになると、もう全く一人で母国語のお祈りだけでなく、私たちがフランス人娘に唱えさせていたお祈りを暗記していました。修道女の席で歌われているのを聞いては、ほとんど同時にそれを覚えてしまい、よどみなく私たちと一緒に歌ったものです。外部の人々が歌ってくれるよう頼むと、詩編全部を歌って聞かせるので、人々はうっとり聞き入りました。要理の質問への答えには申し分なく、仲間の子たちに教えられるくらいでした。わずか五歳半でしたのに、先生はこの子に祈りを選ばせ、一人で大きな声で先唱させることにしましたところ、大変上手に、また非常に熱心に行いましたので、聞く人に慰めを与えました。しかし、私たちの喜びはあまり長くは続きませんでした。この子は肺炎にかかって、間もなく声が出なくなり、そして亡くなりました。この純真な子は六、七ヵ月病床にありましたが、その間、信じられないほどにとても我慢強く、従順で賢くしていました。告解のための神父様を願ったのでお呼びしたところ、神父様はこの子が丁寧かつ敬虔に、また分別をもって告白する態度を見てすっかり驚かれました。この子は病苦に責められ、打ちのめされていたにもかかわらず、神様にお祈りすることを拒んだのは、死ぬ一時間か二時間前だけでした。これは不安な圧迫感のせいでしたが、不従順になるよう悪魔から抑えられているのですよと言われると、すぐ合掌して、どんなことでも言われるとおりにしました。見舞いに行くと、私たちに抱いている愛を示すために、天国に行ったら私たちのために神様にお願いすると言いました。この子が天国に行くことは容易なことです。息を引き取る間際に、神様を愛していますかと尋ねられると、大人と同じほど平静に、「はい、私は心から神様を愛します」と答えました。それがこの子の最期の言葉でした。父親は知らない者の裏切りのために負傷し、この子より少し前に、聖徳の明らかなしるしを見せて亡くなっています。父親の死後、両親について話を聞いたとき、この子はこう言っていました。

「私の親は黒い服を着たシスターだけで、シスターがお母さんです。お父さんが死ぬ前にそう言いました。シスターたちが私のお母さんとなるように私を差し上げたのだから、よく言うことを聞きなさいと言い聞かされました」

この子は父親が天国にいることを信じていて、それを大いに利用していました。それで仲間と何かちょっとしたいさかいを起こすと、非難しながら、「私のお父さんは天国にいるけど、あんたたちのお父さんは違う」と言っていました。これは子供らしい仕返しでした。正直に言って、この純真な子の死は、私たちにとっても私たちのすべての友人にとっても打撃でした。もちろんこの子が天国にいることは信じてはいますけれど。この子はフランス人からも先住民からも知られ愛されていて、皆から小さなウルスラ修道女と見られていました。事実、子供でありながら、すでに修道女の役を果たしていたのです。

主は私たちの学校を苦しむ人々、虐げられた人々の避難所とするお恵みをお与えになりました。というのは、評判を悪くしたり、命を亡くしたり、あるいは親から見捨られる危険にある娘、あるいはなんであれ苦しんでいる娘がいれば、部族の者たちが真のキリスト信者として生きるように目を離さないで、首長たちがその子たちを私たちの許に連れてきて預け、教育してもらうようにするからです。このうえなく慈しみ深い神のすべての恩恵にお礼を申し上げてください。私と一緒に、イエス・キリストの大義と御国の拡大に心を尽くしてください。そのために生き、命を捨てることにしましょうね。

1　モンタニェ人の中のベッシアサミット(Betsiamites)あるいはベルシアミット(Bersiamites)は、タドゥーサックの北方に住んでいた。
2　釣船。
3　アッチカメーグあるいはポワソン・ブラン（白魚）で、ケベックの北西、セント・モーリス川の上流に住んでいた。回心は一六四二年の秋に行われた。手紙五三（73）参照。
4　アベナキ人。手紙三五（46）、五三（73）参照。
5　手紙五七（92）参照。オネイウーツたちあるいは、彼らのオニョテの村のことである。
6　オニオンテヘロノンあるいはオネイウーツ（英語でオネイダ Oneidas）で、イロクォイ人の中で最少の部族である。
7　実際にはソコキ人で、モントリオールでの殺害ではなく、前年秋のシルリーでの三人のアルゴンキン人殺害であった。Cf.RJ1646 (Th.28, 276).
8　セン・ティニャス島。後述。
9　セン・ピエール湖の入り口、リシュリュー川の河口付近に散在する一群の島。
10　彼らの土地には、宣教師はまだ一人も入っていなかった。一六四三年までの関係はニュー・イングランドの植民地住民に限られていた。Cf.RJ1643 (Th.24, 60). 手紙（73）。
11　一六二〇年にピルグリム・ファザース（＊一六二〇年メイフラワー号に乗り、北米プリマスに植民した清教徒の一団）とプリマスに植民した英国人は、一六三〇年にはマサチューセッツ湾岸会社とともに大西洋沿岸に決定的に根をおろした。
12　8inpeg8eck ikimi8ek. 恐らく印刷の間違いで先住民の名が崩れてしまったもの。Ouinipegは「塩海の水」あるいは「臭い水」(eau puante)を意味していた。そこから、この先住民にフランス人はピュアン人の名を与えた。Cf.RJ1640（Th.18, 230).
13　スペリオル湖。それまで一人のヨーロッパ人も渡っていない。

五九（110）　一六四七年夏　息子宛

愛するわが子よ。毎年、あなたにはこちらの新しい教会に神様がお注ぎになるお恵みと祝福を知らせていますので、教会が受ける苦難についても、やはり知らせないわけにはいきません。

神様は、時には優しいお父様のように私たちを慰められますが、時には厳しい裁判官のように罰を科されます。特に、私にはそうなのです。絶え間ない不忠実によって、他のどなたよりもお怒りを招いているからです。今年は、人々の救霊のために熱心に働いている方々にすこぶる大きな試練をお与えになりましたので、その峻厳さがいっそう強く感じられました。と言うのは、イロクォイ人との和平が決裂し、そのため多くのフランス人と信者の先住民、特にジョーグ神父様が殺害されたのです。

なぜこの凶暴な部族が、私たちには十分に固まったと思われていた和平を破るようになったかと言えば、数人のヒューロン人捕虜が、私たちの信仰と祈りに対する反感を示したからなのです。捕虜たちは、私たちの信仰と祈りこそが自分たちの部族にいろいろな災いを招き、伝染病を広め、自分たちが伝来の習慣に従って暮らしていたときよりも狩猟と漁獲を少なくしたと言い立てました。ちょうどその頃、イロクォイ人も疫病に襲われて、それが村々に広がり、わずかな間に多数の死者を出していたのでした。また、悪天候で穀物に害虫が発生し、穀物を全部食べてしまいました。このような不運な出来事から、イロクォイ人たちは、ヒューロン人捕虜が言ったことが本当であると容易に信じてしまったのです。ジョーグ神父様は、総督閣下とすべてのフランス人及び先住民信者の代表として、和平確認のためイロクォイ人を訪問なさったのですが、[1]その際、宿泊先に戻ってくる保証として主人に一つの小箱を預けました。その中には、数冊のご本と聖器が入っていました。イロクォイ人たちは、これは神父様が自分たちの間に残していった悪魔で、自分たちの災いの原因に違いないと思ってしまったのです。もともとは信仰を持つ意義を知らない無信仰の人々ですし、敵を打ち破って得ていた利益というものを失っていたところに、こうした事情が加わって、私たちにしたすべての約束を忘れてしまい、かつての敵を滅ぼすことを謀りました。同時に、オノンダジュロノン人、ソノントゥアロノン人、その他の上方のイロクォイの諸部族に贈り物をし、自分たちの陰謀に加わるように求めますと、これらの部族はやすやすとこれに応じたのです。[2]

その間にも、この変心を全くご存じなかった総督閣下は、フランス人たちを数人のヒューロン人と一緒に派遣することにしました。かつて、忘恩の地にご自分の血を注がれたことのあるジョーグ神父様は、両方の組に加わり、旅行の間に助言を与え、必要な奉仕をなさることになりました。一行はトロワ・リヴィエールを一六四六年九月二四日に出発し、同年の一〇月一七日に非常な疲労の末、アニュロノン・イロクォイ人の許に到着しました。到着すると、予期しなかったあしらいを受けました。小屋の中に入れられて酷い扱いを受けただけでなく、全裸にされ、拳と棒でたたかれるとは思いもよらなかったことです。しかも、こう言われたのです。

「こんなあしらいを受けても驚くんじゃない。明日は死ぬのだ。火あぶりにはしないから、それだけは安心しな。斧でたたき殺すのだ。お前らの頭は、俺たちの村の入り口の柵に曝しものにされる。そうすりゃ、お前らの兄弟が俺たちに捕まったときにお前たちに会えるわけだ」

一行はその意味と、もはや容赦を期待する術がないほどにイロクォイ人たちが凶暴になっているのがよく分かりました。ですから、間もない死に備えました。けれども、翌日は何事もなく過ぎ、先住民たちの気持ちが少しは和らいだのかと思われました。しかし、夕方になると、ウルス〔＊グレート・ベア湖〕の部族の一人の先住民が夕食だと言ってジョーグ神父様を自分の小屋に連れ出しました。ところが、入り口の陰にもう一人いて、神父様を待ち受け斧で一撃しました。神父様はその場で即死でした。若い一人のフランス人も同じ目に遭いました。ディエップ生まれのジャン・ド・ラ・ランド氏で、進んで神父様のお世話をしていた方です。同時に、このイロクォイ人はお二人の首を切り、戦利品として柵に掛け、胴体は川に捨てました。偉大な神の僕は、このようにしてご自分の犠牲を終えられました。私たちは神父様を殉教者として崇敬していますが、実際にそうなのです。私たちの聖なる信仰と、この裏切者たちが、魔法や呪いと見做した祈りの排斥のために殺害されたからです。神父様は三度、つまりイロクォイ人の許に行かれるたびに殉教者であったとさえ言えます。一度目は死にませんでしたが、死ぬほどにお苦しみになりました。二度目は、苦しむことも死ぬこともありませんでしたが、お心は絶えず殉教の望みに燃えておりました。しかし三度目には、神様は、神父様が長い間望んでおられたことをお聞き入れになりました。神様は、この特別なお恵みを神父様にお約束なさっていたようです。神父様が預言的精神をもって友人のお一人に、「私は行って、戻ることはないだろう」とお書きになっていたからです。ですから神父様は、待ちきれない聖なる思いでこの至福のときをお待ちになっていたのです。ああ、イエス・キリストのために死ぬことはなんと甘美なことでしょう。だからこそ、その僕の方々はこれほど熱烈に苦しむことを望んでいるのです。聖人たちはいつも敵のために善を行う心掛けをお持ちですので、今はきっと天にいらっしゃる神父様が、ご自分を死に至らしめた者の救霊を神様にお願いしていることでしょう。というのは、この獰猛なイロクォイ人は間もなくフランス人に捕らえられましたが、回心し洗礼を受けた後、真のキリスト者の思いをもって死刑を受けたからです。

　神父様のお供の全員を虐殺した後、イロクォイ人は防備が整う前に、間髪を入れずフランス人とアルゴンキン人とヒューロン人を奇襲しました。[3]まず、モントリオールを襲い、そこで三人のヒューロン人と二人のフランス人を捕らえ、少し離れていた数軒のフランス人の民家に侵入して洗いざらい略奪しました。幸いなことには、それらの家の人々は教会に礼拝に来ていました。トロワ・リヴィエールの二人のアルゴンキン人が、妻女と一緒にヒューロン人が殺した一頭のヘラジカを受け取りに八キロ離れた所に行きましたが、イロクォイ人に捕まりました。この一行を捕らえた結果、部族全体に災いが広がることになりました。イロクォイ人は捕まえた者から、アルゴンキン人が大がかりな狩猟のために北と南の二手に分かれて出掛けたことを知り、同様に二手に分かれました。イロクォイ人が狙ったものを見つけるのは容易でした。多くの足跡を辿って、アルゴンキン人の小屋に真っ直ぐに行くことができたからです。けれども、そこで見つけたのは妻子と荷物だけでした。イロクォイ人は洗いざらい奪い、男子を求めて道を歩きつづけました。そこで出会ったのが、その名も高いピエスカレです。不注意にも一人で帰途に就いていたのですが、十分な武装はしていました。イロクォイ人は、ピエスカレは死ぬまで勇敢に戦い、たとえ一人であっても、自分たちに少なからぬ損傷を与えずにはおかない人物であることを知っていたので、友好訪問に来たふりをしました。ピエスカレは相手が一〇人だけなのを見て簡単に信用し、平和の歌を歌いはじめたのです。ところが、警戒心をゆるめていたところへ一人が背後から捕まえ、刀を突き刺しました。それで、ピエスカレはその場に倒れて即死しました。イロクォイ人はこの名高い首長の髪の毛を取り、残りの者たちを探しに行きましたが、これも見つけて難なく捕らえました。これほど悲惨な出来事は全く予想していませんでした。イロクォイ人は、一行を妻子たちのいる場所に引き連れていきました。和平が定まり自由が保証されていると信じていただけに、お互いが囚われの身となったのを見たアルゴンキン人たちの苦痛がいかばかりであったかは言葉に表せません。

南方に出掛けたアルゴンキン人も、同じように捕らえられました。イロクォイ人が信者と新信者とを見つけたときには、宿営地を出て森の奥深く分け入るところで、妻子を連れ荷物を抱えていたのです。防戦の余裕はありませんでした。けれども、息子と後方を歩いていたジャン・バチストの妻マリーが夫のほうに駈けていって前方を歩いていた人々に知らせ、迎撃態勢を取らせてほしいと叫びました。しかし、勇猛で逃げることを知らない夫は武器を取り、先頭の一人のイロクォイ人を殺しましたが、次の者によってすぐ倒されてしまったのです。イロクォイ人は、一人も逃げることのないよう一行を包囲しました。それでも、命を惜しまぬ勇士ベルナールが最初に出会った者を殺しましたが、助ける者がなかったので直ちに虐殺され、残りの者は皆、捕まえられて、イロクォイ人たちが二手に分かれる前に示し合わせていた場所に引き立てられました。

翌日、イロクォイ人の他の一団が自分たちの獲物を引き連れて同じ場所に到着し、捕虜を連れてきたときに決まって行うことなのですが、凱旋の叫びと喚声を上げました。善良なキリスト信者たちは共に同じ不幸に陥り、縛られ、たたかれて傷だらけになっているのを見ながら、互いの気持ちをただ目で伝えることしかできませんでした。それから、心は苦痛と痛恨に沈んで目を伏せていたのです。優れた信者ジャン・タイシュカロン[4]は、誰も逃れられないこれほどの災いに遭っても、少しも勇気を失うことがありませんでした。捕らわれた兄弟たちの間から立ち上がり、しっかりした態度と毅然としたまなざしで断固とした声で言いました。

「皆、勇気を持つんだ。信仰も祈りも捨てるんじゃないよ。敵の高慢はまもなくへし折られるだろう。われわれの苦痛は、どんなに激しくても長く続きはしない。辛抱して苦痛に堪えたあとは、天で永遠の安息を得るだろう。だから、誰も信頼を揺るがしてはならない。惨めな状態にあっても、神様に見捨てられることはない。ひざまずいて、神様がこの苦痛の中で勇気と忍耐を与えてくださるよう祈ろうではないか」

この言葉を聞いて、信者や洗礼志願者だけでなく親たちもひざまずき、一人が祈りを大声で先唱すると、他の人々もいつものように、これに合わせて祈りました。それから聖歌を歌い、御摂理によって受けた深い苦痛の中で、神様と共に互いに慰め合いました。驕り高ぶっていたイロクォイ人自身も皆、驚きをもって一同を見ていました。けれども、そのうちの一人が嘲笑うと、ジャン・バチストの妻マリーが、見知っていた一人の背教者にキリスト者としての厳粛さをもってこう言ったのです。

「これほどに聖なる事柄を嘲笑わないように、あんたたちの身内に言いなさい。これは、苦しいときには万物を造られた方に祈る私たちの習慣です。私たちは、神様がお望みだから苦痛を忍んでいます。神様はご自分を嘲る者を罰します。特に、卑劣にも神様を裏切ったあんたを罰しますよ」

他の者たちはマリーが語ったことを嘲笑いましたが、その背教者は良心のひそかな呵責に耐えきれず一言も言わずにうなだれ、かつて唱えたことのある祈りをうやうやしく聞いておりました。他の女性信者たちも、不信仰者たちの嘲りと冷罵の中でも毅然としていました。敵を前にして子供たちに十字架のしるしをさせ、ロザリオの祈りを指を折って唱えさせました。イロクォイ人が、信心のしるしとなるものや用具を全部取り上げてしまったからです。もっと先に進む前に、凶暴なイロクォイ人は致命的な打撃で負傷した一人の信者を生きたまま焼き殺しました。途中で、あまり苦しまずに死んでしまうことを懸念してのことです。

私たちが知ったところでは、野獣よりも残忍なこの野蛮人たちは、その場所を出発する前に、洗礼を受けたわずか三歳の幼子を十字架にかけたそうです。その子の身体を厚い木の皮に横たえ、釘状に先の尖った棒で両足と両手を突き刺しました。ああ、その幼子はなんと幸いでしょう。無垢のままで、イエス・キリストに似た死に方をする栄誉を得たのですもの。誰がこの聖幼子を羨まずにおれましょう。私は、その子は救い主の誕生を死によってことほいだ、あの幼子たちよりも幸いではないかと思います。〔＊マタイによる福音書2・16〕

この苦しめられた一行はイロクォイ人の国に連れ去られ、そこで戦争捕虜のように迎えられました。つまり一斉に棒でたたかれ、燃えさしの木を脇腹に突き刺されたのです。男性のために一つ、女性のために一つと、二つの大きな台を組み立て、男女とも裸のままイロクォイ人一同の嘲りと冷罵にさらされました。信者は告解のため、洗礼志願者は受洗のためジョーグ神父様を呼んでほしいと願いました。イロクォイ人たちはこの願いを一笑に付しただけです。しかし、数人の元捕虜のアルゴンキン人がこの屈辱的な舞台にそっと近寄り、神父様が斧の一撃で殺害されて、首が柵にかけられていることを知らせました。これを聞いて信者たちは、これ以上穏やかなあしらいは望むべくもないこと、告解をしていただく司祭はどなたもいないこと、救いと苦しみの中での慰めは、ただ神様からしか期待できないことが分かったのです。

事実、大人と子供に愚弄された後、台から下ろされて、アニュロノン・イロクォイ人の三つの村を引き回され、一つの村では爪を剝がされ、次の村では指を切られ、別の村では焼かれ、しかも至る所で棒でたたかれ、古傷に加えて新しい傷を受け、満身創痍になっていきました。婦女子は殺しませんでしたが、夫と武器を持つことのできる若者は村々に配られ、それぞれの所で焼かれるか煮られるか、焙られるかして殺されました。前に話しましたが、皆の前で祈りを唱えた信者さんは、焙られ責苦を受けましたが、それは全く野蛮な残忍さでした。日没前に暴行を加えはじめ、夜通し足から腰まで焼き、翌日には腰から首まで焼き、頭は残して次の夜に焼くというふうにです。しかし暴虐者たちは、その信者さんにもう力がないのを見て、身体を火の中に投げ込み、信者さんはそこで灰にされたのでした。その間、嘆きの一言も洩らさず、絶望のあまり助けを求めることもなかったのです。信仰が内的には精神力を与え、外的には神様の御旨への忍従の行為を表させたのです。ですから、目は絶えず天に向けられていました。そこが魂の憧れの場所、間もなく行くはずの場所として。この信者さんを殉教者、あるいはそれ以外のどんな名で呼んでもかまいません。しかし、祈りがその苦しみの原因であって、また他の人々以上にむごい責苦を受けたのは、捕虜全員の先頭に立って祈りを高らかに唱えたからであることは確かです。

以上の詳しい話は、逃げてきた数人の女性、[5]特に、前にお話ししたジャン・バチストの妻マリーから聞いて知ったことなのです。マリーの逃亡物語は非常に興味深く、あなたのために書き記しておくだけの価値があります。マリーは前に一度、オノンダジュロノン・イロクォイ人に捕らえられたことがあったので、オノンダニェ[6]人の数人が覚えていて、いい話があるからと偽って、マリーに村から出るよう頼みました。村から出ると、否応なしにかどわかし、自分たちの村から逃げ出したのだから、そこに戻らなければならないと言い含めました。マリーが命令に同意すると、翌日には迎えに来ると約束して森の中に隠し、それから約束どおり迎えに来ました。

一行はオノニオテ[7]を通らなければなりませんでしたが、そこにはマリーを捕まえた者がいて、彼女は捕虜協定でその者に属していたのです。かどわかした者たちは、マリーがそれと分かって捕まえられることを恐れ、森の中に隠し袋をかぶせて偽装させわずかな夜食だけを与えました。マリーは少し休んだ後、闇にまぎれて村に近づきました。そこからは、イロクォイ人たちの罵声と騒がしい叫びが聞こえてきました。同族の一人の男性を焼いているのでした。マリーは、連れていかれる所は自分が脱出した村で、そこに行けば同じ仕打ちをされることに思い当たりました。先住民が逃亡者を赦すことは希だったのです。この考えにいっそう確信を持ったのは、数人の若者たちが自分をじろじろ見ながら、身体のどの部分が好みなのか尋ね合っていて、一人が灰で焼いた足がとても旨い、と答えたのを耳にしていたからです。マリーは若者たちの国で捕らえられていたので、彼らの言葉が理解できました。そして、外には表しませんでしたが、死から確実に逃れるためには、逃亡以外にないと思いました。それで、逃亡の決心をするや、直ちにオノンダニェの方向にある自分の国に向かって走りました。それも、踏み固められた道を行きました。あまり人の通らない道だと、足跡で行く先が知られると心配したのです。村のすぐ近くの森の中で、かなり深い獣の洞穴の中に身を隠し、そこで一〇日一〇夜を過ごして外に出る危険は冒しませんでした。イロクォイ人たちが度々すぐ側を通るのを見ましたし、自分をかどわかした者たちさえも目にしたからです。けれども、夜は洞穴から出て、近くの畑にトウモロコシの落ち穂を拾いに出掛け、食糧を蓄えてはいたのです。どんなに探しても、集めることができたのは、小皿二つ分以上にはなりませんでしたが、それが逃亡のための二ヵ月余りの食糧となるはずなのです。切羽つまったマリーはすっかり勇気を失いました。しかも、悲嘆を絶望に換えることが起こりました。

ある日、一人の大男のイロクォイ人が斧を肩にして、真っ直ぐマリーのほうにやってきたのです。そのときマリーは、命はもはやこれまでと観念して、祈りながら死ぬ準備をしました。ところが、神に感謝、近づきつつあったその男が突然きびすを返して森の中に入っていったのです。けれども、神様のこのご保護を受けても、マリーは勇気を取り戻しませんでした。マリーには分かっていたのです。自分の国に辿り着いたとしても、森林と雪の中で飢え死にする、そうかと言って、かどわかされたアニエに戻れば、生かしておいたのに逃亡した者として火刑にされるのを免れることはできない。連れ出されたオノンダニェに行けば、どうなるか宣告はもう聞いている、そうかと言って洞穴の中に隠れていれば、飢え死にするか見つかるのは時間の問題である、と。

それで、死は避けられないと見て、先住民らしい間違った考えから、自殺してもっと穏やかな死に方をすれば、よい行いをすることになるのではないかと思いました。それで帯をほどき、それを輪結びにして首に締め、木に掛けて首吊りをしました。しかし、純真な人たちの過ちを容易にお赦しになられる神様が、いつも御旨を求める者の不幸をお望みにならなかったので、身体の重みで紐が切れてしまいました。それでもマリーはまた木に登り、二度目の首吊りをしましたが、紐は最初のようにまた切れてしまいました。そこで、マリーは目を開き、神様が守っていてくださるのに気が付いたのです。そして、こう考えたのです。神様は私が死ぬことを望んでいらっしゃらない、私の命を助けようとなさっている、だから、逃げて助からなければならない、食べ物はないけれど、神様は力ある方だから私に食べ物を見つけてくださらないはずはない。空の鳥を養うのは神様だし、森の獣に食べさせるのも神様だわ。私は神様を信じ、神様に希望をかけているのだから、御慈しみが私に及ばないはずはない、と。このように考えた後、マリーは祈り、導いてくださるよう神様に懇願しました。

それから、ぐずぐずしないで大きな森の中に入りました。食べ物は、ただ拾い集めたわずかばかりのトウモロコシだけでした。マリーは太陽を見て進みました。太陽は、道という道のないこの無人の森林では羅針盤の役割を果たしたのです。持っていたものを食べ尽くすと、地面を掘り起こして幾つかの柔らかい木の根を見つけました。地面が凍ってあまりに固いときには、木を嚙り樹液をすすり、外皮よりも柔らかな内皮を食べました。マリーが寒さと飢えにどんなに苦しんだかは筆舌に尽くしがたいものです。

けれども、ご自分を信頼する人々が窮状にあるとき決してお見捨てにならない神様は、イロクォイ人が宿営した場所に一つの斧を見つけさせてくださいました。この道具がマリーの命を救ったのです。まず、マリーは工夫して木製の火付け具を作り、これで夜の間は火を燃やし、夜明けに火を消しました。煙で見つけられるのを恐れたからです。それから、小さな亀を見つけ、これを食糧として蓄えました。このわずかな食糧で、マリーは数日間持ち堪えることができました。マリーは夕方になると祈り、夜は食べたり、温まったり、眠ったりして過ごしました。日中はずっと歩きながら、神様に祈って過ごしたのです。

狩猟に来たイロクォイ人たちに出会いましたが、イロクォイ人たちはマリーに気が付きませんでした。そして川岸[8]に小舟を置いていきました。戻るときにまた乗るためです。マリーは小舟に飛び移り、漕ぎはじめました。それからはほっとしましたが、それでも敵に出会いはしないかという心配と、方角についての不確かさは残っていました。やがてのこと、大きなセント・ローレンス川まで漕ぎ着け、その流れに乗ってフランス人の住む地域に向かいました。その間あちこちの島に行き、たくさんの島の卵を見つけては、お腹が空けば食べていました。また、木で剣状のものを作り、先を焼いて固くし、この道具を使って五、六ピエ［＊一ピエは約三二・四センチ］のチョウザメを取りましたし、たくさんのシカやビーバーも殺しました。そうするには、まず獣を水の中に追い込み、それから舟に乗って追跡し、追い着くと追いつめられた獣を斧で殺しました。そして舟の中に引き寄せて必要なときに肉を食べました。それで、モントリオールに到着したときには、マリーはまだ十分な食べ物を蓄えていたのです。

居住地に近づくと、人々は正体を確かめにやってきましたが、すぐジャン・バチスト・マニトゥナグークの妻マリー・カマカトイングーチであることが分かりました。人々はマリーを見て、喜んでよいのか泣いてよいのか途方に暮れました。マリー自身もどうしたらよいのか分かりませんでした。すっかり呆然としてしまって、なす術もなく話すこともできなかったのです。

マリーはダイユブー総督夫人[9]の許に連れていかれました。夫人は先住民からはシャウレンダマグーチと呼ばれ、マリーをいつも大変かわいがっていました。それで夫人は、マリーをこよなく優しく迎え、お嬢さんたちと共に、身内やお友達と一緒なのだからもう泣かなくともよいとおっしゃりながら、できるだけのことをなさって慰められたのです。マリーは言いました。

「夫と子供たちと、とても愛していた人々の住んでいる土地に戻ってこられたのですもの。泣かずにおれません。涙はもうとっくに涸れていました。でも、私たちの友情を思い出すと、どうしても涙があとからあとから出てくるのです」

マリーは少し休息して感極まった思いも鎮まった後、私たちの洗礼志願者が捕まえられ、そのあとに起こったことについて、前述したように話して聞かせました。イロクォイ人が自由を与えた数人の女性も脱走して助かり、マリーと同じような体験をして話を裏付けました。それ以後はアルゴンキン人はいつも用心し、イロクォイ人との間で小競り合いが絶えませんでした。小部族の一人のアルゴンキン人が妻と一緒に舟に乗り、イロクォイ人がトロワ・リヴィエール近在の身内の者を捕まえ虐殺したので、用心するよう同じ部族の人々に知らせに行きました。大きな川に近づく前に、七、八人のイロクォイ人が乗っている一隻の舟を発見しました。アルゴンキン人は妻に、手伝ってくれるなら舟を攻撃したいと言いました。

妻は、生きるも死ぬもあなたと一緒だから、あなたの言うとおりにすると答えましたので、二人は互いに励まし合い懸命に舟を漕いで、できるだけ敵の舟に近づきました。ところが、発見される前に気が付いたことには、その舟の後ろに大勢の男たちを乗せた他の四隻の舟が続いていて、男たちは勝利者のような歓声を上げていたのです。それで、アルゴンキン人は思い直して他の岸に上陸し、イロクォイ人の側からのように鉄砲を撃って自分の到着を知らせ、イロクォイ人たちの狩猟の結果を知りたがっているように見せかけました。イロクォイ人たちは、それが一団の身内の者たちからのものと思い、「エイ、エイ、オー」と気合を入れて四〇回叫び、そのたびに鉄砲を撃ちました。それで分かったことなのですが、なんとイロクォイ人たちは四〇人のアルゴンキン人を捕まえていたのです。

時を移さず、他の岸に置いてきた妻を連れに行き、二人して大急ぎで別れたばかりの数人の者に見たことを知らせに走り、敵に復讐する機会を逃さず、捕虜にされた兄弟たちを救出するよう促しました。一行のうち七人の若者が一緒に行くことを望んだので、直ちにイロクォイ人の舟を追跡しましたが、無謀にならないように夕もやにまぎれて敵の状態をうかがいました。見ると、イロクォイ人の舟は五隻で、それぞれの舟には攻撃を十分に防げるだけの男たちが乗っています。それでアルゴンキン人たちは、夜になって敵が眠りはじめたときに攻撃すべきであると考えました。それで次のような攻撃の段取りを決めました。他の舟より大きくて大勢乗っている三隻をそれぞれ二人一組で、他の二隻を別の二人が襲うことです。このように作戦を練ったあと、信者たちは祈りをささげ、真夜中になって一斉にイロクォイ人に襲いかかり、出会った者を皆、殺したりたたきのめしたりしました。敵は襲撃に目を覚ましましたが、何も聞こえず見えもしないので、「誰だ」と叫びました。しかし、返ってきた答えは斧と刀だけでした。一人の大きなイロクォイ人は刀で刺されたかと思うと、自分を襲った者に駆け寄り、取っ組み合って刀をへし折りました。組まれた者は敵の手を振り切りはしましたが、武器がないので祈りに救いを求めました。イロクォイ人はなおも追いかけてきて、殺される寸前のところでしたが、幸い二人目の者が救いに来て一撃を加えたので、イロクォイ人はその場で死にました。肉弾戦は凄く、夜の闇がそれにいっそうの凄惨さを加えました。一〇人のイロクォイ人がその場で死に、多くの負傷者が出て捕虜たちは解放され、奪われたすべての荷物は取り戻されたのです。救われた人々は、救出者たちに言いました。

「あんたたち、逃げなさい。この近くには大勢のイロクォイ人が隠れているんだから。いつかあんたたちを見つけたら、少なくともあんたたちが、あいつらの兄弟にしたのと同じくらい散々な目に遭わせるはずだ」

これを聞いて一同は、死者の髪の毛を剝ぎ、たくさん積んであった皮や商品を全部川に投げ込みました。イロクォイ人たちはフランス人の許に商売に行くため、ヒューロン人に加わった幾つかの部族からそれらを略奪していたのです。

隠れていたイロクォイ人たちは、まだ他の捕虜を連れていました。その中には、極めて大胆な行動を取った一人の女性がいました[10]。数日前、野蛮なイロクォイ人は、いつもの残忍な仕方でこの女性を自分たちの許に引き立てていきました。夜の間は、逃げ出すことのないように、聖アンドレの十字架（＊X型）の形で地面に打ち込んだ四本の杭に縛り付けました。ある夜、女性は腕の片方を縛っていた紐が弛んでいるのを感じました。それで、自由になるまで腕を動かしたのです。そして、その腕が自由になると、他方をほどき、それから両方の手で両足を自由にしました。イロクォイ人は皆、ぐっすりと眠っていたのです。逃げ出したがっていた女性は、一人も目を覚まさず、その上をまたいで行きました。出ていこうとして、ふと小屋の入り口に斧を見つけました。それを取ると、彼女は激怒に我を忘れ、近くのイロクォイ人の頭にたたきつけました。その男が即死しないで身動きして音を立てたので、他の者たちが目を覚ましてしまいました。何が起こったのかを知るため松明が灯されます。血に染まった男を見て、この殺害の張本人を探します。女性が逃げ出しているのを発見し、彼女に違いないと思って若い者たちが追いかけましたが無駄でした。当人は、穴の開いた切り株の中に潜んでいたのです。前日、小屋の近くにあったのを目にしていました。仲間の死で、イロクォイ人たちが騒ぎ立てていたことがすっかり耳に入ってきます。しかし、騒ぎが治まり、自分を追っている者たちが一方を探している間に、反対のほうに駆け去りました。夜が明けると、追跡者たちは皆、足跡を見つけようとしてあらゆる方面に向かいました。そして足跡を見つけて、幾人かは丸二日執拗に追いつづけ、遂には彼女のいる所までやってきたのです。それで、もはや隠れる所も分からず、もう死を覚悟しました。ところが、ビーバーが巣を築いた一つの池が見つかりました。もう行く先もなく、その中に飛び込んでほとんど身を沈めたままにして、見つからないように時々頭を上げて息をしていました。こうしているうちに、イロクォイ人は見つけるのをあきらめて元の所に帰っていきました。女性は自由になったのを知って、三五日間森の中を歩きました。身を包む衣類としては、ただ一片の木の皮、食べ物としては、時々見つけた木の根とスグリや他の野生の木の実だけでした。小さな川は泳いで渡りましたが、大きな川を渡るには、引き抜いた木々を集めて、先住民が綱を作るために用いる木の皮で一緒に木にゆわえました。川の向こう岸はより安心だったので、岸辺を歩いているうちに古い斧を見つけ、それで木の皮の小舟を造り水の流れに任せました。

そうしているうちに、釣をしていたヒューロン人たちを見かけましたが、味方か敵か分からなかったので、すぐ森に隠れました。そのうえ、全くの裸でしたので、男の人たちに見られるのが恥ずかしかったのです。ちなみに、このアメリカ大陸の女性は、先住民ではあっても羞恥心があり、礼儀があるのです。住居に近いことを知り、裸を見られないように夜だけ歩くことにしました。夜の一〇時頃、トロワ・リヴィエールのフランス人居住地を見つけました。とすぐに、数人のヒューロン人に見つかってしまったのです。実は、ヒューロン人たちは誰なのか探ろうとあとを追っていたのでした。当人は森の中に逃げ込み、裸だから近づかないでほしい、自分はイロクォイ人の所から逃げてきたのだ、と叫びました。一人のヒューロン人が自分のマントと着物を投げて寄越しましたので、これを着て誰なのか分かってもらい、すべての冒険を話して聞かせました。

ヒューロン人たちは彼女をトロワ・リヴィエールに連れていきましたが、そこで当人は、フランス人からたくさんの結構なもてなしを受けてすっかり驚いてしまい、これが現実なのかどうか信じられないくらいだったのです。というのは、先住民たちの間で知らない人をこのように待遇することは、今まで見たことがなかったからです。彼女はそれまでフランス人を見たことがなく、フランス人は誰にも危害を加えず、誰にでもよいことをすると噂で聞いていただけでした。

以上が、背信のイロクォイ人がすべての部族に対して引き起こした混乱で、そのために、他の部族はそれぞれの国に閉じこもったままで一歩も領外に出ないか、あるいは教育を受けたり、友好国と取引に行くなりして外に出れば、この凶暴なイロクォイ人の襲撃に身を曝すしかないのです。

しかし神様は、ご自分の教会を悲しませていらっしゃっても、また慰めてもいらっしゃいます。ヒューロン人の許で働いていらっしゃる神父様方のお手紙では、アナストエ〔＊アンダストエ〕の先住民[11]はバージニア地方の近隣の人たちでヒューロン人と親しくしているのですが、ヒューロン人がイロクォイ人から虐待されていると聞いたこと、また、ヒューロン人が助けを必要とするなら、知らせてもらえば磨いた武器を携え救援に行くことを神父様方に知らせたということです。

ヒューロン人はこの素晴らしく好都合な申し出にすっかり嬉しくなり、アナストエの部族に使者を派遣して友好を新たにし、改めて誠意を確約しました。使者団の団長は熱心な信者で、八人の随員を従えていましたが、そのうちの四人は信者で、他の四人はまだ信者にはなっていませんでした。この会合では、敵に対する防御手段を供することが単にヒューロン人のためになるだけでなく、また、私たちの聖なる信仰にも役立つことが確認されました。福音の働き手がヒューロン人の許に入ることができれば、大きな収穫が得られるわけですから。けれども、このような大きな企ては時間が必要ですし、道ももっと自由に通れるようにならなければなりません。

もう一つの慰めの種は、新信者たちの熱心さで、これは実際にとても言葉では言い尽くすことができないほどのものです。[12]新信者は、時には、説教の間に燃え立つ熱情に我を忘れて神父様のお話をさえぎり、心に込み上げる思いを皆の前で話してしまうのです。ある日、シルリーの布教所を担当していらっしゃる神父様が、先住民が葡萄酒やブランデーを飲んでは度々酩酊することを厳しく戒めました。神父様がおっしゃったことに心を打たれた一人の先住民が、神父様をさえぎって言いました。

「神父さん、もういいです。神父さんの言うことはほんとです。私は酔っ払ってました。自分の愚かさを見せているわけです。神様が私を憐れんでくださるようお祈りください。二言三言、言わせてもらいます。自分の国の者たちだけに話すんです。私はこの町ではよそ者だから、長い話はできません。なあ若い衆、おれが言いたいのはあんたたちになんだ。おれの罪に倣っちゃいけないよ。おれの苦痛を見るんだ。よく覚えていてくれ。おれはこんなに歳を取ってはいるが、罪を認めて告解をするよ。若いあんたたちは自分の罪を隠しちゃ駄目だ。おれは自分がしたことを苦にしている。崖に身を投げたも同然だから。あんたがたは落っこちないよう気を付けるんだな」

この男性には同じく飲んだくれの仲間がいて、この話を聞いていたのですが、さえぎって言いました。

「いや、馬鹿なのはおれだよ。悪いのはおれだよ。おれがすべてをお造りになった方を怒らせたんだ。若い衆よ、もっと賢くなれよ。おれが迷い込んだ道に入っちゃいけない。真っ直ぐに歩くんだ。すべてをお造りになった方がおれを勘弁してくださるよう祈ってほしい、と神父さんに頼んでくれ[13]」

聖マリアの清めの祝日〔＊現在は主の奉献の祝日〕に、同じ神父様が蠟燭を配り、この日に教会が行う儀式について説明していらっしゃると、ある首長がお話をさえぎって、次のように短い説教、と言うより短い演説をしました。

「ああ皆の衆、有難いことです。こんなに美しい真理を私たちに教えてくださった神父様に感謝しましょう。皆さんが手に持っているこの火が、何を意味するか分かっていますか。それは、イエス・キリストが私たちの明かり、私たちの光であることを教えているのです。イエス・キリストこそ、信仰と天の真理についての知識をお与えになって、私たちをまともにしてくださったのです。イエス・キリストこそ、その光によってこのうえない幸せの道を私たちに見つけさせてくださったのです。この同じ炎は私たちの手の中で燃え尽きますが、それは、私たちもイエス・キリストへの愛のために燃え、イエス・キリストにお仕えして燃え尽きなければならないことを教えているのです。私たちの間には若い者も年寄りもいますが、皆、燃え尽き死に向かいます。では、なぜ燃え尽きるのか。肉体の欲望を満足させるためです。しかし、私たちがイエス様のために燃え尽きるとすれば、これほど幸せなことがあるでしょうか」

別の機会に同じ首長が、聖カタリナとその信仰、責苦を受けながらのその堅忍について神父様がなさっていた説教を聞いて[14]不意に叫びました。

「キリスト信者はこうでなければならない。自分の命ではなく信仰を大事にする。娘さんの話を聞いて恥ずかしくはなりませんか。耳は聞こえず目が見えなくなっている私たちの間には、恥ずかしい思いをする者はざらにいる。教えを受けても耳を塞ぎ、見せられる聖なるものには目を閉じてしまう。皆の衆、勇気を持ちましょう。しっかりと、あくまでも信仰を守りましょう。飢えも、渇きも、病も、死さえも神を信じ、最後の息が尽きるまで神に従うことにした、私たちの決心を少しも揺るがすことのないようにしましょう」

この熱心が、神様の御栄えと人々の救霊のために働く人々の心を捕らえずにはおかないかどうか、私はあなたの判断にゆだねます。

首長は、身内の者とイロクォイ人を探し出して戦うために出掛けたときモントリオールを通りましたが、そこでは、一行のために大きな歓迎会が催されました。御馳走になったあと、首長はもてなした人々に語りました。「かつては、御馳走になったときは、御馳走してくださった方々に私たちは、『この饗宴は皆様の名を全地に知らせ、すべての国々は皆様を人々の命を養うことがおできになる気前のよい方々であると見做すでしょう』と述べたものでした。しかし、私はこの古い習慣は捨てました。今は、人様からよいことをしていただいたときには、神様に向かって申し上げます。『ああ、万物の創造主である神よ、あなたは慈しみ深い方、私たちを助けてくださる人々をお助けになり、あなたを愛するようになさってください。悪魔に取り付かれることから守り、私たちと共に天国での席をお与えください』」

これが、この優れた信者が行った食後の感謝の祈りで、異教を奉じていたときに行っていたものとは全く違います。

私たちは、同じような徳行を修道院の格子越しにいつも見ています。メール・マリー・ド・セン・ジョゼフから教えを受けている一人のヒューロン人が、同族の他の者たちから狩猟に行くように促されたのですが、指導者のメールから休みをもらっていないので、自分では行くのを勝手に決められないと答えました。他の者たちは少しばかり怒ったり軽蔑したりしながら、「ちぇ、お前は男じゃない。女だ」と言い返しました。これを聞くと、当人はうなだれて何も言いませんでしたが、心は非常に傷つけられていたのでした。それで、メールの許に行って苦痛を打ち明けると、メールは、忍耐し敵を愛することを示さなければならないキリスト者として、罵りに堪えるよう励ましました。ヒューロン人は溜息をつきながら答えました。

「先生、女に見られることは、男にとって堪えられないことなんです。それでも、キリスト者でいたいからイエス・キリストを見倣うことにします」

メールはその心構えを知って、他の者たちと一緒に行くよう勧めました。当人は、狩猟に出掛けて喜んで戻ってきました。当人は「敵」を赦したのですが、神様は罵った者に罰をお与えになりました。イロクォイ人たちに捕らえられたのです。

アッチカメーグ人、別名、白魚人は相変わらず熱心で、信者でない人々は信者になることを強く望んでいます。この部族の人々は善良でおとなしく、素直です。戦いというものは、獣に対して以外は知りません。この生来の善良さから迷信を信じがちです。一種の預言者あるいは占い師がいて、将来のことを言い当てるのです。しかし実際は、呪術師や魔法使いで、明らかに悪魔と通じているのです。この者たちは病人を癒すため小太鼓、歌、口笛を使います。また、小さな櫃を使って空気の精にうかがいを立て、火占いを用いて病気の結末、よい狩り場、自分たちの領地に敵が隠れていないかどうかとか、そういう類のことを知ろうとします。しかし、この部族の人々は根が素直で純朴ですので、迷信の空しさを認めさせ、私たちの聖なる宗教の諸真理を教えられると、容易にこの愚かな迷信から離れます。私たちの宗教は真理をもって心に神を感じ取らせ、あらゆる空しい魔法に勝る甘美で純粋な味わいを与えるからです。

イロクォイ人によって殺されたベルナールの妻女マリーについては、幾度かお話ししました。マリーが到着した五日後、[15] アッチカメーグの一人の若い女性が訪ねてきて、マリーに会いました。その女性を知らなかったマリーが最初にしたことは、自分の考えを吹き込むことでした。先住民の信者は異教の人々にいつもそうするのです。マリーはこう言いました。

「私はイロクォイ人に捕えられていて、ありとあらゆる惨めな苦しみを受けました。でも、キリスト信者にならないで地獄で受ける苦しみに比べたら、そんなことは全部、全く取るに足らないことです」

相手の女性は答えました。

「私は信者です。でも夫は信者でなく、他にも女がいます。私は別れようと望んでいるのです。夫は信仰と祈りが大嫌いなのですから」

これを聞いてマリーは、その女性を抱いて言いました。

「ああ、あなたが信仰の価値を知っていたなら、どんなものよりも、命よりも信仰を大事にするでしょう。信仰は計り知れないほどに素晴らしいものです。信仰は国々を集めて、ただ一つのものにします。信仰によって、キリスト信者は私の身内となり、私を姉妹のようにしてくれるのです。信仰によって、私はあなたを愛します。そうでないとしたら、あなたを愛する理由がどこにありますか。あなたは私の国の人ではないし、私はあなたを知りません。あなたが生きようと死のうと、留まろうと去ろうと、私にはどうでもよいことです。でもね、どうしてなのか分からないけど、私もあなたも神様を信じているから、あなたを愛しているのを強く感じています。だからこそ、あなたがご主人とその女の人と別れて、もうご主人の許には戻らないよう強く勧めないでおれません。ご主人はあなたの信仰を失わせますよ。これは、あなたに起こる最大の不幸です。それに、あなたは多分、イロクォイ人に捕まり、いろんな責苦を受けるでしょう。ほんと、囚われの身にかかる軛の重さ、キリスト信者にとって、祈りの家から離れていることが、どんなに苦痛であるかを知ってほしいと思いますよ。小鳥たちが羨ましい。私は度々小鳥に話したものです。『ああ、飛んで行って、信者さんたちと神様に祈ることができたらなあ』。遥かな山を見ては、山に向かって言いました。『頂上の一番高い所に立って、解放された自分の姿を見られないものかしら』。一言で言うと、捕虜にとっては、死は生よりも心地よいものなのです。もし、ご主人があなたに信仰を捨てさせたとしたら、もっと悪いことになりますよ。イロクォイ人の手から逃れたとしても、悪魔の手に落ち、悪魔は決して消えることのない火であなたをさいなむでしょう。一時的な奴隷の状態から、永遠の囚われの身に落ちるのです」

これほどに感動的な励ましの言葉を受けた若い女性は、夫とは呼んでいても、実際はそうではなかった者の許にもう戻らない決心をしました。以上のお話は、こちらの新しい教会が今年生じた実りのごく一部を示すものです。主が、ご自分の御栄えのため、こちらの教会によりいっそうの実を結ばせてくださいますように、お祈りをささげてください。

1 一六四五年の秋、トロワ・リヴィエールで締結された和平。手紙五七（92）、五八（97）参照。

2 マリー・ド・レンカルナシオンはゴヨグーエン人の名は挙げていない。この部族は、オノンタゲ人及びツォノントゥアン人と共に上流のイロクォイ人に属していた。これらの部族は、東から西、オンタリオ湖の南へと、間隔を置いて居を占めていた。Cf.J.White, *Manuel des Indiens du Canada*, Ottawa, 1915,257-261;L.P.Desrosier, *Les Onnontagués, dans Les Cahiers des Dix*, 18, 1953, 45-66.

3 イロクォイ人が一六四五年にトロワ・リヴィエールで締結された和平を破棄して戦いを再開したことは、一六五三年の秋まで、絶えず続けられる長い一連の敵対行動の序幕であった。Cf.L.P.Desrosier, *L'année 1647 en Huronie*, *RHAF* 11, 1948, 238-249.フランス人犠牲者に関しては、cf.B.Sulte, *Mélanges historiques compilés par G.Malchelosse*, 7, Montréal, 1921, 23-35.

4 オノンチャタロノン、あるいはイロクォイ人の身内の首長。RJ1646によれば、この部族はかつてモントリオール島に住んでいて、フランス人の助けを得て、新たにそこに定着することを計画していた（Th.29, 146）。

5 五月五日に起こったこのエピソードは、数人の生き残った者によって直ちにトロワ・リヴィエールに知らされていた。その後、逃亡した捕虜たちが補足的な詳細を伝えた。

6 オノンダニュロノン人の主な村落。

7 オニョテ、オネイウー人の主な村落。

8 モントリオールとオンタリオ湖の間を流れるセント・ローレンス川の小さな支流。

9　ルイ・ダイユブーの妻バルブ・ド・ブーロンニュ。夫と共に一六四三年にカナダに来た。ドリエ・ド・カソンはその召命について語っている（*Histoire de Montréal*, éd. Flenly, 266-269)。メゾンヌーヴが不在の間、ルイ・ダイユブーがモントリオールを統治していたので、氏の妻にこの名が与えられた。Cf.AE.Fauteux, *La Famille d'Ailleboust, Etude généalogique et historique*, Montréal, 1917；H.Provost *DBC*, 114-115.

10　この脱走物語は、独立戦争のとき。一七七七年五月二六日のある英国人士官の手紙の中でも、多少の変更を加えて伝えられた。

11　アンダストエは、バージニヤに移ったヒューロン人との混合部族であるアンダスト人の主要な村落である。フランス人はニュー・ジャージー、メリーランド、ペンシルベニアに住んでいた先住民をアンダスタと呼んでいた。

12　シルリーの新信者たち。

13　マリー・ド・レンカルナシオンの手紙だけに見られる言葉。

14　一六四六年一一月二五日。Cf.RJ1647(Th.31, 140-142)。

15　モントリオールで。

六〇（111）　一六四七年一〇月七日　聖母訪問会の一修道女宛

第一に、イエス様の愛深い聖なる御心により、私たちの心がいつも離れることなく結ばれていることを望みます。

今こそ、ジョーグ神父様は聖なる愛の二重の殉教者でいらっしゃると言うことができます。神父様は神様のためにご自分の血の最後の一滴まで注ぎ、命を与えたいけにえ、燔祭のいけにえなのです。神父様は、イロクォイ人の裏切りによって殺されました。イロクォイ人は裸にし、棒や先の太い棍棒で打ちのめした後、おつむを斧で割ってしまったのです。神父様が死亡すると、身体はある川に投げ捨て、頭は棒の先に刺して、皆の目につく場所に曝しました。[1]こうして神父様は、私の考えでは、神様の御許で強力な執り成しをなさる殉教者となられました。

フランス人たちがこの残虐な者たちに遭遇したとき、数人を殺し一人を生け捕りにしましたが、この者は命令によりイロクォイ人の敵である先住民に引き渡されて殺されることになりました。裏切り者たちとは、もはや和平を望まなかったからです。[2]ところが、神様の特別な御摂理により、この者こそが私たちの聖なる殉教者に斧を振るって死に至らしめた者であることが分かりました。当人が責苦を受けに連れていかれる前に、ル・ジュンヌ神父様が通訳をとおして教えを授けられましたところ、突然に回心し神を信じました。人々はこの回心を、聖人の祈りと功徳の賜物だとしております。その後、当人は火刑に処せられましたが、英雄的な忍耐をもって苦しみぬきました。炎の中でイエス様の御名を呼び求め、すべてをお造りになられた御方に、捕らえられて敵方のアルゴンキン人に渡されるようにしてくださったことを感謝しました。この不幸が、救いと永遠の幸福のもととなったからなのです。死に臨んだ当人は、ル・ジュンヌ神父様に申しました。

「ああ、私のために死なれたとおっしゃる方を知っていたなら、私は悪いことは全くしないように細心の注意を払ったことでしょう。今、私はその方を信じます。神父様は、信じる者は皆、死後は天国に行くとおっしゃいます。そうだとしたら、神父様も天国にいらっしゃれば、私が主を信じたこと、また今は主を信じ、主に従おうと望んでいると神父様に話しましたが、それが嘘ではないとがお分かりになるでしょう。私は主に背いたことを大変後悔しています」

こうした思いを抱きながら、洗礼を受けた後、当人は従容として死に臨んだわけですが、今は天国に住む人々のうちにあると私たちは信じております。

あなたは、ヨーロッパの動乱についてお話しです。私は神様が英国を回心させ、哀れな国王と王家全体を慰めてくださるようお祈り致します。[3] お知らせくださった災害は大きなもので、王と王家の人々の不忠実さへの罰かもしれません。

甥御さんたちの不運と不幸には同情します。きっと、あなたのうちに第二の母親を見つけたことでしょう。世の中の事柄とはこのようなものなのですね。私たちはイエス様のものとなり、世の損得と煩いから解放されていて、どんなに幸せなことでしょう。ですから、イエス様が私たちの関心と心配の唯一の対象であることと言うよりむしろ、私たちの安らぎの対象であることを願ってやみません。イエス様に結ばれて生き、死ぬことに致しましょう。事実、イエス様に結ばれてこそ、私はあなたの友なのですから。お心のこもった贈り物を受け取りました。厚くお礼申し上げます。

1　Cf.RJ (Th.31, 116-118). フォール・オランジュのオランダ人からのジャン・ブールドン宛の手紙。
2　シルリーの先住民。
3　チャールズ一世。英国内乱については、cf.S.R.Gardiner, *History of England from the Accesion of James the first to the Outbreak of the Great Civil War*, Londres, 1883–1885, 10 vol., et *History of the Great Civil War*,

Londres, 1886-1894, 3 vols.:W.Stratford, *Charles, King of England*, 1600-1637;*King Charles and King Pym*, 1637-1643;*King Charles, the Martyr*, Londres 1949.

六一（114）一六四八年九月一〇日　友人の一人の婦人宛

イエス様の平和と愛があなたと共にありますように。お手紙を受け取り、神様があなたをお護りくださいますことを知って大変嬉しく思いました。お伝えしておきますが、あなたが当地の教会の発展のために協力してくださいますので、神様のお恵みによって、今年も一人の殉教者が出ました。若い人ですが、神の敵たちが私たちの信仰を憎んで虐殺したのです。

　殉教の詳細は、ヒューロン人についての『会報』で述べられているはずです。それでも、神の御言葉が宣べ伝えられることは放棄されず、八〇〇〜九〇〇人のヒューロン人が洗礼を受けました、皆、熱心なキリスト信者です。その他にも、この辺の地区の布教所で多くの人が再生の恵みを受けました。[1]この豊かな収穫は、ジョーグ神父様の功と祈りによるものとされています。神父様が流された血は、これほど多くの勇敢な新信者を生み出す種となったのです。神父様はまたヒューロン人に、イロクォイ人に対する勝利をもたらした天国の仲介者と信じられています。腹黒いイロクォイ人は、新たな和平条約を望んでいるようなふりをしていました。そのため、トロワ・リヴィエールを掌握する意図を持ち、そこで捕虜となっている数人のイロクォイ人を使って、要塞を襲撃するため縦隊でやってきました。この縦隊の他にも、森や対岸にかなりの伏兵を置き、時が来れば、この者たちがフランス人に襲いかかることになっていました。

　このような情勢にあったとき、神様はブリサニ神父様が率いる二〇〇人のヒューロン人をお遣わしになりました。神父様は神の霊にみなぎる勇気をお持ちで、状況をご存じではなかったのですが、立ち止まって戦闘態勢を取るよう命令なさいました。それから、声を大きくして、しっかりするよう励ましました。この物音を聞いて、隠れていたイロクォイ人たちが姿を現し、まずヒューロン人に襲いかかりました。神父様は恐れずに切り株に上り、ご自分の周りに雨あられと飛び交う弾丸をものともせず、叫びを上げてヒューロン人を指揮なさいました。神父様は無傷でした。これは奇跡であったと言われています。やがてイロクォイ人たちを敗走させ、追撃するようヒューロン人たちを促しました。ヒューロン人たちは勇んで追撃しましたが、その結果、イロクォイ人たちが残した武器、食糧、毛皮など、すべての携帯品を手に入れ、そのうえ三〇〇人余りを捕虜に[2]して連行しました。こうしてヒューロン人たちは、自分たちを奇襲し、フランス人たちを襲撃するために待ち受けていた伏兵に打ち勝ったのです。イロクォイ人たちの捕虜になっていた一人のヒューロン人が脱走して伝えたところでは、イロクォイ人たちは、ミサ聖祭の間に襲撃を行うよう企てていたそうです。

以上、あなたが『会報』を受け取り、詳細な物語を読む前に、その大要をお話ししておきました。『会報』をお読みになれば、このような手立てによって日々増大していく当地の新しい教会に、絶えず恵みを注がれる神の慈しみと憐れみのほどがお分かりでしょう。これらのすべての人々の回心のためにお祈りください。神の御子は、これらの人々のためにもあれほどに苦しまれたのです。時間があまりないので、ここまでに致します。いつもあなたを心にかけながら。

1　RJ1648, Th.33, 66によれば、一六四六―一六四八年の受洗者総数は一、三〇〇人である。ヒューロン人の洗礼に加えて、セント・ローレンス沿岸の布教所で行われた洗礼も加えられている

2　十中八九印刷上の間違いと思われる。ＲＪでは、一八人から二〇人の捕虜と伝えられ、また、マリー・ド・レンカルナシオン自身、手紙六三（116）では一七人と言っている。

六二（115）　一六四八年一〇月八日　カルヴェールのベネディクト会修道女
ガブリエル・ド・ラノンシアシオン宛

主の平安。いつもながらのお心遣いとご厚情のほど、殊の外嬉しく存じました。このことから、メールが私の非常な困窮をご存じで、神様にご配慮くださるようお願いしていらっしゃると信じております。また、神の御子の新しい教会を変わらず愛してくださっていますことを併せて厚くお礼申し上げます。院長補佐のお妹様のメール・マリー・ド・セン・ジョゼフも、新しい教会についてお知らせするはずです。新しい教会は、今年は九〇〇人の受洗者を得て、さらに増加が予想されていますので、ますます神の大いなる御栄えに寄与することでございましょう。イロクォイ人たちは、私たちの信仰を憎んで一人の伝道士を虐殺しました。これは二度目の殉教で、『会

報』がその詳細と、当地の教会に関するすべての事柄を伝えるはずです。

お妹様のご病気ですが、今年は去年よりも長引き、丸四ヵ月を病室で過ごされすっかり落胆なさっています。病気は喘息を伴う胸部疾患で、それに時々肺が肋骨にくっつくような痛みが起こります。お母様には、お妹様のご病気についてこのようにお伝えくださいませ。

お母様はお妹様をフランスに帰国させたいとお望みですが、これは航海が困難なゆえ、不可能と存じております。それに可能だとしても、お妹様も私どもの修道院の姉妹たちも、決して帰国に同意することはないでしょう。私一人だけでも、これに反対するつもりです。篤信家でいらっしゃるお母様のご満足を望まないからではなく、お嬢様がその犠牲を余すところなく成し遂げることをお妨げにはならないと存じているからです。お妹様は自ら信じていらっしゃるように、この小さな学校で負担になってはいませんし、無益な存在でもなく、むしろ徳と模範によって非常に役立っていらっしゃるのです。そのうえ健康なときもあり、その間は正規の生活を送り、勤めも見事に果たしていらっしゃいます。私としましてはできるだけお妹様のお役に立とうと決心しています。神様が私たちを当初から結び付けられたのですから、私たちを切り離すものは死以外になく、その死によって私たちの結合を永遠の世で完成させることでしょう。

多額のお金をお送りくださいまして有難うございました。大変困っていたところです。メールはこれらを慈善のためにお送りくださいましたが、お志に従いそのように使わせていただきます。これに加えてお願い致しますが、どうか霊的に必要なもののために主にお祈りくださいませ。私もまた主のおみ足の下に平伏して、メールのために謹んでお祈りする所存でございます。かしこ。

六三（116）　一六四八年一〇月一〇日　トゥールの聖母訪問会修道女マリー・ジエット・ローラン宛

主の平安。イエス様の命が永遠にあなたの命を聖化してくださいますように。お手紙とご寄付を溢れる愛情をもって受け取りました。ここにお礼を申し上げておきます。院長様が私にお手紙をお書きになったそうですが、院長様のお手紙も他の多くの手紙も受け取っていません。それでも院長様に短い手紙を書き、お礼を申し上げるつもりです。

私たちは天に一人の殉教者、神の御許に有力な弁護者を持ってはいないでしょうか。[1]いろいろな機会にそのご保護の結果を感じ取っています。特に、今年の出来事がそうでした。ブレサニ神父様はヒューロン人の船団を率いていらっしゃいましたが、間もなくフランス人の居住地の一つに到着しようとなさっていました。ところが、その近くにはイロクォイ人たちが隠れていて、フランス人とヒューロン人を襲撃し、一挙に虐殺しようと待ち構えていました。そのとき、天からの救いがあったのです。予期しない思いがけないことでしたので、このことにはそれだけ感嘆させられます。神父様は敵が待ち伏せしていようとは全くお思いでなく、ヒューロン人を上陸させ、ひそかに合図して戦闘態勢を取らせました。態勢が整うと、敵を見ていらっしゃらないのにご自分で叫び声を上げ、ヒューロン人も部族の戦士たちの習慣に従って同じように雄叫びを上げるよう命令しました。するとイロクォイ人たちが出てきて、一言も言わずにヒューロン人に襲いかかりました。しかし、勇敢な神父様に激励されたヒューロン人たちは、敵を激しく迎え撃ち、逃走させ、多くを殺害し、一七人の捕虜を連行して携帯品をすべて分捕りました。神が神父様にこのような直感をお与えにならなかったら、ヒューロン人たちは壊滅され、今年の商いは無に帰したことでしょう。この恵みと他の多くの恵みは、私たちの聖殉教者の祈りと功によるものと見做されています。さて、あなたの出された話題に移りましょう。

　あなたは隠れた生活についてお話しです。これについては、なんと言ったらよいのでしょう。隠れているわけですし、現れていない事柄についてお話しするのは非常に難しいからです。

　この国と新しい教会には、隠されているとしか言えない霊がみなぎっているのです。私たちに起こるすべての出来事は、御摂理のうちに隠された神秘であって、どのような身分の人、どのような才能を持った人にも分からないように起きるのです。これについて、私は数人の方々にお会いしてご相談申し上げましたが、異口同音におっしゃるには、私は自分の行うすべての事柄に関して何も見えず、見えるのは自分の盲目さだけであって、それらの事柄は、私が説明しようもなく起こっているのです。このことは、一般的にはこの国の建設に関してだけではなく、個々には家族の状態に関しても言われます。霊的な事柄についても同様です。事実、私の見るところ、フランスにいたときには、何か完全なものを持っていたと信じていた男性も女性も、こちらでは極めて不完全に見えるのです。これは、殉教のような苦しみを起こさせます。働けば働くほど自分自身のうちに不完全さを発見します。その理由は、新しい教会の精神は極めて純粋なので、どんな小さいことに対しても不完全さは許されず、その結果、絶えず自分自身を無にしながら浄化していかなければならないことにあります。

　私はカナダのこの初代キリスト教[2]を、一種の煉獄のように考えます。煉獄では、神から愛された霊魂は浄化されるに従い、神と交わることができるようになります。この世でも同様です。この聖なる精神はイエス・キリストの精神、また福音の精神に他なりませんが、浄化された霊魂を多少なりともキリストご自身にあずからせ、内的生活を取り戻させて、これによって霊魂をキリストの似姿に近づけるのです。この内的生活は何かと尋ねられても、私は答えることができません。ただ、霊魂は隠れた内的生活の中でイエス・キリストを模倣することを愛し、味わうことができるのです。霊魂は、その行為の神的典型であるこのお方の清らかさと聖性に自らを比べて、自分がいつもちっぽけであること、欠陥だらけの行為をしていることを見ます。

　遠く離れているのと、手紙が途中で横取りされてしまう危険から、私はこれ以上のことをあなたにお話しすることはできません。以上お話ししたことでさえ、あなたには何もお断りできないので、お望みに従っただけなのです。あなたは別の世で、私の霊的な貧しさをはっきりとご覧になるはずです。別の世でお会いするまで、どうかこれだけで満足してください。私のためにお祈りください。イエス様によって結ばれたあなたの友より。

1　殉教したジョーグ師。
2　カナダで生まれつつあるキリスト教国。

六四（121）　一六四九年九月　トゥールのウルスラ会修道院一同宛

　姉妹の皆様。昨年、私どもはイロクォイ人がブレブフ神父様を殉教させたという知らせを受け、これを皆様にお伝えしました。確かに、この獰猛なイロクォイ人たちの凶暴さによって一人の殉教者が出はしましたが、その頃は、ブレブフ神父様はまだ殉教していらっしゃいませんでした。

　昨年、殉教の豊かな恵みを受けられた方は、アントワンヌ・ダニエル神父様でした。神父様は七月に布教地の村にいらっしゃいましたが、その村でイロクォイ人たちに襲撃されました。[1]敵の騒ぎをお聞きになったときは、まだ祭服をお召しで白衣をお脱ぎになる暇もなく、小屋から小屋へと走り、まだ洗礼を受けていない病人やお年寄りや子供たちを訪ね、使徒的熱意をもって受洗の準備をさせ、一同を聖堂に集めて灌水して洗礼を授けられました。[2]敵が近づいたのをご覧になると、人々に「皆さん、私一人を置いて逃げてください」とおっしゃいました。それから、聖人は威厳に満ちた態度で敵に近づきました。敵はこれにすっかり怖じ気づきました。神父様は神について話し、信仰を高々と説き、裏切りを非難しました。しかし凶暴な者たちは、神父様が近づかれたときに抱いた恐れから立ち直り、たくさんの矢を射掛けましたが、倒れられないのを見て鉄砲隊が銃撃しました。神父様はその場で即死なさいました。彼らは死体を聖堂に運び、火を付けましたので、神父様は芳しい香りの犠牲として、祭壇の下で祭壇と共に焼き尽くされてしまわれました。

イロクォイ人たちは女子供も容赦せず、手当たり次第に殺害し、あらゆるものと共に焼いてしまったのです。他の部族の許に逃亡できた人々は、この残虐さから逃れたわけですが、そうでなかったら、全滅したに違いありません。[3]聖殉教者は、死後間もなく同じ会と布教所のある神父様に現れました。神父様が、「あなたが死んだ後、私たちが遺灰を集めることができないほどに、神はどうして身体をむごく取り扱われるままになさったのでしょうか」と尋ねると、聖殉教者はこう答えたのです。

「神は偉大でたたうべき方です。辱められた私をご覧になり、ご自分の僕の働きに大いに報いてくださいました。死後神は、私に煉獄の多くの霊魂をお与えになり、これらの霊魂を引き連れ、天国での私の凱旋に供をするように計らわれたのです」

聖殉教者はまた、ある評議会にも現れ、これを主宰して神の栄光のために行わなければならない決定を促したと伝えられています。

ジャン・ド・ブレブフ神父様とガブリエル・ラールマン神父様の殉教は、本年一六四九年聖ジョゼフの祝日の前日、ご一緒に宣教していらっしゃったときに起こりました。ブレブフ神父様は布教所を回り、先住民の救霊のために活躍なさっている間におつむも白くなられましたが、七、〇〇〇～八、〇〇〇人ほどの先住民が洗礼を受けたのをご覧になって慰めを受けておられました。ラールマン神父様は教皇派遣宣教区の長上の甥御様で、叔父様に先立たれました。神父様は一番お身体が弱く、また繊細な方でいらっしゃいましたが、神がご自分の栄光とご自分に仕えるためにお選びになれば、どんなひ弱な道具でもそれができることを、恵みの奇跡により神父様をとおして明らかになさったのです。神父様は、一五時間にわたって恐ろしい責苦を受けられました。ブレブフ神父様が受けられた責苦は三時間だけでしたが、神父様はこの地方には一六二八年からいらっしゃっていて、英国人がこの国を支配した間のフランス滞在期間を除いては、ずっと福音を宣べ伝えておられたのです。こちらでのお暮らしは絶え間ない殉教でした。

お二人の神父様の殉教は次のように行われました。[4] お二人が滞在しておられた村はイロクォイ人たちに占領されてしまいましたが、お二人は群れを見捨てて逃げることをお望みになりませんでした。逃げるおつもりでしたら、信者と信者でない数人が一緒についてくるよう願いましたので容易に逃げられたのです。こうして、お二人は犠牲となるために残られ、洗礼を受けていない人々には洗礼を授け、受洗者には赦しの秘跡を与えはじめられました。この出来事は神の全能の御手による奇跡であると見られています。なぜなら、迷信への執着から洗礼について話を聞くことのなかった人々が極めて熱心に洗礼を願い、受けたからです。このように神父様が秘跡を授けつづけておられましたところに、凶暴なイロクォイ人たちがいきなり立った狼のように襲いかかりました。イロクォイ人たちは神父様を裸にしたあと、棒で残忍に打ちたたきました。これは、信仰を憎んで裏切った数人のヒューロン人にけしかけられてしたことです。それから、処刑場に連れていかれましたが、お二人はそこに着かれると、すぐに平伏してうやうやしく地に接吻し、ご自分たちに与えてくださる名誉、つまり愛のために苦しむにふさわしい者としてくださったことを主に感謝なさいました。イロクォイ人たちは、お二人を苦しめやすいように杭に縛り付けました。こうして、イロクォイ人たちは、したい放題にできるだけの苦しみを与えることができたのです。まず、裏切り者たちが不倶戴天の敵として憎んでいた年上の方（*ブレブフ師）から始めました。ある者たちはお二人の手足を切断し、他の者たちは腕と下肢と腿の肉を引き裂いて、一部は煮、一部は焼いてお二人の前で食べました。お二人がまだ生きている間に血も飲みました。この容赦のない残忍な行為の後、彼らはお二人の傷口に燃えさしの薪を差し込みました。斧の鉄の部分をまっ赤に焼き、それで首飾りを作り、お二人の首に掛け、また腋の下にもぶらさげました。それから、私たちの聖なる信仰を嘲笑い、熱湯を頭に注ぎながら言うのでした。

「おれたちはおまえらを大変有難く思っているので、ひどく楽しませているわけだ。おれたちはおまえらに洗礼を授け、それで天国でとても幸せにしてやるのさ。おまえたちの教えたとおりにな」

このような冒瀆の言葉を吐き、嘲笑を浴びせた後、イロクォイ人たちはお二人の髪を剝ぎ取りました。これは彼らの間では、捕虜たちを苦しめるための普通の処刑の一つです。ここまでは、お二人の聖人は同じ責苦を受けておりましたが、それからラールマン神父様の頭に斧の一撃を加えましたので、神父様の頭蓋骨は開き、脳みそが飛び出しました。けれども、神父様は目を天に向けて、嘆きの声も上げず一言もおっしゃらずに、これらの残忍な侮辱を耐え忍ばれました。ド・ブレブフ神父様は別な仕打ちを受けられました。神の偉大さを説きつづけていらっしゃいましたが、これがまた加害者たちの憤りを増し、彼らは神父様の口を荒々しく切り取り、舌を刺し通しました。ラールマン神父様の苦しみは一五時間にわたりましたが、ド・ブレブフ神父様は三時間だけでしたので、お連れの神父様に先立って栄光を受けられました。宣教活動でも先んじておられたのと同様でございます。お二人の聖なる神父様の殉教はこのようにして終わりました。

私はその大要を皆様にお話ししただけですが、そのうちに『会報』を受け取られ、詳細をお読みになり、また当地の教会の大きな惨禍と、教会の働き手が冒す大きな危険もご覧になることでしょう。

ヒューロン人のための宣教師の方々は余儀なく聖マリア布教所を離れ、要塞を築くために残りの信者と共にある島に避難なさいました。

どうか皆様のお祈りによって、この新しい地でのキリスト教を支えてくださいますようお願い致します。特に、私のためにもお祈りくださいませ。皆様の一人一人に書くことができず申し訳ありません。そうしたいのは山々ですが、重大な仕事を抱えていて時間がなく、それができかねるのです。とは申しましても、私はこの世にいる間も永遠にも、全体としての皆様だけではなく、お一人お一人を常に心に留めておりますことをお信じくださいませ。かしこ。

1 シムコー湖の北西、ラ・コロド一族の住むセン・ジョゼフ村。

2 物語の基本的な部分は、『ヒューロン人についての報告』の編纂者が利用した覚書に拠っている。RJ1649 (Th.34, 82-84).

3 一六四八年七月四日。セン・ジョゼフはこの布教所に属する主要な村で、約四〇〇世帯があった。RJ1649 (Th.34, 98).

4 二人の宣教師の殉教を物語るに当たって、マリー・ド・レンカルナシオンが用いたのは、RJ1649 chap.IV:De l, *heureuse mort du Père Jean de Brêbeuf et du Père Gabriel Lalemant* である。しかし、他の口頭あるいは書かれた報告も用いている。

六五（125） 一六四九年 カルヴェールのベネディクト修道会修道女ガブリエル・ド・ラノンシアシオン宛

主の平安。非常な喜びをもって申し上げますが、お妹様のメール・ド・セン・ジョゼフの健康状態は昨年よりもはるかによくなっておられます。このことは、友人の方々に書いた手紙の中で当人が明らかにしておられます。私たちは、メールがこれほど元気になられるとは思いもよりませんでした。しかし神は、私たちのためにそうなさり、当地の哀れな先住民に奉仕するために慈しみをもって十分な健康をお戻しくださいました。メールは幾人かのヒューロン人を教育していらっしゃって、これらの人々にとっては、困ったときにすがることのできる優しいお母様なのです。

私どもはフランスの惨状をおぞましく思っていますが、[1]当地の惨状も劣らず大きなものであることは、すでにご存じのことと思います。私たちが受けた知らせは、今まで以上に私どもの勤めを尊く思わせます。今年は、三人の神父様が信仰のために血を流されましたが、[2]同じことが私どもを襲うかもしれません。それでも、この思いに変わりありません。

私はと言えば、罪深い者であるのと召命にあまり忠実ではないので、殉教の栄誉を受けるに値しないことを存じております。後に二、七〇〇人が洗礼を受けるようになった、この貴重な死と感嘆すべき出来事については、私の補佐[3]がお話しします。このことから、当地の教会がどれほど助けを必要としているかがお分かりになるでしょう。事実、私たちが神だけに希望を持たないとしたら、当地の教会の消滅は目前のことです。その基礎が置かれてから、今までにこのようなことを経験したことがありません。しかし、私たちはご自分の子らをお望みのままに生かし、命を絶つ神[4]にかかわっているのです。壊滅を恐れてあちこち逃げ回っている哀れなヒューロン人の残存者に何が起こるかを見るためには、さらに一年を待たなければなりません。敵はこちらに攻めてくる恐れがかなりありますが、[5]実際には攻めてくるとは思えません。フランス軍の大砲を大変怖がっていますので、襲撃は困難なはずです。もし私たちが苦しむに値する者であるならば、なんと幸せなことでしょう。私たちはすでに水難に遭い、危うく命を落とすところでした[6]。それなら、鉄器や火を恐れる理由があるでしょうか。

　命の主である御方に、私たちのためお祈りください。私たちが生きるのを望むのは、ただ主のお望み次第です。ですから、いつでも燔祭のいけにえとして命を主にささげる覚悟です。特に、私自身の必要のためお祈りくださいませ。私としては、あなたを聖人たちの聖性に導いてくださるようお祈り致します。

1　Cf.A.Chéruel, *Histoire de la France pendant la minorité de Louis* XIV, t.III, Paris, 1879, p.143ss. A. Feillet, *la misere au temps de la Fronde et Saint Vincent de Paul*, Paris, 1862.
2　ヒューロンでの三人の殉教者、ダニエル、ド・ブレブフ、ガブリエル・ラールマンの三師。
3　メール・マリー・ド・セン・ジョゼフ。
4　旧約聖書サムエル上2・6参照。
5　ヒューロン人が壊滅した後、イロクォイ人はこの計画を実行しようと企てるはずで、まずモントリオールを攻撃するであろう。Cf.Dollier de Casson, *Histoire de Montréal*, éd. Flenley, année 1650-1651. ケベックは防御の陣を敷いていた。Cf.B.Sulte, *Le Camp volant de 1649*, dans *Revue canadienne*, 1881, 163-167.
6　一六三九年の渡航についての示唆。Cf.R1654（V385, J11, 48）.

六六（126）　一六五〇年五月一七日　息子宛

　ケベックのフリゲート艦[1]がペルセ島の漁場に行き[2]、そこでケベックに停泊しているものより早くフランスに戻る船に会うことになっていますので、この機会を利用してあなたに短い手紙を書く気になりました。自分でこの慰めを得ながら、あなたにもこれを分けるつもりです。あなたと私は、主に結ばれてただ一つなのですから。

　さて、昨年の一〇月にあなたに手紙を書いて以来、こちらの国ではすべてが平穏でした。私たちはヒューロンに何が起こったのかまだ知りません。知っていることは、神父様方が砦を造り終えたということだけです。これは、昨年の一一月から堅固な囲いになっていますが、私たちはこのことを、捕まらないように藪や道なき道を通って一、二〇〇キロを越えてやってきたヒューロン人たちから伝え聞きました[3]。この砦は、敵に追われたヒューロン人と布教所の神父様方の避難所です。平原にいる人々にとっては、保護してくださるのは神だけです。私たちはと言えば、お話ししたように平穏な状態にありました。しかし、二週間前からイロクォイ人が姿を見せはじめました。[4]幾人かは捕らえ、他の者たちは追い払いました。私たちの所からまだ一二〇キロ以内には近づいていませんでしたが、[5]今度の襲撃では一二キロの所まで迫り、ある民家を攻撃して二人の召使を殺し、家族を逃げ出させて家中を荒らし回り略奪しました。それから、少し離れたある貴族の方の家を焼き払いました。[6]この襲撃は、より有利な商売をするためにあちこちに離れて住んでいたすべての住民に、恐怖をまき散らしました。聞くところによると、イロクォイ人は私たちを攻撃するために大勢で武器を持っていますが、心配しないでください。修道院は頑丈であるだけでなく、要塞の大砲で護られているのです。それも、私たちの信頼と力は大砲にではなく、全くイエス様の慈しみのうちにあるのです。

ブリサニ神父様は、九月に布教所にお出掛けになりましたが、二〇〇キロも行かないうちに引き返されました。神父様は、教えておられた一団のヒューロン人たちとこちらで冬を過ごされました。こちらの三つの修道院が、数人の慈善家と共にお金を出し合って可哀想な逃亡者たちに食糧を供しました。しかし、これらの人たちは、それぞれの地方に行って残りの家族を探し、一緒に私たちの近くに定住するために出掛けたところです。新しい住民のため、私たちはヒューロン語を学ばなければなりません。私はいつも近くにいるアルゴンキン人とモンタニェ人の言語しか学ばなかったので、ヒューロン語はまだ全く習っていませんでした。あなたは、私が齢五〇で新しい言語を習いはじめることを笑っているでしょう。でも、神への奉仕と隣人の救霊のためにはなんでもやってみなければならないのです。私は諸聖人の祝日の八日目の後に、この勉強を始めました。ブリサニ神父様が、全くの愛徳から今まで私の先生でいらっしゃいました。私たちは冬の間しか言語の勉強ができないので、この秋には別の方がおいでになって私たちを同じように助けてくださることを期待しています。主がご自分の栄光のために私に光をお与えになり、私がわずかながらも主のお役に立てるようお祈りしてください。

しかし、こう言ったほうがよいでしょう。聖人たちの、いいえ、至聖なる御方の言葉を習いましょうね。あなたは一生懸命にそうしていると思います。私はと言えば、その望みは大いにあるのですが、神様が私にお求めになっていると思われるほどには早くは進まないのですよ。

このことで私のためにお祈りしてください。

　私には永遠を真剣に考えるときが来ています。身体はまだ頑健で健康にも恵まれていますが、五〇歳にもなると、もう余命は少ないと考えなければならないと思うからです。[7]実際には、命も死も願ってはいないほうが喜びを与えます。私たちの魂は自然にその究極の目的に向かっているので、私の魂もこれに近づいているのを感じ、当然のことながらこれを喜んでいるのです。この永遠の心地よい住まいのうちでこそ、私たちはこの世での生を終えた後、神の憐れみによって会うことになるのです。なんという幸せ。この永遠を所有することを待望して喜ばない人があるでしょうか。この甘美な考えは、私の魂を得も言われぬ平和で満たしてくれるのです。私が永遠について話すとき、それは永遠の神の享受の意なのです。永遠の神の慈しみは、私たちをこの死ぬべき命にあっては絶えずお恵みで満たし、永遠においては、これに加えてご自分自身によって溢れるほどに満たしてくださいます。

　これ以上書くのは控えておきます。この手紙は、今まで試したことのない手立てを用いるわけですから、ただ行き当たりばったりに出すものです。受け取ったら、知らせてください。そうすれば、私たちは消息を知らせるためのどんな便宜も見逃さないことでしょう。私たちは、あなたのお手紙と私たちのすべての友人のお手紙を待っています。神様のお恵みでよい便りを受け取っています。

　この手紙を終わろうとしていたら、こちらに接近したイロクォイ人を迎え撃ちに行くため、目下若者を集めているということです。皆がイロクォイ人を恐れています。彼らは藪の中に隠れて、よもやと思っているときに襲いかかるからです。彼らは捕まえることができず、最も巧みな人々をも嘲笑う真の人殺しなのです。

1　ケベックには、氷が張らない季節には下流で運航し、ガスペの海岸、ケープ・ブルトン、さらにはノバ・スコシアと連絡（また、鱈の補給）を行っていた船があった。

2　ガスペ半島付近のペルセ島〔＊岩に穴が開いている〕。

3　ジョージア湾のセン・ジョゼフ島で、宣教師たちは、トゥールのウルスラ会修道院宛の手紙六四（121）に出てくる砦を築きおえた。

4　二月以来、姿を現していた（Cf.*Journal des jésuites*, 133）。一六四四年にはすでに、ケベックから六キロのカプ・ルージュとシルリーの沿岸まで来ていたのである(Cf.*Annales de l'Hôtel-Dieu de Québec*, éd Jamet anneé 1644)。

5　トロワ・リヴィエールの近辺。

6　彼らはケベックの上流一二キロにあるカプ・ルージュと、ボーポールにも出現していた。(Cf.*Annales de l'Hôtel-Dieu* *de Québec*, éd.Jamet, année 1650 ; *Journal des jésuites*, 137-138). 貴族はボーポールの領主ロベール・ジファール以外にあり得ない。

7　マリー・ド・レンカルナシオンは、前年の一〇月二八日には五一歳を迎えていた。

六七（128）　一六五〇年八月三〇日　息子宛

愛するわが子よ。イエス様の命と愛が永遠にあなたの命と愛でありますように。あなたは、私に神父様方と同じ殉教を願っていますが、これは母に対するあなたの愛情の大きな証しです。残念ながら、このような名誉とこれほどに崇高なお恵みは、私たちにかなり近づいてはいても私にはふさわしくありません。この前あなたに手紙を書いたとき、イロクォイ人による途方もない大迫害について少し話しました。その後、フランス人とこの先住民との間に激突がありました。これは、イロクォイ人に捕らえられて連れ去られた九人のフランス人を探しに行ったとき、トロワ・リヴィエールの近くで両者が出会ったときに起こりました。今は、イロクォイ人はトロワ・リヴィエールを占領することを企てています。しかも幾人かのオランダ人が付き、助けているのです。戦闘の際にも一人のオランダ人が見かけられましたし、逃げてきたヒューロン人もこれを証言しています。[1] トロワ・リヴィエールを占領したら、私たちを攻撃に来るという噂です。

ところで、見たところ頑丈なこちらの家々では、それほど心配の種はないようです。けれどもフランス人は、急遽私たちを救援に来なければ、火や武器（もちろん、敵は強力です）で破壊されたヒューロン人のすべての町村で起こったのと同じような惨事が生じるのではないかと危惧しています。これは極めて賢明で経験のある方々の見解で、ヒューロンから戻り、先住民たちの暴虐に堪えてきた神父様方もそうお考えです。この救援は、フランスから来る以外にあり得ません。イロクォイ人に対抗できる十分な軍勢は、こちらには存在しないからです。ですから、フランスからの救援がなければ、結局、当地を去るか、それとも死ぬしかありません。そうでなければ、こちらにいる二、〇〇〇人余りのすべてのフランス人[2]は撤退の道を見つけることができず、窮乏か凶暴な敵によって死滅する他はないでしょう。そのうえ、フランスでのすべての快適な生活を離れてこの国で取得した財産を捨てるくらいなら、よそでの窮乏よりも、むしろこの地で死ぬことを選ぶでしょう。

私たちはと言えば、主の憐れみにより他の動機を持っています。私たちをこちらに留めるのは財産ではなく、残される立派な信者さんたちです。私たちは、これらの信者さんと、できるなら一〇〇万回も死ぬことを幸せだと思います。これらの人々が私たちの宝、私たちの兄弟姉妹、私たちの霊的子供で、私たちが自分の命と天が下のあらゆる財よりも大事にしているのです。ですから、もし私たちが死んだら、また、私たちがこれらの信者さんと一緒に血を流し灰にされたという知らせを受けたら、喜んでください。もし、中立部族[3]に向かったイロクォイ分遣隊一、〇〇〇人が門口まで来ている者たちに合流するならば[4]、前述のことは起こりかねません。この手紙を託したダラン神父様はヒューロンからお戻りになった神父様方のお一人です。神父様はその地で、死ぬ以外にないあらゆる苦しみを受けられました。ですから、数年来こちらの新しい教会で起こった一切のことをあなたに心ゆくまでお話しできるでしょう。神父様のお話をうかがって、あなたが大いに啓発されるものと思います。神父様はフランスを一周なさいますが、その間に当地の問題が解決されれば、呼び戻されることを期待していらっしゃいます。当地を去られたことを非常に残念に思われているのですから。私も、他の方々同様残念に思います。

しかし、神父様をふさわしくお迎えして、私の残念な気持ちを鎮めてください。ラギュノー神父様とピジャール神父様のような他の方々も、国王陛下に救援を求めるためフランスに帰国なさいます。ラギュノー神父様はヒューロンの布教区長ですので、この問題をいっそうお心にかけていらっしゃいます。神父様はヌーヴェル・フランスの著名な方々のお一人であり、非常に熱心な宣教師のお一人ですが、私が神父様を尊敬致しますのは、生来の優れた才能よりも高い聖徳と無償の恩恵のためです。来年は、またお会いできるものと私たちは希望しています。

ラギュノー神父様について書き終えたところ、神父様がお別れのご挨拶のため、私に面会を求めていらっしゃると知らされました。神父様はあなたに会ってくださるとのお約束で、あなたの名前を書き留められました。神父様は私たちの学校の最も身近な後援者のお一人で、慈しみの神が学校に注がれる恩恵についてよくご存じです。神父様はまた、イロクォイ人の凶暴さと力を経験からよくご存じで、もし私たちがフランスからの迅速な救援を持たず、あるいは神が奇跡によってこちらの国を救ってくださらなければ、すべては失われると確言されました。これは決して誇張ではなく、私が知っているわずかなことから見ても、そう言えるのです。

このように救援を待ちながら、私たちは全く御摂理の許にあります。私個人に関して言えば、それで結構ですし、精神も心もこれ以上はあり得ないほど満足しています。もし来年、私の死の知らせを受け取ったら、神に感謝し、私のためにごミサをささげてください。[5] また、私にはいつも大変親しいあなたの修道会の代禱もいただいてください。神が私をご自分の許にお呼びになって、私に憐れみをかけてくださるならば、あなたの修道会はさらに親しいものとなり、私はそのうえに聖なる祝福をより豊かに注いでくださるよう、よりいっそう神に祈ることができるでしょう。

神があなたを被造物への執着と、被造物が期待する愛、または愛らしきものから引き離してくださったことを非常に嬉しく思います。平和の御国は、あらゆるものからこのように脱却し、また腐敗した本性の残滓を取り除くため、自分自身を嫌悪することのうちにあるのです。聖人たちは腐敗した本性の攻撃を死に至るまで受けますが、これが聖人たちの謙遜の真の動機です。霊魂はこの真理を考え、自分自身の体験をとおしてこれを確信すると、いつも新たな過ちを伴う内的・外的行為にあって、神の御前にだけでなく、また公に自分の欠点を告白し、これを償い、すっかり恥じながら被造物の前でもへりくだるようになります。誰かが過ちに協力したとしても、誰にもその過ちを転嫁しません。一切を自分のせいにし、その後も自分では言いも知りもせず、他人から暴かれもしない悪で、なおいっそう満ちていると確信しているのです。それゆえ、自分だけが最も貴重な恵みを失うという神からの罰にも、また創造主の立場に立って私たちをそれぞれの方法で矯正する被造物からの罰にも、値するものであると思いこんでいます。謙遜には他にも多くの付属したものがあり、その行為は反対の行為を源泉にします。偉大な師父聖ベネディクトもまた、これについて大いに述べていらっしゃいますし、実行なさったと思います。外的に表現できない心のうちにあってこそ、一段と味わいのあるこの精神の影響をあなたに及ぼすのは、他でもなくあなたの師父なのです。この高徳を、私にもいただいてくださるよう聖人にお願いしてください。この徳こそ聖人を生むものだからです。このことは、当地で殉教なさった五人の神の僕にも認められます。事実、この方々は幸せにも、一緒に生活することのできた人々が驚くほどに、殉教前には目立たなかったのです。詳しいことを全部お話しするつもりなら、手紙はあまりに長くなってしまうでしょう。そのような時間は私にはありません。

あなたは幾人かの先住民を教育して、同胞を信仰に導くことができるようにするための手段を提案しましたが、これには別の手紙で答えました。私が書いたこと以外には、ダラン神父様とお話しなさい。神父様はこうおっしゃるでしょう。

「当地は復興しつつありますが、福音の働き手を持つためには、依然としてヨーロッパに頼らなければならない。アメリカの先住民は、より聖人で霊的ではあっても、司祭の役目には決して適しておらず、ただ教えを受けて天国への道に徐々に導かれるのがふさわしい。それで、事態の急変する中で、多分、神は当地では臨時の教会だけしかお望みではないのでは、という疑いが生じてしまう」と。

ド・ブレブフ神父様が、私がお話しした聖なる贈り物をいただいたことは本当です。[6] 今年、栄冠を得られた方々のお一人であるガルニエ神父様も卓越したこの冠を受けられたわけです。

あなたがこれを知るのは、決して勉強や思弁の力によってではなく、謙虚な祈りと十字架への服従によってです。人となり十字架につけられた崇むべきみことばはこの精神の生きた泉です。選ばれて、最も大事な人々にこの精神をお分かちになるのは、みことばです。こうして、これらの人々がその聖なる教えに従い、これを教え、また実践することによって、あくまでもみことばに倣いながら完成するのです。私がお話ししているこの聖なる精神、つまり、この一致は栄光のときの一致ではなく、ただその兆しなのです。これで労苦がいつも軽減されるとは思ってはいけません。感覚には影響しないからです。しかし霊魂の奥底には、労苦がどんなに重くつらくても、それに耐える不屈の力を与えます。この聖なる精神に動かされた神父様の生き方を叙述しようとしたら、分厚い本となるでしょう。神父様は非常に謙遜、温和、従順で、その他にも大きな努力によって得られた諸徳を備えていらっしゃいました。神父様が実践なさった諸徳の結果を見るのは楽しいことでした。神と絶えず親密なお話をしていらっしゃったのです。深手を負われたときも、まだ愛徳を実践していらっしゃるのが見られました。一人の女性が斧で数回たたかれ死ぬ寸前にあって、立派な最期を遂げるため助けを必要としていたのですが、神父様は懸命に女性のほうに這い寄ろうとなさったのです。

今年虐殺されたうちのお一人のシャバネル神父様は、先住民の小屋で暮らすことを本当はとてもお嫌いでした。そのため、長上の方はこれを免除して、そのような生活をしなくとも済む他の布教所に派遣しようと度々お考えになったほどです。しかし、神父様は、感嘆すべきほど潔く、また、ここでお話ししている精神に動かされて、そこであくまで辛抱し、神が慈しみによってお望みならば、死をもいとわないことを誓われました。けれども長上の方は、神父様が布教所での辛苦に非常にお疲れなのをお知りになって呼び戻されました。神父様が虐殺されたのは、こうしてお戻りの途中でした。殺した者が誰か、どのように殺したのかは知られていません。とにかく、神父様は従順の行為によって死亡されたのです。

遠方の布教所からこちらに引き揚げられた他の神父様方も、言語を絶する恐ろしい苦しみを受けられました。私は少しも誇張していません。ダラン神父様が深い謙遜からお隠しでなければ、その苦しみについて多少詳しいことを尋ねてご覧なさい。神父様は賢明でいらっしゃいます。私が以上の例を挙げたのは、私たちの一致は、イエス・キリストを模倣し、また愛するために受けた辛苦の中でこそ、初めてより優れたものとなることをあなたに確信してほしいからです。イエス・キリストは、苦しみながら死ぬ寸前には、御父でいらっしゃる神と人間のために一致と愛の最高の段階にあられたのです。甘美で愛深い一致は、すでに死すべき肉体の中で始まった至福であり、その効果は神と人間への愛と、他の対神徳〔＊直接に神を対象とする信仰、希望、愛の徳〕の行為の中にあります。しかし、私がお話ししている一致は前述の一致の結果なのですが、その中では、イエス・キリストとの類似をもたらす辛苦を貫いて自分の命を与えることが大事なのです。もちろん、この世での命を大事にし、その功と素晴らしさを知るには、あの世での命に期待しなければなりません。これについてきちんとお話しするには、今は私たちはあまりにも舌足らずだからです。

あなたに殉教を望ませてくださる神をたたえます。あなたはまだ若いのです。お恵みに忠実であることを望むなら、隠遁生活を続けながらも、はるかに長い殉教に耐えなさい。殉教の望みはあなたには一つの鋭い針となって、償いと苦行と戒律遵守の生活を送らせるものであるべきです。これが、あなたが受けなければならない殉教であり、神があなたから求められるものです。その間にも、神はあなたには思いも寄らないなんらかの機会を用意していらっしゃるかもしれません。ともかくあなたは、これほどに高度なお恵みに必要な諸徳を備えていなければなりません。しかも、これらのすべての立派な心構えを持ったあとでも、自分はそれに値しないものと思わなければならないのです。

あなたは、お金がなければローマに申請書を送付できないのではと考えていますが、私も同じ考えです。また、当地の情勢が、手配を中断させたままにしておくだろうとも思っています。現在の局面にあって、考えなければならない三つのことがあるのです。第一には、私たちもカナダ全体も救援なしには二年はもたないだろうということ。第二には、救援が来ないなら、私たちは死ぬか、それとも、より良識ある人々の考えに従ってフランスに帰国しなければならないこと。けれども私は、敵が中立部族とアンダストゥエ人[7]と戦争するならば、兵力が分散されるので、私たちは少しは長く持ち堪えるだろうと思います。しかし、敵が征服と勝利を続けるなら、フランス人には当地でなすべきことはもはや何もありません。交易は行えませんし、交易が行われなければ、もう船も来ないでしょうし、船が来なければ、私たちには生地、家庭用布類や、駐留部隊と修道院には欠かすことのできないラードや小麦粉のような食料品の大部分の生活必需品がなくなってしまうでしょう。労働や食糧造りに精出していないのではありません。この国ではまだ、自給自足に必要なだけのものを産出できないのです。私たちの手配を遅らせている第三の事柄は、戦争が続いて交易ができないならば、交易のためにだけこちらに留まる先住民はそれぞれの原野に戻ってしまい、私たちはもう教書〔＊教皇の〕をいただいても意味がないということです。先住民を信仰に引き付け、神に導くためにだけこちらにいる私たちには、もう何もすることがなくなりますから。以上のことから、あなたは、災難に満ちたこんなときに司教様がこちらにいらっしゃるはずはないと判断するでしょう。それに、教会が一時的なものに過ぎないとしたら、司教様に何がおできになるでしょう。私はこのことを、神が私たちが恐れている最悪の事態をそのままにしておかれると仮定してお話ししています。

　こちらの新しい教会はこれほど明らかな危険に直面しているのですから、この教会をお護りくださいますよう、聖母マリアの御像の前でなんらかの信心業を行ってください。また、私のため、聖霊降臨の週に行われる本会の選挙のためにも祈ってください。しかし、このような危険と心配はあっても、フランス人と先住民の信者はいささかも熱心さをなくすことなく、いつものように神に崇敬をささげています。

　慈しみの聖母の被昇天の日にケベックで行われた行列を見たら、あなたの信心は素晴らしく深まるに違いありません。[8]イエズス会の二人の神父様は美しく飾られた輦《れん》台《だい》に浮彫の御像を乗せて、お立寄り所に指定された三つの修道院に運ばれました。それぞれの距離がかなり離れているので、他の二人の神父様が肩代わりをなさって、最初の神父様が受けた聖なる重みを軽くなさいました。多くのフランス人の他に、約六〇〇人の先住民が加わり整然と行進しました。これらの新信者の信心は非常に篤いので、見ている人々の涙を誘うくらいでした。私は、人に見られない場所から新信者たちを子細に見ていました。言っておきますが、私はフランスでこれほどに整然とした、また、見るからにこれほど信心深い行列を見たことがありません。先住民と言えば、私にとってはいつも新鮮です。神を知る前のこれらの人々の状態と、神を知ったあとの今の状態を考えると、私は言葉に表せない感動を受けるからなのです。あなたはこのことから、狂暴なイロクォイ人がこれらの人々に加える暴虐を見て、どれほど私が苦しんでいるかを推察できるはずです。ああ、もし私が殉教者になってこの迫害が終わるとしたら、私はなんと幸せなことでしょう。聖母マリアに、私のこの望みもお伝えしてください。私が喜んであなたの望みをお伝えしているように。

　私は、この手紙をもう幾度か中断しながら書いています。その間にも、いつも何か新しい知らせが入ってくるのです。イロクォイ人の手から逃げ出してきた一人の捕虜は、アンドゥーストゥルノン人と中立部族の戦士たちが二〇〇人のイロクォイ人を捕虜にしたと報告しています[9]。これが本当なら、イロクォイ人捕虜は恐ろしい仕打ちを受け、それだけ私たちの負担が重くなるでしょう。イロクォイ人の手から逃亡した捕虜が知っていることのすべてを話すには、まだ二週間は必要でしょう。知っていることを、少しずつ違った日に話すのが先住民の習慣だからです。これはフランス人をいらいらさせます。フランス人は激しやすく、事情を一挙に知りたがるからです。特に、それが重大な事柄で、ただ一人の報告者によって伝えられたときがそうなのです。

　その他にも、二人のヒューロン人がイロクォイ人の手から逃れてきました。二人とも洗礼志願者ですが、心からの立派な信者です。聖なる洗礼を受ける願望から、これらの人々は予備の食糧を一切持たずに懸命に森を駆けぬけてきたのです。そして伝えるところによると、六月に捕らえられたシルリーの一〇人のアルゴンキン人は、信仰と宗教へのあくまでも忠実な思いをもって生きながら焼き殺されました。私は、その中の一人の人への愛のためにこの記事を書いているのですが、その人は特に目立った熱誠と熱心の人でした。歳は二二くらいで、母親のように私を慕っていた霊的息子です。息を引き取るまで高らかに宣言していた信仰を嘲られながら、三日三晩、真にむごい責苦にさいなまれました。イロクォイ人たちは、「お前の神はどこにいる。助けやしないじゃないか」と言って嘲りました。それから責苦を繰り返し、「助けるかどうか見るために神に祈れ」と嘲りました。けれども、この勇敢な神の僕は神への祈りと賛美を倍加しました。神を愛すればこそ苦しんでいるからです。当然のことながら、高々とたたえ歌ったので、イロクォイ人たちをいっそう激怒させました。名はヨセフで、ほとんど幼児の頃から、ル・ジュンヌ神父様に信仰教育を受けていたのです。

あなたの考えでは、私はよい息子を持ったことにはなりませんか。むしろ、神の御許では私の父、私の弁護者です。ヨセフは非常な勇気をもって最後まで堪え忍びながら、高度のお恵みをいただきました。私は当人への愛から、これを非常に嬉しく思います。ヨセフは実によくできた人で、しかも非常に謙虚でした。しかし、私がたたえるのはただその忠実さのゆえです。これほどのことを聞いたら、そのことから私が受ける喜びを誰が言い表すことができるでしょう。しかし、これらの特別なお恵みは私たちの側の選択によるものではなく、選ばれた人々に神がお与えになる宝に属します。以上は、この世で最愛のわが子への愛情の最大の証しの一つとして私が望むことですが、この望みを表明して手紙を終えることにします。

1 イロクォイ人の首長は、有名なバタール・フラマンであった。Cf.RJ1650（Th.35, 212；Th.Grassman dans *DBC*81-82.

2 数は少し誇張されているようである。カナダにこれほど多数の人口を見いだすには、一六六三年を待たなければならない。

3 アチウアンダロンク人。ヒューロンの南西約一二〇キロの所に住む。中立に留まろうと試みた。J.White, *Manuel des Indiens du Canada*, Ottawa, 1915, 399-402；RJ1651（Th. 36, 176）.

4 中立部族（ヌートル）は一六五一年に圧伏された。Cf.RJ1651 chap.II：*Etat de l'ancien pays des Hurons et de la Nation neutre.*

5 ドン・クロードは一六四九年の最後の数ヵ月以来司祭となっていた。

6 キリストの霊。

7 アンダストゥエ、アンダストエあるいはアンダストゲとも呼ばれ、ヒューロン・イロクォイ系の部族アンダストあるいはサスケハナの主な町である。アンダスト人は、現在のニュージャージー、メリーランド、ペンシルベニアの地域を占めていて、かつてはヒューロン人と同盟を結び、いつでもその側に立っていたと見做されていた。彼らは、特にアニエ人を恨んでいて、これを他のイロクォイの諸部族から孤立させようと企てていた。

先住民分布地図（五大湖周辺地域）

8　一六三八年に、フランスでルイ一三世の願望により定められた行列。Cf.A.Molien, *La liturgie des saints, La Vierge Marie et saint Joseph*, Avignon, 1935, 11 7ss.;duc de La Force, *Le voeu de Louis* XIII, dans *Congrès marial de Boulogne-sur-Mer*, Paris, 1938, 925;Gratien de Paris, *Les bénédictines du Calvaire, le P.Joseph et le voeu de Louis* XIII, dans *Etudes franciscaines*, 1938.

9　知らせは前述の捕虜から届いた。信用に値しないように思える。RJも*Journal des jésuites*もこれには触れていないからである。

六八（132）　一六五一年九月一日　あるイエズス会司祭宛

神父様、神父様宛の私どもの手紙をニュー・イングランド経由にして漁師に託しました。届いておりましたなら、御摂理により私どもが大変な苦境に立たされていることがお分かりでございましょう。それがどのようにして起こったかを申し上げます。

主の御降誕の祭日の八日間の金曜日、[1]一人の修練女が翌朝のパンを仕込むためのパン種の入った容器（練り桶）に火を入れたのですが、火を取り去るのを忘れてしまいました。そのために、容器とパン焼き部屋全体に火が回ってしまいました。夜一一時頃、子供たちの教室（パン焼き部屋の上にありました）で寝ていた修道女が、炎の音に目覚めて飛び起きました。封じられていた炎が煙突を伝わって火勢を上げ、奇妙な具合にパチパチと音を立てていたのです。驚いたメールは右往左往した後、鐘を鳴らし、逃げるよう叫びました。神父様、危険が迫っていました。まず、なんとかして子供たちを助けなければなりません。これは危険を冒して成し遂げました。格子を破り、香部屋を通って脱出したのです。他の通路には火が回っていました。

私は小さな倉庫に上って、何枚かの織物を窓から投げようと思いました。メールたちが可哀想に、着のみ着のままで逃げ出すのではないかと懸念したからです。しかし、神様は私の命をお救いになろうとしてこの考えを捨てさせ修道院の書類を思い出させてくださいましたので、持ち出すために書類のある場所に向かって走りました。そこはさほど危険な状態ではありませんでしたが、両側から火にはさまれ、後ろからも火に追いかけられました。この危険の中で、私は机上の十字架に頭を垂れて御摂理にゆだねました。イエズス会の修道院の院長様と神父様方が、聖堂に一斉に駆け込んで御聖体を運ばれ、香部屋の大部分の祭具を運び出されました。助修士の一人の方は、炎に呑まれたかと思われました。火から逃げ出してから見ると、姉妹一同はほとんど着のみ着のままで、今の季節としてはかなり深く積もった雪の上で神様に祈りながら、御摂理の結果を満足げに見つめていました。それは、この大火に遭っても少しも動じるところがないように見えたのです。そのため、この恐ろしい光景を見て動転したある人々は、私たちは気が狂ったか無感覚なのだ、いや、神への強い愛にみなぎっているのだと言い合っていました。

神父様、断言致しますが、私どもはこのときほどに、無一物となるためのお恵みの大いなる効果を感じ取ったことはございません。衣類や食糧や家具やその他の類似のものなど、私どもがこの世で所有しているものは二時間足らずで消滅してしまいました。私どもの創立者ド・ラ・ペルトリー夫人は寒さには非常に弱い方ですが、ただ小さなチュニックをお召しになって、裸足で雪の上に立っていらっしゃいました。そのお姿をご覧になりましたら、神父様はきっと哀れにお思いになりましょう。

晴れ渡った夜空には星がまたたいていました。寒さは非常に厳しかったのですが、風はありませんでした。大火のただ中で、さらにぼやが起こり、炎が庭と畑のほうに向かいました。これがなかったら、要塞も神父様の修道院も周辺の家々も全部、類焼の危険がありました。それほどに炎は激しくて、火の粉と燃えかすが遠くにまで飛び散っていました。廃虚には、火事のあと六週間経っても火がくすぶっているのが見られました。可哀想な姉妹たちにお話を戻します。

まだ任期中のメール・ド・セン・タタナーズは、はじめは誰にも会いませんでしたので、何人かは火に包まれたのではないかと心配してわなわなとふるえ、死ぬほどの苦しい思いをしました。メールは聖母マリアの御像の足元に身を投げながら無原罪をたたえて願をかけ、助けを求めました。私たちと寄宿生の誰一人としてこれほどに速い猛火に焼かれなかったことは、私は真の奇跡であると思っております。篤信の一人のヒューロン人の女性は他の人々より目覚めが遅かったので、窓から氷のように固かった地面に飛び降りました。私たちは死んだと思いましたが、意識を取り戻しました。主が彼女を、私たちに残しておくことをお望みになられたのです。

寄宿生たちは雪の上にシュミーズだけで立っていて、寒さで凍え死にすると考えていました。幾人かはかなり重い病気になりました。皆のドレスと持ち物は全部焼かれてしまっていました。私たちは先住民の生徒のための衣類と家具を多少持っていましたが、それも全部焼かれ、汚物の中に座ったヨブのように一切を失って雪の上に立っていました。しかし違うのは、私たちはフランス人と先住民の友人から非常な同情を受けましたのに、ヨブにはそれがなかったことです。

救護修道女会のメール方〔＊聖アウグスティヌス修道女会〕は私たちの災害をお知りになると、ご自分たちの修道院に滞在するよう招いてくださり、イエズス会の神父様方が、そこまで私たちをお連れくださいました。ご親切なメールは、私たちのあまりに哀れな姿をご覧になって涙を流されました。それから、ご自分たちの灰色の修道服を着せて、おできになるすべてのことを実に温かいお心でしてくださいました。私たちは無一物でしたので、いろいろなものを必要としたのです。私たちは一五人でしたが、救護修道女会の修道院に三週間滞在し、修道女の方々と同じものを食べ、同じお勤めを行って過ごしました。

火事の翌日、総督閣下[2]と長上神父様が私たちを哀れな廃屋、と言うよりむしろ、まだ近寄れない大かまどに連れていってくださいました。煙突は全部倒れ、縦断壁は崩れ落ち、塀には亀裂が生じており、この廃虚の上に再建できる見込みは全くありませんでした。土台まで一切合財焼かれてしまったのです。しかも、私たちは何も持っていませんし、再建のための十分な基金もありません。皆様の考えは、これだけの損害を被って再起できないほどの状態に追い込まれては、もう私たちは、フランスに戻る以外にないのではないかということでございました。しかし私たち一同は、非常なお恵みに支えられて召命をさらに堅く奉じておりますので、故国に帰る気持ちは一切ありません。そのうえ、当地では私たちにはフランス人及び先住民子女の教育の仕事がたくさんありますので、人々は私たちの決心を知って、これに強い同意を表しています。住民の方々の愛と愛情を見て励まされます。神父様方につきましては何も申し上げませんでしたが、ご自分の衣類用の織物を送ってくださったことも含めて、何から何までお世話くださいました。つまり、神父様方はご自分の持ち物が何もなくなるまで助けてくださったのでございます。貧しい人々さえ私たちに同情してくれました。そして、ある人は一枚のタオル、ある人は一枚のシュミーズ、ある人は自分の外套、ある人は一羽の若鶏、ある人は数個の卵を私たちに差し出して〔＊息子宛の手紙（133、本書には掲載していない）の注では、第一にヒューロン人とされている〕、深い同情の念を表してくれたので、私たちは強い感動を受けました。神父様は当地の貧しさをご存じです。しかし愛徳は、貧しさをはるかに上回っております。

ご親切な救護修道女会に三週間滞在した後、私たちは再建される修道院に住めるようになるまで、さしあたり、しばらく前に創立者夫人がお建てになった小さな建物に移されました。この小さな居所と欠乏の中で、私たちは非常な不便を忍びました。しかし、これは私たちを苦しめるものではありません。私たちは負債を負い、皆様にご迷惑をかけ、新しい家に備える家具もなく、着のみ着のままで食糧もないのです。また、フランスから何が送られるかもまだ分かりませんし、可哀想な先住民を助けることもできません。

神父様、神父様のかわいそうな娘たちを憐れんではいただけないでしょうか。娘たちのため、主にお執り成しいただけないでしょうか。私たちをこのような大惨事から立ち直らせるための篤志家を、主が私たちにお与えくださるようお祈りいただけないでしょうか。篤志家とは申しましたが、それらの方は私たちに慈善を行うことによって永遠の冠を得られる聖人でございます。私は毎週、補佐のメールと一緒にヒューロン人の婦女子に教えておりました。これは、私にとりましては言葉に表すことのできない慰めでございました。私たちは身体的にも精神的にも熱心にこれらの人々を助けておりましたが、一夜にして、すべてのよいことを失ってしまいました。かしこ。

1　一二月三〇日。
2　この頃はまだ、ルイ・ダイユブーであった。

六九（139）　一六五二年春　トゥールのウルスラ会修道院長[1]及び一同宛

このたび、皆様のご好意によりカナダ宣教のために派遣いただきました私どもの院長補佐メール・マリー・セン・ジョゼフが、神様の思し召しのままに帰天しました。[2]従いまして、ここに私は故人のために神様をたたえ、また皆様への約束を果たしたいと存じます。約束と申しますのは、皆様が故人をケベック修道院創設の際の伴侶として私に付けてくださいましたときに[3]、故人と別れるのは死か従順によってのみであると申し上げたことでございます。結局は、死が故人と私たちを切り離し、私が死者の瞼を閉じ、姉妹たちと共にふさわしい葬送を執り行いました。しかし、遺徳は身体と共に埋葬されることなく、メールは今なおありありと話し掛け、[4] 見倣うよう私たちを促しています。

　皆様にはメールの小伝と拙い肖像画をお送り致しますが、これをもって神様をたたえ、また、これほどに大事な娘を失ってきっと悲しまれる皆様を、幾分なりとも慰めて差し上げたく存じます。その中で、皆様が私以上にご存じの事柄について、私が述べますことにお驚きでございましょう。それらの事柄は、皆様がご覧になっていてどなたもご存じのことでしょうが、私は二つの理由から述べさせていただくことに致しました。第一の理由は、これらの事柄の源泉に遡り、その結果と進展を見ながら、神様がメールの霊魂を如何にお導きになったかを順序立てて述べることにあります。第二の理由は、私たちのケベック修道院に故人のまとまった伝記を残し、将来私たちの後継者とはなっても、私たちのようには故人を目で見る幸いを持たなかった人々を教育することにあります。付け加えて申し上げますと、私はこれを私ども自身の教化のために用いてまいりました。なぜなら、私どもはメールの徳と聖なる生活の目撃者ではありますが、私たちが見てきた事柄を新たに思い起こすとき、私たちを突き動かす動機を見いだし、これが故人を見倣うように駆り立てるからでございます。

　小伝には故人の病気と死の状況をも付け加えましたが、故人には病気のときも死のときも、生活全体が完全であったように、聖なるものがうかがえました。もっと時間がありましたら、より多くのことをお話ししていたことでございましょう。しかし、記述致しましたことだけでも、故人をお選びになって、ご自分の尽きせぬ喜びの神殿となさいました神をたたえ、カナダへの皆様の愛を今まで以上に駆り立てるのに十分でございます。

　カナダは、聖人とならなければならない好都合な場所でございます。もっとも、かくも聖なる召命に背けば別ではございますが。[5] 皆様は、カナダを愛していらっしゃいます。それ故にこそ、カナダにかくも素晴らしい一人の会員、皆様の愛のかくも貴重な保証をお与えになりました。どうか今後も、カナダに皆様の愛情をお寄せくださいませ。皆様は、亡くなったメールをとおして、また皆様の小さな学校で働いている姉妹たちをとおして、カナダに分身をお持ちなのです。[6] 私は最も小さな分身で、他のどなたよりも不束ではございますが、イエス・キリストに結ばれた皆様の従順な娘でございます。かしこ。

　一六五二年某日、[7] ケベックにて

院長様ならびに修道院御一同様

〔＊かなりの頁の小伝は付録Aの四で掲載した〕

1 院長は一六五二年四月以来、メール・ウルスラ・ジゥーエ・セント・カタリーヌで、マリー・ド・レンカルナシオンが修練院に二度目の滞在をしていた間、修練女たちの修練長であった。Cf.AD.Indre-et-Loire, *Livre de la Recepte*, H.856, 314.

2 マリー・ド・セン・ジョゼフは、一六五一年の聖霊降臨祭の選挙で、この任務に再選されていた(Cf.*Journal des jêsuites*, 155)。

3 一六三九年二月、トゥールからの出発のとき。

4 ヘブライ人への手紙11・4参照。

5 手紙五八(97)参照。

6 トゥール修道院出身の残りの三人、すなわち、マリー・ド・レンカルナシオン、アンヌ・コンペン・ド・セント・セシール、アンヌ・ル・ブゥー・ド・ノートルダム。

7 マリー・ド・セン・ジョゼフは一六五二年四月四日に死亡した。マリー・ド・レンカルナシオンが、この手紙と同封の報告書を書いたのは死後間もないはずである。とにかく、夏場の活況期の前であることは確かである。この時期には、船の到着が頻繁になりはじめていた。最初の船は七月一日に到着した(Cf.*Journal des jêsuites*, 171)。

七〇(142) 一六五二年九月一日 息子宛

愛するわが子よ。[1] イエス様が永遠に私たちのすべてでありますように。

あなたが、私たちへの優しい愛情から同情の手紙を書いたことを疑いません。あなたの手紙を読んで、昨年あなたに書いたすべての手紙を受け取っていないことが分かりました。[2] 多くの手紙は、こちらからの二隻の船の捕獲と難破[3]で失われた手紙と同じく紛失しています。しかし、そのために何をしたらよいのでしょうか。これらの損害には、神の御旨に従うことによってしか備えることができません。これが私たちのすべての不幸への薬で、私はこのことを修道院の大火後に起こった事柄から今までよりもいっそう体験しました。それはともかく、まずあなたに返事をします。

あなたが昨年私に書いたことはすべて、私には大変快い慰めとなったので、時々繰り返し読んでは思いを新たにしているのです。トゥールのメールの方々に、イエズス会の神父様方を傷つける報告が行われました。あなたの手紙から考えて、これに関しての私の説明は十分でなかったようです。私は、そのような報告を行った方の名前は挙げませんでした。その方への敬意から、名前を知らせることはできなかったのです。しかし、私が言おうとしているのはあなたのことです。あなたは、この小さな騒ぎの張本人のように疑われているのではないかと思いました。それは間違いですから、あなたがそんなことを思うとは考えも及びませんでした。何かあなたを責めることがあったとしたら、私は率直に飾らず言ったことでしょう。やむを得ずあなたに話したのは、あなたがトゥールに行くはずになっていたことを知らせてくださる人がいたからなのです。そして真実を知れば、あなたがメールの方々の誤信を取り除くものと思っていました。これが真相です。ですから、この世で一番信頼する人として、私があなたに心を打ち明けたことを信じてください。ところが、それがあなたを苦しませたと分かって悲しかったのです。繰り返して言いますが、あなたは私が気にするようなことは何も書いていません。あなたの書くことは全部、私にとって慰めと神様をたたえる大切な糧なのですから。とにかく、あなたの手紙の個々の点について答えましょう。

すべてを失った後、この国の特性と多様さから考えて、本来ならば確かに私たちはフランスに戻る以外にないのかもしれません。私たちをいっそうそのような考えにさせるのは、創立者夫人と結んだ契約でフランス人入植地の喪失や私たちが退去しなければならないと判断されるその他の偶発事やらで余儀なくこの国を去る場合、今とは別の場所に設立しなければならないからです。全くそのとおりなのです。しかし、あなたに心得ておいてほしいことですが、修道院はこちらの入植地では極めて重要な役割を果たしていて、一つでも去ってしまえば、ひたすら修道院を頼りにし、また修道院によって支えられてきた多くのフランス人を落胆させかねません。そのうえフランス人の娘たちは、先住民よりはるかに必要としている教育の機会を失って、全く粗野な者となるでしょう。先住民のほうは神父様方が代わって教育することがおできになりますが、フランス人の娘たちには、あなたが多分お分かりの理由から、それができません。第三に、この国は再建が危ぶまれるほどに絶望的な状態にはないので、私たちが撤退することはないでしょう。こうして、私たちは再建してこの国に留まる以外にないのです。このことについては、すべての偉い方々が賛成してくださいましたので、私たちは修道院を現在の状態まで再建させるために努力してきたのです。

あなたは、私たちのしていることは公益のためなのだから、再建の費用はこの地の人々が持つべきであると言いますが、当地の人々にその余裕はありません。私たちは建物とその他の経費のために二五、〇〇〇リーヴル余りを工面しなければなりませんでしたし、一切を失って何から何まで必要でした。この見積額のうち、一六、〇〇〇リーヴルは借金しなければならないのですが、これは御摂理が手段を与えてくださるときに返済するつもりです。そして、この金額のうち八、〇〇〇リーヴルを借りることができました。年利は一六五六年から支払えばよいことになっています。残りはこちらの人々が援助することになりますが、これは簡単なことではありません。昨年は、神様が全く思いも寄らない方法で私たちをお助けくださったと言えるでしょう。私たちの大火はフランスには知られていなかったので、フランスからはなんの援助もありませんでした。しかし、聴罪司祭の神父様が私たちが欠乏していて、しかも多くの作業員を抱えていることをご覧になり、ある土地の活用に取り掛かられました。私たちは前にこの土地を開墾していたのですが、もっと緊急の仕事があり放置してしまっていたのです。[4] 神父様は人々をその土地に送り、ご自分も負けずに耕されました。神様が神父様の愛徳と労に報いられ、おかげさまで私たちは、小麦三〇樽〔＊約七石〕とエンドウ豆と粗つき大麦一六樽の収穫を得ました。パンは小麦にエンドウ豆を混ぜて造るので、エンドウ豆は同じくらい重要です。粗つき大麦は家畜用です。私たちはこれで煎じ茶も造り、飲み物にします。[5] この援助とフランスからの援助で、作業員も含めた私たち四〇人は一年を過ごすことができたのです。

私たちは、聖霊降臨祭の前日に新しい建物に入居しました。[6] 小教区一同と司祭団に率いられた多くの人々が来て、私たちの仮住居から御聖体を運びました。私たちは新居で四〇時間祈禱をしましたが、これは聖霊降臨の火曜日まで続けられました。私たちが元の場所に入居し、火事以来忍んできた大変な不便から抜け出したのを見て、皆様が喜んでくださいました。この三日間、小教区一同が人々と行列をなして新居を訪れ、歌を歌いました。こちらの小教区一同は、聖歌も典礼も、司教座聖堂でのようによく訓練されたフランスの聖歌隊と同じくらい荘厳に行っているのです。これは耳の肥えた方々がおっしゃっていることです。

本当を言えば、あなたの挙げる理由は私には極めて妥当と思えますし、また、私が度々冷静に考えている理由にも合致していると思います。けれども、神様がこの国を治められる方法は、それらの理由とは反対です。私たちは何も見えませんし、手さぐりで歩いているのです。

どんなに見識のある方からどんな結構な助言をいただいても、通常、予想され助言されたようなことは起こりません。その間にも人は生活しつづけ、どん底に立っているのに気がつくと起き上がるのです。これは大きな公的事業にも、個々の家族にも一般的に見られることです。一《ひと》月前に起こった大きな不幸のように、[7] イロクォイ人のために何か不幸が生じたと聞くと、それぞれフランスに帰りたいと思います。それでも、結婚し、家を建て、人口は増え、地は開墾されて、皆が住み着こうと考えます。住民の四分の三は農業で暮らしています。私たちもまた、できるだけ開墾に行き、自分たちの食糧の足しにし、また家畜の飼い葉を確保します。私たちは、耕作と労役用の牡牛四頭とバター備蓄用の牝牛六頭を持っています。牝牛は夏の間にはミルクをたくさん出すので、娘たちのためにほとんど買わなくて済むのです。修道院が焼けたとき、御摂理によってこれらの家畜は私たちの聖ヨセフ農場にいましたので助かりました。この国ではこのようにして食糧が造られます。これなしにはフランスから援助があっても、私たちも他の人々も生活していけないのです。また、食糧造りは生活のためだけではなく、私たちには気晴らしにもなります。そして、この国に留まるのは、神様が愛深く私たちにお与えになった召命に忠実であるためなのです。神様がこの国での私たちのささやかな奉仕に満足なさったので、他の国に行って奉仕しなければならないと申し渡されるまで、私たちの決心は微動だにしません。お分かりでしょうね。私をこの地に留めているのは、これだけの理由なのです。それでも神様がお望みなら、私はいつでも去るつもりはあるのです。神様のうちにこそ私の平和と安らぎがあるからです。昨年、まだ修道院の大火の知らせを受けていらっしゃらなかったフランスのある方が、斡旋するからフランスに帰国するようにと勧めてくださいました。この地の人々は帰国しても感銘を受けるだろうし、私としては恥ずかしい思いをしただけで済むことでもあり、少しは笑われるかもしれないけれども、そんなことはすぐ忘れられてしまうとおっしゃるのです。本当のこと私は、この提案はあまりに失礼で、理由もあまりに人間的であると思いました。それで、返事は差し上げませんでした。ともかく私は、かなりの方々がこのようにお考えであることを疑いません。しかし、神様が私たちの帰国をお望みなら、私はこちらに来たときと同じ平静さと満足を抱いて帰国するでしょう。神様への従順によって来たように、従順によって引き揚げるからです。神様のご命令に支えられている以上、私はそれに耐えられることと思います。そうなれば、人々の判断はあまり苦にしません。[8] それらは、従順によって栄光に帰さなければならないお方のお考えから、しばしば非常に離れているからです。

ですから、この国では確かなことは何も分からないように、私たちを前よりも恐れさせるかもしれない新たな出来事についても、何も言えないです。

けれども、先に触れた出来事に多くの人が恐れをなしました。非常に勇敢で誠実な貴族のトロワ・リヴィエールの司令官が、フランス人二二人と共にイロクォイ人に殺害された事件です。森の中でイロクォイ人の襲撃を受け、この凶暴な部族の振る舞いを経験したことのあるお供の人々の意見も聞かずに戦ったのでした。この敗戦はただそれ自体としてだけでなく、結果も重大です。それは、数名の著名なフランス人が捕らえられて捕虜として連れ去られ、また、かなりの女性が未亡人となったことだけではありません。これまでイロクォイ人は軍人には歯が立たなかったのですが、トロワ・リヴィエールの司令官を殺害した今は、自分たちはヌーヴェル・フランス全体の支配者と思い込んでしまったのです。軍人にも負けなかったので、イロクォイ人はこのうえなく尊大になりました。居住地ではともかく、離れた場所や森に近い家々では恐れられています。イロクォイ人を追跡しても何も効果が上がらなかった経験から、いきおい守りを固めるだけになってしまいます。このほうがよいのです。もしデュ・プレシ司令官が防御だけなさっていたら、ご自分にも部下の人々にもこの不幸は起こらなかったことでしょう。しかし勇猛さが禍となりました。イロクォイ人は大砲を非常に怖がっているので、要塞には敢えて近づきません。住民は、イロクォイ人を追い払い、恐れさせるため、家々に方形堡を築き、小さな大砲で防備を施しています。私たちはと言えば、武器は聖母マリアと守護の天使のご保護です。しかし、使用人たちは多少の銃を持っています。まだイロクォイ人に対して用いたことがなく、夏と秋にキジバトとカモを撃つのに使っています。これは、私たちの間に病人がいるときだけです。この場合以外には、私たちの事業のためにもっと役に立つ仕事に就かせなければならないので、イロクォイ人のことは心配しないことにしています。使用人は一〇人で、イロクォイ人の襲撃の恐れがあるときには、私たちの防御に当たらせます。しかし神様が、すべてを破壊するだけの力を持つこの敵を自由に振る舞わせておかれるならば、国全体は大変危険な状態に陥るでしょう。ところが、私たちは絶えず護られているのを感じています。これはただ全能の神のご保護によるものなのです。

ビュトゥー神父様が、アッチカメーグ人に布教しておられるときに凶暴なイロクォイ人に殺害されました。殉教の冠をお受けになったとき、お供の一人のフランス人兵士と数人の新信者と一緒に巡回していらっしゃいました。これは布教区にとっては非常な損失です。しかし、お望みのときにご自分の殉教者に冠を与え、働き手に報われる神をたたえなければなりません。イロクォイ人は一人のフランス人女性を斧で一〇ヵ所も傷付けましたが、女性はあくまで勇敢に抵抗し、その一人を倒して逃げ出し叫び声を上げましたので、これが要塞に聞こえ、救援隊が駆け付けて救い出されました。イロクォイ人はいつも優勢であるとは限らず、時には敗北を喫します。当方は二度彼らに勝ち、重要な首長の二人を捕らえ火あぶりの刑に処しました。これに怒ったイロクォイ人二〇〇名が二手に分かれてトロワ・リヴィエールを攻撃し、焼きました。彼らは急襲をかけるとすぐに撤退し、前述した捕虜と土地の住民所有の家畜五〇頭を連れ去りました。交易に関して言えば、南部ではほとんど行われませんが、[9] 北部ではこれまで以上に盛んです。もしフランスの商品を早めにきちんと持ってきて、遅れのためにビーバーの毛皮がよそに回らないようにすれば、商人は金持ちになることでしょう。ところが実際には、住民はこの取引を暇つぶしにしているだけで、開墾に精出していたほどにはこの商売を進めていませんし、漁業やアザラシ油やネズミイルカ油の取引、その他商売になりはじめた類似の食料品の取引に熱心でした。

別便でメール・マリー・ド・セン・ジョゼフの死去について知らせましょう。私たち一同のために祈ってください。特に、神様がご自分のより大いなる栄光のために最もふさわしいとお思いになるとおり、私が神様への余すところのない完全な犠牲となることができるよう祈ってください。

1 ドン・クロード・マルテンは、当時、ヴァンドームのラ・トリニテ大修道院の副院長であった。

2 マリー・ド・レンカルナシオンはガスペ半島の漁師を介して、またニュー・イングランド経由で手紙を出していた。

3 二隻の船は一六五一年一一月一七日にケベックを出航した(*Journal des jésuites*, 164)。ラ・ヴィエルジュ号(船長ボワロー)は行方不明になった。セン・ジョゼフ号(船長ブーシエ)はラ・ロッシェル港到着寸前に英国人に捕獲され、プリマスに連行され、大部分の手紙は紛失した。Cf.RJ1651(Th.37, 80-96).

4 修道院から約一マイルにあるアブラハム平野北部の領地セン・ジョゼフ。この土地は一六三九年一〇月一四日に百人出資会社からウルスラ会に委譲された。

5　Cf.P.Boucher, *Histoire véritable et naturelle des moeurs et productions du pays de la Nouvelle-France*, Paris, 1664, (reêdité Boucherville, 1964), chap.XIII.
6　五月二九日。
7　八月一九日の戦い。後述。
8　コリントの信徒への第一の手紙4・3参照。
9　セント・ローレンス川の南岸はリシュリューからガスペ半島までアニエ人の支配下に、リシュリューの川上からオンタリオ湖までは他の四部族の支配下にあった。

七一(143)　一六五二年九月九日　息子宛

愛するわが子よ。これは四月一三日の手紙の返事です。この国の一般的事柄と私たちの修道院の事柄に関して、他の三通の手紙で十分に書きましたが、もう受け取っているか、今年は受け取ることでしょう。

これは四番目の手紙になりますが、内密のもので、何よりもまず、昨年書いた手紙があなたを苦しませたことで、私が胸を痛めているのを知らせるためのものです。私が第三者について書いていたつもりなのが、あなたは自分のことであると思って苦しみました。でも、どうしてあなたなのですか。名前を挙げなかったのは、まさかあなたがそう受け取るとは思いも寄らなかったからです。思いも寄らなかったのは、そんなことは不可能であると確信していたからです。私は、トゥールのメール方が悪意はなくとも的外れな非難をなさったことを、あなたに話しただけのことです。その原因になった方について第三者として触れたのは、私が寄せている敬意からも義務の上からもお名前を挙げることを望まなかったゆえです。ですから、あなたが私に書いたことは全部、私には快く、その中にただ真理と堅固さだけを認めているくらいであることを信じてくださいね。

あなたが、私たちが当地に残るかあるいはフランスに戻るかに関して述べた理由には、真の賢明さが見られます。私はあなたと同じ思いなのですよ。しかし、私たちが考えているようにはいきません。これは、こちらの国で神がなされたことを知っている人々が指摘するとおりです。事実、御摂理は人間のあらゆる賢明さを手玉に取られています。また私は、神が私たちの再建をお望みで、そのために私が果たさなければならない召命は御摂理によるものであって、ある日それで死ぬことを確信しています。この確信と掛けた経費にもかかわらず、私たちにはこの国がどうなるかは分かりません。けれども見たところ、この国が存続する可能性のほうが勝っています。また私は、こちらに今までと同じく自分の召命を感じとっています。それでも、地上で私にとっては神の代理である方々が、神がお望みであるとお知らせになるときには、フランスに戻る覚悟はしています。

創立者夫人もまたご自分の召命に関しては同じようなお気持ちでいらっしゃいますが、フランスに帰国なさるおつもりはありません。神は夫人には、まだ私たちのように貧しくなるお恵みをお与えになっていないからです。反対に夫人は、私たちのために聖堂を建てる非常に強い意欲をお持ちなので、イロクォイ人の攻撃にもかかわらず、そのための資材を集めさせていらっしゃいます。それは考えないようにと説得されたのですが、夫人はご自分の一番大きな望みは神様のために家を建てることで、これは夫人の言葉そのままですが、その後は生きた神殿を建てるとおっしゃいます。つまり、道を誤ったかわいそうなフランス人の娘たちを集めて敬神の念を育てさせ、また離れていて受けることのできなかったよい教育を与えるということなのです。[1] 夫人は私たちの建物を再建するための援助は少しも思い付かれませんで、聖堂建築に専念し、かなりわずかなものとなった収入を少しずつこれに注ぎ込んでいらっしゃいます。ド・ベルニエール様は今年、夫人に五ポワンソン〔*約三五石〕の小麦粉をお送りになりましたが、これはこちらでは五〇〇リーヴルに値します。私たちにも時計一つと、かわいそうなヒューロン人のために一〇〇リーヴルを送ってくださいました。

このようなことのすべてを、あなたはどう考えますか。私はと言えば、慈しみ深い御摂理の導かれるままになり、そのお導きによって刻一刻私のうえに起こるすべての出来事を受け入れる心構えです。

私は今朝もまた、この国の事柄に通暁していらっしゃる二人の方に、私たちが助修女としてフランスから呼び寄せようとしている二人の娘についてお話ししました。二人の娘にはなんの問題もありませんでしたが、私は多くの困難を見ています。その理由は第一に航海の危険、第二にフランス王国の動乱、最後に会あるいは会員の連携にあります。ですから、私たちはまだ決定はしていないのです。私たちはイロクォイ人の敵対のゆえにためらってはいません。この国を堕落したもののように見做す方々がいます。そして私たちのような身分の女性は、フランス人兵士を恐れなければならないとフランスの人々から言われますが、私はそれほどに心配するまでもないと見ています。フランスから知らされることには身の毛がよだちます。

　イロクォイ人は確かに凶暴ですが、女性に対しては、フランス人が行っていると言われるような破廉恥なことは行いません[2]。彼ら[3]の間で暮らした人々は、決して女性を犯すことはなく、同意しない女性はそのままにしておくと保証しました。けれども、私はこれを信用するわけではありません。凶暴で神を信じていないからです。私たちは連れ去られるよりは殺してもらうでしょう。このように抵抗すれば、彼らは殺します。しかし、主のおかげで私たちはそのような状態にはありません。敵が近づくのを知ったら、私たちは手をこまねいて待ってはいないでしょう。そして今年中にも、あなたは私たちを殉教者として崇敬するようになるかもしれません。

　残り少ないフランス人の七、八家族が帰国するのを見ると、居残るのは無謀ではないかと私も思いたくはなります。しかし、何も恐れる必要はないと神様から知らされていただけるならば、この見方は考えものです。そのときは、姉妹と私は最も確実で明白なことを選びます。救護修道女会のメールの方々も同じ決意です。しかし、もっと率直に話せば、この国を離れるとすれば、イロクォイ人よりも、生活必需品と衣類を獲得することの困難さのゆえに離れるのです。もっとも、この困難さは、元はと言えば、イロクォイ人が随所を攻撃して恐怖を振り撒き、それで多くの人々が商売をやめてしまうということに起因しています[4]。ですから、私たちは可能な限り開墾しているのです。こちらのパンはフランスのものより味はよいのですが、白くはなく、労働者には栄養価もありません[5]。野菜もよいもので、たくさん採れます。イロクォイ人を前にした私たちの状態は、こういうものなのですよ。

　私たちの会則を将来に備える必要に関しての、あなたの意見はよく分かります。目下のところ、恥ずかしながら、私には姉妹たちの模範となる徳は一つとしてありませんので、将来については答えることができません。しかし、フランスから移ってきた姉妹たちを見れば、大方は私と同じようなものではないかと思います。万が一、この姉妹たちが帰国を望んでも、私たちがこちらで誓願を立てさせた当地の姉妹たちは、私たちの会則で育成され他の精神に染まっていないので、こちらの精神を持ちつづけることができるしょう。ですから、急いで派遣を願うつもりはありません。そのうえ、神の御手から受けた傷はまだ真新しいもので、私たちは非常な不便を忍んでいるのです[6]。また、私たちの土地には向いておらず、食べ物や空気や人々に順応できないような姉妹たちが送られることを心配しています。

しかし、私たちを一番心配させるのは、それらの姉妹が従順でなく、堅固な召命を持っていないということです。私たちとは違った精神を身に付けているので、従順で素直でなければなかなか順応できず、私たちはつらい思いをすることでしょう。このような精神の違いから、すでに二人の救護修道女が帰国しています。私たちの目の前にあるこの例が、私の心配の種なのです。

私たちのような身分の女性に航海と敵の危険を冒して四、〇〇〇キロ〜四、八〇〇キロの道を来させながら、意を翻させてしまう可能性は大いにあるのです。このことでは、私は決心がつかないでしょう。ただし、娘がどうしても帰りたがっているのに無理に引き留めて救霊を損なってしまう場合のように、全くやむを得ないなら決心のしようがありますが。

私は、姪のド・レンカルシオンに来てもらうことを強く望んだことがあります。賢く有徳で、召命も堅固であると度々知らされました。私たちのあらゆる仕事と、この国に関するすべてのことのために訓練できることを楽しみにしたくらいです。しかし、姪が満足せず帰国しかねないのが心配で思い留まりました。それに、私も歳です。[7]死ねば、恐らく姪を耐えがたい孤独感に陥れることでしょう。さらにキリスト教に対するイロクォイ人の妨害のために、私たちは以前のようには先住民の娘たちを持つことができないので、姪は来た目的が失われるの見て大変悩むはずです。本当のことを言うと、これは非常につらく、また意気沮《そ》喪《そう》させることなのです。こちらの言語は非常に難しいのです。習ったところで、当てにしていた話し相手がいなくなるとしたら、どうして若い娘がそれを習う気になるでしょうか。イロクォイ人の敵対行為が長く続かなければ、このためらいに打ち勝つ努力はできるでしょう。しかし、和平の前に死んでしまうかもしれません。[8]

以上が、姪に対する望みと、それで私が得られる慰めにもかかわらず、姪を呼ばないことに決めた理由です。あなたと離れて会う機会もないので、私にとって姪が一緒にいることは、あなたと一緒にいるのも同然なのです。あなたたち二人は、私の思いを度々フランスに走らせています。というよりも、イエス様の御心の中で、どちらかを訪ねて、あなたたちの聖化と完全な犠牲をお願いしているのです。しかし、私はこの満足をイエス様のために犠牲にし、この世でも永遠でも一切をその導きにおゆだねしています。[9]イエス様は、私たちをどうなさるのかご存じです。ですから喜んでなされるままになりましょうね。福音の教えに従うために、この世では私たちの絆を断ち切ったがゆえ、イエス様に忠実であれば、私たちの再度の結び付きは天においていっそう完全となるはずです。[10] それはともかく、私たちの話に戻りましょう。

このような次第で、私たちはフランスに歌隊修道女の派遣を急いで求めず、私たちも派遣される修道女たちも不満足の元とならないような正しい措置を講じるために、少し延期したほうがよいと思っています。けれども、前述したすべての理由にもかかわらず、二人の助修女をお願いしないわけにはいきません。それも今年中にです。

他の機会にお話ししたかどうか分かりませんが、こちらには司教様がいらっしゃらないので、ルーアンの司教様がその代わりを務めると公言なさいました。そして実際に当地のため、布教区長の神父様をご自分の総代理に任命なさいました。もともと神父様はこの国の教会首席でいらっしゃいますので、私たちは、ソルボンヌで六人の博士の方にご相談して署名をいただいた後、私たちの誓願の有効性のために神父様の権威を頼りにしています。

あなたに関することですが、あなたが私に願った書類[11]を送らなかったことを、愛情がないからだと受け取らないでください。書類を保存していたのは、あなたが願ったからです。そうでなかったら、それを書くように命令なさった私の長上神父様の意を満たし、神父様から返していただいたあと、すぐに焼いてしまったはずです。しかし、あなたに昨年知らせたように、火事で焼けてしまいました。けれども、あなたが望んでいるのだから、多忙な仕事から少しでも解放されたら、私の記憶と愛情から出てくる事柄を書いて、来年はあなたに送ることにします。

命はこのように過ぎ行くものです。神様が助力のお恵みを注いで不足を補ってくださらないなら、誰が生きることができましょうか。はっきり言っておくと、私には嘆くことは何もなく、御憐れみをたたえるしかないのです。私たちの会の事柄とこの国の一般的な事柄の中で山と積まれた十字架を担うためには、私には殿方以上の勇気が確かに必要です。すべては茨で塞がれていて、そこでは最も目の利く人でも見えなくなり、すべてが不確かな暗闇の中を歩いていかなければならないのです。このような状態ではあっても、私の精神と心は平静で、御摂理の命令と出来事を一刻一刻待ちながら、それに従う用意があります。この光は、私がカナダに来る前に神が私にお与えになったときには、まだ暗くて見知らぬものでしたが、どんな闇に出遭っても、それは私の召命をそれまで以上に明確にし、また、光を見いださせるものです。

これについては約束しておきますが、別の手紙でお話しします。こうしてあなたは、私に対する慈しみ深い神様のお導きと、また神様が言い表すことのできない仕方で私をご自分の道に没入させながら、人間的な理屈を超えて如何にご自分に従わせてくださったかを知り、感嘆することでしょう。私たちの愛するメール・ド・セン・ジョゼフが臨終の床で、私は多くの十字架を担わなければならないと予言しましたが、私はそれらを待っていて、現われるに応じて十字架を抱き締めます。結局は、私たちの救い主が「私の軛は負いやすく、私の荷は軽い」とおっしゃったことを[12]体験させてくださるのです。私の弱さを顧みられ、十字架のあらゆる辛酸を嘗めさせながらも甘美な後味だけを残してくださった主は、永遠にたたえられますように。

　私が私たちの貧しさについてお話しするとき、真の富と見做している祈りの他に何かを求めているとは思わないでください。私たちに必要なものを供給してくださるありあまるほど豊かな御摂理に、すべてをゆだねているのです。御摂理は、すべてを失ったときでも、私たちを必要な衣・食・住に欠けたままで放置なさいませんでしたし、温かくすべてを用意してくださったのです。

　そのおかげで私たちは、メール・ド・セン・ジョゼフの長患いの間も、住居の窮屈さを除いては、フランスのご両親の許でもこれ以上はできないと思われるほどにお世話できました。メールの死亡については前にお話ししました。これについては、ここではこれ以上のことはお話ししません。メールを失ったことは私には大きな痛手です。しかし、神様の御手にあることを思い、自らを慰めています。そうでないとしたら、これほどに立派なメールを失ったことは、私にとって極度の悲しみとなったでしょう。

　神は万事についてたたえられますように。神は、私がどこにいようと、私のすべて、私の命です。

1　救護修道女会も、一六五二年には「多数の寄宿生」を入れなければならなかった。しかし、「私たちは病人の世話でかなり多忙である」と言っている。

2　Cf.Feillet, *La misère au temps de la Fronde*, Paris, 1862; P.Coste, *Monsieur Vincent, II*, Paris, 1931, 581–724; *Saint Vincent de Paul, Correspondance*, éd.Coste, IV, Paris, 1919, 402, 406.

3　イロクォイ人の間で。

4　漁業でさえ妨げられていた。アニエ人は漁場をタドゥーサックまで伸ばしていたのである。Cf.*Journal des jésuites*, 167.

5　パンについては、手紙七〇（142）参照。「エンドウ豆を小麦粉に混ぜてパンを造ります」

6 一六五〇年一二月三一日の火事。

7 五五歳一〇ヵ月。

8 最初の和平は一六五四年に締結された。手紙七六（161）参照、RJ1654(Th.41, 108-118)。最終的には、和平は一六五五－一六六六年の国王軍の介入によって実現することになる。Cf.B.Sulte, *Le Régiment de Carignan*, *Mélanges historiques*, VIII, Montréal, 1922; R.Roy et G.Malchelosse, *Le Régiment de Carignan*, Montréal, 1925. また、本書には掲載されていない手紙（230）と、RJ1666(Th.50, 16ss)参照。

9 一六五六年に新たな試みが行われるが、実現できなかった。手紙七九（172）参照。

10 マタイによる福音書19・29。

11 息子が幾度か頼んだ自叙伝的覚書で、一六五〇年の大火のときに焼けるままに放置された。

12 マタイによる福音書11・30。

七二（146）一六五二年九月二六日　姉妹の一人宛

イエス様の平和と愛があなたと共にありますように。

私たちの火事の知らせを受けて、早速同情と愛情の念を表明してくださって大変有難く思います。この世の事柄はこのように移ろい、神様が正義の御腕によって、お望みのときにお望みのままに散らせてしまわれる陽炎のようなものなのです。

神様は、ヨブになされたように、御慈しみによって私たちにお与えになったものを、今度の出来事で私たちから奪われ、ゴミの中ではなくとも雪の上で私たちを無一物になさいましたが、これが御摂理なのです。神様は私たちにすべてをお与えになりましたが、すべてを取り上げられました。その御名はたたえられますように。[1] しかし、ヨブになさいましたように私たちを取り扱いはじめられ、はじめに立たせてくださったとき以上に見事に再起させてくださいました。[2] 事実、建築は進み、私たちは住みはじめているのです。

この打撃の後、神様はまた別の試練をお与えになりました。イロクォイ人は今まで以上に暴れ回り、フランス人の間にこれまでにない損害を与えていますが、ビュトゥー神父様と一団のアッチカメーグ人をトロワ・リヴィエールから二、三日の距離の所で殺害しました。

また、この居住地の要塞司令官と住民の一部も殺害しましたが、これは、森の中で無謀にも彼らと戦ったためでした。このことで居住地の住民は、敵がいつでも入り口で待ち伏せしていると思い、極度の恐怖に陥っています。

私たちはまた、今年大変な損失を被りました。最初の船が港近くで座礁して残骸だけになってしまったのです。[3]それで、私たちの小麦粉とその他の生鮮食料品は全部塩水に浸かってしまい、貨物のかなりの部分は助かりはしましたが、これとて、上げ潮になるたびに全部海水を被り、性能も価値も全く減少してしまいました。

　これらの出来事が、すべて神の御旨によって行われたと見れば不満に思えますか。私が神の正義の結果と称したことは、実際は、御慈しみの結果であると言ったほうがよいのです。なぜなら、これらの出来事は、この世では何物にも執着してはならないことを教えるからです。変化することのない神様だけが、私たちの損害の中での私の唯一の慰めで、神様の永遠に終わりは決してないのですから、この永遠だけが私たちがしかと離してはならないものなのです。

　私たちの不幸を話してきましたが、フランスの騒動と動乱を知ったときには、[4]苦痛で胸が締め付けられる思いをし、この世界の果てで私たちが担っている十字架はすべて忘れてしまい、あなたの地域[5]で起こっていることだけしか考えられないくらいでした。ああ、なんという忌まわしさ、なんという罪、うたかたで滅びゆく無に過ぎない物事のために行われる神へのなんという侮辱、人々へのなんという不正でしょう。伝えられる事態から推測すれば、私たちはフランスに飢餓が起こり、それがこちらにも移るのではないかと心配します。もしそうなれば、来年はこちらには何も送られず、その結果、当地は惨めな状態に陥ってしまう恐れがあるからです。[6]とは言ってもパンは十分にあるので、飢えで死ぬわけではありません。でも、生きるためには他に多くのものが必要ですし、もしこの国が一年間なんの援助もなく打ち捨てておかれるなら、特に衣類の不足のためにすっかり困ってしまうでしょう。しかし、これもまた、御摂理にお任せしましょう。御摂理が私たちのお母様で、必ず私たちの必要を十分に満たしてくださるからです。

　施しにはお礼を言います。あなたが送ってくださったのと同じ心、同じ愛情をもって受け取りました。これに加えて、神様が私を真にしっかりと回心させてくださるよう、あなたの祈りの援助をお願いします。私はと言えば、神様をとおして完全にあなたのものであって、愛深い神様の御心の中であなたを抱き締めます。

1　旧約聖書ヨブ記1・21。
2　旧約聖書ヨブ記42・12。
3　ジャン・ポワンテル船長の船で、ケベックから約八〇キロの下流オ・クードル島で座礁した。その知らせは六月二三日にケベックにもたらされた。
4 手紙七一（143）注2参照。
5 フランス、特にトゥーレーヌ地方。
6 サン・ヴァンサン・ド・ポール。*Correspondance*, IV, 1919, 370s.

七三(149) 一六五三年八月一二―三〇日 姉妹の一人宛

イエス様の愛と命が永遠にあなたの命でありますように。

三月末日付のお手紙を受け取りました。これを読んで私は、主があなたの家族と特に、あなたに注いでくださった数々のお恵みにお礼を申し上げずにはおれません。そして、あなたと家族の皆様を聖人にしてくださるよう祈っています。私たち皆が切望しなければならないのはこのことで、そのためにこそまた、働かなければならないのです。これこそ唯一の必要なことなのですから。

それでもこれは、あなたがこの世で神様からいただいた家業を妨げるものではありません。ただ、神様が一番お望みになることとして、すべてをこの目的に沿って行うようにしなければならないのです。私たちの十字架への同情は、あなたの優しい心と当地に抱いている愛情のしるしです。私たちは相変わらずフランスの悲惨な状態を知らされていますが[1]、当地でもそちらと同じように十字架が増えつつあります。

六〇〇人のイロクォイ人がトロワ・リヴィエールを包囲し、ポンセ神父様が囚われの身となり、これがこちらの人々を悲しませています。しかし、布教区長のメルシエ神父様がこの地の防備を固めていらっしゃるので、フランス人は安心してはいるのです。ただ、イロクォイ人が収穫物を焼いてしまうのではないかと心配しています。実際、もう焼きはじめています[2]。神父様と同行の一人の男性と、こちら側のイロクォイ人捕虜との交換の交渉が行われています。交渉の結果はまだ知られていません。襲撃者たちがこの地域をあまりにも荒らし回るので、一時はフランス人住民は帰国しなければならないだろうと考えられたほどでした。

けれども、この噂は消え、数ヵ前からイロクォイ人は現われていません。モントリオールの居住民は彼らに激しく抵抗し、追跡してイロクォイ人に損害を与えました[3]。今は、豊かな収穫を行っています。これに加えて、フランスから救援隊が到着するので、当地の住民全部が励まされています。[4] 引き揚げる以外にない窮地に立たされるようになったら、実に残念なことだったからです。事実、こちらに居住し、定着するために多大の費用を費やしてきた二、〇〇〇人以上のフランス人は、他になんの財産もなく 悲惨な状態に陥ったことでしょう。[5] そのうえ他の先住民たちは、イロクォイ人に抵抗するだけの力は持っていないので、命と恐らくは、信仰をも失う危険にいつもさらされることになったでしょう。しかし私たちは、モントリオールのド・メゾンヌーヴ司令官が急遽フランスに行かれ、連れてこられる救援隊を待っています。その間にもイロクォイ人の侵略の及ばない所に集まってきている二、〇〇〇人の先住民の保護を神様に祈ってください。この人たちは、フランス人と商売することを望んでここに来ているのです。[6] こちらまでやってくるのは困難なのです。これらの先住民を、殺戮の手から逃れた者として酷く憎んでいるイロクォイ人が通路を占拠しているからです。[7] こちらまで来ることができれば、私たちは教育できますし、門戸はもっと大きな部族にも開かれるでしょう。[8] このことは重要なことですから、そのためにまた、イエス・キリストの御国を広め、御栄えのいや増すことを望むすべての人々のために祈ってくださいね。

私たちには優秀な生徒たちがいますが、中でも、一人は神様から特別に親密な交わりのうちに育てられ、これに相応する徳を実践しています。[9]

あなたはこの国のお花の種と球根について尋ねていますが、こちらはお花の種類が少なく、あまり綺麗なものがないので、私たちの庭のためにフランスから取り寄せています。人々と同じように、花々も、すべてが野生なのです。私が大変困っているときは、祈りで助けてください。体は丈夫ですが、いつも死の危険にあるわけで、私のような哀れな罪びとは永福に至るために助けを必要としています。

1 手紙七一（143）、七二（146）参照。フロンドの乱が終わったばかりである。

2 八月二三、二四日。RJ1653, chap.III (Th.40, 106–114).

3 一六五二年秋のエピソードである。Cf.Dollier de Casson, *Histoire de Montréal*, éd.Flenley, p.170ss. クロス少佐とフランス人の一群による反撃のことである。

4 メゾンヌーヴ司令官による志願兵募集。これは八月六日、プレ船長の船が運んで来たフランスからの郵便で知るところとなった。

5 マリー・ド・レンカルナシオンが挙げている数字は、カナダの初期の人口について研究している歴史家のそれを超過している（G.Langlois, *Histoire de la population canadienne-française*, Montréal, 1934, 42, 64によれば、一六五三年の総人口は、なんと六七五人に過ぎなかったということである)。二、〇〇〇人に達したのは、一六六〇年になってのことであるのは確かである。その後は急速に増加した。Cf.BRHXXI, 1925, 4112-413, XXXVII, 1931, 312-331;385-404.

6 アルゴンキン系の諸部族とペタン人の生存者たちである。知らせは、ヒューロンから来た三隻のボートによって七月三一日ケベックにもたらされた。Cf.*Journal des jésuites*, 183.

7 ペタン人の領土は、グレーとシムコー伯爵領(オンタリオ州)であった。中立部族の領土はエリエ湖の北部であった(Cf. J.White, *Manuel des Indiens du Canada*, Ottawa, 1915, 563, 399ss.)。ヒューロン人のかなりの者がこれらの地に避難していた。しかし、ペタン人自身スペリオル湖のアルゴンキン人の許に避難しなければならなかった。諸中立部族は、一六五〇年秋と一六五一年春の略奪後は、彼らのように避難していた。ケベックに行くためには、これらの人々はウタウエ(オタワ)川、ドゥ・モンターニュ湖、プレーリー川とセント・ローレンス川を通らなければならなかった。イロクォイ人は、前々の年のように、急流やボートの通れない箇所で待ち伏せしていたのである。

8 RJ1653, chap.VIII (Th.40, 218-221).

9 ヒューロン人スール・テレーズ。手紙四八(65)、五七(92)、RJ1653, chap.IX 参照。

七四(152) 一六五三年九月六日 ディジョンのウルスラ会修道院長マリー・ド・レンカルナシオン・ケナ宛

イエス様の平和と愛が院長様と共にありますように心からご挨拶申し上げます。私どもにお書きくださいましたお手紙を拝受致しました。私どもには院長様のご厚情溢れるご寄付は、慈しみ深いイエス様ご自身からいただいたもののように思われます。事実、すべてはこの泉から出て、これを知らせるものでございます。また、院長様のご厚情におすがりしなければならない新たな必要がございます。イロクォイ人に属するアニュロノン部族〔*アニエ人〕が大挙して押し寄せ、そのために、もし慈しみの神が全く奇跡的な手段によってお護りくださらなかったら、私たちは皆、一網打尽に虐殺されたことでしょう。

当地では、彼らがアメリカの他の部族たちと戦っているという偽りの噂が流されていました。同時に、これもイロクォイ人ですが、オノンタジュロノンの一隊が和平を求めてやってきました。今後は、フランス人、アルゴンキン人、ヒューロン人と一つの国民になりたいと言うのです。この会見から、私どもは最初の知らせが本当で、六〇〇人のアニュロノン人がトロワ・リヴィエールを包囲しようとしているという噂が誤りであると容易に信じてしまったのです。こうして、多くの人が見せかけに目をくらまされてなんの警戒もしていませんでした。公益に大変熱心な布教区長神父様は、常に警戒しなければならないとお考えになって、トロワ・リヴィエールの居住地の防備を固めることに懸命でしたが、肝心の住民は自分の仕事にかまけて要塞を強化しようとしませんでした。けれども、神父様は反対に遭われながらも工事を続けられましたので、要塞の強化は完成し、全住民は敵の奇襲から守られるようになりました。それから三週間も経つか経たないかのうちに、恐れていた六〇〇人のイロクォイ人が現れて、すべてのものを焼き払い、あらゆる年齢の男女を無差別に殺戮しようとしました。もし居住地が彼らの考えどおりの状態にあったら、彼らは間違いなく思いどおりにしたことでしょう。[1] ヒューロン人の村のすべての住民は、イロクォイ人が近づいてくるのを知ると、ただちに要塞の中に避難しましたので、フランス人と同じように虐殺を免れました。イロクォイ人は、住民を皆殺しにして土地をわがものにできると確信していたらしく、住み着くために女子供を引き連れ、すべての持ち物を持ってきたほどでした。[2]

その頃、非常にご立派な宣教師でいらっしゃるポンセ神父様は、トロワ・リヴィエールから一四〇キロ離れたケベックにお住まいでしたが、ある気の毒な寡婦のお世話をする用事があって外出なさった間に、襲撃者の一隊に捕えられました。[3] この知らせがケベックに伝わると、神父様を霊父として愛している住民たちが直ちに武器を取り、神父様を奪回するために獰猛な敵を追跡し、三時間足らずで追い付けるまでに接近しました。敵がいた場所にはまだ火が残っていて、出発して間もないことが分かったのです。その場所を調べてみると、皮を剝がれた一本の木に、炭で「ポンセ神父」、別の木には「フランシュトー」と書かれてあるのが目に入りました。また、神父様がわざと残しておかれたご本も見つかりましたが、開いて見ると、「私たちはアニュロノン人に捕まった。今までのところ、乱暴は何も受けていない」と書いてあったのです。この文字を見て追跡者たちは新たな力を得、勇気を出してフランス人が住んでいる砦に辿り着きました。夜は砦に泊まって過ごさなければなりませんでした。外に出たならば死んでしまったでしょうし、トロワ・リヴィエールからは一日中大砲と銃が撃ちつづけられているので、不幸な目に遭うのは確実であると言われたのです。[4] こうした危険にもかかわらず、追跡団の中から三人が抜け出して、そこから八キロ離れたトロワ・リヴィエールに神父様が捕虜になったことを知らせに行きました。三人は夜陰に乗じて敵の目を掻いくぐり、幸いにして要塞に入ることができました。三人の知らせによって、翌日には神父様と相手方の捕虜数人を交換するため、敵と交渉することになりました。敵はこの提案を受け入れました[5]が、無信仰者が信義を守るはずはなく、居住地の一人の先住民を懐柔し、その手引きで砦に侵入させ、砦を制圧できるよう約束させました。敵はこの計画が成功すると見て、提示され自らも受け入れた提案を急いで実行しようとしませんでした。ところが、裏切りが発見され、神父様のあとを追ったフランス人たちが救援にやってきたので野望は潰え、和平を求めました。アニュロノン人を全面的に信用したわけではありませんが、神父様を直ちに返すという条件で彼らの提案が受け入れられました。しかし、あいにく捕らえた者たちは、神父様をすでに舟に乗せて彼らの国に連れ去ろうとしていました。アニュロノン人が言うには、神父様を戻しに一人の隊長と二隻のカヌーを送ったそうです。それから、彼らは和平の提案を受けて撤退しましたが、その前に収穫物を荒し、野原にいた住民の牛を殺していました。トロワ・リヴィエールに来る前にはモントリオールを攻撃したのですが、撃退されてしまい、ただ離れた所にいた数人の先住民とフランス人を捕虜にしただけでした[6]。

目下のところ、彼らの二、三の部族が私たちとの和平を求め、そのために贈り物をしました[7]。会見はトロワ・リヴィエールで行われ、それにはフランス人、アルゴンキン人、ヒューロン人とその他の同盟部族も集まるはずです[8]。私たちの敵の言うことが本当で、望ましいと証言している和平が恒常的なものであるならば、アメリカ大陸のすべての部族の許で福音に門戸が開かれることでしょう。しかし慎重に考えれば、これは当てにできません。今までのところ、彼らの行為に見られたものは、ただ裏切りと不実だからです。けれども私たちは、神様が私たちを彼らから全く奇跡的に護ってくださるのを目にしています。彼らの目を隠して自分たちの強さと私たちの弱さを見えないようになさっているのです。事実、現状をありのままに見るならば、間もなく私たちを殺戮しかねません。しかし限りない慈しみの神は、私たちを害することのないよう、全能の御手によって彼らを阻止していらっしゃいます[9]。和平か戦争かの帰結は、彼らが国許の長老たちに相談に行くためとして期限を設けた一ヵ月後に決まるはずです。

神様が御摂理によってこの猶予期間をお与えになり、

おかげ様で私たちは刈入れを行うことができます。彼らがはじめのように収穫物を焼きつづけていたとしたら、私たちは飢え死にすることになっていたかもしれません。最近の襲撃の間に起こったすべての事柄の中で、神が私たちのために行われた三つ、四つの奇跡が挙げられています。これは明らかな奇跡で、これによって私たちは大きな力を得て、イロクォイ人の迫害から私たちを救うのは決して人間業ではないことを認識しています。石の心を肉の心に変えることがおできになる神の御慈しみだけが、この獰猛な先住民をアブラハムの子とすることができるのです。[10]

和平のための贈り物をした先住民は[11]神父様方を自分たちの国に招待しましたが、神父様方は慎重を期して、すぐには応じられません。和平が実現すれば、信仰は必ずその国にもたらされるはずだからです。

院長様、神が御慈しみによってこれらの先住民を心服させてくださるよう、修道院の皆様とご一緒に神様の御心を勝ち取るようにお努めくださいませ。これは敬虔な院長様にふさわしいお勤めでございます。今まで神様をないがしろにして、ご威光に甚大な害を及ぼしてきた人々から神様が賛美され、感謝をお受けになるときがまいっております。

終わりになりましたが、頂戴致しました多くの施しにお礼を申し上げます。院長様は今年、このように多大なご厚情をもってこれまで以上のご寄付をしてくださいました。私どもはこのことを主に感謝申し上げる所存でございます。修道院の皆様によろしくお伝えくださいませ。

かしこ。

1 八月下旬、多分二一日。一六五三年のイエズス会会報（第三章）はアニエ人五〇〇人と述べている。*Journal des jésuites*, 188。マリー・ド・レンカルナシオンは六〇〇人としている。

2 この正確な詳細を知らせているのは、マリー・ド・レンカルナシオンだけである。

3 アニエ人は、トロワ・リヴィエールを襲撃していた間に、用意周到にモントリオールとケベックに幾つかの分遣隊を送り、フランス人を抑えて、トロワ・リヴィエールへの救援を阻止しようとした。ケベックから一二キロほどのカプ・ルージュで、八月二〇日の午後四時頃、ポンセ師を捕らえたのはどうやら分遣隊の一つらしい。

4 マリー・ド・レンカルナシオンの説明は、RJよりも詳細である。*Journal des jésuites*, 189は、一隊はトロワ・リヴィエールから六キロのカプ・ド・ラ・マドレーヌで停止したことを示している。

5 幾つかの出来事が和平のための折衝を助けた。マリー・ド・レンカルナシオンが述べている出来事、彼らの長の一人と部下の何人かがモントリオールのフランス人とヒューロン人に捕らえられたこと、また、イロクォイ人の部隊には、イロクォイ人に帰化したヒューロン人が数多くいて、ヒューロン人たちと仲良くしていたことである（*Journal des jésuites*, 189)。

6　攻撃は、一六五二年秋から一六五三年秋まで行われた。Cf. Dollier de Casson, *Histoire de Montréal*, éd.Flenley, 170-182.

7　オノンタゲ人、オネウツ人、そして八月二三日からはアニエ人。

8　このことは、マリー・ド・レンカルナシオンの言によってしか知られていない。「講和条約の締結のために開かれた評議会について……語っている手紙と覚書は」、これらを運んでいた船が英国人に拿捕された結果紛失した(cf.RJ1653, chap.V; Th.40, 190)。

9　休戦は一一月まで延長された。Cf.*Journal des jesuites*, 191。全面的講和が締結されたのは、一六五四年春になってである。Cf.RJ1653, chap.V（Th.40, 190）;L.P.Desrosiers, *La Paix-miracle de 1653 - 1660*, *Les Cahiers des Dix*, 24, 1959, 85-112.

10　マタイによる福音書3・9参照。

11　オノンタゲ人。

七五（156）　一六五四年八月一一日　息子宛

イロクォイ人とその主な首長たちは、和平交渉に来るごとに私たちを訪問しました。私たちの先住民生徒がとても上手に歌うのを聞いて、皆非常に喜んでいました。先住民は歌が好きなのです。それで、お返しに別な歌をフランス風の音律ではなく、自分たちの流儀で歌って聞かせました。この人たちが喜べば、私は私で、私たちの先住民の生徒がよくしつけられているのを見て、また自分たちの言葉で神への賛美を歌うのを聞いて、いっそう喜びました……。

七六（161）　一六五四年九月二四日　息子宛

愛するわが子よ。イエス様が永遠に私たちの命、私たちのすべてでありますように。

船が出帆するのを利用して、昨年来、こちらのヌーヴェル・フランスで起こったことについて、あなたに少しでもお話ししたいと思います。ポンセ神父様が捕らえられたときに起こった事柄、またイロクォイ人からさんざん苦しまされたあとでお帰りになった事情は、あなたに知らせました。[1] そのとき以来、起こったすべてのことをとおして思ったことなのですが、神父様が神様のお怒りを鎮め、ご自分の死によって全国に平和をもたらすためにいけにえとしてお命をささげることをお申し出になったのに対して、神様はこれに満足なされたご様子です。事実、それ以来イロクォイ人は和平を求めて往き来しつづけています。最も素晴らしいことは、他の部族の間で起こっていることを知らなかった隣接の諸部族が、私たちと和平交渉を行うために同時にやってきたことです。[2] ある部族がフランス人植民地の外科医であったモントリオールの若い方を捕らえたと知ると、和平を心から求めていることを示すため、自分たちが身代金を出してその方を請け出し、居住地に帰しました。[3] また、一緒に自分たちと冬を過ごして忠実さの証人となってもらうため、フランス人を寄越してほしいと言ってたくさんの贈り物をし、二人のフランス人が派遣されました。進んで申し出たのです。部族で一緒に過ごした二人のフランス人は、部族の人々と仲良しになり非常に好きになってしまいました。春が来ると、部族の人々は二人を返して寄越しましたが、二人はイロクォイの諸部族からの手紙を持参していました。手紙は、イロクォイ人が本当に和平を求めていることを保証するものでした。

一年の間ずっと、フランス人、ヒューロン人、アルゴンキン人、そしてモンタニェ人は兄弟のように一緒に暮らしました。種蒔きや刈入れや取引が全く自由に行われましたが、先住民は一般的にイロクォイ人を信じる気になりません。彼らの裏切りを度々経験しているからです。先住民がいつもフランス人に言うところでは、イロクォイ人は腹黒く、和平を提案はしても見せかけに過ぎず、私たちを滅ぼそうとしているとのことです。イロクォイ人に対してもそう言いますので、危うくすべてを今まで以上に悪化させ、駄目にしてしまうところでした。[4] しかし、イロクォイ人がしきりに和平を求めつづけるものですから、願いは聞き入れられました。イロクォイ人が和平条約について長口舌をするのを聞くと、感心させられます。この交渉の使節として、自分たちが偉い人々に役立つことしか望んでいないのです。演説を聞いた人々は、使節たちが非常に知的で賢いことを認めています。

昨年の七月、イロクォイ人がヌーヴェル・フランスの総督と神父様方に会いに来ました。その折、総督と神父様方は挨拶を聞き土産物を受け取った後、これに応え、一人の神父様をイロクォイ人に派遣し、皆一致して和平を望んでいるかどうかを知るために、五つの部族を訪問させることで合意しました。そのために、イロクォイ人からはオンデソン[5]と呼ばれるル・モワンヌ神父様がフランス人の若い紳士と一緒に任命されました。この方はご自分から随行を申し出たのです。お二人は、五〇日後には連れ帰ると約束した使節たちと共に出発しました。道程の半分も行かないうちに、伝令たちがシカのように走って、五つの部族の全村をめぐり、「オンデソンが来た」「オンデソンが来た」と大声で叫びました。この声を聞いて、村人が集まってきて、神父様をうやうやしくお迎えしました。このようなことは、この先住民たちの間では決して見られなかったことで、次から次へとお祝いが続けられました。ヒューロン人とその他の部族の許では、神父様方は当初はお話をほとんど控えていらっしゃったものです。なつかせるまでは、非常な気まずさを感じていました。しかし前述の部族の人々は、はじめから神父様に敬意を表し、どこでも最上席を与え、会議ではいつも神父様が議長を務めるよう願いました。

それから神父様に、「私たちの命の主に祈ってください。しなければならないことをご存じなら、そうなさってください。私たちは愚か者です。私たちは信仰を受け入れて、私たちの命の主である方を信じることを望んでいます。私たちは黒衣の方々〔＊イエズス会宣教師〕が好きです。清らかさを大事にし、誠実で、信徒たちの問題に関心を持っているからです」と言いました。こう言ったのは、自分たちを助けるために、ヒューロン人の許で如何に神父様方が死の危険に身をさらしたかを見たことがあったからです。イロクォイ人自身、ブレブフ神父様とガルニエ神父様を殺害したのですが、殉教のときにお二人から奪い取り、それ以来、大事なものとして取っておいたご本をル・モワンヌ神父様に差し上げました。その後、数人の子供を神父様の許に連れていって洗礼を授けてもらいました。非常に立派な信者であるヒューロン人の女奴隷も、捕らえられている間に一人の娘を教えていたのですが、洗礼を授けてもらうために娘を差し出しました。神父様が「なぜ、あなたが授けなかったのですか。授け方を教えられていなかったのですか」とおっしゃいますと、その女性は、「神父様、病気の子供だけならできるけど、大人まではできないと思っていました」と答えました。神父様は、この娘が十分な教育を受けていたことをお認めになって、洗礼を授けました。

この村は、オノンタジェロノンの村[6]で部族の本拠地でしたが、神父様は奴隷たちの間に、セン・ミシェル村でご自分の司牧下にあったヒューロン人たちを見つけられました。[7]哀れな捕虜たちは神父様に会って、まるで死からよみがえったかのようでした。神父様は完全な喜びを与えるために告解を行い、御聖体をお授けになりました。御摂理の驚嘆すべきお計らいを考えてください。神はこれらの信者たちが部族に捕らえられることをお許しになりましたが、これは部族の救いのためであったのです。事実これらの信者たちが、部族の人々に神について知らせ、信仰の最初の種を蒔いたのでした。これらの信者たちを介してこそ、部族の人々は神父様方と信者たちが、聖なる娘と呼ぶ私たちを知りました。ですから使節たちは、私たちを訪問するのを忘れなかったのです。

私たちの先住民の学校では、生徒たちが三つの異なる言語で賛美歌を歌うのを聞いて感嘆しました。娘たちが、フランス風によくしつけられているのを見ては大変喜びました。しかし、最も使節たちを感動させたのは、私たちがなんの血のつながりもないのに生徒たちを大切にし、母親がその子に対するように愛し、かわいがっているのを見たことです。

それはさておいて、ル・モワンヌ神父様にお話を戻しましょう。イロクォイ人の許にお着きになったところで、横道に逸れてしまいました。

イロクォイの部族たちは、たくさんの立派な贈り物をしました。しかし最も貴重な贈り物は、部族の人々が神を信じる望みを表していること、それから、もう一つは、アシヤダゼに[8]——布教区長はこのように呼ばれています——提出するためのもので、神父様方を自分たちの国に派遣して常住していただくということです。それで、すべての部族に接している一つの大きな河の岸辺にある美しい場所を示しました。[9]イロクォイ人たちがこの住居の計画を立てたとき、注目すべき事柄が起こりました。この場所の近くに大きな泉があって、その水を受けるために自然が造った広い池に注ぐのです。フランス人たちが水を嘗めてみると、塩からい味がしました。これを煮立てたところ、非常に良質の見事な塩を産する池であることが分かりました。先住民は毒と考えて、この水は飲まないようにしていたのですが、これほど有害だと思われるものから塩を造る方法に驚嘆し、これをフランス人たちが行った奇跡と見做しました。奇跡ではありませんが、その地に住みに行くはずのフランス人たちにとっては宝となるでしょう。

神父様がその地にいらっしゃったとき、シャ人と戦いに行くため二、〇〇〇人の部隊が召集されました。その指揮を執る隊長は、和平を求めに来た使節の中の一人でした。出発の用意ができると、隊長は道中で教えを受けた神父様に洗礼を授けてくださるよう願いました。しかし神父様は、それは難しいとお考えで、「戦いから帰ってきたときに、秘跡を授けましょう」とおっしゃいました。すると隊長は、「私は戦いに行くのですよ。死ぬかもしれません。死んだら、地獄に行かないと約束できますか」と答えたのです。この言葉をお聞きになって、神父様は洗礼をお授けになりました。

　神父様がオノンタゲにご滞在のとき、危うくすべてを御破算にしてしまいかねない偶発的な出来事が起こりました。どうしてか分からなかったのですが、村が火事になり、それぞれ長さ五〇～六〇ピエの小屋二〇戸が焼失しました。そのために、先住民は神父様が魔法使いで、自分たちを焼き殺すために悪魔を呼んだのだと信じてしまいました。無信仰者たちの性分をご存じの神父様は、すでに死ぬ用意を始めていらっしゃいました。しかし、神父様は一つの手段を思いつかれ、これが成功しました。つまり、泊まり先の主人を介して、焼け出された人々を慰めに行き、贈り物をして元気を出させようとなさったのです。人々は神父様がお示しになった思いやりを非常に有難く思い、神父様に対して怒ることなく、フランス人たちと神父様方は友人であるという確信を持ちつづけました。

　イロクォイ人たちは、指定の時間に約束どおりに神父様を連れ戻しました。フランス人と私たちの新しい信者たちは、神父様のお帰りと旅行の幸いな結末に、それはそれは非常な喜びを表しました。それでも、喜び切れない問題が一つ残っていました。アニュロノン人は、オノンタゲで行われたすべての会議に一度も出なかったということです。このことは、この部族が何か悪いことを企んでいるのではないかという恐れを抱かせました。しかし、部族の許に派遣されたヒューロン人が昨日帰ってきて、部族は和平に賛成なので、彼らに関しては何も心配することはないと報告しました。また会議に出なかったのは、ニュー・イングランドの先住民[10]と戦っていたからで、謝っていたと述べています。

　ですから当事者双方が皆、和平の望みを持っているということで、神父様方が来春三〇人のフランス人と一緒にお出掛けになることに決定しました。今から五つの布教所のための準備が行われていますが、これらの布教所はありあまるほどの仕事を見つけることでしょう。都合のよいことには、イロクォイ人はヒューロン語を知っていますし[11]、また、そちらにお出掛けになる神父様方もヒューロン語がおできになります。こうして、すべては整ったと言うことができます。そして、間もなくル・モワンヌ神父様が目的地にお戻りになり、そこで冬を過ごされ、いろいろな準備をなさいます。

この平和が期待どおりに続けば、この国はフランス人移住者には恵まれた快適なものとなるでしょう。フランス人は大変増えていて、土地を耕すことによって十分に暮らしていけます。土地は寒冷で、耕作を妨げていた大森林が伐採されて、今はよくなりつつあります。三、四年の開拓後は、フランスと同じほど、所によってはもっとよいものとなるでしょう。食肉と乳製品を生産するために、家畜も飼われています。平和は、商取引、特にビーバーの皮革の取引を増大させています。恐れずにどこにでも自由に狩猟に行けるからです。しかし、イエス・キリストに導くために海を越えて救うべき人々を探し求めに来た宣教者には、人々の自由な交流こそ嬉しいものなのです。イロクォイ人が開放的になったことから、救霊のための多くの刈入れが期待されています。かなり遠くの先住民の話によれば、その土地の彼方に非常に大きな河があって、大海に注いでいるそうで、これはシナ海と思われています[12]。時と共にそれが本当であることが分かれば、こちらに来るための道は相当短縮され、福音の働き手にとっては容易にあの広大で人口の多い王国に行くことができるでしょう。時が来れば、すべては明らかになるはずです。

以上が、この国の全般的な事情の要略です。私たちの修道院と学校に関して言えば、主のおかげで、すべてはかなりよい状態にあります。学校には優秀な生徒たちがいて、イロクォイ人の使節たちは、派遣されるたびにいつも訪問に来ました。先住民は歌が好きなので、前にお話ししたように、生徒がフランス風に上手に歌うのを聞いては大喜びしていました。そして、自分たちの愛情を示すために、お返しとして他の歌をあちら風に歌いました。拍子は不規則でしたけれども。学校にはヒューロン人の娘もいて、神父様方はフランス式に教育したほうがよいというご意見でした[13]。今は、すべてのヒューロン人が回心してフランス人の近くに住んでいるので、そのうちに互いに結婚することも考えられます。しかしこれは、娘たちの言語も風習もフランス人化されなければ不可能なことでしょう。和平条約では、イロクォイ人に娘たちを私たちの許に寄越すことが提案され[14]、ル・モワンヌ神父様がお帰りには家母長たちの五人の娘を連れてくることになっていました。しかし、神父様はその機会に恵まれていらっしゃいませんでした。家母長とは、先住民の間の優れた婦人で、評議会でも発言権を持ち、男性と同じく票決を行います。和平条約のための最初の使節を派遣したのも、この婦人たちなのです[15]。

多くの刈入れが予想されます。働き手を探す必要に迫られることでしょう。私たちはモントリオールに行くようしきりに勧められていますが、[16]基金を見つけない限り同意できません。事実、この国では何も見つけられませんし、膨大な費用をかけずには何もできないからです。ですから、私たちを同地にお呼びになる方々のご要請に応じたいのは山々なのですが、慎重を期して、お断りする以外にありません。[17]

慈しみの神は私たちを深く憐れんでくださり、また私たちに平和をお与えになるだけでなく、私たちの最大の敵をご自分の子供となさって、かくも優しい御父のお恵みを私たちと分かち合うようにさせてくださいます。私たちが、神様のこの慈しみをたたえることができるよう助けてください。

1 手紙七四（152）参照。ポンセ師は解放されて、一六五三年一一月五日にケベックに到着した。一〇日、カピテーヌ・ポワンテル号が出帆し、これにはジョゼフ・デュペロン師が乗船していて、カナダからの最後の郵便を持っていた。ポンセ師は、その冒険についての物語を作成する時間があった。これは、RJ1653, chap.IV に掲載された。

2 RJ1653, chap.V (Th.40, 162).

3 RJ1654, chap.III (Th.41, 66ss.).

4 RJ1654, chap.I et II (Th.41, 42ss.).

5 オンデソン、またはオンデソンクで《猛禽》の意味。この異名は、すでにヒューロン人によってジョーグ師に与えられていた。Cf.RJ1639, chap.II (Th.16, 238).

6 オノンタゲ人の本拠地であるオノンタゲ。

7 ル・モワンヌ師が、かつてシャルル・ガルニエ師と共に派遣されていたセン・ジョゼフ布教所に所属するヒューロン人の村落セン・ミシェル。

8 これは最初、ヒューロン人がジェローム・ラールマン師に付けていた異名であった。その後、先住民はケベック宣教区のすべての長上にこの名を使った。

9 オンタリオ川と湖の合流点。

10 恐らくアンダスト人。Cf.*Journal des jésuites*, 188.

11 実際、両方とも同系語を使っていた。Cf.White, *Manuel des Indiens du Canada*, Ottawa, 1915, 228-238.

12 ミシシッピ川でまだ探検が行われていなかった。Cf.H.Harold, *The Discovery of North America*, Londres-Paris, 1892; S.Marion, *Relations des Voyageurs Français en Nouvelle-France au xviie siècle*, Paris, 1923.

13 一六五一年以来、オルレアン島に定住したヒューロン人居住地から来た娘たち。

14 彼女たちは人質になっていたに違いない。RJ1654 (Th.41, 128).

15 イロクォイ人は、厳密な意味での家母長制を行ってはいなかったが、各家の女家長に大きな権限を与えていた。彼女たちは政治の分野でも大きな影響を与えていた。イロクォイ人の系図は母系で、男は結婚の際、その妻が属していた家に来て住んだ。

16 しかしながら、モントリオールには学齢に達した子供はまだいなかった。小学校教諭として来たマルグリット・ブールジョワは、当時、ド・メゾンヌーヴ氏の家で家庭教師を務めていた。Cf.A.Jamet, *Marguerite Bourgeoys*, 1, Montréal, 1842, 136-173.それでも、在俗の女性よりは修道女が要望され、ド・ラ・ペルトリー夫人は、一六四二年にモントリオールに出掛けたときに、この設立を考えていた。手紙六六(126)参照。モントリオールに設立する問題は、息子宛の手紙八三(183)(一六五九年)、また、トゥールの大司教宛の一六七〇年九月二五日の手紙(266、本書には掲載されていない)、さらに、一六七一年のトゥールの一修道女への手紙の中で取り上げられている。

17 提案は、「基金」がないとして常に拒否された。

七七(163) 一六五四年一〇月一八日 息子宛

愛するわが子よ。イエス様の命と愛が、この世でも永遠でもあなたの命と愛でありますように。

船が出航するたびごとにあなたに手紙を書きました。この手紙は他の手紙の要約のようなものですが、他の手紙が紛失した場合、この最後の船で私たちの消息を知っていただくために書きました。約束した書類を送りますが、ド・リオンヌ神父様にお預けし、お手ずからあなたにお渡しいただくことにしました。約束どおり秘密を守ってください。あなた以外のどなたにも見てほしくないのです。何か危険が起こるのに気が付いたら、できるだけ早く焼いてください。あるいは私が安心できるように、私に送り返してくれてもよいのです。書類があなたまで届けば、あなたが私に尋ねている幾つかの事柄が分かるでしょう。

私に話したあなた自身に関する事柄に関しては、決して苦しんではいけません。その女の方には続けて親切を尽くしなさい。このような苦痛を抱くのは、新しい職務のせいです。経験を積んで鍛えられれば、そのようなことは起こりません。けれども、生涯そのようなことが起こっても親切を尽くすのをやめてはいけません。私たちが親切を尽くすのを恐れる悪魔は、そのように働きかけておじけづかせるのが常なのです。私は、ある聖人のような方を知っています。その方は悪魔にさいなまれましたが、勇敢に抵抗しつづけました。神への愛と、その女の方の救霊のために同じように振る舞いなさい。

あなたをそれほどに苦しめているもう一つの問題に関して言えば、それもまた、ある意味で誘惑なのです。また別な意味では、神様があなたに与えられる試練なのです。私の著書の中に類似の事柄を見つけるでしょう。また、堅忍と成功も見るはずです。神様が私たちにお求めになる身体と精神の清らかさに至るためには、様々な誘惑と苦しみを通らなければならないのですよ。そのためには、非常な勇気と自分自身への容赦ない厳しさが必要です。そうでなければ、この霊的生活の進歩はあり得ません。すべての聖人は、聖人となるために誘惑と苦しみを通っていきました。私は聖人方のうちには数えられません。非常な罪びとだからです。しかし、私が様々な出来事の中で七年余りを、またそれ以前にどのように過ごしたかをご覧なさい。それらの試練を通らずには、霊的生活を長く送ることはできません。ですから、私の示した箇所を参考にしてください。あなたが心に掛けている事柄は私にはとても大事なことなのですから、そのために私がイエス様にお祈りしていると信じてよいのです。

　私の健康状態はかなり良好です。年齢から来る不調はあまり感じていません。ただ視力が弱くなりました。これを補うために眼鏡を掛けていますが、そうすると、二五歳の頃と同じくらいよく見えます。また、慢性になった頭痛も和らげてくれるので、これも少なくなりました。それからちょっと太ってきました。こちらでは、私のような体質の人はそうなります。こちらは、大気はとても澄んでいるのですが、フランスよりも湿気が多いのです。しかし、身体はこの世のためのこととして、精神は神様にささげましょう。

　愛するわが子よ。こちらの消息を伝える手紙はすでに一通書きました。[1]その後、イロクォイ人の二部族が争いを起こしました。紛争の原因はこうです。両方とも神父様方を求めましたが、一方のアニュロノン人はショーモノ神父様に、ヒューロン人が降伏して一緒に暮らし、今後は一つの民になることを求めました。しかし、信仰について話すことは望みませんでした。他方のオノンタジュロノン人も神父様方と一緒にヒューロン人を求め、信仰を受け入れることを望みました。自由なヒューロン人はこれには気が進まず、両部族にそのうち訪問することを約束しましたが、なかなか実行しませんでした。こう回答したのは、ヒューロン人がこの部族たちを巧みに厄介ばらいするためでした。彼らの不誠実さについては嫌と言うほど思い知らされていたので、信用できないのです。[2]そこで、ある神父様がオノンタジュロノン人の許に派遣されたのですが、アニュロノン人を訪問する命令も受けておいでででした。しかし時間がないので、こちらは訪問することができず、オノンタジュロノン人の許にご滞在になっている間に、他のイロクォイ人が訪れて、皆が信仰の教えを受けることになりました。神父様が吉報をお持ちになったので、一同これを喜び、この素晴らしい計画を実行するため、神父様ご自身が部族の許にお戻りになるのが適当であると判断しました。

　ところがお戻りの途中、嫉みを抱いたアニュロノン人が友人のふりをして出迎え、狂暴な部族らしい陰険さから鉄砲の射程内に入ると、同伴者たちを射撃しました。護衛の隊長は殺され、数人のヒューロン人が負傷し、他の者は捕虜にされました。残ったもう一人の隊長が、「君たちはなぜこんなことをしたのか。戦争を布告するぞ」と言いますと、襲撃者たちはこの布告をあまり気にせず、神父様に向かって、「俺たちではなく、他の者を優先したのがよくないのだ」と言いました。神父様をこう非難した後、「俺たちが痛めつけたいのはフランス人ではなく、ヒューロン人とアルゴンキン人で、やつらは皆殺しにしてやる」と言って、神父様を行かせました。実際、彼らの意図を実行するため、したい放題のことをしているのです。[3]けれども、私たちが聞いたところでは、この襲撃をしたのは、そんなことは知らされてもいなかった部族の長老たちではなくて、イロクォイ人の許で暮らしているオランダ人とイロクォイ人の女性の間に生れた一人の私生児です。この部族はニュー・ネザーランド〔＊現在のニュー・ヨーク〕に隣接しています。この男性は体格もよく、明敏かつ勇敢で、髭がない点を除いては、ヨーロッパ人に似ています。ですから、一五〇人近くのヒューロン人とアルゴンキン人がこの男性を追跡しているのです。捕まれば命はありません。信仰と平和に反対する不幸な人です。[4]

　神父様のお話に戻りましょう。神父様はモントリオールまでお進みになりましたが、到着すると間もなく、他のイロクォイの部族が使者を派遣して神父様にご挨拶申し上げ、贈り物をしました。そして、神を信じたいと改めて誓い、仲間と一緒に自分たちにも教えてくださるよう願いました。また、特別に別の贈り物をしました。これは、彼らはアニュロノン人たちが神父様に危害を加えたことへの仇討ちをするが、そのためにこれからアニュロノン人たちにしようとしていることを神父様によく理解してもらうためのものでした。[5]

　以上がイロクォイ人との間の状態です。しかし、十分に気が付いたでしょうが、この先住民たちに関しては少しも安心しておれません。特に、裏切ったときには。一緒に暮らしてはいても、いつも警戒していなければならないのです。神父様方はこれらの部族の許を往き来していらっしゃいますし、部族の人たちも往き来しています。しかし、いつも猜疑心を抱いているのです。平和の神が、あなたと私と、すべての部族たちに平和をお与えになるよう祈りましょう。私たちが平和を期待しなければならないのは、神からだけであって、世はこれを与えることができません。[6]

1　手紙の第二部は物語なので〔＊原書には、ここから他の資料番号が付されている〕、ドン・クロード・マルテンは、これを第二の手紙としたが、同じ日付にし、移行部の形式を持たせた。
2　Cf.RJ1654, chap.I, II（Th.42, 42ss.).
3　マリー・ド・レンカルナシオンの物語は、RJ1654, chap.VI, VII(Th.41, 88ss.)よりも細かい。
4　フランドル人私生児については、cf.Th.Grassmann, *DBC*81-82。
5　マリー・ド・レンカルナシオンに固有な詳細。
6　ヨハネによる福音書14・27参照。

七八（168）　一六五五年一〇月一二日　息子宛

愛するわが子よ。[1] 北東風で船が港から出られないのを見ても、私たちと、ただ御摂理を頼りに存続するこの国に対する神様の慈しみについて、一言あなたにお話しできる時間が持てるのでなければ、私には嬉しくありません。

　この事柄については最初の船で少しお話ししましたが、私たちは、イエス様が私たちのためになさってくださるすべてのことをまだ知らなかったのです。あれからあとで、私たちはそれを知り、試みることになりました。ですから昨年、あなたに伝えられたことは本当になったのです。つまり、イロクォイ人が私たちと和平を結びました。一部族だけはこれに加わらず、[2] ある神父様が自分たちではなく他の部族を訪問したことを嫉み、復讐としてフランス人と、その同盟者である先住民たちを襲撃しました。その他の部族は、和平の約束にずっと忠実でした。和平に加わらなかった部族は、七月初旬まで頑として敵対を続けましたので安全な場所が見つからないほどでした。雪解けとともに、この部族は離れ出たフランス人と先住民を見つけると、虐殺を繰り返しました。彼らに知られずには近づくこともできないと考えられ、思いも寄らない場所にまで侵入しました。秘密を知っていた裏切り者たちに手引きされたのです。しかし、大部分のフランス人に対しては何もできませんでした。なぜなら冬の間は、人々は雪の上をあちこち駆けめぐるので、固められた雪道は彼らには恐かったからです。実を言うと、彼らは勇敢と言うよりも裏切り者なのです。それに、アルゴンキン人はフランス人の勇気を見て励まされ、用足しをしている間に、部族の数人の重要人物を捕らえました。そして、そのうちの四人を責めさいなんで火あぶりにしました。けれどもこれは、その部族がフランス人と先住民を捕まえて加えた責め苦に比べれば、はるかに軽い仕打ちなのです。この四人の受刑者は回心し、死ぬ前に洗礼を受けました。四人の回心が容易だったのは、自分たちが捕虜にしたキリスト信者からすでに信仰の話を聞いたことがあり、ショーモノ神父様が処刑に立ち会っておられて[3]、信仰の神秘と救いに必要な事柄をたやすく思い起こしたからでした。

一人のアルゴンキン人女性が、イロクォイ人に家族全員と一緒に連れ去られました。がんじがらめに縛られた夫は妻に、望むのであれば家族全員を救うことができると言いました。妻女は、夫が言いたいことをよく理解しました。それで、隙を見て斧を摑み、比類のない勇気をもって隊長の頭を割り、もう一人の首を切りましたが、その激怒ぶりを見て、残りの者は皆、逃げ出しました。妻女は夫と子供たちの縄をほどき、一同、安全な場所に無事に避難しました。

アルゴンキン人はイロクォイ人を極度に憎んでいましたので、幾度か同様な仕返しをしました。これは無理のないことなのです。イロクォイ人が獰猛にも、アルゴンキン人をほとんど根絶やしにしたからです。ヒューロン人もイロクォイ人を攻撃して、猛烈に戦いました。イロクォイ人はモントリオールとトロワ・リヴィエールのフランス人に戦いを仕掛けましたが、酷い目に遭わされたので、「あいつらは悪魔だから、もうあっちに行くのはやめよう」と言うほどでした。[4]これらすべての戦闘で彼らは多くのものを失ったので、居住地ではなく、若干の離れた家族を襲撃するにとどまりました。

彼らが行った最も悲惨な襲撃は、イール・オ・ゾワに対してでした。そこには、島を購入したモワイヤン氏と呼ばれるパリの誠実な資産家が家族ぐるみで住んでいました。御聖体の祝日[5]、氏は他の人々が遠ざかっていたときに襲撃を受け、夫人と一緒に虐殺され、子供たちはある誠実な住民の子供たちと一緒に捕虜として連れ去られてしまいました。別の場所では、この国に移住したトゥールのドゥニ・ブールジョワ氏の四人の召使も襲撃され、虐殺されました。他に数人も同様な目に遭いましたが、その中には、歩いていたイエズス会の一人の修道士がいます。以上はすべて裏切りから行われました。ですから、それぞれの家族は特にモワイヤン氏に起こったことを恐れ、力と勇気のないことを知っていて、今年の種蒔きには非常に苦労しました。

その後、噂によると、英国人がアカディア〔＊ノバ・スコシア〕に四隻の戦艦をもって上陸し、また、数隻の船でセント・ローレンス川の入り口を塞ぎ、私たちが待っている船を阻止し、次にケベックを制圧しようとしています。それで私たちは皆、二つの暗礁にはさまれて滅びてしまったと言われたのではないでしょうか。実際、そう言われていました。私としては、神様がお望みになることとしか望みませんけれども、正直に言ってキリスト教は壊滅寸前にあり、私は言い表すことのできないほどの断腸の思いに沈んでいます。しかし、言っておかなければなりませんが、人々の救霊に御心をかけられる神様の御栄えのために担う十字架にまさるものはありません。

七月には、ナントの船が一艘こちらに到着しましたが、郵便は運んで来ませんでした。しかし嬉しいことには、英国人はそれほど私たちに接近してはおらず、アカディアにいるのはただ商取引のためであると知らせてくれました。とは言え、取引の代価としてアカディアを奪い取り、地主であったトゥールの方を捕虜として英国に連れ去りました。ですから、私たちの心配はなくなり、人々はほっとしはじめたところです。同時に起こったことですが、数人の隊長を含むかなりのイロクォイ人がモントリオールとトロワ・リヴィエールのフランス人に捕らえられました。これは彼らにとっては最大の屈辱となりました。[6] けれども、捕虜を虐待することなく、ただ鉄の足かせをはめて投獄しただけで、これは捕虜にとっては火刑と比べればずっと楽に思われました。イロクォイ人は、私たちが主な隊長たちを捕らえたことを知って、自分たちの捕虜を穏やかに取り扱い、自ら戻しにやってきて、再び和平を結ぶことを求めました。和平を急ぐあまり、こちら側の捕虜の釈放を求めずに自分たちの捕虜を砂浜で解放したほどなのですが、これはフランス人との同盟を真摯に求めていることを証明するためだったのです。けれどもこちら側は、イロクォイ人捕虜全員を返し、彼らの心をもっともっと捕らえようとしました。

同じ頃、忠実でありつづけた他のイロクォイの諸部族は使者を派遣して、自分たちは秋の条約以来少しも敵意を示さず、常に友人として振る舞ってきたことを伝えて寄越しました。そのうえ、アニュロノン人がオランダ人たちの手紙を持参しましたが、手紙が和平を求めているのは偽りではないことを表明していました。結局、トロワ・リヴィエール出身で、彼らの許に住んでいた一人のフランス人がついていって、彼らの話は真実であることを保証しました。[7]

ですから、アニュロノン人は和平を望むと宣言しているのですが、それにはフランス人とだけであって、ヒューロン人とアルゴンキン人とではないという条件を付けています。これは全面的には認められませんでしたが、ある範囲内で承認されました。それ以外には、どんな争いをしても構わないが、フランス人の居住区で両者を攻撃することは許されません。[8]以上のことが承認されて守られてはいますが、私は信用できません。これらの部族はお互いに殺戮を行い、極度に憎み合っているからです。ここにフランス人が陥る不幸の原因があります。実際、新信者を支援しなくてはならないので、しばしば部族間の戦いと争いに巻き込まれてしまいます。

とは言え、これらの先住民はあくまでも宣教師の派遣を要望しています。それで、ル・モワンヌ神父様が派遣され、神父様は二人のフランス人を連れて先住民と共に出発なさいました。出発なされて以来、平和が続き、フランス人たちはこちらに避難するために、ほとんどすべてを放棄したそれぞれの居住地に戻りました。自由に穀物の収穫を行い、草刈りをし、ウナギ取りにも出掛けました。[9]これは、国中のすべての人々を喜ばせました。そのうえ第二の船が到着し、他の必需品を運んで来ました。これらのすべてのことに、私たちが死んだようになっていたときに生き返らせてくださる御摂理の素晴らしい御業を見ています。

先ほどお話しした方々が出発すると、オノンタジュロノン人と他のイロクォイ諸部族の使者がこちらに到着し、ル・モワンヌ神父様とお会いしたと言いました。これは、神父様がお書きになったとおりです。また使者たちは、アニュロノン人は自分たちが行ったすべてのことを話したが、条件付きではなく全面的な和平を望んでいると言い返したというのです。このこともまた、ル・モワンヌ神父様がお手紙で確認していらっしゃいます。

ところで、アニュロノン人は私たちの信者と仲良くしていますので、私たちは言葉に表せないほどに非常に慰められています。この和平を堅固なものにするため、互いにたくさんの贈り物がやり取りされました。その詳細を述べる暇がありません。すべては、ケベックで五〇〇〜六〇〇人のフランス人とあちこちからの先住民の面前で非常に荘厳に行われました。

和平が成立した主要な条件は、これらの人々がキリスト信者になるのを望み、またフランス人がそれらの人々の国に住みに行く、つまり布教所を設け、ヒューロン人の許で行ったように神父様方の住居を建て、そして友好の土台を据えるために、今から五〇人のフランス人を派遣することにありました。以上の事柄は、最後の点だけは来春まで延期することにして、直ちに実行されました。信仰教育のためには、ただ二人の神父様と一人のフランス人を提供しました。ダブロン神父様とショーモノ神父様が、そのために選ばれました。お二人は選ばれたことをお喜びになりましたが、どのような不測の事態が起こるかもしれないのに、身をささげられる宗教心と熱意のほどは言い表すことができません。これらの部族の獰猛さから死の危険に遭われるだけでなく、ヨーロッパ人には是非とも必要と思われるあらゆる援助に欠けた、この未開の国の事情を知らない人々には想像できない労苦を忍ぼうとなさっているのです。けれども福音のこの勇敢な働き手は、楽園に行くかのように飛び立ち、人々をイエス・キリストに導くことに幸せを見いだし、自分自身と本能のあらゆる関心を忘れてしまわれます。

ケベックに滞在していた間、使者たちが幾度か私たちを訪問し[10]、女性首長もお供を連れて訪問しました。私たちは使者たちを、二度あちら風の料理で大いにもてなしました。この人たちを引き付けるのには、こうしなければならないのです。使者たちは私たちの生徒、特にフランス風にしつけている一〇歳か一一歳のヒューロン人娘に会い、話を聞いて大変喜びました[11]。この子はラテン語とフランス語とヒューロン語の三つの言語で読み書きし、歌うことができます。使者たちの前で仲間の子たちに要理を教えたあと、訪問客の隊長に短い演説を行い、和平と神父様方を受け入れたことへの喜びを表明し、イロクォイ人の娘たちを寄越してこちらの学校の生徒として教育してもらえば、彼女たちを姉妹と見做すでしょうと述べました。隊長は、この娘からもらった小さな贈り物を受け取りながら提案を承諾し、この娘の精神と賢さをたたえました。娘は女性首長にも同様なお話をし、先住民の振る舞いとしては希有のことなのですが、首長はその子を愛撫しながら、自分の娘を寄越すことを約束しました。

ショーモノ神父様はわずかな間に三人に要理をお教えになり、そのうちの二人は私たちの小さな聖堂で洗礼を受けました。ソノントゥアロノン人とオノンタジュロノン人では、初めてのキリスト信者です。洗礼式で、私たちがどんなに喜んで「テ・デウム」を歌ったかはあなたの想像におまかせします。私たちは、かつてキリスト教を滅ぼそうとしていた人々がこれほど敬虔にキリスト教を奉じ、神の子供となったのを見て、随喜の涙を浮かべながら歌いました。

ショーモノ神父様が、モントリオールからお手紙をくださいました。そこからオノンタゲに出発なさいますが、すでに六人の洗礼志願者と、小さな移動教会をお持ちであるとお知らせになりました。移動教会とは、こちらで洗礼を受けた人々のことです。神父様のお話では、私たちを訪問した女性首長から私への伝言を受けられたそうです。それによると、その方は神に祈り、他の人々も祈るように促し、私が勇気を出すように願い、また約束どおりに、妹とまだ幼いけれども娘を私の許に寄越すそうで、この伝言を二度も繰り返すほどこのことを心に掛けています。実は私は、その方の娘さんのためにワンピースと、随行の他の婦人たちのために別の贈り物をしました。

使者たちはモントリオールに残した一団の連れの人々に、私たちの許で受けた歓迎を話して聞かせました。それで、この人たちは大変感激して、わざわざ私たちに会いに来たほどです。婦人たちは学校に迎えられて、私たちは御馳走をし、またそれぞれの好みに合った贈り物をしました。迷える小羊を信仰に導くため、このように如才なく振る舞わなければならないことに、あなたは驚いているかもしれません。私たちは、多くのイロクォイ人の娘が私たちの学校に入るのを見るのが待ち遠しいのです。そうであれば、私たちのためだけでなく娘たちのためにも、御血を流された御方〔＊イエス・キリスト〕への愛のために、どんなにか娘たちを大事にしてあげられることでしょう。

神父様がイロクォイ人の地にいらっしゃるのですから私たちが娘たちを受け入れて世話をするのは大事なことなのです。そのことが公式の贈り物のうちに含まれています。けれども、それは娘たちの世話をすることよりも、ただ信仰のためであることは明らかにしませんでした。もともと、これが第一の動機なのです。

私たちの許には、ヒューロン人新信者と共に幾人かのイロクォイ人がいますが、使者たちと一緒に帰ることは望みませんでした。私たちの信者から示された模範に感動して、信仰教育を受けるためです。

ショーモノ神父様のお知らせでは、先にお話しした女性首長は、もうヒューロン人信者と同じようにごミサで聖歌を歌うことができ、また非常に熱心なので、他の人々も集めてお祈りに来させようとしているそうです。

ダブロン神父様はフランスから到着なさったばかりなので、イロクォイ語をご存じではなく、女性首長が付きっきりで言葉をお教えしています。これらの事柄について、また私たちの信者の熱心さや、キリスト教国で生まれた人々が恥ずかしくなるほどに非常な勇気をもって実践している諸徳については、これ以上詳しくお話しすることはできません。

私たちの信者のため、イロクォイ人たちの回心のため、福音の働き手のためにお祈りください。私のためにもお祈りください。慈しみの神が私を憐れまれて私の罪をお赦しになり、また、この世のあらゆるものに優ると思われる私の召命を最後まで果たすお恵みをくださいますように。私は、あなたを聖人にしてくださるようお祈りします。

1　一六五五年のヌーヴェル・フランスからのほとんどすべての郵便は紛失した。五隻のうちフランスに到着したのは、二隻だけであった。そのうえ、郵便を運んだ馬車はラ・ロッシェルとパリの間で強奪された。RJ1655が記しているのは数頁だけである。*Journal des jésuites*のほうは、一六五四－一六五五年の分の帳面は一枚を除いて紛失した。一六四四年に書かれたP.Ducreux (Creuxius)の『カナダ史』は、マリー・ド・レンカルナシオンから毎年送られた覚書を元に書かれたものであるが、一六五五年の手紙を少しばかり知る手がかりにはなる。Dollier de Cassonの『モントリオール史』も同様である。

る。

2　手紙七七（163）参照。アニエ人は、営利的となるはずのフランス人の居住地に、オノンタゲ人が優先されたことに感情を害していた。

3　この項は、マリー・ド・レンカルナシオンだけのものである。

4　Dollier de Casson, *Histoire de Montréal*, éd.Flenley, 196-204;RJ1655, préambule;Ducreux, *Historia Canadensis*, 739ss.

5　M.Moyen des Granges, cf.Dollier de Casson, 198.Ducreux, 739によれば、出来事は五月二七日、聖体の祝日に起こった。

6　注4参照。

7　Ducreux, *Historia Canadensis*, 741. Ducreuxの英訳者(Champlain Society)によれば、通訳はピエール・エスプリ・ラディソンであったらしいが、これはほとんどあり得ない。

8　Cf.Ducreux, 742-743.

9　漁業権は一六五一年一〇月二六日、カプ・ディアマンからシルリーまで、ド・ローゾン氏によって彼らに与えられていた(Archives de l'Archevêché de Québec, *Eglise du Canada*, vol.II, 236)。権利は見返りとして、一年に生のウナギ一樽〔＊二〇〇～二五〇リットル〕とケベックの小教区用に五〇〇尾を供出する条件で与えられていた。ウナギ漁は特に九月と一〇月に行われた。Cf.J.-E.Roy, *Notice sur l'anguille*, BRH, XXXVI, 1930, 699-704;722-728.

10　Cf.Ducreux, *Historia Canadensis*, 744.

11　Ducreux, 744によれば、彼女の名はマリー・アウアントホンで、一五歳であった。

七九(172) 一六五六年八月一四日 息子宛

愛するわが子よ。イエス様がこの世と永遠にわたって私たちの命と愛でありますように。

船は早くも五月にこちらに到着したのですが、また早々と引き返します。私があなたへの手紙を託す船は錨を上げていますし、もう一隻はすでに出航しました。他の数通の手紙では、こちらの新しい教会の状態については何も述べませんでしたので、あなたを励ますために、この手紙でそれについて少々お話ししなければならないと思いました。

昨年から、五つのイロクォイ部族と和平条約が結ばれました。そのうちの一つの部族はオランダ人居住地の近くにいて、ヒューロン人とアルゴンキン人が条約の中に含まれることに非常な難色を示しています。けれども、若干の条件付きでこれに同意しました。すなわち、ある境界まではこれらの部族と平和を守るが、その境界を越えれば、以前と同じように攻撃する自由を持つとするのです。[1] フランス人に対しては、和平は無条件で境界なしでした。以上のことは春までは守られていました。ところが、アニュロノン人——先ほど述べた一部族の名です——はいつも陰険で悪意を抱き、不忠実であるというイエス・キリストを知らない部族から私たちが予期していたことが現実となりました。

和平条約が締結されると、直ちに二人の神父様が上流地方のイロクォイ人たちの許に派遣されました。これらの部族はしきりに神父様を求めていたからです。[2] 神父様方は使者たちと一緒に出発なさいましたが、いつも嫉み深く、そのときは嫉みを隠していたアニュロノン人に見られていました。神父様は、非常な尊敬と愛情をもって迎えられましたが、人々は歓待するために家々の前に立ってお迎えしたのです。神父様が到着すると、各部族の主だった人々が集まり、神父様を会議の上座にお招きしました。神父様は一同から交互に特別に迎えられ、御馳走になりました。人々は神父様を天からの使者と見做したからです。ショーモノ神父様は直ちに信仰について話し、祈ることを公然と教えはじめられました。人々は皆、神父様のお話を聞いて感嘆し、奇跡家と見做したほどでした。冬の間、信仰教育が大変熱心に続けられましたので、この教会の最初の信者のジャン・バチストが当初に造った木の皮造りの聖堂は朝から晩までいつもいっぱいで、神父様方はごミサを挙げ、聖務日課を唱えるには夜分しか時間がありませんでした。神父様方が到着なさったときには、教会堂が建てられているのをご覧になりました。途中で多くの洗礼志願者を得て、これらの人々が、他の多くの子供と大人と一緒に自分たちの国で洗礼を受けたからです。

　この前の四旬節に会議が行われたときには、総督閣下と布教区長様にもっと多くの神父様を派遣していただき、村々に配置して一団のフランス人と一緒に一定の居住地[3]を造ることができるように促してほしい、という強い要望を神父様方は受けられました。そのために、部族たちの近くの便利な場所の使用が認められました。そうすれば、部族の人々は神父様方に会いに来て、神父様とは宗教について、フランス人とは商取引について話し合うことができるというわけです。直ちにダブロン神父様が、数人のオノンタジュロノン人とこれらの部族間では一番大きく重要な部族であるソノントゥアエロノン人と出発なさいました。そして疲労困憊して、御受難の週間にこちらに到着なさいました。総督閣下と布教区長様に部族たちの要望を伝えましたところ、お二方は宣教の素晴らしい開始と、これほどの短期間に神がなされた驚嘆すべき偉大な業をお知りになって、もっと多くの宣教師の援助によって宣教を強化すべきであるとお考えになりました。それで、真に使徒的な方である神父様は、この輝かしい企てのために強く働きかけられましたので、短期間に四人の神父様と三人の修道士を含む五五人のフランス人がこれに応えました。一同は五月に、比類のない宗教的熱情をもって当地から出発しました。一行の中には、駐屯地の貴族出身の誠実な数人の兵士がいて、要塞の指揮官でいらっしゃったデュピュイ氏[4]が進んでその指揮を執られました。氏が私に神について話をさせてくださったとき、軍人とは思われない宗教的熱情をもって、これほどに輝かしい計画のためなら、喜んで命を危険にさらし死ぬことを幸いと思っているときっぱりおっしゃいました。以上のことは莫大な費用をかけて行われましたが、神父様方は、すべてのことを神への奉仕と人々の救霊のために犠牲になさいました。私には、これらの出来事の中で皆様が示された勇気の偉大さを計り知ることができません。イエス・キリストに導くためには、これらの方々にとって死は鴻毛《こうもう》よりも軽いのです。

　アニュロノン人は、神父様とフランス人が上流地方の部族たちに派遣され、居住地と常住の家が造られる計画が立てられているのを知って憤激し、フランス人、ヒューロン人、アルゴンキン人と自分たちの隣接の諸部族のこの同盟は、やがて自分たちを滅ぼすのではないかと考えて嫉みを再燃させました。それで、この計画を妨げるために、四〇〇人で森の中で待ち伏せし、通行中に奇襲をかけようとしました。けれども、布教区長様とその付き添いの一団は黙って通過させました。自分たちの姿が認められないほどに布教区長様が遠のかれると、あとに続いて、メスナール神父様と一人の修道士の方が先導の多くのボートに襲いかかり、何も言わず、何も聞かず、誰も知らないふりをして手当り次第に略奪し、一同を激しく殴打しました。それから、夢から醒めたかのように驚いた様子を見せて襲撃をはたとやめ、一行にこう言いました。

「あれ、あんたたちだったか。あんたたちは兄弟だ。アルゴンキンとヒューロンの奴らかと思ってしまった。俺たちには、決められた境界外では奴らを攻撃する権利があるからね」と。

フランス人たちは、これがただの出まかせであると見て、彼らを腹黒い裏切り者と呼び、戦う用意があると言いましたが、数の上で不利と見て、彼らから離れました。[5]

この野蛮な部族は激怒と恨みを持ちつづけ、夜分にひそかにオルレアン島にやってきて、朝、一群のヒューロン人の男女がトウモロコシを蒔いているのを見ると、襲いかかって六人を殺害し、残りの八五人をカヌーに縛り付けて連れ去りました。[6]これは、フランス人に全く気付かれずに行われたのです。彼らが五、六時間遅れて襲撃して、もっと多くの人々、例えば三〇〇～四〇〇人を連れ去ったとしても気付かれなかったでしょう。この人たちはごミサにあずかった後、それぞれの僻地に戻ることになっていたのです。しかし、逃げてきた人たちから事件を知らされ、要塞に避難しました。私たちは皆、川がケベックに来るカヌーでいっぱいなのを見て、特に、それがアニュロノン人であるのを知って驚きました。彼らは和平条約によって、また、神父様方につい最近行った約束に基づけば、トロワ・リヴィエールを通ってはいけなかったからです。[7]これで、この部族は他の先住民だけではなくフランス人の敵でもあると思われました。それゆえ、離れ離れに住んでいた家の住民は皆ケベックに避難しましたので、無人になってしまいました。それでも、皆がそれぞれの仕事に出掛けていたので無力の状態でした。アニュロノン人たちは要塞の前を通ったので、攻撃を仕掛けるかと思われましたが、友人であるふりをして通り過ぎていきました。そして無人の家々を見ると、自分たちを警戒して引き揚げたと思い、このことに激怒して門を破って押し込み手当たり次第にすべてを略奪し、トロワ・リヴィエールに行って略奪品を売ろうとしたのです。

私たちは、身体を半分焼かれ、二本の指を切られて脱出した一人の信者さんから、[8]アニュロノン人が捕虜を自分たちの国に連れ去り、主だった信者六人を火焙りにした以外は、他の人々は殺さなかったことを知りました。火焙りにされたジャックという立派な信者さんは、マリア信心会の会長でしたが、[9]その死は信仰と忍耐を示す崇高なものでした。部族の者は、この信者さんが他の人々よりも顕著な信心を持っているのを見て、三日間火焙りにしました。その間ジャックさんは祈り、イエス様の御名を呼び求め、責苦を受けている仲間を言葉と模範によって励ましました。殉教は激烈なものでしたが、その口からは一言として悲嘆の声が聞かれませんでした。最後には、ジャック氏は聖人のように息を引き取りました。私たちは彼を聖人と見做しています。火焙りから脱出したあとで、この出来事を私たちに報告した人は数日間走りつづけましたが、御摂理によってオノンタゲから四日の距離の所で、布教区長様とそのお伴の一行に出会うことができました。その場所は、フランス人の居住地が造られることになっています。[10]その人は出血したままで三二〇キロ以上も移動してきましたので死ぬ寸前でしたが、神父様は、このような場合に行わなければならないすべての手当をなさいましたので、歩けるようになると、その人に護衛を付けてモントリオールに行かせました。

私たちは毎日、神父様方のご到着の知らせを待っています。これらのすべての出来事のためにお祈りくださいね。また、神様がこの嵐を鎮めてくださるまで、ケベックに避難している先住民の信者さんたちのためにもですよ。

1 手紙七八（168）注2、7参照。

2 オノンタゲ人の許に出発したショーモノ師とダブロン師。手紙七八（168）参照。

3 居住地は、オンタリオの南方、ガナンタハ湖近辺のオスウィーゴ川流域に設置されることになっていた。Cf.RJ1657, chap.V(Th.43, 156–160); de Rochemonte ix, *Les Jésuites de la Nouvelle France*, II, 147.

4 フォワ州（現在のアリエージュ県）のサヴェルダン出身のザカリー・デュピュイ。一六五六年にケベックの要塞司令官であった。Cf.R-J.Auger, *DBC* 306.

5 ケベックから四八キロのラ・ポワント・セント・クロワで。RJ1657, chap.III, IV(Th.43, 114ss.;134ss).

6 五月二〇日土曜日の朝。『会報』では、捕虜は七一人だけと述べている。RJ1657（Th.43, 114–116).

7 一六五五年秋の条約。Cf.RJ1655, *prologue*, *lettre* 1re (Th. 41, 218ss). 約束は最近ル・モワンヌ師に行われた。RJ1657 (Th. 43, 110-112).

8 ヨアキム・オンダクート。RJ1657, chap.III, IV (Th.43, 118-120, 142).

9 ジャック・オアシゥーク。マリア信心会はオルレアン島のヒューロン人の間で、一六五三年に結成されていた。Cf. RJ1654, chap.x; *sur le martyre de Jacques Oachouk*, cf. RJ1657, chap.III (Th.43, 118).

10 注3参照。

八〇(175) 一六五七年一〇月一五日　息子宛

愛するわが子よ。イエス様の命と愛が私たちの命と愛でありますように。

イロクォイ人への布教についてとてもよい知らせを受けましたので、あなたに知らせないではおれません。[1] 福音が、イロクォイ人の許で大変広まりつつあることを三日前に知りました。メナール神父様だけでも、オネイオウーとオワウーで四〇〇人に洗礼をお授けになりました。[2] 他の宣教師の方々は、それぞれの布教所の地区でそれぞれ相当の人々に洗礼をお授けになりました。悪魔はこの幸先のよさに激しく苛立ち、さらに将来を恐れて、神父様たちが築かれたものを破壊しようとして騒動を起こさせました。もともと非常に排他的な戦士である若者たちを、できる限りキリスト信者に危害を加えるように仕向けたのです。しかし若者たちは、自分の部族の信者を害する気にはなれなかったので、宿敵のヒューロン人を襲い、子供と大人一三人を殺害し、他に四〇人を捕虜にしました。[3] 長老たちはこれを大変不快に思いましたが、若者たちは長老たちを恐れていません。これらの部族には警官がいないのです。

私たちの修道院に関しては、次の船でこちらに派遣するためにブルターニュで私たちの修族の二人の姉妹を任命することになっていたので、トゥールのメール方に手紙を書きました。[4] 今年はご辞退申し上げたのです。その理由は、私たちの修道院で突然に起こった若干の変動と、特に私たちが今年受けた大きな損失にあります。[5]

あなたはフランスの修道女を呼ぶことについて、こちらの娘たちのほうが外国の気風をもたらす他の者より私たちの気風に合うのではないかという意見でしたが、私は確かにこの意見に賛成です。全くそのとおりで、私たちはこのことを経験しています。しかし、この国にはまだ十分な人材がいません。かなり若いうちに結婚させられてしまうか、召命がないか、あるいは生活に必要なものを持参できないからです。これは、私たちの修道院が極めて貧しいので、持参財産なしには歌隊修道女を迎え入れることができないからです。助修女としては、三、四人何も受け取らずに迎え入れました。このために、私たちはやむなくフランスに助けを求めているのです。そのうえ現在のところは、養成が終わっていて、すぐに役立つ方々を必要としています。修練女として迎えれば長い期間待たなければなりませんし、待ったあとでも、修道院の仕事のために必要な才能を持っているかどうかは不確かなのです。

　昨年はそれぞれの修道院から一人ずつ、二人の姉妹をお願いしました。パリの姉妹は用意ができていましたが、トゥールの姉妹は駄目でした。このことからお分かりのように人数が同じでなく、それでトゥールのメール方が、ご自分たちへの愛情がないと私たちを非難なさっても、それは私たちのせいではありません。こちらには、五人の立誓願者がいます。一人はこちらの出身で、四人は世俗の服装でフランスから来た方々です。現在、二人の修練女と、寄宿学校の生徒で志願者が二人います。パリの修道院の立誓願者は四人です。このように異なる所から集まったとはいえ、私たちは、私の後任者のメール・ド・セン・タタナーズの指導の許で、同じ系統、同じ修道院の立誓願者であるかのように一緒に生活しています。しかし、こうして皆合併して生活してはいても、もしこの国で適当な人々が見つかれば、私たちの修道院の利益のために、また、あなたが話している現実の真の不都合を避けるために、フランスに人を求めはしないでしょう。

　しかし結局は、神様が万事を司られます。神様こそ私たちの真の長上でいらっしゃいます。こうして、神様こそ、ご自分の共同体の必要を満たされ、この最果ての地で、私たちに対してお持ちのご計画に従って、ご自分に役立つことのできる会員をお望みの所で、私たちのために見つけてくださるはずです。

1　五月にインド経由で受け取った手紙に加えて、九人のフランス人が一〇月六日にオノンタゲに到着していた。

2　オネイウートとオワウアン、オネイウート部族とゴヨグーエン部族の主要な村落である。

3　ラギュノー師は、フランスの管区長への手紙の中でエピソードを物語っている。RJ1657, chap. XXII(Th.72-76).

4　彼女たちは来なかった。

5　「当年八月一二日、雷鳴を伴った大暴風が聖ヨセフ納屋を倒壊させ、二頭の牡牛を殺し、残りを傷つけ使用不可能にした。

残骸の下から半死半生のまま引き出された耕作人は、不具になった。損害は四、〇〇〇リーヴルと推定された」。*Annales manuscrites des Ursulines de Québec*, 19. 手紙八一（177）参照。

八一（177） 一六五八年八月二四日 息子宛

愛するわが子よ。イエス様が私たちの命と愛でありますように。

これは八月二八日のお手紙への返事です。別のお手紙も一緒に受け取りましたが、同時にこれらにも答えることができると思います。

神様はあなたを隠遁生活にお招きになり、この生活を愛するようになさいましたが、これは、あなたに何か新しいお恵みをお与えになり、ご奉仕の中で働くことができるようあなたを強め、堅固な土台を築かせるご計画をお持ちであることのしるしです。事実、このようなことが、人々の霊的指導のために用いようとする人々に対して神様が通常お取りになる行為なのです。あなたの研究が、神様にお仕えするのを少しも妨げないと知って大変嬉しく思いました。あなたは聖性だけを目指した研究を意図しましたが、それは立派なこととして褒めたいと思います。しかし、あなたには心痛の種があると言いますが、その事柄について一言述べておきましょう。私がわずかばかりの体験から知った真理ですが、現実の事柄であるよりも、むしろ普通には誘惑となるそれらの問題について余計な推理をめぐらし、あまり頻繁に考えるのは避ける必要があります。あなたを時々悩ませているのは、この種のものと思います。あなたは心痛にあって、神と聖なるお導きにおゆだねすると励ましを感じると言いますので、私はこう考えるのです。

神様があなたを、修道者の身分をとおしてご自分の聖なる一致にお招きくださって、あなたにお与えになる完徳への志を私は大変嬉しく思います。あなたは種々の霊的な事柄ばかりか、物的な事柄にも関わらなければならない身分にあります。こうした事柄では、これを取り囲む人間的弱さのゆえに多少の泥をかぶらないわけにはいきません。この種の過ちは不忠実さではなく、心と精神の奥底で神との一致が保たれていれば癒される弱さなのです。実際、この一致のうちに繰り返される行為は、霊魂を驚嘆すべきほどに聖化します。ですから、あなたの研究あるいは仕事から生じる散漫が不忠実となるのは、ただ、あなたが興味本意、あるいは論争の的となっている問題、または虚栄心を満たすため、そして結局はイエス・キリストの霊に反する論題について、面白がって考える場合であるとは思いませんか。

神様が通常、この聖なる一致の中で行われるように、上知の賜物と聡明の賜物をお与えになれば、散漫は少しも害になりません。慈しみ深い神に、ご自分のより大いなる栄光とあなたの聖化と、また、あなたの指導にゆだねられた人々の救霊のために、両方の賜物をあなたにお与えくださるようお祈りします。あなたがこの一致の甘美さを少しも味わわないので、神様の働きを散漫と取り違えていないかどうか私には分かりません。お話ししたばかりの泉から生じる働きは、一種の念禱なのです。神から来て神に戻るものだからです。ですから、あなたのお仕事の中で苦しんではいけません。今のあなたの状態、あなたが自分で身を置いたのではない状態に満足して、完全さの高望みをしてはいけません。

神のものであるときには、お望みのところにお伴しなければなりません。そして、いつもこの点に戻る必要があるように、自分を捨てて御旨を行わなければならないのです。神の霊は聖書の中で、「あなたは、『私の望みがあなたのうちにある者』と呼ばれる」とおおせになっていますが、[1]その意味をこう解釈しているのです。このように自分を捨てるようになるには、信仰によって生きなければなりません。聖書はまた、「正しい者は信仰によって生きる」と述べているからです。ですから、あなたの精神を動揺させている心痛から抜け出なさい。そうしないと、お友だちがあなたにご注意なさった困難な状態に陥ることでしょう。その後、あなたの完徳の身分は悪化し、心の乱れは、あなたが神の御栄えと教会への奉仕のために考えた聖なる企ての妨げとなるでしょう。

ド・ベルニエール様がお知らせくださって、ラールマン神父様が裏付けてくださったことによれば、神の偉大な僕という風評のあるド・モンチーニ神父様を司教様としてこちらに派遣する計画があるそうです。[2]常任の長上を持つことは、この国にとって大変よいことと思えます。その時期が来ています。ただし宣教と司牧に関しては、イエズス会の神父様方と一致していることが必要でしょう。そうでないと、すべては神の御栄えと人々の救霊のためには不利益となりましょう。イエズス会の神父様方がこの国での人々の良心を縛っているとおっしゃる方々は、本当に間違っています。こちらでは、人々は霊の聖なる自由のうちに生きているからです。確かにイエズス会の神父様方だけが人々を霊的に指導なさっていますが、どなたにも窮屈な思いをさせていらっしゃいません。また神を求め、神の御教えに従って生きようと望む人々は、心に平安を持っています。けれども、ある場合には他の方々の指導を受ける必要もありましょう。そのためにこそ、こちらに司教様が望まれているのです。神様は御憐れみによって、聖なる司教様を私たちにお与えくださいます。

イロクォイ人は信仰を捨て、和平を破りました。[3]共謀して、すべての神父様と一緒にいたすべてのフランス人を殺害しようとさえしました。しかし、主が皆様をご保護くださり、全員、無傷で彼らの手から逃れさせてくださいました。このことについては、別の手紙でもっと詳しくお話しするつもりです。海上の大きな危険に加わったこの断交によって、今年はフランスからは修道女を一人もお願いしません。これについては、昨年お話ししましたが、他の理由もあります。すなわち、御摂理によって私たちに生じた損害です。[4]収穫の前々日、落雷を伴ったつむじ風が一瞬のうちに私たちの小作地の納屋を崩壊させ、牡牛を殺し、耕作人を押しつぶして、損害額は四、〇〇〇リーヴル以上に上りました。

二日前には、もう一つの事故が起きました。その土地には、小作人たちがいつも利用していた小さな一軒の家しかもう残っていませんでした。納屋のほうは、修道院の庭の中に新築させたからです。修道院は土地から五〇〇メートルしか離れていません。夜の八時頃、イロクォイ人が、その家に一人で住んで雄牛の世話をしていた若者を遠くから呼びました。思ったとおり、若者を生け捕りにして連れていくつもりだったのです。これは、数日前に一人の牛飼いにしたのと同じです。青年は恐怖のために、家を離れて野原の林の中に隠れに行こうとしました。しかし、気を取り直してイロクォイ人の呼び声を私たちに知らせに来ましたので、すぐ一〇人の私たちの警備員が場所を守るために出発しました。ところが到着したときには、後の祭で家は焼かれ、五頭の牡牛がいなくなっていました。翌日、牛はかなり離れた所で見つかりましたが、火に驚いて、結び付けられていた長い板を引きずりながらそこまで逃れてきていたのです。神様は私たちのために牛を守ってくださいましたが、ただ一頭は刀であちこち刺されていました。家は粗末なものでしたが、私たちは家具や武器や道具や用具一式を失ったので大変困りました。

御摂理は、私たちに対して時々このようなことを行われます。時にお与えになり、時にお取り上げになります。しかし、御摂理のあらゆる出来事にあって、神は賛美されますように。[5]

これは私の最初の返事に過ぎません。船が出帆するたびに書くつもりです。でも、この世の細かい事柄のやり繰りで大変忙しくて中断しながらしか書けません。私こそ、しょっちゅう気を散らして神様に対して無数の過ちを犯していると言われるべきです。それでも、神様は御慈しみから私をお見捨てにならず、かえってお恵みと御憐れみを注ぎつづけていらっしゃるのです。

あなたとしては、神様からいただいた才能を御旨に従って、またより大いなる栄光となるように用いながら続けて神様に惜しみなくお仕えしてください。私は神様があなたの才能を祝福してくださって、あなたの言葉と心にご自分の霊から生じるものをお置きになり、あなたが世間体を気にするあまりに神の御言葉があなたのうちで封じられたり抑えられたりすることなく、またお恵みがあれば、あなたが超自然的な賢慮を伴う聖なる大胆さをもって、可能な助けを人々に与えることができるようお祈りします。神様の聖なる愛と真理のうちに、それではまた。

1 旧約聖書イザヤ書62・4参照。

2 フランソワ・ド・モンモランシー・ラヴァル。モンチーニ・シュール・アヴル（シャルトル教区）で一六二三年に生まれ、一六四七年パリで司祭に叙階され、一六四八年エヴルーの総代理に任命された。一六五〇年には、四人の同窓生と一緒にデ・ボン・ザミ（Bons Amis）会を創立した。一六五三年トンキン〔＊ベトナムの主要都市〕の使徒座代理区長に任命されたが、ローマの追認を待っている間に、一六五四年にカンのド・ベルニエール氏の側にある隠遁所に引きこもった。そのとき、オルレアン公フィリップの夫人がカナダの司教になることを勧めた。カナダに到着する前のラヴァル司教に関しては、cf.De Rochemonteix, *Les Jésuites de la Nouvelle-France*, II, 239-256; C.Guéry, Mgr.de Laval-Montmorency, *grand archidiacre d'Evreux, évêque de Québec*, dans *Revue catholique de Normandie*, I, 1891, 542-552; II, 1892, 95-106, 162-171, 271-285; Ch.Du Chesnay, *La mort de M.de Bernières à Caen et l'arrivée de Mgr.de Laval à Québec au printemps de 1659*, dans *Notre Vie*(*Eudistes*), VII,; A.1959, 266-276 Gosselin, *Vie de Mgr.de Laval*, I, Québec, 1890, 1-123; H.Gaillard de Champris, *Mgr.François de Montmorency-Laval, Premier évêque de la Nouvelle-France*, Paris, 1914; E.Béguin, *François de Laval*, Québec, 1959. ヌーヴェル・フランスの司教区設置の問題に関しての文書目録は、*RAPQ* 1939-1940, 186-217に出ている。

3 オノンタゲ人の許でのガネンタハ植民の最終的な挫折。次の数通の手紙参照。Cf.A.Pouliot, *La menace iroquoise de 1657 à 1660*, dans *Revue de l'Université Laval*, XV, 1951, 430-440.

4　一六五七年一〇月一五日の手紙八〇（175）注5参照。
5　旧約聖書ヨブ記1・21参照。

八二（179）一六五八年一〇月四日　息子宛

　愛するわが子よ。[1] イエス様の愛と命がこの世と永遠にわたって私たちの命と愛でありますように。

　こちらで起こったことを書いた手紙の中で、新しい教会については少しもお話ししませんでした。船が出帆するところですが、この機会に一言書きたいと思います。詳しいことは『会報』が知らせるはずです。昨年の手紙で、あなたは聖なる信仰が大いに広まることが期待されているのを知りました。しかし、その後の手紙で心配させられたことでしょうが、それが実際に起こってしまいました。[2] 神の御業が今までにないほど進みつつあったとき、イロクォイ人の一団が布教所にいらっしゃるすべての神父様と駐屯地にいるフランス人全員を虐殺する陰謀を企てていました。[3] これは、多くの霊魂を奪われたことに激怒した悪魔の仕業です。一人のイロクォイ人信者が陰謀を神父様方に密告して、一刻も早く荷物をまとめるように勧めていなかったら、この野蛮な計画はきっと成功していたことでしょう。これらの野蛮な部族たちの性格はよく知られています。

　その計画は大変なもので、その場のフランス人を敗北させたら、友好的態度を装ってこちらに来て一切を焼き、皆殺しにする気であることが分かりました。それで、神父様方は脱出する手段を探しながら、直ちに地域の人々に起こっていることをお知らせになりました。これはカヌーなしにはできないので、かなり困難なことでした。しかしカヌーを持たず、先住民の助けなしにはできないことですので、神父様方はフランスのロワール地方のものに似たボートを造ることにしました。納屋の中で造りつづけ、その間にも、布教所に散らばっていらっしゃる神父様方に指定の日に集まるように通報なさいました。ちなみに、神父様方の布教所はイロクォイの諸部族の合流地点にあるので、朝から晩までいつも人々でいっぱいなのです。[4] 長老たちの会議もそこで行われていましたが、出発日には、先住民たちの臨時総会が行われることになっていました。

　長老たちを油断させるために、宴会を行うことが考えられました。たまたま、一人の若いフランス人が有力なイロクォイ人の養子になっていて、彼らの言語をよく知っていたのです。この人が養父に、宴会の夢を見たが一切れでも残せば必ず死んでしまうので、全部食べてしまわなければならないと話しました。[5]養父は、「お前は私の息子だ。死んでほしくない。その宴会をやってくれ。全部たいらげるから」と答えました。神父様方は、飼わせていた豚の肉を供しました。飼わせていたのは、この国に豚の種を保存するためと、フランス風に生活するためでした。神父様方はまた、野雁や魚や他の蓄えていたものも出しました。これら全部は、若いフランス人が持っていた他のものと一緒にされて、先住民風の宴会を準備するために大きな鍋に入れられました。用意ができると、一同は夜の間に食べはじめました。そして、これ以上は食べられないほどお腹をいっぱいにしました。彼らは宴会を催した若者に、「もう勘弁して休ませてくれ」と頼みました。若者は「それじゃ、僕は死ぬよ」と答えました。「死ぬ」という言葉を聞いて、彼らは若者を喜ばせるために、お腹が破れてしまうのではないかと思うほど食べました。若者は、同時に彼らを踊らせ、とても長いだらだらした食事を打ち切るために、笛やラッパを吹かせ太鼓を打たせました。その間にも、フランス人たちは脱出の準備をしていました。ボートを降ろさせ、持っていくつもりのもの一切を積みましたが、ひそかに行われましたので、先住民は誰一人これに気が付きませんでした。

すべて用意ができると、若いフランス人に宴会を巧みに終わらせるように言いました。それで、若いフランス人は養父に、「これでおしまい。お父さんがかわいそう。もう食べるのはやめて。僕は死なないよ。お父さんが眠れるように、何か気持ちよい楽器を演奏してあげる。でも、起きるのは明日遅くなってからにして、祈りのため起こしに来るまで眠っていてください」と言いました。この言葉に従ってギターが演奏されましたので、一同は間もなくぐっすり眠ってしまいました。それで、出席していたフランス人たちは出ていき、待っていた他の人々とボートに乗りました。言っておきますけれど、この大きな湖や川には滝あり早瀬ありでボートは使えませんし、渡るにも、ボートと荷物をとても苦労して運ばなければならないのです。それに、予想しなかった新たなことが起こりました。湖は凍りはじめていました。[6]けれども、逃亡者のボートはこれらのあらゆる危険と、両岸に見える氷盤の間を非常な速さで一列になって進みました。川が凍っているので、通路を開ける最初のボートの後ろについていかなければならなかったからです。こうして、奇跡的とも考えられる神のご保護によって、ついに一同は、イロクォイ人や氷結や航行の際のその他の危険による事故にも遭わずに、わずか一〇日という速さでモントリオールに到着しました。[7]イロクォイ人たちが目を覚ますと、いつものように祈りの声も聞こえず、神父様方のお住まいにはなんの物音もしないで一日が過ぎたのに気が付いて、大変驚きました。そして、神父様方のお住まいに入って、人影もなく家具も荷物もないのを見ると、いっそう驚きました。それでフランス人たちが引き揚げたのが分かりました。これは、彼らにはかなり意外なことでした。陰謀はひた隠しにしていたので、知られるとは夢にも思っていなかったのです。しかし、その引き揚げ方には何よりも驚きました。フランス人にはカヌーがなく、そのうえ川は凍結していたので、どうすれば逃げられるか分からないはずだと思っていたからです。さらに、彼らを極度に驚かせる思いがけないことが起こりました。一晩中、雪が降っていたのに、雪の上に人の足跡がないのです。これを見て、彼らは神父様とフランス人は飛んで行ったと考えるほかありませんでした。

イロクォイ人は陰謀が露見したことを知り、フランス人が力づくで押し寄せて戦争をしかけるのではないかと危惧して、直ちに隣接の同盟部族[8]に贈り物を送り、必要なときに助けを得ようとしました。他方フランス人は、イロクォイの五部族が一緒になって自分たちに復讐に来るのではないかと心配し、神父様方が到着なさる前に、特に、三人のフランス人がモントリオールの近くでイロクォイのオネイウステロノン人に殺害されたのを知って、奇襲を恐れて絶えず警戒に立っていました。こうして、両方から宣戦布告されました。双方が恐れ、双方が攻撃し、防御しています。こちら側は彼らのうちの数人を捕まえ、数人を殺しました。あちら側は一人のアルゴンキン人女性を殺し、他の二人を子供たちと一緒に捕らえました。二人のうちの一人は非常に勇気があって、イロクォイ人のお腹を刀で突き刺しました。その仲間たちはこれに仰天して、武器と荷物、そして捕まえた女性と子供たちを置いて逃げ去りました。[9]捕えられた人々はこうして解放され、総督閣下の許に戦利品を差し出しました。総督閣下は牢獄に、すべてのイロクォイ部族の中でも名だたる二一人を収容しています。しかし、大変よい待遇を受けてはいます。それで総督閣下に、和平を再開して神父様方に見て大変驚きました。彼らは、お互いの顔を戻っていただくために、一人の神父様を国に派遣してくださるよう願いました。

捕虜たちの隊長は、[10]数日前にショーモノ神父様に嘆きながら言いました。自分は捕虜たちと別れる気持ちは少しもなく、一切の不幸は自分が原因であった、つまり、皆が非難されてはいるが、自分は一番偉い者と見做されてあらゆる会議の議長を務めさせられていたので、一切の非難を受けるべき者は自分である、また敵対行為が行われたのは、自分のせいでも長老たちのせいでもなく、無分別で頭のおかしな若者たちであると述べました。それから、総督閣下にお話ししながら付け加えて、「オノンチオ〔＊総督〕はわれわれを軽蔑しています。われわれは、今はつながれた犬です。しかし、われわれを飼犬にしてもらえば、自由に家のあちこちを歩けるのでまだしも我慢できましょう」と申し上げました。しかし、この捕虜の部族たちが如何に苦情を言おうとも、つないでおくことが必要です。彼らが求めるように飼犬として放せば、間もなく逃げ出すことでしょう。使者たちが持参する和平の条項が作成されました。最も基本的な条項は、こちら側としては、神父様方の再派遣は認めないこと、彼らは人質を差し出すこと、つまり、私たちの学校に娘たちを預けておくことです。これは、男性や男の子でしたら、なんの保証にもならないからです。

昨年あなたは、ラギュノー神父様がイロクォイ人を信頼してオノンタゲに連れていかれたかわいそうなヒューロン人たちに起こったこと、そしてどのように虐殺されたかを知らされています。[11]一行の中には、私たちの生徒で、そのうえ大変立派な信者であった善良なヒューロン人の娘たちがいたのです。

特に、イロクォイ人の女性たちによい模範を示すために、わざわざ連れていった一人の若い寡婦がいました。彼女は一人の獰猛なイロクォイ人に捕らえられ、押し倒されて暴行されかけていました。体力は虚弱でしたが、その手を振り切って森の中に走って逃げ込んだので、男は追跡できず見逃すほかありませんでした。男は仲間と共に再び舟に乗りましたが、彼女は大森林の中に迷い込んだままでした。人は今までそこには住んだことがなく、ただいろんな獣がいるだけです。三〇日間、食べるものはと言えば、野草の根だけでした。そして、死が間近に迫っているのを見て、あらん限りの力を出して川の畔の岩まで這っていき、あとは御摂理にお任せしました。祈りと有徳の人なので、岩の上で神様とお話しし、そのお計らいを待ちました。しかし、見捨てられた者たちの父である神は、彼女の死をお望みにならなかったのです。デュペロン神父様がイロクォイ人の許に向かって率いていらっしゃったカヌーに乗っていたある人が、岩の上で何か動いているのに気付き、そこに行こうとしました。しかし、彼女を自分のカヌーに乗せた一人のイロクォイ人が、あれは自分の捕虜だと言うので行くのをやめました。けれども、彼女は長い間このイロクォイ人の勝手にはなりませんでした。神父様は元気づけたあとで、彼女を解放させました。神父様が身代金を払ったからです。彼女が捕らえられたときには、その姉妹と姪が殺されました。この人たちは立派な信者でしたから、すでに天国にいると私は信じています。他に方法がないので、やむなく五〇〇人ほどの信者を置いてこられた神父様方が、イロクォイ人から連れ戻されたのは、彼女一人だけでした。これは神父様方の苦痛の種です。これらの新信者たちは、信仰だけでなく、命を失う差し迫った危険な状態にあるからです。

それで、神父様方は残してきた信者たちを助け、彼らと一緒にご自分の命を危険にさらすために現地に戻ることを切望していらっしゃいます。私たちの居住地のフランス人を安心させる必要に迫られなければ、決して信者たちをそのままにしておくことはないでしょう。野蛮なイロクォイ人は、自分たちの地方にいる人々を敗北させた後、友好的態度を装ってすべての居住地を襲撃し、裏切りによって一切を略奪してなんでも焼いてしまうことに決めていたのですから。

これで、あなたは主がどのような不測の出来事から私たちをお救いになられたか、また悪魔がイロクォイ人の心を摑んだとき、彼らを信用するのは如何によくないかが分かったことでしょうね。

確かなことですが、あの陰謀はこの暗闇の君主たち〔＊悪魔〕の仕業で、彼らは、わずかな間に行われた信仰の広がりを嫉んで、この新しい教会を揺り籠の中にいる間に窒息させようとしているのです。イロクォイのアニュロノン部族は、フランス人に対しては四年前から如何なる敵対行動も取りませんでした。彼らの近くにいるニュー・ネザーランド〔＊現在のニュー・ヨーク〕のオランダ人でさえ、神父様方に援助を求めたくらいです。ある地方では、カトリック信者が他宗教の信者よりも多いからです。そのうえ、新しく発見された土地には英国人カトリック信者の植民地がありますが、信仰のために英国から亡命して、この地に住むようになったのです[12]。英国人カトリック信者がいるニュー・ネザーランドからは二日しかかかりません。オランダ人は概ねル・モワンヌ神父様を歓迎しました。イエズス会員の服装をなさってはいますけれど。ですから、アニュロノン人との交わりは容易になるでしょう。フランス人とオランダ人の間の通商は盛んですので、現在こちらの港にはオランダの船が一隻停泊中で、ニュー・ネザーランドに戻ります。

フランス人植民地は住民が増えていく一方なので、見分けがつかないほど様子が変わっています。神様は耕作の努力を祝福してくださいましたので、土地は住民を養うために十分な量の良質の小麦を産出しています。現在は、土地がいっそう耕され、寒冷であった大森林による日陰が減少していますので、気候もそれだけ暖かくなっています。それでも、今年は冬が長くて種蒔きが遅れましたので、小麦の刈入れはこれからです。

以上、要略して述べてきましたが、その気があれば、『会報』でもっと詳しいことが分かるでしょう。引き続き、私のためにお祈りください。特に、イロクォイ人の許にいる私たちの不幸な信者さんたちを、また命がけで、信者さんたちを助けに行くことを計画していらっしゃる神父様方を忘れないでください。この手紙を読み直す時間がありません。間違いがあったらごめんなさい。早々。

1 書簡集の刊行の序文で、ドン・クロード・マルテンは次のように書いている。

「……手紙をご覧に入れたある方々（イエズス会員）は、第二部の手紙五六で述べられている物語に、不正確な若干の状況があるとお考えである……したがって、物語を転載するには慎重を期し、イエズス会の神父様方のその年の『会報』がこの手紙と全く一致していないならば、『会報』が持つべき信用を弱めないように配慮した」。マリー・ド・レンカルナシオンはその手紙を、RJ1658, chap.IIを知る前に書いていた。

2 RJ1657, chap.XIIと一六五七一〇月一五日手紙八〇（175）参照。

3 オノンタゲ人と、ガナンタハのフランス人居住地のことである。一六五五―一六五六年の手紙参照。

4 先住民の慣習に従い、小屋に近づくのは容易であった。

5 先住民が夢で見たことは必ず起こると固く信じていたことは、*Relation des jésuites*から知られている。

6 三月一九日、または二〇日の夜。Cf.RJ1658, chap.II（Th.44, 178）.この頃は、厳しい寒さのぶり返しはともかく、イロクォイ地方の川と湖は氷が解けていた。

7 逃亡者たちは、四月三日にモントリオールに到着した。Cf. RJ1658, chap.II, Th.44, 180.

8 ツオノントウアン、オネイオウト、ゴヨグーエン及びアニエ部族などその他のイロクォイ人。

9 一六五八年七月一三日の出来事。Cf.*Journal des jésuites*, 237.

10 この捕虜は、一六四五年トロワ・リヴィエールでの最初の和平交渉の集まりの際の演説者と思われる。RJ1658, chap.IV (Th.44, 230–232) qwと手紙五七（92）参照。

11 手紙八〇（175）の注3と前掲の注2参照。

12 メリーランドの植民地。バルティモア卿によって一六三四年、ニュー・ネザーランドの南西に建設された。

第五部　ラヴァル司教の権限下で

八三（183）一六五九年九－一〇月　息子宛

愛するわが子よ。一艘の船が到着しましたが、あなたからの手紙がないので、大変がっかりしました。[1] あなたが手紙を書き、最初の船が運んだものと思っていました。実際、思ったとおりでした。

この船は、私たちが今年一人の司教様を持つことになるだろうという知らせをもたらしたのですが、他の船のずっとあとになって、やっと姿を現したのです。[2] 結局、私たちはこの遅れた船で、前の知らせが約束した司教様をお迎えすることになりました。とにかく、これは思いがけない喜びでした。司教様を持つことでこちらにいる人々が幸せであるだけでなく、この司教様は希有の特別な資質をお持ちですので、大いに励まされるからです。司教様はラヴァル〔＊日本語表記では通常、ラバルとされる。ラバル大学など〕家という名家のご出身でいらっしゃることは言うまでもなく、大きな功績と卓越した徳をお持ちの方です。この司教様が選ばれたことについて、あなたの言った意味がよく分かりました。言いたい人には言わせておけばよいのです。司教様を選ばれたのは人間ではありません。聖人とは言いません。そう言えば、言葉が過ぎます。しかし、司教様が使徒として聖人のようにご生活なさっているのは本当です。世間体というものはお構いになりません。すべての人に真理を述べるためにいらっしゃるのです。事実、集まりの中で忌憚なくこのことをおっしゃいました。かなり広がり、深く根をおろしている中傷を根こそぎにするためには、こちらではこのような有力者が必要です。一言で言えば、司教様のご生活はすべての人の賛嘆の的となるほど模範的です。司教様はド・ベルニエール様とはご親友で、献身的に四年間ご一緒にお暮らしでした。このように、あの隠修所にしきりにお通いになっていらっしゃったのですから、霊的生活が高度の段階に到達なさっていたとしても驚くに足りません。私たちにはそれが分かります。ド・ベルニエール様の甥のお一人が、司教様についてくることをお望みでした。若い紳士で、慎み深いので皆様に強い感銘を与えていらっしゃいます。伯父様を見倣って、神様に余すところなく身をささげ、この新しい教会への奉仕に専念することを望んでおいでです。そして、このことをいっそう有益なものにするために、私たちの新しい司教様から司祭叙階を受けるおつもりです。私は司教様が、今年ご到着なさるとは予想されていなかったと言いましたね。ですから、ご到着なさったときには、お迎えするためのなんの準備もできていませんでした。私たちは、禁域の一隅にあって、小教区教会に近い私たちの学校を司教様にお貸し致しました。便利ですし、美しい庭も楽しめます。しかし、司教様と私たちの住居を教会法に従って区別するため、司教様は塀で囲まれました。これで私たちは不便になるでしょう。生徒たちを私たちの建物に住まわせなければなりませんから。しかし、これは当然のことで、司教館ができるまで喜んでこの不便に堪えるつもりです。

司教様はパリで司教叙階をお受けになると、直ちにイエズス会総長にラールマン神父様がお伴をすることをお願いになりました。神父様は三ヵ月前からラ・フレーシュの校長をお務めでした。これはこちらの国全体にとって、特に私たちには、そして誰よりも私にとっては幸いなことです。これは内密ですが、私は心を打ち明けることのできる方がいなくて苦しんでいたのですけれど、私はずっと主が、助けをお送りになるという予感もしていました。主は時期をご覧になってそうしてくださったのです。その御名はたたえられますように。

あなたは、数年前にケリュス神父様に関して起こったことを知っていますね。現在、神父様はサン・スルピス会大神学校の校長をなさっていますが、この大神学校は、ド・ブルトンヴィリエ神父様が立派な聖堂と一緒にモントリオールに建てることを計画なさったものです。前述の神父様は、司教様にご挨拶するためにモントリオールから下っていらっしゃいました。神父様は、ルーアンの大司教様からモントリオールでの総代理に任命されていたのです。しかし今は、これらのすべては効力がなくなり、神父様は権限を失われました。けれども、モントリオールでは宣教は非常に発展しています。ラ・フレーシュの看護修道女会が来加しましたし、一挙に三〇戸の家族が移住することにもなったため、最後の船が大勢の娘を運んできました。[3] また、私たちもモントリオールに来るよう促されていますが、私たちにはできません。司教様は、これらのすべてのことに関してご視察なさるでしょう。

しかし司教様がこちらにいらっしゃるのは、ケベックあるいはカナダではなく、ただペトラの名義司教様としてなのです。この資格はいろいろ取り沙汰されました。そのようなことが起こったのはローマ聖庁とフランスの宮廷の間に存在する紛争のゆえです。国王はカナダの司教様がご自分に従属し、フランスの他の司教様方のように忠誠の宣誓を行うことをお望みです。教皇様は、諸外国でなんらかの固有な権利をお持ちであると主張なさいます。そのために、こちらに司教様をお送りになりました。一国の司教としてではなく、ペトラという異国の司教名義で、教皇代理者としてです。[4]

あなたはこちらの事情について心配していますが、イロクォイ人が和平条約を結んだ以前のような状態です。彼らは条約を破り、予期していなかった場所で、それも、フランス人に危害を加えるはずはないと信じられていた場所で、遭遇した際にすでに九人のフランス人を捕まえ殺害したのです。捕虜たちの一人を火焙りにして殺害していましたが、他の捕虜もそれよりましに取り扱ったとは考えられません。その後も、フランス人の召使一人を殺害しました。それで、お互いに警戒しています。逃げ出してきた一人のヒューロン人から知ったことなのですが、イロクォイ人は強力な武器を用意して私たちの新信者たちを奪い取ろうとしています。私は、フランス人をもできるだけ多く連れ去ろうとしているのではないかと思っています。このヒューロン人が逃げた次第は、次のようです。乗せられていたイロクォイ人のカヌーは、ウナギ取りに行くところであったヒューロン人たちのカヌーに出合ったので、これをやり過ごし、皆がばらばらになって防御できなくなったら襲撃しようとしていました。捕虜は同族の人々への愛情に駆られて、上陸したイロクォイ人たちの目を盗んで逆戻りし、同族の人々にイロクォイ人たちの企てと危険な状態を知らせました。ヒューロン人たちは直ちに捕虜と共に舟に乗り、一緒に大急ぎでケベックにやってきました。それからイロクォイ人の企てを知らせました。この知らせがなかったら、多くの人々が頭を割られて殺されたことでしょう。イロクォイ人の猛烈な攻撃を避け切れなかったはずのヒューロン人の他にも、和平を信じて恐れも警戒心もなく刈入れのために働いていた人々の間に、イロクォイ人が忍び込んだかもしれないからです。実際これが、トロワ・リヴィエールで起こったことです。そこでは、前述の九人のフランス人を捕まえたのです。このことを書いている間にも、総督閣下はイロクォイ人を追い払い、あるいは一人でも捕まえるために戦闘中です。総督閣下がそうなさったのは、鉄の扉付きの頑丈な塀の中に閉じ込めていたイロクォイ人の捕虜たちが、自分たちの部族が和平条約を破ったと知り全員火焙りは免れないであろうと思って、今夜、[5]牢獄を破り、塀を越えて脱出したからです。歩哨が、彼らを見て非常呼集の合図をしましたので、直ちに兵士たちが彼らを追跡しました。逃亡者たちが捕まったかどうかはまだ分かりません。何しろ、牡ジカのように走る者たちですから。

あなたは、メールの方々が私たちを呼び戻そうとしていらっしゃると言っていますが、これは意外に思います。神様は私たちをこのような偶発事からお守りくださるのです。修道院の火事のあとやその他のすべての損失の場合にも去らなかったのですから、イロクォイ人のために去るつもりはありません。移住者全員が引き揚げ、あるいは、どなたか教会長上の方が命令なされば、その限りではありません。私たちは従順を守る修道女で、従順こそ第一だからです。けれども、いつかそのようなことが起こるとしたら、私が間違っていることになります。噂によると、敵方の軍勢がこちらに押し寄せる用意をしているらしいのですが、彼らの企てが暴かれた今、そんなことは容易にできるはずはありません。とは言え、主が彼らにそれをお許しになっていたとすれば、彼らはずっと以前に私たちを滅ぼしていたに違いありません。しかし、慈しみ深い主は、私たちに彼らの企てをお知らせになってこれを覆し、私たちが警戒するようにお計らいになりました。万一事件が起きていたなら、私が最初にあなたに知らせて、私たちの安全を図ってもらいます。私たちのメール方は、あなたにご自分たちのお気持ちをお打ち明けになったからです。しかし、神様のおかげで、私たちはそのようなことが起こるのを見ていませんし、また思ってもいません。私たちの考えに反して起こったとしても、主への奉仕のために私たちの命を終え、命をお与えになったお方にお返しできるとすれば、私たちは幸せではないのでしょうか。以上が私の考えですが、適当と考えるなら、私たちのメール方に知らせて結構です。

　私の個人的考えですが、カナダにいる私たちにとって苦しいことは、イロクォイ人の刀ではなく、むしろ貧しさです。また私の考えでは、この国全体としての損害はこれらの粗暴な先住民のせいではなく、非常に清らかで有徳の人々を誹謗して多くの誤った事柄を会社[6]の方々に書いているある人々に由来するものです。これらの人々はこの国で正義を守り、賢明さによって国を維持させている人々を中傷によって苦しめさえしているのです。これらの悪質な攻撃は隠れて行われているので、かわすことができません。また、腐敗した本性は善よりも悪を信じる傾向にあるので、これらの人々の話が信用されるのです。その結果、思いも寄らないときに、こちらでは極めて遺憾な命令と決定を受けます。こうしたすべてのことによって、神様は甚だしい侮辱をお受けになっていらっしゃるので、神様がこの国をこれらの口うるさく、異を唱えることの好きな人々から清めてくださるならば、私たちに大きなお恵みを注がれることになるでしょう。

最後の船上では到着時に蕁麻疹とペスト性の熱が流行っていて、二〇〇人のうちのほとんどが病気でした。そのうち八人は航海中に、他の人々は上陸してから死亡しました。こちらの人々のほとんど全部が感染し、病院は病人で溢れました。[7] 司教様は病人のお世話とベッドを用意なさるため、ずっと病院におられました。そのようなことをなさってご病気にならないようにと皆様から引き止められましたが、どんなに強く説得しようとしても、司教様にこの謙遜の行為をやめさせることはできませんでした。

ド・カン神父様は、献身的な愛から病気に感染し、死去なさいました。これは布教区にとっては著しい損失です。神父様はアルゴンキン人に派遣された宣教師で、想像できないほどのご苦労をなさりながら、二〇年前からその地で働いていらっしゃいました。布教区長をお辞めになったあとで、愛徳を実践しながら命を失われたのです。

看護修道女の二人の方は重病になりましたが、私たちの修道院では、おかげ様で誰一人感染しませんでした。私たちがいる所は非常に健康によく、大風に吹きさらされていて、これが大気を清めてくれるのです。私自身は、至って健康です。主がお望みになられる限り生きるつもりですが、永遠の世に行くことを切に望みつづけています。

1 六月一六日に到着した船である。それには、ラヴァル司教とジェローム・ラールマン師が乗船していた。Cf. *Journal des jésuites*, 258. また、ゴスウェン・ニッケル師へのラールマン師の手紙、Rochmonteix, *Les Jésuites de la Nouvelle-France*, II, 287, n. 1.

2 郵便は、モントリオール移民を運んで来たサン・アンドレ号（キャプテン・プーレ）に託されたに違いない。船は不都合があって七月になってやっと出帆し、ケベックに到着したのは九月七日になってである。

3 二〇人ほど。Cf. A. Jamet, *Marguerite Bourgeoys*, I, 217.

4 この問題については、cf. H. Gaillard de Champris, *Mgr. de Laval et le pouvoir royal*, dans *Le Canada français*, II, 1923, 241-255, 434-453; J. Guennou, *Les Missions étrangères*, Paris, 1963, 43. 教皇代理の資格はカナダでは、総督たちからもイエズス会員からも歓迎されなかった。

5 一六五九年九月五日と六日の間の夜（*Journal des jésuites*, 263）。この明細は、修正前の手紙の真の日付を示す（九月六日）。事実、手紙はドン・クロード・マルテンによって確かに修正されている。九月七日に上陸したラ・フレーシュの看護修道女たちのことであって、テキストでは少なくとも数日遅れている。

6 百人出資会社。

7 九月七日のサン・タンドレ号の到着のことである。*Journal*

*des jésuites*によれば、航海中に九人か一〇人が死亡し、熱病はカナダの住民に感染し、そのうち何人かが死亡した(263-264)。*Annales de l'Hôtel-Dieu*は、この疫病について述べていない。

八四(184) 一六六〇年六月二五日 息子宛

愛するわが子よ。今、一隻の船が急遽フランスに向かって出帆するところです。その船は、今年、イロクォイ人から受けた不測の出来事を知らせ、この敵が私たちの収穫に大損害をもたらすことを懸念して、小麦粉を求めに行くのです。それで、この機会を利用して起こった事柄の要略を書きたいと思います。手紙を読めば、私たちがどのように神様のご保護に感謝し、また今後どのようにご援助をお願いしたらよいか教えてくださるはずです。

あとで知ることでしょうけれど、アルゴンキン人は大変寛大な性格なのですが、イロクォイ人の数人を捕虜にして、こちらでもトロワ・リヴィエールでも彼らが通常行う裁き方に従って、何人かを火焙りにしました。捕虜は、責苦を受ければ知っていることをすべて話すのが常

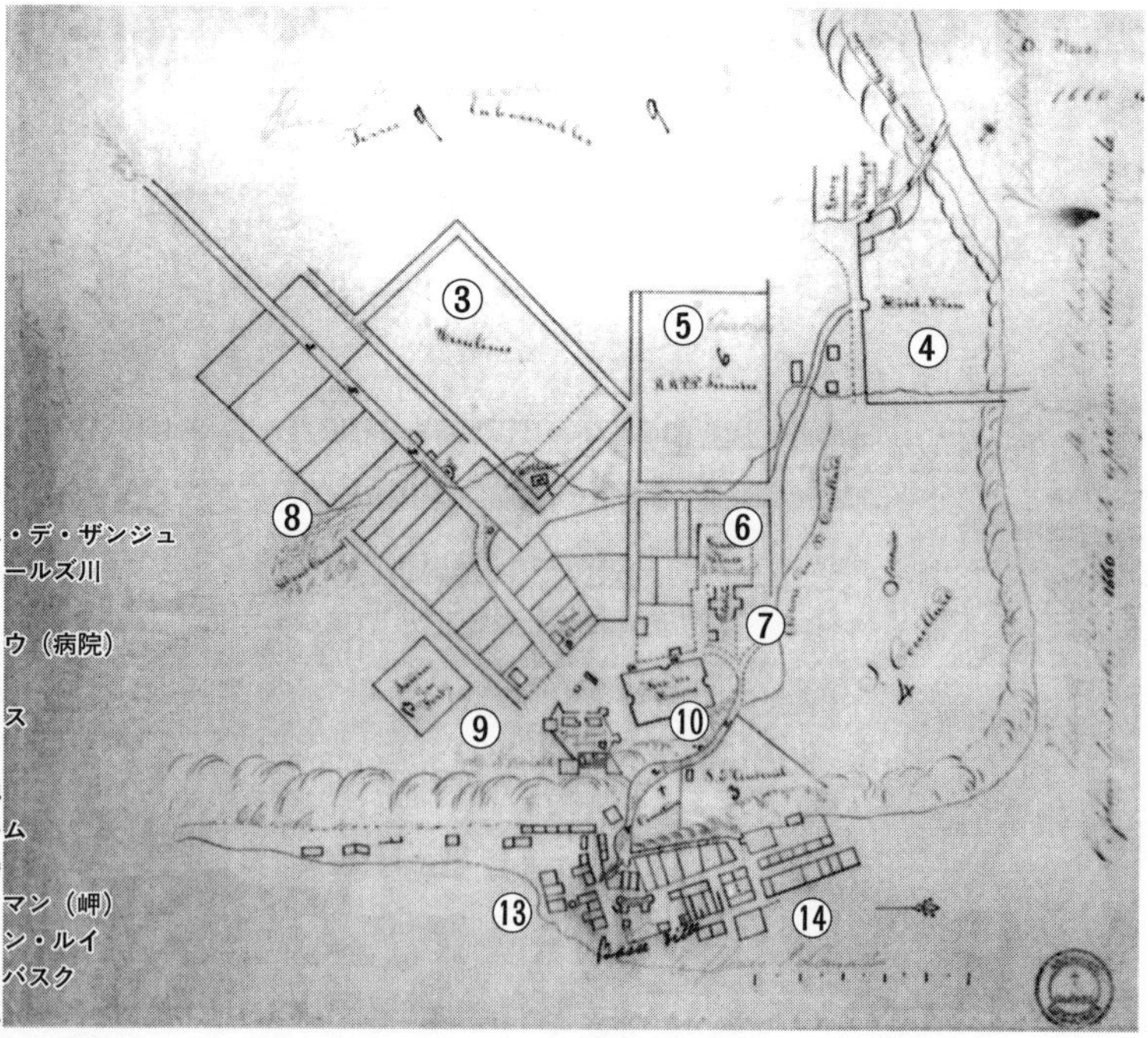

1 ノートルダム・デ・ザンジュ
2 セント・チャールズ川
③ ウルスラ会
④ オテル・ディウ(病院)
⑤ イエズス会
⑥ グラン・プラス
⑦ 小教区教会
⑧ 高台の市街地
⑨ プラス・ダルム
⑩ ヒューロン砦
11 カプ・ディアマン(岬)
⑫ シャトー・セン・ルイ
⑬ ポール・オ・バスク
⑭ 低地の市街地
15 セント・ローレンス川

1660年頃のケベック市街図。高台と低地の部分も描かれている。Jehan Bourdon, @Archives des Ursulines de Quebec

です。一人は聖霊降臨の水曜日に火焙りにされましたが、[1]ショーモノ神父様から調べられその者が白状したところによると、八、〇〇〇人の軍勢がいて、[2]モントリオールの近くのラ・ロシュ・ペルセに集合し、[3]さらに他の四〇〇人がそこで合流し、それから一緒にケベックを攻撃する手筈だったということです。当人は付け加えて、彼らはオノンチオ、つまり総督閣下[4]の首をはねることを意図していたとも言いました。そうすれば、もっと容易に一切を焼き払い、残りのすべての住民を殺戮できると考えたわけです。そこまで話した頃には、イロクォイ人の軍勢はリシュリュー島か、[5]モントリオールかトロワ・リヴィエールまで進撃していて、これらの一つが包囲されているのは間違いないとのことでした。事実その後知ったことですが、軍勢はリシュリューにいて、私たち全員を滅ぼし、まずケベックから攻撃するための好機を待っていたのです。この知らせで私たちがどんなに不意をつかれたかは、あなたの想像にお任せします。[6]同日、私たちの聖堂には御聖体が顕示され、イロクォイ人が攻めてくることを知って、神の救いを求めようとして始められた信心業を続けるために小教区教会から人々が行列して訪れてきていました。しかし、大軍勢が近づいているという知らせで、司教様は修道女たちが酷い目に遭うことを大変ご心配になり、御聖体を私たちの聖堂から運び出させ修道院一同がお伴するようお命じになりました。これほど私たちが驚いたことはありません。私たちの修道院のように頑丈な場所にいて、怖がる理由があるとは夢にも思っていなかったからです。けれども、ご命令には従わなければなりません。看護修道女の方々も同様でした。御聖体は小教区からも取り上げられました。

　捕虜の供述の後、持ち堪えられるかどうか調べるために、修道院の視察を行うことが決定されました。事実、修道院は総督閣下と専門家の方々の視察を幾度か受けました。その後、私たちの修道院の両端に守備隊が配置され、規則正しく見張りが行われました。多くの方形堡が造られましたが、その中で一番堅固なものは馬小屋の近くに造られ、一方からは納屋を、他方からは聖堂を防御するためでした。修道院のすべての窓には、半ばまで梁と外壁と銃眼が付けられました。外付き階段にも防御が施されました。一方の建物と他方の建物、修道院と使用人の家の間にも渡り廊下がありました。庭に出ることでさえ、一つの小さな回転式ドアからしかできませんが、そこは一人ずつしか通れませんでした。一言で言えば、私たちの修道院は決然とした二四人の兵士に守られた砦に変わったのです。私たちが出るように命令を受けたときには、すでに護衛の一隊が配備されていました。私は、出なくてもよい許可を得ていました。修道院を多くの兵士にゆだねたままでおくことはできませんし、食糧や防備に必要なものを供給しなければならなかったからです。他に三人の修道女が、私と一緒に残りました。しかし、正直言って御聖体を取り上げられ、御聖体なしで残されたことで大変悲しくなりました。姉妹の一人セント・ウルスラはこのことで涙に暮れ、慰められずにいます。とは言え、私はわが身に起こり得た最もつらいこの喪失を甘んじて受けます。

　私たちの修道院と看護修道女会の修道院のほとんどの姉妹は出ていき、神父様方の許に連れていかれ、そこで院長様が、神父様方の大きなお住まいから分離した建物をお与えになりました。つまり、私たちの会の姉妹にはマリア信心会の住居を、看護修道女会の方々には非常に近くにある別の住居を供給なさったのです。これらは皆、堅牢な城壁で囲まれた要塞のようなもので安心しておられます。信者の先住民は庭に小屋を建て、敵から守られています。

　病院の修道院がイロクォイ人の攻めやすい所にあるのに比べれば[7]、私たちの修道院は安全であるのに、修道女たちが去ったのを見て住民たちはすっかり驚いてしまい、万事休すと思ったほどでした。それで、それぞれの家を捨て、ある人々は要塞の中に、ある人々は神父様の所に、ある人々は司教様の所に、他の人々は私どもの所に避難しました。私どもの所には七、八家族が使用人の家や修道院の面会室、または外部の事務所に居住しました。残りの住民は、数隊の守備隊が配置された市内の低地の四方にバリケードを設けました。

　翌日の聖霊降臨の木曜日、院長神父様が私たちの姉妹をお連れくださいました。その日は、混乱によって延期する必要がなければ、院長を決める選挙をすることになっていたのです。その後、同じことが八日間続けられました。夕方になると修道女が連れ去られ、朝の六時に連れ戻されました。しかし私たちは、聖体の祝日まで[8]御聖体なしで過ごしました。この祝日には、司教様が御聖体をお返しくださいました。修道院をご視察なさった後、修道女はイロクォイ人を恐れることなく安全に居住できると判断なさったからです。けれども、包囲されたと思われていた上流の居住地[9]から知らせを受けるまで、続けて守備隊[10]が配置されました。

　六月はじめ、裏切者でイロクォイ人となった八人のヒューロン人が、ケベックの下流約二四キロの地点にあるプチ・カプ[11]のあたりにいました。同じ頃、こちらに避難していた一人の誠実な寡婦が、思い切って家族と一緒に自分の土地を見に行くことにしました。彼女が娘婿と一緒に荒れ地で働いていると、家に残っていた娘と四人の子供がこの裏切者たちに不意に襲われ、さらわれてカヌーに乗せられてしまいました。この知らせが直ちに総督閣下に伝えられますと、国民の保護に疲れを知らぬほどに熱心な方ですので、野蛮な裏切者を追跡するためにフランス人とアルゴンキン人の一隊を派遣しました。道を知っているアルゴンキン人たちは必要な所に伏兵を置き、敵から区別するためにフランス人に合言葉を与えました。夜になりかけていましたので、味方を敵と思ってしまうこともあり得るからです。そのうちに、カヌーがやってきました。アルゴンキン人たちが誰何しますと敵は逃げ出そうとしましたが、アルゴンキン人たちが攻撃してたくさんの銃弾を打ち込んだので、カヌーには穴が開き、野蛮な裏切者の一人と共に沈んで行きました。残りの者たちは捕らえられ、妻と子供たちは助け出されました。捕らわれの身のこの女性は、味方に違いないと思われる声を聞いて喜びのあまり頭をもたげました。誘拐者たちは、前もって見ることのできないように、また見られないように彼女を隠していたのでした。彼女の喜びは束の間でした。彼女は致命傷を受け、お乳を飲ませていた幼子は足指に弾を受けました。数日後、母親は捕まればイロクォイ人から受けたに違いない火焙りからお救いくださったことで、神をたたえながら清らかな最期を遂げました。味方は意気揚々として戻り、喜びの叫びを上げながら、捕虜を引き連れてきました。まだ一五歳そこそこの捕虜は生かしておき、他の者は火刑にしましたが、回心しましたので、キリスト者らしく救霊を期待しながら死んでいきました。死に際になって、この人たちは前に他の者が言ったとおりであったと明らかにしました。つまり、自軍の来るのが遅すぎたことを意外に思い、また、トロワ・リヴィエールは包囲されていると信じていたのでした。これは、総督閣下が偵察のために派遣した兵士たちを満載したボートからも、かなり前に上っていった他の二隻のボートからもなんの知らせもなかったので、なおさらありそうなことに思えました。

同じ月の八日、敵の軍勢が近づいていること、軍勢が見えたことが伝えられました。半時間足らずのうちに、各々はそれぞれの部署に就き防御体制を敷きました。修道院のすべてのドアには再びバリケードが築かれ、私は兵士全員に必要なものを提供しました。その間にも私たちの使用人の一人が魚取りから帰り、八人の男が乗っていた一隻のカヌーを見ましたが、そのカヌーはイロクォイ人の休憩所のあるソー・ド・ラ・ショディエール[12]からのものであると断言しました。このことで、間違いと思われた警報が本当であることが分かりました。[13]フランス人は非常に勇み立っていたので、それが本当であることを願っていました。事実、総督閣下は万事に十分に備え、特に要塞は、難攻不落なまでに強化なさっていましたので、一同は総督閣下に倣い、恐怖をすっかり吹き飛ばしていました。ただし、これは男性に関して言っているのです。女性はすっかり怯えていました。私はと言えば、率直に言って全くなんの恐れも持ちませんでした。けれども警報が出されていた間は、ほとんど眠れませんでした。不意打ちを受けないように、また、攻撃を受けたときに必要なものを兵士たちにいつでも提供できるように、夜の間ずっと耳をそばだてていたのです。

翌日、心配されていたボートが到着し、モントリオールのフランス兵たちの悲報を伝えました。フランス兵の数は一七人で、四〇人のヒューロン人とアルゴンキン人を率いて若干のイロクォイ人たちを奇襲しようとしたのですが、逆に彼らに捕らえられ、壊滅されてしまいました。悲劇に終わりはしましたが、これらの人々の行動は勇敢でした。ショーモノ神父様が、あるお手紙の中で一人のヒューロン人の心の状態についてお書きになりながら、そう述べていらっしゃいます。このヒューロン人は難を逃れて、起こったすべてのことを目撃したのです。[14]それは次のような次第です。

一六六〇年四月、モントリオールの一七人の勇敢な志願兵が危険を冒してイロクォイ人を待ち伏せて、奇襲をかけに行く計画を抱いていました。これは、指揮者の同意と許可を得て実行に移されました。フランス人たちは、必要なすべてのものを十分に身に着けた四〇人のヒューロン人とアルゴンキン人を連れていくことにしました。[15]一行は五月一日、アルゴンキン人がモントリオールの上流のロン・ソーに築いた砦に到着しました。[16]翌日の日曜日、偵察に出掛けた二人のヒューロン人が、同じく偵察に来た五人のイロクォイ人を発見したと報告しました。それで、どうしたらよいか協議が行われました。一人のヒューロン人は、モントリオールに引き返すべきであるという意見を述べました。斥候のイロクォイ人は、私たちを襲撃するという警告を受けた軍隊の先兵であるかもしれないし、あるいは斥候ではないにしても、少なくとも待ち伏せについて後続の部隊に知らせるための者であって、報告されれば待ち伏せは役立たなくなる、というのがその理由でした。名高いヒューロン人の首長アノタシャはこの提案に強く反対し、提案者を意気地なしと非難しました。一同は首長の考えに従い、その場所に留まり、翌日、見つけはしたのですが、防御の準備のできていなかった砦を強化するため防御柵を造ることにしました。しかし、イロクォイのオノンタジュロノン部族はその暇を与えませんでした。少し後、彼らが二〇〇人で川を下ってきたからです。そのとき、味方はお祈りをしていて[17]不意をつかれ、食事をするために火にかけていた鍋を外に残して、この貧弱な隠れ家に逃れるしかありませんでした。双方からの喚声と一斉射撃の後、オノンタジュロノン部族の隊長が武器を持たずに声が聞こえる距離まで進み出て、砦にいるのはどこの者か、何をしに来たのかと尋ねました。味方が、「我々はフランス人、ヒューロン人、アルゴンキン人一〇〇人で、ネ・ペルセ[18]まで行くところだ」と答えますと、隊長は、「我々のほうで協議する間待ってくれ。そのあとでまたやってくる。その間、我々がモントリオールでフランス人にした立派な約束をあんたたちが破らないように、敵対行為は一切やめてくれ」と言いました。川の別の岸にいた味方は、「それじゃ、我々のほうでも相談する間、引っ込んでくれ」と言いました。敵が遠のくことを望んだのは、その間に防御柵を強化するための杭を切る時間を稼ごうとしてでした。ところが、敵は他岸に野営に行くどころか、反対に味方の防御柵に対抗して自分たちのものを築きはじめたのです。味方は敵の作業員に見られているにもかかわらずせっせと総力を挙げて防備を固め、木の枝を絡み合わせ、土と石の全体を人間の高さまで積み上げ、各杭に銃眼を付けて三人の射撃兵で守るようにしました。ところが、この用意が終わらないうちに敵が襲撃してきたのです。包囲された味方は勇敢に応戦し、こちらは一人も失わずに多くのイロクォイ人を殺傷しました。敵の陣営は恐怖に取り付かれて全員敗走し、味方は大禍なく難を逃れたので安心してしまいました。数人の若者は防御柵を越えて飛び出し、殺されたばかりの隊長ソノンタトナンの首を切り、これを防御柵の一本の杭の端にさらしました。敵は、一時は非常な恐怖に駆られましたが、恐怖が消えると再結集し、丸七日の間、昼夜、[19]私たちの防衛隊に弾丸を雨霰と打ち込みました。この間に、敵は味方の大砲を破壊し、松明を作って防御柵を焼き払おうとしました。しかし、一斉射撃が頻繁に行われたので柵に近寄れませんでした。敵は最初のものよりもっと執拗な攻撃を仕掛けてきましたが、味方は非常に勇敢に応戦しましたので再び敗走しました。そのうちの二〇人は遠くへ逃げて、もはや戻ってきませんでした。

捕虜にされたジョゼフ[20]に数人のオノンタジュロノン人

が話したところでは、こちら側が彼らを追撃していたら、彼らは全員殺されていたろうということです。二度の攻撃のとき以外に敵が防御柵を射撃したのは、リシュリュー島に救援を求めていたオンニエロノン部族が到着するのを待つ間、包囲されたこちら側が逃げ出さないよう抑えておくためでした。その間、フランス人たちはどれほど窮乏に苦しんだことでしょうか。寒さ、悪臭、不眠、そして飢えと渇きには、敵以上に疲労困憊させられました。水が大変不足していたので、兵士たちがこのような窮地に立ったときの食糧にしていた乾パンを飲み込むことさえ、もはやできなくなったほどです。防御柵の上にできた穴に少量の水があるのを見つけはしましたが、分配して飲んでもせいぜい口を潤す程度でした。それで、川に水を汲みに行くため、若者たちが時々柵を越えて外に出ました。そのときは激しい援護射撃をし、敵を寄せ付けないようにしました。しかし、大きなバケツをなくしたので小さいものしか持っていけず、飲物も料理（サガミテ）も、六〇人の人員の必要を満たすことはできませんでした。水不足だけでなく、弾がなくなりはじめました。ヒューロン人とアルゴンキン人は敵の昼夜の射撃に応酬したので、間もなく弾薬が尽きようとしていたのです。フランス人は彼らにできるだけ弾を与えましたが、やはり弾がなくなってきました。敵が救援を求めた五〇〇人のアニュロノン部族とオンニエロノン部族が到着したら、一体どうなるのでしょう。勇敢なフランス人として戦い、立派なキリスト信者らしく死ぬことを決心しました。七日間、団結を強めて、ただ戦い祈りつづけました。敵の攻撃がやむと直ちにひざまずいて祈り、敵が攻撃の様子を見せれば、立って武器を取っていたのです。

包囲されて七日後、アニュロノン部族とオネイウストロノン部族のカヌーが姿を現しました。彼らは、フランス人の小さな砦の前に来ると、奇妙な喚声を上げ、同時に五〇〇発の銃弾を撃ちましたが、これに呼応して、オノンタジュロノン部族が歓声を上げて二〇〇の銃弾を撃ちました。その音は長い間、天も地も川も揺るがすほどのものでした。そのとき、隊長アノタシャはこう言いました。

「仲間の衆、最期の時が来た。新手の七〇〇人の敵に、我々は疲れ切ったごく少数で抵抗しなければならない。私は命を捨てることを惜しまない。この国の維持のため、これ以上はない恵まれた機会だからだ。しかし、私についてきた多くの若者たちには同情を禁じ得ない。この苦境にあってふと思い付いたことだが、若者たちの命を救うために一つのことをやってみたい。我々の間には一人のオネイウストロノン人がいる。[21]私は立派な贈り物を持たせて親たちの許に送り返したいと思う。そうすれば彼らは気持ちを和らげ、我々は何か協調の申し出を受けるかもしれない」

隊長の考えは受け入れられ、勇敢な二人のヒューロン人が当人を連れていくことを申し出ました。それで、一同は二人に贈り物を持たせ、何を言うべきかを知らせた後、防御柵に上り、その後、杭に沿って忍び出られるよう助けました。こうしてから、一同は交渉の成功のために神に祈りました。ウスタシュタウオンホフイという名のヒューロン人隊長は、一同の名で天国のすべての聖人と福者にこのように明らかな死の危険にあってふさわしいと思える説教者の口調で、こう呼び掛けました。

「天国でお幸せにお暮らしの方々、皆様は私たちがなぜここに来たかをご存じです。ご承知のように、私たちはイロクォイ人が残りの女子供を引きさらい、こうして信仰を失わせ、その後、彼らの国に捕虜を連れていって天国をも失わせることを恐れて、イロクォイ人の怒りを抑えることを望みました。皆様が真剣にお祈りくださるのであれば、皆様は私どもの命の偉大なる主を動かして、私たちを助けてくださることがおできになります。今は、皆様が一番適切だとお思いになることをなさってくださ

い。私たちとしましては、何が一番当を得たことなのか考えつきません。私たちの命が失われるのであれば、私たちの偉大な主に、私たちがその掟に背いて犯した罪の償いとして死を甘んじ受けることをお伝えし、女子供には天国で私たちに会えるように、立派なキリスト信者として死ぬ恵みをお与えくださるようお祈りください」

包囲された人々が神に祈っている間に、使者たちは敵の陣営に入りました。使者たちは罵声をもって迎えられましたが、同時に、イロクォイ人の間に混じっていた多くのヒューロン人が防御柵にやってきて、彼らの元同族に使者と同じことをするよう、つまり使者と同様、他に助かる手段はないのだから、降参して一緒に来るようしきりに誘いました。[22]ああ、命と自由への執着はなんと強いことでしょう。この誘いに乗り、二四人の臆病者が砦から抜け出しました。残りは一四人のヒューロン人と四人のアルゴンキン人と、一七人のフランス人だけとなりました。その結果、敵の陣営ではいっそうの凱歌が上がりました。残りの者も同じようにするだろうと思ったからです。それゆえ、もはや聞いてみることもせず、逃げようとする者を捕まえようとして砦に近づきました。しかし、フランス人は降伏するどころか、四方から銃撃しはじめ、ずっと前進していた多くの者を射殺しました。

すると、アノタシャはフランス人にこう叫びました。「あなた方はとんでもないことをした。これで一切が駄目になった。あなた方は敵の協議の結果を待つべきであった。彼らが和解を願わないのかどうか、このような場合に起こったように、互いに敵対行為をやめて別れることができないかどうか、我々は考えるべきだった。しかし、あなた方が彼らを怒らせた今となっては、彼らは激怒して襲いかかってくるので、我々は間違いなく全滅する」

この隊長の言うことは正しかったのです。イロクォイ人は、少しも予想していなかったときに味方の者が殺されたのを見て激しい復讐心に駆られ、フランス人が間断なく射撃しているのも構わず必死になって防御柵に殺到し、こちら側が前に出て戦えないので射撃の利かない銃眼の下にはりつきました。こうなっては、フランス人は杭を切る者たちをもう妨げることはできませんでした。それで、銃口までいっぱいにした二つの銃身を外し、これに火を付けた後、穴掘りたちに投げました。しかし、爆発音は彼らを少しも遠ざけなかったので、導火線に火を付けた火薬樽を投げ付けることを思い立ちました。しかし、あいにく樽は防御柵の下にあまり強く押し出されなかったので、敵側ではなく砦のほうに落ちてしまいました。爆発すると、こちら側のある者は顔を、他の者は手を焼かれ、全員がしばらくは眼が見えなくなり、戦うことができなくなってしまったのです。抜け穴を掘っていたイロクォイ人たちは、この偶発事で自分たちが有利になったのを知りました。それで、この機を逃さず、相手方が哀れにも眼が見えなくなって退却したあとのすべての銃眼を抑えました。

間もなく、あちこちでヒューロン人が一人、アルゴンキン人が一人、フランス人が一人倒れるのが見られ、こうして、わずかの間に包囲された者の一部が死に、残りは負傷してしまいました。一人のフランス人は、致命傷を負いながらもまだ生きていて、イロクォイ人から残酷な火焙りを受けるのを心配して、負傷者の大部分に斧で留めの一撃を与えました。当人は、熱烈な愛徳から正しいと考えて行ったのです。そこかしこから這い上ったイロクォイ人は遂に防御柵の内部に入り、砦に留まっていた三〇人の中で生き残っていたフランス人四人とヒューロン人四人の計八人を捕虜にしました。また、まだ半死半生の二人を見つけると、冷酷に焼き殺してしまいました。

散々に荒らし回った後、イロクォイ人は仕置き台を造り、その上に捕虜たちを立たせました。彼らの不実さは酷いもので、進んで降伏した者たちをも捕虜たちと一緒にし、双方に残酷な責苦を与えました。ある人たちには火を食べさせ、また他の人々には、その指を切り落として幾人かを火焙りにしたり、足と腕を切断したりしました。この身の毛のよだつような虐殺の間に、大きな棍棒を持っていた一人のオネイウストロノン人が大声で、「誰か、こいつを受けるだけの勇気のあるフランス人はいるか」と叫びました。この叫びにルネと思われるフランス人が、勇敢に衣類を脱いで加害者の望む仕置きを裸で受けようとしました。しかし、アニーウトオンという名のヒューロン人が、イロクォイ人に向かって「あんたはなぜこのフランス人を虐待するのか。あんたにはずっと親切だった」と言いました。すると、そのイロクォイ人は「あいつは俺の足に鉄枷をかけたんだ」と言い、アニーウトオンは「あんたにそうしたのは、私への愛のためだった。だから、あんたの怒りはあの人にではなく、私に向けてくれ」と言い返しました。この愛徳にそのイロクォイ人は気持ちを和らげられて、棍棒を捨ててどちらも打ちませんでした。けれども、他の人々は仕置き台の上にいて残忍者の眼を楽しませました。敵は怒り狂って嘲笑いながら、ありとあらゆる残酷な仕置きを加えました。しかし、責苦を受けた人々の一人も、ご指導を受けた神父様の素晴らしい教えを忘れませんでした。イニャス・タウアンホフイ[23]は、虜となった仲間たちに大声で演説を始めました。

「私の甥と友だちの諸君、今、我々は信仰によって希望している終わりに来ています。今、我々は天国の入り口にいるのです。途中で放棄して港に着けなくならないよう、心を引き締めましょう。捕われの諸君、私は、この責苦は口から祈りを、心からイエスを取り上げるものではなく、むしろ霊魂を肉体から解き放つものであると信じます。苦痛は間もなく終わり、報いは永遠であることを思い出しましょう。我々は、様々に責めさいなむ敵から女子供の信仰を守るためにこそ、イエス様に倣ってこの責苦に堪えています。イエス様は、皆の敵であるサタンの勢力から人間を救い出されるために進んで死なれました。イエス様を信頼しましょう。そのお助けを求めつづけましょう。必ず、苦痛に堪えるための勇気を私たちにお与えになります。私たちがご自分に似た者となっているのをご覧になっている今、私たちをお見捨てになるでしょうか。イエス様は、御教えに激しく反対した者でも、信頼をもってご自分にすがるときには、助けることを決してお拒みになりません」

この短い激励は、哀れな受刑者たちの精神を非常に強く動かしましたので、一同は息を引き取るまで祈ることを約束しました。事実、イロクォイ人の手から八日後に逃れたヒューロン人[24]は、そのときまで一同は毎日神に祈り、出会うごとに励まし合っていたと断言しているのです。

ここまでは、逃れ出たヒューロン人の証言です。これがなかったら、この流血の悲劇については何も知ることがなかったでしょう。また別の誰かが逃げ出して、その後の話をしてくれることが期待されています。そのヒューロン人の名はルイで、立派な信者ですが、敵地で火焙りにされるために取っておかれたのです。そのため、一人のイロクォイ人につながれるほど厳しく見張られていました。それほどに彼らは、当人を逃がすのを恐れていたのです。

同じ運命にあった別のヒューロン人も同じことでした。二人は大変熱心に、信頼をこめて神と聖母のご加護を求めましたので、奇跡的に逃れ出て命拾いし、泥土と草に覆われた道を息もつかずにモントリオールまで走ってきました。ルイは修道院の面会室で私に聖母への深い信頼を話したあと、次のように語りました。ルイはイロクォイ人につながれていたとき一本の紐がほどけて半分自由になったので、他の紐を気付かれないようにほどき、すっかり自由になりました。それから見張りが置かれてはいましたが、幸いにこれに出会わずに軍勢を通りぬけ脱出したのでした。逃亡した二人のヒューロン人からの報告なのですが、一人のイロクォイ人が一人のフランス人に遭遇しました。「俺はお前を逮捕するぞ」と言いますと、フランス人は、臨終の人々に憐れみから留めをさしたらしいのですが、敵方には気付かれずにピストルを懐中にしていて、同じ口調で「私はあんたを殺す」と言って、ピストルを打ちました。

ヒューロン人逃亡者たちに知らされることがなかったら、私たちはフランス人とヒューロン人たちがどうなったのかも、敵の軍勢がどこにいるのかも知らなかったでしょう。敵の軍勢は、お話しした味方の敗北の後、意気揚々として自分たちの地に戻ったそうです。もっとも、彼らの勝利はそれ自体としては大きなものではなかったのですが。七〇〇人の部隊が、ごくわずかな派遣隊に勝ったからと言って威張る理由はありません。しかし、二〇人しか捕えず、あるいは殺さなくとも、自分たちの地に引き揚げて、これを誇示するのがこの先住民たちの特徴なのです。こちらでは、この事件はなるようにしかなりませんでした。つまり、一七人のフランス人と私たちの側の善良なヒューロン人は、この国全体を救う犠牲であったのかもしれないと考えられています。事実この戦闘がなかったら、私たちは誰も警戒していませんでしたし、敵が押し寄せることなど考えてもいなかったので、なんの手立てもなく確かに滅ぼされていたことでしょう。けれども、敵は聖霊降臨の祝日頃にはこちらに来ていたはずです。この期間には、男性は畑に出ているので、敵は私たちには防御のための力はないと見ていたはずです。そして、男も女も子供も殺し、略奪し、連れ去っていたことでしょう。私たちの石造りの家には何もすることはできなかったとしても、執拗に攻撃したでしょうから、至る所に心配と恐怖をまき散らしたはずです。

イロクォイ人が、秋か来年の春に再度襲撃に来ることは確実と思われています。[25] それで人々はケベックの内部を固め、郊外に関しては総督閣下が強く働きかけられて住民が集落あるいは村落に囲いを巡らし、その内部にそれぞれの家族のための家を建て、収穫を確保するために共同収納庫を造ることに協力するよう義務づけ、そうしなければ、命令に従わない人々の家を焼き払わせることになさいました。これは時局柄、賢明で必要な法律で、そうでないと、個人個人は家族と共に殺されてしまう危険があります。こうして、九〜一〇人の十分な人数で防御可能な集落が存在することになるでしょう。懸念されることは飢餓です。敵が秋に襲撃に来れば、収穫は荒され、春に来れば、種蒔きが妨げられるからです。

この飢餓の心配から、必要時に備えるためのできるだけの小麦粉を、こちらには今月の一三日にしか到着しない船に、[26] フランスに求めに戻るよう要請しました。十分な備えがあるときには、小麦粉は数年は持ちますし、供給されるときには、それほど飢餓を心配することはないでしょう。今年は、この船は例年になく二度往復するはずです。どんなに急いでも、こちらに戻るのは一〇月しかあり得ませんので、ほとんど停泊せずに戻ることを余儀なくされるでしょう。

今年の冬は、どなたも今までに見たことのないほど厳しく長い、例年にないものでした。私たちは温まることができませんでした。修道服は羽のように軽く思え、ある姉妹たちは、凍え死にするほどの状態に置かれました。今は、私たちの誰も困っていないので、それほど寒かったとは思われていません。その後、イロクォイ人の軍勢がやってきましたが、ただ恐かっただけで済みました。事実、誰も平静さを失わなかったように見えたのです。守備隊の音でさえ、少しも私たちの気を散らしませんでした。私たちの使用人は夜だけ修道院の囲いの中に入り、朝は囲いから出て働きに出掛けます。私たちの寝室は、いつも固く閉められています。夜は、使用人たちに階下の通路と開けてある事務所を任せ、巡回できるようにしています。庭のすべての道にはバリケードが設けられ、その他に、一二匹ほどの大きな犬が外の扉を守っていますが、イロクォイ人を退けるには、人間よりも番犬の見張りのほうが比較にならないほど勝っています。イロクォイ人は、フランス人と同じくらいフランス犬を怖がっています。彼らに襲いかかり、捕まったら引き裂かれるからです。

　以上、四月の終わりからヌーヴェル・フランスに起こった出来事の要略です。何か新しいことが起きたら、最後の船でお知らせしましょう。以上述べた事柄に付け加えて言いますと、ダイユブー様がご寿命でお亡くなりになりました。司令官をお務めになったモントリオールにとって、大きな損失です。[27] 故人のためにお祈りください。

1 *Journal des jésuites*, 282によれば、五月一八日火曜日。

2 誤り。ドン・クロード・マルテンの注参照。

3 *Journal des jésuites*, 282によれば、ラ・ロシュ・ファンデュ。ニュー・ヨーク州エセックスの南方数マイルの地点にあるシャンプレーンの先端に、一つのロシュ・ペルセがあった。グラン・カリュメ島のあたりのウタウエ川にも、もう一つのものがあった。A. Pouliot, S. Dumas, *l'Exploit du Long-Sault*, 18, 33.

4 ダルジャンソン。

5 セン・ピエール湖の南西を囲む島々。幾つかはリシュリュー川の河口にある。

6 けれども、居留地には前年の終わりに警報が出されていた。RJ1659, 1er lettre, 手紙八三(183)注、L.P. Derosiers, *il y a trois cents ans*, *Les Cahiers des Dix*, 25, 1960, 85-101参照。

7 セント・ジュヌヴィエーヴの丘の坂の斜面にあって、より襲撃されやすかった。

8 五月二七日の聖体の祝日。

9 モントリオールとトロワ・リヴィエール。

10 六月五日、*Journal des jésuites*, 283.

11 ル・プチ・カプは、後にセン・タンヌ・ド・ボープレとなる。Cf. L. Gagné, J.P. Asselin, *Sainte Anne de Beaupré*, *Sainte-Anne*, 1966, 5-6.

12 ラ・ショディエール川のソー（セント・ローレンス川の南岸の支流で、ケベックの上流のある場所に流れている）か、RJ1660, chap. IV (Th. 45, 246)が語る、ウタウエ川上流のソー・ド・ラ・ショディエール。

13 知らせは六月八日にケベックに伝えられていた。*Journal des jésuites*, 284.

14 ヒューロン人の名はルイである。後記参照。ロン・ソーの戦闘については、四つの物語が存在する。1・マリー・ド・レンカルナシオンの物語。これは、今日では失われたショーモノ師の手紙に基づいて作成され、それゆえ、『ショーモノ回想録』と呼ばれている。マリー・ド・レンカルナシオンはこれを、ヒューロン人ルイ自身の証言に基づいて補足した。2・ル・ジュンヌ師によるRJ1660の物語。ヒューロン人の語るところに基づいて、多分、夏の間に作成された。3・ピエール・エスプリ・ラディソンの物語。師は一六六八年にロンドンで手記を書いた。戦闘には参加しなかったが、少しあとでウタウエ川を下り、場所を点検した。4・*Histoire de Montréal*, 1674 中でのドリエ・ド・カソン氏の物語。マリー・ド・レンカルナシオンは他のところでもロン・ソーの戦闘について触れている。ダルジャンソンも七月七日の手紙の中で、同じことを述べている。これらの物語は全部、A. Pouliot, op. cit. n. 2 中に収録されている。

15　一行は四月二〇日にモントリオールを出発した。一行の名前は、*Le Premier Registre de l'Eglise Notre-Dame de Montréal*, éd. facsimilé, Montréal, 1961, 379に記載されている。

16　ロン・ソーの戦闘が行われた場所は、論争の的となっている。これに関しては、オンタリオ・セン・ジャン・バチスト協会刊行*Documentaire de la bataille du Long-Sault*参照。戦闘自体については、E.-Z. Massicotte, *Dollard des Ormeaux et ses Compagnons*, Montréal, 1920; L.-P. Desrosiers, *Dollard des Ormeaux* dans *les textes*, *Les Cahiers des Dix, no.* 10, 945, 41-86; J. Rousseau, *L'affaire《Dollard》de Fort-Orange au Long-Sault*, dans *RHAF.*, XIV, 1960, 370-377; A. Pouliot, S. Dumas, op. cit. note 2; L. Groulx, *Dollard est-il un mythe?* Montréal, 1960. 参照。事件の解釈については、R. Hollier, Dollard, *Héros ou aventurier?* Montréal, 1963; A. Vachon, dans *Revue de l'Université Laval*, XV, 1960, 315-320; 321-327; XV, 1961, 619-631; 709-15; 814-831; XVII, 1964, 495-515 参照。

17　五月二日、日曜日夕刻。

18　アルゴンキン人ネ・ペルセ、またはカストール（アミクウエク）部族でヒューロン湖の北東に宿営していた。Cf. J. White, *Manuel des Indiens du Canada*, Ottawa, 1915, 25-26.

19　したがって、手紙によれば五月九日のことになる。

20　ジョゼフ・ソンドースコン、一六五六年からイロクォイ人の捕虜になっていたが、一六六〇年の秋に脱走した。

21　多分、一六五九年九月七日の夕刻にケベックの要塞から脱走したオネイウート人。数日後、再び捕らえられたが、ラヴァル司教とイエズス会員が磁気製の玉一、〇〇〇個を身代金として支払って解放された。*Journal des jésuites*, 265-267.

22　戦争捕虜を戦闘で殺された戦士の欠員を埋めるために用いたことについては、cf. J. White, *Manuel des Indiens du Canada*, Ottawa, 1915, 8-9, 89.

23　イニャス・ツアオウエンホフイ。ノートルダム・ド・フォワで《ヒューロン人居留地の管理者》となる《有力者》である。

24　ルイ・タオショーラン。物語全体は彼の証言に基づく。その脱走は、RJ1660, chap. Vに詳しく語られている。Cf. A. Vachon, *DBC*, 647.

25　RJ1660の終わりの数頁は別の考えを示し、イロクォイ人は間もなく侵入を再開した。

26　*Journal des jésuites* によれば、一二日。

27 ルイ・ダイユブーについては、cf. E. Gagnon, *Louis d'Ailleboust*, Montréal, 1931; M.- C. Daveluy, *DBC* 43-47. 一六一二年、シャンパニュ地方のアンシール・フランに生まれ、一六四三年にモントリオールに出発した。一六四八年、モンマニの後継者としてヌーヴェル・フランスの総督となり、一六五一年のローソンの到着までこの地位にあった。

八五(185) 一六六〇年九月一七日 息子宛

愛するわが子よ。二六日のお手紙を受け取りました。しかし、あなたが話している他のお手紙は受け取っていません。聞くところによると、まぜこぜにされてアカディア〔*ノバ・スコシア〕に運ばれたそうです。それが本当なら、来年にならないと受け取ることができないでしょう。総督閣下と神父様方への手紙と、ほとんどすべての手紙は同じ運命に陥りました。私は、あなた自身からあなたのよい状態を知って、そうしてくださったお方にお礼を申し上げられるだけで十分なのです。

私は七月に最初に出航した船に託して、あなたにかなり長い手紙を送りましたが、[1]別のもっと短いものをル・ジュンヌ神父様に託して、また、第三のものを別の船で送りました。[2]これらは、イロクォイ人が私たちを攻撃しているのを聞いて、あなたが私たちのことを心配しないようにと書いたものです。神様は、深い御憐れみから私たちをイロクォイ人の攻撃からお救いくださいました。イロクォイ人は自分たちの地に引き揚げました。

こちらでは、捕虜交換を交渉している間に、これ幸いと収穫物を倉に入れています。刈入れはもうかなり進んでいて、私たちのは終わりました。穀物の刈入れは九月中にだけ行われるのですが、時には一〇月まで続きます。怠けていると雪に襲われるのです。

数ヵ月前から、ウタウアク人がたくさんのビーバーの革を積んだカヌーでやってきました。これで私たちの商人はこれまでの損失を取り返し、住人の大半が安泰に暮らせます。この種の交易なしには、この国は物的な資源にはなんの価値もありません。食糧ならフランスの援助がなくてもやっていけるかもしれません。しかし、衣類、工具、葡萄酒、ブランデー、その他の無数のちょっとした便利な品々は、全くフランスに依存しています。これらのすべては、交易によってしか得られないのです。

カナダの状態について簡単に述べたあと、あなたのお手紙に答えますが、まず、神様の御憐れみによって私は元気で、修道院全体が平和と、これ以上望めないほどの完全な一致の状態にあります。

　院長のメール・ド・サン・タタナーズは、去る六月に行われた選挙で留任になりました。私は相変わらず修道院の事務を担当していますが、神様のご命令に従ってこれを行っています。私はこれまでずっと、現世の実務的な事柄を嫌ってきたのですから。特に、この国では言葉に表せないほど厄介なのです。けれども、私の心も精神も、かくも茨でいっぱいの生活の気苦労の中で平和を保っています。その中で私は神様を見いだし、神様はご慈悲によって私をお支えくださり、この世と永遠にあって私からお望みになる以外のことを行うのをお許しになりません。このわずかな言葉からお分かりのように、私の現在の心のあり方はこのようで、私は不断の犠牲的精神によって、余すところなく慈しみ深い神様のものとなっています。六〇歳を超えた今[3]、犠牲が長続きするかどうか分かりません。寿命の終わりが近づいていると思うと知らず知らずのうちに嬉しくなります。これに気が付くと、卑しく陥穽だらけのこの世の命の束縛から私の精神が解き放たれつつあるのを見て、喜びを抑えて犠牲の精神を持ちつづけ、抱きたがっている歓喜の中でではなく、神様の思し召しに従って死を待つことにしました。数限りなく外部から起こる誘惑は言うまでもなく、本能から起こる誘惑の罠は、古くなればなるほど狡猾で恐るべきものとなるのではないでしょうか。神様は私が生きることをお望みですから、私をそれらの悪からお救いくださるよう、お祈りください。

　私たちの司教様は前の手紙でお知らせしたようなお方、つまり、宗教的にご熱心で不屈の精神をお持ちのお方です。神の御栄えにいっそう寄与するとお考えのすべての事柄にご熱心で、これに反する事柄には少しも譲歩なさらず、不屈でいらっしゃいます。この二つの点で、司教様ほどに断固とした方には私はまだお会いしたことがありません。愛徳と謙遜に関しては、聖トマス・ヴィルヌーヴのようだと言えましょう。ご自分をそのためにお与えになっているからです。ご自分の必要のためには、一番悪いものしか取っておかれません。疲れを知らずにお働きで、この世の人としては最も禁欲的で、この世の財産には全く執着なさいません。すべてをお与えになり貧しく暮らしていらっしゃるので、本当に清貧の精神をお持ちであると言えるのです。司教様は友人を使って昇進したり、収入を増やしたりするようなことは全くお求めになりません。司教様の態度を非難するのではありませんが、司教様がそのようにお振る舞いでなければ、すべてはもっと良好になるかもしれません。こちらでは、物的な事柄の援助なしには何もできないからです。しかし、私は間違っているかもしれません。各人はそれぞれの道を通って神に向かいます。司教様は、衣食住はもとより使用人に関しても清貧を実践なさっています。実際、庭仕事をする人を一人しかお持ちにならず、必要なときにはその人を貧しい人たちにお貸しになりますし、召使も前にド・ベルニエール様にお仕えしていた一人だけです。お住まいとしては借家しかお望みでなく、ご自分のものを建てるために五スーしか必要でなくとも、五スーを出して買うつもりはないとおっしゃるのです。けれどもご自分の任務の尊さと権威に関しては、どのような機会もゆるがせになさいません。一切が、この国でできる限りの教会にふさわしい荘厳さをもって行われることをお望みです。神父様方はできるだけの援助をなさいますが、教会の職責をより熱心にお果たしになるため、ずっとフランスの神父様方からお求めです。総督閣下は、この国の保護と繁栄のためのご熱心さを日々表し、また、すべての人を公正に取り扱うことに努めていらっしゃいます。

　総督閣下は、有徳で非の打ちどころのないお方でいらっしゃいます。私たちを保護するためになさったご配慮については、前の手紙でお知らせしました。イロクォイ人が押し寄せてきたときに、私たちがその危険にさらされないように幾度かご自分で修道院にいらっしゃって、あちこちの場所を点検して強化され、守備隊を配備なさってくださいました。あなたのためにお話ししておきますが、総督閣下は私どもの院長を幾度かご訪問なさったばかりか、私をも度々訪問なさいました。総督閣下にお会いすることは、いつもためになります。総督閣下は信頼に足る愛徳に満ちた方として、私たちに必要な事柄をお話しなさいますが、その他には神と徳についてしかお話しになりません。また、あらゆる公の信心業に参加なさって、フランス人と新信者に真っ先に模範を示していらっしゃいます。私たちは三年間留任なさることを知って、神様に感謝をささげ、[4]すべての住民がこれを喜びました。私たちは総督閣下が、国王陛下のご援助の許にご余生をお過ごしになることを願っています。イエズス会の神父様方がそのご功績をご存じでしたら、きっとその利益をご自分たちと全住民のために得ようとお努めになることでしょう。

　昨年到着した看護修道女の方々はモントリオールに居住していましたが、フランスにお戻りになろうとしていました。基金はタイユの収入役某氏の管理下にありましたが、氏は事業に失敗したままで亡くなりました。管理下の基金と財産が差し押さえられたときには、気の毒な修道女の方々のお金もその中に含まれていて、これは失われたものと見做されました。しかし司教様は、モントリオールの住民から受けた要請により、有徳と模範から慕われていた修道女の方々をお引き留めになりました。私たちもモントリオールに来るよう要請を受けているのですが、司教様が私たちに代わって基金の保証がなければ行けないとお答えくださいました。人間的な目で見れば、この国がどれほど保証に欠けているか、あなたには想像できないでしょう。しかも、保証がないのに信じられないほどの出費がやむを得ず行われているのです。これはどうしようもない不幸なのです。私たちは破滅寸前にいました。イロクォイ人の軍勢が、一七人のフランス人と数人の先住民信者に遭遇して捕まえた後、自分たちの土地に引き揚げずにこちらにやってきて、私たちが無防備なのを見ていたとしたら、実際に起こっていたでしょう。これについては、別の手紙であなたに詳しく話しました。イロクォイ人が引き揚げた今は、こちらでは防御を強化する時間ができました。それほど恐れる理由はありません。特に、石造りの家ではそうです。それで、イロクォイ人はこれらの家を砦と思っているので、決して近づかないと言われています。とは言え、私たちは火薬と弾を十分に蓄えましたし、警報が出れば、いつも用意のできている武器も借りました。この国に対する神の御摂理と御行為を見ると感嘆せざるを得ません。それは人間の考えを全く超えたものなのです。

　一方では、私たちが滅ぼされるはずであったとき、イロクォイ人を捕えに行った六〇人が、反対に捕らえられて国全体のために犠牲となりました。他方では、こちらのフランス人とアルゴンキン人は、イロクォイ人の尖兵のほとんど全員を捕らえ、彼らは火焙りの刑にされイロクォイ人の陰謀を一切白状しました。結局は、嵐が私たちの頭上に襲いかかろうとしたときに、神様がその向きを変えてくださったのです。このような御摂理はもういつものことなので、私が修道院の防御強化のために働かせていた使用人たちの一人が、信頼に満ちた熱意をもって私にこう言いました。「敵が、私たちの不意を突くことを神様がお許しになるなんて考えては駄目です。神様はマリア様のお祈りで、ヒューロン人の誰かを送ってくださるでしょう。そして、防御のために必要なことは全部、私たちに知らせてくれるはずです。マリア様は、いつもいろんな機会にこのお恵みをくださるのですから、これからもそうしてくださるはずです」

　この言葉に私は大変感動させられましたが、私たちはその効果を、その日か翌日に見たのです。つまり、捕らえられていた二人のヒューロン人がマリア様に助けられて奇跡的に脱走してこちらに到着し、フランス人が攻撃されたあとで敵が自国に引き揚げたことを報告しました。この知らせにより、砦の中以外は、すべての場所で警戒は解かれ、皆が初めてほっとしました。五週間の間、[6]強化のため、あるいは防御のために昼夜少しも休まなかったからです。

私はと言えば、正直言って非常に疲れました。私たちには二四人の兵士が付いていて、その人たちに必要な武器と食糧を供するために、いつも気を配っていなければならなかったからです。兵士は三分隊に別れ、至る所に通じている渡り廊下を通って、夜中巡回していました。このように守備隊は私たちを規律正しく守ってくれたのです。私は巡回が行われている中で目を覚ましていました。寝室に閉じこもっていたとはいえ、私は、いつ警報が鳴るかと夜中耳を澄まし、襲撃のときには、兵士に必要な弾薬などをいつでも供する用意をしていたのです。遂にこの重荷から解放されて、私たちは幸いでした。すべての教会では「テ・デウム」が歌われました。

五ヵ月余り前から、神様がこの国をお護りくださるように、御聖体が顕示されている所では毎日聖体降福式が行われています。

あら、紙がすっかり埋まってしまいました。筆を擱くことにします。あなたの祈りを私たちの祈りに合わせ、また、あなたの会のご立派な修道士でいらっしゃる神父様方からお祈りをいただけるよう切にお願いします。

1 手紙八四（184）参照。

2 マリー・ド・レンカルナシオンは、九月一七日にケベックから出航した三隻の船について話している。*Journal des jésuites*は、七月七日に出た最初の船と一〇月一八日に出た他の船について述べている。マリー・ド・レンカルナシオンだけが、一六六〇年にル・ジュンヌ師がカナダに来たことを語っている（手紙八七（192）も参照）。したがって、メールだけがパリ居住の司祭に手紙を託したと考えられた。これはあり得ないと思われるし(A. Pouliot, S. Dumas, dans *l'Exploit du Long-Sault*, 59の議論を参照)、マリー・ド・レンカルナシオンの表現の仕方とも合致していない。

3 一六五九年一〇月二八日に六〇歳であった。

4 実際は一年しか続けられなかった。手紙八九（197）参照。

5 一六六〇年六月二五日の手紙八四（184）。

八六(186)　一六六〇年九月二三日　フランソワーズ・ド・サン・ベルナール宛

お手紙を受け取り大変嬉しく存じました。今年、メールからいただいた最初の唯一の手紙でございます。お手紙を受け取りましたのは、やっと九月半ばのことです。最初の船団は港に到着してはいたのですが、トゥールの懐かしい修道院からの手紙は渡されていませんでした。それでも、私たちはそちらの皆様について、また私の唯一のメールについてはなんの心配も致していませんでした。しかし、メールのお手紙でほっと致しましたし、人生に伴う様々な困難な出来事、特に、御摂理が聖人方の聖化のためにお計らいになるすべての出来事の重圧に耐えるようにと、メールにお力をお与えくださったことを感謝する機会を与えられました。私たちは年齢がかけ離れてはいませんので、そのうちに十字架の中と選ばれた人々の隠れた生活の中に収められている宝と特別なお恵みをはっきりと見ることでしょう。

メール・ル・コックは、今はこれらを見ておいでで〔＊死亡し、「天国から」〕、人間的な考えの低さを笑っていらっしゃることでしょう。もっとましな言い方をしますと、故人は飛んで火に入る夏の虫のように、誘われて焼かれる人間の心の虚栄と盲目を見ていらっしゃるのです。メールは私の謎のような言葉の意味はお分かりですね。私はメール・ル・コックのあまりの突然の死にびっくりしました。私たちにかなり長いお手紙をくださったのでお返事を差し上げようとしていたところだったからです。しかし今はその代わりに、亡くなったメールのために、公にも個人的にも祈りをささげることを心掛けています。

こちらを七月に出航した船が無事到着していれば、八月には私たちの消息をお知りになられたことでしょう。私たちはかなり長い手紙を書き、五月と六月に私たちの仕事を中断させたイロクォイ人のことと、関連してこちらで起こった一切をお知らせしました。メールのどなたかにお手紙を差し上げて、ご自分の娘たちに対する慈しみのお心から無用なご心配をおかけすることがないように、私はありのままの事情を正直にお知らせしなければならないと思ったのです。

嵐は、すべてが失われたと思われたときに過ぎ去りました。その結果、敵によって荒らされたに違いないと思われていた作物の刈入れが無事に行われました。そのうえ神様のお計らいで、商人の方々は六〇隻のカヌーでウタウアク人が運んで来た一四万リーヴル余りのビーバー革を手に入れることができました。天与の恵みが与えられたのは、この方々が交易のためにはもう何もできないと思い、カナダから引き揚げようとしていたときでした[1]。この方たちが引き揚げられたとしたら、私たちも一緒に引き揚げなければならなかったでしょう。交易のために行われる手紙のやり取りがなければ、こちらで生活することは不可能となりましょう。このように、神様は計り知れない英知によって、人々が全く望みなしと思っていたときに交易を再開なさいました。これがこの国への神様の通常のお計らいで、最も博識の方々にも、自分たちには予見できないと告白させているのです。ともあれ、予期しているように敵が戻ってくれれば、これを迎撃するための準備は続けられています。ですから、私たちは、お知らせしましたように防御を固めているのです。

私たちの小さな家族はと申しますと、全員平和で固く結ばれています。私たちは物的財産よりも霊的財産に富んでいます。正直に申し上げますが、私たち一同は、御摂理によって再起できないほどの打撃を与えられたあの大きな事故が起こったあとは、暮らしを立てるために考えられる限りのあらゆる苦労を味わいました。けれども、私たちをご自分の新しい教会にお連れくださった神様が私たちをお助けになり、また再建された今は、経費はそれほど莫大にはならないことを期待しています。学校のためには多大の費用をかけていますが、これは定住した先住民の娘たちがたくさんいるからではなく、かなりの人数のフランス人の娘をゆだねられて、この娘たちの生活費として、ある親たちはわずかのものしか、また他の親たちは何も出すことができないからなのです。それに、フランス人の娘は衣食など先住民の娘よりも比較にならないほどお金がかかります。神様は両方のお父様ですから、私たちが両方の娘たちを援助できるようお助けいただけるものと、慈しみの神に期待している次第でございます。

私たち一同は、和平の知らせがもたらした喜びを共に[2]しております。私たちは共同善に関心を持たなければならない他に、これによってこちらの貧しい国の人々が自由に渡航できることを期待しています。こうして交易はもっと大きく、もっと自由になり、多分、各国の国王陛下たちが私たちを援助なさって、敵に対抗させてくださることでしょう。

敵に関しては、彼らの背信を何度も経験したあとでは、和平のためにも信仰のためにも彼らからはもう何も期待できず、できればもはや絶滅させる以外にないと考えられています[3]。こちらでは一六人の敵を捕虜にしていますが、敵の捕虜になっているフランス人との交換が計画されています。[4]

私の個人的状態はと申しますと、毎日ほとんど刻一刻生じる様々な非常に苦しい出来事の間で、これ以上は求めることができないほどの深い平和のうちにあります。事実、それらの出来事のうちに神様がいらっしゃらないとしたら、それだけで勇気を失ってしまうほどに苦しいものがございます。率直に申し上げますと、この国は修道女、特に責任を持ち事務を処理する修道女にとっては、真に苦しい所です。メールからこの新しい教会をゆだねられて以来、私はいつもこうした仕事に携わってまいりましたので、常に十字架を負わなければなりませんでした。しかし私たちの主に倣って、十字架上で息を引き取らなければなりません。上からの命令がない限り、私の全精神は孤独と隠遁生活を求めてはいても、この十字架を地上のあらゆる財産に替えても手放すつもりはありません。私は死に備えるために休息を強く望んでいます。こう話しますと、皆から笑われます。なぜなら、事務を執っている私を活動好きな者、つまり嫌がらずに喜んでそうしていると見られているからです。どこででも、唯一の善のみを愛そうと望んでいる私の心のうちを見ていないのです。そのために、私は主のご命令のままに愛想のよい顔を見せているのです。神様の御旨を行うだけでは十分ではありません。心では愛をもって、外的には喜んで果たさなければならないのです。

このように活動には数々の欠点が混じっていますが、私はこのような生き方をしているのでございます。これでお別れと致します。どうか聖なる愛によって私を主にささげてくださいますように。かしこ。

1　百人出資会社。
2　一六五九年三月七日調印のピレネ条約。これによりフランスとオランダの敵対関係は終わった。
3　手紙八七（192）参照。
4　恐らく、モントリオールで八月に捕らえられたイロクォイ人のゴヨグーエン部族の一五人。Cf. RJ1660, chap. IV (Th. 46, 116).

八七（192）　一六六〇年一一月二日　息子宛

愛するわが子よ。船が出るごとに、あなたへ手紙を出しました。これは、あなたと励まし合うために船に託する今年最後の手紙です。[1]

こちらの数人の紳士淑女の方がフランスに発たれました。特にル・ジュンヌ神父様は、敵地に進撃する計画に従い、敵を襲撃するための援軍の派遣をお願いに行かれます。[2] こちらでは、王様が派遣してくださるものと期待され、イロクォイ人のカヌーよりは少し小さい舟、つまり一五～二〇人の兵士を運べる舟が造られています。野蛮なイロクォイ人を屈服させなければ、彼らが国を破壊し、私たちは皆、彼らの戦闘的で残虐な気質の餌食にされることは確かです。つまり、残った人々を餌食にしてしまうでしょう。事実、こちらまで押し寄せてくる前に、多くの人々をなすがままにしておけば、すべての人々を殺害するはずです。彼らの和平にはなんの保証もありません。敵がそうするのは、時を稼ぎ襲撃の機会を待って、自分たちの企てを実行しようとしているからです。その企てとは、こちらの全地域を占領して安心して暮らし、すべての獣を独占し、その毛皮をオランダ人に売ることにあります。[3] そうかと言って、オランダ人が好きだからというわけではなく、ヨーロッパから必要なものを取り寄せる仲介者を必要としているのです。オランダ人はイロクォイ人にずっと近いので、それだけ容易に取引をしていますが、フランス人には決して容認できないような多くの破廉恥な事柄を彼らに対して行っています。この世の財宝への愛とビーバー革を手に入れたい欲望が、オランダ人に恥も外聞もなくなんでもさせているのです。

以上がイロクォイ人の真の意図で、私たちはこのことを一人のヒューロン人から知りました。この人は昨秋、私たちを奇襲し収穫物を荒らそうとしてこちらに押し寄せてきた、野蛮な部族六〇〇人の部隊との戦闘でこちら側が敗北した[4]とき、敵の手から逃れてきたのです。このヒューロン人が付け加えて言うことには、イロクォイ人はモントリオールの獄舎に入れられている一四人のオイオウエロノン人を解放するため、居留地の前[5]で和平を求めるふりをし、そのしるしとして白旗を掲げながら小人数でやってくるところでした。そして、黒衣〔＊イエズス会司祭〕の人たちが白旗を見て必ず数人のフランス人と一緒に出てくるから、そうしたら両方を捕まえ捕虜と交換し、交換が行われたらフランス人たちを襲い殺害するつもりで[6]、しかも、殺害する前に女子供を略奪して自分たちの国に連れていくことを望んでいたのです。さらに付け加えて、逃げて来たヒューロン人は、あの六〇〇人のイロクォイ人には何か不測の事態が起きて、何もしないで引き返したのであろうと言っています。つまり、こうなのです。彼らは気晴らしに一頭のシカか野牛を水際まで追いつめたので、一人が逃げないように獣を撃ったところが、部隊長を撃って殺してしまいました。イロクォイ人はかなり迷信家ですから、この戦いが自分たちの不利になり、きっと不幸が起こる前兆であると信じたのです。絶対にそうだと考えながら、彼らは行進しはじめました。この機会を逃さず、逃亡者は、切られて焼かれた指の傷がまだ真新しいにもかかわらず逃げ去ったのです。

昨年の春、最後まで防戦したあとで捕らえられたフランス人と、信者の先住民の最期を私たちに知らせたのはこの捕虜です。イロクォイ人がこれらの人々を、身の毛のよだつ責苦と辱めを加えて全部焼き殺したということです。犠牲者は、野蛮な者たちを怖がらせたほどの勇気をもって従容として死にました。指を少しずつ斧で切られた最後の死者は、切り取られるごとにひざまずいて神に感謝し、神をたたえました。このようにしながらも、半ば焼かれていました。イロクォイ人は最も野蛮で悪魔も顔負けするほど残虐なので、とろ火で焼いていたのです。

以上すべてのことを知ったフランス人は激怒して、フランスからの期待している援軍と自分たちでこれらの人非人を滅ぼすことを決意しました。これほどの敵対行為と和平違反のあとでは、フランス人は彼らを滅ぼすのをこれ以上延期することはできません。捕まえた者たちは全部アルゴンキン人に渡します。アルゴンキン人は寛大な人たちで大変よい信者でもあり、フランス人に非常に忠実で、渡された者たちを、自分たちが捕らえられたときに受けたのと同じように取り扱います。

あなたはこの決定に驚くでしょう。それは福音と使徒たちの精神に反し、使徒たちは信じない人々、自分たちを苦しめる人たちさえも救うために自分の命を惜しまなかったではないか、とあなたは言うことでしょう。司教様はあなたと同じお考えで、イロクォイ人の教化に派遣するためにド・ベルニエール様[7]に言語の勉強をおさせになりました。あなたが知っているように、こちらの神父様方は同じ目的で幾度もイロクォイ人の許にお出掛けになりました。最近でも、最後の努力をするためにお出掛けになることをお望みでしたが、あまりに危険で避けられないので、無理に思い止まらせられました。多くの無駄な努力と不信仰者の裏切りを経験した後、司教様は考えをお変えになりました。そして、やむを得ずイロクォイ人を絶滅させるか、それとも、カナダのすべてのキリスト信者とキリスト教が滅びるか、どちらかしかないという、この国のすべての良識的な人々の考えに同意なさいました。[8]

キリスト教と宣教師が消え去れば、彼らの救いにどのような希望が持てましょうか。神様だけが、比類のない奇跡によって天国への道に導くことがおできになります。全能にましますので、それがおできになります。それが神様の御栄えとなるのであれば、そのためにお祈りください。イロクォイ人の間には、神様が救うことをお望みになる人々がまだいるかもしれないのです。ここ数年の間にも神父様方が教えを説かれ、信じがたい労苦をもって使徒職を遂行されて、六〇〇〜七〇〇人を信仰に導いていらっしゃるのですから。

この国の嘆かわしい一般的事情をお知りになって、メールの方々は私たちについて心配なさって呼び戻そうとお考えでしょう。メールの方々がそのお考えでも、そのようなことをなさらないよう説得してくださいね。私たち自身には危険はないうえに、少しも恐れていないからです。それに、安心してください。危険が明らかになれば、きっと司教様が私たちを二度と危ない目に遭わせることはなさらないでしょう。看護修道女の方々とウルスラ会修道女を同じ船に乗せ、私たちをフランスに帰国させてくださるでしょう。

しかし主のおかげで、事態はそれほど極度に悪化していません。イロクォイ人が私たちを追い払いあるいは全滅させようと考えてはいても、神様は私たちを踏み止まらせ、この新しい教会がその敵に打ち勝つことをお望みです。今年はこれでさようなら。

1 最後の船は一一月五日に出航した。*Journal des jésuites*, 288.

2 彼らの企ては、もちろん新しいものではなかった。一六五九年には、アニエ部族の許では、フランス人が自分たちの国に侵略する考えであるという噂が流れていた。イロクォイ人の誤りは、攻撃が差し迫っていると思ったことにある。その後の戦闘の様子については、cf. L.-P. Derosiers, *La stratégie, la tactique et l'armement des anciens Iroquois*, *Les Cahiers des Dix*, no. 10, 1945, 21-40.

3 Cf. RJ1660, chap. II (Th. 45, 204-206).

4 イニャス・ツアウアンホフイ。ロン・ソーの敗北の後にオノンタゲ人に渡されたが、一〇月七日にケベックに辿り着いた。*Journal des jésuites*, 287 以下。その脱走については、cf. RJ1660, chap. V: *D'un troisième Huron échappé prodigieusement des flammes*.

5 モントリオールの居留地。八月のはじめに捕らえられた一五人のゴヨグーエン部族である。九月二三日の手紙八六(186)とその注4参照。

6 マリー・ド・レンカルナシオンにおける固有な詳細。Cf. RJ1660, chap. III (Th. 46, 122).

7 アンリー・ド・ベルニエール、手紙八三(183)原書注5参照。

8　RJは幾度か、《ヌーヴェル・フランスの小トルコ》、イロクォイ人に対する十字軍について述べている。モントリオールでは、クロス少佐の言葉の中にも同じ考えが表明された。Cf. Dollier de Casson, *Histoire de Montréal*, éd. Flenley, 286. 一七世紀の十字軍精神の復活については、cf. Pierre Renouvier, *L'Histoire des Relations internatinales*, Paris, 1953, II, 308ss.; P. Piolin, *De l'esprit des croisades en France au XVIIe siècle*, Lyon, 1877(extr. de la Revue du monde catholique)。敵を絶滅させる望みは一様であった。ダルジャンソンはこの点、一六六〇年七月七日の書簡で居留民を代弁している。(A. Poulliot, S. Dumas, *l'Exploit du Long-Sault*, 47)

八八(196)　一六六一年九月　息子宛

愛するわが子よ。船を長い間待ちかねていましたが、やっと九月にこちらの港に到着し、総督として赴任されるデュ・ボワ・ダヴァングール男爵様[1]をお乗せしてきました。あなたの消息についてはある漁船の方からすでに伝え聞いていました。これがなかったら、あなたのことを心配していたでしょう。しかし、よい知らせであったことと、あなたが慈しみの神がお求めの状態にあることを知って、神様に感謝致します。

イロクォイ人によるあらゆる迫害に関してフランスに悪い知らせが伝えられたので、きっと私たちのことを心配していたことでしょう。イロクォイ人は今年もまた、これまで以上の酷いことをしました。彼らはモントリオールから始めて、フランス人の最近の居留地カプ・ド・トゥールマンまで荒らし回り、その際に一〇〇人以上のフランス人を殺したり捕虜にしたりしたのです。

イロクォイ人はオルレアン島にやってきました。ほとんどの住民が、近隣で行われるのを見た虐殺から逃れるために、その島からは避難していたのです[2]。イロクォイ人は島を基地にしてタドゥーサックを越え、私たちの新信者たちを追跡しました。信者たちは、二人の神父様と数人のフランス人に付き添われて、八〇隻余りのカヌーでかなりの人口と言われるキリスチノン人の許に交易に行くところでした[3]。これらの立派な新信者たち——特に、神父様方は途中で大勢の先住民に出会いました——に神の言葉を告げ知らせました。しかし、そのまま続けることができませんでした。イロクォイ人がその部族の許まで押し寄せて追い散らし、他の部族のようにまだどこか知らない所に逃亡させてしまったからです。神父様方と信者たちが助かったのは、慈しみ深い神の特別なご加護によります。野蛮なイロクォイ人は、待ち伏せして奇襲するためにあちこちに行っていたのですから。こちらの一行は、彼らの真新しい足跡と火がまだ燃えているのを見つけましたが、危険にもかかわらず無事に到着しました。いろいろと苦労したので疲れ切っていましたし、少なからず飢えてもおりました。敵を惲って狩猟をしなかったので、食べ物がなく死ぬのではないかと思っていたからです。

殺されたフランス人の間で最も名の知られた方は、[4]ド・ローゾン様のご長男セネシャル〔＊地方長官〕です。非常な勇気をお持ちで、いつでも敵を追撃する用意があり、若い人たちは皆、意気盛んにそのあとに従っていました。オルレアン[5]島とボープレで行われた虐殺の知らせが伝わると、氏はなんとしてでも敵を追撃しようと望まれましたが、これは当然のことながら抑えられました。しかし、セネシャルの夫人のお妹様は、ご主人が狩猟に出掛けて島の近くにいましたので、ご主人を救出に行く友人を見つけるまでは眠ることもできませんでした。セネシャルはこの機会に義妹への親愛を示そうと望まれ、ボートに七番目に乗り込んで出発しました。ボートは島の中央にあって数日前から放棄されたマウ氏の家の正面に来ると、引き潮のため二つの岩の間に座礁してしまいました。岩の所からはこの家に通じる小道がありました。セネシャルはイロクォイ人がいるかどうか見るため、同伴者の中から二人を偵察に出しました。門が開いていたので一人が家に入ると、八〇人のイロクォイ人が待ち伏せていて、その人を殺害し、もう一人を追い掛けました。この方は激しく防戦しましたが、生け捕りにされました。

その後、イロクォイ人は攻め進んでボートを包囲しました。ボートには五人しか残っておらず、死ぬまで防戦しました。セネシャルは、イロクォイ人が殺さずに生け捕りにして自分たちの国に連行することを望んだのですが、あくまで防戦して最期を遂げました。死体の腕は、敵が武器を放させようとして斧でたたいたので傷だらけでした。敵はどうしても武器を取り上げることができず、生け捕りにできなかったのです。セネシャルの死後、イロクォイ人は氏の頭を切り取り、国に持ち去りました。こうして七人のフランス人が殺されたのですが、七人はもっと多くのイロクォイ人を殺しました。こちらからフランス人の遺体を引き取りに行ったときに多くの遺骨が散らばっているのを見ましたが、イロクォイ人は彼らの習慣に従い味方の遺体は焼き、フランス人の全部の遺体をそのままに放置していたので分かったのです。

この遠征のあと、遅きに過ぎましたが、狂暴なイロクォイ人は総督閣下が派遣なさった救援隊が来るのを見て急いで撤退しました。派遣が遅れたのは、総督閣下がこの遭遇戦の知らせを受けたのが、ただレピネ氏からだけだったからです。もともと七人のフランス人が危険を顧みず出掛けたのは氏のためで、氏は銃声を聞いたあと、不幸が起こったことを知らせるためにケベックに引き返しました。しかし、自分のために七人が殺害されたと知って、氏は死ぬほどの悲痛な思いをしました。氏のお兄様も七人の中にいましたし、また、他の人々はこの機会にセネシャルに奉仕することを望んだ主な住人の方々でした。

それ以来、まだ虐殺が行われています。ゴドフロワのご子息がアルゴンキン人の一団と一緒にアッチカメーグ人の許に行くためにトロワ・リヴィエールから出掛けたのですが、イロクォイ人の攻撃を受けながらも勇敢に防戦し、多くの敵を倒したあとで殺害されました。

狂暴なイロクォイ人は他にも同じような多くの襲撃を行いましたが、モントリオールが彼らの虐殺の主な舞台でした。こちらに旅行なさったダイユブー夫人[6]は、私に全く悲惨な出来事を伝えてくださいました。夫人のお話によると、数人の住人が森の中で奇襲を受けて殺害されましたが、こちら側ではその人々がどこにいたのか、どうなったのかも知らずにいたそうです。同じような不幸に巻き込まれるのを恐れて、それらの人々を探しに行くことも、外に出ることもできなかったのです。結局、犬を使って事件が起こった場所を探し出しましたが、毎日、犬たちが満腹して血まみれで戻ってくるのが見られました。これは、犬たちが死体を食べていたと考えられ、人々は皆、いっそう悲痛な思いをさせられました。そこで、事実を確かめるために皆が武装して現場に赴いてみると、ある死体は半分に切断され、ある死体は寸断されて肉を削がれ、そこかしこに頭や足や手が散らばっていたのです。一同は、死者をキリスト者として埋葬するためにそれぞれの仕事に取り掛かりました。この出来事をお話しくださったダイユブー夫人は、思いがけず一人の男の人に出会いました。その人は人間の残骸をお腹の前に縛り付け、足と腕を手いっぱいに持っていたのです。これをご覧になって、夫人は非常に驚かれ、恐怖で危うく気絶するところでした。しかし、これらの遺骸を運んだ人々が町に入ったときは、また別な反応が起こりました。聞こえるのは、亡き人々の配偶者や子供たちの泣き叫ぶ声だけだったのです。

先ほど知ったことですが、モントリオールの修道会の一人の神父様がごミサを終えられてから少し離れた所に行かれ、聖務日禱を沈黙と潜心のうちに唱えようとなさいました。それでも、働いていた修道会の七人の使用人の方々からそれほど遠ざかってはいませんでした。それで、まさかそのようなことが起こるとはお考えになっていなかったのですが、そのとき、待ち伏せしていた六〇人のイロクォイ人が神父様を銃撃しました。銃弾に貫かれながらも、神父様は勇気を奮い起こされて使用人のほうに走っていって逃げるよう警告すると、はたと倒れて死亡されました。敵は神父様を追いかけながら、神父様と同時に押し寄せてきましたが、七人のフランス人は退却しながら防戦しましたので一人が殺され、他の一人が捕らえられただけで済みました。そのとき、狂暴なイロクォイ人はとんでもない喚声を上げました。これは黒衣の人〔＊司祭〕を一人殺した喜びを表すものでした。一団の中にいた一人の変節者が神父様の衣服を剝ぎ取って身に着け、シャツをスルプリ〔＊長衣の上に着る膝丈の白い祭服〕のようにその上にまとい、死体の周りを行列して、見たことのある教会の葬儀を真似して嘲りました。その後、神父様の頭を切り取り、要塞の兵士たちに追撃されるのを恐れて、頭を持って大急ぎで撤退しました。これが、野蛮なイロクォイ人の戦争のやり方です。すなわち、奇襲をかけては、フランス人が入ることのできない森に逃げ込むのです。

私たちは、これらのすべての不幸の不吉な前兆を感じていました。一六六〇年に船が出てから、天にいろいろの兆しが現れ、人々に非常な不安を与えました。ある人々は一つの彗星を見たのですが、その尾は地球のほうを指していたのです。彗星は朝の二時から三時頃の間に現れ、明け方になると、六時から七時頃の間に消え去りました。ある人々は空中に、火に包まれた一人の人を見ました。ある人々はまた、空に火に包まれた一隻のカヌーと、モントリオールのほうに同じく火に包まれた一つの大きな冠を見ました。ある人々はオルレアン島で、一人の子供が母親のお腹の中で叫んでいる声を聞きました。またある人々は、空中に女子供が泣き叫んでいる混乱した声を聞きました。ある場合には、空中に轟く恐ろしい声が聞こえました。このような思いがけない出来事は、あなたが推察できるほどの恐怖を与えたのです。[7]

これに加えて、この国には呪術師と魔法使いがいることを発見しました。このことは、司教様とご一緒にフランスから渡航したある粉屋の話から明らかになりました。その男性はユグノー派であったので、司教様から異端放棄の宣言をされていました。この人は、同じ船で両親と一緒に渡航していた娘さんが約束したとして、この娘さんと結婚することを望んでいたのです。しかし、不品行な人なので、両親は結婚を許しませんでした。拒絶されると、男性は悪魔的な詐術を使って娘さんを手に入れようとしました。悪魔や妖精を娘さんの家に来させていろんな光景を見せ、娘さんを非常に苦しませ怖がらせたのです。この下劣な者が、まじないを使っていると信じる根拠はありましたが、魔法使いが現れるまで、この奇怪な出来事の原因は知られていませんでした。時には一人で、時には二人か三人を連れて昼夜娘さんに現れていたからです。それに、娘さんは会ったこともないのに、これらの人々の名を挙げていました。司教様は娘さんの家に神父様方を派遣し、またご自分で行かれて、教会の祈りに従って悪魔祓いを行われました。けれども、なんの進展も見られず、噂は前よりいっそう広がりました。幽霊を見たとか、太鼓の音や笛の音が聞こえたとか、石が壁から抜け落ちてあちこち飛んで行ったなどの噂が流れました。そして魔法使いは、相も変わらず連れと一緒に現れて娘さんを不安に陥れていたのです。彼らの意図は、娘さんをこの下劣な者と結婚させることにありましたが、その男性もそう望み、しかも、その前に娘さんを堕落させることを望んでいたのです。場所はケベックから遠い所です。神父様方がそんなに遠い所まで悪魔祓いに行けば、大変お疲れになります。ですから司教様は、悪魔が神父様方をこのお仕事で疲れさせ、馬鹿げたことに嫌気を起こさせようとしているのをお認めになって、粉屋と娘さんをケベックに連れてこさせました。それから粉屋は刑務所に入れ、娘さんは看護修道女会に預けられました。これが事件の内容です。この事件では多くの奇妙なことが起こりましたが、それらについては長くなるので書き記さず、この問題についてはこれで終わりにします。魔法使いと他の呪術家たちはまだ何も白状しませんし、彼らについて何も語られていません。この種の罪を犯す人々を説得することは容易ではないからです。

呪術師たちの捜査のあと、この国のすべての人が一様に病気に苦しみました。その原因は呪術師たちであると信じられました。病気は一種の百日咳または命にかかわる感冒で、すべての家族に伝染病のように伝わって、誰一人これから免れることはできませんでした。先住民のほとんどすべての子供とフランス人のかなりの子供が疫病で死亡しました。今までにこれほどの死者が出たのを見たことはありません。熱を伴う肋膜炎になったからです。私たちも皆、病気になりました。私たちの寄宿生、学校の生徒、使用人一同は危うく死ぬところでした。カナダでこの病気から免れた人は二〇人前後と思われます。

病気はそれほどまでに広がったので、人々は呪術師たちが大気を汚染させたと信じるだけの大きな根拠を得たのです。

以上が、神様がこの新しい教会を鍛えるためにお送りになった二つの災禍です。一つは今お話ししたばかりのもので、カナダでは今年ほど多くの人が死んだのを見たことはありません。もう一つは、全国を絶えず不安に陥れているイロクォイ人による迫害です。正直に言って、イロクォイ人がフランス人の技術を持ち、私たちの弱さを知っていたならば、すでに私たちを全滅させていたことでしょう。しかし、神様は私たちへの慈しみによって彼らの目をお晦ませになりました。神様が如何なる敵に対してもお護りくださることを期待しています。そのためにお祈りください。

1　ダヴォグールの男爵ピエール・デュ・ボワ（✝一六六四年）。ヌーヴェル・フランスの六代目総督（一六六一―一六六三年）。高官としてペルシャ、モスクワ、スウェーデン、ボーランド、及びドイツで任務を果たした。勇敢で忠誠であるが、付き合いにくい性格であったらしい。一六六三年にフランスに召喚され、翌年、マインツの選挙候の軍隊にあってトルコ軍と戦い、ハンガリーのセリンの包囲で戦死した。Cf. J. Eccles, *DBC*291-294.

2　Cf.RJ1661, chap.I.

3　ハドソン湾の南部に住んでいたキリスチノン人。後に、クリスチノー、またはクリスあるいは北海民と呼ばれていた。実際は、モンタニェ・ナスカピ人で、真のクリスは西部の平原に住んでいた。Cf. J. White, *Manuel des Indiens du Canada*, Ottawa, 1915, 134-139.

4　元総督の子息ジャン・ド・ローゾン。一六五一年ケベックに到着すると、父親からセネシャルに任命された。同年一〇月二三日、あとで出てくるド・レピネ氏の義姉アンヌ・デプレと結婚した。Cf. J.-E. Roy, *Histoire de la seigneurie de Lauzon*, I. Lévis, 1897; J. Monet, *DBC*441-442.

5　タドゥーサックからの帰路、イロクォイ人は六月一八日にボープレで八人、オルレアン島で七人を殺害した。*Journal des jésuites*, 298.

7　ＲＪの中でのル・ジュンヌ師と同じく、マリー・ド・レンカルナシオンは、当時の人々の想像を掻き立てた自然現象の中に、居留地で起こった《現実の不幸》に人々を備える《悪い前兆》を読み取るのである。RJ1661, chap. I (Th. 47, 202-204)。フランスの呪術者狩り（chasse-galerie）のテーマのカナダでの翻案については、cf. R.-L. Séguin, *La Sorcellerie au Canada français du XVIIe au XIXe Siècle*, Montréal, 1961; P.-G. Roy, *Les petites choses de la notre histoire, 7e série*, Québec, 1944, 71-73. M. Barbeau, *La chasse-galerie, dans Revue de l'Université Laval*, XI, 1957, 827-830.

八九(197) 一六六一年一〇月八―二一日 息子宛

愛するわが子よ。あなたに長い手紙を書きましたが、その手紙から、今年カナダで起こった事柄の一部を知ったことでしょう。その中で書いた出来事の後、数人のフランス人と先住民がオノンタジュロノン部族のほうへ脱走しました。神父様方が、この部族の許に断交以前に住んでいらっしゃったのです。[1]

逃亡者たちが伝えるところでは、この部族の許には殺されなかった二〇人余りのフランス人がいるそうです。また付け加えて、上流地区のイロクォイ人は、神父様から植え付けられた宗教心を全くは失っていないと言っています。自分たちの許に鐘を持っていきましたが、これを聖堂にした小屋の中に吊り下げていました。そこで、神父様方がなさったように、しばしば祈りを行っています。フランス人たちが出席することを義務付け、出席しないと、たたいて義務を果たすよう強制します。逃亡者たちがさらに言うには、神父様方がその部族の許を去られると、評議会で票決権を持つ婦人たち、少なくとも、そのために選ばれた婦人たちは、神父様方を失って丸七日泣いたそうです。子供たちもそうでした。けれども、宣教師とフランス人が去らなければならないときが来ていたのです。陰謀が企てられていて、処刑される寸前にあったからです。以上が、捕らわれた後、脱走した人々が私たちに伝えた事柄です。

それから間もなく、これらの上流地区の部族の使者がこちらに来て、神父様を派遣してほしいと願いました。要望の真率さを示すため、数人のフランス人を返して寄越しましたが、これで、逃亡者の人々が報告したことが確かめられたわけです。[2] この先住民たちがアニュロノン人に全く加担していないかどうか知るために調べてみましたが、まだ何も発見できずにいます。奇襲を恐れて、この件についてしばしば会議が行われました。結局、ル・モワンヌ神父様[3]が使節たちと一緒に彼らの国に行って、求める和平が私たちを不意打ちするための罠かどうか確かめることが決まりました。こうして、神父様は使者たちと一緒に出発なさいましたが、決められた日に使者たちを連れて戻り報告を行う命令を受けておられました。使者たちによる和平の要望が真率であれば、彼らと、彼らと同盟している他の三つの部族[4]と和平条約を締結することになりましょう。この三つの部族の許には四〇〇人以上の信者がいるのです。けれども、これらの部族たちの裏切りを経験した私たちは、彼らが神父様を殺害し、その後でアニュロノン人と結託して、こちらの住民が和平を期待して安心している間に襲撃に来るのではないかと懸念しています。ですから住民の方々は、戦争のただ中にいるかのようにいつも警戒していました。事実、知るところでは、アニュロノン人は神父様を案内していた者に贈り物をし、途中で神父様を殺害させようとしていたのです。[5] しかし、当人も一行の誰も殺すことを望みませんで、神父様を大変親切に取り扱い無事に彼らの国にお連れし、その地で神父様は盛装した人々から最大の歓声をもって迎え入れられました。

神父様は使者たちと一緒にお戻りになりましたが、[6] 使者たちは真率さを示すために捕虜のフランス人をまた連れ戻し、春にはさらに一〇人を返すと約束しました。捕虜になった人々は皆、無傷で、むしろこの部族の人々が自分たちの子供のように取り扱ってくれ、身代金さえ払って敵からフランス人を引き取り、私たちに戻そうとしたと確言しています。そして、ただちに神父様を派遣して、部族の人たちを教育するよう切に願っています。私は願いどおりになると思いますが、結局は神様だけが人間の心の主でいらっしゃって、部族の人々の回心のときをご存じです。一、六〇〇人余りの戦士を用意しているこれらの部族と和平を結べば、四〇〇人余りの軍勢しか持たないアニュロノン人を一敗地にまみれさせることができるでしょう。王様が期待をお与えになった連隊を派遣なされば、来年はそのようにする計画があります。アニュロノン人は公の会議を行い、その際に、フランス人とは決して和平を行わない決議をし、宣言をしたからです。

こちらの港に船がいなくなったときに野蛮なイロクォイ人に襲われたら、こちらには逃げるための裏口がないので、私たちは逃げようもないとあなたは言いますが、もっともです。私たちはどこに逃げたらよいのか。森の中では道に迷うでしょうし、先住民は隠れる所は知っています。けれども、イロクォイ人全部がやってきて総攻撃を仕掛けても、私たちに食糧があり、警護の人々がいて火を付けられるのを妨げる限り、私たちの石造りの家を破壊する時間はないでしょう。火を付けられればおしまいです。屋根は木製で手の届く範囲にあります。私たちの修道院は二階建てですから、さほど心配はありませんし、こちらには夏に二、三ヵ月停泊する船から通常の救援隊を期待することができます。そのうえ、イロクォイ人は通常、春と五月から六月までと秋にやってきて、三日か四日で手早く襲撃を済ませようとします。食糧は少ししか持っていないので、飢餓で自滅してしまうからです。それに慈しみの神が、私たちがこの国でご自分への奉仕のために死ぬことをお許しにならないと期待しています。総督閣下はフランス人の一人に、特に捕らわれている間に見たことについてお尋ねになって、こちらからアニュロノン人を滅ぼしに行くのは難しくないことを知りました。それで総督閣下は、やむなく国王と王妃と宮廷の高官の方々にお手紙をお書きになり[7]、ケベックに援軍を直行させ、野蛮な部族をオランダ人のほうから攻撃する最初の計画を変えるよう要請なさいました。この計画の実現と、和平を求める他の部族たちの回心のためにお祈りください。

ダルジャンソン子爵〔＊総督〕が、遂に帰国されました。ご病気のためにフランスに帰国するのを余儀なくされて、これ以上お待ちになれなかったのです。この理由の他に、内密ですが、フランスからの援助を得られず任地のこちらでお苦しみになったからです。つまり、イロクォイ人に対抗できないことをご覧になり、敵が奇襲をかけて要塞を占領するのではないかとご心配で、ケベックの駐屯地を引き揚げることがおできにならず、このことに悩まれたのです。これがご病気をかなり悪化させたようです。思いやりのない人々がいて、総督様の指揮に不平を言って酷い苦情を述べ、功績のある優れた人物の心を傷つけました。総督様は、これらすべてに非常に寛大な心をもって耐えられました。けれども、国を救えない無力さ、内密の事柄を信頼して知らせることのできる助言者の不在、この国の主な有力者の方々との不仲、さらには慢性となりはじめたお体の不調が、引退して平和な心を得ようとするお気持ちにさせたのでした。

後継者の方は前任者に上陸の日まで指揮権を執らせ、この国は投資するだけの価値のある非常に豊かな国であるとお考えになり、国中を視察なさいました。しかし、人々は貧しいのですから、開発できるのはただ最高権力者だけです。ご視察の後、新総督様はダルジャンソン様をお訪ねになって強くおっしゃるには、約束した軍隊が来年派遣されなければ、召喚されるまでもなく帰国するつもりだから、その旨を国王に伝えてほしいということでした。そのうえダルジャンソン様に関しては、これほどにわずかな軍勢でこの国を守備し、統治しつづけてこられたことには驚いたともおっしゃったそうです。

私たちはと言えば、ダルジャンソン様が去られたことは大きな損失です。私たちに対して大変思いやりのある方で、機会あるごとに親切にしてくださいました。あなたのために、たびたび私をも御訪問くださいました。このようにあなたにも私にもご親切でいらっしゃったのですから、あなたの感謝と私の感謝を忘れずに表明なさってください。

1　オノンタゲ人の間でのガネンタハの宣教については、一六五六年と一六五七年の手紙、フランス人たちの脱走については、一六五八年一〇月四日の手紙八二（179）参照。ＲＪはⅤ章とⅥ章で、この手紙でマリー・ド・レンカルナシオンが述べているフランス人の二人の脱走の物語を残しているが、名前は残っていない。

2　六月二九日の少し前、自分の部族とオノンタゲ人から派遣されたというゴヨグーエン人の使者たちが、和平を求めてモントリオールにやってきた。そしてフランス人捕虜のうち四人を返し、そのうえ、修道女たちと一人の司祭を要請した。代表団が直ちに総督に派遣された。*Journal des jésuites* によれば、代表団は六月二九日にケベックに到着した。RJ1661, chap. IIは、これらの事柄を誤って七月のこととしている。

3　誰もだまされやすくはなかった。ＲＪがこれを強調している。しかし、二〇人のフランス人捕虜を救うために試してみる必要があった。ル・モワン師はイロクォイ人の許に戻ることを承知した。七月二日にケベックを出発し、二三日にモントリオールを出発した(*Jounal des jésuites*, 300)。

4　ツォノントゥーアン人も和平を求めていた。マリー・ド・レンカルナシオンは、四つの部族について語っている。オネイウート人を含めたのだろうか。そう思うのは難しい。彼らの二四人が、ル・モワン師を出発後間もなく襲っているからである。Cf. RJ1661, chap. IV（Th. 47, 70).

5　アニエ人も途上で師を襲った(ib.)。

6　ル・モワンヌ師はオノンタゲで越冬した（一六六二年八月一〇日の手紙九〇（200）参照）。ケベックに戻ったのは、一六六二年九月一五日であった。マリー・ド・レンカルナシオンの手紙は多分手直しされたか、誤報をそのまま伝えているようである。宣教師の最初の知らせは、フランス人の九人の捕虜を連れ戻してきたガラコンチエとその使者によって、一〇月五日にモントリオールにもたらされたが、師は彼らに同伴していなかった（RJ1661, chap. VII, Th. 47, 66, 4-96）。

7　大コンデ〔＊ルイII・ド・ブールボン(一六二一－一六八六年)。ルイ一四世治下の最大の軍人の一人〕が書いた手紙が残されている。P. de Rochemonteix, *Jésuites de la Nouvelle-France* tom. II, 526-527の付録に発表されている。

九〇(200)　一六六二年八月一〇日　息子宛

愛するわが子よ。あなたの手紙は数日前に三通受け取っただけでした。前にこちらの港に到着した二艘の船は、あなたとトゥールのメール方の手紙も消息も運んで来なかったからです。私たちが知ったのは、フランス全土を襲った飢餓と死病が、特にロワール川流域で猖獗を極めたということだけです。[1]乗船者たちが流したこの噂から、もしかしたらあなたもメール方も、多くの死亡者のうちに入っているのではないかと心配しました。しかし、あなたの手紙でこの心配も消え、あなたもメール方もまだ生きていることを知りました。

亡くなったのはメール・フランソワーズ・ド・サン・ベルナールと懐かしいD・レイモン神父様だけです。お二人は今、大変望んでいらっしゃった祖国〔＊天国〕にいらっしゃいます。メールは私に聖なる修道生活に入る許可をお与えになり、神父様は長い間私の霊的指導者でしたのでお二人の死には非常に悲しみましたが、神の御許に行くために肉体を離れることよりも快く望ましいことはないと信じていますので、お二人の幸せをうらやまずにおれません。

イロクォイ人は口先だけの和平折衝の間に、初秋からモントリオール近郷で再び殺戮を始めました。けれども、殺しているるのはアニュロノン人で、和平を求めているのはオノンタジュロノン人とオイオニュロノン人です。しかし、どちらも信用できません。二つの部族は、ル・モワンヌ神父様を去年の秋に返すことを約束しましたが、神父様は相変わらず彼らと一緒です。危害を加えられてはいませんが、知るところでは、捕虜になっている人々のうちの一人で生死は不明です。

初夏には、部族の首長たちの一人が捕虜を一人連れてきて、部族の四〇〇人がこの捕虜を連れ戻すことを望んだと言いました。この首長はここから総督の許に送られましたが、総督は首長とその部下たちの様子から何か奸策が隠されているのを看取しました。それでこちら側は信用せず、警戒して彼らを取り扱いましたので、首長たちはこれに気が付き不満足のまま引き返しました。

一隊のある者たちはモントリオールで休んだとき、フランス人に部族の計画をあけすけに知らせました。それによると、部族の四〇〇人が神父様と残りのフランス人捕虜を戻しに来て、その後、友人のようなふりをして親しげに振る舞いながら、家から家に行ってうまく入りこみ、それから、突然に至る所で略奪を働くつもりなのです。使者たちは自分たちの計画が洩れたと察して、懸命にその者たちは嘘つきであると思わせようとしました。けれどもこの知らせから、総督はその守備隊とトロワ・リヴィエールの守備隊を増員し、警戒を解きませんでした。

それでも、アニュロノン人は殺戮を続け、私たちの聴罪司祭で、非常にお世話になったヴィニャール神父様が彼らに捕らえられ、三人の同行者と共に殺害されました。ランベール少佐は、こちらに駐在する勇敢な軍人の一人でしたが、ある戦闘で一二人のフランス人と共に戦死しました。またアニュロノン人は、八〇人のアルゴンキン人とモンタニェ人を虐殺しました。山に隠れていたのですが、見つけられたのです。

ル・モワンヌ神父様とフランス人捕虜、それにメナール神父様がどうなったかは分かりません。メナール神父様はウタウアク人の許にいらっしゃって、今年、一緒にその地域を回る予定で、すでに到着していらっしゃったはずです。これを聞きこんだイロクォイ人は道々に待ち伏せして、毛皮と一緒に一行を攫っていこうとしていました。三〇〇〜四〇〇人の部隊が来るはずだと言われています。都合よく来るならば、これを期待してきたフランス人商人たちは大きな利益を上げるでしょうが、反対に奪われてしまったら、商人たちの旅行も無駄骨に終わります。商人たちの一人は、自分だけでも二、〇〇〇リーヴルの損害を被ると私に話しました。しかし遺憾なことに、あらゆる点から見て、嘆くべきことはこれらの人々の霊魂です。大部分はまだキリスト信者ではありません。こちらに来て冬を過ごしていたなら、これらの人々を教え導き、洗礼を授ける時間と便宜があったでしょうに。各々は自分の愛するものに向かいます。商人は儲けを得ること、神父様方と私たちは人々の救霊を得ることを求めます。この動機は、心を刺激させて駆り立てる強力な針です。昨年の冬は、いつも私の側に三、四人の若い姉妹がいて、私の知っている先住民の言葉を覚えたいという望みを満たしていました。姉妹たちの旺盛な知識欲につられて、私のうちにはこの目的に必要なすべてのことを話したり書いたりして教えるための熱情と力が湧きいでました。待降節から二月の終わりまでに、私は姉妹たちのためにヒューロン語の要理書一冊、アルゴンキン語の要理書三冊、この言語でのキリスト信者の祈り全部、それに分厚なアルゴンキン辞書を書きましたが[2]、本当に疲れました。でも、私たちの会が取り組んでいる仕事の中で、神にお仕えすることを望んでいる姉妹たちの心を満足させなければなりません。これらのすべてが神のより大いなる栄光となるように、慈しみ深い神にお祈りください。

私たちは毎日、国王派遣の二隻の船を待っています。船には二〇〇人の兵士しか乗っていません。残りは家族と労務者で、国王陛下がこちらの国の人々を楽にさせようと無料で航海させました。しかし来年は、国王陛下が強力な援軍を派遣してイロクォイ人を完全に撃退してくださるものと期待されています。神のいと聖なる御旨が行われますように。

私たちは、ケベックのこの地域ではイロクォイ人たちをあまり気にしないでいられます。彼らの注意はすべてモントリオールに向けられ、ウタウアク人を待ち伏せしているからです。どうか私たちのために祈ってください。イロクォイ人という十字架よりももっと重いもう一つの十字架を担っているのです。これは、キリスト教そのものを失わせようとしているからです。このことについては、別の手紙でお話ししましょう。出航する船の時間が迫っているので、ここで終えなければなりません。それではまた。

1　最も被害の大きかったのは、メーヌ、ヴァンドーム及びノルマンディー、アンジュー及びトゥーレーヌ地方であった。Martène, *Histoire de la Congrégation de Saint-Maur*, éd. G. Charvin, IV, 143; 一六六二年のロワール川とシェール川の氾濫については、一六六二年の印刷物、L'avis important の中で言及されている。

2　手紙一〇四（230）参照。これらの著書は世紀の終わりに、北極圏に出発するオブレート会宣教師にゆだねられたが、その後それがどうなったかは不明である。

九一（201）一六六二年八月一〇日　息子宛

愛するわが子よ。別の手紙で私はイロクォイ人のどんな敵対行為よりも重い十字架を担っているとあなたに話しました。その十字架とはこうです。こちらには神を恐れず、人間の風上にも置けないフランス人たちがいて、ビーバーと引き換えに葡萄酒やブランデーのようなアルコール分の強い飲み物を与えて、私たちの新信者のすべてを堕落させています。これらの飲み物は大人の男女、息子や娘さえ含めた哀れな人々を破滅させます。飲食に関しては、小屋の中で各人は自分勝手にできるので、すぐに酔い強暴になります。ある者は裸で剣を、他の者は銃を持ち、昼となく夜となく皆を追い払い、誰にも妨げられずケベック中を走り回るのです。その結果、殺人、陵辱、前代未聞の極悪非道の暴力が生じています。神父様方はフランス人たちの側からも先住民の側からもこのような風紀紊乱を食い止めようとできるだけのことをなさっていますが、努力の甲斐もありません。先住民通学生の娘たちが教室に来ると、彼女たちが親に倣って悪に転落しつつあることを分からせようとしますが、その後は二度と私たちの許に戻りません。風俗に関しては、キリスト教的道徳をしっかり身に付けていない限り、それぞれの部族の者たちがしていることを見て、これに倣うというのが先住民の自然の傾向です。

立派なキリスト信者で、カナダで最初に洗礼を受けたアルゴンキン人の首長が私たちを訪問し、「フランス人たちが私たちに酒類を与えることを許可しました。私たちを駄目にしているのは、オノンチオ、総督様です」と嘆きました。そこで私たちは、「総督様に禁じるよう言いなさい」と答えました。すると首長は「私はもう二度申し上げたのですが、何もしてくれません。あなたから総督様に禁じるようお願いしてください。あなたになら従うでしょう」と言い返しました。

この不正取引から生じる不幸な災害を見るのは、嘆かわしいことです。司教様は、この地方での信仰と宗教は滅びるだけだとお考えになり、この風潮を抑えるためにできるだけの手を打たれました。そして、フランス人たちに神の御栄えと先住民の救霊に反するこのような取引をやめるよう、いつものように優しさをこめて説得に努められましたが、フランス人たちは司教様の忠告を無視しました。彼らは強力な世俗の権力者たちの支援を受けているからです。彼らは司教様に、酒類はどこででも許可されていると言います。新しい教会、また文明化されていない人々の間では、酒類は信仰の公布と新信者に期待する良俗に反することは経験から明らかなので、司教様は許可されるべきでないと答えられます。理詰めの説得も、柔和な諫めと同じく効果がありませんでした。この問題については他の激しい論争もありました。結局、神の御栄えへの熱情に駆られた司教様は、この密売を行う人々を破門せざるを得ませんでした。[1]この制裁にもフランス人たちはびくともせず、教会はこの種の事柄になんの権限も持たないと言って、制裁を無視したのです。[2]

もはやどうしようもないとお思いになった司教様は、多くの不幸な災害を招くこれらの風紀紊乱の救済策を探し求めるために、フランスに旅立たれました。司教様はこの問題について死ぬほどに悩み抜かれ、すっかりやつれていらっしゃいました。私の考えでは、司教様はご自分の計画が果たされない限りお戻りにならないでしょうし、そうであればこちらの新しい教会にとっても、哀れなすべてのフランス人にとっても、取り返しのつかない損失となるでしょう。[3]司教様はこれらの人々を助けるために貧しい者となられました。つまり、司教様のご功績について私が考えていることを一言で表せば、司教様は聖人のしるしと特徴をお持ちなのです。この大変重要な問題に関して、また、ゆだねられた人々の父であり真の牧者でいらっしゃる立派な司教様を、私たちにお返しくださるよう主にお祈りし、またお祈りを願ってください。

ご覧のように、私の手紙は心を一番締め付ける事柄しか話していません。このことの中に、神のご威光が傷つけられ、教会が軽蔑され、人々が破滅の明白な危険にあることを見ているからです。あなたのお手紙には別の手紙で答えます。

1　ブランデー密売者たちに対するこの破門宣告は一六六〇年五月六日、ラヴァル司教から出された（*Journal des jésuites*, 282; *Mandements...des évêques de Québec*, I, 14-15）。

2　アルコール飲料に関する教権と俗権の間の争いについては、cf. G. Lanctot, *Histoire du Canada*, I, 318-335; A. Vachon, *L'eau-de-vie dans la société indienne*（dans *Canadian Historical Association Report 1960*, 22-32）; George F. G. Stanley, *The Indians and the Brandy trade during the Ancien Regime*(dans *RHAF*, VI, 1952, 489-505).この問題に関するケベック司教たちの教令は*RAPQ*, 1939-1940, 193ssの中に記載されている。

3　ラヴァル司教は、八月一二日にラギュノー師と共にケベックを出発した。Cf.*Journal des jésuites*, 310; 一六六三年九月七日に新総督M・メジーを伴い戻る予定であった。未解決のままのケベック司教区設立が旅行の理由の一つであった。Cf. Wilfred. H. Paradis, *L'érection du diocèse de Québec et l'opposition de l'archevêque de Rouen*, 1662-1674（dans *RHAF*, IX, 1955, 465-501）. ペトラの司教はまた、その教区の財政状態を改善することにも心を尽くした。Cf. Cl. Lessard, *L'aide financière donnée par l'Eglise de France à l'Eglise naissante du Canada*（dans *RHAF*, XV. 1961, 171-188）.

九二(202)　一六六二年一一月六日　息子宛

愛するわが子よ。知らせによると、一隻のボートが、ここから二四〇キロ離れた所に停泊している国王の船を見つけるために出ていきました。国王の名でケベックに来るよう命令されたのに、船長を命令に従わせることができなかったからです。船長は冬も近いので、どんな船でもこの季節にケベックまで上るものはなく、それに自分の船は四〇〇トンなので川を上るにはあまりに危険であると弁解しています。しかし、本当の理由は、航海中のその不行跡が罰せられるのではないかという恐れです。船長は、国王が国土の調査のために派遣した貴族の方と勅書を携えたブーシェ様を冷遇し、またすべての乗客を危うく飢えと渇きで死なせるところだったのです。実際そのうちの四〇人近くが死亡しました。食糧は二ヵ月分しか持っていないのに、航海は四ヵ月もかかりました。船長はまた別の船も同じ場所に泊めました。この船は改造輸送船なので、こちらまで上り聖マルティノの祝日の後に戻ることさえできたのです。昨年は同じような他の船がもっと遅く出航できました。前述の貴族の方、ド・モン様はこちらにボートで来られ、[1]大きな船に乗っている三〇〇~四〇〇人の乗客と越冬用の食料を降ろすために戻りました。当地のすべてのボートと小舟が船まで行きましたが、そのために今までに見たことのない混乱が生じました。

　私たちは小包を少しずつしか受け取らなかったので、返事も短くしか書けず、大きな船に少しずつ行くボートに託すほかありませんでした。ですから、ド・モン様が委任されて行った事柄をあなたに知らせるために書いたこの手紙も、ボートで運ばれます。氏は道すがらテール・ヌーヴのプレザンス要塞を手中にしましたが、[2]この地にはフランスから二、四〇〇キロ迂回したタラの漁場があって、これを英国人あるいはオランダ人が我が物にしようと望んでいました。氏は要塞に三〇人の戦士と一人の司祭を残して守備させ、また越冬のための食糧も置いていきました。

　その場所から氏は土地、山、川、岸、道を観測しました。それからケベックに来て、港と居住地の付近を訪問しました。北東風のおかげで、氏はトロワ・リヴィエールに一日で上り、かつてその地で指揮を執っていたことのあるブーシェ様を総督に任命しました。総督様のお手紙と委託された事柄をフランスに持参し、国王に提出したのはこの方です。[3]国王は異例のご好意をもって氏の言葉を聞かれ、イロクォイ・アニュロノン人を壊滅させて、こちらの国土全体の支配者となることを望まれました。それで、この部族と同じように川を航行できるようにと、小さな船と共に一連隊をこちらに派遣することを約束なさいました。そのためにこそ、陛下はド・モン様を派遣なさって当地の視察を委任なさったのだと私たちは期待しています。

　この方がすべての事柄を調査なさった後、総督様が国王にお伝えし、ブーシェ様が口頭でおっしゃったすべてのことについて、また当地ではフランスよりも大きく、美しい王国を造ることができるという点で合意に達しました。私は同感ですし、このことに精通しているという人々の考えでもあるのです。幾つかの箇所には鉱山があり、土地は肥えていて、特にたくさんの子供がいます。これは、国王がブーシェ様に再三にわたって質問なさった事柄で、つまり、国王は当地には子供がたくさん生まれるかどうかをお聞きになったのです。実際たくさんいます。意外なことかもしれませんが、事故でもない限り、なんら身体的欠陥を持たないたくさんの健康な子供がいるのです。貧しい人でも八人以上の子供を持っていますが、子供は冬でも裸足で帽子もかぶらず、背中に小さな上着を羽織っただけで、食べ物と言えばウナギとわずかなパンだけですが、それでもよく太っています。

ド・モン様は満足してお戻りで、陛下のご計画を続けるために八ヵ月後の再訪問を約束なさいました。

主ご自身の御栄えのために、すべてが成功するようお祈りください。

1　ピエール・ブーシェと国王親任官ド・モンは二七日にケベックに到着した。Cf. *Journal des jésuites*, 313. 国王の船はタドゥーサックに停泊していて、宮廷派遣の援助隊輸送に当たったニコラ・ガルゴの指揮下にあった。ガルゴがエーグル・ドール号の船長であった。航海中の災難については、cf. *Les Aventures du rochelais Nicolas Gargot, dit Jambe-de-bois*, éd. Charles Milon, La Rochelle, 1928, 143-146。一一月二〇日まで、約四〇〇人の乗客を下船させるため、ボートが船と陸地の間をひっきりなしに往復していた。Cf. *Journal des jésuites*, 314.

2　プレザンスは、プレザンス湾（プラチェンチア、テール・ヌーヴェル）に構築された要塞である。その名は一六世紀の地図にすでに出ていて、当時フランス人たちが島で釣りをしていたことが確証されている。Cf. Biggar, *The Voyages of Jacques Cartier*, pl. XIV, 224.

3　ピエール・ブーシェは、ヌーヴェル・フランスの立場を国王に弁護するため、前年アヴォーグールから派遣され、首尾は上々であった。一六六三年、*Histoire Véritable et Naturelle des Moeurs et Productions du païs de la Nouvelle-France, vulgairement dite le Canada*なる著を著し、コルベールに献呈した。著者はその中で、前年国王に報告した事柄についての詳細を述べている。

九三（203）　一六六三年七月一二日　息子宛

今にも私の犠牲を終えるのではないかと考えたある機会に、神は私がいけにえとして忠実に留まるお恵みをお与えになりました。その機会とは、この国で起こった非常に恐ろしい大地震です。しばらくの間、私たちに世の終わりではないかと思わせるほどのものでした。知らせによると、この地震はアメリカ大陸の各地で起こったそうで、これがフランスとヨーロッパでも起こっていたとしたら、私たちの考えは的中していたということになりましょう。司教様が酒類の取引を抑え、幾人かのフランス人が先住民の間に生じさせている風俗紊乱の救済策を探し求めるためにフランスで努力なさっている、まさにそのとき、神は罪びとを回心させるために、こちらでご自分の力を振るわれ、驚くべき結果を生じさせられました。事実、これによって全く悪魔的な人々の心を変え、すでに正しい道にある人々を奮気させました。私は二ヵ月あまり前から毎日、生きたままどこかの深淵に飲み込まれてしまうのではないかという気持ちで過ごしていました。いつまた、どこでこのように激しい地震が起きるか分からなかったからです。このような激震は私たちには未経験でしたので、起こったときには、私たちの精神に様々な影響を与えました。ある姉妹たちは、建物がカードのように揺れているのを見て、潰れたものの中に埋まることを恐れて外に飛び出し、ある姉妹たちは聖櫃の前に退避して、私たちのためにご自分をいけにえとしてささげられたお方に、自らをいけにえとしてささげようと祭壇の側で死ぬ覚悟をしました。一人の助修女は神の至高の力をあまりにありありと見せ付けられたので、一時間も身体全体を震わせ抑えることができませんでした。

九四（204） 一六六三年八－九月 息子宛

愛するわが子よ。今年、ヌーヴェル・フランスで起こった地震についての話は別の機会にすることにしました〔＊異本からの記述が対照的に掲載されているが、省略した〕。

それはあまりに不思議で、激しく、恐ろしいものでしたので、言い表すのに十分な言葉がありません。お話ししても信じてもらえず、作り話と思われるのではないかとさえ思っています。

この年、一六六三年（二月）の三日目、ある気立てのよい立派なキリスト信者の先住民女性が小屋の中で目を覚ましました。他の者は皆眠っていました。すると噛んで含めるようなはっきりした声が聞こえて、二日後に非常に不思議なことが起こると言うのです。翌日、同じ女性が妹と一緒に森の中で日課の薪木を集めていると、同じ声がはっきり聞こえ、明日、夕方の五時から六時の間に地面が動き、驚くほどに揺れるだろうと言いました。彼女は聞いたことを小屋の人々に知らせましたが、家の者たちは彼女の言っていることを真に受けず、夢か幻覚のせいにしました。

案の定、その日はかなり穏やかな日で、次の日も同様でした。

五日目、その日はおとめ殉教者アガタの祝日でしたが、夕方の五時半頃のことです。誰もが認める有徳で神との親密な関係にある人が、この国で犯されている罪を神が大変お怒りになっているのを見て、これを裁かれるよう神にお願いする気になりました。この人はそのために正義を、しかし、大罪の状態にある人々にお慈悲もお示しになるよう神に祈り、また当日祝われていた日本の殉教者に、それが神の御栄えに一番かなうと思われる仕方で実現されるよう執り成しを願いました。その間にも、犯されている罪、特に教会の命令を無視している罪のために神が罰しようとなさっている予感、と言うより確信を持ちました。どのようなものであれ、この人は、この罰を望まないではおれませんでした。自分では、それがどのようなものであるかは全く分からなくとも、神がお定めになることだからです。その直後、つまり地震が起こる少し前、この人はケベックの四方で怒り狂った四つの悪霊が地面を激しく揺さぶり、一切をひっくり返す意図を明らかにしているのを見ました。実際、感嘆するほどに美しく、うっとりするような威厳を持たれたお方が現れなかったら、悪霊はそのとおりにしていたでしょう。時々、怒り狂う悪魔の手綱を緩め、一切を消滅させる寸前で手綱を絞られました。悪霊が次のように言っているのが聞こえました。

「私たちには多くの人々が回心したのが見えますが、長続きはしないでしょう。人間どもを私たちのほうに戻す手段を見つけることにします。目下は、大地を揺さぶりつづけ、一切をひっくり返すのに全力を尽くします」

天気はかなり穏やかで晴れていました。この幻視がまだ消えないうちに、遠くから物凄い音と地響きが聞こえてきました。たくさんの馬車の車輪が、敷石の上を猛然と疾走してくるように思えました。この音が注意を喚起するやいなや、地の上にも下にも、至る所にざわざわした波のような音が聞こえ、人々を恐怖に陥れました。屋根となく納屋となくあらゆる所で、石が霰のように降る音が聞こえました。

この国の地層のほとんどを成し、私たちの家の建築に使われている大理石が今にも裂けて、私たちを飲み込んでしまうように思えました。厚い埃がほうぼうから舞い上がっていました。あるドアはひとりでに開き、他のドアは開いたり閉まったりしていました。教会のすべての鐘と家々の柱時計の鐘は全部ひとりでに鳴り、鐘楼も私たちの家も、風になびく木のように揺れていました。

これに加えて、ひっくり返った家具、崩れた石、はがれた床、割れた壁が無残に散乱していました。その間にも家畜がうなるのが聞こえ、あるものは小屋から出て、他のものは小屋にまた入りました。一言で言えば、人々は恐怖のあまり、これらのことを裁きの日の前兆と見て、その日の前夜にいるのではないかと考えたほどです。

思いがけず若者たちが度を越した謝肉祭の準備をしていたときに起こったこの出来事は、同じように予期していなかったすべての人にとってまさに晴天の霹靂でした。いいえ、あとで他の所でお話しする結果から見て、この国に対する神の御憐れみだったのです。最初の揺れで誰もが茫然自失しました。そして、何が起こったのか分からなかったので、ある人々は大火事と思って消火のために水を求めて走り、他の人々はイロクォイ人の軍勢と思って、武器を掴みました。しかし、これは全くの思い違いでしたので、今にも崩れ落ちそうな家の下敷きにならないように、我先に外に飛び出しました。

外も内より安全ではありませんでした。ボートの下でうねる波のように足下で揺れる地面の動きから、私たちはすぐ地震であることが分かったからです。

ある人々は木にしがみつきながらも、出てきた家のことを一緒になって恐ろしそうに話し合っていました。ある人々は木の株にしがみつきましたが、これも揺れ動くので胸をひどく打たれました。恐怖に捕らえられた先住民たちは木々が自分たちをたたきつけたと言っていましたし、そのうちのある者たちは、これは悪魔の仕業で、邪なフランス人が自分たちに与えたブランデーを飲んで行った乱行のゆえに、神が自分たちを罰するために悪魔を使われたと言いました。教育を受けていない他の先住民たちは、元の住まいに戻りたがっている先祖たちの霊の仕業であると言っていました。この誤った先入観に駆られて、先住民たちは銃を取り、一団の霊が通っていくと言って、銃を空中に向けて撃ちました。しかし、私たちの住民も先住民も、外にも家の中にも避難所が見つからなくて、大部分の人々は弱って倒れてしまい、勧められるまま教会に入って告解をした後、教会の中で死ぬことのできる慰めを得ようとしました。

半時間近く続いたこの最初の揺れが収まると、私たちは安堵しはじめましたが、夜の八時頃にまた揺れ出して、一時間後には二度揺れが起こりました。私たちは内陣で朝課を唱えていましたが、一部はへりくだった心でひざまずいて唱え、神の至高の力に私たちをゆだねました。これは数えた人から聞いたことですが、その夜は余震が三〇回起こったそうです。私が数えたのは六回だけです。

ある余震は弱くてほとんど感じられなかったからです。しかし、三時頃、かなり強い余震があって長く続きました。

この地震は、強弱の差はあれ七ヵ月も続きました。[2] ある揺れは頻繁でしたが弱く、ある揺れは稀でも強く激しいものでした。このように、災難は一時はやんでも、次にはいっそう強く私たちを襲い、私たちを脅かす災いを忘れた途端に、時には日中、また多くは夜の間に私たちを不意打ちにしました。

地はこのように頻繁に不安を与えていましたが、天もまた、怒号と騒音が空中に響き、とぎれとぎれの声が恐怖を抱かせて、地震に劣らず不安を撒いていました。ある声は悲嘆の叫びを上げ、ある声は、行こう、行って川を塞ごうと言っていました。時には鐘のような、時には大砲のような、時には雷鳴のような音が聞こえました。火と炎と火の玉が見え、これらが時々地に落ち、時には空中に消えていきました。空中には、口から炎を噴き出す人の形をした火が見られました。夜の間に必要ならば薪を取りに外に出ていく使用人たちは、一夜のうちにこのような火を五、六度見ています。それはそれは恐ろしい光景でした。それで、悪霊が時々雷鳴にまじっているので、たとえそれは自然の現象に過ぎないにしても、悪霊がこの地震に一役買って、動揺する自然が引き起こす恐怖を強めているにちがいないと思えました。

この恐怖の中にあって、すべてがどうなるのやら分かりませんでした。一日が終わると、私たちは夜の間に深い淵に飲み込まれる覚悟をし、夜が明けると、命が一時も保証されていないのを見て、いつも死を待っていました。一言で言えば、皆は世界的な不幸を予期して憔悴していたのです。神ご自身、私たちの恐れを強めることを楽しんでいらっしゃるように思われました。

ある観想的な方が、神の怒りを鎮めようとして御聖体の前にひざまずき、また人々を脅かしているすべての災いのいけにえとして、喜んで自分を神にささげていました。と突然に、非常に威厳のある人が近づいてくるようで恐ろしくなりましたが、すぐにある恐るべき人物であることに気が付きました。着ている服には次の文字がいっぱいに書かれてありました。

「あなたのような神が他にあろうか[3]」

左手に秤を持っていましたが、一方の秤皿からは蒸気がいっぱいに立ち上り他には次の文字が書かれてありました。

「エルサレムの者たちに語りかけよ。『苦役のときは終わり、その罪は赦される』と[4]」

右手には三本の矢を持っていて、それらの先端に「不信仰、不純、愛の欠如」と書かれていました。それでその方はいっそう祈りを強めていると、天使の口から「神は人から侮られることはない」[5]という言葉が出てくるのを見ました。この幻視から覚め、その方が人々を罰するのをまだお待ちになるよう神に祈ると、強い希望が湧いてきました。

けれども、敵が相変わらず足元で動き回っているのが聞こえ、揺れが繰り返されたりやんだりするのに応じて、私たちは生と死の間、恐れと希望の間の崖っぷちに立たされていました。清らかで祈りに余念のないある人が、ある日、自分の部屋で一つのほのかな光を目にしました。それは抜き身の剣の形と輝きを表していました。同時に、「主よ誰の上に、誰の上に」という張り裂けそうな声を聞きました。返事は聞きませんでしたが、この最初の声に続いて、酷く混乱した嘆きとうめき声が聞こえました。

このように何が起こるのか分からない恐れと不確かさのうちに一ヵ月が過ぎました。しかし、ようやく二、三度かなり強いものが起こったのを除いて弱くなり、ほとんどなくなってきましたので、人々は強震のときに通常伴う結果を見つけはじめました。[6]すなわち、多くの地割れ、前にはなかった新しい早瀬、新しい泉、新しい丘などです。前に山があったところは平地となり、ある箇所には新しい淵ができて、そこから黄色の蒸気が上がっていました。かつて木々や林が見られた土地は、裸の大平原になりました。岩はひっくり返り、地面は掻き乱され、森は破壊され、木のあるものは倒されたり、枝の先まで地中に突き刺さったりしていました。二つの川が消えてなくなり、二つの新しい泉になって、一方の流れは乳のように白く、他の流れは血のように真っ赤でした。私たちが一番驚かされたのは、セント・ローレンス川です。この川は非常に深くて、通常なら他の川を変えてしまう雪解けにも、また、かなり大きな六〇〇以上の源流は言うに及ばず、その中に流れ込む五〇〇以上の川の合流によっても決して変わらないのですが、それが硫黄色になって八日間もそのままで流れていたのです。

恐れで森から逃げ出したある先住民たちがそれぞれの小屋のほうに戻ると、小屋はその場所にできた湖に沈んでいました。私たちの近くの納屋は一方に傾いては、また他方に傾き、結局、その土台に落ち着きました。シャトー・リシェのボープレ教会では、灰の水曜日に地面が酷く揺れて、外壁がまるでカードのように揺れるのが見られました。顕示されていた御聖体も同じように揺れました。しかし、造花の小さな冠で固定されていたので落ちませんでした。消えていたランプは三度落ちましたが、この教会の面倒を見ていらっしゃる神父様が火を付け元の場所に上げると、もう落ちませんでした。

私たちがタドゥーサックから来た人々から聞いたことですが、地震はその地では、ものが砕ける不思議な大音響を立てたそうです。六時間の間にたくさんの灰が降って、地上にも舟にも三センチほどの厚さに積もりました。このことから、人々は地下に閉じ込められていた火が地雷のようになって、それが爆発して、焼かれた塩のような灰を撒き散らしたと考えました。これらの人々が言うには、地面が最初に揺れると、それに伴って生じた不思議な結果に大変恐れましたが、一番怖くとてもただ事でないと思われたのは、一定の時間に満ちたり引いたりする潮が、地震の少し前に引いたのに、突然、恐ろしい音を立てて満ちてきたことです。

三人の若者が、ブランデーを売ろうとして先住民を探しに会社から出ていきました。一人は必要があって道から外れたのですが、そのとき、恐ろしい光景が見えました。それは、見ただけで恐怖のあまり死ぬのではないかと思わせるものでした。それで、すぐさま引き返し、なんとか他の二人に追い付きました。二人は仲間があまりに怖がっているのを見て、からかいはじめました。それでも、一人は真面目になり、「でも、笑っちゃいけないよ。教会の禁止に背いて先住民のためのアルコールを持ってるんだから、ひょっとしたら、神がおれたちの不従順を罰しようとしているのかもしれない」と言いました。そして三人は引き返しました。夕方、小屋に辿り着いたとたんに、地震が起きて目の前で小屋が潰されたのですが、からくも助かりました。最初の出来事に加えてこの不意の出来事で、三人は天が自分たちを責め立てて、密売をやめさせようとしていると信じました。

ここからタドゥーサックへの道の中間に二つの大きな岬があって、風を吹かせ、船の航行を困難にさせています。[7] この二つの岬は今は破損し、岸と同じ線まで陥没しています。驚嘆すべきことには、二つの岬は、満々と水をたたえて広がったロワール川以上に大きな川の中に突き出ています。木々と草地は残っていて、今では平坦な土地になっています。しかし、土台は堅固に見えても、最初に誰が足を踏み入れるかは分かりません。売買に出掛けた私たちの隣人の一人の若者は、まだ現れていないある川の岸に下りていこうとしました。どのようになっているのか見たかったのです。足を踏み入れたとたんに深くはまり込んでしまい、ほうっておけば沈んでしまうので、やっとのことで引き上げられました。

今、副総督様がタドゥーサックから到着しました。あちらでは地震が今も頻繁に起こっていて最初の頃と同じように激しいと伝えました。日中にも夜にも数回は起こるそうです。私がこの手紙を書いているのは六月二日ですが、この災難はもう四ヵ月半続いていることになります。

先発のために、ガスペに大きな船を残して数日前にこちらの港に到着したボートは、タドゥーサックの近くで難儀しました。フランスから帰国した総督秘書と隣人の一人の若者から知ったのですが、ボートは奇妙に飛び上がっては揺れ、時々、家の高さまで持ち上がりました。航海中にこのようなことを経験したことがなかっただけに、これには怖くなったそうです。恐怖に駆られて陸地を見ると、一つの大きな高い山がありました。それが突然に揺れ動き、旋回したかと思うと見る間に陥没し、その頂上は地面とすれすれになり、氷のように平らになってしまいました。[8]これを見た人々は、残骸が近づくのを恐れて急いで川から遠く沖に出ました。

しばらくして、大きな船は同じ航路を取り地震に遭いました。乗船していた一人の紳士のお話によると、乗船していた人は皆、死ぬのではないかと思い、揺れが激しくて立っておれないので一同ひざまずき、上甲板にひれ伏して死の用意をしました。一同は、経験したことのないこの偶発事の原因が分かりません。その場所では、海と同じように深い大きな川全体が陸と同じように揺れていたのです。揺れが大きかった証拠に、船の太い綱が破れ碇の一つを失いましたが、これは大変な損傷でした。私はこれらの船で到着した人々から聞いて知りましたが、ケベックと一二〇キロ離れたタドゥーサックとの間の一二箇所以上で幾つかの場所、特に前述した二つの岬付近で地震による大きな破壊が生じ、岩山が裂けました。乗船者たちは幾つかの丘陵あるいは高地が土台から引き抜かれ消滅して、嵐のときに小舟やボートが避難できるような小さな入江ができているのを見ました。これはほどんど信じられないほどで、全く思いも寄らないことでした。毎日、同じような驚くべき現象を知らされています。人々は、この地震が大河の沿岸で起こったので航海を妨げはしないかと心配しましたが、結局、危険な夜間に航海をしなければ、被害を受けることはないと思っています。

被害はタドゥーサック方面で甚大でしたが、トロワ・リヴィエール方面でも、それに劣らぬものがありました。[9]私たちの友人でもある信者の方が、その中でも特別に驚くべきことを書いて寄越しました。その方のお話を忠実に書くとしたら、その方自身の言葉でそのまま伝えるのに越したことはないでしょう。それは次のようです。

「最初の最も強い揺れは、こちらでは二月五日の午後五時半頃に起きました。はじめは遠雷を聞くようなどよめきがありました。家々は嵐の中の木のように揺れる音を立てましたが、これは幾人かの人に火が納屋でぱちぱち燃えているように聞こえました。私たちの家の柵と各家の囲いの杭は踊っているように見えましたが、一番恐ろしかったのは、一目見ただけで地面が通常よりたっぷり三〇センチ以上も持ち上がり、騒ぐ波のように縦に横に揺れていたことです。この最初の揺れは半時間続きました。誰もが、地が開いて私たちを飲み込んでしまうのではないかと思いました。とは言え、トロワ・リヴィエールには石材がないことから、すべての家は木造なので、目に見える結果としては幾つかの煙突が落ちただけですみました。しかし、一番大きな被害は良心に生じたもので、これは困ったことに今でも続いています。そのほかに私たちは、言うなれば、この地の病の様々な症候を見ました。地震はほとんど間断なく起こり、また、それは同じ規模のものではありません。あるときには、錨を引きずってゆっくり動く大きな船の揺れに似たもので、ある人々は頭がぼんやりさせられます。あるときは、揺れは規則的ですが、特に夜分には激震に変わり、家々を崩れさせます。一番普通の揺れは小刻みなもので、地下の火のせいにされていますが、これはまた他の結果を生じます。これらの火は瀝青質と硫黄質の物質で燃え、これを焼き尽くしますので、同時に私たちの足下に大きなくぼみを造り、その地面をたたくと反響し、ちょうど丸天井の上をたたくと反響するのが聞こえるのと同じです」

以上がトロワ・リヴィエールから書いて寄越したものです。

また、手に松明を持った幽霊のような者が、トロワ・リヴィエールの方形堡の上を西から東へ移っていくのを見たと確言する人もいます。

目撃者のトロワ・リヴィエールの先住民とフランス人の幾人かの報告で疑念の余地のないことは、ここから二〇キロ余りの川の両岸はこちらの両岸より四倍も高いのですが、地層を取り除かれて根こそぎにされ、長さ約8キロ、幅は畑のほう五八〇メートルにわたって水面と同じ高さにされ、また森と一緒に運河の真ん中にひっくり返されて、そこで巨大な堤防を形作り、おかげでこの川は川床を変え、新しく発見されたこれらの大平原に注がざるを得なくなりました。しかし、この川はその急流によってこの奇妙な島を浸食して絶えず打ち寄せ、今日でも濁ってどんよりしているために、もはや飲めない水で少しずつ島を崩しつつあります。このような激しい変化の中で、木がかろうじて一本だけ残り、大部分は船のマストの長さに挽き割りされて川に落ち、川は破片の海となっています。

名だたる第一の急流も、[10] すっかり平坦にされたあとはもう存在しません。バチスカン川のあたりでは、荒廃ははるかに大きくもっと驚くべき状況でした。その頃、この地区には地震が一番猛威を振るい、より大きく陥没していた場所に、フランス人と先住民五〇人が居合わせていました。皆が恐怖に陥り、足下に開く地割れに落ち込まないように逃げなければなりませんでしたので、私は数人から聞いた幾つかの状況だけに言及することにします。とにかく、各人は自分のことと、自分の側に開く地割れから逃げる手段だけを考えていたのです。

この自然の噴火は、こちらでもあちらでも二月五日の夕刻頃に起こりはじめ、夜明けまで一晩中続きました。たくさんの大砲と恐ろしい雷鳴のような音を伴い何百本となくぶつかり合って、あちこちの地割れの底に落ち込んでいく巨大な森林の木々の響きと混ざって、哀れに逃げ惑う人々の髪の毛を逆立てました。先住民の一人は小屋の中に生じた地割れに半分飲み込まれ、仲間たちからやっとのことで引き出されました。あるフランス人は同じ危険から逃れた後、恐れから置き忘れた銃を取りに引き返しましたが、前に火を焚いていた場所で腰まで水に浸かりました。先住民は、彼らの言うところに従えば、すべての災いを空中を飛ぶ悪霊のせいにしていて、これらを驚かし、追い出すために時々大声を上げて銃を撃ちましたので、夕方から夜通し、窒息するほどの熱気を感じました。ある人々は、目の前で山々がぶつかり合い、消えていくのを見たと確言しました。他の人々は、岩場が木の頂まで空中に舞い上がるのを見ました。

私は、地面が割れるのを見て、一晩中走り回っていたある人と話しました。その人の話によると、もっと離れていて大きな被害から逃れた人々は、戻りながらどこがはじめでどこが終わりかも分からず、深さも測ることができずに、四〇キロ余り川に沿って歩いたと言いました。また付け加えて、バチスカン川に沿って歩きながら、前に見た急流はすでになく丘がすっかり地中に埋まってしまっていて、非常に変わってしまっているのを見たと言いました。前には高い山があったのに、今は陥没して、馬鍬《まぐわ》を使ったように平坦な平原になってしまいました。ある場所には埋まった木々の先、他の場所には、頂が地中に埋まっているので空中に顔を出している木の根だけが見えたそうです。

ボープレでは、ある一家の主人が使用人の一人を農場に送りましたところ、この使用人は一つの町ぐらいに広がった大火事を目にして、真昼間でしたが、恐怖のあまり死ぬのではないかと思いました。また、周囲の人々も同じことを見て、すべてが滅びるのではないかと思い極度に恐れました。けれども、この大火事は川のほうに移って川を渡り、オルレアン島に消えていきました。これを目撃したある男の人がこのことを私に確言しましたが、この人は信頼に値する方です。

地はまだ不安定ですが、はや七月の七日です。私は事情を知るに応じて、繰り返し書いているだけです。地面から絶えず出てくる熱い蒸気で空気は非常に乾燥し、すべての芽は枯れてしまいました。それに数日前には、トゥールマント岬のほうで竜巻と激しい嵐があって、それが夜のことでしたので、皆を驚かせました。これには山々から想像できないほどに激しい大量の水が流れ落ちて、恐ろしい音響が伴いました。

水車小屋は壊され、森の木々は根こそぎにされて運び去られました。この新しい水流は川の流れを変え、最初の川床は干上がって、砂だけになりました。新築のある立派な納屋はそっくり八キロ離れた所に押し運ばれ、そこで岩にぶつかり壊れてしまいました。その地方には広大で豊かな草地があるので多くの家畜が飼われていますが、すべての家畜が急流に押し流されてしまいました。それでも、幾匹かは木々のおかげで助かりましたが、木々の間にからまっているので、流れが弱まったあとで救出されました。まだ青い麦は、残らず駄目になりました。麦だけでなく、三〇〇アールの土地全体が運び去られ、裸の岩だけが残されました。私たちの隣人の一人で当時その場にいたある紳士は、そこにいた六日の間、地震と嵐が怖くて二時間しか眠れなかったと話してくれました。

ケベックで地震が始まった同じ頃、それは至る所で始まり、同じ結果を生じていたのです。地震はノートルダム山[11]からモントリオールまで感じられ、皆が同じように恐れました。

ニュー・ネザーランド〔*ニュー・ヨーク〕も例外ではなく、その近辺のイロクォイ人はこちらのイロクォイ人と同じように仰天しました。この地震は彼らには初めてのもので、これほどの破壊の原因を推し量ることができず、オランダ人に原因を尋ねました。オランダ人は、これは世界がもう三年しか続かないことを意味していると答えました。この人たちが何を根拠にこのような予言をしたのか、私には分かりません。

今日七月二九日、ニュー・イングランドから一隻のボートがケベック港に到着しました。ボートから上陸した人々の話では、英国人が建てた美しい都市ボストンにいたのですが、謝肉祭の最終月曜日の五時半、こちらと同じような地震があって、幾度か余震があったそうです。アカディア〔*ノバ・スコシア〕と、かつてはラジリー騎士分団長[12]に属していましたが、その後、英国人に奪われたポール・ロワイヤル[13]についても、同じことを伝えました。フランスの[14]トゥールのカンジュ氏とドニ氏に属するアカディアでも、他の所と同じような揺れが感じられました。このボートは、イロクォイ・アニュロノン人に捕らえられた五人のフランス人捕虜を返して寄越したのです。捕虜はオランダ人のおかげで逃亡しましたが、オランダ人は自分たちの所に避難するすべての人々を遇すると同じように、この人たちを大変温かくもてなしてくれたのです。

かなり遠方の先住民は急いでこちらに避難してきましたが、それはどこまでも追い掛けてくる地震を避けるためよりも、むしろ教育を受け確かな良心を培うためでした。この人たちは、長い間探し求めていた一つのことを発見しました。それは北の大海の入り口です。その付近には、神のみことばをまだ聞いたことのないたくさんの民族がいるのです。これは福音の働き手にとって、自分たちの熱誠と熱情を満たすための大きな畑です。この海を渡れば中国と日本に行けると考えられています。そうであるならば、航路はかなり短くなるでしょう。

ここで、話を私たちの地区に戻します。私たちは相変わらず恐れていますが、それでも、地震に慣れはじめています。私たちの友人である一人の紳士は、大理石の岩の先端に立派な水車小屋付きの家を建てました。地震で岩は裂け、水車小屋と家屋はできた地割れの中に埋もれてしまいました。今日は八月一三日です。昨夜は、地面が激しく揺れました。私たちの寝室と学校が凄く揺れたので、私たちは眠りから覚め再び怖くなりました。

以上の報告をこの月の二〇日に終えますが、これらの大災害の終わりはどうなるのか分かりません。地震は依然として続いているからです。しかし、かくもただならぬ大規模の破壊の間で、死者と負傷者一人さえもいなかったのは驚嘆すべきことです。これは、ご自分の民に対する神のご保護の明らかな証拠で、ご自分がお怒りになるのはただ私たちをお救いになるためである、と信じる正当な根拠をお示しになっていらっしゃるのです。罪の中にまどろんでいて、ただ内的な恵みの動きだけでは目覚めることのできなかった多くの人々の回心によって、神が、私たちの恐れからご自分の御栄えをお引き出しになられるものと期待しております。

1 長さについては証言が一致する。ラールマン師は「その激しい揺れは厳密にはせいぜい一五分ぐらいでしかなかった」と明確にしている(RJ1663 chap. II, Th. 48, 46)。この段落の残りは、すべてマリー・ド・レンカルナシオンに固有である。

2 二月五日以降なので九月のはじめということになる。

3 Quis ut Deus で Quis es Deus ではない。これは天使ミカエルのヘブライ語の意味である。[＊上は元のラテン語で、旧約聖書ミカ書7・18によるが、近代のヴルガタ版では Quis Deus similis tui]

4 イザヤ書40・2参照［＊原書はラテン語で、loquere ad eos Jerusalem…と書いてあるが、異本は、たいていの聖書のように、Loquere ad cor Jerusalem］(ラテン語からの訳)

5 ガラテヤの信徒への手紙6・7 (Deus non irridetur)。

6 結果は一般に、場所を明確にしないで述べられている。手紙はタドゥーサックとトロワ・リヴィエールの地方の場所を後述する。そこから、若干の意味のない文が繰り返される。

7 地震は特にカプ・トゥールマンとタドゥーサックで強かった。岬の一つは、ラールマン師が話したセン・ポーロ岬の近くの「小さな山」に違いない(RJ663, Th. 48, 48)。この地域の地層の不安定については、cf. R.Blanchard, *L'Est du Canada français*, Paris- Montréal, 1935, I, 315 ss.

8 手紙が前述し、また後述する二つの岬の一つ。ギトンの名の商人がイール・ド・クードルにその船を置いていかなければならなかったことから見て、地震はこの地方で特に強く感じられたことが推測できる。(*Journal des jésuites.* 319. また地理的な観点からは信用しがたくとも、シャルルヴォワが一七二〇年に *Journal historique* の中でこれについて書いたことも参考になる。*Histoire de la Nouvelle-France*, Paris, 1744, V, 98)

9 トロワ・リヴィエール地方での影響に関しては、マリー・ド・レンカルナシオンはある紛失した資料を用いている。

10 セント・ローレンス川のようである。

11 セント・ローレンス川の南岸にある山脈で、シャンプレンから湾まで広がっている。

12 イザーク・ド・ラジリー (†一六三五年)、トゥーレーヌのある家族出身で、マルタ騎士団の指揮官、リシュリューの従兄弟。リシュリューからアカディアの地方長官に任命された(一六三二—一六三五年)。

13 一六五四年に。

14 大西洋に面する東海岸で、現在のファンディ湾であるフランス湾の内陸沿岸と向き合う。

第六部　国王ルイ一四世の治下で

九五（207）一六六三年九―一〇月　息子宛

愛するわが子よ。一艘の船が到着したばかりですが、すぐに戻る準備をしているので、まだあなたからもフランスの私たちの修道院のどこからも便りがないけれど、一言あなたに書くことにしました。

知っていると思いますが、国王〔＊ルイ一四世〕は今、当地の支配者です。それで百人出資会社〔＊ヌーヴェル・フランス会社〕の方々は、国王が支配権を掌握する意図のあることを知り、先を越して国王に支配権を返上することにしました。国王は提案を直ちに受け、補償を約束しました。しかし、この変化に多くの困難が伴いました。国王の船団は、私たちの司教様をお連れしました。聞くところによれば、この司教様は先住民に与えている酒類は当地の新しい教会を全く破滅させるものとし、フランスでかなりの紛争を起こされました。司教様は国王派遣の新総督と一緒に航海なさいましたが、前任者は二年間務めただけで新総督の到着前に帰国しています。国王はお二人の他に一人の地方長官も派遣し、地方長官は到着して以来、当地のすべての紛争を処理しています。[1] 地方長官は、法規に従って裁くための司法官を任命しました。[2] そのうえ、警官を置き、交易と市民社会の治安のための取り締まりに当たらせています。[3] ケベック城が国王のものなので、地方長官は、国王の臣下であることを宣言する当地のすべての住民に忠誠を誓わせました。[4] これまでに定められた規則では、ケベックは市、ヌーヴェル・フランスは州あるいは王国と呼ばれています。一人の支配者と助役が選出され、一般にすべての官吏は、信義に篤く誠実な人々の中から選出されていました。すべての人の間に強いきずなが見られますが、司教様と総督様は国王顧問会の長に任命されています。これまでの場所が狭すぎて不便であることから、裁判所と刑務所が改めて建てられるということです。ド・メジーという名の総督は非常に敬虔で賢明なノルマンディーの貴族、故ド・ベルニエール様の親友で、故人は生前、その回心のために少なからず貢献なさいました。[5]

司教様が設立された神学校の維持に使われる十分の一税の慣習も定められました。司教様はこの手段を用いて、必要な至る所に教会を建て、そこで祭儀を行う司祭を維持する計画でいらっしゃいます。これらの教会は小教区と呼ばれますが、これを管理するのは主任司祭ではなく、長上者と呼ばれ、司教様がその責任者です。[6] 十分の一税の剰余分は貧しい人々の生活のために用いられることになっています。司教様はすでにケベックに司教館と大部分の神学生のための宿舎を建てられました。これらは大きな話題になり、幸先よく始められていますが、その結果がどうなるのかをご存じなのは神様だけで、経験から分かるように、結果はしばしば考えていたこととはかなり違ったものになります。

カナダで起こった恐ろしい地震は、人々の団結に大いに役立ちました。地震は皆を怖がらせ打ちのめしますが、一方で皆を平和にさせます。神が行われた数々の回心は信じられないほどです。不信仰者は信仰者となり、信者は悪い生活を捨てました。神がこの国の山々と大理石の地層を揺さぶられたとき、良心を揺さぶられたとも言い得るでしょう。謝肉祭の日は、悔悛と悲しみの日に変わりました。公の祈り、行列、巡礼が絶えず行われました。パンと水だけの大斎がしばしば行われました。総告解は病人の臨終のときよりも真剣に行われました。シャトー・ロシェの小教区を管理していらっしゃる一人の司祭は、一人で八〇〇以上の総告解をしたと私たちに断言なさいました。昼夜、告解室に入っていらっしゃった神父様方のご苦労のほどは、あなたの想像に任せます。私は総告解をしなかった住民は、国全体で一人もいなかったのではないかと思います。常習の罪びとで、良心を落ち着かせるために三度以上も総告解した人々もいました。敵同士がお互いに赦しを求め合っている感嘆すべき和解も見られました。この変化は晴天の霹靂のようなもので、それには神様の正義というよりも、むしろ憐れみが容易に見て取れるほどの痛恨が伴っていました。シルリーの小教区に属するセン・フランソワ・グザビエ要塞には、国王の船団でフランスから来た駐屯軍の兵士で最も悪意に満ちたおぞましい人がいました。賛嘆に値する行為について人々がするように、自分の悪行について恥も外聞もなく自慢していたのです。地震が始まったとき、この人は今までに経験したことのない非常な恐怖に捕らえられて、皆の前で叫びました。

「これは全く私のせいだ。神が私の罪を罰しようとしているんだ」

それから、自分の罪を大声で告白しはじめました。目の前には神の裁きしかなく、今にも地獄に落とされるかと思ったのです。この要塞はシルリーから一キロくらいの所にあるのですが、当人は恐怖で動けなくなってしまっていたので、そこから告解のため四人で運ばなければなりませんでした。幸いなことに、神がこの人をすっかり回心させてくださいましたので、今では徳と善行の模範となっています。

以上が霊的な事柄と俗事に関するカナダの状態です。付け加えて言えば、国王は、期待に反して、イロクォイ人を滅ぼすための軍隊を派遣しませんでした。[7] イタリアでの紛争がその原因であると言われています。その代わり、国王は一〇〇家族、五〇〇人の人を送って寄越されました。そして定着を容易にし、その後は不便なく生活できるように、一年分の費用を支払ってくださったのです。こちらで一年分の前金があれば、開墾できてその後の歳月のための資金が作れます。

1　ラヴァル司教は、ケベックに九月一五日、ド・メジー総督と一緒に到着した。二人は新たに、「国王の船団」を率いたニコラ・ガルゴのエーグル・ドール号で航海した（*Les Aventures du Rocheloi Nicolas Gargot*, éd.Milon, La Rochelle, 1928, 146, 187; *Journal des jésuites*, 321）。ラヴァル司教はアルコール飲料に関する紛争において勝訴した。召還されたアヴグールは七月二三日に乗船した（*Journal des jésuites*, 320）手紙九一（201）注2参照。時期に関しては、cf.Lanctot *Position de la Nouvelle-France en* 1663, *RHAF*, XI, 1958, 517-532. 司教と総督に同行した地方長官はカナダに最初に任命されたのではなかった。最初に任命されたフォルテルの領主ルイ・ロベールは、（その委任に関しては、cf.*Archives nationales, Colonies*, série F3, *Coll.Moreau de Saint-Méry* 3, f° 30-37）カナダに来なかった。マリー・ド・レンカルナシオンが語っている国王親任官ゴーデ・デュポンである。彼には通常地方長官の称号が与えられた（*Lettres au Conseil de Jean Bourdon*, ib.f°303; *Les Aventures du Rochelais Nicolas Gargot*, 146）。その委任は一六六三年五月七日である。これには「命令」が付いていて、その中にはマリー・ド・レンカルナシオンが列挙した諸点が見られる（*Edits et Ordonnaces*, Québec, III, 1856, 22-27）。

2　国王顧問会の官吏は、ラヴァル司教と総督との合意で選ばれた（*Mémoires du sieur Gaudais, Archives Nationales, Colonies*, série C^{11} A, *Correspondance générale*, f° 89）。彼らは顧問会の設置されるや、直ちに任命され宣誓した。彼らの名はルーエ・ド・ヴィルレ、ジュシュロー・ド・ラ・フェルテ、リュエット・オトゥイユ、ル・ガルドウール・ティリ、マティウ・ダムールである。ジャン・ブールドンは検事総長に選ばれた（*Edits et Ordonnances*, II, 5-6; *Jugements et Délibérations du Conseil souvrain de la Nouvelle-France*, Québec, 1885, I, 1-2）。

3　国王顧問会には司法以外にも、当地の民事及び商事の管理がゆだねられた。実際、ルイ・ロベールの離脱のために、国王は、通常フランスの各州においては地方長官に属する任務を裁判所にゆだねざるを得なかったのである。J.Delalande, *Le Conseil souvrain de la Nouvelle-France*, Québec, 1927, 51ss.; G.Lactot, *Histoire du Canada*, II, 16.

4　「上記のゴーデ卿は前記の全州において国王と領主及び地主の諸権利の確立のために行うことができ、また行うべきすべての事柄を監視しなければならない。しかし、国王が万事において重荷の軽減を望まれる前記の住民を抑圧すべきではな

い」(*Edits et Ordonnances*, III, 26)

5 メジーの貴族シャルル・オギュスト・ド・サフレー（†一六六五年）は、ヌーヴェル・フランスの七代目の総督である。カエン市の市長を務めるノルマンディー系のカルヴァン派貴族の出身で、ベルニエールによって改宗した。国王はド・ラヴァル司教の懇願によって彼を市長に任命した。国王を司教に対立させつつあった紛争の原因は、まさにヌーヴェル・フランスにおける権力配分にあった。総督は事実上国王顧問会を介してしか命令しなかったし、その権利は司教とあいまいに共有されていた。Cf.W.J.Eccles, *DBC* 600-604;M.*Souriau, Le Mysticisme en Normandie au xvii*ᵉ *siècle*, Paris, 1923, 239-241.

6 十分の一税は、一六六三年三月二六日にパリで司教教書が出されて神学校が設立されたのと同時にラヴァル司教によって定められ、翌年四月に国王から認可された。Cf.H.Têtu et C.-O.Gagnon, *Mandements, Lettres pastorales et circulaires des Evêques de Québec, I*, 1887, 44-47;*Edits et Ordonnances* 33-37. ラヴァル司教は従来の教会録体系を捨て、すべての司祭と十分の一税で養われる神学校に共通な生計費を定めた。Cf.L.Campeau, *Le Séminaire de Québec dans le plan de Mgr de Laval*, RHAF., XVI, 1963, 315-324;H. Provost, *Le Séminaire de Québec, premier logement, premier esprit*, *Revue de l'Universite de Laval*, XVII, 1963, 787-789;*Histoire du Séminaire de Québec, ib.*, XVII, 1963, 591-600;it., *Le Séminaire des Missions étrangères à Québec, ib.*, XX, 1966, 540-559.

7 コルシカの親衛隊問題に関する（一六六二年）ルイ一四世と教皇庁（アレクサンドル七世）との間の紛争である。Cf.Mouy, *L'ambassa de du duo de Créqui*, Paris, 1893, 307-311.

九六(212)　一六六四年八月一八日　息子宛

愛するわが子よ。

地震に関して当地で起こった事柄を、昨年あなたに書きました。あなたはまだ余震があるのかどうか、また何か被害が出なかったかどうかを知りたいでしょう。第一に、ある場所では軽度ですが、地面はまた揺れました。これは昨年の大地震の余震に過ぎません。

第二の問題として、私たちはペストや飢餓を恐れましたが、神様は私たちを両方から護ってくださいました。地震の大きな揺れのあとに、地下の火が地割れから吹き出し、地表が焼かれて乾燥し、すべての種を焼き尽くしました。この乾燥の後、神様は雨を降らせてくださいましたが、それがあまりに多量だったので激流となって残っていたすべての草を流し去り、収穫へのかすかな期待も失わせてしまうほどでした。ところが、反対のことが起こりました。収穫は豊かで、この国ではかつてなかった多量の小麦や他の穀物を得ました。病気に関しては、国王の船が運んできたもの以外には何も起こりませんでした。上陸した人々のうち一〇〇人が死亡しましたが、他に病人はいませんでした。ただし、悪い空気を吸った幾人かが、特にこれらの新来者に根気よく奉仕なさった介護修道女会のメール方が、重病になりました。しかし、どなたも死亡しませんでした。ですからお分かりでしょうが、神様が傷をお与えになるとすれば、それはお癒しになるためだけであり、私たちが経験した災厄は慈父によるこらしめに過ぎません。

国王はこの国の人口を増やしつづけることをお望みで、今年は、全員に渡航費を出して三〇〇人を派遣なさいました。ただ、これらの人々は住民を手伝うことによって給金を受け、三年働いたあとに、住民になる権利が得られます。[1] 国王は、来年もこれから数年間も同じことを続けられるということです。

春には陛下が、アメリカ全体の島々、南方と北方の島々を所有するために派遣されるド・トラシィ氏の到着が期待されています。その方は、国王代理のデストラード氏[2]の代わりとしていらっしゃり、その地方で他の地方でもなさったようにすべてを命令なさいます。イロクォイ人と戦うのに必要な準備をするよう前もって命令なさいましたが、これが目下なされているところです。多大な軍需品を持ってこられ、こちらで越冬なさるおつもりですが、航海に通じている方々はそれが不可能であると話しています。私たちは、国王が氏にお与えになった諸権限の印刷物を読みましたが、それに驚いています。なぜなら、国王ご自身でない限り、これほど大きくまた広範な権限はないからです。[3]

イロクォイ人自身、自分たちの抱え込んでいる戦争や神から与えられた病気や多くの死亡者のためにかなり手痛い目に遭っているのですが、私たちが予期しないときに、こちらの地域に略奪を働きに来ていました。フランス人の娘二人を数人のフランス人男性と先住民と共に誘拐し、その後、数人を殺害して、いつものように逃走しました。

この一団が略奪を働いている間にも、イロクォイ人の幾つかの主な部族がモントリオールに近づき、フランス人に和平と自分たちの敵を防ぐための援助を求めました。彼らは先住民のためのたくさんの豪華な贈り物を持ってきました。八～一〇リーヴルになるのではないかと見られています。司教様と総督様が彼らを迎え、提案を聞くためにモントリオールに行かれました。[4] けれども、このことを聞きこんだアルゴンキン人が彼らを待ち伏せし、巧みに罠をしかけたので、彼らはその中に落ちてしまいました。イロクォイ人たちは奇妙な叫びを上げながら、自分たちはアルゴンキン人とフランス人との和平に来たと言いましたが、宿敵であるアルゴンキン人たちは、イロクォイ人たちの裏切りと悪意を幾度となく経験していたので本気にしませんでした。それで、イロクォイ人の言うことに耳を貸さずに、できるだけ多くの者をずたずたに引き裂き、他の者たちは縛って戦利品を奪いました。先を越してモントリオールに来た者たちを救うのには苦労しました。フランス人たちがイロクォイ人をかなり遠くまで、アルゴンキン人たちの手の及ばない所まで護衛しなければなりませんでした。

イロクォイ人たちのある者は本当に和平を望んでいると言い、ある者はこれまでのようにだまし討ちをするために来たと言いました。どちらが真実かは神様だけがご存じです。フランス人はこの事件に全く関与していなかったにもかかわらず、このような策を弄して自分たちを滅ぼそうとしたのはフランス人であるとイロクォイ人たちは思い込んでいるので、復讐としてフランス人の居住地を襲うことに力を注ぐことは疑いありません。そうしないのは、自分たちと戦う用意があると聞いて、フランス人を恐れているからです。と言うよりも、私たちに対する神様のご加護がそうさせないのです。

イロクォイ人は福音の言葉に耳をふさぎ、神がお与えになるお恵みに心を開かないので、慈しみの神は、もっと忠実で、最善を尽くしてこれらを自分たちの益とする他の部族をお招きになります。それらの人々は北海のあたりに住んでいるのですが、かなり前から探し出すための努力が続けられています。

イエズス会員のヌーヴェル神父様が、昨秋、モンタニェ人の許で越冬するため、川が凍結する前にボートに乗られました。ところが思いも寄らず、ボートにぱっくり穴が開いたのです。神父様とお供の一行はふさぐ術もなく、舟が沈没すると見て、見苦しくない死の準備をすることだけを考えていらっしゃいました。けれども神父様は、ふと聖家族［＊ヨセフとマリアとイエス］に祈る気持ちになられました。こちらの国の人々は多くの理由から聖家族には篤い信心を寄せているのです。

祈りが行われるとすぐ、あまりにも不思議な方法で危険から脱することができたので、奇跡だと思ったほどでした。同じご加護によって、一行は至る所で待ち伏せしていたイロクォイ人の手からも救われました。やがてお供の人々は神父様をパピナショワ人の許にお連れしました。[5]この部族には、親交のあるもっと近くの諸部族の許で、取引のため幾人かのヨーロッパ人と会ったことがあります。神父様はこれらの人々に要理を教えられましたが、人々の心が素直に福音の種を受け入れることを認め、教えることに困難はありませんでした。人々は神父様から信仰についてお話を聞くことを大いに喜んだだけでなく、信じるようになりました。それから、もっと人口の多い部族の許に神父様をお連れすることを申し出ました。神父様は、非常に困難な道を通らなければならないにもかかわらず、これに同意なさいました。河川航行が不可能な箇所が一二もあるのです。けれども、ご立派な神父様は熱意に燃えてこの困難をすべて乗り越えられ、人々をイエス・キリストに導ける期待で、疲労の中にも甘美さを味わわれました。こうして、ヨーロッパ人がこれまで足を踏み入れたことのない地方に入られたのです。[6]

けれども、この地方の人々は天地の創造主である神が存在し、善人の報いとしては天国、悪人の報いとしては地獄があることをすでに聞いていたのです。神父様が私たちの聖なる宗教と、その中に含まれている事柄についてお話しになると、これらの人々の心と精神は喜びに浸り、小羊のように御しやすく素直になりました。言語は私たちの地区でも用いられているモンタニェ語なので、神父様は大いに助かりました。神父様が大きな立札に人間の最期、特に悪人や、信じない人が行く地獄を示されると、人々は「そんな場所は隠してください。怖くなります。そんな所には行きたくありません」、「行きたいのはそちらです」と天国のほうを指しながら叫びました。私たちの信仰の神秘についてのお話を聞くことに飢えていたのです。一人は、人間の救いのために主が苦しまれたことを痛々しく感じて、神父様の持ち物の中に見つけた鞭を摑んで林の中に駆け込み、激しく自分を鞭打ちました。それから妻を見つけに来て鞭を差し出すと、妻はこれを受け取って同じように自らを鞭打ち、その後、自分の小屋に帰ると、その弟が夫妻のしたことを見て、その鞭を取って出ていき同じことをしました。

人々は皆、教えを受けましたが、神父様は心構えができたことをお認めになって、幾人かの大人と多数の子供に洗礼を授けられました。神父様は、人々から一緒に冬を過ごすよう乞われました。刈入れが多いので、約束どおりに助手を連れてまたお出掛けになるでしょう。多分、人々はもっと先に進むことでしょう。この善良な先住民が、神父様を大きな北海にお連れすると約束したからです。その沿岸には多くの定住民族がいますが、現在の地からは、一ヵ月ほどの容易な道程に過ぎません。これは真に貴重な収穫です。慈しみの神が、その地でご自分の聖なる福音の働き手に祝福と力をお与えになり、福音の宣教のために出合う大変な労苦に堪えられるようにしてくださいますよう、お祈りください。

当然のことながら、私たちの小さな学校について少しお話ししましょう。今年は、アルゴンキン・ニピシリニアン人のジュヌヴィエーヴというかなり歳を取った女性が入学しています。当人は、私たちがそのような年齢の人は受け入れないことを知って、私たちが断ることのできない方々をとおして願い出たのです。その女性が私に会いに来て、教育を受けたいという大きな望みから手段をいろいろ探していたこと、自分の国には教えてくださる神父様がいないので、無知な姉妹たちを自分で教えられるようになりたいこと、また、私たちのように四旬節には断食をし、その全期間、祈るつもりでいるけれども、家ではそれができないことなどを語りました。その熱心な話し振りを見て、結局、願いを聞き入れました。実際、私たちがこの国に来て二五年の間に、私はこの女性ほどに熱心な先住民に会ったことがありません。女性は毎日、私たちに倣って内陣でのお勤めを行いますが、私たちと同じようにできないことに不満足で、できないときには幾度かロザリオを唱え、その間にも熱心な射禱を行いました。絶えず祈り、信仰の神秘について教えを受けていました。ダイユブー夫人が私たちの所で越冬なさいますと、例の女性は度々夫人に会いに来て、祈りと要理のある点について教えを受けていました。信仰の聖なる神秘について聞こうとして、私たちの部屋までついてきました。休憩の間も私たちをほうっておかず、神について話させるか、質問に答えさせるかしていました。

この女性はしばしば自分の冒険について話しましたが、ある日、次のように話して聞かせてくれました。

「自分は神様を固く信頼しているので、幾度も神様の助けを経験しました。教育を受けるために自分の国からこちらに戻ってくるときには、どこででも神様が護ってくださいました。私たちはイロクォイ人たちに出会い、弟と一行を恐れさせました。私は草むらにうつ伏せになって、弟に言いました。『勇気を出しなさい。すべてをお創りになった方を信じなさい。そうすれば、その方が私たちを敵の手から救ってくださいます』。私たちの周りで銃弾がひゅうと耳をかすめて飛んでいる間、私はこう弟を励ましつづけました。この遭遇の際に神様は、私たちを非常に力強くお護りくださいましたので、私たちの一行の誰一人負傷しませんでしたし、私たちのごく近くにいる敵からも見つかりませんでした」

夫はここから二、〇〇〇キロ余りの所にある自分の国で死亡し、もう教会もないので、妻はその遺体をそちらに残しておくのを望まず、キリスト教徒の墓地に埋葬し、審判の日には一緒に復活させられるようにと、比類のない勇気をもってこちらに運ぶ決心をしました。決心は実行に移され、トロワ・リヴィエールまで行程のある部分は遺体をおぶって、ある部分はカヌーに乗せて運び、そこで夫の魂の安息のためにごミサを挙げていただいた後、できるだけ丁重に埋葬しました。子供たちが洗礼を受けずに死んだことを思うと慰めようもなかったのですが、少なくとも古聖所［＊洗礼を受けずに死亡した正しい人々や幼児が住むと言われる所］にいて、キリスト信者とならずに死んだ大人のように火責めにされないことで苦痛は多少和らげられました。一人だけ信者となって亡くなった息子がいましたが、死ぬ前に魔法使いと話をしていたのを見て、この罪のために地獄に落ちたのではないかと憂慮しています。それで、神様がその子を憐れんでくださるように、たくさんの祈りと施しを行っています。私たちにも、その子の霊魂の安息のために一緒に祈ってもらえるようにと、息子の服に使っていたビーバーの革を私たちの学校に贈りました。

この善良な先住民女性は、私たちの宗教的勤めのうちに聖なるものを認めてすべてに感嘆し、私たちを見て、神様に、「朝から晩までいつもあなたの側にいて、ひたすらあなたにお仕えしているこの立派な娘たちをお護りください」と話していました。何か償いの道具を目にすると、特に鉄の帯を使いたがっていましたが、私たちはその熱情を抑え、望みのままになんでも行うことを許しませんでした。

聖金曜日には、主のご受難を思って痛く感動し、夜の典礼の間、極度の責苦を受けながら人間に対して抱かれた愛に深く心を打たれて、涙にくれていました。我に返ると、「私はどうなっているのか分かりません。でも、このようなことは今まで経験したことがありません。まさか悪魔が私を欺こうとしたのではないでしょうね」と言いました。私は彼女を自分たちの部屋に連れてきて、この大いなる神秘について話しました。こうして、私は、というよりもむしろ神様が私をお使いになって、彼女の苦痛を取り除き、慰めで満たしました。

彼女は内陣での私たちの聖務を注意深く観察していたので、これについて説明しなければなりませんでした。説明を聞いたあと、彼女は感嘆を抑えきれず、私たちが天使と天国にいらっしゃる聖人たちを真似ていると言いました。

彼女は、自分の心中をはっきり見ていました。ある日、大変思いに沈んでいるので、何を考えているのか尋ねましたところ、彼女は答えました。

「私は悪い人間であると思います。万物をお創りになった方に背かないようできるだけのことをしていると思うのですが、私は罪だらけです。ちょっと前、ある男の人が預かっておくという口実で、ビーバーの革でできた服を私から取り上げました。私は取り戻そうとあとを追いました。それでも、怒ってはいませんでした。その人を傷つけたくなかったのです。しかし、私は心のうちに自らを誤らせようとするよくないことを感じました」

この言葉によって、彼女は恵みの働きと腐敗した本性の傾きを区別しようとしたかったのです。

四旬節には、司教様が堅信をお授けになりましたが、彼女は堅信については聞いたことがありませんでした。司教様が堅信を初めてお授けになったときには、この地方にはいなかったからです。私たちの聖堂で堅信が行われることになっていたのですが、彼女はこの秘蹟を受けるために幾人かの寄宿学校の生徒が真剣に教えを受けているのを見て、何か聖なる重大な事柄であると思い、何が行われているのか説明してくれる人を探して修道院の周りを歩き回りました。しかし、残念なことに見つけられませんでした。それで彼女は、私には教えてくれないのに子供たちには教えている、とかこちました。それで私が、彼女を引き受けて必要な事柄を教えました。すると彼女は、私が話したすべてのこと、特に秘蹟の力によって悪魔の誘惑に対してもっと強くなり、またもっと堅固で勇気ある信仰を持つようになり、さらに、聖なる洗礼と同じように天にその霊印を持っていくようになると聞いて、大喜びしました。堅信の秘蹟を受けるとすぐ暇を取って、その幸せを両親と先住民の友人たちに知らせるためにシルリーに行きました。彼女はこれらの人々に非常に熱心に説きましたので、人々は何も言えないほどでした。結局、その弟が気を取り直して、「残念だけど、俺たちはそのように素晴らしいことを考えやってみるには、あまりにくだらない人間だよ」と言いました。

彼女は、ブランデーの取引をやめさせるために弟につきっきりでした。あるフランス人がこの弟を使って、一樽をトロワ・リヴィエールにひそかに運ぼうとしていましたが、彼女は一睡もせず弟から離れませんでした。

「お前は破滅するよ。神様から捨てられ、悪魔がどこまでもお前につきまとうから」と言いました。そして遂に、彼女はその望みを成し遂げました。私たちの許を去って、トロワ・リヴィエールに行き、部族の女性たちを探し出して、彼女たちを神と熱心なキリスト信者から遠ざける誘惑に陥らないようにさせました。

1 この年、さらに二艘の船で三〇〇人が到着した。彼らの雇用条件は保存されている (*Pour le secours qu'il plait au roy donner au Canada l'an* 1664, *Archives Nationales, Colonies*, C11 A, *Correspondance gerérale* 2:95-96)。

2 エストラードの伯爵で、将来のフランスの元帥（一六〇七―一六八六年）。長い間王室のために果たした重要な任務、特にブレダ条約の締結で演じた役割への感謝として、一六六一年、アメリカでの国王代理としての俸禄を受けた。Cf.N.-E.Dionne, *Vice-Rois et lieutenants-généraux de la Nouvelle-France*, (*Mémoires de la Societe royale du Canada*, 2e série, VII, 1901, 45-46);La Chenaye Desbois et Badier, *Dictionnaire de la Noblesse*, 3e éd., Paris, 1865, VII, 5859-591; D.Escudier, *DBF*, XIII, 133-136.

3 エストラードがオランダに引き止められて不在の間に、トラシーは非常に広範な権限を受け、これによってイロクォイ人と戦い、植民地を停滞から抜け出させることができた (Cf. sa *Commission*, dans *Edits et Ordonnances*, III, 27-31)。

4 一行は四月二五日と二九日にケベックを出発し、五月二一日と二五日に戻った。手紙が後述するアルゴンキン人による小競り合いは彼らがモントリオールに滞在中に起こった。(*Journal des jésuites*, 326)。イロクォイ人の使節団は二人のフランス人捕虜を連れてきたガラコンチエによって率いられた。

5 パピナショワ人。バーシミィーの北方、マニクオーガン川とウータルド川の源流に住んでいたモンタニェ人。幾度かタドゥーサックまで下りてきていた。

6 一六六三年一一月一九日にケベックを出発したヌーヴェル師は、川の島々や南岸で越冬した。それから川を渡り、春にはパピナショワ人の地方に至り、マニクオーガンまで遡り、そこでウチェスチグエチ人の訪問を受けた。彼らは北海の部族について若干の情報を与えた。師は六月の末にケベックに戻った。Cf.RJ1664, chap.II(Th.48, 278ss.).

九七(215)　一六六五年七月二八日　息子宛

愛するわが子よ。今年はたくさんの船がカナダに来て、またフランスに戻ることになっていますので、今までよりも頻繁に、また早くこちらの知らせを送る手段ができました。すでに五隻が到着し、そのうちの二隻はフランスに戻るため出航しました。一隻は二日後に出航し、もう一隻は二日後に出航の予定です。アメリカ全体の国王代理官ド・トラシー様が[1]、二週間前に四部隊を引き連れ、豪勢なご様子で到着なさいました。他に、別々の船にふり分けられた二〇〇人の労働者も到着しました。到着した人々と今後到着する人々を加えると、新来者は二、〇〇〇人に上るはずです。到着した部隊は、すでに当地のフランス人一〇〇人と多数の先住民と一緒に出発し、前進してイロクォイ人支配下の川を制圧し、そこに要塞を築き、弾薬を装備することになっています。[2] けれども、急流の中で出合う奔流を乗り切るために、大小の平底舟が造られています。国王が費用を出されましたので、戦争のための食糧と弾薬は十分に用意されています。そのために多くの官吏がいます。

　ド・トラシー様は素晴らしい条例を作成なさっています。この国の堅固な建設、教会の自由、また正義に基づく秩序のために神様から選ばれた方ではないかと思われます。あらゆる事柄について取り締まることをお望みですが、まだ小麦に対してしか実施することができませんでした。小麦は一ミノ〔＊穀粒、塩などの昔の容積単位、容器〕五、六リーヴルのものが、三リーヴル入りでしか売られていません。小麦の一ミノ（袋）は、フランスでは三ボワソー〔＊一ボワソーは約一二・八リットル〕です。時と共に、残りのすべてのものに秩序をお与えになることでしょう。国王代理官は非常に敬虔な方で、家族の方々、吏員、兵士たちは皆、その模範に従っています。これには私たちも感激し、大変喜んでいます。

　これらの人を生き生きとさせているのは、聖戦に行き、信仰のために戦うからです。ショーモノ神父様は最初の部隊についていかれました。イロクォイ語とヒューロン語と、この国の多くの言語をお話しになるからです。アルバネル神父様はアルゴンキン人、モンタニェ人、フランス人を助けるために一緒に行かれました。大多数の軍勢が出発するときには、他のイエズス会の神父様方が別の会の神父様方と共にこれに加わり、霊的な助けとなるはずです。ド・トラシィー様は六二歳ですが、この遠征に何も不足することのないようご自分も同行されます。アメリカの諸島では、すべての人を国王に従わせることによって素晴らしいことをなさいました。私たちは、カナダの諸部族にあっても同じようになさることを期待しています。以上が人間の統治に関する事情です。

　さて、神の統治に関してお話ししますと、昨年の一二月一八日の真夜中頃、ケベックに一つの彗星が現れ、朝の六時頃まで見えました。その後も少しの間、消えませんでした。この星の、あるいはこの天体の頭部は角ばって見え、尾の部分は間歇的に感応力を放射する光線のようでした。光線は北と北西の間の陸地のほうに向かっていたのですが、その後上って、今度は南側から来て、傍らに尾を引いていました。ある朝は尾を南のほうに向け、それから地に落下したように見えましたが、光線は天に向かったということです。それ以来、二度と現れません。同じ日、太陽がいつもの色の虹に囲まれて昇っているのが見られました。太陽からは黒い蒸気が出て、その黒い蒸気から燃えたボタン状のものが噴き出していました。

一二月二〇日午後三時頃、それぞれ一キロくらいの距離で三つの太陽が現れました。半時間くらいその状態が続きましたが、やがていつもの太陽と一つになりました。

この地区では、まだ幾度か地震が感じられましたが、軽度でかなり短い時間でした。タドゥーサックと付近の森林ではしばしば地震が起こり、二年前に起こったのと同じ強さでした。

一月二日、最初のものと同じような第二の彗星が見えました。その尾は六〇ピエ余りの長さで、前のものとは違って尾を前に付けていました。二月には同じような第三のものが現れましたが、尾は後ろに付いていて、他のものは朝方に現れたのですが、それは夕方六時頃でした。

火が空中を飛んでいるのが度々見られました。これは、多分地震の名残ではないかと思います。地面は多くの箇所で開いたままなので、地下の火が思いのままに飛び出して空中に舞い上がったのでしょう。また、槍のようなものが空中高く上がったのも見られました。そして、私たちと月の間に位置して月自体の中にあるように思われたので、ある人は月が矢で突き刺されたと思い、そのことを話しました。[3]

イロクォイ人は、冬と春にモントリオールでも森の中でも、フランス人と先住民の幾人かの死者を出しました。

かなりのアルゴンキン・ニピシリニアン人がこちらに二五隻のボートで取引に来ましたが、イロクォイ人に遭遇して捕まりました。捕まって連れ去られた者のうち数人はその後脱走したのですが、この人たちの伝えるところでは、イロクォイ人は彼らの中心的村落を川の対岸に移し、女たちが畑に働きに行くときは、かなりの数の若い戦士がいつも彼女たちの先に行って、仕事の間、護っているとのことです。この用心ぶりから見て、イロクォイ人はフランス人が自分たちと戦う計画であることを知っているようです。彼らの近くにいるのはもうオランダ人ではなく英国人で、イロクォイ人が所有していたすべての事柄の支配者となり、彼らを追い出したのです。この征服はニュー・イングランドの英国人によって行われ、彼らは四、〇〇〇人以上の強大な兵力を持つことになりました。彼らは英国の国王を首長として認めていますが、国王の属国になることは望んでいません。[4]こちらの住民なのですが、あまのじゃくで気難しい人がいました。皆から快く思われず、二年ほど前、英国に移りました。[5] そして英国人に、イロクォイ人について多くの事柄を教え、この部族を征服すれば、取引のうえで最大の利益を上げることができるだろうと知らせたようです。これが、英国人にニュー・ネザーランドを攻撃させる気を起こさせた理由であると思われています。

以上が、今日まで私たちが知ることのできた事柄です。あなたのお祈りの中で私を忘れないでください。

1 トラシーの侯爵アレクサンドル・ド・プルーヴィル（一六二〇－一六七〇年）。アルトワの出身、国王顧問、ドイツでの陸軍主計長。一六六三年一一月一九日、北米国王代理官に任命された。一六六四年二月フランスを出発し、国王の権威回復のためにアンチル諸島に赴き、その後、カナダに向かった。一六六五年五月末にペルセに到着、六月三〇日にはケベックにいた。一六七〇年四月二八日、ボルドーの地方長官として死亡した。Cf.Bellemare, *M.de Tracy et la Nouvelle-France*, *BRH.* III, 1897, 77ss.; Æ.Fauteux, *La carrière canadienne de M. de Tracy* (*Cahiers des Dix*, I, 1936, p. 59-94); L. Lamontagne, *DBC.*, 567-570.

2 シャンブリ、フロマン、ルージュモン、ラ・フウィユの四部隊は六月一八日と一九日に到着し、七月二三日にすでにリシュリューに向かった。そこにリシュリュー、セン・ルイ、セント・テレーズの要塞を構築した。Cf.Malchelosse, *Les forts du Richelieu* (*Société canadienne de l'Histoire de l'Eglise*, Rapport 1945-1946. サヴォア出身のカリニャン・サリエール連隊（その前はカリニャン・バルタザール）については、cf.B.Sulte, *Le Régiment de Carignan*, *Mélanges historiques*, VIII, Montréal, 1922; R.Roy et G.Malchelosse, *Le Régiment de Carignan*, Montréal, 1925.

3 ル・メルシエ師は、この年に相次いで起こった大気現象を学者のように正確に報告している。RJ1665, chap.X (Th.50, 68ss.).

4 リチャード・ニコル大佐が、一六六四年に英国王チャールズ二世の弟ヨーク公のためニュー・ネザーランドを占領した。オランダ植民地は、一六六七年七月三一日のブレダ協定によって最終的に英国に譲渡された。

5 ピエール・エスプリ・ラディソン、またはシュアール・デ・グロセイエ。当時ボストンにいた。一六六五年には英国に移る申し出さえ承知した。

九八（218）　一六六五年九月三〇日　息子宛

愛するわが子よ。あなたに数通の手紙を書ける機会を得て、嬉しく思っています。四通目のこの手紙では、今年、主は私たちに幾つかの悲しみと慰めと喜びをお与えになりました。私たちは、タドゥーサックの要塞が事故のため、教会と住居と一緒に焼けたことを知ったばかりです。これは大きな損失です。安心できる交易の場、フランス人にとっても先住民にとっても避難所であったからです。したがって、両方を敵の侵攻にさらすことは確かですので、来春には全部を再建しなければならないと思います。

数日前から、非常に面倒な事柄が起こっています。私たちの使用人のうちの二人が事件を起こして、一人が死にました。これは、私たちが使用人を住まわせている家で起こったので、九人残っていたうち、一挙に六人が連れ去られ、城の中の牢屋に入れられました。仲間の三人は病気ですので、そのままにしましたが、警護のため警備兵の一隊を派遣されました。私たちの後援者の方々のおかげで四人は引き取ることができ、三人の病人と同じく無罪になりました。他の二人に関しては、事件のあとで逃亡した犯人の二人が逮捕されるまで判決が延期されています。投獄された二人は、私たちがお願いした有力者の方々のご好意が得られなかったので、すでに処刑されています。これは、事件の真相のすべてを知られないようにするためです。今後どうなるのか、私たちにはまだ言えません。[1]

神様は、一方では私たちを苦しませても、他方では慰めてくださいます。やっとすべての船が到着し、国王がこの国を救うために派遣された重要な方々と一緒に、残りの軍勢が運ばれてきました。[2] 航海を四ヵ月の間妨げていた嵐のため、全部沈没したのではないかと思われていたのです。陸が近づくと、あまりに長い航海にいらいらした人々は船窓を開いたので、大気が急速に入り込んで病気が広がり、大変な惨事を引き起こしました。まず、二〇人が死に一三〇人が入院しましたが、その間の数人は、神様に命をささげたい望みから志願して乗船した人々です。病室は満杯になりましたので、教会に収容しなければなりませんでしたが、教会も欄干のところまでびっしり詰まってしまい、近接の修道院に助けを求めなければなりませんでした。そのため、修道女たちは皆、大変疲労しましたが、それだけに功徳も増えました。[3]

船の多くは人と荷物でいっぱいでしたが、私たちの必要品と茶菓などは大部分フランスに残されました。[4] それで私たちはかなり不自由なのですが、他の人々と苦しみを分かたなければなりません。私は、他の国でよりもいっそう御摂理に依存しなければならないこの国に私たちを置かれた神をたたえます。ここにこそ、私の精神は慰めを見つけます。多くの不自由さにもかかわらず、私たちはまだ食べ物にも着るものにも不自由しませんでしたし、むしろ、私たちは大変恵まれていると思っています。

残りの軍隊に関しては、その信仰と勇気を発揮する立派な決意をしています。これは、神の御栄えと人々の救霊のために行われる聖戦であると聞かされているからです。兵士たちを鼓舞するために、真の敬神と信心を抱かせることに努めています。[5]この点で、神父様方は感嘆すべきことを行っていらっしゃいます。五〇〇人の兵士が聖母のスカプラリオ［＊首の前後にかける白い布］を着けています。私たちは、このスカプラリオを作るため大変喜んで働いています。兵士たちは聖家族のロザリオを毎日、信仰と信心をこめて唱えていますので、[6]神様は兵士たちの熱心をお喜びになっていることを一つの素晴らしい奇跡によってお示しくださいました。ある中尉が会衆と一緒にロザリオを唱えることができなかったので、藪の中に入って一人で唱えることにしました。歩哨は見分けがつかず、イロクォイ人が隠れていると思ってほとんど銃口をつきつけて発砲し、死んだと見て、すぐ飛びかかりました。実際、そのはずでした。弾はこめかみの上四センチの頭に当たっていたからです。歩哨は、イロクォイ人ではなく中尉が血まみれで倒れているのを見てびっくりしました。歩哨は逮捕され、裁判にかけられましたが、死んだと思われた者が、立ち上がって歩哨が赦されることを願い、自分はなんともないと言うのでした。それで、中尉を調べると、弾は打ち込まれていましたが、危険はありませんでした。これは奇跡だと認められました。このため信心が、イエズス会の神父様が働いていらっしゃる軍隊の中で感嘆すべきほどにいっそう強まっています。

聖家族に対して篤い信心を持つ者たちのために、さらに他の奇跡が行われています。ここから二八キロ離れた所に、プチ・カプと呼ばれる町があって、そこには聖アンナ教会があり、そこで主は、いと聖なるおとめマリアの聖なる母聖アンナの御名で偉大な奇跡を行っていらっしゃるのです。麻痺患者が歩き、目の見えない人が見えるようになり、どんな病気の人でも健康になるのが見られています。

ところで数日前、聖家族への特別の信心を持つ目の見えなくなった人が、聖アンナの執り成しによって神様に治癒をお願いするためにこの聖堂に連れてこられました。しかし、この偉大な聖女は、このお恵みを与えることを望まれませんでした。それには聖家族を呼び求めなければならないことをご存じだったからです。それで、当人はケベックに連れてこられて、聖家族の祭壇の前に立たされたのです。すると目が見えるようになりました。

以上が、目下この地域で起こっていることです。神はご自分を愛し、ご自分に仕えることを望む人々に対しては、世界のどこででも慈しみと憐れみをお示しになります。ですから、心を傾けて神を愛し、力を尽くして神にお仕えしましょう。そうすれば、神は私たちに慈しみと憐れみを注がれるでしょう。

1 この事件を物語るV630によれば、駐屯軍の兵士たちと、自己防衛のためにバリケードを造らざるを得なかった修道院使用人の間で揉め事があったようである。二人の使用人が火を付け、一人の兵士をたたきのめした。マリー・ド・レンカルナシオンの懇望のおかげで、二人は絞首刑を免れた(*Journal des jésuites*, 337)。

2 八月一九日、連隊長ド・サリエール侯爵が到着した。九月一二日には、新総督クールセール、地方長官タロンが最後の部隊とケベックに下船した。(*Journal des jésuites*, 333-334; *Annales de l'Hôtel-Dieu de Québec*, éd.Jamet, 146)

3 この伝染病と、これが引き起こした献身については、cf. RJ1665, chap.XI(Th.50l 82ss.; *Annales de l'Hôtel-Dieu de Québec*, éd Jamet, 147, 149)。この疫病のゆえに、トラシーはイロクォイ人に対する遠征を翌年に延期せざるを得なかったようである。

4 通常の食料品は、ノルマンディの船によって一〇月二日に到着した(*Journal des jésuites*, 335)。

5 一七世紀の十字軍の精神については、手紙八七(192)注8参照。一六六四年、トルコ軍はビエンヌ攻撃を試みた。ルイ一四世はコリニィーの指揮下に六、〇〇〇人を派遣した。コリニィーは、モントキュキュリがトルコ軍を敗北させたセン・ゴタール会戦(一六六四年八月一日)で抜群の能力を示した。Cf.Susane, *Histoire de l'ancienne infanterie française*, Paris, 1876, IV, 119. イロクォイ人への遠征は「聖戦」の様相を示した。

6 聖家族のロザリオは、ラヴァル司教の提唱によってデ・メズレとド・ベルニエール両氏、及びダブロンとブバール両師の協力の許に作成されたもので、一〇度ずつの三れんからなる。次のような祈りの言葉を三〇回唱えるようにできている。はじめに聖家族への射禱が行われ、大きな珠で「主の祈り」、小さい珠をつまぐりながら、「イエス、マリア、ヨセフ、ヨアキン、アンナ、私たちを助けてください」、「願わくは父と子と聖霊に……」と唱える。Cf.*Les Ursulines des Québec*, I, 261 n.

九九(220)　一六六五年一〇月二九日　息子宛

愛するわが子よ。今年あなたに書いた手紙がそちらに届いていたとしたら、これは、あなたが私から受け取る五度目の手紙です。しかし、フランスの幾つかの都市に書いた多くの手紙がそれぞれの宛先に届いたかは、大変疑わしく思っています。私たちの極めて重要な回答と、私たちの非常に重要な件についての書類が運ばれていた国王船団の副旗艦が、ここから八〇〇キロの所で難破したからです。[1]陸からさほど離れていないうちに岩礁に乗り上げて破損したのが、この事故の原因だそうです。けれども、一人の乗組員を除いて全員救助されました。またかなりの荷物は無事でしたので、私たちの手紙と書類が紛失しなかったことを期待しています。この事故は夜分に起こり、操縦士を除いて皆、就寝あるいは休息していました。そのとき、突然に船が二つの岩礁の間で沈没しはじめたのです。用事があってフランスに行く三人のご婦人が乗船していました。三人を救い出すためにマストの先端についている滑車を利用して、綱を使って婦人たちを持ち上げ、大変な努力の末にやっと安全な岩の上に船から移すことができました。全員、木が一本も生えていない、アメリカで一番寒いノートルダム山に避難しました。食糧としては、船の残骸から拾い集めた一二日分くらいのものしかありません。ド・トラシー様は国王の三隻の船を出航させ、途中、これらの人々を乗船させるように、しかし、もし着岸できない場合には、人々が岩の上で冬を越すことができるように、八ヵ月分の食糧を送るよう命令なさいました。さらに救援隊を派遣しましたが、まだ誰も戻っていません。私たちはその知らせを待っています。

　私たちはこの事故には心を痛めましたが、意外だとは思いませんでした。私たちがこちらに来てから、今年ほど海上でも河川でも大きな嵐を見たことは今までなかったからです。到着した一二隻の船は沈没したと考えられていました。ド・トラシー様のフリゲート艦は、川の入り口で沈没し、部下と食糧と荷物はすべて失われました。そのためトラシー様は、多大の出費を余儀なくされ、また人々を接待するために仕事を少し遅らせています。[2]以上が人身事故に関することで、これらはこの世に確かなものは何もないこと、私たちの心を永遠の幸福にしか寄せてはいけないことを教えるものです。

　こちらでは、希だった銀貨は今はかなり一般に出回っています。新たに到着した人々がたくさん持参して、食糧のためにもその他の必需品のためにも、買うものはすべて現金で支払います。これは住民を大変喜ばせています。

　国王が今年派遣なさった一〇〇人の娘は、到着したばかりなのに、もうほとんどの娘が結婚します。[3]来年は二〇〇人、次の年はそれ相当の数の人々が送られるそうです。また、結婚相手に男性も送りますが、今年は、兵士とは別に、五〇〇人が到着しました。[4] その結果、驚くほどカナダは人口が増えました。国王は、そのために少しも出し惜しみなさらないと言われています。国王は、暮らすに耐えない極暑のアメリカ諸島からやってきて、そちらと比べてこちらでの滞在を素晴らしく思っておられる領主の方々から話を聞かれ、こちらに強い関心を抱いていらっしゃるのです。あちらの国は砂糖とタバコが豊富で輸出していますが、小麦は育ちません。それで、パンはある種の根から造られ、必要からやむなくそれで満足しています。こちらでは、小麦や野菜やあらゆる種類の穀物が豊富に採れます。こちらの土地は小麦栽培に向いていて、切り開くほど豊穣になります。その肥沃さが今年は十分に明らかにされました。軍隊の小麦粉は海上で傷んでしまいましたが、住民の食糧が不足することなく、軍隊を養うだけの十分な小麦が収穫されたからです。けれども、こんなに豊かでも大勢の貧しい人々がいます。その理由は、ある家族が居住しはじめると、食糧を自給するのに二、三年はかかることにあります。これには衣類とか、一家を維持するために必要な家具とかいろいろな細々としたものは含まれていません。しかし、この最初の困難が過ぎると安楽になりはじめ、真面目に働けば、そのうちにこちらのような新しい国でもある程度豊かに暮らせるようになります。最初は穀物や野菜、冬には収穫の多い狩猟によって暮らしを立てます。衣類やその他家庭用道具、屋根などのために材木を造り、骨組み用材木は挽き割って、これらを高く売ります。こうして必要なものを得た後、商取引を行い、少しずつ成功していきます。

この小さな経済活動は官吏の方々に非常な感銘を与えたので、これらの人々は地位を得て働いています。このように、この国が如何に開発されて随所で人口を増やしているかは信じがたいほどです。しかし、最も求められているのは、神の御栄えと人々の救霊です。そのためにこそ私たちは働き、軍隊の中に信心を広めようとして、兵士たちに聖戦が行われようとしていること、この世のために財産を作ることよりも天に財産を積むことが、より利益になることを理解させようと努めているのです。聖母マリアのスカプラリオを着けている兵士は、五〇〇人はいます。他の多くの人は毎日、聖家族のロザリオを唱えています。聖家族への信心は極めて熱心なので、神様はこれらの人の信仰に報いられ、またいっそう熱心になるように、幾つかの奇跡を行われました。そのことについては別の手紙の中で書きましたので、ここでは繰り返しません。

軍隊の一部がイロクォイ人支配の川を制圧し、沿岸の最も有利な通路に要塞を築くために前進したことは、別の手紙でお話ししました。加えてアルゴンキンの信者たちが、家族と一緒に要塞と守備兵たちの近くに住みに行きました。そして、それまでは敵たちが造っていた大狩猟場を使い、毛皮製造の最良の部分を手に入れました。狩猟は実に豊富で、毎日、オオジカや他の野獣は言うに及ばず、一〇〇匹以上のビーバーを捕獲しています。これには、フランス人と先住民が助け合っているのです。つまり、フランス人は先住民を防御し、先住民は獣の皮革を取り除いたあと、肉をフランス人に食べさせ、皮革は当地の商店に持っていきます。ド・トラシー様が数日前、祖国フランスの宿敵と戦うための他の利点と共に、これらのことを国王に知らせたと私にお話しになりました。

神様がご自分の御栄えに非常に役立つこれらの働きを祝福してくださいますよう、私たちと一緒にお祈りください。

1 旗艦はセン・セバスチアン号で、クールセルとタロンが乗船していた（*Annales de l'Hôtel-Dieu de Québec*, éd. Jamet, 147）。副旗艦はラ・ペ号であったに違いない。タロンが一六六六年急便でその沈没に触れている（*Correspondance, lettre 13 novembre 1666 à Colbert, RAPQ.*, 1930-1931, 60）。『イエズス会会報』(*Journal des jésuites*, 336) は、難破の知らせを一〇月一一日に受け取ったと記している。

2 タロンによれば、この損失は実際にトラシーを困窮させた。地方長官の懇願のおかげで、国王代理官は損失の補償として特別下賜金を受けた（Talon, *Correspondance, lettre du 4 octobre 1665 ; réponce de Colbert du 5 avril 1663*, 38, 45-46）。

3 娘たちは、一〇月二日にケベックに到着した(*Journal des jésuites*, 325)。この手紙が書かれた頃、結婚していたことは決して不自然ではない。翌年の一一月一三日、タロンはほとんどすべての新来の娘たちが嫁いだと知らせている。(*Correspondance, lettre du 13 novembre*, 57) ; cf.G.Lanctot, *Filles de joie ou Filles du roi, Etude sur l'émigration féminine en Nouvelle-France*, Montréal, 1952, 114ss.

4 一六六五年の到着は、四二九人であった。Cf.G.Langlois, *Histoire de la population canadienne-française*, Montréal, 1934, 52.

一〇〇(223)　一六六六年一〇月一六日　息子宛

愛するわが子よ。あなたが送ってくれた聖遺物の豪華な贈り物に深く感謝しています。私たちは、そのために当てられた場所に崇敬の念をもって大事に安置します。そこには、四つの聖遺物箱があって、大祝日には祭壇上に顕示されます。聖フラビアヌス殉教者と聖フェリチタスのご遺骨が教皇様から当地の司教様に贈られ、その移納の式が行われましたが、私たちは他の二つの修道院の方々と一緒に式に参列しました。これまで当地では、これほどに立派な式が行われたのを見たことがありません。シュルプリ、シャープ、カズラ、ダルマチカを着た四七人の司祭が行列しました。聖遺物をケベックの四つの教会に運ばなければなりませんでしたので、私たちはこの盛大な儀式を見て嬉しく思いました。国王代理官ド・トラシー様とド・クールセル総督様[1]は、二人の最も著名な貴族の方とご一緒に天蓋を持たれました。司祭の中で高位の方々が、見事な飾りの付いた担架に乗せられた四つの大きな聖遺物箱を担がれました。一つの教会から出た行列は、そこに一つの聖遺物箱を残しました。道中でも各立ち寄り先でも絶えず歌が歌われました。正装をなさった司教様は、聖遺物と行列の後ろにつかれました。

この数日前、司教様は司教座聖堂を素晴らしい盛儀をもって聖別奉献なさいました。来年は、私たちの修道院の聖堂を聖別なさるご予定です。私が到着したときのカナダには、粗暴な先住民しか見ませんでした。そのとき、カナダの教会にこれほど素晴らしい盛儀が行われるとは、決して予想しませんでした。ド・トラシー様が感嘆すべき正確さでこの聖なる儀式のすべてに参加されるため、一番最初に来られるのを見るのは大変喜ばしいことです。一時も遅れることがありませんでした。教会では、六時間以上も外に出ずにおられました。その立派な模範に導かれて、人々は父親に対する子供のようにそのあとに従いました。ド・トラシー様は、その信心とほとんどすべての人から受けている信頼によって教会を助け、支えられています。そのため私たちは、国王が来年氏を召還されることを恐れています。実際、聞くところによると、陛下は氏にこの偉大な使命を果たされた功績による名誉を授け、フランスに帰国するための立派な船を支度させました。

ド・トラシー様ご自身は、ニュー・ネザーランドのイロクォイ人[2]と対戦するため出発なさいました。これらの部族は、他の部族が神を信じることを妨げています。柔和な姿勢で彼らの心を得ようとできるだけのことをなさったのですが、彼らは粗暴で、なんらかの分別を持つ人がその心を得ようと優しくしても、それに服するような者ではありませんでした。進軍の速度から推量すれば、最初の町で過去三日間、戦闘が行われたはずです。神様がこの最初の努力を祝福してくださるならば、この後、他の二つの部族が攻撃されることでしょう。彼らは堅固な城砦と大砲を持ち勇敢ですので、かなりてこずらせることでしょう。しかし、フランス軍兵士は非常に熱心なので、何も恐れずどんなことでも行い、どんなことでも試みます。急流と険しい道では大砲を背負いましたし、かつてなかったことですが、ボートさえも担ぎました。兵士たちには、天国を包囲し、これを占領して入場するように思えました。戦っているのは信仰と宗教の善益のためだからです。この知らせは数日前に知りました。そのうえ兵士は皆、健康であるとも言われています。総督様が前衛を、ド・シャンブレィ様[3]が後衛を率いておられます。ド・サリエール様は連隊長[4]、ド・トラシー様は全軍の総司令官でいらっしゃいます。私たちの先住民信者がフランス軍に付き従っていますが、これには極めて勇敢で、森の中を先住民たちと同じように駆けるカナダ・フランス人青年のすべてが加わっています。二週間以上は戦闘の知らせを受けることができないでしょう。けれども、この新しい教会全体が祈っていて、四〇日間の祈禱が四つの教会で交代で続けられています。この戦争の成否にこそ、この国の幸不幸がかかっているからです。二月以来、フランス人が彼らの国に行ったのはこれで三度目です。これには英国人とイロクォイ人さえも驚いています。危険を冒して、どうしてこのような旅ができるのか理解できないのです。

ド・トラシー様が大部分の軍勢を率いてこちらを出発なさったのは、十字架の称賛の祝日でした。[5]あちらに着かれたのは一ヵ月後です。この遠征の消息については、軍隊が帰って来た後、あるいは確かな筋からの知らせが来たら、すぐにもっと詳しくお話ししましょう。

今のところは、たくさんの手紙を書いて大変疲れましたので、これでペンを擱きます。悪く思わないでください。それでも書かなければならない手紙が四〇通近く残っています。これらは最後の船で出せると思っています。私たちのためにいつもお祈りください。

1　ダニエル・ド・レミ・ド・クールセル（一六二六－一六九八年）は、カナダの第八代総督でありながら（一六六五－一六七二年）、王の侍臣であり、チオンヴィルの副地方長官。またモンティニ、フレスネ、クールセルの貴族、ルーヴレ、ド・ブールの領主、トゥーロンの地方長官。多少気難しい性格にもかかわらず、カナダの優れた総督の一人であったにちがいない。Cf.W.J.Eccles, *DBC* 583-585.

2 アニエ人。

3 ジャック・ド・シャンブリ（†一六八七年）。カリニャン連隊の中隊長、セン・ルイ（またはシャンブリ）要塞の構築者。後に、アカディア、次いでマルティニックの地方長官となった。Cf.R.Baudry *DBC* 191.

4 アンリ・ド・シャストラール。サヴォア出身のド・サリエール侯爵、歩兵大佐、カリニャン・サリエール連隊長。Cf.R. Roy, G.Malchelosse, *Le Régiment de Carignan*, Montréal, 1925.

5 部隊がケベックを出発したのは、九月一四日の日中であった。「なぜなら、その日は十字架の称賛の祝日で、十字架の栄光のためにこそ、この戦いを行ったからである」(RJ1666, chap. III, Th.50, 140)．最初に二つの遠征が行われた。一つはクールセルによる冬季遠征、他は七月で、トラシーがその甥ド・シャシーを含めた二人のフランス人殺害に復讐するためにソレルを派遣したときである。Cf.RJ1666, chap.III (Th.50, 130, 138)；*Journal des jésuites*, 346；Charlevoix, *Histoire de la Nouvelle-France*, II, 155.クールセルに率いられた遠征から、ルネ・ルイ・シャルチエ・ド・ロビニエールが詩文で一つの笑い話を残している。Cf, *BRH.*, XXXIII, 1927, 264-282；L.Lacourcière, *Anthologie poétique de la Nouvelle-France, xvii*^{e}s., Québec, 1966, 89-102.

一〇一（224）一六六六年一一月二日　姉妹の一人宛

イエス様が永遠に私たちの命でありますように。最初の便であなたに書けて嬉しく思っています。この便を利用して、私はどうしても懐かしいあなたへの心からの愛情を表し、私が決してあなたを忘れないでいることをお知らせしておきたかったのです。

　読んでお分かりのように、神様の慈しみによって私はかなり元気です。けれども、仙痛が頻繁に起きるので、まだ病身であるのを感じています。仙痛はあっても、仕事に差し支えを生じ生活規則を破らせるほどのものではありません。この世で多少の苦痛を受けるのは、私には大きな喜びです。イエス様はこの世にあって、私たちへの愛のためにあれほどに酷い苦痛に耐えられました。イエス様が私をご自分の十字架にあやからせてくださいますことにお礼を申し上げてください。

　私はあなたに、イロクォイ人の征伐に出発した軍隊の消息を知らせるつもりでしたが、まだ、何も分かりません。そのうち、夜分か日中の一時、誰かになんらかの情報を書くこともあると思いますが、その方があなたに伝えてくださるでしょう。こちらのケベック城[1]にはイロクォイ人の幾人かの捕虜がいますが、自分たちの国を撃滅するために進攻が行われているのを見て子供のように泣いています。捕虜たちをさらにいっそう悔しがらせているのは、自分たちの部族を攻撃するためにたくさんの雪靴を造らされていること、つまり戦闘用の武器を造らされていることです。いやいや働いているのですが、フランス人の親切には感嘆しています。

名高いイロクォイ人である一人のフランドル系の私生児は[2]、偉大な領主のように総督と食事し、ド・トラシー様は彼に立派な衣類を着させて敬い、戦争にお出掛けになる前に、身の安全を約束なさいました。他の捕虜のように鎖につながれず、歩き回る自由を与えられています。しかし、数人の兵士が護衛して片時も離れません。この人をこのように敬意をもって遇するのは、ド・トラシー様の一人のご親戚の方と他の数人の殿方を捕らえたとき、少しも虐待しないで友好的に返して寄越したからです。

部隊が出発のため整列したとき、ド・トラシー様が当人の前で部隊を進ませ、「我々はこれからあなたの所に向かうが、どう思うか」と言いますと、当人は、秩序正しい非常に立派な部隊を見て涙を流しました。それでも、こう答えたのです。

「オノンチオ（大首長の意味）、私には私たちの敗北が見えます。しかし敗北はしても、あなたのほうにかなりの損害を与えるでしょう。私の国はもう存在しなくなるでしょうが、そこであなたの軍勢の多くの若者の命が失われるでしょう。私たちの若者は最後まで防戦しますから。私はただ、あちらにいる妻と子供たちを救ってくださるよう、お願いします」

見分けられたら助け出して、その家族全員を一緒に連れ帰ることが約束されました。私たちは、この企てが成功したかどうかまだ分かりません。万軍の主である神様だけがご存じです。神様が私たちのために戦ってくださるのであれば、私たちは勝利を得るでしょう。神の御心のままに行われますように。御心に従えば、私たちが負けても勝っても、神の御栄えに変わりありません。

1 セン・ルイ要塞。Cf.E.Gagnon, *Le Fort et Chateau Saint-Louis*, Montréal, 1908.

2 フランドル人私生児。アニエ地方に生まれたオランダ系混血児。全く先住民の習俗を身に付けていたようである。Cf. Charlevoix, *Histoire de la Nouvelle-France*, II, 54. 捕虜になった理由については、Ib.III, 155-156; Th.Grassmann, *DBC* 81-82.

3 ジャン・タロン。

一〇二（225）　一六六六年一一月一二日　息子宛

愛するわが子よ。この前の手紙で、神と治安を乱す敵に対する戦闘準備について書きましたが、確かな知らせを受けるまで、その結果については書くのを控えました。[1]今回の手紙ではこのことについて知らせます。

ド・トラシー様と総督様とド・ショモン様方は、[2]自らこちらを出発されました。現在は、英国人が占領しているイロクォイ・アニュロノン人の国に向かっておられます。部隊は、戦えば全員必ず凱旋する三〇〇人の精鋭からなっていますが、想像もつかない困難な道を進軍しました。幾つかの川では浅瀬を渡り、切り株と木の根と非常に危険なくぼみだらけの、板一枚ぐらいの幅の小道を通って長い道程を進まなければならないのです。イロクォイ人が支配する川の土手に造られた砦までは、ケベックから二、〇〇〇キロあります。[3]この道はかなり容易です。カヌーやボートで、陸路運搬なしに行くことができるからです。しかし、それ以上進んで目的地まで達するとすれば、奇跡のようなものです。食糧や武器や荷物やその他のすべての必要品は、背負って運ぶほかないからです。ド・ショモン騎士爵は、少しばかりのビスケットが入れてある袋を背負ったために、背中に大きな腫れ物ができたと私にお話しになりました。どんな運搬用の家畜もそれほどに狭く、危険な道を通ることができないので、指揮官も兵士と同じく荷物を背負わなければならなかったわけです。部隊は、川と急流の中で大変な危険を冒しました。それらの場所は底が測れないほど深いので、荷物は先住民に担いでもらいました。ある難所では、スイスの傭兵が、私がこれまでに見た大男のうちの一人でいらっしゃるド・トラシー様を背負って渡ることにしました。川中まで来ると、幸いにも岩が見つかったので、その上にド・トラシー様を降ろしましたが、兵士はふらふらと倒れる寸前だったのです。それで、頑強で勇敢な一人のヒューロン人がすぐ水に飛び込んで危険から救い、他の岸に運びました。

水が腰までの深さの他の川では、神様が多くのご加護をお与えになったので、全軍が二時間で渡り切りました。増水渡河すると水嵩は三メートルほどまで増えました。増水が二時間早く起こっていたら、計画は一切ご破算になって部隊は何もせずに戻らなければならなかったでしょう。この事故が避けられたので、多くの山や谷を越え、それから幾つものカヤックを造って、大きな湖を渡ることができたのでしょう。その後はイロクォイ人の所まで陸地を進軍しましたが、今度は別の窮状に陥りました。パンが不足して、飢餓に襲われたのです。しかし主は、兵士たちが大義のために危険を冒しているのを顧みられ、実もたわわなたくさんの栗の木を見つけさせてくださったので、部隊はこのマナ〔＊旧約聖書出エジプト記16〕でお腹を十分に満たしました。この栗は小さいけれどもフランスの栗よりも美味しいのです。

部隊は、聖テレジアの祝日[4]にイロクォイ人に接近しました。雨や暴風雨で酷く天候が悪かったので、ほとんど何もできないのではないかと失望しました。けれども、ド・トラシー様は挫けることなく、部隊を夜中に行進させました。その間、イロクォイ人はフランスの部隊が攻撃しつつあることを知りませんでした。それゆえ、歩いているうちにアルゴンキン人に出会い、敗走したイロクォイ人のある者たちが、「フランス人とアルゴンキン人に出会ったが、どうやら攻撃に来たらしい」と町々で知らせなかったら、多分、イロクォイ人は奇襲されていたでしょう。イロクォイ人は直ちに警戒体制を敷き、防御できるように婦女子を避難させました。フランスの部隊は太鼓をたたきながら前進しました。自分たちの勇気と神のご加護以外の策略あるいは手段は用いずに、力で攻撃することを望んだからです。敵は防戦の決意をしたとはいえ、こちらが整然と恐れず接近してきたのを見て、恐怖のあまり攻撃の前に部落を捨て、他の所に避難しました。兵士たちは抵抗を受けずに部落に入り焼き払った後、敵を追って彼らが避難した他の村に向かいました。山に上ったイロクォイ人たちはこちらの軍勢を四、〇〇〇人以上だと思い、こちらの先住民の一人に叫びました。

「アカロエ、お前もフランス人も皆哀れな者だ。次の町には八〇〇人の味方がいるんだ。そこにいるお前たちの軍勢なぞ、八つ裂きにしてしまうぞ」

すると、こちらの先住民は「フランス人も俺もそこに行くぞ」と言い返しました。イロクォイ人たちがそう言ったのは、威張ってみせただけのことで、内心ではすっかり恐怖に駆られて、自分たちが見たことを指揮官に知らせに行きましたが、指揮官もまた恐れてしまいました。奇怪な音を立てる太鼓の音が二〇回聞こえると同時に、頭を低くして直進してくるフランス人を見たのです。途端に、迎え撃つことなく、真っ先に逃げ出してしまいました。残りの者たちも皆、我先に逃げたので、彼らの四つの町は無人となりましたが、おびただしい数の食糧と道具といろいろの便利な品々と、家具が残されていました。それで兵士たちには、何も不足するものはありませんでした。小さな藁屋根の家と羊飼い、あるいは家畜の小屋しかないものと思われていたのですが、すべてが大変美しく、気持ちのよいくらいに残されていたので、ド・トラシー様とお供の一行は皆、驚いたほどでした。長さ二〇〇メートルくらい、幅もそれ相応の木工場があって、各々には八、九家族が住んでいたのです。

こちらの部隊が、まず第一に、特別なご加護によってご自分から敵に打ち勝ってくださった神をたたえて、「テ・デウム」を歌いました。部隊に付き随った四人の司祭が、ミサ聖祭を執行しました。その後、至る所にフランスの国旗と共に聖なる十字架を立て、陛下のためにこれらの地を所有しました。喜びに浮かれて、四つの町では、すべての小屋とすべての砦とすべての穀物倉の中でそれまでに集められていたものと、まだ野原にそのままになっていたものの全部に火が付けられました。小屋も貯蔵所も、カナダ全体を丸二年間は養えると思えるほどの食糧でいっぱいでした。部隊の食糧に必要な分だけを取った後、残りは全部焼き払いました。

町々の間の距離は一二、三キロですが、以前にド・トラシー様に町は二つしかないと報告されていたのです。しかし幸いなことに、私たちのアルゴンキン部隊の中に、若いときにイロクォイ人に囚われていて、ある戦いで部族の者に救われた一人の女性がいました。この女性が、ド・クールセル総督に四つの町があることを知らせたのです。これはド・ショーモノ騎士爵に伝えられました。三番目の町が占領されたときには、ほとんど夜になっていましたので、特に小道も街道も知らない人々には、第四の町に行くのは不可能と思われました。けれども、この女性が片手にピストルを持ち、もう一方の手でド・クールセル総督を摑まえ、「来てください。私が真っ直ぐにお連れします」と言いました。実際、彼女はお二人を無事にその町にお連れしましたが、あまり無謀な攻撃をしかけないように、町の中に何があるかを偵察するために斥候を出しました。そこでは、部隊が襲撃に来るという知らせを聞いて、皆、逃げ去っていました。このことをどうして知ったかと言えばこうです。その町には二人の老女と一人の老人と一人の男の子が残っていました。ド・トラシー様は四人を死なせないおつもりでしたが、二人の老女は町と全財産が焼き払われるのを見るよりは、火の中に身を投じることを望みました。また、とても美しい男の子が連れてこられ、老人はカヌーの下で見つかりました。太鼓の音を聞いたときにそこに隠れたのですが、その音を悪霊であると思い、フランス人が襲撃に来たのではなく、悪霊を使っているのだと思い込んでいました。太鼓は悪霊を恐れさせ、追い払うために使うものだと考えていたのです。それで、老人の語るところでは、他の町のイロクォイ人たちはもっとましで堅固なこの町に逃げ込み、フランス人に抵抗するために武器と食糧を自分に持たせ、町が焼かれた場合の消火のために十分な水さえも用意しました。しかし、四、〇〇〇人以上はいると思える大軍を見ると度肝を抜かれてしまい、首長が立ち上がって他の者たちに、「皆の衆、逃げよう。誰もが我々を攻撃している」と言って最初に逃げ出し、皆がそのあとを追ったそうです。彼らが、こちらの部隊をそれほど大勢と思ったのは無理もないことです。フランス人たちにさえそう思われていたのですから。

　私たちフランス人住民の指揮者ド・ルパンティニ様がおっしゃるには、敵がまだ何人残っているかを見るために山に登って部隊を見下ろすと、あまりに大勢で天使たちが加わっているように見えて――ド・ルパンティニ様ご自身の表現ですが――呆然となさったそうです。とにかく、神はかつてご自分の民になされたことを私たちの軍勢のために行われました。敵を恐怖に陥れましたので、こちらの部隊は戦わずに勝利を得ました。以上の出来事には超自然的事象が存在したことは確かです。イロクォイ人が敢然と応戦していたら、かなりてこずり、私たちの部隊に相当の損害を与えたはずです。何しろ守りは堅くて武器は多く、勇敢で誇り高いからです。経験から知るところですが、アニュロノン人、つまりイロクォイ人は誰にも負けないので、近隣の部族は敢えて反抗しなかったのです。近隣のすべての部族はイロクォイ人の警告に服従し、結局は狡知と残虐さで彼らのすべての企てを成し遂げていました。しかし今回の敗走によって、イロクォイ人は征服されるかもしれないという屈辱を受けるに至りました。イロクォイ人はどうなるのでしょうか、どこに行くのでしょうか。町々は焼かれ、略奪され、再建のためには季節が進み過ぎています。焼かれた収穫物の間に残されたわずかな穀物では、三、〇〇〇人が糊口をしのぐことさえできません。他の部族の許に行っても、飢餓を心配するあまり歓迎されません。そのうえ、軽蔑されることでしょう。フランス人と和平を結ぶことを妨げたことで、他の部族はまだ憤慨していますし、同じような不幸に見舞われる危険に陥るからです。アニュロノン人が、どこに逃げたのかはまだ分かりません。逃走の途中、敵のルー人[5]に出会えば、逃れようもなく滅びてしまうでしょう。

　遠征が終わって、フランス軍は戦利品と先に食糧を残しておいた湖の対岸の要塞まで行くのに必要な食糧を携えて、帰還の途に就きました[6]。ド・トラシー様は、アニエで同じような攻撃を行うためにオネイウに行くことを強く望まれましたが、季節が冬に近づいていたので川が凍結する恐れがありました。湖岸に達すると、部隊は途方に暮れました。水嵩が増して、重装備では渡れないことが分かったからです。しかし、他の困難の中で多くのご加護を示された神様は、今回も兵士たちをお見捨てになりませんでした。右往左往している間に、兵士たちは枯草小屋の中に舟の形に彫られた大木が納められているのを見つけたのです。最初はイロクォイ人たちが隠れていると思われましたが、これらを引き出して漕げるのを確かめてから全軍を渡らせました。これほどに適切に特別にお護りくださった神様の慈しみに、兵士たちがどんなに感謝したかお分かりになるでしょう。その後、兵士たちは舟を焼き、私が前にお話しした他の危険な場所を前と同じように再び通過しました。

　聞くところでは、その地方は美しく地質もよいそうで、有難いことです。相当に広い土地が開拓されていて、そこには大変美しい平原が広がり、草は人間の丈ほどまで高く生え、トウモロコシの茎は三メートルから四メートルくらいの高さに達し、穂は五〇センチ大で、穂のそれぞれには四〇〇以上の実が付いています。フランスのレネット［＊リンゴの一種。ジャムにする原料］に相当し、その味のするペポカボチャとフェゾール[7]がたくさん採れます。イロクォイ人はこれらのすべてを持っていて、先に言いましたように、カナダ全体を二年間養えるだけ備蓄していました。こちらはよい土地ですが、あちらのほうが比較にならないほど、よい土地です。その地にフランス人が入植するのを国王がお望みかどうかは、そのうちに知らされることでしょう。

　略奪され、焼かれた小屋は頑丈に造られ、見事な装飾が施されていました。実は、そのようには思われていなかったのです。小屋は大工道具と、小屋や家具の装飾のために使用される他の道具で飾られていました。これらの道具はすべて、四〇〇個の鍋と残りの財物と一緒に略奪されました。

　主はこの戦争の勝利のために、私たちがこちらで行っていたお祈りを慈しみによってお聴き入れくださいました。一〇月一日から、ド・トラシー様とその部隊の消息を知った一一月二日まで、四〇時間祈禱がひっきりなしに行われ、祈りは個々の家庭でも、人の集まった教会でも絶えず行われました。しかし、敵の逃走が知らされると、祈りは感謝に変わり、「テ・デウム」が盛大に歌われました。こちらにはイロクォイ人の幾人かの捕虜がいました。遠征から帰ったド・トラシー様は、その一人を絞首刑になさいました。それは、当人が平和を破り、よくない助言を与えてアニュロノン人を不幸にした張本人であることを、他の者たちに知らせるためでした。これは捕虜たちを驚かせました。同じことをされるだろうと心配して、子供たちのように震えていました。フランドルの混血児は、他の者たち以上に恐れました。イロクォイ人たちの間で最も名高い者だったからです。

けれどもド・トラシー様はその命を助け、彼らの味方の逃亡者たちを探しに遣わし、彼らがさらに騒乱を起こすならば、再び攻めに行き、大禍なしには済まされないことを伝えるように命令しました。また各部族から三、四人を派遣し、アニュロノン人に起こったことを知らせ、それぞれの部族の意向を伝えるように命じ、そうしなければ、こちらに残されている仲間の全員を絞首刑にすると言明なさいました。出発のとき、彼らは立派な約束をしましたが、それを守るかどうかは分かりません。この短いお話を書いたのは、神様のご加護のおかげで無事に帰還し、二隻のカヌーが激流で転覆した以外は荷物を一つも失うことがなかったことを、あなたから神様にお礼を申し上げてほしいからです。

フランス軍がイロクォイ人の町々を焼いていたときに、あちこちの要塞とケベックの要塞にも見られた幾つかの火によって、神様は御自ら私たちに消息を知らせてくださったように思われます。イロクォイ人の道に構築した要塞の一つでは、これを守備していた兵士たちが恐怖で死ぬのではないかと思いました。兵士たちは空中に一つの大きな穴が開いているのを見ましたが、その火の穴からは、恐ろしい叫喚を伴った嘆きの声も聞こえてきました。多分、悪魔だったのでしょう。悪魔は長い間支配していた土地が無人にされたこと、また、今までは堕落と冒瀆しかなかった所でミサ聖祭が行われ、神への賛美が歌われたことに激怒していたのかもしれません。

この粗暴な人々の回心のためにお祈りください。神様は彼らを敗北させましたが、ただ一人として死なせませんでした。多分、救霊のために屈辱をお与えになられたのでしょう。

1　ド・トラシーの遠征については、cf.RJ1666, chap.III (Th.50, 126s)。この手紙はよりまとまった描写を示し、それまで知られていない興味深々の詳細を提供している。

2　アレクサンドル・ショーモノ。騎士爵、国王軍陸軍少将、ド・トラシーの副官。一六六六年秋、国王代理官の書簡を持参してフランスに戻っている。Cf.B.Sulte, *Les officiers de Carignan*, *Mélanges Historiques*, VIII, Montréal, 1922, 85-86. 氏は、一六七六年に海軍少佐、艦長、一六八五年に駐シャム（タイ大使、一七一〇年死亡のアレクサンドル・ショーモノと同一人物であろう。Cf.Chesnaye-Desbois et Badier, *Dictionnaire de la Noblesse*, V, 520.

3 マリー・ド・レンカルナシオンは、四キロを二、〇〇〇歩の短い単位にして計算しているようである。

4 一〇月一五日。

5 ルー人、ハドソン渓谷に住んでいるモヒカン人。

6 トラシーは、全部隊と共に一一月五日の夕刻ケベックに戻った。失ったのは数人だけである。Cf.*journal des jésuites*, 351.

7 Faisoles. ソラマメあるいはエンドウ豆。

一〇三（227） 一六六七年八月五―二八日 息子宛

こちらでは、ド・トラシー様を失います。フランスに召還される国王は栄誉を与えて連れ戻すために、大きな戦艦を派遣されました。こちらの新しい教会と国全体にとっては、言い表すことのできない損失となるでしょう。ド・トラシー様は、こちらで今まで敢えて行うことも期待もできなかった遠征を成し遂げられたからです。神様は、このことをご自分の僕の篤い信心にゆだねられましたが、僕はそのよき行いと徳と敬神の模範によって皆の信望を得ました。私たち自身にとっても大きな損失です。ド・トラシー様は二、五〇〇リーヴル以上も寄付されて、私たちのために一つの礼拝堂を建立してくださったのです。私たちがこの国に来て以来の最良の後援者でした。

私たちは、国王がド・トラシー様を返してくださることを、教会とカナダ全体の善益のために望んでいます。そのために私たちは祈っていますが、一緒にお祈りください。

一〇四（230） 一六六七年一〇月一八日 息子宛

愛するわが子よ。今年、イロクォイ人に関して起こったことを別の手紙であなたに知らせました。ド・トラシー様の賢明なご処置によって、イロクォイ人は敗北の後、和平を願いに来ました。互いに二四〇キロ離れていて、しかも、最も誇り高く、最も残虐であった二つの部族が、最初に和平を求めてきたのです。二つの部族とその他のすべての部族は、アニュロノン人の敗北と、これまでは雌鳥ぐらいにしか見ていなかったフランス軍のすごい勇気にすっかり怖気づいてしまって、フランス軍がいつも自分たちを追撃していて、どこにいても追い掛けてくると思い込んでいます。この恐怖から、彼らは幸いにも和平を願いにやってきて、提示されたすべての条件に同意しました。

条件とは、私たちの男女の捕虜全員を返すこと、彼らの国に派遣される神父様とフランス人のための人質として家族をこちらに連れてくることです。[1]これらのすべては、一つ一つ実行されました。神父様方は、数人のフランス人と数人のイロクォイ人と共に出発なさいました。これらのイロクォイ人は、捕虜になっている間に神の御教えを授けられ、現在は立派な信者なのです。こちらでは、彼らの定住家族と人質が教育を受け、そのうちの数人は、この地方全体の祝日である聖マリアの無原罪の祝日に洗礼を受ける予定です。[2]一人のイロクォイ人女性が、私たちと同じようにフランス人になれるという条件で娘を私たちのもとに寄越しました。才気煥発なこの子は、信仰の諸神秘とフランス人の気質に強く惹かれるあまり、もう親元に帰ろうとしません。娘は、世界で最も温和で素直な自分の部族の女性たちの気質を受け継いでいます。この変化にはド・トラシー様の熱誠と愛徳の影響が見られます。ド・トラシー様は、これらのイロクォイ人の女性のほかにも、イロクォイ人の捕虜になっている間に私たちの言語と信仰の諸神秘を忘れてしまった先住民の他の女性と娘たちをお寄越しになりました。私たちのほうは、仕事も世話も損われることがなく、お恵みの助けを得て、彼女たちのかつての知識を目覚めさせ、心の中から消えかけていた信仰をよみがえらせました。一人は立派な住居を持つフランス人に嫁がせ、アルゴンキン人のもう一人は、キリスト信者になるという条件で、あるイロクォイ人と結婚させられました。このイロクォイ人男性は、その女性が捕虜であったにもかかわらず、あちらで彼女を自分の妻にしていたのです。彼女を非常に愛していましたので、アルゴンキン人が奪いはしないかと心配して、いつも私たちの面会室に彼女を置いていました。結局、前述の理由と平和のために彼女を返さざるを得ませんでしたが、イロクォイ人が他の部族の女性にこれほど強い友愛を持てるとは、考えもしなかったことです。その男性は嘆いたり、言葉を失ったり、目を上げたり、蹴ったり、気の狂ったように行ったり来たりしているのが見られましたが、女性のほうは嘲るだけでした。それでもご当人は屈辱を感じなかったのです。

私たちが和平を結ぶのは、アニュロノン人とオネイウストロノン人です。そのほかに、オノンタジュロノン人、オイオニュロノン人、ソノントゥアロノン人がいますが、まだ、現れていません。和平の準備中であるからと言い、こちらに一一人の使者を送りましたが、満足できなかったと弁解しています。本当のところは、これらの部族は本来誇り高く、他の部族が自分たちに先んじたことを嫉妬し、そのうえ、ヌーヴェル・スエードのアンダスタストゥロノン人と大きな戦争をしているのです。けれども、来春に期待を持っています。以上がイロクォイ人と私たちとの現状です。[3]

現在は英国に占領されたニュー・ネザーランド〔*ニュー・ヨーク〕がフランス国王に属していたら、フランスがこれらのすべての部族を支配し、素晴らしいフランス植民地が築かれるでしょう。[4]イロクォイ人の通路に構築された砦は駐屯軍と共に残されていますが、かなり開墾されました。特にシャンブレとソレの砦がそうです。人々はかなり誠実で、(国王の許可を得て)フランスの入植地を開くためにいますが、牡牛と雌牛と家禽と共に夫婦で生活しています。近くには、冬も夏もたくさん魚が獲れる美しい湖があります。それに、狩猟はいつも豊富です。皆、立派な信者として生活をしています。イエズス会の神父様と、その他の会の神父様方が布教に当たっています。その他に、カリニャン神父様がシャンブレ砦、[5]またはセン・テレーズ砦に連隊配属司祭として居住していらっしゃいます。相互に行き来するための道も造られました。そこでは官吏の人々が立派な家を持ち、土地の家族たちと結んだ契約によって大変有利な取引をしているからです。

今年はフランスから九〇人の娘が到着し、その大部分はすでに兵士や労働者と結婚し、これらの人々には、生活のための開墾ができるように、住居と八ヵ月分の食糧が供されています。[6]また、多くの男性が到着しましたが、費用は、この国の人口が増えることをお望みの国王がお出しになりました。陛下はまた、この国に家畜を増やすため、馬、クヴァル、[7]山羊、羊をお送りになりました。私たちの分として、二頭の立派なクヴァルと、耕作と車輛用の馬一頭をいただきました。軍隊は来年帰国すると言われていますが、どうやら、大部分はこちらに残りそうです。こちらの住民のように、フランスでは多分持てない土地を見つけたからでしょう。

布教はと言えば、神父様方は非常に熱心でいらしゃいます。ダロワ神父様は二年もウタウタク人の許におられ、消息不明でしたが、交易のためにやってきたこの部族の人々と一緒に八月にお戻りになりました。神父様はウタウタク人を回心させることができなかったので、このお恵みをもっと素直に受け入れる他の部族を探し求めに行く決心をした、とおっしゃっています。そのため、五、六〇〇～六、〇〇〇キロも旅行なさいました。その結果、ある人口の多い部族を見つけられたのですが、この部族は大変従順で、福音の種を抵抗なしに受け入れました。神父様は三四〇人に洗礼を授けられましたが、そのうち、三〇〇人は洗礼を受けたあとで死亡しました。これらの人々はお年寄りと子供たちです。他の人々には、十分な用意と堅忍のしるしが認められたあとでしか、この秘蹟は授けられなかったのです。このように、このままでは永遠に地獄に落ちるはずの人々に、神様は慈しみ深いお恵みを注がれました。神父様はこの布教の際に、非常な苦しみを受けられました。二年の間、岩の上から掻き集めたドングリとレモンだけを食べていたのです。神父様にそんな酷い食べ物でどうして生きられたのか、また、その味はどんなものかお尋ねしました。

神父様は、「飢えた者にとってはなんでも美味しいですよ」とおっしゃいました。この酷い食べ物を食べるために、神父様はドングリの苦味を薄くする灰汁を入れて煮たあと、レモンを混ぜました。そうすると、インクのように黒く、タールのようにねばねばするサガミテ〔＊インディアン独特の煮物〕のようになります。これが、福音の働き手のための御馳走なのです。これに、苦しみのパン、すなわち、布教のための他の数々の労苦が伴います。こうして神父様は、この大部族の許で一緒に働くための救援を求めにいらっしゃったのです。その覚悟のある三人の神父様を見つけられ、三日しか残っていないので、すぐ一緒に出発なさいました。一行はまず、ウタウタク人に同行するためモントリオールに行きましたが、彼らに少なからず苦しまされました。荷物を舟に乗せたあと、この粗暴な者たちは、なんの発作か知りませんが、どんな高い報酬を約束しても、神父様方とフランス人とを荷物と共に地面に放り出しました。神父様方は旅を続けることができないのを知り大変悲しまれましたが、そのうちの二人、すなわちダロワ神父様とニコラ神父様は、離れていた二隻のカヌーにこっそり飛び乗りました。先住民の言語に関する本以外に他の荷物も食糧も持たずにです。ですから、神様がこれらの粗暴な人々の心を和らげて、お二人のために奇跡を行われなかったら、部族の者たちと一緒に一、二〇〇キロも行かなければならないので、飢えと窮乏とで亡くなられたことでしょう。目的地に辿り着けば、ドングリとレモンで食べていけますし、衣服が駄目になれば、何か皮をまとうことができるでしょうし、こうしてウタウタク人の手を借りずに済ませることができます。

けれども長上の神父様は、もし幾人かのフランス人が交易のため部族の許に行くことを決めるなら、来年の夏にはお二人に援助を送ることを決心なさいました。

　神の御栄えのためにあちこちに散らばっていらっしゃるこれらの神父様方のため、人々の救霊のためにお祈りください。また、私の救霊のためにもお祈りください。

1　アニエ人とオネイウー人は、一六六七年七月五日にケベックに到着した。来るのを長い間ためらっていたが、和平条約は七月一〇日に締結された。この締結によって植民地に一八年の和平が保たれた。イロクォイ人は司祭を求め、その代わりに人質を残した。七月一四日には、フレメン、ピエロン、ブリュヤの三師がアニエに出発した。Cf. *Journal des Jésuites*, 357; L.P. Desrosiers, *La Paix de 1667*, *Les Cahiers de Dix*, 29, 1964, 25-45.

2　アニエ人とイウ人の一一人のイロクォイ人が、一二月三日に洗礼を受けた。Cf.*Journal des jésuites*, 57.

3　RJ1667によれば、オノンタゲ人、ゴヨグーエン人及びソノントウアン人は、RJ(Th.50, 238)作成の日にすでに和平を求めたらしい。オノンタゲ人は、すでに一六六六年に、アンダスト人に敗北を喫しているので、不利な立場にあった。Cf. *Journal des jésuites*, 351.

4　マリー・ド・レンカルナシオンは、タロン氏とカナダ人全体の願いを自らのうちに反映させている。Cf.Talon, *Correspondance*, *RAPQ*, 1930-1931, 77.

5　シャンブレ砦はセン・ルイ砦と呼ばれていた。セント・テレーズ砦はリリュー川の少し上流にあった。RJ1665, éd. Québec, 1858, 12の地図参照。

6　一〇〇人以上の労働者と八〇人の娘が、九月二五日に到着した。したがって、この手紙の部分はこの日付よりあとである。船はまた、雌馬と雄馬を、また多分、この手紙のあとのほうで述べられている羊も運んできた(cf.*Journal des jésuites*, 356. この点についての資料は、ASQ., Polygr., XVII, n.9の中に保存されている)。

7　Quevale, cavale, jument(雌馬)。

一〇五(235)　一六六八年八月九日　息子宛

　愛するわが子よ。あなたの三通目のお手紙に答えます。あなたが送ってくれた貴重な聖遺物に対して、私は心からのお礼を言います。献堂式のときに、私たちの聖堂の祭壇の中に納めるために取り出された聖遺物があります。あなたからのものは、その分空いた美しい聖遺物箱に納めましょう。聖遺物は公開されるので、その証明書を送っていただければ有難く思います。この聖遺物を拝見したとき、私の心は敬虔な思いに打たれ、偉大な聖人がご自分の尊い遺物によってこの国に栄誉を与えてくださることに感謝しました。重ねてお礼を言います。

　あなたは、私の死が近いと思っているでしょうね。私を残らず救い主に与える、この幸いなときがいつ来るかは知りません。私の健康状態は、これまでよりもいくらかよくなっているようです。しかし、体力が著しく衰えているので、ちょっとしたことで死にかねません。特に、長い間続いている胆汁の異常流出が完全には収まらず、どんな食べ物をいただいても、口にアブサンの苦味がいつも残るからです。これにはすっかり慣れてしまいました。そうでなければ、衰弱して死んでしまいます。それでも、私の精神はこの病気に満足しています。病気のおかげで、十字架上の主の苦しみをいつも思い出すことができます。このような病状ではあっても、会則は守っています。四旬節には大斎をしましたし、教会と会則の定める他の大斎も行いました。つまり、主のおかげでお勤めを果たしています。歌うときには声が聞き取れないほど低いのですが、朗誦ならまだかなりはっきりしています。ごミサの間は長くはひざまずいておれません。この点では弱くなっています。高熱を伴って長い間続いた病苦の状態から見て、私が少しの間とはいえ、ひざまずくことができるのに皆が驚いています。

　私たちは今回の船で、親愛なメール・セシル・ド・ルヴィユ・ド・ランハン・ジェズが到着するものと期待していました。私はメールにアルゴンキン語を教えるつもりです。メールはそれができますし、また習う覚悟があると確信しています。先住民の言語は難しく、意のままにするためには、根気が必要です。冬の午前中は若い姉妹たちに先住民の言語を教えます。文法を知り、話すほどになる者もいます。ただ、原語をフランス語に訳さなければなりません。しかし、辞書の多くの語を覚えることは、姉妹たちにとって一苦労で難儀です。私たちの若い姉妹の間では、しっかり覚えているのは一人しかいません。副院長とメール・セント・クロワは十分に覚えています。私たちは最初に辞書を暗記したからです。先住民の言語を習うのはこのように大変難しいので、私は死ぬ前にできるだけのことを書いておくことにしました。

　この前の四旬節のはじめから主の昇天までに、アルゴンキン語による救いの歴史の分厚な本一冊、イロクォイ語の辞書と要理書を書きました。これは宝物のようなものです。昨年は、フランス語字母で分厚なアルゴンキン辞典を作りましたが、先住民の字母で別の辞書も持っています。[1] こんなことを書いたのは、慈しみ深い神様が病弱な私に力をお与えになって、私の姉妹たちに救霊のための働きに必要な事柄を残すようにさせてくださっていることを、あなたに分かってもらうためです。

フランス人の娘たちには、私たちの規則を教える以外にありません。しかし、できるだけのことをしたあとは、私たちは自分を取るに足らないはしため[2]、この新しい教会の建物の土台にある小さな砂粒と思わなければなりません。船便の出るごとにあなたに書いていますが、手紙は紛失することもあるので、私たちの仕事について他の手紙で書いたことを、ここで繰り返すことにします。実際、私がそれらについてお話しすることをあなたは望んでいます。

まず、こちらには七人の歌隊修道女がいて、毎日フランス人の娘の教育に当たっています。それに、二人の助修女が外回りの仕事をしています。先住民の娘たちはフランス人の娘たちと一緒に居住し、食事をします。しかし教育に関しては、特別な教師一人、時には、娘たちの数に応じて一人以上を必要としています。非常に残念ながら、七人のアルゴンキンの娘の受け入れを断ったばかりです。これは、国王の軍隊に食糧が不足していて、そちらに回されたために、私たちの食糧が十分でないことによります。カナダに来て以来、私たちは貧しくとも一人も断ったことがありませんでした。それで、やむを得ずこの娘たちを断ったことは大きな苦痛でした。しかし、これに耐え、私たちの無力さを恥じ入るほかありませんでした。それに、数人のフランス人の娘たちさえ親元に戻さなければならなかったのです。こうして、私たちは一六人のフランス人、三人の先住民の娘に限られてしまいました。先住民の娘のうち二人はイロクォイ人で、一人は捕虜ですが、フランス語を教えるように人から頼まれているのです。大勢の貧しい人についてはお話ししません。残っているものを分けなければならないのです。お話を寄宿学校生徒に戻しましょう。

こちらでは、フランス人の娘たちを入念に教育しています。ウルスラ会の修道女がいなかったら、この娘たちは絶えず救霊を危うくされると言っても過言ではありません[3]。その理由は、男性が多くいて、祝日や日曜にごミサに出たい父親と母親は子供たちを家に残しますが、子供たちの相手に幾人かの男性がいるからです。娘がいると、年齢にかかわらず明らかに危険な状態で、経験から見て安全な場所に置く必要があるのです。こちらの娘たちの大部分は、フランスにいる娘たちよりも幾つかの危険な事柄についてよく知っていると言えます。寄宿学校の三〇人の娘は、フランスにいる六〇人の娘よりも手がかかります。通学生にも少なからず手がかかりますが、禁域にいるように素行に注意することはできません。通学生は素直で性向もよく、よいことを知ればこれをしっかり守りますが、幾人かは短期間しか寄宿学校にいなかったので、教師たちは彼女たちの教育に特に力を注ぎ、時には一年で読み書きと算数、祈りとキリスト教的道徳、また娘として知らなければならないすべての事柄を教えなければならないのです。娘たちが世俗に関してなり宗教に関してなり、必要な年齢まで私たちの許に置いておく親がいます。私たちの許には、世間に戻ることを望まない有期誓願者と修練女の娘が八人います。非常に清らかに育てられたおかげで、立派に過ごしています。また神の家にいるのが心地よくて、親許に帰らない娘もいます。これらの娘のうち二人はフランスで著名なド・ローゾン様のお孫さんで、修練に入るため、ローゾン・カルニ様のお帰りを待っているだけです。娘たちは初聖体準備のために私たちの許に送られます。そのための娘たちは二、三ヵ月学校にいます。

先住民の娘たちに関して言えば、どの年齢でも受け入れています。ある先住民は、信者でもそうでなくとも義務を忘れて部族の娘を誘拐し、神の掟に反して自分の許に置くことがあります。そんな娘が私たちの許に送られるので、私たちは娘を教育し、神父様方が引き取りにいらっしゃるまで預かります。他の娘たちは渡り鳥のようで、寂しくなると出ていきます。寂しさには先住民は耐えられないのです。娘たちが寂しくなると、死ぬのではないかと心配して親が引き取りますが、私たちは自由にさせています。このほうが心配したりもっといるように願って引き留めたりするよりは、親たちが喜ぶからです。奔放と気まぐれから出ていく娘もいます。リスのように石垣ほどもある高い柵によじ登り、森の中に走っていきます。根気のよい娘たちもおり、この娘たちはフランス風に育てます。その後、結婚させますが、大変うまくいっています。そのうちの一人はブーシェ氏に嫁ぎましたが、氏はその後、トロワ・リヴィエールの地方長官になりました。他の娘たちは先住民の親許に戻りますが、フランス語を上手に話し読み書きもよくできます。

以上が、あなたに少し詳しく話しておきたかった私たちの些細な仕事の中身です。これで、あなたによれば、ウルスラ会の修道女は当地で役に立たず、『イエズス会報』はウルスラ会の修道女がしていることを何も述べていないという噂に答えたことになるでしょう。

こちらの神父様方と司教様は、私たちが若い人たちに行っている教育を大変喜んでいらっしゃいます。申し分のない教育を受けたとして、八歳になる私たちの娘に御聖体をお授けになります。『会報』が何も話さないので、私たちが当地で役に立っていないというのでしたら、司教様も、その神学校も、モントリオールの神父様方も、また介護修道女の方々も役に立たず、無用であるということになるのでしょう。ところが皆、この国の支え、力、そして誉とさえなっているのです。『会報』が私たちについても、また前に述べたイエズス会あるいは神学校についても何も述べていないのは、ただ福音の進展とこれに関係のあることについて報じているからです。そのうえ、こちらから報告を送ると、フランスでは多くのことが削除されます。私に毎年お手紙をくださるド・サンセイ公爵夫人[4]は昨年、ある事柄が削除されたことを不快に思われたとお書きになりましたが、今年も同様なことをおっしゃっています。『会報』を印刷し、こちらの介護修道女の方々を大変贔屓にしていらっしゃるC氏[5]は、院長様がご自分にお書きになったお手紙を、ご自分の意志で『会報』の中に挿入なさいました。このことが、フランスでいろいろ取り沙汰されました。私たちが当地の新しい教会で行っていることは、人間ではなく、神様がご存じです。禁域のために私たちのしていることはすべて隠れているので、見えないことについて話すのは困難です。介護修道女会のメールの場合は全く違います。ホームは開かれていて、そこで行われるよい事柄は誰からも見られます。ですから、模範的な愛徳をたたえるのは当然です。しかし、介護修道女の方々も私たちも、仕事の報いを期待しているのは、どんな隠れたところにも入られ、光の中でのように闇の中でもはっきりとすべてをご覧になられるお方からで、それで私たちには十分なのです。

1 これらの書は、前世紀にグラン・ノールの宣教に出発する汚れなきマリアのオブレート会員に与えられたが、紛失した。
2 ルカ福音書17・10参照。
3 手紙七〇（142）参照。
4 マリー・クレール・ド・ボーフルモン、サンヌセの侯爵夫人（一六一八―一六八〇年）。オーストリアの女王アンヌの第一女官、フレイの伯爵、ジャン・バチスト・ド・フォワの妻。介護修道女会の恩人でもあった。
5 セバスティアン・クラモワジ、『イエズス会会報』の編集者。

一〇六（237）　一六六八年九月一日　息子宛

愛するわが子よ。この手紙は、あなたが『イエズス会報』によってもっと詳しいものを受け取る前に、こちらの教会についての消息を伝えるものです。雪解けの前にピエロン神父様がケベックに到着なさり、イロクォイ人の許で起きた事柄について報告してくださいました。神父様は旅行中は極度の疲労にお苦しみになりました。雪靴で歩けないので、しばしば穴に落ち込み、足を傷めれました。しかし、勇敢な方でいらっしゃいますので、これらのすべての困難を乗り越えられました。お連れの方が話さなかったなら、このことについては何も知ることがなかったでしょう。

神父様のお話では、英国人がヌーヴェル・オランダとアカディアを占領したことは確かです。神父様は、このことを直接お知りになりました。司令官が、宣教なさっていたイロクォイ人の許に神父様を探しに人を派遣しました。お連れすると司令官は神父様を非常に丁重にお迎えになり、当地にいらっしゃる間は、神父様を保護することを約束されました。司令官にはヨーロッパから何も届かなくなっていて、またなんのニュースも届かなくなってから二年も経っていました。神父様は司令官にニュースを知らせ、和平の希望をお与えになりました。また、イギリスの海軍がここから遠ざかれば、美味しい食べ物も受け取れるのではないかという期待を抱かせました。実際、司令官は部隊と同様、多くのものが不足していました。お二人はいろいろの争点についてかなりの論議をしましたが、その後、友情を表して別れました。私たちが知ったところでは、イギリス軍の将軍の主な意図は、神父様をとおしてフランス軍の意向を探ることにありました。将軍は噂を聞いて、フランス軍がイロクォイ人にしたように、イギリス軍も自分たちに攻撃をしかけるのではないかと懸念していたからです。

神父様のお話では、イロクォイ人は神父様と随行したすべての人々を非常に柔和に迎え、神の教えを熱心に聞き、子供たちと瀕死の人々に洗礼が授けられるのを見て喜び、幾人かの大人がこの秘蹟を受けさえしたそうです。祈りのために定められた時間にはきちんと礼拝堂に集まり、熱心さの証拠として自ら礼拝堂を建立し、神父様方が居住する住居を建てました。神父様はお戻りになり、他に四人の方が一緒に戻りました。以上が、フレミン神父様とペロン神父様に関することです。

ブリア神父様とカルヘ神父様はオネイウステロノン人の許にいらっしゃいますが、同様な歓迎を受けておられます。先住民はお二人をできるだけ尊敬をこめて扱い、感嘆すべき素直さで教えを受けています。そして、燻製の魚で味付けしたカボチャとフェゾール［＊ソラ豆またはエンドウ豆］とトウモロコシを御馳走しますが、これは一番の御馳走の一つです。狩猟や漁獲の時期でない限り、この地方では肉や魚は少しもないからです。

この二人の神父様と他の二人の神父様は、信仰をかなり広めてはいらっしゃるのですが、また考えられない試練に出遭っていらっしゃいます。英国人とオランダ人がこれらの部族におびただしい量のブランデーとぶどう酒を売り付けているので、部族の人々はいつも酔っているからです。その結果、絶えず殴り合いや殺人が起きています。このような酔いで、人々は乱暴になり、常軌を逸します。そのため、神父様ご自身も時として横暴な仕打ちを受けています。神父様に対するこれらの侮辱は長老たちの心を大変痛め、神父様方が去ってしまい、和平が破られるのではないかと心配しています。それで、神父様に謝り、この過ちを取り除こうと懸命になっています。この種の飲み物は信仰の大きな妨げで、この不道徳なものがなくなるか減少するまでは、老人と子供と瀕死者にしか洗礼を授けられない状態が生じます。五つのイロクォイ部族と彼らのすべての町がこの飲み物に冒されています。マナート[1]とオランジュ[2]と周辺の地区がフランス国王に帰属するのであれば、これらのすべての地域を素晴らしい教会にすることでしょう。

今、英国人と隣り合わせのイロクォイ人をとおして第二のニュースを知ったところです。二つの王国間で和平が結ばれ、条約によってヌーヴェル・オランダ[3]は英国に、アカディアはフランス国王に返されました。したがって、マナートには英国人の新しい将軍が存在しますが、将軍は神父様方に手紙を書き、イロクォイ人を派遣して、和平の知らせを私たちに伝えるよう要請したのです。将軍はまた、私たちの総督にも友好溢れる手紙を書きました。神父様方がイロクォイ人に私たちの信仰を説くことにには反対しませんが、モントリオールのフランス人がイロクォイ人と取引することには不満です。なぜなら、それによって英国人の毛皮による収入が減少するからです。このように両方がそれぞれの利益を求めているのです。

ガルニエ神父様はオノンタエに無事到着なさいますと、皆から盛大な歓迎を受けられました。神父様に表された第一の好意のしるしは、樹皮製の聖堂と住居を建てることでした。皆は熱心に教えを受け、アシアンダゼ（彼らは布教区長の神父様をこう呼びます）も来て、一緒に住むようしきりに願っています。神父様は、アシアンダゼはこちらには来られないが、似ている弟がケベックに到着したので、使者を送って弟が来ることを願うように言いました。すると、フランス人の親友でもあり、長老たちの間で一番偉い者[4]が仲間と一緒に出発しました。こちらに到着して使者の目的を話すと、フランスから新しく到着したミレ師が与えられました。信仰に対する熱誠を認める最大のしるしを示すために、総督は使者に銀で装飾した緋色の素晴らしいカザック〔＊武具の上に着用したマント〕を贈呈し、宣教師の神父様方によろしく願い、また自らの権威によって信仰を支えることを求めました。この集まりの際に、ヒューロン人の一人の優れた信者が立派な演説を行い、その中で、イロクォイ人たちに、フランス人はこちらでイロクォイ人を奴隷のように考えてはおらず、こちらのオノンチオ、すなわち総督とフランスのオノンチオ、すなわち国王は、イロクォイ人の子供たちとフランス人の子供たちが一緒になって同じ一つの国民となることを望んでいると話しました。このような提案をしたのは、神父様方が先住民の多くの男の子を、私たちが多くの娘をフランス風に教育することを陛下が望まれていると伝え聞いたことに基づいています。[5] 陛下がそうお望みであれば、私たちは当然の従順によって、特に、神のより大いなる栄光のためならなんでもする覚悟でいることから、そのようにする用意があります。

けれども、この子供たちをフランス人化し、あるいは文明化するのは不可能ではなくとも、大変難しいことです。私たちはこのことを誰よりもよく知っていますし、私たちの手でしつけられた娘たちの一〇〇人に一人しかそうできなかったことを認めています。素直で賢いのですが、少しでも目を離すと、塀を越えて親たちと森の中に走り去ってしまいます。森の中でのほうが、私たちのフランス人の家のどんな快適さよりも楽しいのです。先住民の気質はこんなふうで、娘たちを強制することはできません。そうすれば、ふさぎ込み病気になります。そのうえ、先住民は子供を過度に愛します。子供が寂しがっているのを知ると、何も考えずに取り戻そうとします。そのときには、返すほかありません。私たちの許には、ヒューロン人、アルゴンキン人、イロクォイ人の娘たちがいました。他の誰よりもかわいく、素直です。しかし、他の者たちより文明化できるかどうか分かりません。フランス人の礼儀の中で育てられても、これをずっと身に付けていられるかどうか、それも分かりません。私はこの娘たちにそんなことは求めも期待もしません。先住民だからです。それだけでそんなことを当てにできないのです。お話を宣教師の方々に戻しましょう。

さて、ミレ神父様がイロクォイ人の許に出発なさるところです。ルーアンであなたをお訪ねくださった神父様です。神父様はあなたのために私を幾度かお訪ねになり、あなたから預かった小包をお渡しくださいました。神父様は、楽園に行くのと同じほどの喜びをもって、ご自分の犠牲をささげにお出かけです。先住民はアルシアンダゼの資格で、すなわち尊い方としてお連れします。求められている一六人のうち、すでに六人の方が神父様に先行していらっしゃいます。残りの方に関しては少し待たなければなりません。福音の働き手は、先住民のためにそんなに早く養成されるものではありませんから。

ダレ神父様が、ウタウアク人の地方で過去数年間耐えられたご苦労と、お戻りになるため舟に乗ろうとしたとき、この部族の先住民の連れにどのように投げ出されたか、あなたはその話をよく覚えていますね。神父様は、ニコラ神父様と一人の修道士の方とご一緒に死亡なさったものと思われていました。消息が全くなかったからです。そのあとで知ったことなのですが、この粗暴な者たちは三人を舟に拾い上げました。食糧やその他の携帯品は放り出したままでした。結局は、神様がお護りくださったので、想像もできない労苦の後、あの広大な地方に到着しました。そこから、一部はすでに要理を教え、多くの人々を神に導いたことのある部族の許に向かいました。

ニコラ神父様は疲労にもかかわらず、まだヨーロッパ人を見たことのない先住民の部族を連れに引き返しました。部族の人々は皆、鼻に穴を空けて、美しい色の幾つかの粒や獣の毛をぶら下げています。たくさんのビーバーを背負っていて、商人たちを喜ばせました。フランス人に大変満足したので、また出直して取引をすることに決めたほどです。彼らはウタウアク人から、フランス人がさらに進めば自分たちを焼き殺すであろうと聞いていたのですが、その後は、フランス人に毛皮をただで取り上げられるのではないかという心配に取り付かれ、それで自分たちで取引をしに来たのです。神父様方は、彼らを思いとどまらせました。こうしてニコラ神父様がご自分でお連れになり、道を開き、恐れを取り除かれました。ここから一、二〇〇キロ離れた所で行われたこの愛の行いをたたえてください。神父様は、人々を神に導くというただ一つの希望の許に、このような旅行をなさいました。そして、もう一人の神父様と協働修道士の方とご一緒に連れていらっしゃったのです。この収穫は大きいものでしたので、そのあとに続く準備をしている他の人々がいます。

モンタニェ人と北部の部族たちへのヌーヴェル神父様の布教は盛んです。これらの先住民は今まで出会った部族の人々と比べて、私たちの信仰の教えを一番従順に、素直に受け入れています。少し前に、神父様は五〇〇人をタドゥーサックに連れておいででしたが、私たちの司教様にお会いしたいという強い望みを示していたからです。司教様は、このことをお知りになると、すぐお出掛けになって、これらの人々をお訪ねになり、信仰を素直に受け入れたことをお褒めになりましたが、好機を逃さず、受ける準備のできた人々に堅信の秘蹟をお授けになりました。その少し前に、司教様は愛徳からイロクォイ人に一番近い砦に至るまですべての砦を訪問され、それらの場所で、まだ受けていない人々に同じ秘蹟をお授けになっていました。他の神父様方はヌーヴェル神父様と一緒になって、狩猟と越冬のため森の中で先住民と一緒に過ごされました。他の先住民のヒューロン人、イロクォイ人、アルゴンキン人、モンタニェ人には冬の間、モントリオールからカプ・ド・トゥールマンとその周辺までイエズス会の神父様方が同行しています。もう狩猟に行けない人々はケベックに残り、身体も魂も安らぎを得ます。以上が、今年の間のこの教会の状態です。

当地では、槍の形をした一つの彗星が見られました。赤みを帯び燃えていて、尾の先が見えないほど長いものでした。日没後、太陽のあとを追っていたのですが、ほんの少しの間しか見られず、月の光でほのかな輝きを失いました。

去る四月には地面がかなり強く揺れました。この地震はミゼレレの詩編を二回唱える間ほどの長さで続きました。カプ・ド・トゥールマンの方角に被害を与え、イロクォイ人に至るまでのすべての地方で地震の揺れが感じられました。ケベックでは一度しか感じませんでしたが、奥地ではかなり前に頻繁に起こっていました。損害についてはまだ分かりません。冬はフランスで経験していたと同じような穏やかさで、夏はアメリカ諸島と同じように暑く、炎熱です。雨はほとんど降りませんでしたが、この異常な気候は地の産物になんの損害も与えませんでした。どうか、この教会と私たちの修道院の、特に私個人の必要のために、神様の御前でお祈りください。

1 現在のニューヨーク。

2 オルバニ。L.P.Derosiers, *Fort-Orange à l'époque des guerres indiennes, les Cahiers des Dix*, 1963, XXX, 1933.

3 一六六七年七月三一日のブレダ条約。Cf.G.Lanctot, *Histoire du Canada*, I, Montréal, 1963, 217.

4 ガラコンチエ、八月二〇日にケベックに到着。手紙一一四（258）参照。

5 この点に関してのコルベールの懇望については、cf.*Lettre du ministre à Talon*, *RAPQ.*, 1930-1931, 95.

一〇七（241） 一六六八年九月二一日 サン・ドニのウルスラ会修道院長宛

私こそ、あなたからお手紙をいただけなくて残念に思っておりました。随分前から、ド・ラ・エ神父様と故マドモワゼル・ド・リュイヌをとおしてあなたのお噂は存じておりました。お二人のように私もあなたの徳行について愛と尊敬を抱いておりました。その頃、私たちがフランスの修道女の方々にお願いできていたら、私たちはお二人をとおしてあなたとあなたの修道院に援助を求めていたことでしょう。

しかし、神様はそれをお望みでなく、その後、ご自分に大きな奉仕をなさるようにあなたをお定めになって、あなたはそのようになさってきましたし、今でもそのより大いなる栄光のためにお仕えしていらっしゃいます。お書きくださったお手紙によって、私はあなたがお心の中ではいつもカナダに愛情を抱いていらっしゃったことを知りました。実際、あなたはご好意からカナダの利益を、特に私たちの学校の利益を擁護してくださいます。このことに私は心を打たれ、あなたへの友情を新たにしています。私はあなたが私たちだけ、特に私個人を思っていらっしゃるとは思えません。しかし、慈しみの神がお望みですので、私とあなたの間で、また私たちの修道院とあなたの修道院の間で、決して離れることなく結び合い、新たに霊的善を交換することに致しましょう。私たちは皆、心からあなたを愛し、私たちに対するあなたの相互の愛情を決して疑いません。お心のこもったお手紙がその証拠です。また、私たちの副院長メール・セン・タタナーズにお書きになったお手紙も同様です。

あなたが、その有徳のご婦人に関して私にお望みのことは、きっと行います。礼儀上のことについてしかお話ししませんが、お手紙を差し上げることに致します。神様が、ご婦人に私たちの貧弱な学校を援助するようお勧めになれば、ご婦人は確かに大きな慈善を行うことになるでしょう。正直に申し上げますと、学校はかなりの負担を負っており、そのすべての負担に関して、先住民の娘たちのためにはなんら基金もなく、あるのはただ彼女たちを教えなければならない四人の修道女たちのためだけのものです。私たちが当地に来て三〇年近く、先住民の娘たちを学校で養い育てられたのは、ただ御摂理のおかげです。

私たちはヒューロン人とアルゴンキン人の幾人かの娘をフランス人化し、その後、フランス人に嫁がせました。

彼女たちは立派な家庭を営んでいます。中でも一人は、母国語のヒューロン語もフランス語も申し分なく書き、読むことができて、誰もそれと見分けることができず、生まれが先住民であると思っていません。地方長官はこのことを大変喜び、彼女に母国語とフランス語で何かを書かせ、フランスに持って帰って、驚嘆すべき事柄として示すつもりでいらっしゃいます。部隊を当地に派遣された国王陛下は、神が軍隊を祝福なさったことをご覧になって、先住民を徐々にフランス人化して、洗練された国民とすることをお望みです。これは子供たちから始められます。そのために司教様は多くの子供を引き取られ、神父様方もケベックの学校に入れられました。皆、フランス風の衣服を着て、フランスでのように読み書きを教えられています。私たちは、自分たちの精神に従って娘たちを教育することを任されています。しかし、当地に来て以来、これらの娘を教育しているのにもかかわらず、親が望んだ娘たちと、私たちが面倒を見ていた若干のかわいそうな孤児をフランス人化しただけです。他の娘たちは一時的で、私たちの所に一ヵ月かそこら留まっただけで、他の娘たちが代わります。しかし、今は皆をフランス人化し、フランス風な衣服を着せなければなりませんが、これには大変な費用がかかります。一人の娘を養育するためには、少なくとも二〇〇リーヴルはかかります。亡くなられたマドモワゼル・リュイーヌは、私たちをたくさん援助してくださいました。娘たちの衣類のための生地を送ってくださったり、食べ物の費用の助けとしてかなりの寄付をしてくださったりしました。そのために一つの基金を設ける意図をお持ちで、病気になられると、遺言にかなりの遺贈を記されました。しかし、署名する前に急死なさいましたので、遺言は実行されませんでした。死後は、私たちの娘と私たちは支えのないままでした。

今のところは、私たちの学校のためにそれぞれ五〇リーヴルを送ってくださる二人のご婦人がフランスにいるだけです。そのことと私たちの修道院の火事とが同時に起こり、この二つの出来事が合わさって、私たちは極貧の状態に陥りました。ただ御摂理のおかげで、私たちは修道院を再建し、現在の状態に至ることができました。一時病院に居住させてもらいましたが、そのときも私たちの許にいつも生徒たちを引き留めておりました。生徒たちは、この世で私たちの最も豊かな宝ですし、そのためにこそ、私たちはフランスと私たちのメールと友人から離れたのでした。

以上が私たちの過去の出来事と現状です。イエス様と私たちの真の支えでいらっしゃる聖母がお勧めでしたら、どうか私たちの貧弱な学校の庇護者となってください。あなたの修道院のメールとルーアンのメールが、今年こちらにいらっしゃるなら、私たちは非常に嬉しく思います。

しかし昨年は、司教様は度々の延期でお疲れになり、私たちの必要をご覧になって、当地で修練女を募ることをお望みになりました。したがって、私たちは四人を受け入れ、五人目が入会するところです。それでも、当地で宗教心を維持するために、フランスからの修道女を持つことが常に必要です。ですから、機会があれば、あなたにお願いします。こちらの神父様方は、もちろん私たちが存じ上げている以上に、あなたの修道院の聖なる雰囲気について大変褒めていらっしゃいましたので、あなたのご好意におすがりするのが最善と思い、本会の義務を果たすことができ、また困難な当地の寒い気候に慣れることのできる若い姉妹をくださるようお願いする次第です。

あなたへの心からの愛情を改めて表明するとともに、救い主との親密な一致のうちに、あなたも同じことをなさってくださいますように。

一〇八（244） 一六六八年一〇月一七日 息子宛

愛するわが子よ。和平の幸せを持つようになってから、こちらの宣教は盛んになり、広がって多くの実りを上げています。福音の働き手の熱情を見ると感嘆させられます。皆、熱情と勇気をもって布教地に出発しましたが、これには大きな成功への期待を抱かせられます。イロクォイ人とその他の部族とのこの和平はフランスで大変な評判となり、神の御栄えを熱心に望む多くの人々を感激させましたので、ド・ケリュ神父様が今年こちらにおいでになって、モントリオールに数人の神父様をお連れになりました。その幾人かは力量も出生も立派な方々で、敬神の念がお顔にも現れています。ド・フェヌロン神父様は、イエズス会の神父様方を見倣ってイロクォイ人の許での宣教のために、ご自分よりも若いある神父様のお供になることを少しも恥ずかしく思われませんでした。刈入れは大きいので、神様は相応の働き手をお送りになりました。

司教様は、ご自分の許にかなりの先住民とフランス人の若者を置いていらっしゃいます。これは、先住民が一緒に養育されてフランス人の風俗を学び、フランス人化することができるようになるためです。イエズス会の神父様方は同じことをされ、モントリオール神学校の神父様方は、これに倣おうとなさっています。娘たちのほうは、私たちが同じ目的で先住民の娘とフランス人の寄宿生を一緒にしています。これらのすべてのことが、どういう結末をもたらすのか私は分かりません。正直に言って、それは私には大変困難に思われるからです。当地に長年住んでいても、私たちにフランス人化することができ、文明人にできたのは七人か八人しかいません。大多数の他の娘たちは皆、立派な信者にはなりましたが、親許に帰りました。自由で原始的な生活のほうに惹かれる彼女たちに、フランス人風の行動様式を身に付けさせることができたら奇跡と言えます。狩猟と漁猟、あるいは戦争のために働くことだけを誇りとしている先住民には、そのような生活様式はふさわしくないと思われているのです。先住民は妻子を狩猟に連れていき、男たちが狩りをしている間に、妻子が獣の皮を剝ぎ、なめし、肉や魚を燻製にし、木を切り、家事のすべてを行います。男たちは、小屋にいるときには、タバコを吸いながら妻子たちが働いているのを眺めています。男たちの仕事は、前述したことの他に、小屋と子供たちの揺り籠、かんじきと橇とカヌーを造ることです。他のすべての仕事は、男たちには卑しく、自分たちにはふさわしくないものと思われています。ほとんどの子供たちは、生まれるとすぐこうしたことをすべて覚え、妻と娘は男と同じようにカヌーを漕ぎます。以上のことから、子供のときから身に付けて本性のようになっている習慣を曲げて、この人たちを変えることが容易かどうか判断してください。

この前の手紙のあと、当地では四月に現れた彗星の影響が感じられています。つまり、ひどい感冒が流行して、かなりの人が今にも死にそうな状態です。病気は、まず麻疹のようなぼつぼつが出て、これに発熱と喉の痛み、その他の危険な症状が伴います。けれども一人も死んではいません。六週間前から私たちの病室は満員です。私も他の人々のようにこの病気に襲われましたが、病室には行きませんでした。ただ八日間、熱と咳のために四時に起きることができないだけでした。これは彗星の影響であると言われていますが、私は神様のお裁きによるものと思っています。慈父として、その民を罰していらっしゃるのです。とにかく、この彗星は小麦には全く損害を与えませんでした。それで小麦は大豊作で、皆を養うのに十分であろうと期待されています。私たちは、これほどのよいもので私たちを満たし、罪びとであっても、天の鳥を養われるように人間に糧と助けをお拒みにならないないお方に感謝致しております。

一〇九(246)　一六六八年一〇月　息子宛

愛するわが子よ。タロン様[1]が私たちから離れてフランスに帰国なさいますが、皆から惜しまれています。[2]これはカナダ全体にとっての損失です。地方長官の資格で当地に来られて以来、フランス人が住むようになってから当地はいっそう発展し、事業もいっそう捗りました。国王は後継者としてブートゥルーという方を派遣なさいますが、[3]私はその方の資質と功績についてはまだよく分かりません。

今年、船は病気を少しも運んで来ませんでした。船団は雑多な貨物のようなものを積んで到着しました。ポルトガル人、ドイツ人、オランダ人、それから私にはどこの国籍か分からない人々がいました。またムーア人、ポルトガル人、フランス人、その他の国の女性もいました。大勢の娘が到着し、もっと多くの人々が来ることが期待されています。[4]最初に結婚したのはムーア人の娘で、フランス人とです。男性のほうは、国王に仕えるのを辞めさせられ、陛下が当地に送ることを望まれた人々です。これらの人々は全員ここから八キロ離れたタロン町に置かれ、そこに住んで人口を増やすことになっています。国王からいただいた小麦粉の大樽と脂身を食べ尽くしたときは、開拓が済むまで大変苦しむことでしょう。今後は、男子と同じような労働のできる村の娘たちだけが望まれています。経験から、村で育てられなかった娘たちは、乗り切ることのできない困窮にあって当地には向いていないことが知られているのです。

ここ数年、イロクォイ人のカボチャを私が大変評価したことで、あなたはそれを食べたくなったようです。[5]産地からヒューロン人が持ってきた種を送ります。しかし、そちらの土壌で味が変わるかもしれません。そのカボチャはいろいろに調理されます。ミルクを入れたポタージュやフライにします。また、ジャガイモのようにオーブンやストーブのような火で焼きます。それで、焼きリンゴの味がするのは本当です。モントリオールでは、フランスの最良のものよりもよいメロンが採れます。こちらでは希にしか採れません。そんなに南に位置していないからです。

また、メロン・ドー〔＊スイカ〕と呼ばれる種があって、カボチャと同じように栽培されますが、メロンのように食されています。ある人はこれに塩をかけ、ある人は砂糖をかけます。大変美味しいと言われており、お腹をこわすことはありません。その他の食用植物と野菜はフランスと同じです。小麦のように収穫し、五月までの冬季の間に食べます。畑は雪で覆われているからです。

果樹に関して言えば、私たちはプラムを持っていて、十分に肥料を与えて育てると三週間分のたくさんの実を生じます。プラムはオーブンで焼きません。焼くと皮と種しか残らないからです。それで砂糖を入れてマーマレードを作りますが、大変美味しいものです。蜂蜜を入れて私たち用のものを作りますが、この調味料だけで私たちと子供たちのためには十分です。さらに、緑のスグリでジャムを作りますし、土地の果物で、砂糖を入れると美味しいピミナン[6]も同様にします。レネットとカルヴィル・リンゴを作りはじめました。こちらではとても美しくて美味しいものができますが、種はフランスからの到来物です。以上が私たちの食べ物と楽しみですが、フランスでは問題にされなくとも、こちらでは大変好まれています。

この手紙を持参する方は、お母様のブルドン夫人のお伴をしてフランスに行くドンブール様です。お二人を友情をもって応接してください。私が当地のどの家族よりも一番愛し、親密にしている家族だからです。あなたに会ってお話しするのを楽しみにしていて、私からあなたへの言葉を伝える機会なしには出発しようとなさいませんでした。ブルドン様は王室検事でした。これは、誠実さと功績のために与えられた役目でした。氏は私と特別な霊的善で結ばれています。世俗の服装はしていらっしゃっても、非常に修道的な生活を送っていらっしゃるからです。絶えず神様を御前にして、神様と深く結ばれておられます。一度は、私たちのフランス人捕虜のことで、オランダ人と交渉するために命を投げ出されました。愛徳に溢れるこの方は、ご自分を全く公益のために捧げていらっしゃいます。貧しい人々の父、寡婦と孤児の慰め主、すべての人の模範でした。そして、当地にお住みになってからは、あらゆる善と慈善事業に献身されました。四人の娘さんをお持ちで、四人とも神様に仕えさせられましたが、その寛大さから非常な喜びをもって心地よくなさったのです。二人は介護修道女ですが、そのうちの一人は亡くなられました。他の二人の姉はウルスラ会修道女で私たちの修道院にいますが、立派な修道女です。二人の息子さんが残っていましたが、弟さんはケベックで勉強し、お兄さんはこの手紙を持参する方です。私は二人を自分の甥のように見做しています。ですから、この方のためにあなたのお祈りを強くお願いしているのです。

ブルドン夫人は、非常にあなたに会いたがっておいでです。このご婦人は、当地の至る所で敬虔と愛の模範です。この方とダイユブー夫人は大変仲がよく、一緒に囚人を訪問し、犯罪人を助け、担架で運び埋葬さえなさっています。前述した最も活動的でどこにでも出かけるご婦人は、絶えず慈善事業に従事して貧しい人々のために募金していらっしゃり、成果を上げていらっしゃいます。敬つまり、不幸な人々の母、あらゆる善行の模範です。敬神と信心のお気持ちからだけでカナダに移られたのですが、その前には、優れた貴族、ド・モンソー様の寡婦でした。カナダに到着してしばらく後、ブルドン様は七人のお子さんと奥様なしで過ごしていらっしゃったのですが、どのお子さんたちもお父様だけでなく自分の面倒さえ見ることができませんでした。ド・モンソー未亡人は、精力的にこの家族を助け、その結果、有徳の人として知られていたブルドン様と結婚することを決心されました。しかし、兄と妹として一緒に生活することを条件にしました。結婚され、条件はきちんと守られました。条件を受け入れたのは、愛徳に駆られてのことでした。ご自分がパリでも地方でもよく知られていたフランスでは、結婚生活から隔たったこのような暮らしをすることは軽率な行為と見做されました。しかし、この寛大な行為によって果たされたすべてのよいことを知ると、人々は考えを変えました。夫人はブルドン様のお子さんを全員、比類のない優しさをもって育て、現在の境遇に導いたのです。私が長々とこのお話をしたのは、あなたに夫人とその敬虔な家族を敬っていただくため、また当地には誠実で有徳の人々がいることを見ていただくためです。どうかこの方々に友情を表してください。それに値する方々です。

1　ジャン・タロン（一六二五―一六九四年）は、シャロン・シュール・マルヌ出身。クレルモンの高等中学校で教育を受け、行政官としての道に入り、フランドルで主計官となった。その兄弟フィリップと区別するため、時として、一六五四年のケスノワの占領後タロン・ド・ケスノワと呼ばれた。エノの地方長官に昇進した後、フランドル戦争の間、テュレンヌを補佐した。一六六五年三月二三日、カナダの地方長官に任命された。(*Edits et Ordonnaces*, III, 33-35).広範な権限を受けたので、カナダでほとんど比類のない事業を遂行できた。あいにく体質が気候に合わず、やむなくフランスに帰国を願った。一六六八年秋から一六七〇年を除いて、一六七二年までカナダに滞在した。

2　タロンは一一月半ばに去った。当月の一〇日まで、まだ国王評議員会に出席していた。

3 クロード・ブートルー（一六二〇—一六八〇）。騎士爵、オービニの領主、造幣局顧問でパリ出身。タロンと同じくその任命は一六六八年四月八日に行われ、一〇月二二日にケベックに登録された。一六七〇年まで植民地に留まった。前任者ほどの能力と権威はなかったとしても、皆から尊敬された。

4 カナダへの移民女性の性質については、しばしばアンチル諸島のそれと混同された。Cf.G.Lanctot, *Filles de joie ou filles du Roi*, Montréal, 1952;「雑多な貨物」とは道徳にではなく、むしろ国籍に当てはまる、と言われる。それに、ケベックに到着して、姦淫を告発されたのは、ムーア人の女一人だけ、またイタリア人のイザベル・アリュールだけかもしれない。(op.cit., 212-213; Jugements et délibérations, I, 519, 528, 530-531). 裁判の予審は一〇月のはじめに行われた。したがって、船は九月末か一〇月はじめに到着したことになろう。ブートルーは、マリー・ド・レンカルナシオンが書いたときには到着していなかったらしく、手紙の最初の部分の日付は、一〇月の最初の二週間に、すなわちブートルーの任命が登録された日付の一日と二〇日の間に位置付けられるであろう。手紙で話しているタロン町は、イエズス会所有のノートルダム・デ・ザンジュの領地にタロンが築かせた三つの村の一つであった(L.Le Jeune, *Dictionnaire général du Canada*, II, 691)。

5 手紙一〇二（225）参照。

6 Piminan、恐らくPimbina〔カンボクの実〕viorne d'Amérique〔＊アメリカ・カマズミ〕。実は赤く、ジャムを作るのに用いる。Cf.Fr.Marie-Victorin, *Flore Laurentienne*, Montréal, 1947, 533-534.

一一〇（248） 一六六九年九月一日 息子宛

愛するわが子よ。『イエズス会会報』がもっと詳しいことを知らせる前に、こちらの教会のニュースの要略を送っておくべきであると思いました。あとでお分かりのように、福音の働き手がすべてのイロクォイ人の中に散らばって、重要人物として手厚く迎えられています。

お一人でアニュロノン人の村を取りしきっていらっしゃるピエロン神父様は、部族の人々の心を強く捉えられましたので、人々からこの世で最も偉大な人物の一人と見做されているほどです。神父様は、英国人とフラマン人からもらったアルコール飲料のため、正気を失っていたこれらの人々を元に戻すのに大変ご苦労なさいました。神父様はオランダ人に対しても権力を持っている英国人の将軍に詳しく手紙をお書きになって、神を侮辱し、先住民の心身を破滅させるこの悪習の重大さについて説明なさいました。さらに、国王陛下は臣下が破滅されるのを決して容認なさらないであろうと言明して、国王の権威さえ持ち出されました。総督は神父様のご忠告を、アルコール飲料で若者を駄目にし、家庭を破壊させていると嘆くイロクォイ人の長老たちの要望書と共に好意的に受け入れました。あなたは、このことから神父様が長老たちの心を捉えたかどうか判断できるはずです。神父様は長老たちに、男たちがほとんどいつも酔っていて近づけないほどで信仰に有害な問題を気付かせられたからです。将軍がそのときに行った約束を守るならば、これらの人々の教育のための大きな障害が取り除かれるでしょう。

神父様は、様々な悪習と戦わなければなりませんが、また、それらを克服する様々な武器も必要です。神の教えを聞こうとせず、神父様から教えていただいているときに、耳をふさぐ人々がかなりいるのです。この障害に打ち勝つために、大変面白いことを思い付かれました。言葉で説く事柄を、目で見せるために絵を描くのです。日中は言葉で教えられ、夜は絵をお使いになります。絵がお上手なのです。地獄を表す絵を一つお描きになりました。それは、姿からも先住民を苦しませる地獄の罰からも、あまりにおぞましい悪魔でいっぱいなので、絵を見れば身震いするほどです。

神父様は、教えようとしているイエズス会の神父様の話を聞こうとしないで耳をふさいでいる一人のイロクォイ人の老女を描きました。老女は悪魔に囲まれ、悪魔はその耳の中に火を投げ入れられ、身体の他の部分にも責苦を与えています。神父様は他の悪習と、それらの悪習を牛耳り、一生涯それらの悪習にふける人々をさいなむ悪魔を別の絵で描いていらっしゃいます。また天国の図もお描きになりますが、その中では、天使たちが聖なる洗礼を受けたあとで死んだ人々の霊魂を天国に連れていく様子が表されています。つまり、神父様は教えたいことをご自分の絵で示しておられるのです。この布教所のすべてのイロクォイ人はそれらの絵にすっかり心を打たれ、集まりではこれらのことしか話さないほどです。それで、教えられるときには、耳をふさがないように気を付け、感嘆するほど熱心に神父様のお話に耳を傾け、驚嘆すべき人物として神父様を見做しています。これらの絵は近隣の他の諸部族の間でも話題にされ、他の宣教師の方々も類似のものを持ちたがっていらっしゃいます。しかし、全員がピエロン神父様のような絵描きではありません。神父様は大勢の人々に洗礼をお授けになりました。イロクォイ人は、自分たちの所にフランス人の入植地が造られることを熱心に望んでいます。どうすべきかは、時と共に明らかになるでしょう。

アニエ人の村の他に、他の四つのイロクォイ人の部族がイエズス会の神父様によって管理されています。けれども、離れたところに小さな町があって、そこでは、他の会の二人の神父様が冬を過ごされました。神の言葉は至る所で宣べ伝えられ、宣教は非常に広範に行われていて、片手間でできる仕事ではありません。宣教師の派遣がフランスに要請されましたので、今後到着する船で来ることが待たれています。宣教師の皆様は非常にご苦労なさっていますが、これによって得られた実りと、神とイエス・キリストの知識が至る所に広まるのをご覧になって、励まされていらっしゃいます。

アロワ神父様とニコラ神父様は、今年はウタウアク人の六〇〇人の人々を連れていらっしゃいましたが、これらの人々はフランス人の商人におびただしい毛皮を持参し、このことをとおして敵対関係にあったイロクォイ人との和平の機会を求めたのです。この部族に愛を示すため神父様たちは二、〇〇〇キロも旅行されましたが、この愛からあらゆる危険を冒し、すべてを耐えられました。この部族の人々はまた、聖なる福音の助けと働き手を求めに来たのです。と言うのは、人口の多い強大な部族に会ったのですが、その間にとりわけ私たちの聖なる信仰を奉じて、これを公に宣言する一つの部族がいたからなのです。これらの人々にとって進歩のための大きな善の一つは、一夫多妻を捨てたことです。この部族はウタウアク人よりもはるかに遠い所にいますが、他にももっと遠い所にいる部族もあります。クロード・ダブロン神父様が、ウタウアク人の許にいる神父様方と一緒になるために、すでに出発なさっています。また、住んでいる人々の数からも、担わなければならない大きな仕事の点からも、アメリカ大陸での最も輝かしいものとなるはずの宣教地を管理することになります。

ダロワ神父様がご訪問くださいましたが、大変なご苦労によってすっかりお変わりになっており、神父様と見分けがたいほどでした。それでも、素晴らしい熱情と、ご自分の教会にお戻りになりたいという一刻も頭から離れない燃えるような望みをお持ちです。お留守の間に、悪魔がご自分の羊〔＊信者〕の幾つかを奪い取ることをご心配なのです。神父様はお一人でこの大きな宣教地にお戻りになりますが、他の神父様もそれぞれの所にお戻りです。すべての宣教地を視察しなければならないダブロン神父様は、ここから一、二〇〇キロの所にお寄りになり、他の神父様方をいたわり、必要な援助をお与えになります。その場所を固定した宣教所にし、宣教師の方々が必要な場合に集まって相談し合い、ケベックから送られる茶菓や飲み物などをお持ちになれるようにしようとしていらっしゃいます。イロクォイ人は自分たちの救いのために、この計画の実現を強く望んでいます。これらの宣教所では、先住民の多くの大人に洗礼を授けましたが、子供や病人や瀕死者の洗礼の数は比較にならないほど多いのです。

イエズス会の神父様方がお発ちになると同時に、司教様はモントリオールの二人の神父様をウタウアク人の側の幾つかの部族の許に派遣なさいました。お二人は感嘆すべき熱情をお持ちですが、途中の危険な激流を無事に渡るためのお恵みも必要なのです。

ド・フェヌロン神父様はイロクォイ人の許で越冬なさった後、ケベックにいらっしゃり、私どもをご訪問くださいました。私は、神父様が飲み水と食べ物としてはサガミテしかないのに、どのようにして生存できたのかをお尋ねしました。神父様は、サガミテをいつも食べていて、それにすっかりなじんでしまったので、他の食べ物と少しも変わらないほどだとお答えになり、それから、イロクォイ人の許に戻って、トゥルヴェ神父様とまた越冬するつもりであるとおっしゃいました。トゥルヴェ神父様を残されたのは、養ってくれる先住民に支払うのに必要なものを求めにいらっしゃったからだそうです。このお二人の神の僕の熱誠には感嘆するほかありません。

大司教様の神学校の二人の神父様が、フランス人居留地のすべての住民を訪問し、教えるために出発なさったところです。この巡回は八〇〇キロの行程です。

宣教所についての話題の終わりに、すべての宣教所を往復しつづけていらっしゃるボーケ氏について一言お話しします。愛称として郵便配達使徒とも呼ばれていますが、子供のときから宣教所への奉仕に献身していたからです。氏は、郵便配達の職務を全く献身的に果たしています。神父様方がいらっしゃる場所を巡回し、戻ってきたかと思うと、すぐまた配達のために出掛け、絶えず危険に出遭いながら数知れぬ往復を重ねているのです。神様はこれほどに多大な疲労に堪えるための力をお与えになりました。氏はまた、自分の命を少しも心配していません。斧の一撃で殺される危険に絶えずさらされてはいますが、畏れと敬いをもっているすべての先住民たちに知られているのです。言葉が分かるうえに、彼らが何か乱暴なことをすると、いつもやり返すからです。氏はどの道も完全に知っていますので、神父様方の身の回り品と食糧を担いで神父様方を案内します。到着すると少しも休むことなく、神父様方に必要品を供することを考えます。それで、魚釣りに行き、獲った魚を干して、サガミテの味付け用に燻製にします。郵便配達使徒と呼ばれていますが、私は好んで福音訪問者と呼びましょう。宣教所から宣教所を回って福音の働き手を訪問し、至る所で前述のことをしているからです。

氏は私たちに宣教師の方々の消息を伝え、また私たちの消息を神父様方に伝えます。八日前からこちらに戻っていますが、神父様方は皆、お元気でいらっしゃり、それぞれ大きな収穫を得られ、多くの先住民に洗礼を授けていらっしゃると私たちに知らせました。神父様方がお書きになったお手紙がこのことを裏付けています。他の消息は別便で書きます。

一一一（251） 一六六九年一〇月一日 モンスのウルスラ会修道院長 セシール・ド・セン・ジョゼフ宛

✝イエス、マリア、ヨセフ

一六六九年一〇月一日現在のケベックのウルスラ学院について。

親愛なる院長様、イエス様が永遠に私たちの命、私たちの愛でありますように。あなたがお書きになったお手紙を受け取りました。あなたはこの地の果てにいる取るに足らない姉妹たちを、愛徳と温かいお気持ちをもってお心に留めてくださいます。当然ながら、敬愛の念をもってお手紙を読ませていただきました。あなたがピエルソン神父様にお会いになったことを喜んでおります。弟様が私たちの修道院の近くにあるこの地方のイエズス会の本部にお住まいで、私たちにあなたの懐かしいお手紙をお渡しくださいました。お手紙で、私たちの聖なる修道会があなたがお話しの諸所に広がっているのを知って、私と修道院一同は大変喜びました。

私はパリ修族のウルスラ会のメールの方々がドイツと、その帝都にも修道院を持たれたことは知っていましたが、ボルドーの私たちの会が、あなたのお書きになった修道院を持つほどになっているとは知りませんでした。いただいたお手紙にお答えしながら、このことについてあなたと共に喜びを表明し、私たちの主とボルドーのメールの方々にお礼を申し上げます。

お尋ねしますが、あなたがボルドーの修道院をお出になったのか、あるいは修道院の幾人かがそちらに行って創立した後、あなたが合流して私たちの会を盛り立てていらっしゃるのでしょうか。こちらに住んでいるフランス系カナダ人の娘たちが、私たちの許で修道女になったように。

私たちの会の幾つかの特別な消息をお伝えくださったことにお応えして、第一にお話ししたいことは、私たちがフランスからの船が到着する港、ケベックに到着してから三〇年余りになるということです。私たちがケベックに来たときは、せいぜい五つか六つの家しかありませんでした。国全体が木の群がった大森林でしたが、今ケベックは一つの都市で、周辺とその先には、多くの小さな町と村が四〇〇キロ以上にわたって広がっています。私たちは当初、男も女も冬を除いて獣の毛皮で覆った上半身裸の先住民に囲まれていました。男女とも粗衣ながらも全身を覆うようになったのは、フランス人からいつも注意されるようになってからです。私たちはまず、娘たちと妻たちに神様が悪霊から護るために一人一人に天使をお与えになっていること、粗衣でも全身を覆わなければ天使が逃げ出してしまうことを教えました。これについては、イエズス会の神父様方が長い説教をなさいました。

私たちは最初から義務として、というよりも進んで先住民の言語を勉強して覚えました。これらの地方に住んでいた部族全体が今は立派なキリスト信者で、子供たちと家族をフランス人のように育てています。しかし、木造の家ではなく、太い杉の棒で支えた樹皮でできた小屋を持っているだけで、大森林で狩猟をしに行くときには解体します。一般に冬は皆、狩猟地で過ごすからです。春になると元の場所に戻ります。これはアルゴンキン人の生き方で、他の部族は定着しています。しかしすべての部族は、獲物と煮物にしたトウモロコシを食べています。衣服は獣の皮で、それを毛布にも使い、冬にはマントにしています。

私たちが到着した翌日、先住民の娘たちと当地で商売をしているフランス人の娘たちが私たちの許に連れてこられましたが、今日でも同様です。それ以来、当地の人口が増えて、今では、私たちは通常二〇人から三〇人の寄宿生を持っています。フランス人の娘は一二〇リーヴルの寄宿費を支払いますが、先住民の娘は無料です。それで子供たちを熱愛する親は、私たちに大変負担をかけていると思っているのです。娘たちが入ると、親はぼろ着を持ち去り、娘を裸で私たちに渡します。私たちは娘たちの体の油を洗い落とします。下着を着ていないので、油を塗っているのです。私たちは娘たちの衣類を求めなければなりません。これは大変な負担です。それでも、慈しみの神がお助けくださいますので、私たちはこのかわいい新信者を援助し、莫大な費用のかかる当地で生活するのに事欠きません。通学生に関しては、その数を言うことができません。寒さが厳しく、雪のために冬はやむを得ず家にこもっている娘たちが一部いるからです。私たちは、高台の市街地の娘も低地の市街地の娘も教育しています。フランス人は、ここから二四〇キロ余りの所から娘を連れてきます。もっとも司教様が、私たちが学校を設立するまで、差し当たりモントリオールに女教師を任命していらっしゃいますが。[1]

　こちらの修道院には二二人の修道女がいます。そのうち三人はまだ修練女で、四人は助修女です。六人はフランスの立誓願者で、他の姉妹は当地で誓願を宣立しました。七人は当地の娘で、うち二人が修練女です。他の姉妹はフランスから来ています。ド・ラ・ペルトリー夫人がいつも私たちとご一緒ですが、聖女のような方です。私たちはあまり人数を増やすことができません。当地ではすべてが法外に高いからです。私たちがカナダに定着してから亡くなった修道女は、三人だけです。私の親愛なるメール・ド・セン・ジョゼフ、フランスからの助修女一人、同じくフランスからの歌隊修道女一人です。当地の総督がご夫人と一緒にフランスから連れてこられたお妹さんが入会し、修練を行い、誓願を宣立しました。私たちの会には向いていない他の志願者には辞めてもらいました。

　尊者メール・アンヌ・ボーヴェの伝記を改めて作成してくださることに、当修道院一同、深く感謝しています。亡くなったメール・セン・ベルナールによれば、ご自分の腕に抱かれて息を引き取られたのですが、伝記は正しくなく、きちんと書かれたものでもありませんでした。

　私の伴侶、親愛なるメール・ド・セン・ジョゼフの物語に関して言えば、私がそれをフランスに送ったときには、ただトゥールのメールの方々のためのものでした。メールの方々はこのすぐれた修道女を少女のときから育てられ、大きな犠牲を払ってご自分たちの修道院から手放されたのです。それで神様が、故人を特別にお恵みになったことをたたえる一助にと思い、お送りしました。ところが、私たちの後援者の一人の方が、私が物語をメールの方々にお送りしたと思わず、布教区長のル・ジュンヌ神父様にお渡しになってしまいました。神父様は当地で長い間故人の霊的指導者でいらっしゃいましたので、物語を印刷させて、『イエズス会会報』にお載せになりました。

　翌年トゥールのメール方は、死亡通知を受け取る前に、メール・セン・ジョゼフの死亡を知ったと私に知らせてくださいました。その事情はこうです。メールが亡くなった週、メールを育て、寄宿学校で世話をしていたある助修女が、まだ臥せっている間にメールが自分を呼んで、「シスター、準備をなさい。あなたも間もなくこの世を去ります」と言っているのを聞きました。そして、その言葉を聞くとすぐ、院長のメール・サン・ベルナールの部屋に行き、「メールが、私たちのメール・ド・セン・ジョゼフが亡くなりました。私に現れて、『あなたも間もなく死ぬから、準備しなさい』とおっしゃいました」と告げました。このスールはエリザベト・ド・セント・マルトで、病気で倒れ、数日中に死亡しました。メール方は船が到着して私たちの手紙を受け取り、初めてこの真実を知るに至りました。

幾人かの人がメールの執り成しを求めた後、なんらかの内的なお恵み、修道召命のお恵みさえもいただきました。死の床にあったとき、メールは私たちが修道院にとって有害な事件に悩むことを予見し、「心配しないでください。その事件はよいように解決されるでしょう」とためらわずにおっしゃいました。実際、非常に重大な影響を及ぼす事件が起こり、メールのおっしゃったとおりになりました。また、メールは「死んだら、神様にそれをお願いしますが、そのとおりになるでしょう」とも付け加えていたのです。

この聖女の祈りの効果を、私たちに経験させた幾つかの事柄が起こりました。私は一緒に修練女でしたし、その死のときまでいつも一緒でしたので、メールを心底から知りつくしていました。義弟のド・ラ・ブルテシュ様に大きな事故が生じたことがあります。多くの連れと一緒に狩猟に出掛けられたとき、火薬を詰めようとしていたら、火薬樽の中に火を落としました。たちまち、広間と床と室内のすべてが吹き飛ばされました。義弟のほうは瓦礫の下に埋まり、私たちの愛するメールの妹様ド・ラ・ブルテシュ夫人も同じ目に遭いました。夫人は妊娠八ヵ月でした。待っていた貴族の方々がこの事故を見てすぐ瓦礫を取り除き、他の人々と一緒になって死亡したと思われる遺体を見つけようとしましたが、名前を呼んでも答えがありません。やっとのこと、瓦礫の下のド・ラ・ブルテシュ様を見つけると、かすかに息をしていました。夫人は瓦礫の下にもっと深く埋まっていました。その側には、メール・ド・セン・ジョゼフの肖像画がありましたが、少しも壊れていませんでした。夫人はほとんど死んだ状態でベッドに運ばれました。少し意識を取り戻すと、夫人はお姉様のメール・ド・セン・ジョゼフの助けを求めたいと言いました。肖像画はと言えば、どうしてそこにあったのか分かりませんでした。遠く離れた場所に掛けられていたからです。夫人は大変な災難に遭いましたが、無傷で、しばらくして立派なお子さんを産みました。この保護はメール・ド・セン・ジョゼフの祈りによるものであると思われています。この出来事には明らかな奇跡があります。普通なら、ド・ラ・ブルテシュ夫妻は死亡していたはずだからです。

この親愛なメールを想起することは、私たちにとって恵み深いものです。この言葉を繰り返します。なぜなら、瓦礫の下にあったお二人を引き出したとき、石と瓦礫と埃と材木に覆われて、人間の姿とは思われなかったほどだったからです。

ヒューロン人も、私たちの愛するメールをまだありありと記憶しています。メールはこの人たちの言語を知っていて、深い愛をもって教えていましたので、この人たちから大変愛されていました。ご存じのように、パリのウルスラ会のメール方は、会全体に関して年代記を作成していらっしゃいますが、これは私たちの会に知らせられ、また、いろいろな所からメール方に覚書が送られます。私たちの愛するメール・ド・セン・ジョゼフはその中に十分に記録されることでしょう。ボルドーのメール方が、メールについて知らされたと私に伝えています。

もう一言、こちらの新しい教会の現状についてお話ししておきます。あなたは前に、イロクォイ人についてお聞きになりました。出会えば、どこでも宣教師の方々とフランス人を殺害し、非常な残忍な行為をした民族です。今は私たちの聖なる信仰を受け入れるようになっていますが、大民族で領土も大きく、すべての子供たちに洗礼を受けさせ、熱心に祈り、教えを受けています。そのうえ、私たちの上流一、二〇〇キロ余りの所に住む大きな諸部族を発見しました。神の言葉を聞いたこともなく、フランス人を見たこともない先住民です。神様はこれらの部族の人々に世界で最も愛想よく、素直なよい心をお与えになったので、私たちの聖なる教えの偉大さを聞くと、すぐ信仰を持つことを望みます。親たちが教えを受けている間に子供たち全部に洗礼を受けさせます。先住民を回心させるのは、大変であることを知ってほしいと思います。非常に迷信好きで、夢を信じます。ある者を殺す夢を見ると、その人を殺すのです。数人の妻を持っていて、魔法使いと占師を信用します。実際は、これらの者はヨーロッパの手品師、軽業師のような者です。ですから、この部族の人たちが回心するのは奇跡に近いことです。今は、神様がこれらの人を動かされて、聖福音の働き手を信用するようにしてくださいます。これらの先住民は地獄の火を恐れます。地獄と楽園が描かれますが、彼らはこれに感嘆し、信じます。

どうか、あなたも聖なる修道院ご一同も、この新しい教会のために倦むことなくお祈りください。私たちの小さな家族をお忘れなく。私の愛する伴侶ド・セン・ジョゼフにあなたがお寄せになる愛と尊敬を、私も一緒に感謝しています。印刷された素晴らしいご本をお持ちになるときに、私たちにもそれをお送りくださるなら、ご親切を大変嬉しく思います。そのときには、イエズス会布教区長、ラグノー神父様、ケベック・ウルスラ修道会修道女スール・マリー・ド・レンカルナシオンとなさってください。六年の任期が終わりましたので、私は三月に辞任するからです。

　こちらの修道院一同からあなたによろしくとのことですが、併せてあなたの聖なる修道院ご一同様にもよろしくお伝えください。また、あなたの地区の本会のすべてのメールの方々に同じようによろしくお伝えください。私は深い尊敬をもって、ご挨拶致します。美しい絵入り読本［＊エニム］[2]を有難うございます。私たち、特に私への溢れるご厚情にお礼を申し上げます。かしこ。

一一二(253)　一六六九年一〇月二一日　サン・ドニのウルスラ会修道院長

マリー・ド・セント・カタリーヌ宛

敬愛申し上げる院長様、実際私は、慈しみ深いイエス様の愛深い御心に結ばれて全くあなたのものです。あなたのものだけでなく、私が限りなく尊敬するあなたの聖なる修道院の皆様のものです。人々の救霊のための皆様の熱情は、言葉に言い表すことのできないほど私を慰めます。そして私たちの修道院一同は、皆様が持つことをお望みになっているお互いの聖なる一致を大切にしています。

　お手紙があまり遅かったので、私たちは一時、今年中に受け取る期待を失ったほどでした。フランスのある方がこちらに到着した最初の船に託した手紙で、あなた方がマルティニク島に出発なさったことを知りました。それで私は真実を知り、主がこの宣教のためにあなたの娘たちを選ばれたことをたたえたく思いました。[1]ド・トラシー様と、島に旅行をなさった信頼できる方々の確かな

1　コングレガシオン・ド・ノートルダムの創立者、聖マルグリット・ブールジョワ。

2　enimes. マリー・ド・レンカルナシオンがここで何を示しているのか明らかでないが、enignesと読むべきであろう。［＊enigneは、ケベックのウルスラ修道女の調査によれば、enigmes(謎)の古形で、当時のウルスラ修道女とイエズス会宣教師が用いたキリスト教の教材である。絵を使って謎解きのように問答しながら教える］

お話によれば、ウルスラ会修道女たちはマルティニク島で大きな仕事を持ち、かなり裕福な人々が数多く住んでいるあちこちの島々から寄宿生が連れてこられるだろうとのことです。これらの人々は娘たちを抑えることに苦労していて、よいキリスト信者であるために必要な教育を与えることができないのです。

三年前、トゥールの私たちのメール方がそのための要請を受けました。私は当時、何がその実行を妨げていたのか知ることができませんでした。あとで知ったことですが、それはフランスと英国の間の戦争と、当地に多くの破壊をもたらした大きな台風とが不安を与えていたためだったのです。このような計画では賢明と用心が求められますが、多くを御摂理にゆだね、賢明で見識のある方々の助言によって御旨が知らされたときには、御摂理におまかせしなければなりません。そうしなければ、わずかな忍耐のあとに手に入れた貴重なものをしばしば放棄することになるでしょう。

私は英国人とイロクォイ人を恐れて、私たちをフランスに帰国させる計画が立てられたことを一度ならず見ました。あなたは私たちの修道院が焼け落ちたとき、そのために私たちが忍ばなければならなかった苦痛と悲嘆についていて、また力と慎重さが勝っているはずと思われた賢い責任者の方々に抵抗するために、私たちがどのように戦ったか想像しがたいことでしょう。それでも、私たちはまだこちらにいます。神は私たちの単純さを祝福され、帰国を決められた方々に、私たちがカナダにおいてフランス人と先住民の娘たちを助けるように神が望んでおられることを認めさせました。実際、ウルスラ会修道女によって教育されなければ、フランス人の娘たちは先住民の娘たちよりも不幸でしょう。ですから、マルティニク島のための召命があり、賢明な方々が神の声に従うことをあなたに勧めてくださるなら、いろいろの反対に遭っても落胆しないでください。あなたの最大の苦痛は暑い気候でしょう。しかし、あちらにおられたことがあって、私がお話しした人々によれば、二つの年代の間、すなわち、四〇歳から五〇歳までの人々は若い人々よりも容易に暑さに耐えられそうです。

あなたがもらい受ける土地の家々は、すでに造られています。ですから、修道院を建てるのは容易なはずです。また私は、あなたが相談役の方々と一緒に、この機会を逃さず、大事な娘たちをささげながら神をたたえることを勧めます。メール・ド・レンカルナシオン〔＊同名の姪〕はこの宣教のためには歳を取り過ぎていますが、神がメールにこの仕事をお望みであれば、神の御旨を優先させるべきです。メールに手紙を書いて、神の御栄えと人々の救霊のために航海の危険を冒すことを望んでいる勇気を褒めました。あなたは私があまりに先走っているとおっしゃるかもしれませんが、どうか大目に見てください。私たちのために死なれたお方にお仕えするために、十字架に付けられることもいとわない人々がいるのを知ることは、私の大きな喜びなのです。私は、こちらで言葉には言い表せないほどの苦しみをお受けになった、神の偉大な僕の方々をうらやましく思っています。ああ、主と私たちの聖なる使徒たちのあとに従った修道女の方々はなんと幸いなことでしょう。私たちの宣教師の方々は毎日、十字架と殉教の機会に恵まれています。これらの方々のあとに従うことは、同じような幸せのように思われます。しかし、罪深い私はこの特別な恵みから遠ざけられています。

少し前に回心した一人のイロクォイ人の女性は、完璧に身に付けた私たちの聖なる教えに対する熱情のあまり、その村を経巡り、大人にも子供にもそれを教えて信仰に導こうとしています。部族から酷く迫害されましたが、地獄とその手先の抵抗にもかかわらず迫害に打ち勝っています。私はあなたがご自分の大事な娘たちを私たちに提供してくださるご好意に、また、あなたの娘たちがそれほどに私たちを助けてくださるお気持ちを持っておられることに深く感謝しています。そのようなお気持ちをお持ちのあなたは、私以上にカナダ人でいらっしゃるかもしれません。あなたのお祈りによって私の欠点と臆病さの埋め合わせをしてください。私がまだ小さな善を持っているのであれば、私たちの主のお気に召す分をあなたに差し上げましょう。しかし、私たちの善が共同のものであるように最善を尽くしましょう。

こちらの姉妹一同からくれぐれもよろしくとのことです。また、あなたの姉妹ご一同様によろしくお伝えくださいとも申しております。私もまた、イエス様の愛深い御心のうちであなたにご挨拶したあと、より特別にお伝えいただけたらと望んでいます。

1　マルティニク島でのセン・ドニのウルスラ会の創立は、一六八二年に行われた。

一一三（254）　一六六九年一〇月　息子宛

愛するわが子よ。あなたの最近の手紙を、ブールドン夫人とご子息から受け取りました。お二人は、あなたの消息を私に伝えることができて喜んでおられました。あなたから受けた歓迎には大変満足していらっしゃいます。お二人は私の友人ですし、私の願いで、お二人にそのような敬意を表してくれたのですから、私はあなたに心からお礼を言います。

ブールドン夫人は、国王がノルマン号でこちらに送られた一五〇人の娘をフランスで受け持っていました。娘たちは非常に長い航海の間、夫人を少なからず苦しめました。いろんな境遇の娘たちなので、その中には非常に無作法な娘たちや指導の大変難しい娘たちがいたからです。他の娘たちは家柄のよい家に生まれ、より多くの満足を与えました。

少し前、男子と女子、家族を乗せたロシュロワ号が到着しました。こちらでは人口が驚くほど増えていくのが見られます。船が着くとすぐ、青年たちは女性を求めに行きますが、数多い男女の中から三〇人くらいずつ結婚させられます。思慮深い男性は結婚する一年前に住居を造りはじめます。住居を持っている者がよりよい結婚相手を見つけるからです。娘たちが第一番に知ろうとするのはこのことですが、それを賢い方法で行います。なぜなら、住居を持たない男性は、生活が楽になる前に非常な苦労をするからです。これらの結婚のほかに、以前からこちらに住みついている人々は、感嘆するほどたくさんの子供を持ち、さらに子供がどんどん増えていきます。そのうえ、遠く離れて散在する住居については言うまでもなく、たくさんの立派な町、村、小村落があります。国王はこちらに隊長と官吏を送り、この人たちに要塞を与え、そこに居住して生計を立てるようにさせました。この人たちはそうしていますし、幾人かはすでにかなり住みなれています。

こちらでは毎日、タロン様の到着が待たれています。氏は国王からこちらで万事を解決し、陛下の御意に従って万事を組織するために再派遣されました。五〇〇人の男性が付いています。女性は、お伴付きの二人の貴族だけです。こちらは収穫期の終わりで、当然のことながらタロン様の船と他の同行の船に、何か不幸なことが起こったのではないかと心配されます。二週間前からすさまじい嵐が起こって、難破したのではないかと懸念されているからです。そのため、河口に接している三つの建物から船かなんらかの残骸が見つからないものか調べています。ケベックの低地の市街地の家々は、三階の高さまでの異常な高潮が押し寄せて大変な損害を被り、高台の市街地でもかなりの家が損害を被りました。暴風があまりに激しかったので、私たちの修道院は地震のときのように揺れ、使用人たちの宿舎の屋根と垂る木は吹き飛ばされました。修道院の木柵、司教館、救護修道女会、イエズス会、及びその他の所の柵も倒されました。この嵐によってケベックが受けた損害は一〇万リーヴル以上と見做されています。このようなわけで、私たちはタロン様を心配しているのです。船が難破でもしていたら、この国は取り返しのつかない損害を被ることになるでしょう。タロン様は国王から全権をゆだねられましたので、出費を気にせず大きな事業を行えるからです。

確かにこちらには、フランスからたくさんの人がやってきて人口が増えていますが、まっとうな人々の間に混じって、多くの破廉恥なことを引き起こすたくさんの不良男女が到着します。こちらの新しい教会にとっては、多くの騒ぎを起こすたくさんの人よりも、わずかでも立派なキリスト信者を持つほうが有益だったでしょう。一番の悪いことはアルコール飲料とブランデーの密売です。それらを先住民に与える人々は弾劾され、破門されます。司教様と説教師の方々は、それが大罪であることを壇上から知らせていらっしゃいますが、それでも、多くの者は密売してもかまわないという考えを変えず、この誤った考えから、森に行って先住民たちにアルコール飲料を与え、酩酊したときを見計らってただで毛皮と交換します。その結果、みだらな行為、凌辱、盗み、殺人が生じています。今年はその無軌道ぶりが極限に達し、私たちは先住民部族全体がお互いの間で争い、あるいは結束してフランス人を攻撃するのを警戒していました。それがどのように起こったかを説明します。

三人のフランス人兵士が部族の中で最も著名なイロクォイ人首長をブランデーで酔わせたあと殺害して死体を隠し、その毛皮を盗みました。この殺害者たちは発見されて投獄され、その結果、事件はしばらく鎮まっていました。しかし、最初のときよりももっと有害な事件によって蒸し返されたのです。別の下劣な三人のフランス人が同じようなやり方で、同じ目的のために、フランス人たちの友であるモヒカン人の六人を殺害しました。これを知った部族全体は激怒し、よもや友人であるフランス人たちがこれほど大きな裏切りをすることはあるまいと考え、イロクォイ人がその犯人であると思いました。彼らは、イロクォイ人が戦っている部族と同盟していたからです。このような推測の許に、この部族は武器を取り、イロクォイ人に宣戦布告しました。殺害者たちは三、〇〇〇リーヴルもする被害者たちの毛皮を携えてこちらに戻りましたが、それらは猟で得たものであると信じさせようとしました。しかし神の正義は、それを許しませんでした。殺害者の仲間の一人はそのやり方に満足せず、その犯罪を打ち明けました。これが噂となって広まりはじめましたので、彼らはすぐに逃亡しました。先住民は噂を聞き込み、国王にもかなりの代償を支払わせて結んだ私たちとの和平を破る寸前にありました。事件をより複雑にしたのは、宣教師の方々がすべての部族の間に散らばっていたことです。それで、同伴者のすべてのフランス人たちと一緒に喉を切られて殺されるのではないかと懸念されました。

モヒカン人とイロクォイ人の間で始められた戦いは、フランス人に向けられました。二つの部族は両方とも攻撃されたと思い、一緒になってフランス人に復讐しようとしたからです。はじめはこうです。モヒカン人の四人の戦士が、あるフランス人の家を攻撃しました。その家の主人は留守で、二人の召使しかいませんでした。戦士たちはブランデーを求めるふりをして、家にいた人々を観察しました。あまり防御の手段がないと見て、家を荒らし、ブランデーと自分たちに役立つもの一切を略奪しました。召使を殺そうとしましたが、召使はかなり大胆で、先住民のある者たちの武器を奪い、その武器でしばらく応戦した後、主人のお金を持って主人のいる場所に行き、一部始終を知らせました。主人たちが現場に行くと、家は焼かれ、三人の死体が横たわっていました。すなわち、二人の召使が身を守りながら倒した二人の先住民と、引き揚げる前に他の先住民に殺された妻女です。

イロクォイ人の側から見て、事件をいっそう深刻にしたのは、前述した三人の殺害者兵士が尋問を受けると、一人は、他の二人が機会があればできるだけ多くのイロクォイ人の毒殺を提案したと供述したことです。この噂が広まると、私たちは、イロクォイ人が神父様方を殺し、モヒカン人が前述の住居にしたように、離れて散在するフランス人の住居を破壊しに来るのではないかという最悪の心配に捕らわれました。

分裂と不幸の極みは、フランス人に友好的なウタウアク人がイロクォイ人に対して大きな戦いをしかけたことです。一九人のウタウアク人が、捕らわれたり殺されたりしたからです。私たちの同盟部族から攻撃されることは、イロクォイ人にとっては常に自尊心を傷つけられる不快さの種で、私たちにとっては和平の決裂への不安の元です。しかし、万事を最初の状態に戻す一つの機会が訪れました。六〇〇人のウタウアク人が、この前の七月に取引のためよりも毛皮を携えてこちらにやってきたのです。彼らは多くを得ましたが、フランス人商人はそれ以上に儲けました。しかし彼らを来させたのは、取引よりも、自分たちの国からこちらまで付き添ってきた二人の神父様を介して、イロクォイ人と和平を結ぶためでした。どうやら、この二人の神父様が、彼らを柔軟になさった結果、このような取引を行わせる気にさせたようです。

この和平のためにもっと真剣に働きかけ、カナダ全体を脅かしている他の動乱を鎮めるため、総督閣下は、関係のあるすべての部族が集まっていたモントリオールに赴きました。けれども私たちの司教様には、この和平は非常に重要と思われましたので、ケベックのすべての教会において交替で四〇時間連続の公の祈りと念禱を行うようにさせました。これらの人々は皆、和平について語り合うことよりも、むしろ彼らの毛皮を売り捌くためにモントリオールに集まっているのですが、総督閣下はこの機会を利用しようと考えておられました。また、すべての言語に通暁していらっしゃるショーモノ神父様は、非常に力強く、先住民の文化と習慣に従って演説されました。神父様は死者をよみがえらせ、涙をぬぐい、交易の道を安全にし、多くの困難を防ぐために贈り物を使って両方を鎮まらせ、和平条約を更新されました。

その結果、ウタウアク人は捕虜のうちの三人をイロクォイ人に返し、自分たちの国に残してきた他の一二人も返すことを約束しました。イロクォイ人は、総督閣下がこの約束の保証人になることを望みました。

このように問題が解決された後、総督閣下は集まったすべての部族の前で三人の殺害者兵士を銃殺させました。こうして、ご自分もフランス人たちも兵士の犯罪に少しもかかわっていないことを納得させようとしたのです。部族の人々は皆、この裁きに驚きました。厳しいと思ったからです。なぜかと言いますと、部族たちの間では、ある者が他の者を殺したとき、その者を殺させず、死者をよみがえらせるために、死者の名を当事者の選ぶままに他の者に与え、この者が家族の中で故人が占めていた地位を得ることになっているからです。

ですからイロクォイ人は、自分たちの一人を殺したからと言って、三人のフランス人を死刑にしたのを見て驚いたのです。彼らは、少なくとも二人は生かしておくためにたくさんの贈り物さえしました。そして、受刑者を見て同情し、苦痛の涙を流しました。総督閣下はまた、兵士たちが略奪したすべての毛皮を寡婦に返させました。こうして事態は落ち着いたので、各部族はそれぞれの地に戻りました。有害なアルコール飲料の結果はこのようなものです。過去にフランス人が、このような犯罪を犯したのを見たことがありません。そして、その原因はこの有害な密売に帰せられるほかありません。

話をタロン様に戻します。神が氏を幸いにも港に到着させてくださいますならば、タロン様はこの国を豊かにする新たな手段を見いだされるでしょう。モントリオールから一六〇キロのところに、鉛と錫の鉱山、それに粘板岩の鉱山、また炭鉱も発見されました。タロン様はこれらのすべてを有益に活用することがおできになります。氏はすでに、多大な費用をかけて広大なビール工場を造らせられました。それにケベックに、また他の所にも大きな事業を開設なさいました。神が氏を動かされてアルコール飲料の取引を禁じさせられるならば、これによって氏はこちらの新しい教会に不滅の名を残されるでしょう。

今回は、教会についても、その発展についても、また教会を育て、アメリカ大陸のすべての部族に教会を広めることに努めている人々の働きについてもお話をしませんでした。これらについては他の手紙に書きました。私が何か忘れていたならば、あなたは『会報』の中で知ることができるでしょう。

一一四（258）　一六七〇年八月二七日　息子宛

愛するわが子よ。あなたの最初のお手紙から、神様のおかげで健康を取り戻したことを知り、大変慰められました。

体質はかなり繊細なのに、現在まであなたの会の厳しさによく耐えてきました。私はそのような力をお与えになった神の慈しみをたたえます。あなたと私に対するお取り計らいのために、神の御名はたたえられますように。それはそれとして、カナダの現状について幾つかの事柄をお伝えしましょう。

タロン様がやっとカナダに到着なさいました。[1] タドゥーサック付近で危うく二度目の難破にお遭いになるところでした。嵐のため船が岩にたたきつけられ、横に傾き、乗船者一同は最初の難波のときよりも大きな恐れを抱きました。承知のことと思いますが、私たちが昨年、非常に心配しながら待っていたその船は、嵐に流されて、ポルトガルのリスボン近辺の岩礁に乗り上げるところでした。今年は、船は上げ潮と引き潮にさらされた場所にある恐ろしい岩石の間に挟まれてしまったのです。乗船者は潮が満ちるまでそのままの状態にいました。すべての人が主に願をかけ、憐れみを求めました。船は粉々に粉砕され、全員が死亡して、たちまち波間に消え去る運命にありました。ところが、航海中は浸水が多くて、ひっきりなしに水を汲み出していたのに、思いがけない幸運とでも言うのでしょうか、岩に突き当たったときに受けた大きな揺れが船を締め付けた結果、その後は、一滴の浸水もなくなりました。

船は、この国に再び移り住むことになったレコレ修道会〔*聖アウグスティヌス会、聖フランシスコ会の静修を重んじる改革派〕の六人の神父様を運んで来ました。最初の宣教師は、この会の神父様方だったからです。神父様方は英国人がこの国を支配した一六二五年まで住んでいらっしゃったのですが、到着したばかりのイエズス会の神父様方と一緒にやむなく離れてしまっていたのです。レコレ修道会の神父様方はヒューロン人の許に行くことを望んでいましたが、フランスに帰国された数人の方を除いて、溺死されました。そのとき以来、修道院は修理されることもなく崩壊し、土地は、お戻りになるとは思わなかったので様々の個人が所有していました。ところが、今回、国王の許可を得て神父様がお戻りになり、元の土台の上に再建を図ることになりました。レコレ修道会の神父様方は極めて熱心な修道者でいらっしゃり、神父様方の間で人望があり、しかもすぐれた資質をお持ちの管区長様自らが再建のためにおいでになりました。

管区長様のお言葉によれば、レコレ会は特に厳しい清貧の誓願を立てているので、争いにならないように、神父様方の土地をすでに所有している数人にはそのまま使用させ、ご自分たちは小さな修道院を建てられるとのことです。レコレ会は以前自分たちのものであった廃墟に再建する予定ですが、今は私たちの修道院の門の側に住み、聖堂は私たちの聖堂と共用しておられます。

今年は、さらに数の増えた宣教師の方々はあちこちに散らばり、異常な迷信に捕らえられている高地イロクォイ人の野蛮な習性を改めさせようと非常なご苦労をなさっています。それはソノントゥエロノン人で、この人たちに教えていらっしゃるフィルメン神父様は、一緒に生活するために神から勇気を与えられることを必要としています。神父様は、そこで飢えとあらゆるものの欠乏のために苦しんでいらっしゃるからです。

他のイロクォイ人は神父様方を尊敬していますが、英国人が近隣の者たち（アニュロノン人）にもアルコール飲料を与えてしまっているので、精神が麻痺してしまって、老人と婦女子を除いては、信仰に関してなんの保証もなくなっています。神父様方が教えることを信じないわけでもありませんし、朝夕のお祈りにも加わっているのですが、お酒には目がないので、見ると自分を失ってしまうのです。オノンタジュロノン人について言えば、彼らは皆、回心しました。

また、名だたる首長コラコンキエは司教様から洗礼を受けました。[2] 首長は人間的弱さから抜け出せなかった絆を断ち切り、キリスト信者となる以外にはもう生きることができなくなっていました。心ではずいぶん前からキリスト信者であったのです。同族民の回心のため最善を尽くしましたし、捕虜のフランス人たちを解放し、あらゆる騒乱を鎮め、宣教師の方々を保護し、平和を維持するためにいろいろ意を尽くしました。総督閣下が代父となり、ダニエルの名を付けました。

その地域で、極度に酒に溺れているのはアルゴンキン人です。これは酒を与えるフランス人のせいです。最も嘆かわしいのは、アルゴンキンの男性が自分の妻や子供たちにも飲酒の習慣をつけてしまっていることです。その結果、かつて信仰なしに滅びたこの部族全体が、神のご介入がなければ信仰のうちに滅びることでしょう。

ウタウアク人のための宣教は盛んです。けれども、宣教師の方々は、特に生活必需品の欠乏で非常なご苦労をなさっています。それでも、非常に遠隔のその地には、アルコール飲料を運べないことに慰められているのです。この部族の人々は、信じがたいほどの敬意をもって神父様方のお話に耳を傾けます。六つの先住民言語がお分かりのダロワ神父様が、特にこの人たちのお世話をなさっています。これらの人々は今までフランス人に会ったことがないので、両手を合わせて前に出てきて、神父様を「善いマニトゥー」と呼びますが、これは名誉称号です。

この人たちは一番遠く離れていて、最近見つけられたのです。この人たちに教えていらっしゃる神父様は、恵みによる奇跡をお受けになっているようです。神父様は、外見は力もなくお元気がなさそうですが、実は疲れを知らず、神父様ほど働いている方はいらっしゃいません。またもや数えきれない部族民を持つ別の部族が発見されました。この部族にはマルケ神父様が派遣され、収穫が多大なので、かなりの数の働き手がダロワ神父様にも他の神父様方にも派遣されました。

ダブロン神父様の宣教地では、非常に注目すべきことが起こり、これが洗礼を重視させるきっかけとなりました。一人の子供が、この秘蹟を受けすぐ死亡したのですが、地面はすっかり雪に覆われていましたので、親は子供を埋葬することができず、高い台の上に載せました。そして、敬意を表するために、子供を飾り、毛皮と磁器で囲みました。ある夜、飢えた狼たちが死体の臭いを嗅ぎ、森から出てきて台に上って、子供を飾っていた毛皮と磁器をむさぼり食いました。しかし、小さな天使には全く触れなかったのです。

朝になって、先住民たちが来て、この不思議な出来事を目にしました。そして皆は聖なる洗礼をたたえ、その価値を認めはじめました。この奇跡は、それが起こった場所に影響を与えただけでなく、噂は近隣の部族に広がったので、至る所で信仰に対する大きな信頼を与えました。[3] この奇跡が起きたのは、宣教師の方々が時々集まるために定められ、こちらから必要なすべてのものが運ばれていた家が造られた場所でした。

現世的な事柄のために、国王はこちらで大きな費用をかけ、また今年は、五五〇人の娘と多くの兵士と士官、馬、羊、ヤギを送って人口を増加させました。タロン様は国王の命令を正確に実行し、麻や布地やサージを造ることを命じました。始められたこれらの仕事はだんだん大きくなっていくでしょう。ケベックに一つの卸売り市場、ビール工場、また、こちらにはおびただしい獣がいるのでなめし革工場も造らせました。これらの工場は過去にカナダにはなかったのですが、成功すれば、フランスから輸入するためにかかる多大な費用をかなり減らすことでしょう。婦女子は織物を習うことを奨励されています。私たちには、生徒たちにフランス語と先住民の言語を教えることが求められ、そのために教材が提供されています。

また、フランス、西インド諸島とケベックの間で交易が始められています。松材、エンドウ豆、トウモロコシを積んだ三隻の船が西インド諸島に向かって出発するところです。そこに積荷を降ろした後、フランスへ運ぶための砂糖を積み込みます。フランスからの帰りには、こちらの国全体に供給するために必要なものを積み込んで来ます。この交易は一年以内に行われる予定です。[4] また、ここから四〇〇キロ離れた所でタラ漁が行われていますが、これが良好に続けられれば、巨額の収入をもたらすでしょう。以上の事柄は今後この国を大きなものにし、商人たちを富ませるでしょう。私たちはと言えば、将来は決まっています。私たちはイエス・キリストのものであり、イエス・キリストは私たちのものです。私たちの利益は、会則を実践しながら、また御旨を行いながらイエス・キリストを所有するように努めることです。私たちがそのためのお恵みをいただけるように、主にお祈りください。

しばらく前のこと、トゥール出身のフランス人でデ・

グロワズリイエという人が、こちらで結婚しました。ここでは大した財産も築けなかったので、酔狂にもニュー・イングランドに行き、そこで一旗上げようとしました。この人は独創性に富んだ人で、英国人たちに北海への航路を見つけることを期待させました。この期待の許に、船に乗せられて英国に派遣され、英国では、乗組員と航海に必要なすべてのものと一緒に一隻の船が与えられました。このような恵まれた状態で氏は出帆しましたが、他の人々が苦労しても無駄に終わった航路ではなく、別の航路を逆風に向かって進み懸命に探した結果、北部の大きな湾を発見しました。そこで大きな部族を見つけ、自分の船、または数隻の船にたくさんの毛皮を積み、英国に戻りました。英国では国王が[5]報酬として二、〇〇〇エキュ［＊昔の貨幣単位で一エキュは三リーヴル］を与え、ラ・ジャルチエールの騎士にしました[6]。これはかなりの名誉ある位であると言われています。氏は英国王のために、また個人としてこの大きな地域を所有し、わずかの間に金持ちとなりました。

　英国では、このフランス人冒険者をたたえるための雑誌が出されたくらいです。この方がこちらにおいでになったときには大変若く、私と故郷が同じなのと、トゥールのウルスラ会のメールのお父様の許に住んでいらっしゃったこともあったとかで、私とは親しくしていました。奥様とお子様は、まだこちらにおられます。

1　タロンは、一六七〇年八月一八日にケベックに到着した。一六七〇年八月二九日、コルベールへの手紙参照(*Correspondance*, *RAPQ.*, 1930-1931)。マリー・ド・レンカルナシオンの手紙一一三(254)参照。

2　その後、常にフランス人たちの友人であったオノンタゲ人の首長ガラコンチエ。その荘厳な洗礼式は、RJ1670, chap.II (Th.53.52)の中で語られている。それは七月に行われた。Cf. P.-G. Roy, *La Baptême du chef Karakontié à Québec en* 1670, dans *Le Vieux Québec*, *2e série*, Levis, 1931 65-69. 手紙一〇六（237）注4参照。

3　デ・ピュアン湾の先住民、特にウタガミ人。Cf.RJ1670, chap. XII(Th.54, 218).

4　船はもっと遅くラ・セン・マルテンに向かってカナダを去り、一二月末か一月に西インド諸島に到着し、船体を修理し、積荷を載せ、遅くとも数週間後にはフランスに向かったに違いない。それから、ケベックに再び出発したのである (cf. *Mémoire touchant le commerce de Canada aux Isles Antilles françaises de L'Amérique*, Archives Nationales, Colonies11 A, 3:151-161; Talon, *Correspondance*, *Mémoire sur le Canada*, 1673, *RAPQ.*, 1930-1931, 176)。

5　チャールズ二世。

6　一三四八年、エドワード三世によって制定された爵位。二五人の騎士しかいなかった。

一一五(260) 一六七〇年九月一日 トゥールの元ウルスラ会修道院長 マリー・ジゥベール・セン・ジョゼフ宛

敬愛申し上げるメール。メールが院長をお辞めになって、お喜びになるのはもっともなことです。私も昨年の三月二日に神の御憐れみによって院長を辞め、同じ思いを致しました。私は前からこの幸せを切に望んでいました。ですから、同じことを望んでいたあなたと私は、この束縛を解いてくださったお方をたたえ、私たちにお与えになる平和を感謝のうちに享受致しましょう。自分自身を保つことだけで十分であることを考えると、他人に対して持つ責任は重荷です。

「あの人を葡萄畑の見張りにしたのに、あの人は自分の畑の見張りができない」という[1]、雅歌の花嫁の嘆きにも驚きません。あなたはこの言葉を、私よりうまく説明なさるでしょう。ですから、あとはあなたのお考えにお任せします。けれども、この点に関して神が私たちにくださる恵みから三つの利益を引き出しましょう。それでも、私はあまり自由でなくて、あなたと同じようにまだ小さな群れを導いています。全部で七人の若い有期誓願者と修練女です。彼女たちのためにお祈りください。私はあなたの群れを忘れません。

こちらでは冬が非常に寒いのですが、今冬は厳しさも長さも格別で、今までに経験したことのない厳寒でした。水道管は全部凍結し、泉は止まってしまって、少なからず体を使いました。はじめは、私たちと家畜のために必要な水を得ようと雪を溶かしました。しかし、それにはたくさんの量の雪が必要で、ちょっとやそっとではとても足りるものではありませんでした。それで牛と一緒に人をやり、川から水を汲ませることにしたのですが、急斜面ですべすべした山を越えていくので、牛がほとんど使えなくなりました。六月になっても、まだ庭に氷が張っていました。庭の木々と美味しい実をつけるスモモは枯れました。国全体が同じ被害を被りましたが、特に、フランスで立派な果樹園を持っていた救護修道女会の被害が酷かったです。野生の実を結ぶ木々は枯れていません。

このように、神は私たちから美味を取り上げ、必要なものだけを残されることによって、私たちが節制を続け、将来に期待している甘いものを犠牲にすることをお望みです。実際は、こちらに到着して三一年間、私たちは節制することには慣れていますので、故国フランスの甘いものや美味しいものを忘れることができました。

1　雅歌1・6参照。マリー・ド・レンカルナシオンは、ここで聖ベルナルドの解釈に基づいて引用している。Cf. *Sermones in Cantica*, 30, 6(PL.CLXXXIII, 936).

一一六（268）　一六七〇年九月二七日　ディジョンのウルスラ会修道院長　マルグリット・ド・セン・フランソワ・グザビエ宛

院長様。私どもは去る三月一二日の選挙で、無事に私に代わりメール・セン・タタナーズとその他の役職者を選出しましたが、これは院長様のお祈りによるものと感謝致しています。司教様は選挙が格子の所で行われることをお望みでしたので、ごミサの時間も含めて、すべては一時間足らずで行われました。このことからお分かりになりますように、私たちの修道院には慈しみ深い神がお与えになった一致があります。

神は、福音の働き手のご苦労をますます祝福してくださいます。昨年お話ししましたこの部族のほかに、ダロワ神父様が北海の近くにいらっしゃって、そこで、ヨーロッパ人を見たことのない、人口のより多い他の部族を発見なさいました。[1] 部族の人々は神父様を見て大喜びで身体をかがめ、両手を合わせてお迎えし、「マニトゥー（その土地の言語で、神の名に等しいものです）、よくお越しくださいました」と言いました。この部族ほどに従順な人々はいません。神の無量の慈悲があればこそ、地の果てに隠れて神様について考えたことのないこの未開の人々が、僕《しもべ》たちの働きによって天国への道を照らしてくれるただ一つの光を受けることができました。

その地から一〇日くらい行くと、一つの地方があって、そこでは六ヵ月間は夜——三ヵ月は全く光のない完全な暗黒の夜、三ヵ月は黄昏のように暗い昼——であることを知りました。ほとんどいつも深い雪に覆われて、地面が見えるのはごくわずかの期間という土地であっても、その地方には人が住んでいます。木は一本も生えておらず、原野には指の長さより短い草しか育ちません。住民はシカ、ビーバー、野生のロバを食べて生活し、木がないので、殺した野獣の骨、皮、毛で火を起こします。野獣に近いこれらの人々を、神の子供とするために近づく手段を探しています。この計画は、院長様はじめ修道院の皆様から熱心なお祈りをいただくに値するものです。

その他にも、その地方に集まって、異なる言語を話す幾つかの部族も発見されました。四〇人余りのイエズス会の神父様がどこにでも出掛けられ、迷える人々を探して神に導くことに専念しておられます。神父様方がそのためにどれほど大きな労苦に耐えながら奔走していらっしゃるかをご覧になれば、院長様は大いに励まされることでしょう。

私どもの学校はと申しますと、先住民の四つの部族の娘たちを持っていますが、娘たちは素直で私たちを特別に慰めてくれます。これは私たちの大きな喜びで、些細な労苦のうちに王国にも代えられない幸せを見いださせてくれます。

このたびは、これらの娘たちの教育を助けるため私たちにご寄付くださいまして、院長様はじめ修道院の皆様に篤くお礼申し上げます。院長様方は共通の貧しさで、お困りであることは存じております。それにもかかわらず、私たちを助けるために院長様の温かいお心は必要なものまで犠牲にしていらっしゃいます。それだけに、私どもはいっそう深く感謝致しております。院長様のご親切をご覧になっておられる憐れみ深い神が、院長様に一〇〇倍報いてくださいますよう、お祈り致します。

1　ウタガミあるいはルナール人で、アルエ師がそこに四月二四日に到着している。Cf.RJ1670, chap.XII（Th. 54, 218）. 手紙一一四（258）参照。

一一七（270）　一六七〇年某月某日　息子宛

愛するわが子よ。先住民に関しての質問に、この手紙で分類して答えます。

私が忘れた事柄は、ある神父様が補足してくださいました。ですから安心してください。答えに書かれていることはすべて真実です。あなたは、書かれたことの中に先住民の不条理を見ることでしょう。腐敗した本性のゆえに信仰も自然的光も持たないのです。この本性は、洗礼を受ける前は先住民のうちではそのままなのです。
①　ヨーロッパ人に会う以前の先住民は真の神を知っていたか。また神についてどのような知識を持っていたか。
少しも知らなかったと答えます。ただ、幾人かの人は天の動きについて、天体の配置について、また季節の変わらぬ循環について考えながら、一切を創られ、

非常な英知をもってそれらを司る何か力ある霊が存在することを自然的理性によって知っていました。私はそうした幾人かを知っています。それらの人は、自然の中に見られる事物の調和に感嘆しながら、それらについて瞑想し、こう言いました。

「確かに、私たちが世界の中に見ている万物の創り主がいます。これらのすべては、自分で自分を造ることはできないからです」

このような考えの許に、この人たちはすべてを創られた方に祈っていました。キリスト信者になった先住民はこのような表現を持ちつづけ、神に祈るときは、「すべてを創られた方」と呼びます。自分の考えが確かであると思う人々は、お話ししたばかりのように、神にそのように呼びかけて、トウモロコシの粉や先住民が持っている最も美味しい煙草などを供え物としてささげていました。こうした人々に属するアルゴンキンの二人の首長は、ル・ジュンヌ神父様のお話を聞くと、すぐに信じ入信しました。この二人は先住民の最初のキリスト信者で、私たちがこの国に到着した翌日、二人とも自分たちの娘を私たちのところに寄越しました。同じような例は幾つかあり、神の慈しみを認めさせ、たたえさせています。

② 先住民はなんらかの神を礼拝しているかどうか。どのような崇敬をささげているか。

ある者は太陽を拝み、[1]犠牲をささげます。そのために、熊やヘラジカやその他の野獣の脂身を火の中に投げ入れ、煙草やトウモロコシの粉を焼きます。先住民の間には、世を贖ったメスー[2]とかいうものを認めている者もいます。この知識は素晴らしく、世のあがない主であるメシアの到来に関係しています。しかし、不信仰による蒙昧さのために大変ばかげた寓話を信じて素晴らしい光を晦ませています。なぜなら、この知識を持っていたヒューロン人は、メスーは麝香《じゃこう》ネズミのオスとメスによって世を贖ったと言っているからです。他の先住民は幾つかの精霊を頼りにします。これらは水の上、森の中、山の上、谷の中、その他の所で取り仕切っていると言われています。しかし皆、神に対するように夢に従い、眠りの中に現われたことを正確に守ります。ある人を殺した夢を見ると、起きるとすぐ当人に会いに行き、不意をついて殺すのです。信仰を持っていない者はなおさらのことです。自分たちの夢に従う義務があると信じています。[3]そして、この悪は信仰に対する最も大きな障害です。私は、前述したことを裏付ける二つの知らせをもらったところです。それらはキリスト信者に生まれた人々の心を感動させ、これほどに貴重で、純粋で、誤謬からほど遠い召命をいただいたことを慈しみの神に感謝させるものです。

イロクォイ人の中ではかなり偉い一人の先住民が、モントリオールで先住民の一番多いある村にいた妻を殺さなければならない夢を見て、急いで起き、国から四〇〇キロ余り離れたその村にやってきました。殺さなければならない妻はキリスト信者でした。この男の激怒を知った神父様方は、妻を閉ざした一つの小屋に隠しました。けれども恐れられたこの凶暴な男は、妻の足跡を追っていた犬と一緒に小屋に入りました。犬はそのような訓練を受けていたのです。妻は屋根裏部屋に上げられましたが、犬が追いました。それで妻は下りて逃げ出したので、先住民の保護下に置かれました。

夢に従うために、四〇〇キロ以上も離れた所からでもやってくる、このように信仰を持たない先住民の目は晦まされています。もう一つの夢は、ある娘を誘拐しなければならないもので、やはり夢に従うために同じようなことをさせました。娘は神父様の許に逃れ、かくまわれました。夢を見た男は火や炎を投げつけ、娘を出さなければ全員を殺すと脅かしました。ある神父様が男と話し、その注意を逸らさせている間に、娘をカヌーに乗せて逃がしました。男は娘のあとを追いましたが、娘はイロクォイ人の通り道にある砦の一つであるシャンブレに連れていかれました。男は相変わらず追跡します。娘はいろいろな場所にかくまわれましたが、男は追跡をやめません。遂には娘を捕まえ、攫っていきました。これは恐ろしい野蛮さではないでしょうか。

そして、もっと恐ろしいのは、フランス人が先住民に与えるアルコール飲料です。先住民は一度ブランデーを飲むと、夢のほかに酔いを偶像化し、この二つが一緒になると、これ以上に凶暴なものは見られないほどです。殺し合い、互いに鼻や耳を切り取るので、身体障害者がたくさん出ます。しかし、ここらで私たちの問題に戻りましょう。

③　先住民は霊魂の不滅を信じるか。信じているとして、死後、霊魂はどうなると考えているのか。

先住民は霊魂の不滅を信じています。身体を大事にしていることがその証拠です。霊魂が肉体を離れると、海の彼方に行き、そこで休息すると考えています。この旅をするため、死者の墓の側で幾らかの脂を焼いて、霊魂に一種の弁当を与えます。また、若干の武器や旅に必要な他のものも与えます。一般的に言えば、アメリカのすべての住民は霊魂は不滅で、死後は太陽が沈み、昇ることの決してない場所に行くと信じています。ヨーロッパ人に会う前はこの考えが非常に強かったので、要理を教え、楽園について語ったとき、そこにではなく、自分の親たちの行った霊魂の地に行きたいと言っていたものでした。そこでは霊魂は生前、食糧にしていたビーバーやヘラジカや他の獣の魂で生きていると信じていました。この霊魂の不滅の信仰は、先住民の回心に大いに役立ちました。

④　平和のため、戦争のため、統治のためになんらかの治安を持っていたか。

持っていました。平和協定のために互いに使節を派遣しましたが、国際公法に背いて使者を殺害しました。互いを不意打ちして戦争をします。時には村を包囲し、占領します。時にはまた、包囲を解きます。会戦して戦うことはありませんし、統治は絶対ではありません。首長が控えめな叱責によって若者を抑えますが、それは若者の心を摑むために十分に雄弁で説得力があります。

⑤　世界の創造、洪水、福音書に近いなんらかの書物について多少知っていたか。

世界の創造については、すでにお話ししたように、世界の調和を見て、一貫した規則的な秩序の中にこれを造り、維持する何か偉大な霊が存在することを推論していました。第二のことに関しては、聖書が洪水について述べている事柄に多少似ている寓話を持っています。南部の部族であるアブナキウオイ人は、偉大な人を産んだおとめについて話します。[4]この部族は他の部族よりも遅くヨーロッパ人を知ったのにもかかわらず、このようにおとめである母について知識を持っているとは意外です。この母から生まれた偉大な人についても同様です。これは、お話ししたことですが、ヒューロン人が麝香ネズミのオスとメスによって世を贖ったというあのメスーだからです。

⑥　歴史、また、過去に起こった事柄は伝承として、どのようにして保存されたのか。保存するために文字を持っていたかどうか。

先住民は自分たちの歴史の伝承を、父親が子供たちに、古老が若者たちに語って聞かせた物語によって保存していました。書き物も文字も用いていなかったのです。書き物がないので、先住民の伝承には多くの寓話と不合理な言葉が交じり合って、これらは時と共にますます誇張されていきました。もちろん先住民は、私たちのようにフランスで起こっていることを文字によって知ることができません。書き物が私たちの信仰の神秘を教えると聞くと、先住民は信仰を強めます。先住民は、ここから一二、三キロ離れた所にいてこちらに取引に来た者たちが戻るときに、自分たちを指導している神父様方に手紙を持っていきますが、自分たちがケベックで行い、話したすべての事柄を神父様方がお話しになるのを聞いて、すっかり有頂天になります。自分たちが持参した手紙によってこれほど間違いなく事実を語ることができるとは、先住民には思いもよらぬことなのです。ですから、先住民は神父様方には何事も隠せず、不可能なことのないマニトゥーと見做し、このことが信仰に大いに役立っています。

⑦　戦いではどのような武器を使い、武器をどんな道具で造るのか。

木製の棍棒、弓矢を使います。それらの先端は鋭利にしたヘラジカやトナカイの骨あるいは石でできています。戦いにはそれらの束を背にして出掛けます。

⑧　台所用品を持たず、火も使わず、どのように生活していたのか。火を持っていたとしても、どのようにして火を残していたのか。

先住民は上手に造られた樹皮の皿を使います。ヨーロッパ人と取引をする以前は、石を使って火を起こし絶やしたことがありません。肉を料理するときは、火で焼くか、水をいっぱい入れた樹皮の大きな鍋で煮ます。それからたくさんの石を赤くなるまで熱し、これを鍋の中に入れ、水を温め、肉が煮えるまで煮立たせます。肉を焼くためには、柔らかな樹皮製の綱を造り、肉をそれに結び付けて吊るし、それから、焼けるまで火の前で裏返したり回したりします。またイラクサで糸を造り、錘《おもり》なしで織り、それを膝の上で掌でねじります。それで小さな手芸品を造り、ヤマアラシの白と黒の毛で飾り、その他、根をゆでたものを混ぜますが、それは、フランスでエンジムシ［＊カイガラ科の昆虫。体長二ミリほどで、赤褐色。紅色染料コチニールの原料になる］で緋色の布を造るよりもっと美しく造られます。

あなたに不確かなことを知らせせないように、私は前述したことを、これらの事柄にかなり詳しい一人のイエズス会の神父様にお見せしました。神父様のご承認を得てお送りする次第です。

1　中央・東北アメリカのアルゴンキン人の間では、最高神は太陽であった。世界がこの神によって創造されたとは考えられていないようである。先住民にとって、重要なのは部族の起源だけである。マニトゥーは太陽の息子であった。Cf.L. Campeau, *La première mission d'Acadie* (1602–1616), *Monumenta Novae Franciae* I, MHSI 96, Rome-Québec, en *l'Introduction*, chap.V, 178, n.111.

2 メスー、モンタニェ人でマニトゥーに与えられた名。Cf.RJ 1644(TH.6, 156–158).

3 夢は占いと共に霊と交わる手段であった。夢は目を覚ましている状態と同じく現実の状態であって、その示しには抗しがたいものがあった。

4 グループスカップと、その弟のマルスムシスの誕生のことであろう。伝説によれば、悪を代表するのはマルスムシスでグループスカップではないようである。後者はその母の脇腹から生まれた善のマニトゥーである。Cf. Ch, G.Leland, *The Algonquin Legende of New England or Myths and Folklore of the Micmac, Passamoquoddy, and Penobscot Tribes*, London, 1884, 15–18.

一一八（277） 一六七一年九―一一月 息子宛

愛するわが子よ。あなたのお手紙を受け取る前に、数行の手紙を書きましたが、それは、あなたと、特に私に対する神の聖なるご保護についてあなたに知らせるためでした。

私は神の慈しみのおかげで、年齢〔＊七二歳〕の割りにはかなり良好な健康状態です。今回は、船の荷揚げの渋滞を見越して、この前にお話ししてからこの国で起こった事柄を少し要約して書きます。

第一に、ソノントゥアン人はウタウアク人に戦争を仕掛けるために騒いでいましたが、総督閣下が双方を強く威圧しましたので、二つの部族は友好的になりました。けれども、先住民を完全に信用することはできないので、望むときにはいつでも双方を屈服させることを知らせるために、総督閣下はひそかにフランス兵の一部隊を率い、兵士たちと一緒に船とカヌーに乗りました。漕ぎ手はかなり上手で、先住民がまだ渡ったことのない急流と激流の中を渡らされました。幸いなことに舟はケンテに到着しました[1]。そこはイロクォイ人の居住地です。先住民はすっかり恐れて、驚きを表すために手を口に長い間当てていました。フランス人は、望むことはなんでもやり遂げる悪魔です。オノンチオは比較になりません。総督閣下は彼らに、抵抗する者は皆、滅ぼし、望むときには彼らの国を占領し、破壊するだろうと言いました。ちなみに、この紛争の前には、ソノントゥアン人はウタウアク人を味方に付けて、フランス人との条約を裏切らせようと英国人と示し合わせていたのです。それが成功していたなら、フランス人は商取引が全くできなくなっていたでしょう。しかし、英国人は総督閣下が先住民の所に来ているのを知って先住民同様恐れてしまい、自分たちの場所から追い出すために攻撃するのではないかと心配しました。フランス兵が焼き払ってからは、すべてのイロクォイ人はすっかり小さくなり屈服してしまったので、またそうされるのではないかと恐れて、小羊のようにおとなしくなり、子供たちのように教えを受けています。このように神は、すべてを人々の救霊のためにお用いになります。

昨秋、地方長官がこれらの地方のすべてを調査し、国王に代わって所有するためにウタウアク人の許にある貴族を派遣なさいました。こちらのほうは調査のために二年をかけなければなりませんが、その間、宣教所の神父様方に付き添いあらゆる知識を得ようとしていました。ダロワ神父様は、さらに遠くの部族の所まで進まれました。そこに行く道は非常に険しい難路でした。そのあとで神父様は、人口が非常に多く、世界で最も美しい地方を発見されたのです。神父様を天使のように迎えた先住民は神父様のお話を聞き、今まで聞いたことのない事柄――唯一の神、天国、地獄、その他の類似の事柄――を知らせてくださったことに、また、何よりも、誰にも親切であると聞かされたフランス人と親しくなれたことに深く感謝しました。

その後神父様は、議員で貴族でいらっしゃったド・セン・リュソン様を紹介し[2]、先住民に、この方は皆も聞いて知っているように、親切なフランス人の大首長から皆に派遣されたのであると伝えました。この善良な先住民は付近の部族に人をやり、フランス人が自分たちと同盟を望んでいることを知らせました。この知らせを受け一〇～一二の部族の使者がやってくると、議員の通訳をなさった神父様が、忠実な臣下となることを望みさえすれば保護することを望まれるフランス国王の偉大さと威光について、見事なお話をなさいました。使者全員は、喜びの叫びと拍手をもってこれに同意しました。その後、国王とその臣下の全員が、礼拝する十字架を私たちの救いの記念碑として打ち立てました。十字架の向かいには一本の杭を打ち込み、そこにフランス軍の軍旗が結び付けられ、こうして、国王陛下に代わってこれらの国の全部を所有するに至りました。神父様はこれらの善良な新信者たちと一緒に素晴らしい成果を上げられましたので、開拓し栽培するよう神から与えられた広大な畑のためにご自分と一緒に働く四、五人の神父様を必要となさったくらいでした。

アンドレ神父様は、昨夏に行かれたばかりの宣教所に立派な修練院を造られました。どうして神父様とお連れの方が、越冬予定の地に導くはずの道から逸れてしまわれたのか私は分かりません。お二人は迷っている間、動物の古い皮と苔だけでしのいでいらっしゃったので、飢餓に襲われ、危うく飢え死になさるところでした。トゥーレンーヌの私たちの地区に属するお連れの方のお話では、神父様方が住居に着かれたときには息絶える寸前だったそうです。このような労苦に耐える決心をするには、神の霊によって力強く動かされる必要があります。

ご自分たちの住居をお持ちでウタウアク人のル・ロン・ソーに沿って進まれた神父様方は、この部族の人々の回心のために、類のない善を行われました。神父様方が、神の御栄えに関する用件のためにそこから七、八キロの所にいらっしゃいましたところ、一軒だけ残っていた家が聖堂とその中にあった一切のものと共に焼失していました。これほどの信仰の広まりに激怒した悪霊が、この災害を起こしたと信じられたのも当然です。火事の真っ最中に、地方から来た一人の修道者が火中に身を投じて御聖体を運び出しましたが、残りは炎に焼かれるままでした。この火事の前に、神父様方は三〇〇人の先住民に洗礼を授けていらっしゃいました。これが悪霊の恨みの種です。

神父様方は戻られて、お持ちになっていたものがすっかりなくなっているのをご覧になっても(宣教所の維持に必要な一切はそこに運ばれて貯蔵されていました)勇気を失われませんでした。直ちに使用人たちと数人の献身的なフランス人と一緒に、聖堂と最初のものより立派で広い家を建てはじめられました。これらの建物はずっしりと相互に支え合った造りで、重なり合った梁で造られています。煙突を除いては全部木造で、屋根も松材で葺かれています。聖堂が再建されるやいなや、洗礼を受けるために四〇人の子供が連れてこられました。悪霊は、火事を起こさせたことで得るよりも失ったものが多かったのを見て、激怒したに違いありません。同じ宣教所では、私たちの聖なる信仰の証しとして奇跡的な事柄が見られました。それらを目撃した人々が私に言うのでした。ウタウアク人のいるこの方面のこれらの宣教所は、現在のところ繁栄しています。宣教所がフランス人たちから、つまり悪い模範と、泥酔を招く飲み物から遠く離れていることは、この部族の人々のためにも信仰の定着のためにも幸いなことです。慈しみの神は、これらの人々のすべてをお救いになることをお望みのようです。

数年前のことですが、北の大きな湾に行くための陸路が探されていました。いろいろの道を試しましたが、無駄でした。道を遮る北の大きな山があったからです。ところが、全く特別な御摂理によって、その地の先住民がフランス人との取引のために四〇隻のカヌーでこちらに来たのです。フランス人とこちらの地方の先住民も来訪者たちを歓迎しました。神が救いのために、この旅行をさせたに違いありません。数年前、一人の誠実な友人が、物的な利益よりもこれらの人を回心させたいという思いから、道を見つけることができないかどうか調査しようと思いました。夏でしたが、海には氷が張り詰めていて、そのために氷海とも呼ばれていました。その方は立派なボートをお持ちでした。そのボートなしには移動できなかったかもしれません。進んでいるうちに、一つの港に行き着きました。そこには大勢の先住民がいて、その方と連れの人々に巧みに話を持ちかけて、誰かが会いに来なければならないようにしました。一人の青年が、大胆というよりもむしろよく考えないで下船しました。

先住民たちは、青年が上陸したのを見ると怒った犬のように歯嚙みし、青年を捕らえてナイフで突き刺しました。ボートに残った人々がすぐに助けに来なかったら、青年は殺され食べられていたかもしれません。隊長は、航行のための細い道しかない多くの岩礁と氷を見、また先住民の悪意を知って引き返し、奇跡的に救われました。私がこのことをあなたにお話しするのは、神の御摂理を認めてほしいからです。前にはこのように凶暴であった先住民たちが、思いもよらない柔和と好意をもって自らこちらにやってきたのです。

アルバネル神父様が、この人たちの国に信仰を伝えるため一緒に出発なさいました。神父様は、この部族の言語であるモンタニェ語に精通していらっしゃいます。地方長官はこの大きな地方を所有するため、神父様と一緒にフランス兵を派遣しました。これらの地方は、主な目的である信仰の他に、商取引にも大いに利益をもたらすからです。ここからは遠く、二年くらいは、その宣教所の消息は聞くことがないでしょう。[3]

最近、オワオニェンの宣教所からド・カレイユ神父様が連れ戻されました。立派な宣教師で聖徳高いお方です。昨冬ですが、数人の先住民を助けるため、やむを得ず長期間水に浸っていらっしゃったので、神経が凍え、引きつり、片方のわき腹全体が二つに曲がってしまうほどでした。長い間助けもなくそうしていらっしゃったので、疾患は不治のものになってしまいました。神父様は三五歳くらいの若い方で非常に熱心でいらっしゃり、イロクォイ人の諸言語をご存じで、豊かな才能に恵まれていらっしゃいます。けれども今は、余生をベッドの上で身動きできずにお過ごしになっています。福音の働き手が、人々をイエス・キリストに差し出すために、どれほど労苦に耐え、またどれほど大きな危険にさらされているかを言い表すことは不可能です。

私たちはウタウアク人の許から持ってこられた覚書の抜粋を持っています。それには非常に珍しい驚くべきことが書かれています。ここでは、あなたが知って困惑することのないような幾つかの事柄を書きますが、すべて正真正銘のことなのです。

今年の一月二一日、日の沈む一、二時間前、ピュアン湾に一つの幻日《げんじつ》が見えました。上空には両端が天に向けられた大きな三日月形のものが、太陽の両側には他に二つのものが見られました。真ん中に位置した本当の太陽とは違ったものです。もちろん、それらの隅々まで見られたわけではありません。一部は虹色の雲で、一部は見分けるのを妨げる大きな白いスカーフで覆われていたからです。これを見た先住民は、それは厳寒のしるしであると言っていました。実際、翌日は厳しい寒さでした。

三月六日、それぞれ一二〇キロ余り離れた三つの異なる場所に、また幻日が見えました。また、ミシリマキナックの聖イグナチオ宣教所には三つの太陽が見られましたが、それぞれ二キロほど離れていました。このことには、三つの顕著な現象が認められました。第一に、それらは同じ日に二度、すなわち、朝、日の出の一時間後、夜、日没の一時間前に起こりました。第二に、三つのもので、朝は南側にあったものが、夕方には北側に見られました。そのうえ、朝は北側に見られたものが、真ん中のものよりも低いところに見られ、夕方は位置を変えて南側に見え、本当の太陽よりも高いところに位置しました。第三の現象は、二つの偽の太陽の形に関してです。南側にあったものは非常に形がよくて、それを本当の太陽と区別するのが難しいほどでした。ただ、本当の太陽に面した側の緋色に近い赤いバンドで飾られているようなところが違っていました。しかし、左側にあったものは、太陽よりももっと楕円形で虹のような形をしていました。けれども、見えたものは、画家があまり上手に描けなかった絵のようなものでした。もっとも、金の網を被されているようで、それが大変みやびやかに見えました。

この同じ幻日は、ミシリマキアックから一六〇キロ余りの距離にあるヒューロン湖のカエントゥートン島で同じ日に見られました。[4] 見られた奇妙なことは、こうです。

三つの太陽が西側に同時に現れました。三つとも地に並行し同じ大きさでしたが、美しさの点では違っていました。本当の太陽は西南東にありました。同時に、かなり虹色に染まった地平線に並行した円の両側が見えました。青が中に、曙色は中央に、暗いグレー、あるいは灰色は外側でした。ほとんど同じ色の地平線に垂直に向かった円の四分の一以上は南西にあった偽の太陽に触れ、地平線に並行する円の半分を切って、擬似太陽が現れたその場で混同しながら消えていきました。空は、三つの太陽の側であまりはっきりしていなくて、雲の見えない他のところは、どこも空の晴れ具合もすっきりしないものがありましたが、月ははっきり見えました。夜でしたらきっと星が現れたでしょう。空は擬似太陽をかなりの時間支えることができましたが、真の太陽ではありません。この三つの太陽は空が澄み切っているときに、本当の太陽が注ぐほどの光は放ちませんでした。空中には風が吹いていたようです。擬似太陽は時々見えなくなったからです。本当の太陽もそうでした。その下には、遂には四番目の太陽が直線上に現れ、両側に位置した他の二つの太陽が現れたのと同じ距離を保っていました。この第三の擬似太陽は束の間でしたが、最初の二つはすぐには消えませんでした。二つの擬似太陽が姿を消すと、その後に、それらの光の二つの美しい残影のように二つの虹を残していきました。これらのすべての異常な事柄を精霊と見做し、精霊が結婚していると考える先住民は、教えを受けている神父様に、それらは太陽の妻なのに、なぜそんなに不思議そうに見つめていらっしゃるのですかと尋ねました。神父様は、すべてをお創りになったお方があなたたちに至聖三位一体の神秘について教え、あなたたちが礼拝する太陽そのものによってあなたたちを目覚めさせることをお望みであるとお答えになりました。神父様のこのお考えは効果的でした。翌日には、以前は祈りについての話を聞こうとしなかった婦人たちが、洗礼を受けさせるため子供たちを差し出したからです。

この同じ現象が同じ日にル・ソーでも見られましたが、それはかなり違っていて、もっと感嘆させられるものです。朝に現れた三つの太陽のほかに、お昼の少しあと、さらに八つの太陽が一斉に現れたからです。それらの様子はこうです。本当の太陽は虹色からなる環を被り、その環の中心にありました。その両側には二つの擬似太陽がありました。他の二つのうちの一つは頭の上に、別のは、足とも言える下にありました。この四つの太陽は同じ距離でこの環の周囲に位置し、互いに向き合っていました。そのうえ、第一のと同じ色ですが、もっと大きな別の円が見られました。これは本当の太陽の中心の上のほうから渡って、下と両側には、見たところ三つの太陽を抱えていました。この八つの天体は一緒に見ると、目に非常に快いものでした。[5]

以上が先住民の諸部族の中で起こった極めて奇妙な物語です。その前に、非常に聖なる事柄について、つまり人々の回心と私たちの信仰の広まりについてお話ししましたが、これは、誠実な神父様方の覚書のあちこちから書き取ったもので、思い切ってあなたにお話ししましたが、すべて本当のことなのです。

今、知ったことですが、北の大きな湾に向かって進んでいらっしゃった神父様方は、出会った先住民から、その港と地方を占領するために英国の二隻の大きな船と三隻の競漕船が到着したことを聞かされ、このことを知らせるために道を引き返しました。二隻の船は毛皮を積んで戻りましたが、競漕船は越冬するそうです。以上のことは、物的な意味でも、また多分霊的な意味でも、その土地は無信仰者に支配されるので一つの不幸な事件です。知らせを受けてフランスから兵士が派遣されていれば、この損失は起こらなかったでしょう。

この発見のためにこちらから派遣された人々は、恐らく、英国人に対抗してユリの花の国旗と一緒に十字架を立てることをやめないでしょう。この重大な事件のために祈りましょう。[6]

1 Quinte あるいはKinte. 一六六八年に、フェヌロン師とトルーヴェ師によって創設された宣教所。手紙一一〇（248）参照。

2 シモン・フランソワ・ドーモン。セン・リューソンの貴族で、数年前にカナダに移住。一六七〇年、タロンによって「モントリオールから南の海まで、東西にある土地を所有するため」派遣された。このセント・マリー・デュ・ソーで、氏は一六七一年六月一四日、「一四の部族の使節たち」を集め、十字架を立てフランス国王の軍旗を掲げて、「土地の所有」を宣した。Cf.RJ1671, 3e partie, *Des Missions des Outaouacs* (Th55, 106). 手紙が語っているアルーエ師の説教の一部が、同じ章に保存されている。セン・リュッソンは一六七一年一一月二日にケベックに戻った（Talon, *Mémoire au Roi*… 2 *novembre* 1671, dans *RAPQ.*, 1930-1931, 157）。マリー・ド・レンカルナシオンが手紙を書いたときは、「このすべての調査に二年」を費やす予定であった氏は、まだ戻っていなかった。したがって、手紙のこの部分は一一月二日以前のものである。セン・リュッソン氏については、cf.Lamontagne, dans *DBC* 257-258.

3 タロンの要望によって、アルバネル師はフランスの紋章旗を掲げる命令を受けたド・シモン卿に同伴した。アルバネル師は一六七一年八月六日にハドソン湾に向かって出発した。Cf.RJ1672, 2e partie, chap.VI(Th. 56, 150).

4 Kaentouton, Ekaentouton. ハドソン湖の北、ジョージア湾

の入り口にある現在のマニトゥーリン島。

以上の描写は幻日の環のように思われる。太陽を通って二つのハロを遮断する一つの白い環の形を呈する光の現象で、希に見られる。これは、氷の先峰の垂直面に光が外側から反射して生じる。手紙一一四（258）参照。タロンはこの知らせを*Memoires du 2 novembre*(cf.*supra*.n.1)の中で語っている。二人の先住民と一人のフランス人が、九月一九日にアルバネル師とセン・シモン師によって派遣されていた（RJ1672, 2e partie, chap.VI, Th.56, 156)。探検隊は一六七二年にジェームズ湾に到着することになろう。

付録A

一(49) 一六四〇年九月一〇日 息子宛

イエス様の愛と命があなたと共にありますように。

愛するわが子よ。私は、あなたが私にしているように は、あなたにしたくありません。なんということでしょう。あなたは手紙で一言も私を慰めることをしないで、船が出帆するのに知らん顔していましたね。他の方々は手紙を寄越しました。そうでなかったら、私はあなたの近況を少しも知ることがなかったでしょう。

あなたについて尋ねられたことについては話しません。[1] あなたの願望を知って、それを神様にささげることができれば、それでよいのです。けれども、あなたはあまり喜んで召し出しに応えなかったのですから、不忠実ではあっても召し出しを全く退けてしまうようなことはなく、少なくとも不熱心から失ったものを、今度は熱心さによって取り戻すように私は祈らないわけにはいきません。

あなたのことを思い、あなたが考えていることがうまくいかなかった場合に、私たちの数人の友人の方々に適当な職を見つけてくださるよう手紙を書きました。[2] あなたはもう自分のことを知ってよいときです。それだけの年齢なのですから。学校に通っている間は皆様から援助を受けましたが、今は自分で道を切り開いていかなければなりません。そうする勇気を持たなければ、立派な若者として大変恥ずかしいでしょう。だから、もう意気地なしはやめて、苦労なしに決して世の中は渡れないと思いなさい。

あなたは聖なるおとめマリア様と、その浄配聖ヨゼフ様への信心を捨てたのですか。そのような過ちはしてはいけません。お二方の助けなしには、あなたは決して救いの道を歩むことはできないでしょう。お二人に篤い信心を寄せ、お二人の徳を見倣う人々と交際しなさい。そうすれば、神様のお恵みをいただけるはずです。度々秘跡を受け、あなたを秘跡から遠ざけようとする人々は避けなさい。

私のために祈り、かたじけなくも私をこのような偉大な道に召された慈しみ深い神様にお礼を申し上げてください。そして私が、お召しにあくまでも忠実に応え住む資格のないカナダのこの祝福された地で、神様に死ぬまでずっとお仕えるできるお恵みをお願いしてください。

イエズス会の神父様方との接触をいつも失わず、またあなたのためにできるだけの親切を尽くしてくださった私の兄弟姉妹にできるだけの恩返しをするのを忘れてはいけません。
それではまた、母より愛情をこめて。

1 息子クロードはイエズス会入会を願った。ディネ師は拒絶してこう書いている。「クロードはそのことを母親に知らせるのを憚った。しかし、母親はよそからそのことを知らされて、この手紙を書いたわけである」

2 手紙四一（56）参照。

二（付録7） 一六四一年九月四日 マリー・ド・セン・ジョゼフから クロード・マルテン修道士宛。[1]

イエス・マリア・ヨセフ

私の霊的母でいらっしゃるあなたのお母様が、お手紙の中に私も一言書き添えることをお許しになりました。まず、あなたが幸いにも聖なる修道会をお選びになったことをお祝いします。[2] そして、私自身の弟が入会したような気持ちになり非常に嬉しく思いました。神がご自分をお愛しになる人々にお与えになる名状しがたい甘美さを、また神の聖なる家で過ごす一日は、罪びとたちの家で過ごす一、〇〇〇日にもまさるものであることを、[3] あなたがすでに味わっていらっしゃるものと思います。どうか早々とこの幸福に浸ってください。その間にも、私はあなたにこの幸せをお知らせになり、あなたの心を徐々に効果的に、それに向けてくださったお方を幾重にもたたえます。

今こそあなたは、私たちの主の慈しみを永遠にたたえて歌うときです。主は、あなたの将来と分け前をそのように聖なる場所にお定めになったからです。あなたの受けた遺産はなんと偉大で、なんと気高いことでしょう。[4] それは、あなたを神の子供たちのうちで最も優れた地位に上げ、この世のすべてのものを、イエス・キリストの豊かな貧しさに比べれば塵あくたのように見做させるからです。[5] 私は、主があなたのうちに注がれた善と恵みをたたえ、また、それらを完成させてくださいますよう、[6] そして、あなたに最後まで貫く意志をお与えくださるよう心から祈り、切にお願いしております。この堅忍を、自身の救いのためにと同じように、あなたのために主に強くお願いします。

しかし、あなたが奉じた戒律の厳しさがあなたの体力を超え、やむなく世間に戻るようなことにでもなれば、どうか私の母だけに頼ってください。そうすれば、あなたは必要なことで助けてもらい、職を探してもらえるでしょう。母はあなたのお母さまの代わりになり、わが子同然にあなたの面倒を見ると私に約束しました。あなたのお母さまからあなたの面倒を見る人は誰もいないと知らされ、昨年母に頼んでおいたのです。母は、返事を今度の船で知らせてくれました。同時に母は、あなたのために私の伯父であるゼントの司教様に願ってふさわしい職を見つけることにしています。その仕事はデギヨン公爵夫人から提供されたものほどには華やかなものではないかもしれませんが、少なくとも、あなたの救いのためには同じように役立つはずです。

しかし、神ご自身がはるかに優れた仕方で、あなたにお心遣いをお示しになりました。神は人間と天使から永遠にたたえられますように。私がこのことをお話しするのは、御摂理があなたにお寄せになったお心遣いと、お母さまがあなたに抱いておられる愛情を引き継ぐ多くの人々をあなたのために見つけてくださったことを、あなたのお母さまに代わってお知らせしたいからです。

しかし私は、お母さまが持っていらっしゃる徳の段階まで達した方がいるとは思いません。そのことについて一言だけ言えば、このような聖徳のお母さまのご子息であるあなたは、真に幸せであると考えています。そのご子息であることは、天があなたの誕生のときに与えた最も有益な肩書きであり、またお母様が、あなたのために数多くの恵みと祝福をいただかれることを疑いません。

その恵みと祝福を私自身のためにと同じほど、あなたのために望みます。イエス様において私の真の弟なのですから。

1 〔＊マリー・ド・レンカルナシオンと共にトゥールの修道院からケベックに渡り、若くして死亡したマリー・ド・セン・ジョゼフ（その伝記はこの付録の四に掲載した）によるこの手紙は、原書の付録7に掲載されているが、同じ日にマリー・ド・レンカルナシオンが息子に宛てた手紙四一（56）の追伸として書きしるされたものである〕

2 〔＊クロード・マルテンは、一六四一年一月三一日にサン・モール派のベネディクト修道会修練院に入った〕

3 詩編33・4、83・11参照。

4 詩編88・1、15・6参照。

5 フイリッピの信徒への手紙3・8。

6 コリントの信徒への第二の手紙8・6。

三（247）　一六六九年七月三〇日　息子宛

愛するわが子よ。六月末にフランスからの船が一艘こちらの港に到着しましたが、その後は、一艘も現れていません。到着した船は、あなたの消息を運んで来ました。消息を読んで、あなたと私への神様の慈しみをたたえました。この世で私が持つ最大の喜びは、神様の慈しみについて考えることなのです。そして私には、あなた自身が神様の慈しみを体験して、それについて考え、強く感動し、あなたに役立っているのが分かります。

私が神様への愛のためにあなたから離れて、あなたを神様のお導きにおゆだねしたことについて、あなたは満足していないのでしょうか。そのことについて、言い表すことのできないほどよいことを見つけなかったでしょうか。そうしたら、実際にあなたから離れることによって、私が生きながら死に、あなたに対して抱いていた愛情を容赦なさらなかった神の霊が、試練を乗り越えるために私に少しの休みもお与えにならなかったことを、もう一度分かってください。私はそのような道を通り、理屈なしに神の霊に従わなければなりませんでした。神の霊は、ご自分の絶対の思し召しが実行されることを強くお望みだったからです。ところが、自然の本性は自らの利害がからんでいるとき、特に子に対する母親の義務が問題であるときには、そう簡単には納得しませんから、私は決心がつきませんでした。こんなに幼いあなたから離れれば、あなたは神様を敬わずに育てられ、誰か悪い人の手に落ちたり、破滅を招く危険な行動に走ったりして、その結果、神様にお仕えするように育てたかった息子を失ってしまうのではないかと心配しました。それで、しばらくは息子と一緒に世間に留まって、様子を見てから意図した修道会に入るときを待とうかと思いました。

ところが、私の戦いをご覧になっていた神の霊は私の心情にはお構いなく、私の心の底で、「早く、早く。時が迫っている。これ以上遅れてはならない。お前には、もはや世間でなすべき善は何もない」とおっしゃるのでした。こうして、昼夜休ませることのない聖なる執拗さで私を促しつづけられながら、私のために修道生活の門をお開きになりました。そして、私の仕事を片付けられ、修道生活に向けてくださいました。その引き付け方はあらゆる方向から私の腕を捉える感じで、全く抵抗できないものがありました。ですから、私が世間で一番偉い人になって世間のために大いに役立ったとしても、これほどの喜びはなかったことでしょう。ドン・レイモン神父様が後事のために私の姉の許でご尽力くださり、神様ご自身が私をお呼びのところに導いてくださいました。

　それでも、あなたは私と一緒でした。あなたから離れたときには、あまりに苦しくて断腸の思いをしました。ちなみに、私は一四歳のとき、すでに修道生活への強い呼びかけを感じていましたが、望みが聞き入れてもらえなかったので、これは実現しませんでした。しかし一九歳から二〇歳まで、この召命は私の精神から離れず、神様の思し召しが実行されるときまで、あなたを育てるために私は世間には身体だけを預けていたのです。

　私が修道院に入った後、あなたは面会室と内陣の格子の所にやってきて泣いていました。御聖体拝領の小窓をくぐり抜けようとしました。労務者のために修道院の大きな門が開かれているのを見たあなたは、思いがけず修道院の中庭に入りました。しかし、そうしてはいけないと言われて後ずさりし、私に会えないことが分かりました。二、三の修練女がこれを見て涙を流し、私が泣きもせず目もくれないのは、あまりにむごいと言いました。[1]しかし悲しいことに、姉妹たちにはあなたのための私の苦悩も、神様の聖なる御旨に対する私の忠実さも分からなかったのです。

　あなたが泣きながら格子の所にやってきて、母さんを返してほしい、そうでなければ、母さんと一緒に修道者になるために入れてほしいと話したとき、戦いが再開しました。しかし一番大きな衝撃は、あなたと同じくらい幼い子供たちの一団があなたと一緒に食堂の窓のほうに来て、私をあなたに返してほしいと大声で叫んだことです。皆よりも一段とはっきり聞こえたあなたの声は、母さんを返して、母さんがほしいと、悲しげに叫んでいました。

　これを聞いていた姉妹たちは皆、強く心を打たれ苦しみ同情しました。一人としてあなたの叫びがうるさいとは言いませんでしたが、これは黙視できない事柄で、あなたの面倒を見るために世間に戻されるのではないかと思いました。

　感謝の祈りのあとで修練院に戻ったとき、神の霊は心の中で、このことに心を痛めてはいけない、ご自身があなたの面倒を見るとおっしゃいました。神様のこの約束に私はすっかり心を落ち着かせ、主の言葉は霊であり命であること、[1]主はお約束に忠実でいらっしゃることを体験しました。それゆえ、この内的言葉が私に語ったことに反対のことを皆が言っても、私はそれを信じないことにしました。それ以来、このことでは苦しみませんでした。私の精神と心は、神様のお約束があなたのうちで成し遂げられることを確信して非常に慰められました。事実、すべてがあなたの益になるように進められ、その結果、あなたが私の望みどおりの教育を受けて成長していったのです。その後間もなく、あなたは勉強のためレンヌに、それからオルレアンに送られました。これは神様の慈しみによって、あなたの面倒を見られたイエズス会の神父様に、私がお近づきになれたおかげです。あなたはこのことについての神様の助けを知っています。こうして今は、あなたも私と同じようにかくも慈しみ深い御父の無量の憐れみを体験しています。

神様にお任せしましょう。神様に忠実であれば、他の多くの事柄が分かるでしょう。続けて私のためにお祈りください。

1　ヨハネによる福音書6・63。

四（140）ケベック。一六五二年春　トゥールのウルスラ会修道院長及び姉妹一同宛[1]

皆様、これから私の愛する忠実な伴侶、皆様の修道院の立誓願者、当地の修道院副院長であったメール・マリー・ド・セン・ジョゼフの生涯と諸徳についてお話し致しますが、私ができる限り多くのことを思い起こせるとしたら、これは天の特別なお恵みによるものでございましょう。しかし、お話しすべき事柄はあまりにたくさんございますので、記憶洩れも多少あるのではないかと思います。

これから述べますことは、私が故人を知り、共に生活するようになって二二年の間に見たこと[2]、信頼をこめて互いに親しく語り合ったときに本人から直接聞いたこと、あるいは本人からその心の奥底と、神からいただいた特別なお恵みについて打ち明けられた霊的指導者の方々からうかがったことだけです。

けれども、私がお話しできますことはすべて、本人が神の御心だけにかない、神だけに知られることを意図して、謙遜から私たちに隠していたことに比べれば、ほんのわずかに過ぎません。にもかかわらず、フランスの修道院の皆様をお慰めするため、また、今後こちらの修道院で私たちの後継者となる人々の模範として役立たせるために、知っている限りのことを述べるつもりでございます。

一　誕生から幼年時代、受けた教育

　故人は一六一六年九月七日アンジューで生を享けました。[3]父はラ・トロシュ・サン・ジェルマン、母はジャンヌ・ラウルで、二人とも貴族としても、篤信家としても立派な方でした。[4]生まれるとすぐ母は、娘を神への奉仕に捧げる強い気持ちを抱き、聖母マリアのご保護にゆだね、聖母御自ら娘のご面倒を見られ、ご指導になって、御子の花嫁としてくださることを望みました。間もなく主は、この供え物をお納めになりました。娘がまだ乳母の腕に抱かれている間に、分別の働きを早めさせ、徳への非凡な志向をお与えになったからです。

　まだ四歳にも達していなかったとき、娘は純潔への志向を顕著に表しました。母が林の中の小道を散歩していたとき、一緒に何か気晴らしをしようとして男性の召使に娘を連れてこさせました。娘を腕に抱いたこの男性が何かの拍子に肌に触れると、娘はこれを嫌がり声を上げて泣きだし、なだめようもありませんでした。

　ある貴族の殿方は、娘が男性を嫌っているのを見て、からかうつもりでこっそり接吻しました。ところが、娘はこのしぐさを嫌悪するあまり、思い切り平手打ちを食わせましたので、その殿方はすっかり恥じ入ってしまいました。お父様はこのように男性の目を避ける娘の性向と、修道生活がなんであるかも知らないのに修道女になりたがっているのを見て、同じ年齢の貴族の男の子と結婚させたいと娘に言い、渡したプレゼントは男の子からのものであると偽りました。このような罪もない遊びは、娘を極度に悲しませ、時にはその苦しみがあまりに激しくて、母が父を説得してやめさせなかったら、娘は苦痛で死んでしまうかもしれないほどでした。

　敬虔な母は、祝福された娘をたいていはどこにでも連れていき、信心と貧しい人々に対する愛の大きな模範を示しました。娘は娘で、この機会を役立てました。貧しい人々に強い愛情を抱いていましたので、自分が持つことのできるものは全部、貧しい人々に与えていたのです。故人が時々私に話したところでは、彼女も姉妹も許可なしに部屋を出ることができなかったのですが、度々そっと抜け出しては、貧しい人々に自分の朝御飯やおやつや、台所から持っていけるものを施していました。

両親が門の塔に住まわせていた、一人の善良なお年寄りがいました。娘はこのお年寄りを見舞い、小さなプレゼントを渡しながら、老弱の身を励ましていたのでした。娘はこっそりとこの行為をしていました。衣服を汚していたので、お目付の家庭教師が告げ口して、この小さな愛の行為が禁じられてしまうのではないかと心配していたところ、遂に見つかり、敬虔な母に報告されました。ところが母は叱るどころか、かわいい娘のうちにこれほど麗しい性向があるのを見て非常に喜びました。それで娘を呼び寄せ、いっそう励まし、施しをしたり、自分が習慣に従って貧しい人々を訪問するときについてきたりすることを、すべて許可しました。そして、多くの貧しい子供たちを食べさせ育てたり、他の多くの愛徳の業を行ったりすることのために、特別な楽しみに使っていたお金を与えさえしました。娘は許可をもらい、それまでの束縛から解放されると、飛び上がるような気持ちで貧しい人々を訪問して慰め、傷や腫物に包帯をしてあげていました。

愛する娘が分別を持つ年頃になると、母はわが子を誰にも任せず、自分で教育することを望みました。まず、聖母マリアへの強い愛を教え込みました。娘は聖母マリアが大好きになり、マリアと呼ばれるのを聞くと、この名を持っていることに特別な喜びを覚え、他の名前を持っている子たちの前で誇りにしていました。こうして、信心の母なる聖マリアは、この世の虚栄を軽んじさせながら信心への志向を培うことによって、マリーをご自分の保護下に置かれました。事実、この娘は装身具や、同じ年頃の貴族の娘たちの派手な装いを大変嫌っていて、人からもらった装身具をしまっておくことに心をわずらわすことはありませんでした。羊の番をしていた羊飼いの少女を見ては、手袋もマスクも、その他しまっておく類似の品物を持っていないので、この子のほうが自分よりもはるかに幸せであると考えていたほどでした。

こうしたすべてのことを見て、両親は、誕生のときから娘を神に捧げようとした意図が、神の思し召しにかなったことだと認めるに至りました。このことは両親にとって大きな喜びでした。とはいえ、本当はこれほどに愛しい娘を失うことはかなりつらいことであったに違いありません。

二　両親が娘をトゥールのウルスラ会修道院の寄宿学校に入れたところ、娘は敬虔と英知と修道生活への熱望を表す

母は、娘が御心にかなう教育を受けるためにどのようなところに入れたらよいか知らせてくださるよう、しばしば神にうかがい、トゥールのウルスラ修道院の寄宿学校に入れるようにとのお勧めをいただいたことを確信しました。

ウルスラ会修道院は、最近この都市に創立されたばかりで好評は耳にしていたのです。決定は容易でした。教育修道女会を特に高く評価していましたし、また、娘が教育に関心を持っていることを見ていたからです。したがって、当時九歳そこそこの娘をトゥールに連れていき、院長であったメール・ジャンヌ・デュ・テイルと、副院長のメール・フランソワーズ・ド・サン・ベルナールの手にゆだねました。副院長は娘を天からの贈り物のように迎え、以後は教育のための母親代わりになり、事実、本人がカナダに移るまで霊的生活にあってその役目を果たしてきました。

マリーが他の寄宿生と生活するようになるや、このうら若い娘のうちに特別な恵みと徳があることが認められました。仲間たちはマリーを愛し、マリーから愛されようと努めました。年の割には非常に英知があり謹厳でしたので、マリーを小さな母親、指導者のように見做していたからです。先生方もその英知を高く評価し、マリーに修道女でもあるかのような非常な安心感をもって、特に要理を教え、仲間たちの品行を観察させるなど多くの世話をゆだねたほどです。その頃の修道院と寄宿学校で生活していた人々は、このことについて多くを話すことができるでしょう。

マリーは、空気が汚れているのと、食べ物が悪かったせいか、かなり身体が弱くなりました。実際、創立当初は本会の修道女は大変貧しく、寄宿生たちも少しその影響を受けていました。医者はマリーに故郷の空気を吸わせるのが適当であると判断しましたので、母が家に連れ戻しに来ました。マリーにとっては、楽園と見做していた場所を去ることは非常な苦痛でした。修道女になるつもりでしたから、離れることで望みがかなえられなくなるのではないかと心配したのです。それゆえ、マリーは病気を隠すことに一生懸命になり、果敢な忍耐をもって耐えましたが、喘息と熱を伴う肺うっ血という重いものでしたので、いつまでも隠しきれませんでした。皆からこんこんと諭され、間もなく呼び戻してもらえるという約束の許に、これに同意しました。

両親の家に戻ってから間もなく、健康は回復し体力がついてきました。その頃は、まだやっと一二歳になったばかりでしたが、人々の救霊への熱誠を表しました。マリーが、召使や会うことのできる必要だと思われる外部の人々に、要理を教えている姿がいつも見受けられたものです。両親はこれを聞いて大いに喜びましたが、この年頃の娘がこのような能力を持てるとしたら、全く神の特別な恵みによるものであるとしか考えられませんでした。熱意には信心が伴いました。念禱を行い、赦しの秘跡を受け、しばしば御聖体拝領をしていました。

衣服をこしらえる必要があるときには、褐色で質素なウール製のものを求めました。母はこれを好みませんでしたが、同意しました。マリーは苦行し、慎ましく、柔和で、謙虚で、素直でした。生まれつきの長所、特に気質のよさと優れた判断力を伴うこのような徳性から、マリーは今までとはまた異なった目で見られるようになりました。これまでは、愛されかわいがられていただけなのですが、徳と成熟のために皆から尊敬されはじめたのです。

両親と四ヵ月も過ごすか過ごさないかのうちに、マリーはトゥールのウルスラ会修道院に戻してもらうようせがみはじめました。反対されましたが、愛は賢いもので、マリーは巧みに振る舞って反対に打ち勝つことができました。両親の許を離れることを望んではいましたが、勇気なしにはできることではありません。実際、両親、特に母を愛し、心から溢れる愛情をもっていろいろな形で表していたのです。しかし神と聖母マリアを愛し、仕えたいという望みは、親子の愛情に勝っていました。両親はこの別れを痛く悲しみ、娘を連れていく気にも、別れの言葉を言う気にもなれず、親戚の一人に付添いを依頼しましたので、その人が代わって連れていきました。

先に述べましたように、この娘は成熟した判断力と優れた素質を持っていたのですが、たとえどんなに潔くとも、いざ両親と別れるときになると、苦しみで気が遠くなる思いをしました。けれども自然の情が去ると、心の奥底では、世間に自分を縛るただ一つの絆を断ち切ったことに比類のない喜びを感じました。

こうしてマリーは、神と御母マリアに自分を捧げる家に行くことになります。そこでは、殊の外優しい愛情を示されて迎え入れられました。それから、寄宿生の許に戻され、寄宿学校では初めてのときと同じ修徳をより高度に、より完全に行いました。

それから間もなく病気が再発したのですが、マリーはこれをひた隠しにしました。その間にも、修道女になりたいという望みはつのる一方だったのです。マリーは聖母マリアに絶えず願をかけ、そのために必要な健康を恵んでくださり、召命の保護者となってくださるよう乞いました。そのうえ、メール方に修練院に入る許可を絶え間なく求めました。修練女としてではなく、[6]そこで志願者の服を着るためです。こうすれば、召命が保証されると考えたのです。実際、その服をこしらえてもらい、適齢までこれを着ていました。

三　修練院に入る許可を受ける

メール方は、マリーがこのように熱心なのを見て非常に心を打たれ、これは聖霊の働きであると判断しました。けれども、当人が求めることは病弱のゆえにすぐには許可しませんでした。マリーは、修練院に入ればすぐ元気になると言いながら、願いをますます強く繰り返しました。これほどに熱心にせがまれて、メール方は譲歩しはじめ、院長から必要な免除を得られるものと期待しました。

しかしラ・トロシュ夫妻は、起こっていることを知ると、マリーが適齢に達していないのと、そのうえ、何も決まらないうちにマリーの病気が再発するのではないかとを容易に予想して（これを幸いと考えていたので）修練院に入ることを許そうとしませんでした。マリーはどちらの理由にも満足せず、またいっそう願いを強めました。そのため、絶えず通路にひざまずいて、修練院に入る許可が与えられるよう願っているマリーの姿が見かけられました。この恵みが与えられれば、必ず病気が治り、与えられなければ死ぬかもしれないし、また、親に知らせずに修道院に入ったとしても、親は決して気を悪くするはずはないと言うのでした。これほどに熱心な請願の結果、ついに望みは聞き入れられましたが、このことは、マリーの提案に従って内密にしておくことを条件に行われました。もう一つの条件が加えられましたが、それは、両親がこのことを知って、いけないと言えば、マリーは素直に出ていくというものでした。

こうしてマリーは修練院に入りました。驚嘆すべきことには、入るとすぐ、健康は全く回復したのです。このあまりに突然の治癒は、マリーが多くの願をかけ、召命の保護者とした聖母マリアの御力に帰せられました。心が満たされて完全に身体がよくなると、マリーは修練院に入る許可を得るため、たくさんの手紙を書いて母を説得しようとしました。母は許可しませんでしたが、悲しませないために友人や自分自身で娘を慰めました。当時は、トゥールからわずか三二キロばかりのデエの家に住んでいたからです。母は、今は駄目でもそのときが来れば、できるだけのことをして望む幸せを与えるようにする、と言って娘を安心させました。ということは母は、娘が修練院にいて、すでに自分の望む幸せを得ていることを知らずに、寄宿生だと思っていたのでした。

年齢が進むにつれて、修道女になりたいというマリーの熱意はつのり、絶えずこのことについて両親に手紙を書いていました。母親は召命を試みるために、わざわざトゥールに来ました。そのため、志願者となっていた娘を修練院から引き取り、ある世俗の家に連れていき、そこに三日間引き留めておきました。その間、できるだけいろいろなものを持ってきて娘をかわいがり――高価な衣服を与え、お菓子や世俗の悦楽を味わわせ――貴族の生活のあらゆる快楽を示しました。このようにまめまめしい愛情を示されれば、世俗への愛着を捨て切れない娘なら折れて意を翻したことでしょう。居合わせた父もまた愛情を表しながらも、いっそういかめしい調子で言い含めました。これもまた、理性よりも愛情によって行動する娘なら、その心を動かすことができたはずです。ところが、マリーは当時一四歳に過ぎませんでしたが、動揺しなかったのです。できるだけの尊敬を表しながらも、両親に、世間は自分にはなんの価値もないときっぱりと述べ、両親の敬神の念から期待するただ一つのことを許してもらえるよう謙虚に願い、聖なる修道服を受けることに同意するのが、自分への愛情のしるしであると言うのでした。両親は娘が愛情にほだされず、説得にも屈せず、逆に、抗弁できないほどの堅固な理由を挙げて自分たちを説得してしまうのを認めて、娘は神の霊によって導かれていると信じた結果、娘の望みをかなえさせると約束して修道院に連れ帰りました。故人が私に幾度か確言したところでは、この出来事の中で、神が当人に聖書と、修道生活の完全さと優れた点に関する教父たちの多くの言葉を教え込まれたので、これらのすべてが、全くよどみなく心と口から出ました。これを聞いていた両親と数人の貴族は思わず感嘆させられたということです。

修練院に戻った後、マリーはお母様のかわいがりようを思い起こして、奇妙な誘惑を感じました。悪魔がこれを利用してマリーの心を掻き乱し、修道生活の別の面、卑しさと不幸と苦しみを見せようとしました。戦いは激しく、極度の苦悩の中で、マリーはいつもの避難先である聖母マリアに庇護を求めました。そしてお気に召そうとして、ありとあらゆる信心業を行い、いろいろな工夫をして、希望を失おうとしませんでした。しかし、母からかわいがってもらったことが頭から離れません。マリーは苦しみを誰にも打ち明けませんでした。自分の志が阻まれ、実現が遅らされることを恐れたからです。けれども、この困難を乗り越え、福音の教えを守りながら神のお召しに忠実に従うことを決心しました。

予定の着衣式の日が来ると、両親は娘が外の応接室で長上から質問を受けることを望みましたが、そこでも娘の召命の堅固さを見せつけられました。しかし、ここで引き留めるための二度目の工作が行われました。母が貴族の娘にふさわしい衣服を着せた後、マリーはこれを着て格子に姿を見せることになっていたのです。[7] それから母は娘を抱き、大事な娘を失う苦しみで気が動転したかのように、言葉もなく長い間抱き締めていました。結局、何か偶発事が起こることを心配した父が、無理に二人を引き離しました。それから娘を修道院一同が待っていた禁域の入り口まで連れていったのですが、ここが娘との最後の別れの場であると考えると、突然に悲しみが込み上げ、話すことも別れの言葉を言うこともできないほどでした。

あとになって故人が私に話したのですが、この最後の工作は最初のものよりもはるかに激しく胸に迫るものでした。マリーは少し涙をこぼしましたが、一瞬のことでしたので、式の間にマリーを見ていた私は、それには少しも気がつきませんでした。しかし私はマリーに、この年頃の娘としてはどんなに感嘆しても感嘆しきれないほどの真剣さと慎みを認めていたのです。

四　修練女のヴェールを受ける。会則を忠実に実践し、聖母マリアへの信心を表す

こうしてマリーは、神への感嘆すべき敬神の念と用意周到な心掛けをもって、修練の第一歩を踏みだしたのです。その頃、私は修練院に置かれていたのですが、[8] 一四歳の娘に三〇歳の女性の成熟と完璧な修道女の徳を見て感激しました。マリーは会則の精神と修道生活の原理を十分に身に付けていて、驚嘆すべき忠実さをもってそれらを実践していましたので、立誓願の後は、修道院のどんな仕事もできるように思われました。聖母マリアが手を取るようにマリーをお導きになり、御子のふさわしい花嫁になさろうとしてお世話くださっているのが、私にははっきり分かりました。

このうら若い修練女が、聖母に寄せるものほど優しい愛は見られません。聖母に親しくお話しするだけでなく、子としての信頼を抱いていました。会則による勤めのあとに残された時間をすべて聖母マリアにささげ、その他のこともことごとく聖母の御手にゆだねました。聖母をたたえるために様々の信心業を工夫もしました。いつも

聖母像の前にひざまずいたマリーの姿が見られたものです。これと言った過ちは少しも犯しませんでしたが、軽い過ちでも犯せばすぐ、母親にすっかり安心して抱かれる娘のように、聖母におすがりしました。マリーは愛情をこめて「ああ、マリア様、私の過ちを覆ってください。御子イエス様の御目に何も見えなくなるように、私の心からぬぐい去ってください。そうしていただいたら、お礼に特別な信心をささげます」とお話しするのでした。このように話したあとでは、マリーは信頼が実りを結ぶのを感じ、心のうちに聖母のお助けを体験していました。

マリーは聖母から顕著なご保護をお受けした結果、聖母に熱烈な愛を抱き、神の次には誰よりも先に、聖母マリアに寄り頼まない人々は間違っていると思うほどでした。これについては、私たちと一緒にトゥールの修練院にいたメールの方々は、私よりも多くのことをお話しできるはずです。一つ付け加えておけば、私にしばしば確言しておりましたように、故人は、二〇歳までの最初の修道生活はずっと聖母マリアに捧げ、また、召命の恵みと、その後に続いた一切は、神の次には聖母マリアのおかげであったのです。

マリーは修練期の終わり頃、両親に幾度も手紙を書いて、誓願宣立を遅らせないよう、また誓願式の日には遅れないで出席するよう願いました。両親は娘の願いをかなえましたが、またも娘の召命に試練を与えようとしました。この試練はこれまでのもので最も激しいもので、前の場合のように母は愛情で攻めかけたのです。肉親の愛情は、この出来事の中で偽ることができません。これからの母との永別が考えられて、胸も張り裂ける思いであったのです。けれども、このことについては何も語りませんでした。自分の苦痛が知られれば、誓願宣立の幸せが奪われるか、少なくとも遅らされると心配したからです。心の奥底では神と聖母に忠実であることを望んでいます。それで、この苦痛から逃れるために、新たに聖母マリアに願をかけました。世を愛することができなかったのは、これを滅びの淵と見做していたからです。母だけには愛着を抱いていましたが、神に忠実であるために母と別れることを望んでいました。というのは、肉親の愛情のために決心が揺らぐのが心配だったからです。

このような葛藤の中で、一つの梯子を夢に見ました。梯子の一方の端は地に、他方の端は天に付いていました。多くの人々がそれぞれの天使に助けられて梯子を登り、天使たちが懸命に登っていく人々の汗を拭ってやっています。ある人々は梯子の根元で、ある人々は中間で、ある人々はもっと上のほうで仰向けになって落ちました。

しかし、他の人々はそれぞれの天使の助けに任せて勇敢に登りきったのです。私は、この夢あるいは超自然的幻視が何を意味していたのか分かりません。しかしマリーにとっては、それは修道生活の修練期を説明するものでした。実際、修練期の間に、ある人々ははじめから、ある人々は中途で、ある人々はもっと進んでから勇気を失ってしまいますが、梯子の最上段に当たる終わりまで全うする人々がいます。マリーはこの夢を、新たな勇気を与える天からの警告と受け取りました。すると、心は不思議な力がみなぎり、マリーは両親の愛と世の愛に打ち勝つことができたのです。

五　誓願宣立と人々の救霊への熱意

こうして、マリーは一六歳で誓願を宣立しました。そして、これより進歩が一段と早まり、修練期の間に行った以上により純粋に、またよりのびのびと徳を実践するようになりました。特に、神の御栄えと人々の救霊を進めるための熱意は驚くべきほどのものでした。マリーがこの性向を持っていたことは、幼年時代から認められてきたことですし、それゆえにこそ母親は、子女の教育に従事し娘の性向によりかなっていると思われるウルスラ会の寄宿学校に入れたのでした。

マリーは、修練期のときから娘たちの教育に従事させられました。というのは、寄宿学生たちの間にいたときに、そのための特別な恵みを受けていたことが認められていたからです。立誓願者になると、再びこの聖なる勤めを与えられ驚くほどの熱意を発揮してこれを行いました。

ある日、私が『聖フランシスコ・ザビエル伝』を手にしていたときのことです。[9]マリーは、諸国民をイエス・キリストの信仰に回心させようとする熱情に燃えていたこの聖人を、子供のときから崇拝していたのです。聖人を真似る気持ちにさえなっていたのですが、どうしたらそれができるのか分かりませんでした。マリーが私の手からこの本を取りましたので、私は院長様の許可を得て喜んでマリーに渡しました。これを読んで、マリーの心には新たな火が燃え立ち、神が御子の血によって贖われた人々を教育しながら、ご自分に仕える機会をお与えになるときまで、この熱情の炎は模範を見ながら徐々に強まっていきました。

この頃のこと、ヌーヴェル・フランスに起こっていることと、その地で行われている大勢の回心についての報告が届きはじめました。[10]ポンセ神父様や他の数人の神父様が、毎年一部を私に送ってくださいました。それには私の関心を引く事柄が書かれているのをご存じだったからです[11]。これを読んだマリーは心を奮い立たせ、望みを新たにさせました。マリーは、私が先住民の娘たちの救霊に自分をささげる幸せを切望していることを知って、自分が心に秘めていることを打ち明けました[12]。しかし、マリーの悩みは、両親の側からも、女性であることや身分や年若いことからも[13]、多くの障害が予想されました。この召命がいつかは実現することを疑いませんでした。マリーは頭から離れないこのような問題を前にしても、マリーはそれゆえ、宣教師の方々のご苦労を主にささげることに留めておきました。この手段をとおして、自分にできる限りの召命を果たすことができると思っていたからです。

その間は、神が現在自分にお求めになること、すなわち、会則を実践し、会の勤めを果たすことに真剣に取り組むべきであると考えました。実際、あくまでも規則正しくこれを実行していたのです。その慎みは全く天使的で、真剣さは一同を感激させていました。

ある日、修道服は着ていても名ばかりの修道士が、両親を知っているという理由でマリーを訪問しました。マリーにとっては不愉快であった話のあと、修道士はヴェールを外して顔を見せるよう求めました。マリーは、それは許してほしいと非常に謙虚に願い、そのようなことは許可されていないし、また、話を聞くには、聞くための耳、答えるためには口さえ持っていればよいので、二人ともわざわざ顔を見せる必要はないと言いました。この拒絶に不満な修道士は再度せがみ、誰も気付かないはずだから心配せずに自分を満足させてくれればよいので、そうしてもらえれば大変嬉しく思うと付け加えました。若い修道女は、これほどに低劣であまりにも人間的な動機に基づいた願いに非常な嫌悪を覚え、神は見ていらっしゃるし、自分が敬うのは神であって、神以外に自分の行動の証人はほしくないと、厳しく答えました。この言葉を聞いて、修道者はしばらく恥じ入っていましたが、マリーは暇を告げて立ち去りました。

六　聖ヨセフへの信心とカナダへの召命

マリーは聖母マリアに対しては愛情を抱きながら、聖ヨセフに対しては少しも抱いていないと考え、非常に胸を痛めました。貞潔な浄配聖ヨセフを愛さないとしたら、聖母マリアを愛することにはならないと思ったのです。それゆえ、聖母マリアが自分を哀れにお思いになっているかどうか、自分をこの聖なる保護者にお与えになってくださるかどうか、尋ねました、そうでないとしたら、聖ヨセフのものとならないことを非難していらっしゃるしるしであると心配したのでした。マリーの話では、心底ではこの偉大な聖人を愛してはいたのですが、聖母マリアのようには、その保護を感じていなかったのです。

その頃、ルーダンのウルスラ会修道院の院長様[14]がポアティエの司教様の命により福者フランソワ・ド・サールの墓に祈願に行きました。院長様はトゥールの修道院に寄りましたが、そのときに、聖香油を携えていました。ご自分が病気であったとき、その聖香油で聖ヨセフが死病から癒してくださったそうです。この香油はこの世のものではない香りを放ち、全く天的な奇跡的効能を持っていました。修道院一同はこの香油に接吻すると、甘い香りがし、魂の奥底までしみとおるのを感じ取りました。ところが、私たちの親愛な姉妹だけが、香りも効果も感じなかったのです。この奇妙な事柄は、マリーを新たに心配させました。けれども、院長様は旅を続け、その帰りにまた私たちの修道院に寄りました。修道院一同は、もう一度聖香油を見て接吻する幸いを求めました。院長様は親切に同意しました。私たちの親愛な姉妹もこのうえなくへりくだりながらも、聖母マリアが自分を退けられず、ご自分の浄配に与えてくださるという信頼のうちに一同に加わりました。すると、その望みはかなえられました。聖香油の香りをかいだだけでなく、求めていた恵みの効果を得ながら、魂の奥底までしみこんでいくのを感じ取ったのです。マリーはこの天上的な作用によって法悦にひたりましたが、院長様はこれに気が付いて、ほほえみながら、「ご覧なさい、スールの心を神様が強くせきたてていらっしゃる」と言いました。事実、神はそれほどにせきたてられたので、マリーはこっそり皆から離れ、聖ヨセフの洞窟に行って閉じこもり、二時間ほどそこに隠れていました。その間、主はマリーに、聖ヨセフがマリーのお父様、特別な保護者となり、マリーが聖母の娘であると同様に聖ヨセフの娘となるのをお望みであると知らせました。その間に、マリーは泣き崩れ、自分を子としてくださる恵みが注がれるのを、疑問の余地のないほどはっきりと魂のうちに感じ取っていたのです。この確信は消えることなく、生涯にわたって聖なる保護者の特別なご加護を受けていたのでした。

私たちがカナダに出発する一年前で[15]、まだ誰もこの意図が実現されようとは考えていなかったとき、マリーにとても不思議なことが起こりました。ある夜、夢の中で、非常に美しい広場の入り口に立っていました。そこは、家具と装身具がいっぱいに展示された店に取り囲まれていました。世間の人々はそこに誘われ、心が奪われてしまうのが常です。マリーは、入り口でぴたりと止まったままでいました。広場に入る人々が皆、これらの店につい引き付けられて、装身具の華やかさに幻惑され、落とし穴にはまったようにそれに捕らえられてしまうのを見て、すっかり怖じけづいてしまったのです。マリーを一番驚かせたのは、一人の修道者が迷い込み、人波にのまれ、もはや姿を見せなくなったことです。こうして、マリーはどこを通ったら先へ進めるのか分からず、迷子になる恐れのあるこの道以外にはないので、どうしたらよいか分からなくなりました。このように当惑していると、先住民のような衣類をまとっていて風采は上がらないものの、毅然とした様子の若者たちが、広場に沿い二組に別れて二つの人垣を作っているのが見えたので、そのただ中を通って危険を避けることができました。通り過ぎたとき、「あなたが救われるのは私たちをとおしてです」という言葉をはっきり耳にしました。そして道標か旗をちらりと見ると、知らない言語で何か書かれているのに気が付きましたが、理解できませんでした。自分を大きな危険から救ってくれた人々が誰であったかも、はっきり分かりませんでした（ある人々は先住民たちの天使であると信じました）。しかし、広場で姿を消した修道者が、先にお話しした者であることに気が付きました。強い好奇心からマリーにヴェールを脱がせようとした修道者です。その後、二度修道会を出ています。

マリーは直面していた危険から護ってくれた先住民を少しも知らず、また、そのときにカナダについて考えてはいなかったのですが、神はひそかにマリーの心と精神を準備されて、機会が到来したときに、これらの見捨てられた人々への奉仕のために命を燃え尽くすことのできるよう計らっておられたのです。それゆえ、しばらくしてから、マリーは打ち解けた会話の際に、本会がカナダに行くようなことを私が知っているかどうか、私自身派遣されることになっていないのか、また、その場合、誰が私の連れとなるのかを尋ねました。それからこう言うのでした。

「ああ、これほどに聖なる宣教に派遣されて自分の命をささげられるとしたら、私はどんなに嬉しく、幸せでしょう。ただ一つだけ恐れていることがあります。『会報』では、先住民はほとんど裸であると言われていますから、純潔を損ないはしないかと心配なのです。でも、もし私を連れていってくださるなら、どんなこともメールから決して引き離すことができないほど、私はしっかりメールにしがみついていることにします。死も辛さも労苦も海も嵐も、両親やこちらのメールやスールとの離別も、つまり、何ものも、神様が私たちを一緒にしてくださる絆を断ちきることはできません」と。ここに、人々の救霊のために献身する娘の心構えと、純潔を一途に重んじていることが明白にうかがえるのです。実行に当たって、ただ一つマリーに苦痛を与えることがあるとすれば、それは、この天使的徳を少しでも損なうような場面に出遭う危険があるかもしれないということでした。

前述した不思議な夢を見た頃は、マリーは実際に誘惑に陥りかけていて、徳を装った虚栄の道に入りかねない状態にありました。このことはしばしば私に話したことなのですが、そう話しながらも、悪魔が張った罠を、聖性に導く反対の道を通ってよける勇気を与えてくださった神をたたえずにはおれなかったのです。私は今、神の御手がマリーを導かれ、カナダ宣教の恵みにふさわしい者としてくださったことを、これまで以上にはっきりと知りました。受けた誘惑の詳細についてはここでは述べません。愛徳のゆえに沈黙する義務があるからです。

七　トゥールのウルスラ会が、カナダに修道院を創設することを要請される

親愛な伴侶と私の召命の機は熟し、主はこれを実行に移す手段を与えてくださいました。[16] それ以来私たちの創立者であるド・ラ・ペルトリー夫人がトゥールに来られ、ご自分が望まれる創立のために修道女の派遣を修道院に要請なさいました。ビネ神父様とド・ラ・エ神父様——ビネ神父様は当時イエズス会の管区長でした——が先に手を打たれ、ド・ラ・ペルトリー夫人の素晴らしさについてトゥールの大司教様に手紙を書かれ、夫人の計画をパリの優れた霊的指導者と識見のある方々に検討していただいたところ、神の恵みと御旨に基づいた揺るぎないものであると保証なさいました。数人の貴族の方々も大司教様に同様のことを書きました。[17] イエズス会コレージュの校長グランダミ神父様もまた、大司教様に書かれたすべてのことを、管区長様の命によって口頭で保証なさいました。大司教様をご存じの方々は、異例の事柄には、特にそれらが重大なときは極めて慎重でいらっしゃるのを知っていましたので、前例のないこのことを承認はなさるまいとお考えでした。けれども、真っ先に承認なさったのです。神がこれほどの輝かしいご計画のために他の修道女会ではなく、ご自分の娘たちに目をかけられたことを嬉しく思われたからです。

大司教様は、当時の院長メール・フランソワーズ・ド・

セン・ベルナールに命令書を送り、ド・ラ・ペルトリー夫人を修道院に受け入れ、夫人の要請に基づいて私を夫人に与え、また修道院から私の伴侶を一人選ばせました。この選択は私たちの長上でトゥールの教会事務局長フォルジェ神父様、グランダミ神父様、私たちの院長様、ド・ラ・ペルトリー夫人、この旅行に付き添ったド・ベルニエール氏、また不束な私にゆだねられました。

修道院一同は敬虔な夫人をうやうやしく、また、これほどに崇高なご計画の実行のために私たちの修道院に目をかけてくださった神をたたえながら、歓呼して迎え入れました。そして修道院一同は、派遣の栄を得た私と私の伴侶として選ばれる者を幸せと見做しました。誰もが派遣されることを熱望していたのです。しかし、神が永遠からの定めの中で目星をつけられた者は別でした。この姉妹〔＊マリー〕は、ド・ラ・ペルトリー夫人が私を求めに来られたと聞いた途端、心に氷のように冷たいものが走るのを覚えました。悪魔が彼女を揺さぶりはじめたのです。彼女は私を見て、私以上に気の毒な者はこの世にいないと考え、私の伴侶となる姉妹についても同様な思いを持ちました。私たちを滅びの道に行く者のように考えたのです。夫人の信仰心を高く評価はしていたのですが、冷淡な気持ちしか抱けませんでした。他のすべての姉妹が晴れやかな気持ちで喜び、夫人が敬虔な意図について話しているのをうっとりと聞いている間、心が奇妙に締め付けられるのを覚えていました。しかし、かつての願望、カナダで神にお仕えするために行きたいと思った時々の衝動を思い起こしては気を取り直し、このことについて私と特別にした話を思い出しては気を取り直しました。しかし、心情的には納得できないのでした。この内なる葛藤の中で、ついに、忠実でいること、苦しむことを決心しました。それで院長様に会いに行き、私の伴侶として選んでくださるよう懇願しました。マリーは非常に熱心に訴えたのですが、院長様は聞き入れられず、そんな考えをやめさせようとして、マリーに私がいた部屋と私がしていた仕事を与えられました。[18] その間にも、最も適当と思われる会員が検討されていましたが、誰にしたらよいか合意が得られませんでした。

皆、非常に賢明で高徳の姉妹でした。しかし、神が他の者をお望みになっていたのは明らかでした。それで、お望みの者を知らせてくださるよう、四〇時間の祈りが行われました。私は、親愛な姉妹の懇願が拒否されこと、また、検討されている姉妹の中に入ってもいないことを知っていましたので、敢えて彼女を願いませんでしたし、彼女の望むように話すこともしませんでした。もとより、ほとんど押し切れない反対と戦わなければならないことも分かっていたのです。私は自分の考えをフイヤン派ベネディクト会の院長神父様にお知らせしました。神父様は、マリーを引き止めている束縛をご存じでしたので、ご自分が必ず反対を押し切ることができるとおっしゃって、心配しないよう諭されました。私は事を進める前に、マリーの気持ちを知るため本人と話してみることにしました。私が一言話しただけで、マリーの心痛はすっかり消え、精神は明晰で、心は神の御旨に従う覚悟でした。心構えを知って、私はド・ベルニエール氏とド・ラ・ペルトリー夫人にマリーの立派な素質について話し、私がこれから行う要請を支持してくださるようお願いしました。そして、お二人はそうすることを約束なさいました。それで、これ以上待たずに、院長様にマリーを要請しました。院長様は、これを大変意外に思われました。そして何もご返事くださいませんでした。賢明にもこれだけでは済むまいと判断なさったからです。

　まだ、スール・マリー・セン・ベルナールと呼ばれていたこの愛する娘は、私のあとにしっかり付いていました。院長様の前に平伏し、神がお望みと思われるこの計画のため自分を援助してくださるよう、力をこめ、しかしうやうやしく懇願しました。院長様はこの願いに非常に苦しまれました。この若い娘を母親のように愛していたのです。娘のうちに希な素質を認めたからだけでなく、最初は寄宿学校、次に修練院、最後には立誓願の後と、ほとんど子供の頃から育てていらっしゃったからです。マリーも、私同様すぐにはご返事をいただけませんでした。

　院長様は眠らずに夜を明かされ、その間、神に心を捕らえられて、特別な識別力を与えられました。その結果、精神は神の光に屈し、関係のある方々[19]の反対さえなければ、これに従うことを決心しました。

八　メール・マリー・セン・ベルナールが選ばれる

　明くる朝、ド・ベルニエール氏とド・ラ・ペルトリー夫人は忘れずに院長様にお願いに上がりましたので、私たちは皆応接室に行き、マリーのことをグランダミ神父様と事務局長の神父様に提案しました。事務局長の神父様は意外に思われましたが、神のお働きのせいでしょう、他に提案された姉妹については、もはやお考えになることができませんでした。一つだけ即座の決定を控えさせるものがありました。つまり、両親の同意待ちということにしたのです。両親は貴族で修道院の後援者ですので、これほどに重要で、またご自分たちに関係のある事柄に悔いを残したくなかったからです。それで、その頃、滞在していたアンジェーに急遽伝令を走らせました。同じ便で、マリーも両親に手紙を書き、その中で、両親から出発の許しと祝福を受けるために、考えられる限りのことを熱意をこめて一言も洩らさずに述べました。

まさにこのときに、マリーは慈しみ深い保護者である聖ヨセフに助けを求め、また、両親が自分の願いを聞き入れるようにお計らいくださるなら、聖ヨセフの御名を自分につけるという願をかけたのです。修道院一同は祈り、四〇日間の祈りが続けられていました。そうしている間にも、グランダミ神父様は、私が話したことからこの娘のよい素質をお知りになり、また、両親の考えを知るためにアンジェーに騎馬の伝令を派遣したこともお知りになって、大司教様に状況についてのご報告をなさいました。大司教様はこうお答えになったのです。

「神父さん、スール・マリー・セン・ベルナールは私の娘で、もう生みの親のものではありません。あなたの言うように、スールに召命があるなら、カナダに行くはずです。私がそのための任命書を出します」

トゥールで事態がマリーによいように運んでいるとき、伝令がアンジェに到着しました。伝令がド・ラ・トロシュ氏に書簡を渡しますと、氏は最初に読んだとき、驚きと苦痛で倒れそうになりました。事情を知った夫人は家中に聞こえるほど大きな声を上げましたので、皆は何が起こったのだろうと駆け付けました。見るも聞くも、ただ叫びと涙でした。ド・ラ・トロシュ夫人は、すぐに出掛けて娘の出発を妨げることに決めると、時を移さず四輪馬車を用意させました。

出掛けるため馬車に乗ろうとしたところ、一人のカルメル会修道者が邸宅に入ってきました。この方はどうやら院長様のようで、夫人を来訪したのでした。突然の外出の理由を尋ねると、夫人が事の次第を話しはじめました。すると、神父様は賢明な方でいらっしゃって、夫人の言葉を抑えて、「ちょっとお待ちなさい、応接室でお話ししましょう」と言われました。夫人は渋々客室に入り、しばらく話し合った後、お二人はド・ラ・トロシュ氏に会いに行きました。神の霊に満たされた賢明な神父様は夫妻に、主が娘さんに目をかけられてカナダ宣教に派遣される恵みを両親に与えられているのに、御旨に反対するという大きな過ちを犯している、と厳しく説きはじめられましたので、夫妻は気を取り直しました。

ド・ラ・トロシュ夫人は、娘に別れを言い、また、夫が体の具合が悪くて出掛けられないので[20]、代わって別れの言葉と祝福を伝えることだけは許してほしいと願いました。すると、神父様は「いや、どうか行かないでください。お母様の愛情はすべてを損ないかねません」と答えました。

遂に夫妻は、神父様が望まれるとおりにすることに決め、神父様の助言によって、同意の手紙を書きました。手紙は非常な敬神の念に溢れていましたので、神の霊が私たちには見えない力によって一切を運ばれていたと悟らされました。手紙は涙なしには読むことができませんでしたが、同時に、人々の心を変えて御旨に従わせることがおできになる神に、感謝の念を起こさずにはおれませんでした。

このように急速に事が進められている間、修道院の大方の姉妹はスール・セン・ベルナールに関して何が起こっているかは知らず、衣類が念のために用意されているだけでした。私たちの出発の前日に伝令が戻ると、[21]聖ヨセフの名を持つという願いをスールに果たさせ、それ以来、マリー・ド・セン・ジョゼフと呼ばれるようになりました。

事情が修道院一同に知られると、皆スール・マリーが選ばれたことは本人の幸せと考え、また、うらやみました。しかし、若年でありながら、多くの危険にさらされることを思って、温かい思いやりも示しました。一同は涙を流し、この思いやりから、私がスール・マリーを願ったことを少し非難したほどです。

九　トゥールからヌーヴェル・フランスへの出発
旅の間の慎みと熱情

スール・マリーを妨げていた障害が取り除かれると、大司教様は私たちをわざわざ大司教館にお呼びになって、そこで私たちを祝福してくださいました。御聖体を授けてくださった後、私たちの義務をこんこんとお諭しになられながら、終わりまで全うするよう励ましてくださいました。

スール・マリー・セン・ジョゼフは、非常な熱心さと、より完全に犠牲を行う思いのうちに大司教様の御前に平伏し、神の御栄えのために私たちがこれから行おうとする旅をお命じくださるよう懇願しました。大司教様は、主が使徒たちを遣わされたときと同じ言葉をおっしゃって命令なさいました。次いで、命令書を下され、In exitu Israel de Egypto etc.,（「イスラエルがエジプトを出たとき」）の詩編を、[22]退出のときには、「マグニフィカト」〔＊マリアの賛歌、ルカによる福音書1・46〜55〕を私たちにお歌わせになりました。

お別れを言うために修道院に戻りましたが、メールの皆様はこの機会に心からの愛情を示してくださいました。スール・ド・セン・ジョゼフと離れ難かったのです。スールはこの場では涙を流しませんでした。大司教様は、院長様が私たちをアンボアズまでお連れになるようお計らいくださいました。わざわざ当地の修道院に用をお言い付けになられたのです。この短い旅行の間に、幼い頃からスール・セン・ジョゼフを手塩にかけて育ててこられた院長様は心ゆくまで優しい愛情をスールに示され、またカナダ宣教のために手放すご自分の大きな犠牲を語られました。ついでながら述べますと、それほどに愛する娘を、旅行中にも未開の国に着いてからも予想される危険の中に行かせるには、院長様に見られるような敬神の念と神への服従が必要だったと思われます。院長様は神の御旨をお認めになると、直ちに人間的愛着を捨てられ、御旨を実現させようと最大の努力をなさったのです。私たちから離れることで死ぬほどの苦痛を味わっておられたとしても、院長様がどんなに私たちをお愛しになっていたかをよく存じていましたので、私には驚くことではありませんでした。しかし、私の連れは一滴の涙も流しませんでした。これは私を驚かせました。スールのようにうら若くかわいがられていた娘が、これほどの勇気を持っているとは、今まで考えたことがなかったからです。

私の伴侶の大きな慎みと自制心は想像を超えます。人々は私たちの旅の間中、二三歳の娘というよりも、円熟した年配の女性と見做していたのです。私は、この謹厳さが失われたのを、ただの一度も見たことがありません。途中で寄った町々では、数人の有徳な貴族の方々が私たちを訪問しましたし、時には、やむなく宮殿に行くことさえありました。[23]女王様が謁見をお望みになったからです。[24]どこに行ってもスールから聞くことは、徳と世への無執着についてだけでした。しかし、話し方には愛らしい気品がありましたので、聞いていた誰もが感嘆し、感動させられました。

スールは海上の危険を少しも恐れませんでした。今にも難破しそうな危険な暴風雨に遭っても、非常に熱心にまた敬虔に祈りはじめている姿を見ると、少しも怖がっていないのは明らかでした。また、憔悴した人々を見れば、声を掛けて勇気を取り戻させていました。無学な人々を教育することは、彼女の喜びでした。つまり航海の間をとおして、スールは心のうちに燃えていた炎と、人々の救霊のために命をささげ尽くす自分の召命の確かなしるしを表していたのです。

一〇　ケベックに到着すると、先住民の言語を習い、召命の勤めを果たし、素晴らしい成功を収める

ケベックに到着した翌日には、[26]信仰と道徳の教育を受けさせようと、出会うことのできたすべてのフランス人と先住民の子女が、私たちの許に連れてこられました。その主な世話はメール・マリー・ド・セン・ジョゼフに任せられましたが、メールはこれを非常な熱誠と熱意をもって行いました。そして、主がこの勤めのために特別な才能と恵みをお与えになっておりましたので、当初から顕著にそれを役立てていました。創立者夫人は、スール・シャルロットと一緒に先住民の娘たちを綺麗にすることをお望みでしたが、ここでは二人の勤めについて話す必要はないので、私の親愛な伴侶に戻ることにします。

メールは間もなくヒューロン語とアルゴンキン語を覚え、これを使いこなしました。主は、娘たちだけでなく、この二つの部族の既婚の男女の心も摑むための特別な恵みをお与えになりました。これらの人々は、メールを呼んで、辛いことや心の問題を驚くほど素直に打ち明け、また、もっと驚いたことには、子供が母親に対するのと同じほど素直にメールに服従しました。これらの人々はメール・マリー・ジョゼフと呼んでいましたが、[27]この名は、ヒューロン人とアルゴンキン人の国ではよく知られたものとなりました。新信者たちは、メールをまだ知らない人々にメールのことを敬愛の念をもって話しましたので、間もなく皆から知られるようになったのです。聖女とも呼ばれていました。私は喜んで「聖母」と呼んだことでしょう。母親が子供を愛するようにこれらの人々を愛し励ましていたからです。

メールはこれらの人々を神に似せて創られた被造物と見て、救霊のためには、できれば命を与えることを望んでいました。母と数人の貴族の方には、手紙を毎年書いて新信者のために寄付を願っていました。これらの方々は惜しみなく寄付を送りましたが、その代わりにメールは、これらの方々のために神に祈りをささげていたのです。これは亡くなるときまで続けられていました。

数年前から、主はメールに特別な召命をお与えになり、アメリカの諸族の回心、フランス人の入植地の強化、そして私たちの修道院一同の聖性を求めるようになさいました。この三つの事柄は非常にメールの心にかかり、神とお話しするときには、その精神をすっかり捕らえてい

たのです。メールは、これをかなえてくださるよう、神にいつも余すところなく自分をいけにえとしてささげていました。

時には、私に「私には、この国のためにしか何もできないようです。神様は私にこのことしか求めていらっしゃいません」と信頼をこめて言いました。心の中に、こちらのすべてのフランス人と先住民を抱いていたようです。この世で心を打つものは、これらの人々の幸不幸が一番でした。この国が何かの災害に遭って滅びる危険があると聞けば、これ以上に心を痛めることはありませんでした。こうした場合には、メールは神との親密な会話の中で、神がご自分の民を滅ぼそうとなさったときにモーセが申し上げた言葉を借りて、「神様、命の書からこの私を消し去ってください。フランス人入植地が崩壊することをお望みでしたら、私をこの世から消し去ってください」と神に申し上げていました。メールは苦しむために自分を神にささげ、神の御心にかなうために平伏して熱烈に祈り、お願いしていることを恵みの働きによって得させてくださるようせがみました。

ヒューロン布教区が一掃され、イロクォイ人によってヒューロン人の国が荒らされ、宣教師の方々が殉教された後、悲嘆に暮れた残りのヒューロン人が私たちの許に逃げてきたのを見て、メールは死ぬほどの大きな打撃を受けました。残された唯一の慰めは、習得している言語を使いながらこれらの哀れな逃亡者たちに、私たちの信仰の諸神秘を教え、神を愛するように導くことでした。メールはこれを比類のない熱情をもって行いました。私は、メールを補佐として一緒に働きました。この仕事をしていて、四、五〇人のヒューロン人に囲まれてメールが話しているのを聞いたり、また、既婚の男女も娘も信じがたいほど熱心にメールの言葉に聞き入り、メールが話していることに強い関心を持っていることを、先住民らしい姿勢や身振りで表しているのをよく見て、私は非常に嬉しく思ったものです。この聖なる勤めをメールは愛しており、動いていることで痛みを忘れさせていましたが、その後すっかり消耗し、また胸のあまりに激しい痛みで苦しんでいましたので、もう最期ではないかと思われたくらいでした。

メールは熱誠と柔和によって先住民の心を捕らえていましたが、またフランス人の心も捕らえていたと言えましょう。フランス人たちは、物事の価値を先住民よりもはるかによく評価できます。フランス人たちがメールを面会室に訪問すると、メールは神と徳についてだけ話して、徳を愛する心を起こさせようとそれとなく努めていたのでした。これにはメールは一つの素晴らしい才能を持っていましたので、誰かにお話しすれば、その人は必ず心を動かされました。対談は謹厳で、修道女にふさわしいものでした。それでも人当たりはよく、しかも、見栄は張らず世間体をつくろうこともありませんでした。事実、霊的で宗教的な話をしていても、お勤めの鐘が鳴るのを聞くと、ぴたりと話を止め、失礼のないように席を立ちました。

ある日のこと、ある人が、メールはいやしくも貴族に話をする許可を得たのだから、自分を置き去りにすべきではないと言いますと、メールは、神はそのような世間体に囚われないし、神の御旨が見られる会則を守るため、特に聖務日課の時間には、たとえ国王であろうと置き去りにします、と答えました。メールがこの賢明な答えをしたときには、私も居合わせたのですが、これには大変教えられるところがありました。

〔＊以下、マリー・セン・ジョゼフの諸徳について述べられているが、省略する〕

1　死去した修道女のために、その生涯、特にその諸徳について相応の詳細な略歴を作成し、その後、これを筆写または印刷して、同系あるいは同じ会則の修道院に送る慣習は、一七世紀に定まっていた。多分、カルメル会の聖テレジアのおかげであろう。その文体はかなり特殊であった。二〇年余りの伴侶であり最愛の娘でもあったマリー・ド・セン・ジョゼフに関して、マリー・ド・レンカルナシオンはこの文体の規則を尊重したが、極めて長文の覚書を作成し、これはその後、発行者によって手直しされた。マリー・ド・セン・ジョゼフの故人略歴のかなりの部分が一六五二年の *Relation de la Nouvelle-France* の中に転載された。そこでは、' *De la vie et de la mort de la Mère Marie de Saint-Joseph, décédée au Séminère des Ursulines de Québec* (Th, 38, 70ss.) の題下に、極めて長文の一〇章が割かれている。ル・ジュンヌ師は概してマリー・ド・レンカルナシオンの記述に従っているが、テキストを転載するよりも、これに基づいて自分なりに記述しているのである。師は、到着後間もなくのマリー・ド・セン・ジョゼフを数年間ケベックで指導した。したがって、自分が知っている故人についてあちこちに個人的な思い出と権威のある判断を挿入することができた。師の記述は幸いにして、マリー・ド・レンカルナシオンの手紙を補足する。

2　マリー・ド・レンカルナシオンは、一六三一年一月にウルスラ修道会に入会した。したがって、マリー・ド・セン・ジョゼフとは二一年と二ヵ月を一緒に過ごしている。

3　サヴォニエール・ド・ラ・トロシュ家はアンジェーに三つのものを所有していた。アンジェーの家は、ラ・トリニテ小教区所属のリオネーズ街にあった。リュード（サルト県）近辺のサン・ジェルマン・ダルクの領地、そして、シャネ小教区（アンドル・エ・ロアール県）にある一部所有の土地と邸宅レ・エである。ラ・トリニテ・ダンジェーの信者名簿にも、サン・ジェルマン・ダルクの洗礼名簿にも、マリー・ド・ラ・トロシュの受洗記録が含まれていない。シャネの名簿はもう存在しない。マリー・ド・ラ・トロシュは、後に家族が住むレ・エの家で生まれたに違いあるまい。

4 ド・ラ・トロシュ、サン・ジェルマン、レ・エその他の所の領主、シモン・サヴォニエール。エチエンヌ・ラウールの娘ジャンヌ・ラウール。父親はモット・モミュソン（ロアール・アトランティック県のダンセニの近く）とル・クロの領主、ブルターニュとエレーヌ・ド・ラ・トゥール・デスヴィエの国王議会の議員である。シモン・デ・サヴォニエーとジャンヌ・ラウールの娘の三人は修道女となった。一人はカルヴァリオ会、他の二人は聖ウルスラ会に入った。カルヴァリオ会修道女と二人のウルスラ会修道女の死亡通知は保存されていた。家族については、Jamet, IV.414-415 と指摘の文献参照のこと。

5 一六二五年の終わりの数ヵ月か一六二六年の初頭。

6 修練期に入るための教会法の規定年齢は一四歳であった。その頃、マリー・ド・トロシュは一二か一三歳に過ぎなかった。

7 「世間と別れる最後の日には、娘たちに、世間にいたときにあった身分に従った服装をさせるのが慣習であった」RJ1652(Th.138, 84)。

8 マリ・ド・レンカルナシオンは一六三一年の一月末にウルスラ会に入会した。事実、マリー・ド・トロシュが入会を許された修練院にいたのである。しかし、文章はあいまいである。むしろ、立誓願後の一六三四年初頭に副修練長として修練院に戻ったときの印象を与える。Cf.R1654(V228s.;J9, 37).

9 『聖フランシスコ・ザビエル伝』と『書簡集』は修道女の間で非常によく読まれていた。フランス語による聖人伝の間では、一六三八年のイエズス会管区長ビネ師のものが発行年代（一六二二年）と著者の人柄から、ウルスラ修道女間で最もよく読まれていた。

10 『ヌーヴェル・フランスイエズス会会報』（*Relations des Jésuites de la Nouvelle-France*）は一六一六年に始められ、中断された後、一六二六年に再刊され、その後、再び中断されたが、一六三二年に再び出されるようになった。それ以後、毎年、発行されていた。

11 マリー・ド・レンカルナシオンが知った最初の『ヌーヴェル・フランス宣教報告』（*Relation des Missions de la Nouvelle-France*）は一六三五年のものに違いない。これは一六三六年二月にパリで刊行された。R1654(V309s.;J9, 41).

12 これは一六三六―一六三七年のことに触れている。まさにその頃、トゥールの修道院では、マリー・ド・レンカルナシオンの宣教計画が多少推測されはじめていた。Cf.R1654(V322s.J10, 43).

13 マリー・ド・セン・ジョゼフは、その頃二三歳そこそこであった。

14 ルーダンの修道院長ジャンヌ・デ・ザンジュは、その神がりとウルベン・グランディエの魔女裁判でフランスで有名になっていた。

15 一六三八年。

16 一六三八年末か一六三九年初頭。

17 例えば、百人出資会社の理事ニコラ・フーケの親ランソワ・フーケ。この父親の許で集まりが行われ、ド・ラ・ペルトリー夫人の計画について討議が行われていた。

18 一六三七年以後、マリー・ド・レンカルナシオンは副修練長を辞任し、寄宿学校の寮母になっていた（AD.Indre-et-Loire, H.852, *Actes de la communauté*;cf.M.Hubert, *Une éminente réalisation de la vocation apostolique*, Rome, 1957〔polyc.〕88-89)。

19 ド・ラ・ペルトリー夫人、ド・ベルニエール氏、大司教、また、あとで分かるように、家族。

20 ド・ラ・トロシュ氏は翌年の一〇月一八日に死亡。

21 一六三九年二月二一日。

22 詩編114・1〔ヴルガタ版113〕。

23 当時、宮廷が置かれていたサン・ジェルマン・アン・レーで。

24 アンヌ・ドートリッシュ。

25 目撃者による航海の幾つかの物語がある。ディエップ出身のウルスラ会修道女セシール・ド・セント・クロワによる物語、ケベックの最初の救護修道女会〔＊アウグスティヌス会〕の編年史による物語。これは『ケベック・オテル・ディウ編年史』(*Annales de l'Hôtel-Dieu de Québec* (éd.Jamet) 作成のためメール・ジュシュロー・ド・セン・ティニャスが用いている。また、マリー・ド・レンカルナシオンの物語がある〔R1654(V385-395 J11, 48)〕。デュ・クルー（Creuxius）師がその著*Historia Canadensis*, Paris, 1664に載せた物語は、今日では紛失したマリー・ド・レンカルナシオンの手紙に由来するものでもあろう（op.cit., 257-258)。

26 八月一日。

27 手紙五八（97）参照。

以下の注は、当手紙（140）の省略した一一項「諸徳」以下の記述中に出てくるもので、本抜粋書の目的に参考になるものだけを収録したが、番号は原書の注番号を踏襲した。

76 いつものことであるが、特に船団の出航と到着の間は、基本的な食べ物は塩付け食品であった。冬の間は生肉は希で、卵は手に入らなかった。

82 セント・クリストファー島〔＊セント・キッツ島〕は小アンチル諸島の一つで、ヴァン諸島の一部をなし、一六二五年に占領され、間もなく植民地になった。Cf.Ph.Barrey, *Les Origines de la colonisation fançaise aux Antilles, la Compagnie des Indes occidentales*, Le Havre, 1918.

83 セント・クリストファー島では植民が急速に増加したが、ヌーヴェル・フランスの植民を一般的に規制していた選択原理に従っていなかった。また、アカディア〔＊現在のノバ・スコシア〕沿岸のセーブル島植民地化の企ても記憶していたに違いない。すなわち、一五九八年、ド・ロッシュ侯爵（トロイルス・ド・メグエ）がノルマンディーの諸監獄から二五〇人の犯罪者を出獄させ、彼らを召集兵として用いたことである。Cf.M.Trudel, *Histoire de la Nouvelle-France*, I, *Les vaines tentatives*, Montréal, 1963, 231-235.

97 リーレックの領主ジャン・ド・ローゾン。一六五一年一〇月一三日にケベックに到着、ルイ・ダイユブーの後継者となった。以前はパリ高等法院議員（一六一三年）、国務院調査官（一六二二年）、グラン・コンセイユ議長、次いでプロヴァンスとギエンヌの地方長官を務めた。百人出資会社の株主の一員として経理を担当し、自分と息子たちのためヌーヴェル・

フランスで広範な土地委譲を受けた。一六五六年に総督を辞任すると、フランスに戻り、国務院議員を務めた。Cf.J.Monet dans *DBC*439-440;J.Ed. Roy, *Histoire de la Seigneurie de Lauzon*, I, Levis, 1897.

99 オルレアン島。イエズス会はこの島で自分たちのためマドモアゼル・エレオノル・ド・グランメゾンから土地（島の北東の斜面）を購入していた。Cf.*Archives de la Provence de Québec, Inventaire des concessions en fief*, I, Beauceville, 1927, 85ss.;P.-G.Roy, *L'ile d'Orleans*, Quéec, 1928, 29ss.

100 イエズス会員は、ヒューロンの元セント・マリ布教区を記念して、この島をこのように命名した。しかし、この名は残らなかった。

付録B

一（2）一六三九年九月二日 セシール・ド・セント・クロワから ディエップのウルスラ会修道院長宛

院長様。主の平和と愛が院長様のうえにありますように。私は院長様に十分な時間をかけて書くため、院長様へのお手紙は最後に残しておくつもりでした。しかし、そんなに時間がないのに気が付いて、他の手紙はやめることにしました。私は院長様へのお手紙を短くするほどの犠牲心がありません。それに院長様が、この手紙をお待ちかねであることも知っています。それでも、ド・ラ・トゥール様へのような、まだ残っている必要な手紙を書き終わらせてくださいませ。

私はディエップから約六〇〇キロの海上で、漁師の方々をとおして院長さまに手紙を差し上げました。お受け取りになったかどうか分かりませんが、幸いにも私たちはお知らせしたように難船から守られました。しかし、他の多くの危険に遭いました。これはあとでお話しします。特に、私が一番苦しみ一番長く続いた船酔いの間に、この危険はしばしば心の中をよぎりました。院長様がいつか同じ経験をなさることを期待して、すべてをお話しすることにします。

食べ物に関してお話ししますと、船上では通常かなり我慢し、また、それについて多くの人が不平を洩らしているのを耳にしましたが、私たちはこのことから免れていて、修道院にいたときよりもはるかによい待遇を受けました。特に、ボン・タン様の船に乗っていた間がそうでした。[1] この方は、私たちが求めるものは何も拒絶しないように命令をお出しになっていましたので、おかげで楽しい食事をすることができました。私たちは肉を豊富にいただいていたときよりも、バターのない鱈でずっと満足できることも経験しました。

しばしば頭に浮かんだことですが、海上の不便は、話を聞くのと実際に体験するのとは別です。人々は、死がすぐそばにあることに気が付いて非常に驚きます。私より多くの忍苦に慣れている他の人々は皆、それに気が付いても、もっと平静に過ごすでしょう。残念ながら、お話ししたことがありますように私は身体が弱いのです。

危険に遭って大変ためになることが一つあります。それは、危険が過ぎ去ると、神様のためにそれを冒したことの喜びだけが残るということです。ですから、危険にさらされないようにとは望みません。主はそれを報いとしてお与えになるようです。私は犠牲心がないので、院長様と私の愛する姉妹たちが一緒でないことを残念に思っています。

私はフランスの外にいるとは思えません。こちらでは多くのことで苦しむだろうと、お考えの方は間違っています。私がル・ジュンヌ神父様からいただき、そのとおりであると思った第一の教訓は、カナダではフランスから持ってきたもの以外に十字架はないということです。私は毎日このことを体験しています。

この前の手紙を書いたすぐあと激しい嵐があり、ほとんど休みなく一五日間続きました。その結果、主の昇天の日も含む祈願の週間中、私たちはミサ聖祭にあずかり、御聖体拝領ができませんでした。聖霊降臨の日も同じ犠牲を強いられました。この期間、船の揺れが余りに大きくて、私たちは何かの支えなしには立っていることも動くことも、そして何かに摑まらずには坐っていることさえできず、しょっちゅう船室の一隅から他の隅に転がっていました。食事は床に伏して、一つの皿を三人か四人で抑えながら摂らなければなりませんでした。そうでもしなければ、ひっくり返るのをとても防ぐことができなかったのです。私たちの大部分はすっかり病気になってしまい、一番苦しんだ人々——特にド・ラ・ペルトリー夫人——は、いつもは愛する国と呼んでいたカナダのことさえもはや考えられず、少しでも嵐が鎮まることしか望みませんでした。実際、鎮まるとすぐ皆は元気になりました。夫人は特に吐き気に苦しまれました。ですから、嵐が鎮まって繊細なお身体がどんなに安堵したかは、院長様のご想像にお任せします。

この苦痛の次に、船中の最大の不都合はタールとタバコの臭いと汚れです。ここで、トゥールのメール方がお仲間たちのために新約聖書から引用なさった言葉が、私に当てはまります。

「持っている人は、さらに与えられる」[2]

私は海の湿気をかなり吸い込むので、この期間、特に寝ているときに口から吐く多量の水に苦しめられました。手桶一杯分と言っても誇張ではありません。その結果、私にはベッドに横になる以上に大きな苦しみはありませんでした。ですから、大嵐の間、私は少しも横にならず、昼夜何かにもたれたままでいるようにしました。ロープの先端を握る手段はなかったのです。それで、ベッドに横になっているためにはたくさんの布が必要でした。院長様は、マットレスの下に板を敷くのをやっとお許しになりました。海上でもこちらでも、寝るためにはそうするのです。藁を使う手立てがないからです。

　朝から晩まで、私のできることと言えば、告解に行く準備をすることでした。私は聖霊降臨の四季の勤めに、小斎〔＊大斎に準ずる禁欲。肉やアルコールを飲食しない〕をしたかどうか少しも覚えがありません。三位一体の祝日[3]の午前一〇時頃、九時課を唱えていますと、水夫たちの悲鳴が聞こえました。それでも、何が起こったのか分からず、聖務日禱を続けていました。するとヴィモン神父様が私たちの部屋に下りていらっしゃって、「主が私たちを憐れんでくださらないなら、私たちは死ぬでしょう。一つの氷山が近づいています。一〇歩もありません。その大きいことといったら、一つの町ぐらいです」とおっしゃりながら、ひざまずかれました。それで私たちもひざまずきますと、神父様は、かつて聖フランシスコ・ザベリオが同じような危険に遭って祈られた言葉をお唱えになりました。

「私の贖い主であるイエス、私たちを憐れんでください」

　メール・ド・セン・ジョゼフが「神父様、願をかけましょう」と言いましたが、神父様は「場違いなことは何もしてはいけません」とお答えになりました。同じような場合に神父様は一つの願をお立てになったのですが、なかなかお果たしになれなかったことを思い出されたのです。しかし、部屋にいた人々のためにだけ、一つの願をかけることを思いつかれました。それは上陸する最初の土地で、聖母マリアと聖ヨセフのために二つのミサをささげ、それぞれ二つの御聖体拝領をすることです。願をおかけになった後、神父様は「これから船員のところに行って、こちらに戻ったら、赦免を与えます。まだ半時間あります」とおっしゃいました。また、私たちが皆、同じ場所で死ぬことができるように、同行の修道者の方を呼びに行くように指図されました。神父様から「私たちは死ぬ」と聞きましたとき、私は少しも恐ろしくありませんでした。自分の罪も裁きの恐れも地獄も全く考えませんでした。海の中で死ぬ恐れだけが私を捕らえ、神父様が出ていかれるまで続きました。

　その後、私は自分を取り戻しはじめ、このような心構えで死ぬことを望んでいるかどうか自問しました。決心するだけの時間はありません。すぐにボン・タン様が部屋にお入りになり、「もう安心です。奇跡ですよ」とおっしゃいました。そしてすぐ、船の背後の氷山を指しました。長い間続いていた濃霧のせいで氷山の頂上は私たちには見えませんでした。それで、私たちは再度危険な状態になっていたのです。陸地に近づいていたのですが、見えなかったのです。助かったのは院長様が私たちのためになさったお祈りのおかげであると、私たちは考えました。事実、最も経験のある水夫たちが、こんな危険に出遭ったことはなく、客観的に言えば、海の真っ只中では帆の向きを変えるために十分な時間がないので助かる可能性はなかった、と語っているのを私は聞きました。そのとき、操舵していたただ一人の人が、かなりの速力で氷山に向かって突進していた船の方向を非常に巧みに変えたのです。これは、到底一人の人間がなし得ることでないと考えられていました。

翌日、私たちはまだ幾つかの氷山を見ましたが、ずっと遠くに見えても警戒していました。それらがかなり近づいてくるのを見ましたが、そのうちの一つは小さな町と同じくらい大きいと言われました。この氷山は他のものと違い、すっかり雪に覆われていました。実際はそうではないのです。太陽の光線がそう見せているのです。とにかく、この氷山は水晶のように澄み切っていました。氷山を見る少し前は一月のような寒さでした。私はと言えば、そのときからもう全く苦しんでいません。

今度は慰めについてお話しします。福者ルイ・ド・ゴンザーグの日から到着の日まで[4]、私たちは毎日一つ以上のごミサにあずかり、御聖体を拝領し、乗船後は皆、病気にならなければ毎日がそのような生活でした。

ヴィモン神父様が、毎日欠かさず私たちの念禱の要点を説明してくださいました。神父様がおっしゃるには、修道者に念禱の効果がない理由は、頻繁に主題を変えることにあるそうです。実際、私たちの航海の間、神父様は滅多にその主題をお変えになりませんでした。聖ペトロのような聖人の祝日のときでも主題をお変えにならず、それを祝日に結び付けさせていらっしゃいました。神父様は、一日の行動のための規則を与えられました。各長上[5]が週ごとに任に就き、規則を守らせました。私たちは聖務日禱を唱え、日中は人々の前で二度朗読を行いました。また、食卓でも交替で読書をしました。神父様は夕べのリクリエーションから翌日の念禱のあとまでできるだけ話をしないようにご命令になり、これを破れば、宗教心を持ちつづけても、そのかなりを失うであろうといつもおっしゃっていました。私たちは、望むとき、また熱心ならば毎日でも、御聖体を拝領しなくとも告解に行きました。祝日と主日には説教があり、神父様は停泊地でお示しになっていたのと同じ愛徳を続けられました。私は神父様がいらっしゃらなかったら死んでいたと思います。このようなお方にお目にかかったことはありません。

私たちが初めて先住民を見たのは、タドゥーサックからまだ四、五キロ離れているところでした。[6]ジュエンシューという名の首長でした。フランス人に知られていて、その部族全員を代表してフランス国王に挨拶した先住民の父親です。私たちが乗船していた船にイエズス会のゴドゥーエン神父様をお連れしました。そのときから、私たちには二人の神父様がご同伴くださいました。この先住民はミスクー人で、この地方の先住民よりも少し礼儀があります。[7]先住民たちは、私たちを見て驚き喜びました。神父様をとおして神に身をささげた男女〔＊司祭と修道女〕がいたからです。

これは長い間、先住民たちの間に住んでいらっしゃったゴンドゥーエン神父様の通訳で、この人たちが話したことです。国王は神父様に衣類をお与えになり、先住民に配って着せるように命じられました。それ以来、この人たちは私たちに会いにケベックに来ます。それから首長は、私たちが自分たちの国に来れば何も不自由ないようにすると繰り返し述べ、食べるために必要なものを全部数え上げました。私たちは三艘の船ともどもタドゥーサックに七月二〇日に到着しました。[8]喜びのほどはご推察にお任せします。

翌日、私たちは旗艦から降りてセン・ジャック号に乗船しました。三艘のうち、この船だけがケベックに上りました。アンソワ様が船長でした。この船では私たちの居所はあまりに狭くて、全員が一つの大きな箱を囲んで座らなければならないほどでした。私たちにとっては幸せなことですが、この箱は日に四つのごミサをささげ、また四人の神父様、すなわち、ヴィモン神父様、ゴンドゥーエン神父様、ポンセ神父様、ショーモノ神父様と、クロード修道士様とご一緒に食事をするために用いられました。そんな具合で、私たち一同が並ぶと、端っこの姉妹は他の姉妹たちを立たせないと通れませんでした。それぞれもっと狭い席しかなかったのです。寝るときには、箱の上に板をうまい具合に置き、その上に私たちのマットレスを敷かなければなりませんでした。そのときから、私たちの食べ物はバターなしか少量のラード付きの鱈の酢漬けで、これが航海の終わりまで続きましたが、満足していました。これはなぜなのか説明できません。初めて上陸したときは聖アンナの祝日で、[9]前述した願いの一部がかなえられました。私たちは、また死ぬのではないかと思いました。船からボートに降りようとしていたら、ボートが危うく転覆するところだったのです。

私たちは七月二九日金曜日まで、降りたばかりのセン・ジャック号に留まりました。風が向かい風だったからです。それからケベックに行く小舟に乗りました。[10]この有蓋のガレー船〔＊ギリシア・ローマ時代から一八世紀頃まで地中海を中心に使用された軍用船〕には、ほとんど上まで鱈がいっぱいに詰まった一つの小さな部屋しかありませんでしたので、私たちはかまどの中のパンのように互いに積み重なって休む以外になかったほどでした。暑さと加熱された鱈の臭いのために、部屋にはそれ以上長くいることができなかったので、多くの場合私たちは、しきりに降る雨にさらされて上甲板で過ごさなければなりませんでした。夜も日中と同じでした。部屋の中の煩わしさに耐えるよりは雨中に留まっているほうが苦しくないというのは、考えられないことですが本当なのです。部屋から出た者だけが、とても耐えられなかったことを痛感したからです。

私たちは、聖イグナチオの祝日にケベックに到着することを期待していたのですが、——向かい風のために到着できませんでした——その日の午後、雨が降り出してやむことなく五、六時間降りつづけました。私は部屋で我慢できなかった姉妹たちの一人でしたので、雨に打たれるままになっていました。それで他の姉妹たちと同じくずぶ濡れになってしまって、コートも数日は濡れたままでした。その後、乾く間もなくケベック到着ということになるのですが、偉い方々の前で惨めな姿をさらすのを思うと多少の苦痛を覚えました。ヴィモン神父様は、私たちがご自分や他の方々と同じようにずぶ濡れになっているのをご覧になりましたが、乾かすために船の中で火を焚くこともおできにならず、船長に私たちを上陸させるよう頼まれました。陸地にかなり近かったのです。船長は同意し、私たちは十分な焚き火で温められ、一部は乾きました。そして、陸でバターなしの干し鱈で夕食を摂りました。私たちのために先住民風の小屋が造られ、ベッドは地面で毛布一枚だけでしたが、私はぐっすり眠りました。翌朝、私たちは船に戻り、午前八時にケベックに到着しました。鎖の聖ペトロの祝日でした[11]。

私たちが乗ってきた船を人々が見ると、すぐ総督様が誰なのかを調べるために先住民のカヌーで二人を派遣され、誰であるかが確かめられると、私たちのために絨毯を敷いたボートを寄越されて、上陸させてくださいました。総督様は、副総督のド・リール様[12]とご一緒に私たちをお迎えくださいましたが、私たちが総督様からいただいた丁重なおもてなしは、言葉で言い表すことができません。上陸すると、直ちに私たちはひざまずきましたが、ヴィモン神父様が一同のために祈りをささげられました。私たちは真っ直ぐに聖堂に行き[13]、「テ・デウム」を歌い、ミサ聖祭にあずかった後、総督邸に総督様にご挨拶に行き、そこで食事をしました。[14] そこは砦からかなり近く、総督様がお貸しくださった救護修道女の方々の家に連れていかれました。これはその方々の建物が完成するまでの暫定的な住まいで、私たちはその方々に同行しました。

その後、私たちはド・ラ・ペルトリー夫人がイエズス会の神父様方からお借りになった家に連れていかれました。[15] かなり大きな部屋が二つ、一つの地下貯蔵室と一つの納屋があって、大きな川の側に位置しています。[16] 風景は世界で最も見事なものです。部屋から出なくとも、こちらにいる間はいつも、私たちの家の前に停泊する船の到着が見られます。私たちのために、小さな城壁の高さくらいの杭の塀が造られました。しかし、合わせ方が上手ではなかったので、あまり近寄らなくても、覗き見できるほどでした。この柵が世俗の人々から私たちをいつも分離しています。現在工事している門と聖堂が完成したときには、これらの人々はもう私たちのところには入れなくなるでしょう。私たちはこちらの国の、あるいはこちらに住んでいるご婦人や娘さんの訪問をたくさん受けました。私たちが来たことに大きな喜びを表しています。

すぐに食事を作る手段がなかったわけですから、院長様は誰が私たちを食べさせているのかご心配でしょう。実際、私たちを乗せてケベックに向かっていた船は、私たちの身体しか運んでいませんでした。総督様は、食糧を救護修道女の方々のためにも私たちのためにも砦から供給してくださって、私たちの食糧が届いたことを知らされるまで、そうしていらっしゃいました。私たちが到着したとき、人々は皇太子の誕生を喜んで大変なお祭りをしていました。総督様は、ヴィモン神父様から私たちがお祭りに参加する許可を得てくださいました。私たちの心は閉鎖的ではありませんでした。総督様は、ド・リール様をとおして私たちを寄付集めに行かせました。院長様は、これらのすべての事柄を『イエズス会会報』でお読みになれるでしょう。

翌日、私たちはシルリーに連れていかれました。そこには多くのキリスト信者と洗礼志願者の先住民が住んでいます。神父様方のお住まいもあります。聖堂は小さな先住民小教区のようです。この地はケベックから約六キロの距離で、船で行きます。総督様は快く私たちにご自分のボートをお貸しくださいましたが、ボートを漕いでいた兵隊さんから私たちが到着したのを知らされると、すぐ新鮮な食料品と共に兵隊さんたちを私たちのところに派遣してくださったのでした。総督様は、私たちがタドゥーサックに到着したことを知ると、すぐにケベック到着まで数日しかかからない船に乗られたのです。しかし無風状態で舟が進まなかったため、私たちのほうがセン・ジャック号に八日間留まっていたので、私たちを見つけることができませんでした。やむなくこの善良な兵隊さんたちは、八〇キロほど進んでから引き返したと言っています。

私たちはシルリーで告解しました。その後、一〇歳くらいの女の子が洗礼を受けました。ド・ラ・ペルトリー夫人が代母になり、マリアと名付けられました[17]。この子は夫人に預けられ、その後、寄宿学校生徒になりましたが、この子が私たちの最初の生徒です。到着して早二日目に、この洗礼を受けたばかりの子を教育することになった私たちの喜びのほどは、院長様のご推察にお任せします。列席者の大部分はこの儀式に喜びの涙を流しました。儀式の始まる前、先住民が席に並んでいますと、ル・ジュンヌ神父様が自分たちの言語で神に祈らせ、それからクレド〔＊信条〕と、ご自分が先住民の言語で作曲した幾つかの聖歌を歌わせました。私に時間があったら、それを書いて姉妹たちに送るつもりでした。しかし、これは別の年に延ばしましょう。先住民が歌っているのを聴くことほど快いことは他にありません。それほど、穏やかに歌い唱和しているのです。神父様は先住民と一緒に歌う労を取られ、他の機会には、先住民の娘が御聖体を拝領すると、娘の側に行ってひざまずき、一語一語感謝の祈りを唱えさせられましたが、私は神父様の愛に感嘆しました。事実、神父様はこの地での使徒、先住民たちのお父様なのです。

翌日の八月三日、私たちは嬉々として外出し、ケベックから約二キロのノートルダム・デ・ザンジュに行きました[18]。

そこは神父様方の一番大きな住居です[19]。ついでに救護修道女の方々の建物も見学しました。翌日の木曜日、私たちの建物を建てる場所を見に行くために、私はメールのお伴で外出しました。とても気持ちよく、砦にかなり近い場所で、すでに少しばかり開墾が始められていました。総督様はその場ですぐ、この土地は前々からウルスラ会修道女の場所として開墾させていたとおっしゃいました[20]。私たちはごミサにあずかるため、金曜日と土曜日にも外出しましたが、それ以来一度も外出していません。

日曜日からは神父様がいらっしゃって、私たちの家でごミサがささげられます。私たちは毎日、同じ場所でごミサにあずかっていますが、その場所は板で閉ざされた暖炉の一隅で、祭壇と司祭と侍者の場所しかありません。私たちは、ごく近くにいらっしゃってお心にかけてくださる主をいただいて熱心にさせられます。お分かりと思いますが、私たちはこの小さな場所に御聖体を安置しているのです。

被昇天の日、フランス人と先住民の全員の行列が行われました。ド・ラ・ペルトリー夫人は先住民女性の首長夫人の役を務め、私たちの小さな生徒を両側に付けて一緒に行進しました。行列は私たちの修道院に到着しました。部屋は前もって飾られ、その中に祭壇が設けられていました。ル・ジュンヌ神父様が先住民に祈らせ、歌わせられましたが、私たちも歌いました。人々は、メール方のお話を聞いて大喜びでした。すべての祝祭日と主日には、人々が私たちの歌唱晩課を聞くために来ます。

私たちは五人で、院長が一方の側に、ド・ラ・ペルトリー夫人、メール・ド・セン・ジョゼフ、スール・シャルロットが他の側にいて、私は院長の側です。ヴィオール〔＊一五世紀以降ヨーロッパで用いられた三弦または六弦の楽器〕が奏でられているときに、その側に男女の先住民を見るのは楽しいことです。うっとりとしているのです。

この最初のキリスト信者の一人（名はノエルで、[21]『イエズス会会報』に書かれています）は、ヴィオールを娘に教える必要があると言いました。ヴィオールを用いるのはただ先住民を引き寄せるためで、今後もそのためにしか使われないでしょう。多くの大人と子供の先住民が洗礼を受けます。ル・ジュンヌ神父様は、私たちが到着してから一夜で七人も洗礼を授けられましたが、集まるのを妨げるのは先住民の間に流行する天然痘のような病気だけです。他の多くの人も回心するでしょう。ド・ラ・ペルトリー夫人は多くの女性の代母になりましたが、そのうちには噂の高かった魔法使いのピガルイシュがいます。今は立派なキリスト信者です。[22]

私たちには、もう六人の決まった寄宿学校生徒と、時々それ以外の多くの生徒がいます。食べさせたり着せたりできる人がいるなら、生徒たちに不自由はさせないでしょう。少しのパンがないために、多くの人が死んでいくのを見るのは悲しいことです。トゥール出身のメールの方々は、所属修道院のすべての姉妹やそれぞれの両親に、先住民の女の子たちのため一着ずつのシュミーズの寄付を求めるようお願いしました。院長様が適当とお考えになれば、他の修道院のすべてのメールの方々に同じことをお願いし、また、院長様にはアニュ[23]も寄付してくださるようお願いします。先住民はシュミーズが非常に好きなのです。今はエチエンヌという名のピガルイシュは、もらったものをなくしたので、翌日、別のシュミーズをもらいに来ました。通学生のフランス人の女の子がいますが、その数はすでに七人か八人になっています。私たちがこちらに来て八日も経たないうちに、その子たちが送られてきたと思います。

一日の始まりに、私たちが休息のときを多く持つことができるかどうかお考えになってみてください。ド・ラ・ペルトリー夫人が、かいがいしく小さい先住民の子を起こしたり着せたりしています。私たちには二、三歳の子たちがいて、勇気のある姉妹にはいい運動になります。メール・ド・セン・ジョゼフは香部屋係と布類整理係に任命され、しなければならないことがたくさんあります。通学生に関しては、メールと私が共同で当たり、手の空いている者が行きます。私はと言いますと、物品購入の係に任じられました。院長様は、料理をする人はいつも見つからないとお思いになって結構です。ですから、それは私の仕事になります。まだたくさんのものではありませんが、没頭するだけのものはあります。私はあまり美味しいものは作れません。しかし、もう先住民のサガミテを作るのを覚えました。先住民をこれ以上喜ばせる御馳走はありません。

私たちは、こちらでル・メルシエ神父様にお会いしました。今までに、この神父様ほど慎ましい方にお会いしたことはありません。神父様を見ただけで敬虔な心を起こさせます。私たちのところにはごミサに来られたのですが、すでに聖人のようなジョゼフを連れていらっしゃいました。ジョゼフは私たちに会い、私たちがこちらに来た理由を知って大変喜びました。小さな贈り物をもらうと、どのように私たちに感謝を表したらよいのか分からないようです。自分が言いたいことを説明してもらっただけでなく、目でもお話ししました。『イエズス会会報』で述べられていたのは、この男の人のようです。[24]

時間が許すならば、書きたいことは山ほどありますが、ここで終わらなければなりません。院長様、それではこれで終わります。院長様がいつも私をありのままにご覧になることを期待しています。かしこ。

1 タドゥーサックで、乗客はケベックまでは上らなかった旗艦を離れて他の船に移った。
2 ルカによる福音書19・26。
3 六月一九日。
4 六月二一日から八月一日。
5 ウルスラ修道会の院長マリー・ド・レンカルナシオンと、救護修道会院長マリー・グネ・ド・セン・ティグナス。
6 セント・ローレンス川河口から三六〇キロ、ケベックから一六〇キロのタドゥーサック。

7　これはレコレ派修道会のサガール師の見解であった(*Histoire du Canada*, Paris, 1636, 403)。
8　*Annales de l'Hôtel-Dieu*(*éd.* Jamet, 16)によれば一五日。旗艦が最初に、他の二隻の船は数日後（手紙の証言によれば、七月二〇日）に到着したことになろう。
9　七月二六日。
10　船は、ヌーヴェル・フランス艦隊の旗艦、ボン・タン船長の船の下士官ジャック・ヴァテルによって運行されていた(*Acte de reception des Ursulines*, 28 septembre 1639, AUQ)。
11　八月一日。到着はRJ1639(Th.16, 18)に記述されている。
12　Louis-Antoine-Achille de Bréhant. マレの騎士、モンマニの副総督。一六一二年頃に生まれた。一六三一年にマルタ騎士団に入団。カナダには一六三六年から一六四二年まで滞在した。Cf.R.Douville dans *BRH*.
13　岬の頂上にある、ノートルダム・ド・ルクーヴランス小教区聖堂。
14　セン・ルイ砦。
15　百人出資会社の倉庫。今日では英国国教会司教座聖堂が占める土地にあった。Cf.*Annales de l'Hôtel-Dieu, éd.* Jamet, 19.
16　この家は、現在のノートルダム・デ・ヴィクトワール聖堂の付近に位置していた。
17　先住民の首長、アルゴンキン人の首長であるノエル・ネガバマの養女。この首長はシルリーに定住し、前年の一二月八日に洗礼を受けた。Cf.J.Monet dans *DBC* 527；RJ 1640(Th.19, 46-48).
18　イエズス会が一六二六年九月一日に建設しはじめた居住地で、ケベックから二キロの距離にあって、ノートルダム・デ・ザンジュと呼ばれていた。セン・シャルル川の他岸、現在の総合病院の近くに位置していた。Cf.C.de Rochemonteix, *Les Jésuites et la Nouvelle-France au xvii*^{e} *s.*, I, Paris, 1895, 155ss.
19　当時は、ケベックにノートルダム・ド・ルクーヴランスに隣接した一軒の小さな家しか持たず、司祭館と宣教所のための倉庫になっていた。Ib.200ss.
20　手紙一〇（20）注3参照。
21　アルゴンキンの首長ノエル・ネガバマ。
22　RJ1637, 1639でよく語られている軽業師、または魔法使いのピガルイシュ。Cf.Elsie McLeod Jury, dans *DBC* 561-562.
23　蠟燭製のAgnus Dei（神の小羊）。
24　Joseph Chiouatenhouan、またはChihouatenha. ヒューロン人で、一六〇二年頃の生まれ、一六四〇年八月二日にオソサネ（ラ・コンセプシオン）付近で殺害された。Cf.L.Pouliot, *Le Premier Retraitant du Canada*, Montréal, 1958；Bruce G.Trigger, dans *DBC* 217-218.

二（8）一六四一年九月一八日 アンヌ・ド・セント・クレールからポール・ロワイヤル修道院カタリーヌ・アニェース・ド・セン・ポール宛

イエス、マリア、ヨセフ

主の平安。この手紙をとおして院長様に新世界からご挨拶させていただき、併せて院長様のご寄付に篤くお礼申し上げたいと存じます。

院長様の愛徳は遠隔のこの地まで及び、院長様にとって縁もゆかりもない人々にさえ善を施してくださっているのですから、どうしてもお礼を申し上げなければなりません。院長様の愛徳は真に独創的で、この善業によって私たちの心をしっかりと、強い絆をもってお心に結びつけるものであることをよくご存じなのですね。

私たちは、院長様からお受けしましたご厚情を身に余る光栄とし、主の御前に感謝の意を表すことに努めたいと存じます。

私はこちらで起こっている事柄については、今後も院長様にお伝えするつもりでございます。もちろん、これにつきましては、『イエズス会会報』から多くのことをお読みになられましょうが、ル・ジュンヌ神父様が御地にいらっしゃいますので、神父様ご自身からご満足なさるほど、すべてのことをお聞きになられることでございましょう。

最後に、院長様の聖なるお祈りの中で私たちを少しでも思い起こしてくださいますよう、謹んでお願い申し上げます。これは新たなご厚情でございまして、私たちはそのために永遠の感謝をささげたく存じます。

追伸。院長様のお許しの許に修道院のご一同様にご挨拶申し上げ、こちらの学校の発展のためお祈りくださいますようお願い申し上げます。

三（11）トロワ・リヴィエール。一六四二年七月三〇—三一日 ヒューロン人テレーズからマリー・ド・レンカルナシオン宛

院長先生、私はこれから出発します。院長様には在校中からたいへんお世話になり、神様によくお仕えするために必要なことをお教えいただき有難うございました。お礼を申し上げたいことはたくさんあります。決してそれを忘れることはないでしょう。[1]

1　原文はヒューロン語であった。テレーズは学校で二年過ごした後、結婚させたがっていた家族から呼び戻された。テレ

ーズは、トロワ・リヴィエールでヒューロン人の一団に加わった。一団はイザーク・ジョーグ師と一緒に国に戻ろうとしていた。出発は八月一日の予定であった（cf.RJ1647, chap. IV)。別れの手紙はトロワ・リヴィエールから書かれた。

四（12） ケベック。一六四二年八月二七日 マルグリット・ド・セン・タタナーズからパリ修道院のあるウルスラ会修道女宛

故マドモワゼル・アルノー[1]について、あなたがお知らせくださった事柄に関しては、私たちは何も知りませんでした。この親切なお心の方が私たちに寄せてくださった愛情は、天国において私たちに役立ち、その貴重なお祈りによって、私たちと私たちの学校のために多くの祝福をいただいてくださるものと期待しています。

私は残念ながらメール・ド・リニ[2]のお近づきになれませんでした（私たちに近しい方とは思いますが）。どうかメールにくれぐれもよろしく伝えてくださるようお願いします。私はその方の院長様にしか手紙を書いていません。それでも、少しでもご存じなら喜んでお手紙を差し上げたでしょう。この親愛な姉妹の徳は、私にその聖なる祈りと愛情にあやかりたい気持ちを起こさせます。あなたの愛が、この善を私に与えてくださることを希望しています。それがまた、心から真に私があなたのものであると言わずにおれない理由です。

1　パリの高等法院弁護士、アントワンヌ・アルノーの妻カタリーヌ・マリオンで、ポール・ロワイヤルの二人の修道院長アンジェリックとアニェース、及び大アルノーの母親。夫の死後、パリにポール・ロワイヤル・デュ・セン・サクルマン修道院を創立し、そこに共同体は一六二六年に移転した。彼女自身同修道院に入り、娘アンジェリックの手で着衣し、一六四一年二月二八日、六八歳で死亡した。修道名はカタリーヌ・ド・セント・フェリシテであった。Cf.Sainte-Beuve, *Port-Royal*, 3e *éd.* I, Paris, 1867, 129–131; *Nécrologe de Port-Royal*, Amsterdam, 1723, 101–103.

2　マドレーヌ・リニ、修道名ド・セン・タニェース。ランチセとグラニュール領主ジャン・ド・リニと、大法官ピエール・セギエの妹シャルロット・セギエの娘である。一六三二年、一六歳でパリのポール・ロワイヤルに入り、一六六一年に院長となった。ヤンセン教書を非難する同意書に署名することを拒否してポール・ロワイヤルから追放され、フォブール・セン・ジャックのウルスラ会修道院に一五日間ほど閉じ込められた。Cf.C.Gazier, *Histoire du monastère de Port-Royal*, Paris, 1929, 186s., *Annales manuscrites du Couvent du Faubourg Saint-Jacques*, AUQ *Nécrologie de*

Port-Royal, Amsterdam, 1723, 191-197.

五（17） パリ。一六五三年四月一五日　百人出資会社事務局長アントワヌ・シュフォー[1]からマリー・ド・レンカルナシオン宛

謹啓。一六五二年九月一四日のお手紙から、院長様が神の恵みによって徐々に、また神がお与えになる力に応じて基礎を固めていらっしゃると知り欣快の至りです。神は慈しみ深い御父でいらっしゃるので、ご自分の子供たちに必要なものを欠かすことはありません。

弊社に関して申し上げますと、院長様のご期待に応えてどんな援助も行うつもりですからご安心ください。また、院長様が一六四五年にル・タルディフ氏[2]との決算によって商店から借りていらっしゃる二五二トゥール・リーヴルに関しましては、弊社が一六五〇年四月一一日にすでに院長様に返済を免除致しました。私の帳簿から明らかなことですので、どうかこのことについてご心配なさらないでください。私は、弊社からは誰も院長様に返済を要求したとは思いません。実際、弊社の債務者リストには院長様のお名前は記載されていないことを、私は存じております。したがって、この点にはご休心ください。これについて誰かから照会を受けましたならば、私の手紙をその方々にお見せくだされば十分です。また今年、院長様がこれにつきまして理事の方々にお手紙をお書きになっていたならば、私がそれについての全く新しい決定を院長様にお送りしていたでしょう。帰りの船に託して、理事方にお手紙をお書きいただければ幸甚です。そうすれば、神の助けの許に、来年は院長様はいろいろとご満足なさいますことでしょう。

妹のド・セン・ポールはマントのウルスラ会修道女ですが、このことで院長様のために私に手紙をくれ、院長様が妹にお書きくださったお手紙にご返事するよう求めました。妹がカナダを非常に愛していることは本当です。もっと若かったならば、カナダに行ってその生涯を終えるために全力を尽くしたことでしょう。実を言いますと、当人はセン・タヴォワにいた者ではありません。こちらはマリー・シュフォーという名で私の妹です。二〇年余りの結婚生活で子供がなく、未亡人になって二、三年後、マントの修道女の方々と一緒になり財産を与えました。それで修道女たちは、妹を創立者と見做しています。修道女になってから一八年になります。

当地の悲しい出来事に関しては、それが私に打撃を与

えていることは確かですが、失望してはいません。神のために行うすべての仕事は、神が続けることをお望みでないならばやめるほかありません。

院長様は聖なる娘を失われました。[2] 神が、その労苦にお報いになることをお望みになったからです。少し残念なのは、そのような修道女がたくさんいないことです。けれども、これほどに聖なる仕事を放棄することのないように、神の慈しみと憐れみに期待すべきです。

院長様を総督閣下[4]に推薦致しますのは、私には余計なことに思われます。閣下は院長様を大事に思っていらっしゃるからです。土地の人々も院長様を必要としていますので、私が推薦致しましてもさして役に立たないことと思います。しかし、院長様がお望みですので、推薦致しましょう。私たちのすべての管理者と理事などの諸氏のために院長様のお祈りをお願いしますが、院長様を心から尊敬する諸氏の秘書もお忘れになりませんように。

敬具

1　この手紙はケベックの旧本部修道院に保存されていた四通の手紙原本の最初のものであるが、これらの手紙は、かなり定期的であったはずの文通の名残である。付録九（28）参照。アントワヌ・シュフォーはラ・レニャルディールの貴族、パリ高等法院の弁護士であるが、百人出資会社の一人で、事務局長を務めていた。氏はこの資格で一六二六年の百人出資会社の創立以来署名し、一六六三年の解散まで在任していた。一六三六年一月一五日、百人出資会社は、氏にボーブレの丘陵に広大な土地を譲渡した。氏は一度もカナダに来たことがなく、その開拓と植民を、その目的のために創立したボーブレ会社に委任した。Cf.E.Salone, *La Colonisation de Nouvelle-France*, Paris, s.d., 57ss.

2　オリヴィエ・ル・タルディフは一六〇一年ノルマンディーのオンフルールに生まれ、一六二一年にモンモランシー会社のための通商条約副代理でカナダに来た。フランスへのカナダの返還の後（一六三二年）、百人出資会社のために同じ職務に復帰し、一六五一年にはその総代理となった。シュフォーの手紙のこの箇所に登場するのは、この資格である。また、ボーブレ会社の役員の一人となった。Cf.E.Ducharme, *Olivier Le Tardif*, dans *Mémoires de la Société généalogique canadienne française*, XII, 1961, 4-20; M.Trudel, dans *DBC* 483-484.

3　メール・マリー・ド・セン・ジョゼフ。

4　ジャン・ド・ローゾン。百人出資会社の主な加盟者と理事の一人であった。

六(18) 一六五三年 あるケベック・ウルスラ会修道女から イエズス会員ポール・ル・ジュンヌ師宛[1]

私たちは、約二年前にイロクォイ人に捕らわれたヒューロン人の女生徒[2]が、イロクォイ人の許で結婚したことを知りました。幾つかの家族からなる家屋の女主人で、神に毎日祈り、他の者たちにも祈らせているそうです。この先住民に攫われたときには、その子は一三か一四歳でしたので、これは意外に思われました。修道院にはその姉がいますが、若い寡婦で、大変慎ましやかで祈りに励み、修道女と同じくらい毎日祈りをしています。彼女はほとんどいつも神の現存を感じており、徳の実践のための光と判断力に満たされ、人間的精神よりもっと清らかで崇高な精神によって動かされているのがよく分かります。

私たちの生徒の一人（私たちは貧しいので、ごく少数しか引き取れません）の父母が、一〇歳くらいの娘に会いに来て娘に話したことなのですが、イロクォイ人との間が平和になると、自分が虜になっていた地方で知り合いになったイロクォイ人の人たちから、家族全員で一緒に来て滞在するようにと招かれました。それで、娘も一行に加わり、父母と一緒に行ったほうが幸せではなかろうかと尋ねました。

娘は、「祈りの国を離れて、信仰を失う危険のある土地に行くなんて、お父さん、お母さん、恥ずかしくないのですか。イロクォイ人たちは神を信じていないし、あんな人たちと一緒にいれば、同じような生き方をするようになるのが分からないのですか。そんな情けない国に行きたいなら、行ってください。私はついていきません。お父さんとお母さんに捨てられても、修道女さんたちから決して離れません」と答えました。両親は娘の勇気を褒め、祈りの家から決して遠くに行かないと言って娘を安心させました。

1 ル・ジュンヌ師は一六五三年の『イエズス会会報』の中で、「私は以下の事柄を、ウルスラ会のあるメールから受け取った手紙の中で読んだ」と書いている。文体と言葉遣いからマリー・ド・レンカルナシオンを思わせる。

2 ヒューロン人のテレーズについては、手紙四五(62)、四九(66)、五二（72)、五七（92)、五八（97）参照。

七（20）パリ。一六五四年三月二八日　百人出資会社事務局長アントワンヌ・シュフォー氏からマリー・ド・レンカルナシオン宛

謹啓。院長様のお手紙と院長様のご事業についてのお知らせに深く感謝致します。私の些少の権限の許す限り、院長様のご事業のお役に立つように致します。弊社の加盟者諸氏が院長様にお手紙を差し上げることにしましたが、私が代表して書きましたお手紙によってご覧のように、弊社の帳簿に記入された院長様の負債二五二トゥール・リーヴルは免除されました。どうかお忘れなく加盟者諸氏に、院長様からのお礼のお言葉をお送りくださいますようお願い申し上げます。

お手紙から、そちらでは小麦の収穫が少ないことを知りました。しかし私は、御地には院長様方を養うのに十分なだけの収穫があり、フランスから取り寄せなくともよいものと思います。フランスからの購入とそのための費用は院長様を困らせることになるでしょう。今後は居住人会社の者は上陸することはありませんので[1]、院長様は商人に頼らなければなりませんが、商人は当社の者が上陸したときにしていたようには、費用も船賃も出しません。そのうえ、院長様ご一同は悲惨な大火のあとでかなり行き詰まっていらっしゃいます。とは言いましても、神はご自分を信頼する人々をお見捨てになりませんから、御摂理にゆだねるならば、これまでになさったように、相変わらず院長様を助けてくださるものと信じております。

院長様は、私の妹のド・セン・ポールからの返事を受け取られることはないでしょう。かわいそうな妹は、病気になってわずか四日後の四旬節の第一土曜日にこの世を去りました。その修道院から院長様に数通の手紙が届くはずです。私は、修道院が妹に代わってご返事をすると思っています。私にとっては極めて悲しい損失でしたが、本当は私自身のためよりも、まだ故人の援助を必要としていた修道院が受けた損失のために悲しんでいます。妹の死は予想もしなかっただけに、私たちにはとてもつらいものでした。妹は極めて健康でしたし、病気になる一日前に、その手紙を受け取っていたのです。病気になったのは灰の水曜日の前日で、そのまま床に就き、翌土曜日に死亡しました。私が、妹の病気について初めて知ったのは死亡の六時間前でした。そのとき私は、神が妹を幸せにしてくださり憐れんでくださるようにと祈るしかなかったのです。

院長様とそちらの国に話を戻しますと、イロクォイ人

との問題があります。[2]この和平が真のものであることを神がお望みであれば、お国は幸せになり、短時日のうちに回復するだろうと思います。私はこのことを心をこめて祈っています。

お手紙には堅苦しいご挨拶は無用です。全部私にお書きくだされば、私が確実にお知らせします。院長様が、毎年一二月の第一月曜日に歌ミサを私たちのためにささげてくださいますならば、弊社の全員、また個人としても有難く思います。どうか私どもの会社のために引き続いてお祈りくださいますよう。私どもは大したことはしていないように思われても、常に御地の善益のために働き、なんらかの利益を供することのできるよう努めていますが、これはすべて、神の御名のより大きな御栄えを望むことによるものです。そして、神が院長様と修道院のご一同様を聖なる祝福で満たしてくださるようお祈り致します。

敬具

1 一六四四年に作られた居住人会社は、毛皮取引を阻止したイロクォイ人の度々の侵入によって破産しかけていた。

2 一六五三年の間のイロクォイ人とフランス人の間の裏取引を示唆。

八（23）一六五五年一〇月一七日頃　あるウルスラ会修道女からイエズス会員ポール・ル・ジュンヌ師宛

ウルスラ学院の先生の一人が、[1]フランス人のようになったこの国出身の先住民の子供たちの素晴らしい優しさ、素直さ、気風について私に手紙を寄越しました。彼女の話では、面会室で子供たちに会うためにケベックに下ったイロクォイ人たちは、フランス風に育てられた先住民の女の子たちの優しさを見て大いに喜び、娘がフランス人のように振る舞い、ヒューロン人の女の子たちが自分たちの前で見せたことを覚えるようになるには、どれだけの時間が必要か尋ねました。ウルスラ会の修道女がもてなしたイロクォイ人の婦人たちには、不思議なことだったのです。

私の側で言うならば、首長夫人は、学院のマリー・アリナディという少女の素晴らしさに目を見張りました。夫人は、その子を格子の妨げなしに直接に会いたかったのです。それでマリーを修道院の外に出してやりますと、夫人はその子を摑まえ、抱擁し、わが子と呼びました。娘はお母さんと答えましたので、夫人は自分と一緒に、同じ皿で食べさせました。機知もあり如才のない娘は、その母親に贈り物をする許しを求めました。許可が与えられると、立派なナイフを求めに行き、これをイロクォイ人の大首長に喜んで差し出しました。それから絹の美しいリボンの付いた金箔の立派なケースを引き出して、これをお母さんと呼んだ首長夫人に贈りました。そして二人が、自分に愛と優しさをいっぱいに表しているのを見て、「これからは私たちと一緒に兄弟のように暮らしてください。ただ一つの国民になりましょう。お二人の愛情のしるしとして、お二人のお嬢さんをこの学校に送ってください。私が姉さんになり、神に祈ること、メールが私に教えてくださった他のすべてのことを教えましょう」と言い、それから、二人の前でラテン語、フランス語、ヒューロン語で読み、これら三つの言語で聖歌を歌いはじめました。

　こうしてこの善良な人々は皆、うっとりして、こんなにたくさんのことを覚え、先住民の娘をこれほどにフランス人化するにはどれだけの時間が必要か尋ね、必ず自分たちの子供をこの立派な学校に送ることを約束しました。

1　マリー・ド・レンカルナシオンの可能性が強い。詳細は手紙七八（168）で記述されたものに近いからである。

九（28）パリ。一六六三年五月六日 ヌーヴェル・フランス百人出資会社事務局長アントワンヌ・シュフォー氏からマリー・ド・レンカルナシオン宛

謹啓。今年はお手紙をいただいておりませんが、院長様が譲渡証書を必要としていらっしゃるとうかがい、当方から手紙をもってお送りいたします。[1] これは私が院長様のお役に立てる最後の機会ではないかと存じます。現国王が御地の完全な領主となり、私どもは国王にすべてを渡さなければならないからです。[2] どのような組織によってかは私どもには明らかでありませんが、予想はしています。新しい人たちが私どもよりましに行うことを望んでおります。どうか修道院ご一同様と共にお祈りくださいますように。

敬具

1　一六五八年一〇月二八日に、アルジャンソンによって行われたセドリエールの譲渡。これは一三六アールの土地を含み、アブラハム丘陵から現在のセン・ジョゼフ街まで、レグリーズ街からデュ・ポン街まで広がっていた(*Ratification d'Antoine Cheffault*, 19 janvier 1663, AUQ.)。

2　一六六三年二月二四日、ヌーヴェル・フランス会社は国王の明白な勧告に基づいてその権利を国王に譲渡した。Cf.*Edits et Ordonnances*, Québec, 1854, I, 30-33 *Archives*

Nationales, Archives des Colonies C11 A, *Correspondance générale* 2:44; E. Salone, *La Colonisation de la Nouvelle-France*, Paris,s.d., 146ss.

一〇（40） 一六八一年一〇月二七日 マルグリット・ド・セン・タタナーズからモンスのウルスラ会修道院長セシール・セン・ジョゼフ宛

敬愛する院長様。魂の救い主が今も永遠に私たちの救いのために心に生き、支配されますように。

昨年、私たちの手紙が院長様の許にそんなに遅く届けられたのを意外とは思いません。私たちの船は往きも帰りも大変長い航海だからです。今年も同じことになるかもしれませんが、当地への船は早く到着しました。けれども、船はこちらに長く停泊して、一一月半ばにしか出航しません。ですから、どれほど短い航路を取っても、アンシャン・フランスには一二月末でないと到着できません。したがって、私たちの手紙がそちらに届くのは一月か、それ以降になるでしょう。これには私たちは大変気がもめますが、どうしようもないことで、すべてを私たちの救いと、完徳である目的に導かれる御摂理に謹んで服従する以外にありません。

神は私たちの小さな家族のため、院長様と院長様の愛する娘の方々をとおして賜物をお送りくださいました。心から神をたたえます。またメールの方々の私たちのためのお祈りと、特に亡くなったメール・マリー・ド・レンカルナシオンに対する皆様の信心と信頼に深く感謝致します。亡くなったメールが私たちの主の御許で受けていらっしゃる信用は、私たちにとって有益であるのと同じように、皆様にも大いに役立つものと存じております。私たちはこのことを、修道院に生き生きと存在しつづける平和と一致、戒律遵守の新たな、そして日々いや増す熱心さと規則正しさ、各姉妹が修道的徳の完全さに向かって前進しようとする心がけ、私たちの先住民、特に住民の増加に伴い増えていく学校の寄宿生と通学生の救霊に対する熱情のうちに、このことを著しく体験しています。

生徒に関して申しますと、幾つかの部族、すなわちモンタニェ人、アブナキオイ人、ヒューロン人、イロクォイ人の生徒がいます。イロクォイ人の生徒が、他の部族の生徒よりも多数です。目下のところは、五、六人のアルゴンキンとガスペ地方出身の娘たちが、成長して十分な知識も修めたので親たちの許に帰そうとしたのですが、先住民の生活に戻ることを好まず、フランス人と一緒に暮らすために出ていきました。それらの娘たちが、自分で住めるよう援助を受けられないのが残念です。生活手段がないので、フランス人の家で働くことを余儀なくされているわけですが、本当は彼女たちにはその気がありません。野生的で縛られたくない気質が、隷属を嫌うのです。恵みが彼女たちの本性を完全に抑えるとき、服従するのにさしたる困難は伴わないでしょう。それまでの間、この国は特に至る所で征服を進めているイロクォイ人にとっては、かなり哀れな状態であることをあなたに隠す必要はありません。

二年前から、イロクォイ人はイリノイ人を亡ぼすことを企てていました。この部族は最も多数で、一番遠く離れた部族です。それでもイロクォイ人はこの部族を攻撃しに行くことをやめず、攻撃は驚くほどに成功しました。その場で多くの者を捕虜にし、一、五〇〇人を殺害しました。婦女子も、老人も、弱い者も、病人も容赦しませんでした。そして、全滅させることを誓ったこの哀れな人々の捕虜と戦利品を携えて自分たちの部落に戻り、また彼らの許にもどってすべてを焼き払い、すべての人を殺害しに行くのです。イリノイ人の村から一六、七キロの距離にいたレコレ会の神父様方の一人を殺害したとも言われています。

他方、ソノトゥーアンのイロクォイ人のある首長は、[1] フランス人の目の前でこの地方の一人の先住民によって、ナイフで殺害されました。そのため、イロクォイ人全体がフランス人に反感を持ち、当地の識者によれば、私たちの兵士が先に彼らの襲撃を防がなければ、イロクォイ人が私たちを囲み危険な戦争をしかけるだろうとのことです。私はこちらにその用意があるとは思いませんが、前々から企てていたように、この粗暴な部族が私たちに対して武器を取れば、なんの防御もできない私たちのすべての住民と小部族たちを非常な悲しみに陥れることになるでしょう。神だけが彼らの手から私たちを守り、彼らを回心させることができます。彼らは自らその妨げとなっているからです。つまり、彼らは絶えず酩酊し、すべての敵に対する勝利が彼らの精神と心を手に負えないほど高慢にさせていますが、これは天の国からはるかに彼らを遠ざけるものです。イエス・キリストに導くために彼らと一緒にいらっしゃる神父様方は、ありとあらゆる事柄に耐え、絶えず頭を砕かれる危険にあります。

院長様、以上のことを述べただけで、院長様はこちらの小さな教会の悲しむ司牧者方のために、心からお祈りしてくださるものと信じます。

もっと楽しいことに話を向けましょう。亡くなったメール・マリー・ド・レンカルナシオンに関する事柄です。院長様は、出版されたその伝記について私たちの見解をお求めです。[2] 私たちは、伝記をそのままにしておきたいという望みを除いては、院長様のご見解と同じです。私たちが目にしたことで発表できるすべての事柄の覚書を提供したあとは、それらに何も加えることはありません。しかし、メールの尊敬すべきご子息は、本人からたくさんのお手紙を受け取りました。それらの手紙は真に心からの信頼に満ちたものですので、こちらの修道院一同は、謙虚さからお隠しになっていた心のうちについて多くのことを知りました。ですから、私は付加することは好みません。その聖なる心の状態については、一部ですが、多くを知っています。そのことから、私は生前も死後も、メールの高度の聖性に対して特別な尊敬と崇敬を持っています。このことが私に喜びを与えても、その試練と苦痛を見たときには、心を痛めずにはおれませんでした。率直に申しますと、最も耐えがたいすべての出来事の中で取られたメールの聖なる行動について私の記憶に残っていた思いは、私に非常に役立ち、その高潔な模範に従うにはほど遠かったことを深く恥じ入ります。神が私にくださった最大のお恵みは、これほどに輝かしい模範によって、長期にわたって照らしてくださったことです。神の慈しみによって私が生き長らえるのは、ただメールとの聖なる交わりをふさわしく行わなかったことに対して、私に償いの時間が与えられ、改心する手段が示されるためです。

院長様のお祈りは、そのためのお恵みをいただいてくださるでしょう。その意向で院長様とメール・フィリップに切にお願い致します。私たちの愛深い救い主の聖心に結ばれたメールに、くれぐれもよろしくお伝えください。メールのご好意によって、私たちはクロード・マルテン神父様の入念な編集の許に最近出版された亡くなったメールの書簡集を今年受け取る慰めを得ました。神父様は高徳のメールを知らせ、たたえることに相変わらず熱心でいらっしゃいます。[3] 院長様は必ずその知らせを受け、書簡集をお読みになり、またメールの伝記をお読みになって感銘を受けられることでしょう。主はご自分のいやしい、しかし忠実なはしためを人々に知らせることをお望みのようです。主は永遠にたたえられ、感謝されますように。

いつかメールの遺体を発掘し、私たちの諸聖人の聖堂に安置することができれば、私たちにとって大きな喜びです。私としましては、罪によって長い間遠ざけられるのでなければ、間もなく天国でメールに再会できることを期待して自らを慰めています。私ももう六六歳ですから。身体は十分に健康ですが、死は間近であると思っています。幸いな死を迎えられるように、どうか主が私の心を清らかに保ってくださるようお祈りくださいませ。

それまでの間、神がお許しになる限り、院長様に年ごとの感謝を心から謹んで申し上げるつもりでおります。それに、姉妹たちがいつも私の不足を補うつもりでおりますし、院長様の思いやりの深い愛情と聖なるお祈りにいつもあやかりたいと思いながら、自分たちの友情と感謝を表明しつづけることでしょう。

院長様が愛情とお祈りに加えて、私たちの偉大な保護の聖人の聖遺物を新たに手に入れてくださいますならば、私は重ねてお礼を申し上げなければなりません。かしこ。

1　アマンハ。イリノイ人の許で一人のキスカコンによって殺害された。この時期にイロクォイ人とフランス人との間に生じた問題については、cf.G.Lanctot, *Histoire du Canada*, II, 103;115ss.
2　伝記は一六七七年、ルイ・ビレーヌ社から出版された。
3　書簡集も一六八一年にルイ・ビレーヌ社で出版された。

聖ウルスラ修道会について

小林　順子

本書で紹介される書簡を認めたマリー・ド・レンカルナシオンは聖ウルスラ修道会の会員としてカナダに渡り、そこに同修道会を広めた人物である。それでは、聖ウルスラ修道会とはどのような団体なのであろうか。本節では、同修道会について、その創立と存続の事情に焦点を当てて、本書の書簡が舞台となった一七世紀頃までの概観を試みたい。なお、この節を書き進めるにあたっては「ウルスラ会」の略称（フランス語や英語では「Ursulines」と略されることが多い）を用いる。

1．ルネッサンスとウルスラ会の誕生

ウルスラ会の起源はルネッサンス期のイタリアに遡る。創立者はアンジェラ・メリチで、彼女は一四七四年にイタリア北部にあるデゼンザノで生まれた。両親は小さな農場を所有し、その生活は毎晩使用人と共に集まって祈りを捧げ、聖人たちの行跡について話を聞くのを慣わしとする信心深い人物であった。彼女はこのキリスト教的な雰囲気の家庭で幸せに育っていった。しかし、子どもの頃に両親や頼りにしていた姉と死別し、親戚に引き取られて成長した。

当時イタリアの社会はルネッサンス期の陽と陰の渦中にあった。『ルネッサンス』の著者ポール・フォールはその著書の序章に彼のルネッサンス観をまとめているが、その中で次のように述べている。「当時の人びとは科学、文学、美術などにおけるいく多の大発見の興奮を体験していた。したがって花咲く春の立ちかえるような単純な復古の時代にいるとはだれも思わなかったにちがいない。それは若々しい精神の時代であった。宗教改革と、美術や思想の革新は互いに手をとりあっていた。というよりこの二つは同じひとつのルネッサンスが同時に二つの面に現れたといったほうがよいか

もしれない。アメリカと喜望峰航路が発見され、ギリシャのすぐれた書物が印刷され、レオナルド・ダ・ヴィンチが人体研究の局地を彼の美しい絵に表現していたころ、一四九六年に、ミッシェル・ビュロー（同年出版の修道院改革についての古版本の著者）がこう書いている。《われわれのころから改革（レフォルム）という言葉がだれの耳にもやかましくはいってくるようになった。どんな人と話していても、この話題がやたら飛び出してきたものだった》（一四頁）このような風潮はその直前の時代を否定する。同著者はこの現象を「かような中世蔑視は急速に中世そのものを忘れ去るところまでいってしまう」（一五頁）と表現している。こうして、生活の変化、考え方の変化、信じ方の変化などが、変革期に見られる負の現象、すなわち、従来の良い意味での宗教や道徳観まで否定する風潮までも誘発する。

ルネッサンス期の社会が棄てようとした中世のヨーロッパはキリスト教の世界で、今日カトリック教会として存続する位階制度を伴った教会組織が指導権を握る社会であった。このように社会全体に対する支配権を獲得するようになった教会は様々な問題を露呈させるようになっていた。このような中世後期の現象に対して、従来の教会組織を批判し独自に新しくキリスト教を解釈する運動が起こり、いわゆる抗議する者という意味のプロテスタント教会が誕生していくようになった。このような時代の流れにあって、従来の教会組織を否定することなくその中に留まって改革を行おうとする動きも活発化していった。ここで紹介するウルスラ会はまさにこの流れの中でキリスト教の本質を追求しそれを実践する団体として誕生し、その活動の一環として人々の教育にも献身することになるのである。

新たな都市型中産階級の形成や価値観の変動に直面する社会において、心ある人びとにとって子どもをどのように教育するかは重大な関心事で、ルネッサンス期は教育史上重要な時期でもあった。一四一六年にクインティリアヌスの教育論、一四二二年にはキケロの教育論が相次いで発見され、人々の目に触れるようになった。一五世紀のイタリアにおいても独自の教育論が展開された。例えば、M・ヴェジオの『子どもの教育と躾について』、E・S・ピッコロミニの『子どもの教育について』、L・B・アルベルティの『家庭教育論』などの著述や、ヴィットリノ・ダ・フェルトレの「喜びの家」のようなユニークな教育実践を挙げることができる。一六世紀に入ると中産階級の子ども（主として男子）を対象とした教養教育を行う学校が後世の中等教育機関に発展する新たなタイプの学校として確立していく。しかし、アンジェラの注意を惹いたのは、当時の経済・社会の発展に取り残された社会層の人々、取り分け子どもであった。

ロンバルド地方のブレシアにあるセント・アフル教会に隣接した小さな住まいで、アンジェラがその人徳を慕って助けを求めてくる人々への奉仕生活を始めたのは一五世紀の末頃であった。華やかなルネッサンス社会の中で貧困と道徳的退廃の中で暮らす人々がいた。彼女は、病気や貧困に苦しむ人々、悩める人々など、自分を必要とする人々を助けながらも、子どもたちに信仰を基盤とする道徳的な生活や読み書きなど、生活にとって基本的なことを教えた。次第に彼女の趣旨に賛同する女性が共に活動するようになっていった。そして、一五三五年一一月二五日、彼女たちは神への献身の誓いを立てた。彼女はこの小集団を修道会としてではなく同じ目的のために集う仲間たちという意味で「聖ウルスラの会」(フランス語ではLa Compagnie de Saint-Ursule)と命名した。彼女は謙遜から自分の名前が会の名称に選ばれることを望まず、当時人びとに崇められていた聖女ウルスラを会の名称に選んだ。聖女ウルスラとは四世紀頃に数多くの女性とともに身の純潔を守るために殉教したと伝えられている聖女で、現在でもドイツのケルンにこの聖女とその仲間の女性達に捧げられた教会がある。こうして現在世界各地で存続するウルスラ会の基盤を創立したアンジェラは、五年後の一五四〇年一月二七日に帰天した。この新しい会の会則は一五四四年に教皇の認可を受けている。二〇数名で始まったこの会は数年後には会員一〇〇名を超える教育の会に成長したといわれる。

2. 創立者アンジェラの教育観

現在、アンジェラの遺言と勧告とされるものが残されており、その中に彼女の教育観を垣間見ることができる。それは主として子どもたちに接する者の心構えについてである。ここで、いくつかの点を簡単に紹介してみる。

先ず読者に強い印象を与えることは、子どもたちに接する者の心の中に子どもたちに対する教育愛を育まねばならないということである。この考えは随所に表現されている。例えば、子どもたちを教える者の愛は母の愛のようでなければならないとし、これを次のように表現している。「すべての娘達について心を配ってください。あなた方の精神のうちに彼女を存在させ、あなた方の心にその一人一人を刻み付けてください。それは、単に名前を覚えるというだけでなく、一人一人の状態、気質、行動、言うなれば彼女らに関するすべてのことについて彼女たちを心に刻むことです。もし、あなた方が生き生きとした愛徳で彼女たちを包んでいるならば、それ程難しいことはないでしょう。世の母達はたとえ千人の子ども達を持つとしてもその一人一人を心に刻み付けています。これこそ真実の愛です。母の心遣いは子どもが多ければ多いほど豊かになっていくように思われます。まして霊的な母はそうあるべきで、また、そうできるはずです」（遺言第二）。これは生徒たちを一つの集団として見るのではなく、一人一人を個人として見るもので、そのためには一人一人をよく知るように努めなければならないとする。また、この愛は公平でなければならないとして、「あなた方の娘を皆同じように愛してください。すべての人は神の子どもなのですから、ある人を他の人にまさって愛するということがあってはなりません」（勧告第八）と述べている。

このような愛をもって子どもたちに接するときの具体的な方法についても述べている。例えば、子どもたちを指導するときには、叱責と鞭をもってではなく、一人の人格を有する個人として尊重しなければならないとして、次のように説明している。「娘達を導く時には尊大な厳しさによってではなく愛徳と温和をもってなさってください」（遺言第三）、「皆様の愛する子どもたちに対して優しさと人間味とをもってください。彼女達に注意や勧めを与え、善を励まし、悪からの立ち直りを導くとき、神への愛と霊魂らに対する熱誠によってだけ動かされるように努めてください。厳しく冷たい叱責よりも穏やかな暖かい愛情を示す方がもっと多くの効果をもたらすでしょう。厳しさは必要な場合にのみ限ります。しかしそうするときでさえ、人の性格や時と場所とを考慮すべきです」（勧告第二）、「何よりも先ず力づくでものごとを片付けようとしてはなりません。神は各々に自由意志を与えられ、何かを強制的にさせることを望まれず、ただ、勧め、招き、求められます」（遺言第三）、「しかし、時としてある人に対して必要から、またはその状態と重要性に応じて、望ましい時と場所において厳しさを用い、譴責する必要がないと言っているのではありません。しかし、その場合、愛徳と霊魂に対する熱誠によってなすべきです」（遺言第三）。

このような接し方の根底にある教える者の心構えについて、勧告第一は「私はあなたがたの中で仕えられる者ではなく、仕える者となりました」という聖書の中にあるキリストの言葉を引用し、教師は生徒たちに君臨する者ではなく、奉仕する者であるという心の態度を求めている。また、自らの生活を律すべきことについて、「娘達が皆様を見習うことができるような生活と行いをなさってください。娘達にしてほしいことは、皆様が先ず実行なさいますように」（勧告第六）と述べている。そして、最後の勧告として「私が皆様に申し上げる最後のことばは、私の全心全霊を傾けて皆様にお願いすることは、和合のうちにみなが共に一つとなって、一つの心、一つの意志のうちに生きることです」と述べて、教える者の集団内の和の必要を強調している。子どもたちの心の中に穏やかな和の感覚を育てるためには、教師集団が内部で相互に反目し冷戦的状態を感じる雰囲気があることは好ましくないであろう。

なお、「もし時代とその必要に従って新しい規則をとることが必要ならば、よき忠告と賢明さをもって慎重におこなってください」（最後の勧告）という言葉も残している。教育は実際に存在する社会で生活する子どもたちを対象とするもので、この現実の社会情勢・環境を考慮に入れる必要を指摘し、新しく生まれた会が未来に開かれた会として運営されることを望んだのである。

アンジェラは体系的な教育論を展開したのではない。経験知を断片的に述べたまでである。しかし、子どもたちに接する者にとって不可欠と思われる考え方を示している。そこに表された思想はキリスト教的教育理念に基づくものであるが、同時に、ルネッサンス的な個を尊重する考え方、叱責や鞭による矯正ではなくヴィットリノ・ダ・フェルトレの「喜びの家」の教育思想に通じるような子どもの自発性を尊重する考え方などが見られ、アンジェラの教育観にルネッサンス期の特徴も見ることができるように思われるのである。

3．ウルスラ会の存続と変容

一五三五年一一月二五日に誕生した「聖ウルスラの会」は、当初共同生活は義務付けずにしばしば会合を持つなど連絡を取り合って会則にしたがった教育的奉仕の生活を営んでいた。女性がこのような集団を結成して社会的活動を行うことは、当時としては新しい試みであった。女子修道会の歴史は古いがほとんど禁域制で、修道女が社会に出て活動することはなかった。したがって、禁域を持たずに素朴な態度で子どもたちを教えるこの会は時代の要求に応えるもので、その後、本部を中心とした組織体として広がり始めた。

この「聖ウルスラの会」は、一五六〇年代になるとその形態を変えることとなった。ミラノの大司教カロロ・ボロメオはこの会の教育活動を高く評価し、教区の教理学校のためにこの新しい会に会員派遣を依頼した。一五六八年ミラノに来た会員たちは、当時進行していた修道会改革の渦中に置かれることとなった。一五七七年には本部から独立して司教の管轄下に置かれることとなり、一五八二年には共同生活をする修道会として教皇の認可を受けた。一五八四年にはミラノ教区内で修道院が五ヶ所、会員約六〇〇名、学校一八校にまで発展したといわれる。大司教ボロメオは教会内刷新の指導的立場にあった一人として名声が高かった。したがって、彼によって変容したこのウルスラ会の形態が各地で設立されるウルスラ会のモデルとなっていった。その後は、既存の修道院の会員が派遣されて新しい修道院が設立される方法、その地にある女性達のグループがウルスラ会の会則を取り入れてウルスラ会の修道院を設立する方法などによって各地に広まっていった。

一七世紀に入ると、独立した同会の修道院は次々と禁域制が義務付けられる盛式修道会となっていく。ちなみに、修道会は、後になって、盛式修道会(Ordre)、単式修道会(Congregation)、在俗修道会などに類型化されている。禁域制とは、女子修道院では一般の女性と男性を、男子修道院では女性を、例外と規定された場所と場合を除いて院内に入れない制度で、女子修道院では、渉外係りを除いて、禁足も含まれる制度である。このことは、共同生活が義務付けられていない奉仕生活の会として誕生したウルスラ会が、囲いの中で生活することが義務付けられる修道会に変容していったことを意味する。しかし、従来の修道会とはことなり、教育活動を目的とする修道会として存続することができた。こうして、新しく創立される修道院は教区司教の管轄下に置かれる独立したウルスラ会修道院となり、その結果、その土地の名称を冠したウルスラ会が誕生し、それぞれ独自に発展していった。そのために、二〇世紀に入ってから、世界各地に散在しているウルスラ会のグループ化が行われて、複数のUnion（修族）が生まれることになるのである。なお、このような動きとは別に、修道会組織を取り入れないで、アンジェラが創立した当初の形態を踏襲する「聖ウルスラの会」(Compagnia di S. Orsola)がある。このグループは一八一〇年に廃止されても、一八六六年にイタリアのブレッシアで再出発し、小規模ではあるが、通称「聖アンジェラの会」として現存している。

このような修道会としての形態の変化には当時の教会の動きが影響している。ルネッサンス期における社会の変動は教会内部の刷新の必要を認識させ、教会は指導力を強化する方向へと向かった。この動きを代表するものがトレント公会議である。一五四五年から一五六三年にかけて行われたトレント公会議は教会内刷新を目的とするもので、その議決は教義の明確化と教会内の生活刷新とに関するものが中心であった。修道会については、一五六三年の会議で取り上げられ、一五六六年の教書によって修道会は盛式修道会として禁域内での生活が義務付けられた。この教書に述べられた指示の適用については、特に女子修道会に対して厳しく、特別な事情がない限り外出も禁じられた。この教会の施策の背景には中世を通して存続してきた女子修道会の事情があった。修道院は純粋に信仰生活を求めて隠遁生活を希求する女性の集団生活の場として組織されてきたのであるが、その後、女子教育機関のなかった時代に教育を受けさせるために女子を修道院に預ける風習が生じた。これはフランク王国時代に各教会と修道院に子どもたちの教育を引き受けることを命じた王の勅令が出されたことにもよる。しかし、その後、修道院に教育のために子どもたちを禁域内で教育することを禁じる勅令が出されている。当時、カロロ大帝によるこれらの勅令がどの程度実施に移されたかは不明であるが、禁域内に修道院本来の目的を持たない人々がかかわり始めていたことを示すものである。また、修道院には維持費が必要で、この問題を解決するために用いられた手段が入会希望者に持参金を要求することであった。一方、なんらかの理由で自分の子どもを修道院に「奉献」する親たちもいた。こうして、修道院には本来の目的を達成しようとの動機付けを持たない人々も生活するようになっていた。ミニュの教会会議事典をたどってみると中世の教会会議議決の中に女子修道会の規律保持に関する条文が目に付く。中には女子修道院ではペットを飼育してはならないというものまである。したがって、トレント公会議は修道会を本来の姿にもどすことを重視した指示を発したのである。

当時は国の行政が学校教育を制度化している現代とは異なって、教育は私人の自発的な営みに任せられ、その主翼を担ったのが教会であった。トレント公会議の議決には教育に関するものが多い。そのほとんどが宗教教育と聖職者養成に関することで、「聖書を教える学校の設立に関して」と題する教書まで出されている。公会議の議決や教書の趣旨は、各教会で聖書について教えること、無償で読み書きを教えること、教師の収入を確保することなどであった。教育修道会として定着し始めたウルスラ会は、当時の教会のニーズに応えられる団体として各地に誘致されることになる。

4. 一七世紀フランスにおけるウルスラ会

一六三九年にカナダに渡ったマリー・ド・レンカルナシオンはフランスのウルスラ会員であった。そこで、フランスにおけるウルスラ会の状況について若干触れておくことにする。フランスではトレント公会議開催中から地方教会会議において教育の問題が取り上げられている。例えば、一五五一年のナルボンヌ教会会議は教師の任命にあたり、信仰心、品行、能力を調べるべきことを命じ、一五七三年のブザンソン教会会議では校長と教師に関する事項の中で生徒の信仰生活を育成するために、読書の適切な指導や宗教行事への積極的参加等を考慮すべきことを定めている。一五八五年のエス教会会議では司教に学校について配慮するように命じている。さらに、いくつもの教会会議で男女共学を禁じ、女子教育施設を設立することを指示している。例えば、一五八四年に開かれたブールジュ教会会議は女子を経験豊かで教養ある女性に委ねるべきことを強調し、一五八五年に開かれたエス教会会議は、男子のためのみならず、女子のためにも学校を設立すべきことを命じている。このような決議はその他の教会会議においても行われた。男女共学の禁止については、ルイ一三世も一六四〇年一二月一五日のポワティエの司教に宛てた書簡で男子教師が女子に教えること、女子教師が男子に教えることを禁じている。このような教会と国の意向に呼応して、当時としては新しいタイプの男子校と女子校が設立されていく。

女子教育を担うウルスラ会がフランスに最初の修道院を設立したのはL'Isle-sur-Sorgueで、一五九二年といわれる。その後、一五九四年にAvignon、一五九九年にChabeuilとPontoiseに、一六〇〇年にAixというように急速にフランス各地に広がり、マリー・ド・レンカルナシオンが入会したトゥールのウルスラ会は一六〇六年に設立されたボルドーのウルスラ会から一六二一年に分かれている。彼女が一六三一年にウルスラ会に入会した頃には、フランスにおけるウルスラ会修道院の数は既に八〇以上となり、さらに、一七世紀末にはその数は三六〇余に達し、フランス全土に広まっていた（設立年および修道院数は文献によって多少異なる）。こうして各地に広まっていったウルスラ会は、前述したように、教区司教の管轄下に置かれること、禁域制を採用する盛式修道会となることが求められた。修道院の中には禁域制は教育活動という会の趣旨にそぐわないとして免除を願ったものもあった。しかし、紆余曲折の結果、一六五八年にはフランスのウルスラ会はすべて教区ごとに独立した盛式修道会になっていた。

当時は先ず男子教育修道会が設立され始めた時代で、有名なイエズス会の誕生は一五四〇年とされ、一五八二年にローマ教皇から正式認可を受けている。同会はフランスにおいてコレージュ教育をその活動の中心に置き、一五八〇年代から起草し始めた学事規則を一五九九年に完成させている。一六一一年に創立されたオラトリオ会も一六一四年のディエップを皮切りに、次々と男子コレージュを設立していった。また、男子民衆教育については有名なシャルル・デミアやラ・サール会が一七世紀後半になって活躍を始めている。

ウルスラ会はこれらの男子教育修道会の影響を受けながら学校としての形態を徐々に整えていった。とりわけイエズス会の教育方法の影響を強く受けたといわれる。しかし、教育内容はその時代の女性観の影響を受け、信心深い良妻賢母の教育観に基づくものであった。したがって、宗教、道徳、礼儀作法などの指導が重視され、それに読み方、書き方、数え方の授業が加えられた。読み書きはフランス語であったが、学校によってはラテン語の初歩も教えられた。また、女性に必要なものとして手仕事も積極的に取り入れられ、学校によっては刺繍なども指導された。このような教育活動を展開するために、会員養成には教師養成も含まれていた。

一方、各地で教育活動をする修道院にとって運営費の調達の問題があった。この問題を解決するために、修道会入会希望者に持参金制度を取り入れるとともに、生徒たちにも授業料が要求されるようになった。このことは社会の有産層を対象とすることを意味した。しかし、無償で教えるという初期の目的は尊重され、会員が無償で教育活動に従事するという誓願を立てていた時期もあったほどであった。当時の社会層に適応して、授業料を支払うことのできる生徒たちを対象とした寄宿学校と無償で教育する生徒たちのための通学生の学校とを両立させ、前者の収入が後者の教育活動を助けることが慣習となっていった。なお、有償の学校では次第にコレージュに準じる学校として宗教教育を土台とする女子教養教育を行う学校へと発展したものもあった。

その後、社会の女子教育に対する意識が高まるにつれ女子修道会が誕生していった。例えば、一六二八年には“Filles de Notre Dame”（上智短期大学の創立母体）、一六六六年には“Dames de Saint-Maur”（雙葉学園の創立母体）が創立されている。フランスでは一六〇〇年頃には就学している女子は極めて少なかったが、一七〇〇年頃にはフランス全土に女子校が広がっていた。このような女子教育の普及について、当時の為政者ルイ一四世は一六九八年一二月一三日の王の宣言の中で、教師不在のすべての教区に子どもに教える男子教師および女子教師を配置すること、宗教教育を目的とするが、読み方、また、必要に応じて書き方を指導すること、保護者は他に教育を受ける機会を持たない子どもに一四歳まで教育の機会を与えることなどを命じている。この宣言はどの程度実施されたかは不明であるが、女子教育の必要を男子教育と同等に扱っている。これに続く一八世紀は女子修道会による教育活動が盛んな時期で、ウルスラ会も女子教育の重要な役割を果たしていた。この状況は、ウルスラ会会員を含め多くの修道女が断頭台に消えることになったフランス革命まで続いたのである。

5．ヌーヴェル・フランス（カナダ）へ渡ったウルスラ会

一六三九年にマリー・ド・レンカルナシオは前述のような状況にあったフランスからカナダに渡ったのである。ヌーヴェル・フランスと呼ばれていた北米大陸のフランスの植民地は、最盛期にはアカディ、ケベック、モントリオール、ルイジアナの行政区画に区分されていた。カトリック教会もこの行政区画に沿ってその活動を展開していた。ちなみに、アカディには一六一一年から一六一三年までイエズス会が滞在、一六三二年から一六五五年まではカプチノ会が滞在したと記録されている。ケベックには一六一五年から一六二九年までレコレ会が滞在し、一六二五年にイエズス会が到来している。モントリオールには一六五七年にスルピス会が到来、ルイジアナにはずっと時代が下がって一七二一年にカプチノ会が到来した。一六五八年にはフランソワ・ド・ラバル師がヌーヴェル・フランスのカトリック教会の責任者に任命され、一六七四年にケベック司教区の誕生によりケベックの司教となっている。

このようにヌーヴェル・フランスでカトリック教会の活動が展開されている中で、マリー・ド・レンカルナシオンは、支援を申し出たド・ラ・ペルトゥリ夫人ともう一名の会員マリー・ド・セン・ジョゼフとともにケベックに到着した。当時、セント・ローレンス川流域のヌーヴェル・フランスの総督によるケベックの居住許可書には、一行が聖ウルスラ会の修道院の設立とフランス人及び先住民の女子の教育を目的として一六三九年八月一日にケベックに到着したと記されている。こうして、ケベックがウルスラ会の活動の拠点となったのである。彼女たちは先ず先住民の言語の習得に専念し、先住民の子どもたちを中心に小さな学校を開設していたが、フランス人の人口の漸増にしたがってフランス人の子どもたちも増加していった。教育活動については、フランスのウルスラ会の慣習を実情に応じて取り入れていった。学校の形態は、通学生のみの学校で始まったが、一六四二年に寄宿学校も加わった。生徒数については、寄宿生の総数が一七四〇年までに一、二〇六名と記録されている。通学生はもっと多かったと推測されている。教育活動に従事する

会員はその後もフランスからの派遣があり、一六六八年には七名となっている。なお、必ずしも教育活動だけではなく、病人の世話など彼女たちの援助を必要とする人々に対する奉仕活動も行っていた。また、彼女はカナダのウルスラ会が孤立することを望まず、フランスのウルスラ会の管轄下にとどめておくことを書簡の中で提案している。しかし、この提案は前述した文脈の中で功を奏せず、カナダのウルスラ会も教区ごとに独立する制度を継承することとなった。なお、彼女の書簡によると、一六六三年のケベックの大地震の際、先住民の間で地震は白人の到来によって惹き起こされた祟りであるとの噂が広まったので、ウルスラ会はケベックを引き上げることとしたが、先住民たちの願いによって踏みとどまることにしている。このことは、ウルスラ会の存在を評価する人々が当時の社会に存在していたことを示すものである。

しかし、禁域制を採用する盛式修道会として教育活動に従事することは、新天地の教育需要に十分に応えるには限度があった。そこで、ウルスラ会とは異なったタイプの教育修道会を望む司教の要請によって、一六八六年、コングレガシオン・ド・ノートルダム会（創立者マルグリット・ブルジョワ・桜の聖母学院設立母体）がケベックで教育活動を始めた。当時、「コングレガシオン」は禁域制を持たない単式修道会を意味していた。その後、同会はモントリオールを中心に、主として初等教育と職業教育の分野で活動を展開し、急速に発展していった。ウルスラ会については、一六九七年に司教の要請によりトロワリビエール教区に会員を派遣し、トロワリビエールのウルスラ会が設立された。なお、一七二七年にルイジアナ教区のニューオリンズにも修道院を設立している。このように、一七世紀のヌーヴェル・フランスでは人口の増加に伴って教育への要望が大きくなっていた。ウルスラ会もこの需要に応える役割の一端を担い続けたのである。

このような活動を展開するための財政的基盤については、寄付金と会員の自助努力に依存するところが多かったようであるが、フランスの植民地政策の一環として教会に交付された補助金の一部が支給されていた。その額は一六五一年に四八〇〇リーヴル、一六七九年一、〇〇〇リーヴル、一六九八年に一、五〇〇リーヴルで、一七〇〇年も一、五〇〇リーヴルとなっている。ちなみに、一七〇〇年にイエズス会が六、九〇〇リーヴル、コングレガシオン・ド・ノートルダム会は三、〇〇〇リーヴルである。次第に、ケベックのウルスラ会もフランスのウルスラ会のように有償の学校と無償の学校の共存方式を取り入れ、前者によって収入を得るようになっていった。その後、前者は初等教育レベルの学校から徐々に発展して、コレージュを開設するまでになっていった。

これまで、マリー・ド・レンカルナシオンが活躍した一七世紀のヌーヴェル・フランスのウルスラ会とそれを取り巻く状況の概略を述べてきた。二〇世紀に入ってからは、各地で独立していた修道院が統合される動きの中にあって、フランス系カナダのウルスラ会は、一九五三年、ケベック、トロワリビエール、リムスキーの三管区を擁するカナダ修族として統合された。カナダには、この外、英語系のウルスラ会チャタム修族なども存在する。日本にも一九三九年にケベックのウルスラ会の会員が派遣され、現在ではカナダ修族の日本管区となっている。なお、ケベックでは、一九六〇年代の「静かな革命」によって、それまで教会が主導権を握っていた教育行政が世俗化された。その結果、修道会による教育活動は大幅に縮小されることになり、長い歴史を有するケベックのウルスラ会の活動も大きな影響を受けることとなった。

以上、本書の書簡の背景となっている聖ウルスラ修道会について、その創立の事情、フランス、そして、カナダに定着していった軌跡を一七世紀まで概観してきた。この会は、教会や国が施策を講じる前に、自発的に巷で不遇にあえぐ人々への支援を行う団体として発足した。しかも、これは女性による女性のための事業であった。その後、教会や国の方針、伝統的社会における女性の自立への危惧など、様々な状況の変化に適応しながら、大きく形態を変えて、五〇〇年近い年月を経ても世界各地で存続している。

〈参考文献〉

Audet, Louis-Philippe. *Histoire de l'enseignement au Québec*, tome 1, Montréal, Holt, Rinehart et Winston Limitée, 1971.

Gueudre, Marie de Chantal. *Histoire de l'Ordre des Ursulines en France*. 3 vols. Paris, Editions St.Paul 1957.

Migne (L'Abbé), éditeur. *Dictionnaire universel et complet des conciles, tant généraux que particuliers des principaux synods diocésains, et des autres assmblées ecclesiastiques les plus remarquables, rédigé par l'Abbé Peltier.* 2 vols. Paris, Atliers catholiques, 1847.

Rapley, Elizabeth. *The Dévotes*: *Women & Church in Seventeenth-Century France*, Montréal, McGill-Queen's University Press, 1990.

ポール・フォール著・赤井彰訳『改訳ルネッサンス』文庫クセジュ、白水社、一九七七年

目黒富久子著『カナダ国、初代宣教上における御託身のマリア』昭和三七年、（聖ウルスラ修道会内部資料）

リタ・ガニエ編・聖ウルスラ修道会訳『現代の牧者――アンジェラ・メリチ――』（聖ウルスラ修道会内部資料）

先住民の娘の服装(18世紀頃)、ペン画、作者不明、ケベック・ウルスラ会所蔵。写真撮影者 François Lachapelle, @Musée des Ursulines de Québec

マリー・ド・レンカルナシオン(40歳)の肖像画、1639年頃にフランスで作成、作者不明、@Monastère des Ursulines de Québec

ケベック・ウルスラ会寄宿学校、1847年頃、@Archives des Ursulines de Québec

初期のケベック・ウルスラ会修道院の想像画（油絵）、作成者Joseph Légaré、1840年、写真撮影者Paul Dionne, @Musée des Ursulines de Québec

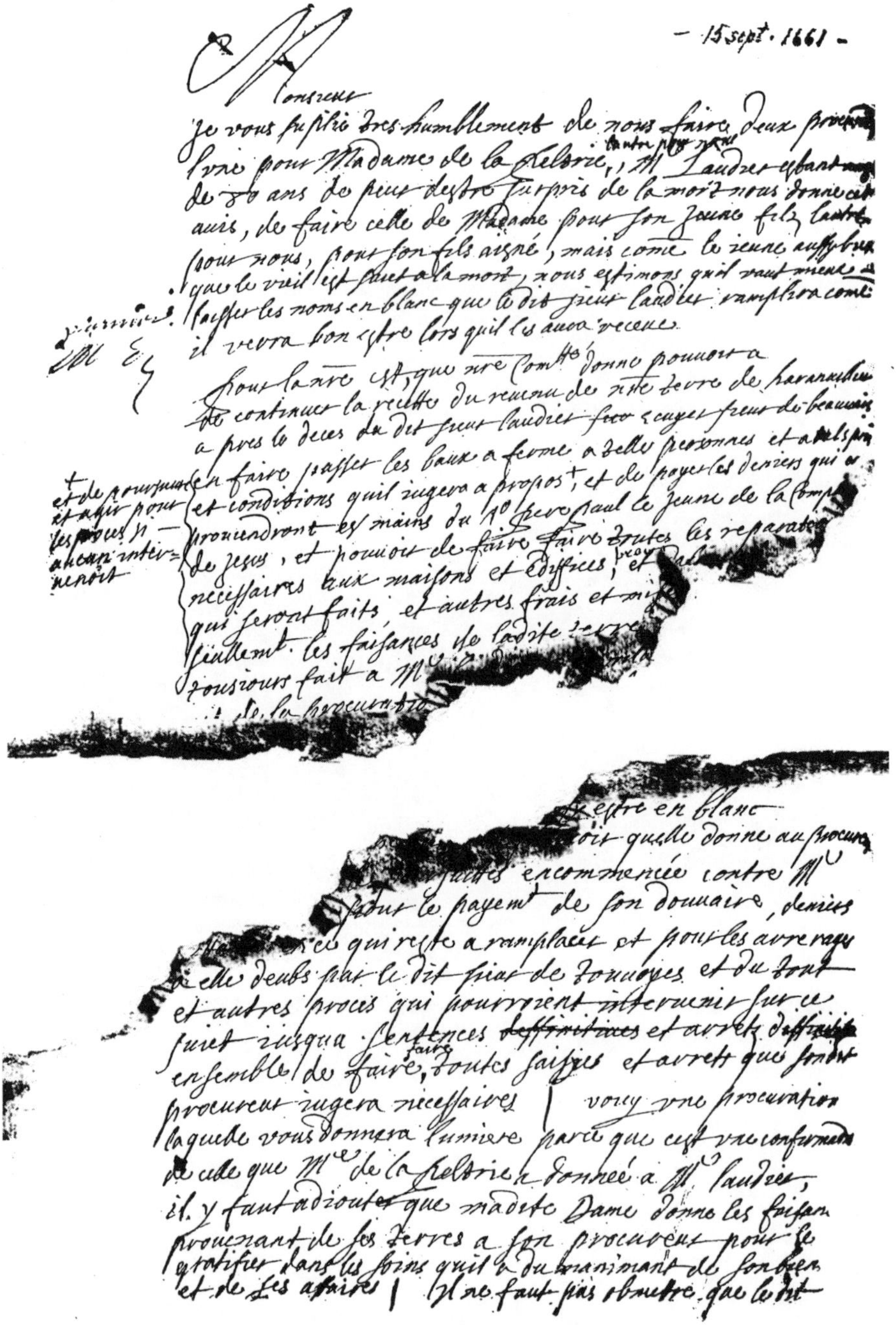

— 15 sept. 1661 —

Monsieur

Je vous supplie tres humblement de nous faire deux procurations l'une pour Madame de la Peltrie, M. Laudier estant aagé de 80 ans de peur d'estre surpris de la mort nous donne cet avis, de faire celle de Madame pour son Jeune filz l'autre pour nous, pour son fils aisné, mais come le ieune aussy bien que le vieil est sujet a la mort, nous estimons quil vaut mieux de laisser les noms en blanc que le dit sieur Laudier remplira come il verra bon estre lors quil les aura receue.

マリー・ド・レンカルナシオンの1661年9月15日付書簡の自筆原文（フランスでの代理委任状の一部）、@Archives des Ursulines de Québec

LETTRE CXCIV

De Québec, à Guillaume Audouard de St-Germain, notaire à Québec, 15 septembre 1661.

Orig. : AUQ.
Texte original.

Etablissement de procurations en France.

MONSIEUR, je vous suplie très humblement de nous faire deux procurations, l'une pour Madame de la Peltrie, l'autre pour nous. M. Laudier (**1**) estant aagé de 80 ans, de peur d'estre surpris de la mort, nous donne cet avis de faire celle de Madame pour son jeune fils, l'autre pour nous, pour son fils aisné. Mais comme le jeune aussy bien que le vieil est sujet à la mort, nous estimons qu'il vaut mieux laisser les noms en blanc que le dit sieur Laudier remplira comme il verra bon estre lors qu'il les aura reçeue.

Pour la nostre est, que nostre communautté donne pouvoir à de continuer la recette du revenu de nostre terre de Haranvillier (**2**) après le décès du dit sieur Laudier, écuyer, sieur de Beauvais, en faire passer les baux à ferme, à telles personnes et à tels pris et conditions qu'il jujera à propos, et de poursuivre et agir pour les procès si aucun intervenoit [1], et de payer les deniers qui en proviendront ès mains du Rd Père Paul Le Jeune de la Compagnie de Jésus, et pouvoir de faire faire toutes les réparations nécessaires aux maisons et édiffices et d'alouer tous les payements qui seront faits et autres frais et mises, luy donnant seulement les faisançes de la dite terre, comme nous avons tousjours fait à M. Laudier. Voilà en substance ce qui est de la procuration qui nous regarde pour nostre métairie de Haranvillier.

Celle (**3**) de Madame doit aussy estre en blanc et il y faut spécifier le pouvoir qu'elle donne au procureur de continuer les poursuites encommencée contre M. de Touvoye (**4**) pour le payement de son douuaire, deniers dottaux, en ce qui reste à ramplacer, et pour les arréages à elle deuts par le dit sieur de Touvoyes et du tout et autres procès qui pourroient intervenir sur ce sujet jusqu'à sentences et arrêts diffinitifs, ensemble de faire faire toutes saisies et arrêts que son dit procureur jugera nécessaires. Voicy une procuration laquelle vous donnera lumière parce que c'est une confirmation de celle que Mme de la Peltrie a donnée à M. Laudier; il faut y adjouter que ma dite Dame donne les faisances (**5**) provenant de ses terres à son procureur pour le gratifier dans les soins qu'il a du maniment de son bien et de ses affaires. Il ne faut pas obmettre que le dit

マリー・ド・レンカルナシオンの1661年9月15日付書簡の一部の活字化、本訳書の原書655－656頁、@Monastère des Ursulines de Québec

ケベック・ウルスラ会修道院前庭にあるマリー・ド・レンカルナシオンの銅像の絵葉書、Publicité Raymond, Inc., Lévis, Québec, @Monastère des Ursulines de Québec

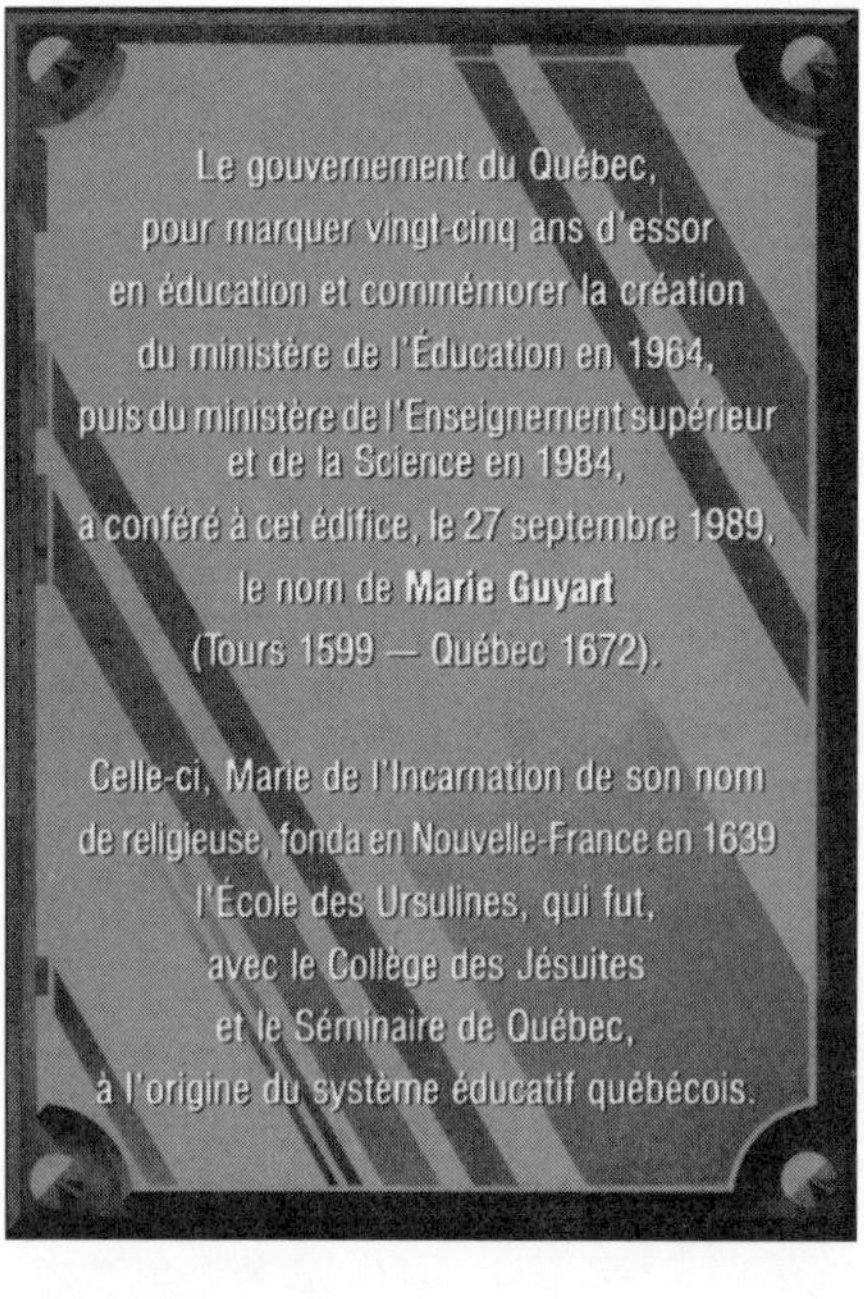
Le gouvernement du Québec,
pour marquer vingt-cinq ans d'essor
en éducation et commémorer la création
du ministère de l'Éducation en 1964,
puis du ministère de l'Enseignement supérieur
et de la Science en 1984,
a conféré à cet édifice, le 27 septembre 1989,
le nom de **Marie Guyart**
(Tours 1599 — Québec 1672).

Celle-ci, Marie de l'Incarnation de son nom
de religieuse, fonda en Nouvelle-France en 1639
l'Ecole des Ursulines, qui fut,
avec le Collège des Jésuites
et le Séminaire de Québec,
à l'origine du système éducatif québécois.

ケベック州教育省のあるケベック政府合同庁舎。Édifice Gが1989年9月27日にÉdifice Marie Guyartに名称変更されたときに同庁舎の壁面に填め込まれた命名板（Le greffier du conseil exécutif, Benoît Morin）、@Monastère des Ursulines de Québec

教会によって同時に福者に列せられたマリー・ド・レンカルナシオンと先住民のカテリ・テクウィタの肖像画を掲載したカナダの記念切手（1972年）と切手の入った封筒，@Monastère des Ursulines de Québec

マリー・ド・レンカルナシオン聖堂にあるマリー・ド・レンカルナシオンの墓所、@Monastère des Ursulines de Québec

ケベック・ウルスラ会博物館とマリー・ド・レンカルナシオン・センターの入り口、@Monastère des Ursulines de Québec

1965年頃のケベック・ウルスラ会修道院、写真撮影者不明、@Musée des Ursulines de Québec

ケベック・ウルスラ会修道院正面玄関、@Monastère des Ursulines de Québec

訳者あとがき

一九九一年、マリー・ド・レンカルナシオン創立の聖ウルスラ修道会カナダ修族の日本管区の修道女の方から、マリー・ド・レンカルナシオンの書簡集の翻訳を頼まれた。フランス語のみならず、その他の学問的分野でなんの業績もない私にこの依頼は過分であった。しかし、一九五四年から一九六一年までカナダに滞在していた間、そして、現在に至るまで多くのフランス系カナダ人から直接間接に恩義を受けている者として、喜んで困難な翻訳を引き受けた。

他の仕事もあって、翻訳は片手間で、時々、中断したこともあったが、二〇〇一年に完了した。二、三のカナダ人宣教師と聖ウルスラ修道会の修道女の方々からかなりの指導を受けた。こうしてできた七冊の分冊本は、公刊の意図は全くなく、あくまで聖ウルスラ修道会の私家版であった。

訳していた間は、内容について深く考える余裕はなく、訳了後、機会を得て全部読み返してみた。すると、カナダとフランスの歴史に関して、かなり貴重で未聞の事実が記述されていることに改めて気が付いた。カナダの歴史に関する著書は多数あるのだろうが、ケベックの草創期に関するものは希少に思えた。その意味で、歴史家ではなくとも、カナダの歴史、特にフランス語圏カナダの歴史に興味のある方々には有益な書であるに違いない。

それで、翻訳権所有者の聖ウルスラ修道会と原著の発行所の許可を願って、手紙の中からカナダの歴史の草創期に関する出来事についてのものを抜粋して、公刊することにした。

本書を訳していて気になったことは、一部の先住民、特にイロクォイ人の残虐さについての克明な描写である。ある部分は物語のジャンルによる誇張であると言えよう。それはともかく、残虐さと言えば、イロクォイ人に限ったことではない。輝かしく見える人類史の反面は残虐史である。人権、人道主義を標榜する現代でも、世界の各所でさまざまの名目の許に残虐行為が続けられている。それは、イロクォイ人によるものを無限に上回る。マリー・ド・レンカルナシオンはイロクォイ人の怖気立たせるような獰猛さを描写はしても、彼らなりの倫理観を持っていたことを書きとめた。フランス軍との和平交渉に来たイロクォイ人使節の動作と演説には紳士的なものさえ見えるのである。

マリー・ド・レンカルナシオンは、先住民と移住者フランス人子女の教育に当たったが、しばしば、フランスの子女と比較して先住民子女の賢さと熱心と行儀をたたえている。時には残虐なイロクォイ人に対して厳しい言葉を使ってはいるが、本来は同じように神から創造された者として、今で言う基本的人権を重んじ、尊敬するにやぶさかでない。先住民を堕落させたのは、皮革の取引の手段にブランデーを飲ませたフランス人、英国人、オランダ人であるとも言う。

先住民でキリスト教信者になった人々のうちには、欧米や日本の殉教者たちに劣らぬ信仰の証しをした人々が多数いる。カナダの草創期はキリスト教に好感を持った先住民の部族たちの同化と、フランス軍に抵抗した誇り高いイロクォイ人の血で彩られていると言えよう。ともあれ、カナダの草創期には、国王の御先棒担ぎではなかった宣教師たち、特に、修道院で先住民の教育に当たった修道女たちが移住民や軍人や官吏以上に大きな役割を占めていたと言える。それに、財源の不足でしばしば困窮の状態にあった小さい修道院と寄宿学校を支えたのは、多くはフランスの名もない修道女たちやその他の篤信の人々である。特に注目すべきは、これらの無名の建国の貢献者たちのうちには、キリスト教に改宗したがゆえに、あるいはフランス人と友好的であったがゆえにイロクォイ人に虐殺された他の多くの先住民も含まれていることである。

マリー・ド・レンカルナシオンの手紙にはまた、あまり知られていなかった地震についての報告も含まれている。地震国との定評のある日本人から見れば、その報告は当時の宗教的考えに関連づけられて奇異な感じを抱かせるが、筆致には迫真的なものがある。彗星や大気現象についての記述もその筋の人々から見れば極めて興味深いものであろう。

歴史学にも教育学にも文学にも、そして、神秘思想にも門外漢の身であるにかかわらず、このような貴重な書の翻訳を依頼してくださった聖ウルスラ修道会の寛容さに改めて感謝の意を表明させていただきたい。顧みれば、定評ある文芸作品でもあるこの手紙集を臆面もなく訳したことに内心忸怩たる思いである。しかし、アカデミックな歴史書と趣を異にするこの書が、カナダの草創期の出来事に興味を抱く人々に何らかの感銘を与えるならば、もって望外の幸いと思っていた。

問題は出版社を見つけることであった。出版社とは全く無縁である。一度、これもお門違いの翻訳書の出版に尽力してくださった知人に斡旋も依頼した。出版界は不況で、今回はそう簡単にはいかないが、と言われた。そうこうしている間に二年が過ぎた。

今回、聖ウルスラ修道会の修道女を介して、カナダ、特にケベック州の教育に関して優れた研究書を公刊しておられる清泉女子大学名誉教授小林順子先生にお会いすることができた。先生はかねてからマリー・ド・レンカルナシオンに非常な興味を抱いておられた方である。それで先生のご尽力で、学術図書出版社である東信堂から本書を出版する運びと相成った。小林先生のご支援と、東信堂代表取締役下田勝司氏の損得なしのご理解がなかったら、本書は日本で日の目を見ることはなかったであろう。

小林順子先生はまた、ケベック及びカナダ全体の歴史学の権威でいらっしゃるカリタス女子短期大学教授竹中豊先生に、本書の冒頭を飾る解説を寄せていただけるよう取り計らってくださった。そして、竹中先生ご自身が本書の刊行に非常な関心と協力の意を示され、必要な資料の整備なども手伝ってくださった。小林先生は、さらに掲載が必要となった写真や多くの資料をウルスラ会カナダ総本部及びマリー・ド・レンカルナンオシのミュゼから取り寄せてくださった。まずは、この三人の方々に深い感謝の念を表する次第である。最後に、東信堂の地橋江美氏にお礼を申し上げておきたい。地橋氏は拙稿の一字一句に丹念に目をとおして必要な校正を行い、さらに翻訳文の不備、理解しがたい箇所を指摘して、修正を助言してくださった。

二〇〇六年盛夏

門脇輝夫

東信堂

日本の教育経験—途上国の教育開発を考える	国際協力機構編著	二八〇〇円
アメリカの才能教育—多様なニーズに応える特別支援	松村暢隆	二五〇〇円
アメリカのバイリンガル教育—新しい社会の構築をめざして	末藤美津子	三二〇〇円
アメリカ進歩主義教授理論の形成過程—教育における個性尊重は何を意味してきたか	宮本健市郎	七〇〇〇円
教育の経済的生産性と公共性—ホレース・マンとアメリカ公教育思想	久保義三	三八〇〇円
21世紀にはばたくカナダの教育（カナダの教育2）	小林・関口・浪田他編著	二八〇〇円
多様社会カナダの「国語」教育（カナダの教育3）	関口礼子・浪田克之介編著	三六〇〇円
イギリス教育課程改革—その軌跡と課題	木村浩	二八〇〇円
現代英国の宗教教育と人格教育（PSE）	柴沼晶子・新井浅浩編著	五二〇〇円
ドイツの教育のすべて	マックス・プランク教育研究所研究者グループ 天野・木戸・長島監訳	一〇〇〇〇円
ドイツの教育	天野正治・結城忠・別府昭郎編著	四六〇〇円
現代ドイツ政治・社会学習論—「事実教授」の展開の分析	大友秀明	五二〇〇円
21世紀を展望するフランス教育改革—一九八九年教育基本法の論理と展開	小林順子編	八六四〇円
マレーシアにおける国際教育関係—教育へのグローバル・インパクト	杉本均	五七〇〇円
フィリピンの公教育と宗教—成立と展開過程	市川誠	五六〇〇円
「改革・開放」下中国教育の動態—江蘇省の場合を中心に	阿部洋編著	五四〇〇円
社会主義中国における少数民族教育—「民族平等」理念の展開	小川佳万	四六〇〇円
中国の職業教育拡大政策—背景・実現過程・帰結	劉文君	五〇四八円
中国の後期中等教育の拡大と経済発展パターン—江蘇省と広東省の比較	呉琦来	三八二七円
東南アジア諸国の国民統合と教育—多民族社会における葛藤	村田翼夫編著	四四〇〇円
オーストラリア・ニュージーランドの教育	石附稔・笹森健編著	二八〇〇円

〒113-0023 東京都文京区向丘1-20-6　5TEL 03-3818-5521 FAX 03-3818-5514 振替 00110-6-37828
Email tk203444@fsinet.or.jp　URL: http://www.toshindo-pub.com/

※定価：表示価格（本体）＋税

訳者・解説者紹介

門脇　輝夫（かどわき　てるお）

1926年生まれ　翻訳家
主要翻訳書：修道会および教会関係の内部資料・伝記・教理書のほかに、アルフレッド・フーシェ『仏陀の善生』（東方出版、1993年）、メンピス『日本絵画紀行』（共訳、朝日出版社、1989年）、X・レオン=デュフール著『死の神秘――死を前にしたイエスとパウロ――』（共訳、あかし書房、1986年）

竹中　豊（たけなか　ゆたか）

1945年生まれ　カリタス女子短期大学教授
主要著書：『カナダ：大いなる孤高の地』（彩流社、2000）、『カナダを知るための60章』（共著、明石書店、2003）、『南北アメリカの500年』（共著、青木書店、1992）

小林　順子（こばやし　じゅんこ）

1931年生まれ　清泉女子大学名誉教授
教育行政・比較教育学専攻
主要著書：『カナダの教育2　21世紀にはばたくカナダの教育』（共著、東信堂、2003）、『カナダの教育1　ケベック州の教育』（東信堂、1994）、『史料が語るカナダ』（共著、有斐閣、1997）

MARIE DE L'INCARNATION URSULINE
1599-1672 CORRESPONDANCE

修道女が見聞した17世紀のカナダ――ヌーヴェル・フランスからの手紙――

2006年9月15日　初版第1刷発行　〔検印省略〕

＊定価は裏表紙に表示してあります

訳者 ©門脇輝夫　発行者　下田勝司　印刷・製本 ㈱カジャーレ

東京都文京区向丘1-20-6　郵便振替00110-6-37828
〒113-0023　TEL (03) 3818-5521　FAX (03) 3818-5514
発行所　株式会社　東信堂

Published by **TOSHINDO PUBLISHING CO., LTD.**
1-20-6, Mukougaoka, Bunkyo-ku, Tokyo, Japan 113-0023

ISBN4-88713-699-4 C3022 **Copyrigh© 2006 by KADOWAKI Teruo**

固有名詞索引

〔算用数字の番号は本書の（　）内のもの，すなわち，ドン・ギー・ウリー編の手紙番号，＊は注番号，付は付録A,Bである．固有名詞の(先)は先住民の区分を示す．なお，この索引は原著に出ているすべての項目を網羅してはいない〕．

ア行

アカディア(ノバ・スコシア)　168,184,204,204＊12,237,付A140＊53
アシャンダゼ(先)　161,161＊8,237
アッチカメーグ(先,地)　67,67＊2,71,73,73＊5,92,97,97＊3,110(白魚人),132,146,196
アチウンダロンク(先)　128＊3（ヌートル,中立)
アニエ(先，地)　5＊5,65＊1,92＊7,11,110,128＊1,132＊9,143＊4,152,152＊3,7,168＊2,179＊8,192＊2,197＊5,223＊2,224＊2,225,230,230＊1,2,248
アニェース　42,42＊2,43,65,76＊9
アニュロノン(＝アニエ,先)　92,92＊12,110,152,161,163,168,172,179,184,197,200,202,204,224,225,230,248,258
アブナキウオイ，アブナキオイ(先)　270,付B40
アブラハム平野(丘)　132＊4,付B28＊1
アベナキ(先)　46＊1,50,73,97,97＊4
アメリカ(大陸)　67,92,110,152,203,212,212＊2,215,220,237,248,270,付A140
アナストエ，アンダスト，アンダストエ，アンダストゥエ,アンダストゲ(村)　110,110＊11,128＊7（先→アンダスト）
アリュメット(島)　52＊2
アルゴンキン(先)　44＊3,45＊1,46＊3,50＊4,52,52＊2,56,59,65,65＊2,67,73＊5,9,76,78＊2,92,97,97＊7,10,111,126,149＊6,7,152,161,163,168,172,179,183,184,184＊18,185,192,196,200,201,212,212＊4,215,220,225,230,235,237,241,258,270,270＊1,付A140,付B2＊17,21,付B40
アルジャンソン→ダルジャンソン
アルシアンタゼ　237
アルノー(アントワーヌ)　62＊1,付B12＊1→ポール・ロワィヤール
アルノー（マドモワゼル）　付B12,12＊1→ポール・ロワィヤール
アレクサンドル7世(教皇)　207＊7
アンジェラ・メリチ(ウルスラ会創立者)　65＊23
アンシャン・フランス　付B40
アンダスタウエロノン(先)　230
アンダスト(先，地)　110＊11,128＊7,160＊10,230＊3
アンダストゥエ(先)　128
アンチル(諸島)　215＊1,246＊3,付A140＊82
アンドゥステルノン(先)　128
アンヌ・ドートリッシュ(ルイ13世の王妃)　76＊5,6,80,付録140＊24→女王
イウイ(先)　230＊2
イギリス→英国
イタリア(国，人)　44,76,207,246＊4
イール・アルゴンキン(先)　92,
イール・ド・クードル(島)　204＊8
イリノイ(先)　付B40,40＊1
イロクォイ(先，地)　12＊5,50＊5（5部族）,56,59,59＊4,62,65-67,71,73,76,80,92,92＊11,92＊12,97,97＊6,110,110＊2,3,111,114-116,121,125＊5,126,128,128＊1,7,

132,143,143＊3,146,149,149＊7,152,152＊35,156,161,161＊15,163,168,172,175,177,179,179＊7（地方）,183,184,184＊25,185,186,186＊4,192,192＊2,8,196,196＊5,197,197＊3,200-202,204,207,212,212＊3,4,215,218,218＊3,5,220,223-225,230,230＊1,2,235,237,244,246,248,251,253,254,270,273,付A140,付B18,20,23,40,40＊1
イロケ(先)　73,73＊9,76
インド　151
ウイニピグ(先，湖)　59＊3
ウインプジェック・イキミエク(先)　97
ウスタシュ(ヒューロン人)　65,65＊12
ウタウアク(先)　185,186,200,230,237,248,254,258,277
ウタウエ(川)　184,184＊12（＝オタワ川）
ウタガミ(先)　258,268,268＊1(＝ルナール)
ウータル(川)　212＊5
ウテイマガミ(先)　47＊3
英国(イギリス)　37＊2,39,111,215(の国王),237(イギリス軍),277
英国人　46＊2,97,110＊10(士官),132＊3,179,202,204,215,223,225,237,248,253,258,277
エドワード3世　258＊6
エリエ(湖)　149＊7
オイオウエロノン(先)　192,200
オイオニュロノン(先)　230
オ・クードル(島)　146＊3
オグニテ(先)　92,92＊15
オスウィーゴ(川)　172＊3
オソサネ(地)　45＊3,付B2＊24(＝ラ・コンセプシオン)
オタワ(地)　92＊11
オタワ(川)　52＊2,73＊9,92＊3,149＊7(＝ウタウエ川)
オニオンテヘロノン(先)　97,97＊6(＝オネイウツ〔英〕，オネイダ)
オネイウー(先)　110＊7,230＊1
オネイウツ(先)　97＊6
オネイウート(先，地)　175,175＊2,184＊21
オネイウストロノン(先)　179,230,237
オネウツ(先)　152＊1
オノニオテ(地)　110,110＊7(オニョテ)
オノンタエ(地)　237
オノンタゲ(先,地)　110,110＊2,152＊7,11,161,161＊6,168,168＊2,172,172＊2,175＊1,179,179＊3,192＊4,197＊1,2,230＊3,258
オノンタジュロノン(先)　110,110＊6,152,161,163,184,197,200,230
オノンタチュロノン(先)　110＊4
オノンタニュロノン(先)　168,172,184
オランジュ(砦，地)　111＊1,237
オランダ　212＊3
オランダ人　65,76,80,92,111＊1,128,163,172,179,192,201,204,215,237,246,248
オルレアン(島)　161＊13,172,172＊9,179,196,196＊5,204,付A140＊99
オワウ(地)　175
オワオニエン(地)　277
オンタリオ(湖，川，州)　110＊2,8,132＊9,149＊7,161＊9,172＊3
オンデソン　161＊5
オンニエロノン(先)　184,258

カ行

カストール(先)　184＊18
ガスペ(地)　126＊1,2,132＊2,9,204,付B40
カナダ　12＊1,13＊1,17＊6,18,20,21,27,28,30,32,33,40,43,44,47,48,56,58,62,64-66,80,116,116＊2,128＊2,143,149＊5,161(この国),183,185,186,192(こちらの国),197(この国),207,215,220,223,225,230＊4,241,246,253,254,258(こちらの国),付A140,付B2
カナダ人　20,38,230＊4,253
カナダ・フランス(人)　223
ガナンタハ(湖)　172＊3,177＊3,179＊3
カプ・ディアマン(地)　68＊9

カプ・ド・トゥールマン(地)　196,204,204＊7,237
カプ・ド・ラ・マドレーヌ(地)　152,4
カプ・ルージュ(地)　126＊4,6,152＊3
キリスチノン(先)　196,196＊3＝クリスチノー，クリス，北海民
グラン・カリュメ(島)　184＊3
クリスチノー(先)　59＊3
クールセール(ド・第8代総督)　218＊2,220＊1,223,223＊1,5,225
グレート・ベア(湖)　110
ケベック(砦，城，市)　13,17＊3,5,20＊2,21＊1,28,28＊1,39,43＊1,45,46,50,52,52＊2,59,65,73,76,77＊8,92,125＊5,126,126＊1,4,6,132＊3,149＊6,7,152,152＊3,165,168,168＊9,172,172＊4,5,183-185,196,197,201,202,204,207,215,218,223-225,237,241,248,251,253,254,258,付A140,付B2＊1
ゴヨグーエン(先)　110＊2,175＊2,179＊8,186＊4,192＊5,197＊2,230＊2
コルベール　237＊4,258＊1
コンデ(大)　197＊7
コンバレ(ド・)　26＊2,30＊3,37＊6→デギヨン(公爵，総督夫人)

サ行

サグネー(地)　52,52＊2,59,67
サスケハナ(地)　128＊7
サフレー(シャルル)（ヌーヴェル・フランス7代目総督）　207,207＊5
サントネロノン(先)　92→ツオノントゥアン
ジェームズ(湾)　44＊3
シナ(海)　161→中国
シムコー(湖)　24＊1,121＊1
シャ(先)　161
シャトー・ロシェ(地)　207
シャルール(湾)　73＊2,4
ジャン・バチスト(ヒューロン人)　97,10,172
シャンブリ(砦)　230,230＊5,270＝セン・ルイ
シャンプレン(シャンプラン)　17＊3,21＊1
シャンプレン(湖)　50＊5,184＊3
シルリー(地)　40＊3,41＊1,43,46＊1,52＊4,56,59,65＊2,73,76,80,80＊4,5,97,97＊7,110,110＊12,111＊2,126＊4,168＊9,207,212,付B2＊2,17,現在ケッベク市に合併
ジョージア(湾)　24＊1,126＊3,211＊4,5
スペイン　37＊3
スペリオル(湖)
ソコキ(先)　97＊7
ソ・ド・ラ・ショディエール(川)　184,184＊12
ソルボンヌ　143
ソノンタロノン(先)　110
ソノントゥーアン(先)　92＊17,277,付B40→ツォノントゥーアン
ソノントゥアロノン，ソノントウエロノン(先)　168,172,230,230＊3,258＝ツォノントゥーアン
セーブル(島)　付A140＊83
セン・シャルル(川)　付B2＊18
セン・ジョゼフ(地，島)　121＊1,3,126＊3,132＊4,161＊7
セン・タンヌ・ド・ボープレ　184＊11,196→ボープレ
セント・クリストファ(島)　付A140＊82,83＝セント・キッツ島
セント・ジュヌヴィエーブ(丘)　184＊7
セント・テレーズ(砦)　125＊2,230
セント・モーリス(盆地)　67＊1
セント・ローレンス(川，湾)　12＊3,20＊2,44＊2,50＊5,52＊2,65,73＊2,9,92,92＊11,110,110＊8,114＊1,132＊9,149＊7,168,184＊12,204,204＊10,11,付B2＊6
セン・チニャス(島)　97,97＊8
セン・ピエール(湖)　97,97＊8,184＊5
セン・ポール(岬)　204＊7
セン・ミシェル(地)　161,161＊7

タ行

ダイユブー(Louis d'Ailleboust,総督) 110＊9,132＊2,184,184＊27,付A＊97
ダイユブー夫人 110,196,212,246,
ダヴォーグル(P,d,B,d'Avaugour,総督) 196,196＊1,197,202,202＊4,5
タドゥーサック(地) 52,52＊2,59,65,67,71,73,73＊4,76,76＊9,80,92＊20,97,97＊1,143＊4,196,196＊5,202＊1,204＊6,7,212＊5,215,218,237,258,付B2,2＊1,6
ダルジャンソン(P,d,V,d'Argenson,総督) 184＊4,14,192＊8,197,付B28＊1
タロン 220＊1,2,3,224＊3,230＊4,246,246＊1,2,3,254,258＊1,277＊2,3,5
タロン(地) 246,246＊4
ダンケルク 37＊3
チャールズ1世(英国王) 111＊3
チャールズ2世 125＊4,258＊2
中国 97(に至る道),151,204(と日本に至る道)→シナ海
ツォノントゥーアン(先) 92＊17,110＊2,179＊8,197：4＝ソノントゥーアン
ティミシミ(先) 47＊4
デキヨン(公爵，総督夫人) 26＊2,30＊3,37＊6,38,47,56,66,66＊2→コンバレ
デ・グロワズリエ 258
テミスカミング(先) 59＊3
デュ・ボワ(6代目総督) 196＊1
テール・ヌーヴ(島) 202
テレーズ(ヒューロン人の娘) 59,62＊2,65,65＊5,6,73,73＊7,92,97,149＊9,付B8＊1,18＊2
ドイツ人 246
ド・メジー(総督) 207,207＊1
ド・モン(国王親任官) 202,202＊1
トラシー(ド・) 212＊3,215,215＊1,218＊3,220,220＊2,223,223＊5,224,225,255＊1,2,6,227,230,253
トロワ・リヴィエール(地) 43,52＊2,56,59,65,65＊8,92,92＊2,5,97,110,110＊1,3,5,114,126＊5,128,132,146,149,152,152＊3,4,168,172,179＊10,183,184,184,9,196,200,202,204,204＊6,9,212,235,付B1
トンキン(ベトナムの主要都市) 177＊2

ナ行

西インド諸島 258,258＊4
日本 204
ニピシリニアン,ニピシング(先) 44,44＊3,47＊4,59＊3,76,121,215
ニピシング(湖，地) 44＊3,80＊16
ニプシグィット(地) 73＊3
ニュー・イングランド 46＊2,97＊10,132,132＊2,161,204,215,205
ニュー・ジャージー 110＊11,128＊7
ニュー・ネザーランド(＝ニュー・ヨーク) 163,179,179＊12,184＊3,204,215,215＊4,223,230,237
ニュー・ブランスウイック 73＊2
ヌートル(中立，先) 128＊3,4,149＊7
ヌーヴェル・オランダ 237
ヌーヴェル・スエード 230
ヌーヴェル・フランス(カナダ) 12＊1,2,15,16,16＊1,17,19,20,21,26,26＊2,28,31,43,66＊2,73,76＊6,7,92,92＊8,128,132,161,168＊1,177＊2,184,184＊27,192＊8,196＊1,204,207(州，王国),207＊5,付A140＊10,11,83,97,付B2＊10
ネガバマット(ノエル,インディアンの演説家) 58,65,65＊2,80＊15,92
ネガバマット(マリー，アルゴンキン人の娘) 41,41＊2,43,付B2＊17,B3
ネ・ペルセ(地) 184,184＊8
ノートルダム・デ・ザンジュ(地) 28＊2,43＊5,204,220,246＊4,付B2＊18
ノバ・スコシア(地) 126＊1,168,185,204＝アカディア

ハ行

バージニア(地)　110,110＊1
バチスカン(川)　204
ハドソン(湾，川，地方，渓谷)　44＊3,47＊4,50＊5,65＊10,96＊3,225＊5,277＊3,4
パミナショワ(先)　212,212＊5,6
ピカルイチ(先住民の演説家)　58,78＊1,80＊13
ビースカレ(アルゴンキン人)　92,92＊2,100,116
ピゾー(ド・)　50＊50＊6
ピュアン(先)　97＊12
ピュアン(湖)　258＊3,277(湾)
ヒューロン(先)　24,24＊1,28,28＊1,30,30＊2,4,40,40＊4,43,44,44＊2,45,45＊2,50,50＊4,56,59,59＊4,5,60,62,65,65＊7,73,73＊6,76,78＊2,80,80＊1,92,92＊11,97,110,110＊11,114,114＊1,116,121,121＊2,125,125＊2,5,126,128,128＊7,143,149＊7,152,152＊5,161,161＊8,13,163,168,172,172＊9,175,179,183,184,184＊14,185,192,225,237,241,246,251,258,270,付A140,付B2＊24,B18,B20,B40
ヒューロン(地)　43＊6,44＊3,50,59,71,76＊6,80,97,126,128,149＊6,付A140＊100
ヒューロン(湖)　24＊1,184＊18,277
ファンディ(湾)　204＊14＝フランス湾
ブーシェ(ピエール)(国王親任官ド・モンの同行者)　202,202＊1,3,235
プチ・カプ(地)　184,184＊11＝セン・タンヌ・ボープレ
ブートルー(タロンの後継者)　246,246＊4
フラマン(フランドル)人　248
フランス　28,37,37＊2,3,43,46,47,52,58,59,62,64-66,76,80,97,116,125,126,128,132,143,146,149,163,168＊1,175,183,184,185,196,197,200,202,203,207,215,220,230,241,248,253,260,付B2
フランス人　41,43,44,46,47,50＊2,5,56,60,62,65,65,67,73,76,78,80,92,97,110,110＊4,111,114,116,128,132,142,146,149,152,152＊3,5,161,163,168,168＊2,172,175＊1,177,179,183,184-186,192,196,197,197＊2,3,6,200,201,204,207,212,212＊4,215,218,220,223-225,230,235,237,244,246,248,251,253,254,258,270,277,付A140,付B2,B40
フランス・カナダ人　251
プレザンス(砦)　202,202＊2
ブールジョワ(マルグリット，コングレガシオン・ド・ノートルダムの創立者)　161＊16,183＊3,251(モントリオールの女性)
ブレブフ(ジャン・ド・)　56,59,59＊4,121,128
ブールターニュ　175
ベッシアミット，ベルシアミット(先)　97,97＊1
ペタン(先)　149＊6,7
ペルセ(島)　126,126＊2
ペルトリー夫人(ド・ラ・)　17＊1,30＊5,31,31＊1,34＊5,37,43,66,76＊8,143,161＊16,251,付A140,140＊17,19,付B2＝創立者夫人
ベルニエール(ド・)　30＊5,34,34＊5,43,56,64,66,66＊2,6,143,177,177＊2,183,185,192,192＊7,207,218＊6,付A140＊19
ボストン　204
北海(民)　196：3,212,258,268
ボープレ(セン・タンヌ・)　196,196＊6,204,付B17＊1,2
ボーポール(地)　126＊6
ポルトガル　258
ポルトガル人　246
ポール・ロワイヤール(フランスの修道院)　204,204＊12,付B8,12＊1,2

マ行

マナート(地)　237
マニクオーガン(川)　212＊5,6
マリー(ヒューロン人ジャン・バチストの妻)

110,；→ネガバマット
マルティニック(諸島)　223＊3,253,253＊1,
マルテン(クロード，マリー・ド・レンカルナシオンの息子，ベルナルド会員)　56＊1以下,73＊1,92＊1,128＊5,132＊1,付A7＊2,A49＊1,付B40
マンシュ(イギリス海峡)　37＊4,39,39＊1
ミシシッピー(川)　161＊12
ミシリマキアック(地)　277
ミスクー(地，〔先〕)　73,73＊2,3,4,付B2
ムーア人　246,246＊4
メリーランド(地)　110＊11,128＊7,179＊12
メゾンヌーヴ(ド・)　59＊7,65＊11,66＊2,110＊9,149,149＊4
モヒカン(先)　225＊5,254＝ルー
モホーク(先)　92＊14＝アニエ
モンタニェ(先)　40,46＊4,52,52＊2,56,58,67＊1,73,92,97＊1,126,161,200,212,212＊5,215,237,270＊2,付B40l
モンタニェ・ナスカピ(先)　196＊3
モントリオール　59,59＊7,65,65＊11,66,66＊2,5,73＊9,76＊7,8,92＊5,97,97＊7,110,110＊4,8,9,15,125＊5,149,152,152＊3,161,161＊16,163,168,179,179＊7,183,183＊2,184,184＊9,185,186＊4,192,192＊5,8,198,200,204,212,230,235,237,244,246,248,251,258,270
モンマニ(ド・総督)　21＊1,28＊1,30＊3,76＊6,80＊14,92＊8,97,184＊27,付B2＊12

ヤ行

ヤンセン(ジャンセニズムの創始者)　付B12＊2
ヨーロッパ(地，人)　111,137,168,192,203,212,237,251,268,270

ラ行

ラヴァル(ラバル，ド・モンモランシー)　177＊2,183,183＊1,184＊21,201＊3,207＊1,2,5,6,218＊6→（事項索引）司教
ラ・コンセプシオン(フランス人居住地)　28,30,付B2＊24＝オソサネ
ラ・ショディエール(川)　184＊4
ラ・ポワント・セント・クロワ(地)　172＊5
ラールマン(シャルル)　38＊3,44＊2,45＊3,121,177,183,183＊1,204＊1,7
ラ・ロシュ・ペルセ(地)　184,184＊3
ラ・ロッシェル(地)　36,45,47＊1,59＊1,66＊2,132＊3,168＊1
リシュリュウー(枢機卿)　14,37＊6,38＊1,47,47＊2,65,204＊12
リシュリュウー(川，地，砦)　50＊5,65＊9,92,92＊5,97,97＊9,132＊9,184,184＊5,215＊2,230＊5
ルイ13世　66＊1,128＊8
ルイ14世　197＊7,207,207＊7,218＊5→（事項索引）国王
ルー(イン)　125＊5＝モヒカン
ル・ソー(地)　277
ローゾン(ジャン・ド・総督)　184＊27,196＊4,付A140＊97,B17＊4
ローゾン(ド・息子)　76＊7,196,235
ローマ　128
ロワール(地，川)　179,200,200＊1

事項索引

ア行

アザラシ油　132
アルコール(酒)　78,80,201,201＊2(教権と俗権の争い),204,207＊1(訴訟),248,254,258,270→葡萄酒，ブランデー
アルゴンキン語　30＊2,40＊2,41＊2,43,47,56,59,59＊3,65＊6,200,235,付A140
アルゴンキン辞書　200,235
アルシアンタゼ(先住民語,尊敬する方)　237
家　43(ケベックの最初の修道院),80(先住民,フランス人，修道院)，225(イロクォイ)，197(火事の後の修道院)，251(先住民)
犬(フランスからの)　184
イラクサ　270
衣類　43.64,80,185,220,231
イロクォイ語　68,215,235
イロクォイの文化　225
イロクォイの娘　92＊12,235,237→学校，生徒
ヴィオール(楽器)　43,付B2
歌(の好きな先住民)　156,161
鰻　168,168＊9,183,202
馬　230,230＊6,7,258
英国船　37,37＊2
英仏条約　237
英国人の植民地　179,179,179＊12
英国の内乱　111＊3
疫病(ペストなど)　50＊2,110,183,183＊7,196,218,218＊3,244
エンジ虫　270
エンドウ豆　47,52,73,132,143＊5,225＊7,258
オオジカ　80,92,220
オテル・ディウ　66＊2,80＊4
オノンチオ(先住民語敬称,総督など)　92,92＊8,97,179,184,201,224,237,271
オランダ人の居住地　172
オンデソン(先住民語，猛禽)　161,161＊5

カ行

火事(修道院の)　132,143
学校(生徒)　27＊1,28＊2,3,43,43＊5,44,50,52,56,60,65,66,72,73,78,80,97,128,161,168,175,179,186.212,235,241,251(ウルスラ学院),268,付B2,23,40
カナダ史(1644年)　168＊1
カナダの寒さ(と暑さ)　44,67,80,97,184,237,260
カナダの人口(増加)　128＊2,142,149,149＊5(初期),179,220＊4,230,230＊6,254
カナダへの女性の移住　183,246＊4→国王
カボチャ　225(ぺポカボチャ),237,246(料理法)
家母長(先住民の)　161,161＊5
キセル　92
ギター　179
教育(普通,信仰,要理)　16＊1,20＊3,32,40,41,42,43,56,60,62,64,80,97,125,132,142,143,161,168,200,204,212,230,235,237,241,248,251,253,付A140
教皇代理　183＊4
教皇庁　207＊7
居住民会社　付B20＊1
クヴァール(雌馬)　230,230＊7
首飾り(貝殻玉の)　92,92＊6,97
栗　225
黒イチゴ　53

毛皮取引　17＊2,73,97,110,149,161,172,185,186,192,200,220,237,248,254
ケベック司教区　201＊3
ケベックの変わりよう(マリー・ド・レンカルナシオン到着時とその30年後)　251
幻日　277
航海物語　付A140＊25,付B2
鉱山　202,254
国王(ルイ14世)　92＊8(大オノンチオ),128,183,185,192,197,200,202,202＊1,207（カナダの支配者),207＊3,4,6,212,215＊1,218,220,223,225,227,230,235,237,241,246,248,277,付A140,付B2,28,28＊2
国王によるカナダの人口増加策　207,212,212＊3,215,220,220＊3,4,230,230＊6,246,254,258
国王顧問会(評議会)　207＊2,3,5,246＊2
子供たち(フランス人と先住民の)　41,97,196,202,207,237→学校，生徒
小麦　128,142.143,179,184,215,220,244,246,付B20
コルド(薪)　80

サ行

サガミテ(先住民独特の料理)　52,73,80,184,230,248,付B2
サージ(布地)　66,80,258
砂糖　220,258
塩　161
シカ　92,110
司教　128,143(ルーアンの),177,183,185,187,196,201,202,204,207,212,215,237,241,244,248,51→ラヴァル
地震　30,203,204,207,212,215,237
ジャコウネズミ　270
呪術者狩り　196＊7→魔女
十分の一税　207,207＊6
十字軍　192＊8,218＊5
女王(フランス)　38,56,72＊1,76,76＊5,6,80,付A140,140＊24→アンヌ・ドートリッシュ
白樺　80
シラミ　43
神学校　183,207,207＊6,235,241,244,248
スイカ(メロン・ドー)　246
スイスの傭兵　225
彗星　215,237,244
スグリ　110,244,246
スモモ　260,（ente）→干しスモモ
スペイン艦隊　47＊2
スペイン船　39
聖戦　218＊5
生徒　42,50,60,66,71,73,161,149.168,238,258,268,付B18,40
セネシャル(地方長官)　76＊7,196→ド・ローゾン
先住民語〔の辞書作成〕　46,53,56,235
先住民の衣服　43,46,80,251
先住民の靴→モカシン
先住民の食生活　47,47＊2，53＊1,80,251→サガミテ
先住民の女性首長　168
先住民の生活慣習　41＊1,52,97,244,248

タ行

大理石　207
タバコ　92,220,241,244,270,付B2
タラ(漁)　126＊1,202,258,付B2
ダンケルク船　37,39
チョウザメ　92,110
伝染病　110,196→疫病
天然痘　43,43＊3,44＊1,50＊4,218＊3,244
トウモロコシ　47,52,80,110,172,215,237,251,258,270
トナカイ　270
トルコ船　37
ドングリ　250

ナ行

西インド会社　65＊10
日本と中国へ通じる北の海　204
日本の殉教者　204
ヌーヴェル・フランス会社　14＊1,16＊1,207,付B28＊2＝百人(出資)会社
布類(生地)　66,128
ネズミイルカ油　132

ハ行

花　149
バーブ(綿花に似たもの)　50
バルバリ海賊　20＊2
バルバリ船　37＊4
パン　97,142,143,143＊5,202
羊　230,230＊6,258
ピナミシン(果物)　246,246＊6
ビーバー　58＊2,78,80,92,110,161,185,186,201,212,220,237,268
百人(出資)会社　14＊1,20＊3,66＊4,132＊4,183＊6,186＊1,207,付A140＊97,付B2＊15,付B17,17＊1,2,付B20,付B28＝ヌーヴェル・フランス会社
ヒューロン語　40＊2,56,65,97,126,161,168,200,215,244,付A140,付B8＊1,B23,
氷山　付B2
ピルグリム・ファザース　97＊11
ビール工場　258
ピレネ条約　186＊2
フエゾール(ソラ豆またはエンドウ豆)　225,225＊7,237
葡萄酒　80,110,185,201→ブランデー
プラム　246(prunier)
フランスからの援助(後援，救援)　80,128,142,146,185
フランスからの職人　43,52
フランス軍(兵)　59,60,76,125,142,184,185(修道院の守備隊),207,215,218,223,225,230,237,254,258,277
フランス語　44,62,168,235,241,付B23
フランス人居住地(居留地，入植地，植民地)　73,110,116,142,152,161,168＊2,172,172＊3,179,184,196,202,230,244,248,付A140＊83
フランス人居住者の経済活動　142(4分の3は農業),161,185,220(移住者が増えてからの),258
フランス人による侵略　192＊2
フランス人の娘(カナダ移民の)　42-44,47,52,56,65,142,143,186,207,244,251,253,付B2
フランス人のもたらした病菌　50＊2→ブランデー
フランス風(化)　41,80,97,161,168,235,237,241,244,251,付B23
フランス兵銃殺刑を前にしたイロクォイ人の反応　254
フランス本国の飢餓(飢饉)　146,146＊5,200,200＊1
フランス本国の動乱(惨状)　125,143＊2,146→フロンドの乱
フランドル人私生児(混血児)　224,224＊2,225
ブランデー　110,185,201,201＊1,204,212,237,254,258,270
ブリル(ヒラメ科の食用魚)　92
ブレタ協定　125＊4,237
フロンドの乱　149＊1→フランス本国の動乱
ペスト　30,183,212→疫病
ヘラジカ　48,48＊1,92,110,270
干しスモモ　73,92,97(pruneau)
北海への航路　258
北部の湾の発見　258

マ行

魔女裁判　付A140＊14→呪術師狩り
魔法使い　46＊3,47＊3,52,80＊13,97,161,196,251,付2＊22
マニトゥー(アルゴンキン語，魔力，太陽の息

子）　30,30＊2,258,268,270,270＊1,2,3
マリー・ド・レンカルナシオンの伝記，書簡集　付B40,40＊2,3
メシナヒガン(一種の暦)　65
メスー(先住民の信仰の対象)　270,270＊2
メロン　246
メロン・ドー(スイカ)　246
モカシン(先住民の靴)　80,80＊12,92＊18
モントリオール史　168＊1

ヤ行

山羊　230,250,258
ヤマアラシ　270
ユグノー派　196
夜の地方（6ヵ月間）　268

ラ行

楽園(地上の)カナダ，ヌーヴェル・フランス）30,31,270(先住民にとって)
ラテン語　46,168,付B23
リンゴ(リネット，カルヴィル)　244，246
レコレ修道会　17＊3,258,付B82＊7
レモン　230
ロバ(野生の)　268
ローマ聖庁(教皇庁)　183(フランス宮廷との紛争),207＊7,
ロン・ソーの戦闘　184,184＊14,16,192＊4

Centre Marie de l'Incarnationのホーム・ページに掲載されている文献目録

- Sœur Gabrielle Noël, o.s.u., *Prier 15 jours avec Marie de l'Incarnation,* Nouvelle Cité, 2002, 127 p. par Sœur Gabrielle Noël, o.s.u.
- *Prier avec Marie de l'Incarnation,* Éditions du Signe, 23 p.
- G.-M. OURY, *L'expérience de Dieu, Marie de l'Incarnation,* Fides 1999, 143 p.
- G.-M. OURY, *Marie Guyart en son pays,* 87p.
- G.-M. OURY, Marie de l'Incarnation, *La relation autobiographique de 1654,* 1976.
- Marie de l'Incarnation, *Correspondance [1634-1671],* édition de 1971 par dom Guy-Marie Oury, réédition en 1984, Saint-Pierre de Solesmes, 1073p.
- G.-M. OURY, *Marie de l'Incarnation, sa vie,* Société Archéologique de Touraine, 1973, 2 tomes.
- G.-M. OURY, *Marie de l'Incarnation (1599-1672),* Québec-Solesmes, 1973.
- G.-M. OURY, *Ce que croyait Marie de l'Incarnation,* Tours, 1972.
- G.-M. OURY, *Physionomie spirituelle de Marie de l'Incarnation,* Solesmes, 1980.
- G.-M. OURY, *Les Saints de Touraine,* Chambray-les-Tours, C.L.D., 1985, 222 pages, pp.180-191.
- M. PERRET, *La vie tourangelle de Marie de l'Incarnation,* Tours, s.d. (1965).
- Marie de l'Incarnation, *Écrits spirituels et historiques*
    - *Tome 1 Les Écrits spirituels de Tours,* [vers 1633], édition de 1928 par dom Jamet, réédition en 1985, Saint-Pierre de Solesmes, 548p.
    - *Tome 2 Les Écrits spirituels de Québec,* [vers 1650], édition de 1929 par dom Jamet, réédition en 1985, Saint-Pierre de Solesmes, 413p.
- Martin, dom Claude, 1677, *La Vie de la Vénérable Mère Marie de l'Incarnation,* reprod. (1981) de l'édition originale par les moines de Solesmes. Introduction par dom J. Lonsagne. Tables de dom Guy Oury, 835p. 1681, Lettres de la Vénérable Mère Marie de l'Incarnation, première Supérieure des Ursulines de la Nouvelle France.
- Thwaites, R.G., 1623-1672 (réédition de1891 à 1901), *The Jesuit Relations and allied documents,* Cleveland, 73 volumes.

AUTRES PARUTIONS

- 1989：Maria-Paul del Rosario Adriazola, *La Connaissance spirituelle chez Marie de l'Incarnation, La "Thérèse de France et du Nouveau Monde"*

Anne Sigier/Québec-Cerf/Paris.

- 1989:Françoise Deroy-Pineau, *Marie de l'Incarnation-Marie Guyart, femme d'affaires, mystique, mère de la Nouvelle-France*, Robert Laffont, Paris.
- 1992:Dominique Deslandres, *"Femmes missionnaires en Nouvelle-France"* Jean Delumeau, La religion de ma mère, Cerf, Paris.
- 1993:Jean Comby, (sous la direction de), *L'itinéraire mystique d'une femme, Marie de l'Incarnation, ursuline,* Cerf, Paris/Bellarmin, Montréal.
- 1994:Dominique Deslandres *"Le rayonnement des ursulines en Nouvelle-France",* CERCOR, Travaux et recherches, Les religieuses dans le cloître et dans le monde, Publications de l'Université de Saint-Itienne.
- 1995-1- Jean-Noël Vuarnet, *L'aigle-Mère,* coll. Haute-Enfance, Gallimard, Paris.
- 1995-2- Claire Gourdeau, *Les délices de nos coeurs - Marie de l'Incarnation et ses pensionnaires amérindiennes* -1639-1672, Septentrion/Célat, Québec.
- 1996:Pierre Gervais, *Marie de l'Incarnation, études de théologie spirituelle,* Vie consacrée, Namur.
- 1997-1-Yolaine Laporte, *Marie de l'Incarnation,* XYZ, Montréal. Biographie romancée.
- 1997-2-Danielle Sallenave, *L'Amazone du grand dieu,* Bayard, Paris.
- 1997-3- Natalie Zemon Davis (professeur à Princeton et historienne du film Le Retour de Martin Guerre), "Nouveaux mondes", le plus gros chapitre de l'étude historique Juive, Catholique, Protestante-*Trois femmes en marge du XVIIe siècle, La Librairie du XXe siècle, Seuil,* Paris.
- 1997-4- Numéro de juin, *Regards pluriels sur Marie de l'Incarnation,* de la revue québécoise "Laval théologique et philosophique".

  Raymond Brodeur présente le Centre d'études Marie de l'Incarnation de l'Université Laval à Québec.

  Le bénédictin dom Oury fait le point des rééditions successives des oeuvres de Marie.

  L'historienne Dominique Deslandres situe Marie de l'Incarnation dans le mouvement missionnaire de la France du XVIIe siècle o? l'Ursuline est exemplaire.

  Chantal Théry s'intéresse aux stratégies discursives de Marie de l'Incarnation.

  Un essai original d'Hermann Giguère s'appuie sur la théologie de la spiritualité pour tenter, en renouvelant le genre, d'interpréter l'expérience mystique de Marie, proche des mystiques rhénans.

  Joseph Beaude, chercheur au CNRS, situe le discours mystique:les mystiques "n'écrivent pas leur pensée, mais laissent penser leur écriture".
- 1998:François Lebrun, *"Une mystique chez les Hurons",* L'Histoire N/219,

mars：25-26

- 1999：Françoise Deroy-Pineau, *Marie de l'Incarnation,* nouvelle édition, chez Bellarmin à Montreal diffusé en France à la Librairie du Québec.

注：Centre Marie de l'Incarnationはマリー・ド・レンカルナシオン関係の資料館で、ケベック市旧市街にあるウルスラ会博物館に隣接している。

歴　史　年　表

ヌーヴェル・フランス	カトリック教会関係	聖ウルスラ修道会	西暦
ジョヴァンニ・ダ・ヴェッラツアーノ、北米大陸の大西洋沿岸を探検航海。そこを「ノヴァ・ガリア」（新しいフランス）と命名。			1524
ジャック・カルチエ、セント・ローレンス湾岸の探検。ガスペ半島の岬に上陸。フランス国王の名のもとにカナダ領有を宣言。			1534
		ウルスラ会がイタリアのブレッシアで創設される。	1535
	イエズス会の創設。	創立者アンジェラ逝去。	1540
		ウルスラ会の会則、教皇の認可を受ける。	1544
	トレント公会議開始。		1545
	トレント公会議閉会。その後、修道会刷新に関して教書が出される。		1563
		ウルスラ会、会員をミラノに派遣。	1568
		ミラノのウルスラ会、司教管轄下に置かれ、独立する。	1577
	イエズス会、教皇より認可を受ける。	ウルスラ会、教皇より認可を受ける。	1582
		ウルスラ会、フランスに修道院設立を開始。	1592
		マリー・グイヤール、フランスのトゥールに生まれる。	1599
サミュエル・ド・シャンプレーン、セント・ローレンス川流域を探検。			1603
ピエール・デユ・グア・ド・モンおよび サミュエル・ド・シャンプレーン、アカディア地方（現在のノヴァ・スコシア地方）を探検。			1604
サミュエル・ド・シャンプレーン、ケベック要塞を建設。			1608
サミュエル・ド・シャンプレーン、ヒューロン人と同盟関係を結ぶ。			1609
	（カナダの教会）		
	アカディアにイエズス会員（２名）到着。1613年まで滞在。		1611

ヌーヴェル・フランス	カトリック教会関係	聖ウルスラ修道会	西暦
	ケベックにレコレ会員（4名）到着。1629年まで滞在。		1615
アカディアを占領した英国はその地をノヴァ・スコシアと改称。その後、スコットランド人を移住させる。		トゥールにウルスラ会が設立される。	1621
	ケベックにイエズス会員（5名）到着。		1625
フランス宰相リシュリュー、百人出資会社設立。カナダ開拓の独占権を付与。カナダをカトリックの地とする勅令発布。			1627
カーク兄弟（英）がケベックを占拠。以後3年間、ケベックは英人支配下に置かれる。			1629
		マリー・グイヤール、トゥールのウルスラ会に入会。（修道名マリー・ド・レンカルナシオン）	1631
サン・ジェルマン・レイ条約によりケベックとアカディアはフランス側に返還。サミュエル・ド・シャンプレーン、初代ヌーヴェル・フランス総督に就任。	アカディアにカプチノ会員到着。1655年まで滞在。		1632
	イエズス会員、ヒューロン人居住地（ヒューロニア）に宣教拠点を創設。		1634
	イエズス会員、コレージュ・ド・ケベックを創設。		1635
		マリー・ド・レンカルナシオン一行、カナダへ。 ケベックで教育活動等を開始。	1639
		パリのウルスラ会会員ケベックに到着。	1640
イロクォイ人との大規模な闘争。～1667年	メゾヌーヴ、宣教基地としてヴィル・マリ（現・モントリオール）を創設。	ウルスラ会、ケベックに寄宿学校を開設。	1642
ジャンヌ・マンス、モントリオールに看護院を創設。		トゥールのウルスラ会会員2名、ケベックに到着。	1644
		ケベックのウルスラ会会憲起草。	1646
イロクワ人の襲撃によりヒューロニアの壊滅。～1649年			1648

ヌーヴェル・フランス	カトリック教会関係	聖ウルスラ修道会	西暦
	イエズス会員ジャン・ド・ブレブフ、ガブリエル・ラルマンの殉教。		1649
		最初のカナダへの同伴者マリ・ド・セン・ジョゼフ逝去。	1652
	モントリオールにスルピス会到着。		1657
	フランソワ・ド・モンモランシー・ラヴァルがヌーヴェル・フランスの教会の責任者に任命される。		1658
	ラヴァル、ケベック到着。		1659
		マリー・ド・レンカルナシオン、ヒューロン語とアルゴンキン語で教理要領を作成。	1662
ヌーヴェル・フランス、フランス国王の直轄地となる。最高評議会創設。地震が観測される。	ラヴァル、ケベック大修道院建立。		1663
カリニャン・サリエール連隊、ヌーヴェル・フランス着。初代監督官ジャン・タロン、ケベック到着。			1665
		マリー・ド・レンカルナシオン、アルゴンキン語の辞書を作成。	1667
		最初のカナダへの同伴者・援助者ド・ラ・ペルトリー夫人逝去。	1671
		マリー・ド・レンカルナシオン、ケベックで逝去。	1672
	ヌーヴェル・フランスの教会、ケベック司教区に昇格。初代司教、ラヴァル。		1674
		マリー・ド・レンカルナシオンの最初の伝記出版。	1676
ルネ・ロベール・カヴェリエ・ド・ラサール、ミシシッピー川を南下してメキシコ湾岸に到達。流域をフランス領ルイジアナと命名。			1682
	コングレガシオン・ド・ノートルダム、ケッベクで教育活動を開始。	マリー・ド・レンカルナシオンの書簡と教訓の出版。	1686

ヌーヴェル・フランス	カトリック教会関係	聖ウルスラ修道会	西暦
イロクォイ人によるラシーヌの虐殺。 英・仏植民地戦争（ウィリアム王戦争）、ライスウイック条約で終結。～1697年			1689
		ウルスラ会、トロワ・リヴィエールに修道院設立。	1697
英・仏植民地戦争（アン女王戦争）、ユトレヒト条約で終結。～1713年			1702
		ウルスラ会、ニューオリンズに修道院設立。	1727
	マルグリット・デューヴィル、ケベック・カリタス修道女会（灰色の姉妹会）創設。		1737
英・仏植民地戦争（ジョージ王戦争）、アーヘンの和約で終結。～1748年			1744
英・仏植民地戦争（フレンチ・インデイアン戦争）。～1760年			1754
ケベック、英軍によって陥落。			1759
モントリオール、英軍によって陥落。ヌーヴェル・フランスの実質的終焉、英の軍事政権下に置かれる。			1760
パリ条約。植民地戦争の終結条約）。サンピエール島、ミクロン島、ミシシッピー川以西を除き、北米大陸の全領土は英国領になる。			1763